东南考古研究

第五辑

厦门大学历史与文化遗产学院考古学系
厦门大学中华民族研究中心 编

主编 付 琳 张闻捷

本书出版得到厦门大学双一流建设经费资助

南浦溪

厦门大学出版社
XIAMEN UNIVERSITY PRESS
国家一级出版社
全国百佳图书出版单位

图书在版编目（CIP）数据

东南考古研究. 第五辑 / 付琳，张闻捷主编. -- 厦
门：厦门大学出版社，2023.7
ISBN 978-7-5615-9057-7

Ⅰ. ①东… Ⅱ. ①付… ②张… Ⅲ. ①文物－考古－
中国－文集 Ⅳ. ①K87－53

中国版本图书馆CIP数据核字(2023)第129258号

出 版 人　郑文礼
责任编辑　韩轲轲
美术编辑　李夏凌
技术编辑　朱　楷

出版发行　*厦门大学出版社*
社　　　址　厦门市软件园二期望海路 39 号
邮政编码　361008
总　　　机　0592-2181111　0592-2181406(传真)
营销中心　0592-2184458　0592-2181365
网　　　址　http://www.xmupress.com
邮　　　箱　xmup@xmupress.com
印　　　刷　厦门市竞成印刷有限公司

开　本　787 mm×1 092 mm　1/16
印　张　32.75
插　页　33
字　数　910 千字
版　次　2023 年 7 月第 1 版
印　次　2023 年 7 月第 1 次印刷
定　价　158.00 元

本书如有印装质量问题请直接寄承印厂调换

厦门大学出版社
微信二维码

厦门大学出版社
微博二维码

目　录

最新发现

研究探索

学术评论

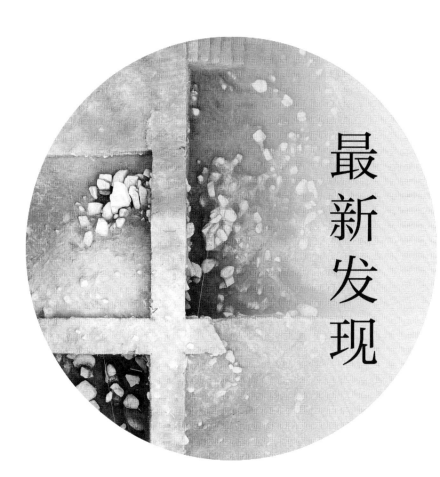

最新发现

浙江云和县先秦时期遗址调查简报

浙江省文物考古研究所　云和县文物保护中心

一、前言

　　丽水市云和县位于浙西南的瓯江上游,地处仙霞岭和洞宫山之间,明景泰三年(1452年)建县,现县域面积 984 平方千米,至 2010 年人口 11 万余人,人口密度每平方千米 114.6 人。境内"九山半水半分田",瓯江从县域西部向东北流入丽水莲都区,沿着瓯江干流(又称龙泉溪或大溪,瓯江云和段长 51 余千米)及其支流分布有大量河谷盆地,最大的一级支流为浮云溪,县城主要位于浮云溪两岸的云和盆地。云和盆地面积 28 平方千米,盆地内海拔 150 米以下,分布有大量海拔 150～300 米的山岗孤丘。云和属中亚热带季风气候,温暖湿润,年均降水量 1546.4 毫米,年平均气温 17.6℃。土壤主要为红壤和黄壤,土质黏重,植被主要为中亚热带常绿阔叶林,森林资源丰富,野生动物种类繁多①。

　　2007 年以来,云和县陆续出土过先秦时期的遗物,当时云和县文物保护中心的业余文保员邱长其采集有较多数量的石器和一定数量的陶器,对出土遗物的相关遗址有过初步记录。2019—2020 年,云和县文物保护中心主任杨克新及业余文保员邱长其对相关出土地点进行了系统走访勘察,确认了石板桥、显圣湾等 13 处先秦时期的遗址,登记了 200 余件石器、陶器等小件及标本,引起了我们的高度关注。2021 年 12 月 7 日—2022 年 1 月 9 日,浙江省文物考古研究所联合云和县文物保护中心,对云和盆地进行了系统的调查和勘探工作,共确认 28 处先秦时期的遗址,除以往确定的 13 处遗址点,又新增 15 处。2022 年 1—9 月还对其中 2 处(显圣湾和门前山)进行了发掘,其中显圣湾发现好川文化和夏商时期的遗存,门前山则清理了一批西周早期的墓葬,初步建立起从好川文化、夏商时期遗存到西周时期遗存的文化序列。2022 年 5 月 1 日—6 月 3 日,对云和盆地进行了补充调查,并将调查范围扩展至瓯江云和段,新发现 24 处先秦时期的遗址。截至 2022 年 10 月,整个云和县共发现新石器至夏商时期遗址 52 处(彩版 1-1),分布相当密集,其中 43 处集中于云和盆地及其邻近地区(彩版 1-2),瓯江主干道仅有 9 处遗址,分布较为稀疏。现将这些遗址的调查勘探及出土遗物简述如下。

二、遗址分述

马鞍山聚落组(编号1~5)包括同处于一片自然山岗上的显圣湾、马鞍山、前溪山、棺山尾、花园殿5处遗址,这一片自然山岗当地人称马鞍山垄。浮云溪的支流安溪紧贴着山垄的东部向北流入浮云溪,另一条支流在西侧向北流入浮云溪,北部紧邻浮云溪干流,正处于云和盆地的地理中心,自然条件优越。根据1972年的卫星照片可知,马鞍山垄绵延范围甚大,其北侧也有一条小溪自西向东汇入浮云溪,现已不存。西侧已大范围被推平建成了工业园区,仅残存花园殿遗址。这些遗址均包含夏商时期的堆积。

1.显圣湾遗址

位于云和县白龙山街道瓦窑村,地处复兴街以南、城西路以东、康庄路以西的一处自然岗地上,岗顶海拔约210米。平面近三角形,面积约13万平方米。遗址北部被基督教复兴堂、复兴街等破坏,据悉也曾出土有陶片等遗物,残存面积约10万平方米。岗顶未发现文化层,但采集有印纹硬陶等遗物。文化层主要分布于坡上,呈倾斜状分布,越到坡脚文化层越厚、层次越丰富,最厚处达1.3米,堆积主要为红褐色土,含零星陶片等。显圣湾遗址是云和盆地目前发现面积最大、堆积最丰富的遗址。

该遗址采集品数量较多,主要为各类石器,其中石镞最多,另有三角形截面的石锛、石钺、石斧、石凿等(图1-1~图1-4)。另有一件泥质灰陶折盘豆,属好川文化时期,在2022年发掘时确定原属于某一座好川文化墓葬。也采集有少量印纹硬陶和陶纺轮(图1-5)。

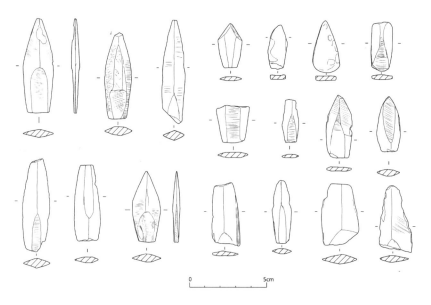

0   5cm

图1-1　显圣湾遗址采集的石镞

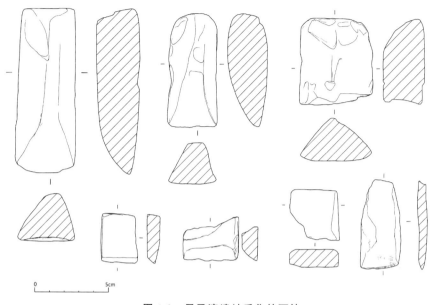

图 1-2　显圣湾遗址采集的石锛

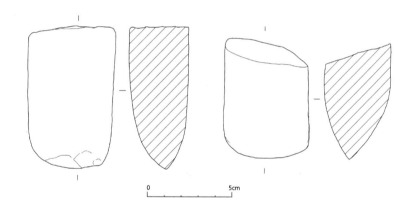

图 1-3　显圣湾遗址采集的石斧

　　2022 年 5—9 月,为配合云和县天然气供应站建设项目,浙江省文物考古研究所联合云和县文物保护中心对显圣湾遗址进行了抢救性发掘,发掘面积 200 平方米。

　　显圣湾遗址的主发掘区位于遗址西坡,共布设 3 个探方(T0441～T0443),实际发掘面积 175 平方米。主发掘区地势呈坡状,北部有一断坎,对遗存造成了一定程度的破坏。文化层年代依次为近现代民国文化层、宋元文化层和好川文化层。通过前后三个月的发掘,共清理好川文化墓葬 5 座,编号 M1～M5,出土随葬品 10 余件,另有石块堆积 1 处、灰沟 1 条,共出土石器、陶器等各类器物及标本逾百件,数量最多的为石镞以及与石镞制作有关的石料、半成品、坯料、废片、砺石等,说明该遗址内存在石镞制作的作坊。淘洗过程中,在地层和部分遗迹内发现玉钺残片、玉纺轮、绿松石嵌片、玉管等重要遗物,说明遗址内存在好川时期的高等级墓葬。

图 1-4　显圣湾遗址采集的石钺

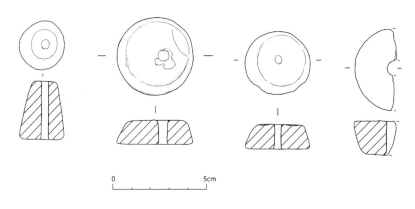

图 1-5　显圣湾遗址采集的陶纺轮

2022 年 8 月开始,浙江省文物考古研究所和云和县文物保护中心在岗顶进行试掘,试掘面积 25 平方米(T0835)。岗顶地层堆积简单,表土下即为生土。表土出土遗物较为单一,以硬陶为主,另采集到一定数量的石镞、石矛等石器,多属夏商时期。在生土之上发现了一批成排分布的柱洞,柱洞底部多铺有柱础石,根据出土遗物可知柱洞属夏商时期,应为一处大型建筑遗迹。此外还清理好川文化墓葬 1 座,编号 M6。

2.马鞍山遗址

位于云和县白龙山街道,地处马鞍山路以西、城南路以南、兴昌街以北的一处自然山岗上,岗顶海拔 171 米。平面呈不规则长条形,面积约 1.8 万平方米。未见文化层堆积,地表见零星陶片等。采集少量印纹硬陶,属夏商时期。

3.前溪山遗址

位于云和县白龙山街道箬溪社区,地处云河中学和南门路以东、新建南路以西的一处自然山岗上,岗顶海拔175米。平面近椭圆形,面积约2万平方米。未见文化层堆积,地表见零星陶片等。采集到较多印纹硬陶片,可辨罐口沿等,属夏商时期(图1-6)。

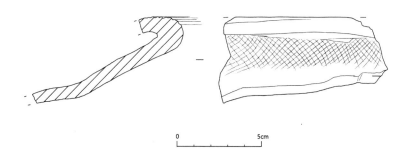

0　　　　　5cm

图1-6　前溪山遗址采集的印纹硬陶罐口沿

4.棺山尾遗址

位于云和县白龙街道古竹村,地处新建南路以东的一处自然山岗,现为云和木玩乐园所在,岗顶海拔175米。平面近圆形,西部因修新建南路已遭到破坏,复原面积约7.5万平方米。未见文化层堆积,地表见零星陶片等。采集到少量残碎的印纹硬陶,属夏商时期。

5.花园殿遗址

位于云和县白龙山街道河上村,该遗址位于梅雾路东、现妙严寺所在的一处自然山岗上,山体东部大部分已遭到破坏,现为厂房,现存岗顶海拔180米。现存岗地呈不规则形。根据20世纪60年代地图可知,该遗址原接近弧边四方形,复原面积约3.8万平方米。现存部分未见文化层堆积,地表见零星原始青瓷,可辨原始瓷豆,属西周时期(图1-7)。另采集较多石器,包括石纺轮、三角形截面的石锛、小石锛,可能属夏商时期或更早(图1-8)。

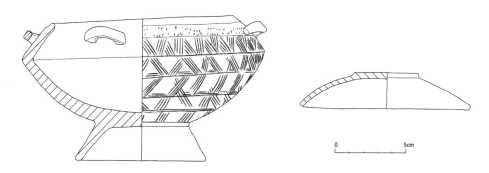

0　　　　　5cm

图1-7　花园殿遗址采集的原始青瓷

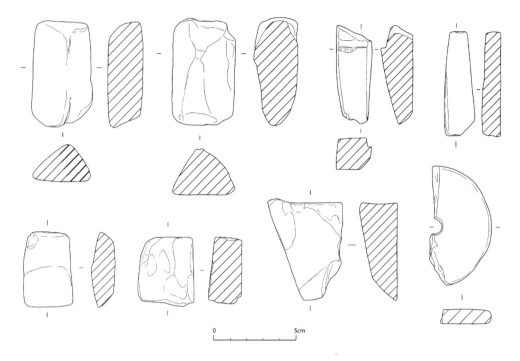

0   5cm

图 1-8　花园殿遗址采集的石器

雷岗垄聚落组(编号 6～14)包括同处于一片山岗的雷岗垄、雷岗垄北、和尚垄、和尚垄西、黄山、东山下、东山头、里面坡、大毛垄 9 处遗址,该山垄面积广阔,历史上破坏不那么严重,现状保存较好。这些遗址除大毛垄外均属夏商时期。

6.雷岗垄遗址

位于云和县元和街道小徐村外东塘自然村,地处龙母路以东、复兴街以南、仙宫大道以西的一处自然山岗上,岗顶海拔 157 米。呈南北向不规则长条形,面积约 7 万平方米。地表见较多陶片,但未发现文化层堆积。2019—2020 年采集石镞若干件(图 1-9),陶片均为印纹硬陶,可辨罐口沿等,属夏商时期。

7.雷岗垄北遗址

位于云和县元和街道小徐村外东塘自然村,地处龙母路以东、复兴街以南、仙宫大道以西的一处自然山岗上,岗顶海拔 156 米。近南北向的不规则形,面积约 1 万平方米。地表见少量陶片,剖面暴露出一座早期墓葬,但未发现文化层堆积。推测属夏商时期。

8.和尚垄遗址

位于云和县白龙山街道古竹村,地处祥云街以北、城东路以东的一处自然山岗上,岗顶海拔约 160 米,呈弧形,遗址面积约 1.4 万平方米。地表采集到少量陶片,但未发现文化层。采集陶片较多,均为印纹硬陶,属夏商时期。

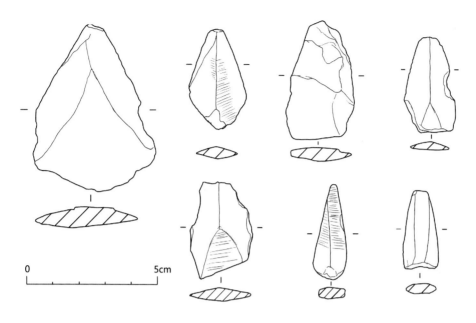

图 1-9　雷岗垒遗址采集的石器

9.和尚垒西遗址

位于云和县白龙山街道古竹村,地处祥云街以北、城东路以东的一处自然山岗上,岗顶海拔约 160 米。山岗西部在修建城东路时遭到破坏,复原面积约 1.4 万平方米。地表采集到少量印纹硬陶片,且暴露出一座早期墓葬,但未发现文化层堆积,属夏商时期。

10.黄山遗址

位于元和街道小徐村白洋墩自然村西侧的一处自然山岗上,地处复兴街以北、仙宫大道以西,岗顶海拔 150 米。平面呈不规则形,面积约 4.6 万平方米,文化层厚 0~1.2 米,堆积为较疏松的黄褐色土,含陶片等。采集较多硬陶及印纹硬陶,可辨折沿罐和窄折沿罐,另采集石镞若干,属夏商时期(图 1-10)。

11.东山下遗址

位于云和县白龙山街道东山下自然村,地处祥云路以南、城东路以西的一处自然山岗上,岗顶海拔 177 米。平面近椭圆形,面积约 2.3 万平方米。未见文化层堆积,地表见零星陶片等。采集若干片印纹硬陶,属夏商时期。

12.东山头遗址

位于云和县白龙山街道黄水碓村东山头自然村,地处新建南路以东、祥云路以南,紧邻东山下遗址。位于一处自然岗地的西坡,平面近椭圆形,海拔 160 米,面积约 1.6 万平方米。地表可见少量陶片,未见文化层堆积。2021 年浙江省文物考古研究所和云和县文物保护中心曾在此发掘了东山头墓地,墓葬填土中也出土有早期陶片。采集陶片主要为印纹硬陶,可辨凹底罐残片,属夏商时期。

13.里面坡遗址

位于云和县元和街道小徐村,云和人民医院以西、复兴街以北的一处自然山岗上,位于和尚垄遗址以北、黄山遗址以南、雷岗垄遗址以西,岗顶海拔 154 米。平面近不规则三角形,面积约 1.2 万平方米。未见文化层堆积,地表见零星陶片等。采集到若干片印纹硬陶,属夏商时期。

14.大毛垄遗址

位于云和县白龙山街道大坪新村以西、长深高速以南、溧宁高速以东的一处自然山岗上,岗顶海拔 176 米。平面呈长条形,面积约 1 万平方米。未见文化层堆积,地表见零星陶片等。采集少量原始青瓷片,属西周时期。

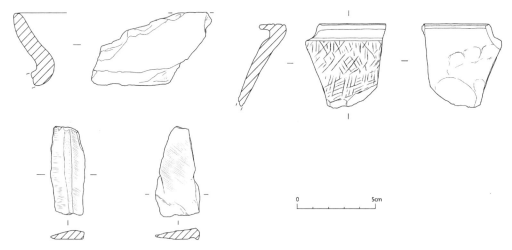

图 1-10 黄山遗址采集的硬陶和石镞

15.狮山遗址

位于云和县元和街道睦田村,地处狮山路东、复兴街西的一处自然山岗上,其上现有普仁寺,岗顶海拔 161 米。平面近不规则圆形,面积约 13 万平方米,遗址范围内文化层厚 0~0.5 米,堆积为灰褐色土,含陶片等。采集少量印纹硬陶片,属夏商时期(图 1-11)。

16.独山遗址

位于云和县元和街道霞晓桥村独山自然村,地处浮云溪支流云坛溪以东的一处自然山岗的西坡和南坡,岗顶海拔 165 米。平面呈 L 形,面积约 9 万平方米。2022 年 9 月以来,为配合独山文化村项目,浙江省文物考古研究所和云和县文物保护中心对该遗址进行了大规模揭露和重点发掘,发掘方法同门前山。遗址范围内未见文化层堆积,地表采集较多印纹硬陶片和原始瓷片等,可辨夏商时期罐、罐口沿和西周时期器底(图 1-12)。

17.下武村遗址

位于云和县安溪畲族乡下武村西的一处自然山岗上,岗顶海拔 150 米。平面呈不规则长条形,面积约 7 万平方米。未见文化层堆积,地表见零星陶片等。采集若干夹砂陶、泥质陶残片,过于残碎,具体年代无法判断,推测属好川文化至夏商时期。

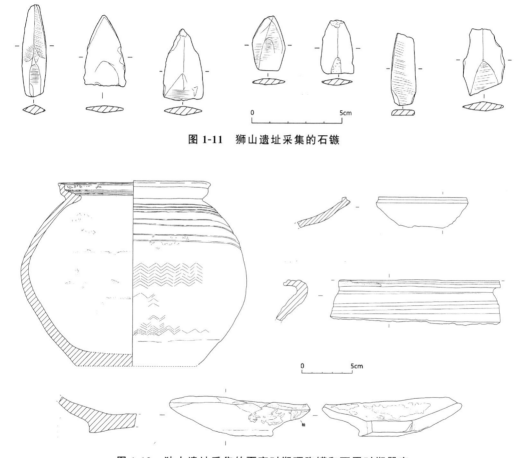

图 1-11 狮山遗址采集的石镞

图 1-12 独山遗址采集的夏商时期硬陶罐和西周时期器底

坟背山聚落组(编号 18～22)包括狮子头、坟背山、坟背山西、瓦窑岗以及红石头 5 处遗址。2008—2010 年曾在狮子头、坟背山遗址中采集到大量石器和少量陶器,除少量特征明显的器物,其余最初采集品尤其是石器和陶片未做区分,石器种类有磨棒、截面呈三角形的锛、小石锛、纺轮和石镞(图 1-13)。

18.狮子头遗址

位于云和县凤凰山街道沙溪村,地处浮云溪和后崇段北侧、后山村西侧的一处自然山岗上,岗顶海拔 250 米。平面近不规则椭圆形,面积约 7.5 万平方米,文化层厚 0～1.3 米,

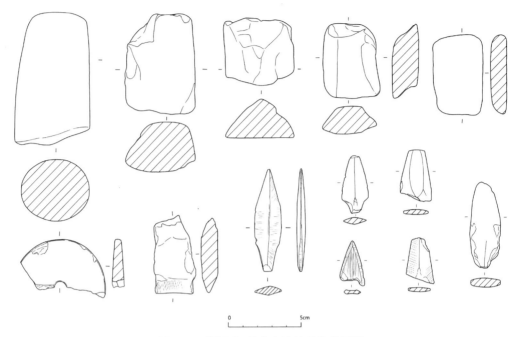

图 1-13　狮子头、坟背山遗址采集的石器

堆积为较疏松的红褐色土,含陶片、碎石等。地表见零星陶片,采集较多的属夏商时期的印纹硬陶,以及属西周时期的原始瓷豆柄、罐口沿(图 1-14)。

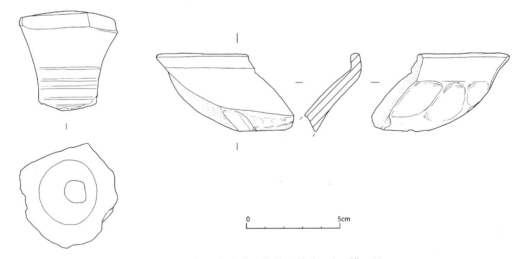

图 1-14　狮子头遗址采集的原始瓷豆柄、罐口沿

19.坟背山遗址

位于云和县凤凰山街道重合村南、浮云溪和后崇段北侧的一处自然山岗上,岗顶海拔210 米。根据自然山岗的范围可知遗址原有面积约 6 万平方米,现存面积约 3 万平方米,

呈长条形。地表见零星陶片,未发现文化层堆积,遗址南部被开挖成苗圃,大部分区域可见自然山体裸露。云和县文物保护中心曾于此地采集可修复的大型带黑釉陶罐(属夏商时期)、原始青瓷豆(属西周时期)等器物(图 1-15),以及少量属夏商时期的印纹硬陶片、带黑釉硬陶片和较多西周时期的原始青瓷片。

图 1-15　坟背山遗址采集的夏商时期陶罐和西周原始瓷豆

20.坟背山西遗址

位于云和县凤凰山街道重合村南、浮云溪和后崇段北侧的一处自然山岗,该遗址所在的山岗与坟背山遗址所在的山岗相邻,岗顶海拔 230 米。平面近长椭圆形,遗址面积近 1 万平方米。采集原始瓷片若干片,未发现文化层堆积,属西周时期。

21.瓦窑岗遗址

位于云和县凤凰山街道重合村南、浮云溪和后崇段北侧的一处自然山岗上。平面呈不规则形,面积约 2.8 万平方米,地表采集少量印纹硬陶片,未见文化层堆积,属夏商时期。

22.红石头遗址

位于云和县凤凰山街道后山村、浮云溪和中山西路北侧的一处自然山岗上,岗顶海拔 167 米。平面近不规则圆形,面积约 2.5 万平方米。地表见零星陶片,文化层厚 0~0.7 米,堆积为较致密的红褐色土,含陶片、碎石等。采集若干片印纹硬陶和少量石器坯料,印纹硬陶可辨凹底罐残片,石器可辨石镞(图 1-16)、石锛(图 1-17)等,属夏商时期。

狐狸山聚落组(编号 23~25)包括狐狸山、猫儿潭、青龙山、村头 4 处遗址。

23.狐狸山遗址

位于云和县凤凰山街道贵溪村,中山西路北的一处自然山岗上,岗顶海拔 171 米。平面呈不规则形,面积约 5 万平方米。文化层厚 0~1.2 米,堆积为疏松的红褐色土,含陶片、石块等。采集若干片印纹硬陶和一定数量的石镞(图 1-18)、石锛(图 1-19)等石器,属夏商时期。

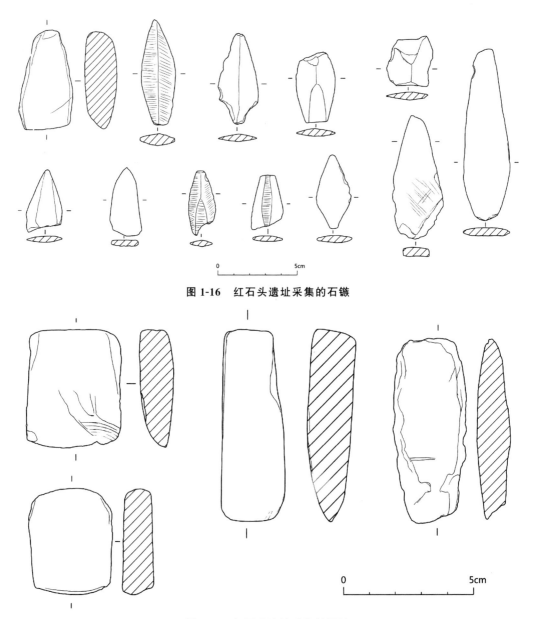

图 1-16　红石头遗址采集的石镞

图 1-17　红石头遗址采集的石锛

24.猫儿潭遗址

位于云和县凤凰山街道贵溪村,地处中山西路北的一处自然山岗上,岗顶海拔 190 米。平面呈不规则形,面积约 2.5 万平方米。文化层厚 0~0.7 米,堆积为较疏松的红褐色土,含陶片、炭屑、碎石等。采集到若干片印纹硬陶,属夏商时期。

25.青龙山遗址

位于云和县凤凰山街道贵溪村,猫儿潭遗址北侧的一处自然山岗上,岗顶海拔 245 米。地表见零星陶片,平面呈不规则形,面积约 5 万平方米。文化层厚 0～0.7 米,堆积为黄褐色土,含陶片、碎石等。采集较多印纹硬陶片,可辨罐口沿等,属夏商时期,另采集有段石锛 1 件(图 1-20)。

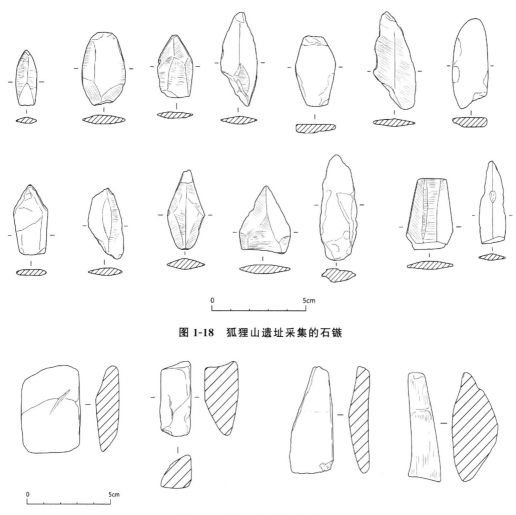

0   5cm

图 1-18　狐狸山遗址采集的石镞

图 1-19　狐狸山遗址采集的石锛

26.村头遗址

该遗址位于云和县凤凰山街道村头村南的一处自然山岗上,岗顶海拔 210 米。平面呈椭圆形,遗址面积约 1 万平方米。地表见零星陶片,未发现文化层堆积,采集到印纹硬陶若干片,属夏商时期。

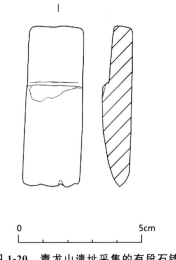

0   5cm

图 1-20　青龙山遗址采集的有段石锛

角山聚落组(编号 27~30)包含凤凰山顶、凤凰山脚、角山和狗槽山 4 处遗址。

27.凤凰山顶遗址

位于云和县凤凰街道凤凰山村南、凤凰山主峰顶部,岗顶海拔 295 米。地表见零星陶片,平面呈长条形,面积约 0.4 万平方米,部分区域保留有文化层,厚 0~0.4 米,堆积为较疏松的灰褐色土,含陶片、炭屑等。采集少量印纹硬陶片和石锛、石镞、石刀等石器(图 1-21),属夏商时期。

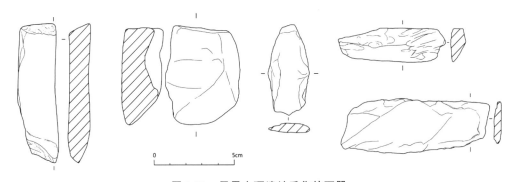

0   5cm

图 1-21　凤凰山顶遗址采集的石器

28.凤凰山脚遗址

位于云和县凤凰山街道凤凰山村南,凤凰山山脚的一处自然山岗上,岗顶海拔 295 米。平面近圆形,面积约 2 万平方米,大半部分被现有建筑占压。文化层厚 0~0.4 米,堆积为致密的黄褐色土,含陶片、炭屑等。此外,在该遗址东南 100 余米处,此前建设房屋时出土过陶片,可能也有文化层的分布,至于是新的遗址还是属于凤凰山脚遗址,还有待进一步探索。

29.角山遗址

位于云和县凤凰山街道西郊村,城西路西、中山西路北的一处自然山岗上,岗顶海拔250米。平面近圆形,面积约27万平方米。山顶保存有一定厚度的文化层,厚0～0.8米,堆积为较致密的黄褐色土,含陶片、炭屑等。2022年发掘角山南麓的角山墓地时也采集到西周时期的原始瓷豆,可知遗址面积较大。采集遗物有夏商时期的印纹硬陶,可辨器形有高领罐,以及西周时期的原始瓷豆、硬陶罐等(图1-22)。

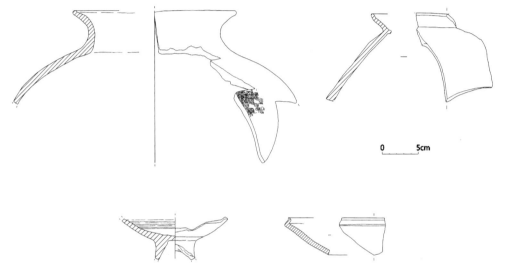

图1-22 角山遗址采集的硬陶及原始青瓷

30.狗槽山遗址

位于云和县凤凰山街道新华社区城北路南侧的一处自然山岗上,岗顶海拔170米。平面呈近不规则的长椭圆形,面积约2.4万平方米。文化层厚0～0.6米,堆积为较致密的黄褐色土,含陶片、炭屑、碎石等。地表见零星陶片,采集若干片印纹硬陶,属夏商时期。

31.龟山遗址

位于云和县浮云街道大庆寺东南侧、城东路以东的一处自然山岗上,岗顶海拔170米。平面近长椭圆形,面积约1.5万平方米,其上有大量现代建筑,对遗址造成较严重的破坏。未见文化层堆积,地表见零星陶片。在龟山西侧约80米处原大庆寺址的施工过程中曾出土一定数量的硬陶和夹砂陶片,可辨器形有罐、钵等,属夏商时期,应是从龟山遗址扰乱而来的(图1-23)。

32.大猫山遗址

位于云和县白龙山街道隔溪寮村南、长深高速北侧的一处自然山岗上,岗顶海拔190

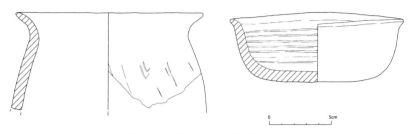

图 1-23　龟山遗址采集的硬陶

米。平面呈不规则形,遗址面积约 13 万平方米。地表见零星陶片,未发现文化层堆积。采集一件原始瓷豆残片,另 2009 年云和县文物保护中心邱长其在此采集了一件大型原始瓷罐,属西周时期(图 1-24)。

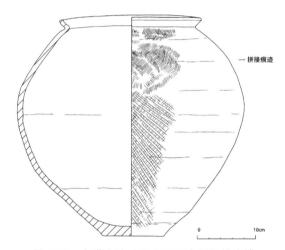

一拼接痕迹

图 1-24　大猫山遗址采集西周大型原始瓷罐

坝头聚落组(编号 33～36)位于白龙山街道长田村坝头自然村西部和北部,包含馒头山、水库塘山、屋后山西和屋后山东 4 处遗址,分处四处自然山岗。年代均属西周时期。

33.馒头山遗址

位于一处自然山岗上,岗顶海拔 240 米。平面呈不规则形,面积约 1.6 万平方米。地表见零星陶片,未发现文化层堆积。采集品主要为原始青瓷,可辨器形有豆,属西周时期。

34.水库塘山遗址

位于一处自然山岗上,岗顶海拔 220 米。平面呈不规则形,面积约 1.2 万平方米。大部分区域裸露基岩,未见文化层堆积,地表见零星原始青瓷片等,属西周时期。

35.屋后山西遗址

位于坝头聚落组东部的一处自然山岗上,岗顶海拔 220 米。平面呈不规则形,面积约 2.5 万平方米。大部分区域裸露基岩,未见文化层堆积,地表见零星原始青瓷片等,属西周时期。

36.屋后山东遗址

位于屋后山西遗址以东的一处自然山岗上,岗顶海拔 215 米。平面呈不规则形,面积约 2 万平方米。未见文化层堆积,地表见零星原始青瓷片,属西周时期。

缸窑山聚落组(编号 37～41)位于云和县白龙山街道高胥村和三门村,包含缸窑山、茶园、门前山、黄泥山和横山 5 处遗址。

37.缸窑山遗址

位于云和县白龙山街道高胥村,地处金沙东路东、桥头村北的一处自然山岗上,岗顶海拔 195 米。地表见零星陶片,遗址西半部已被破坏,现已建成工业区,残存部分平面呈不规则形,残存面积约 2 万平方米。根据 20 世纪 60 年代卫星影像,遗址原为长条形,复原面积为 6.6 万平方米。文化层厚 0～0.9 米,堆积为较致密的红褐色土,含陶片、碎石等。云和县文物保护中心邱长其在该遗址采集了较多遗物,除了少量属夏商时期的带黑釉硬陶和鬶口壶的口沿(图 1-25)以外,采集的数量不少的石镞(图 1-26)、三角形截面石锛、带孔石刀及石器坯料(图 1-27)等也应属夏商时期。更多的遗物属西周时期,包括可修复的大型硬陶罐、多件原始瓷豆、原始瓷尊(图 1-28、图 1-29)。

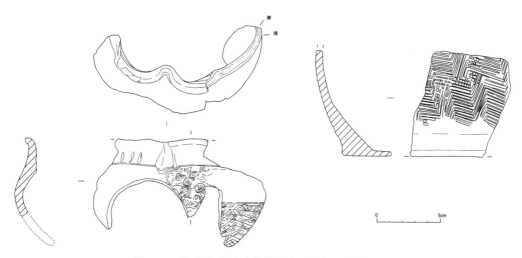

5cm

图 1-25　缸窑山遗址采集的夏商时期鬶口壶等器物

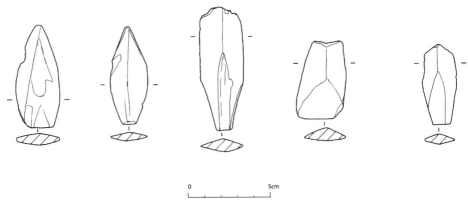

0   5cm

图 1-26 缸窑山遗址采集的石镞

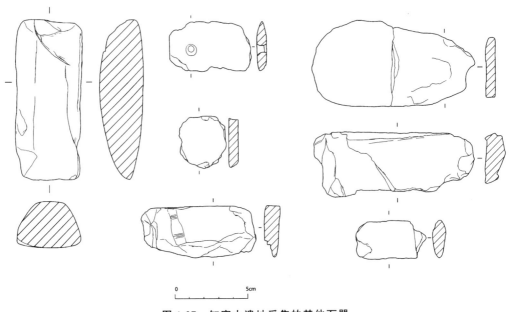

0   5cm

图 1-27 缸窑山遗址采集的其他石器

38.茶园遗址

位于白龙山街道高胥村,金沙东路南的一处自然山岗上,该山地西部大部分已遭到破坏,仅存一小部分,现存岗顶海拔 190 米。残存面积 0.7 万平方米。根据 20 世纪 60 年代卫星影像,遗址原为东西向长条形,复原面积为 5.5 万平方米。现存部分未见文化层堆积,2022 年 2—3 月,浙江省文物考古研究所在发掘门前山遗址的同时,对该遗址进行了长探沟试掘,未发现文化层和遗迹现象,地表出土少量陶片和原始瓷片,可辨原始瓷豆(图 1-30)、硬陶罐和原始瓷罐口沿,属西周时期。

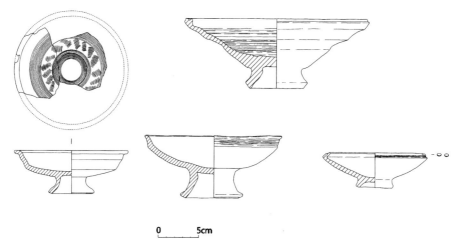

0   5cm

图 1-28   缸窑山遗址采集的原始瓷豆

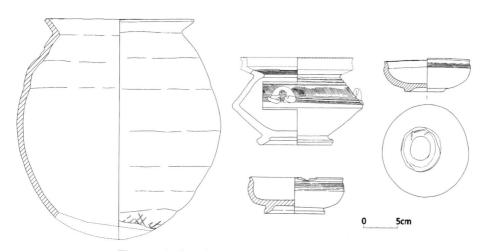

0   5cm

图 1-29   缸窑山遗址采集的硬陶罐及原始瓷尊、豆

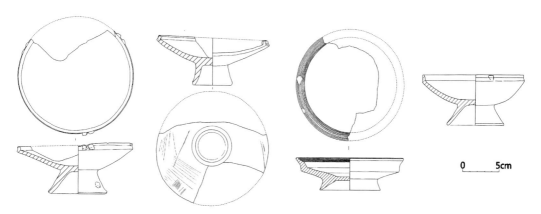

0   5cm

图 1-30   茶园遗址采集的原始瓷豆

39.门前山遗址

位于白龙山街道高胥村,茶园遗址以东约 100 米处的一处自然山岗上,岗顶海拔 205 米。地表见零星陶片,未发现文化层堆积。遗址平面呈不规则椭圆形,遗址面积 4 万平方米。为配合云和县工业园区沙溪区区块高胥移民地块开发工程建设,2022 年 1—4 月,浙江省文物考古研究所联合云和县文物保护中心对门前山遗址进行了抢救性发掘,国家文物局批复发掘面积 200 平方米。该遗址为一处单纯的西周时期墓地,未发现文化层。为避免遗漏,此次发掘时在此前调查发现有遗物的区域,将表土清除后整体刮面寻找遗迹和遗物,清理面积 2 万平方米,发现墓葬的位置再进行正式发掘,发掘面积 200 平方米。通过前后近 3 个月的发掘,共清理墓葬 15 座(出土随葬品 19 件),另发现器物堆 17 处(可能为被破坏的墓葬),共出土原始青瓷、石器、陶器等各类器物标本数十件。

40.黄泥山遗址

位于白龙山街道高胥村,门前山遗址东约 240 米处的一处自然山岗上,岗顶海拔 185 米。平面呈马鞍形,面积 3 万平方米。地表见零星陶片,未发现文化层堆积。云和县文物保护中心邱长其曾在该遗址采集了 1 件可修复的原始青瓷折肩罐(图 1-31)。

41.横山遗址

位于白龙山街道三门村的一处自然山岗上,岗顶海拔 250 米。平面近椭圆形,面积约 6 万平方米。地表见零星陶片,未发现文化层堆积。采集可修复的原始瓷豆 1 件,属西周时期(图 1-32)。

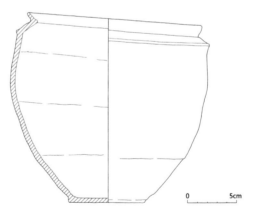

0   5cm

图 1-31 黄泥山遗址采集的原始瓷折肩罐

石板桥聚落组(编号 42~43)包含石板桥、后垟 2 处遗址,均属夏商时期。

42.石板桥遗址

位于云和县雾溪畲族乡石板桥村西、雾溪水库东岸的一处自然山岗上,岗顶海拔 265 米。平面呈不规则形,遗址部分没入水库,复原面积约 2.7 万平方米。地表见零星陶片,

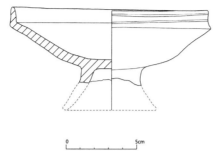

图 1-32　横山遗址采集的原始瓷豆

文化层厚 0～1 米，堆积为较疏松的黄褐色土，含陶片、炭屑等。采集较多印纹硬陶片和石镞等石器，可辨凹底罐残片，属夏商时期（图 1-33）。另采集较多石器，有石镞、石镞坯（图 1-34）、三角形截面的石锛、小石锛（图 1-35）、石斧（图 1-36）、石刀（图 1-37）、石纺轮等。

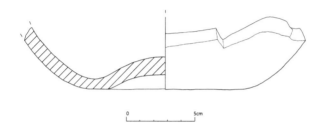

图 1-33　石板桥遗址采集的凹底罐

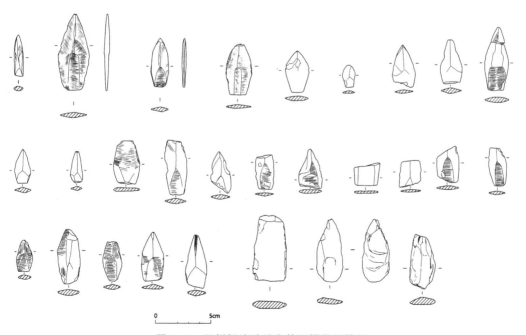

图 1-34　石板桥遗址采集的石镞及石镞坯

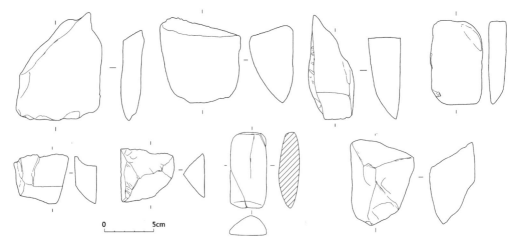

图 1-35　石板桥遗址采集的石锛

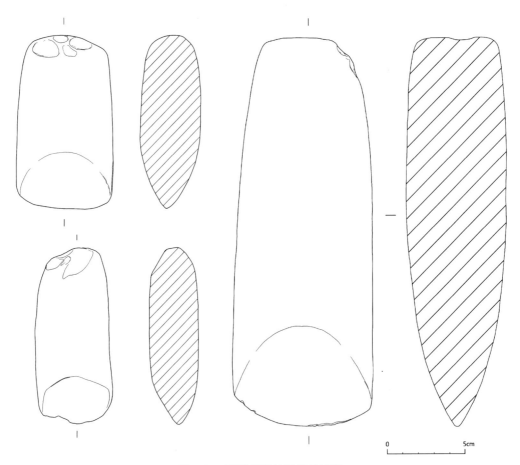

图 1-36　石板桥遗址采集的石斧

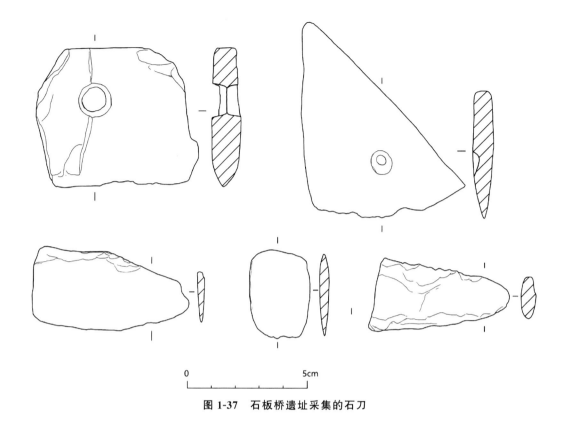

图 1-37　石板桥遗址采集的石刀

43.后垟遗址

位于云和县雾溪畲族乡后垟村以北、雾溪水库西岸的一处自然山岗上,岗顶海拔 270 米。平面近弧边三角形,面积约 1 万平方米。文化层厚 0～0.5 米,堆积为较疏松的黄褐色土,含陶片、沙粒、碎石等。采集石镞 1 件、宽卷沿罐口沿 1 件,属夏商时期(图 1-38)。

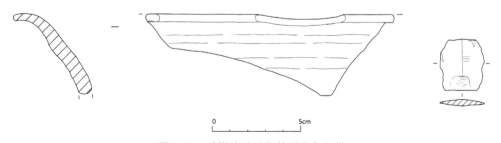

图 1-38　后垟遗址采集的硬陶与石镞

44.鼻梁岗遗址

位于云和县赤石乡赤石码头西侧,原为自然山岗,现为云和湖内的一处孤岛,部分没入水库,岗顶海拔 160 米。平面近弧边三角形,面积约 2.5 万平方米。未见文化层堆积,

2012 年 9 月云和县文物保护中心邱长其在该遗址采集到石镞 4 件,这类石镞在浙南、闽北、赣东主要流行于距今 6000 余年至距今 3500 年间,时代跨度较大,暂将该遗址定为夏商时期[②](图 1-39)。

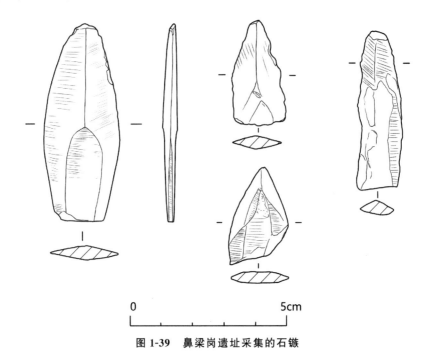

图 1-39　鼻梁岗遗址采集的石镞

45.杨家山遗址

位于云和县紧水滩镇梓坊村北,原为一处自然山岗,岗顶海拔 185 米,丰水期成为云和湖的一座孤岛。平面呈椭圆形,面积约 1.1 万平方米。未见文化层堆积,地表见零星陶片、石器等。采集夹砂陶鼎足 1 件,以及石镞、石镞坯、凹石、三角形截面石锛、磨棒、砺石等,属好川文化。

46.樟坪遗址

位于云和县紧水滩镇樟坪村西北,为自然山岗,海拔 245 米。平面呈不规则形,面积约 5.5 万平方米。未见文化层堆积,地表见零星陶片等。采集属夏商时期的硬陶片和属西周时期的原始瓷片若干。

47.渡蛟遗址

位于云和县紧水滩镇渡蛟村南的一处自然山岗,现为云和湖南岸的一座半岛,岗顶海拔 198 米。大部分没入水库,平面呈不规则形,复原面积约 6 平方米。未见文化层堆积,地表采集较多印纹硬陶,可辨敛口凹底罐、罐口沿等,属夏商时期(图 1-40)。

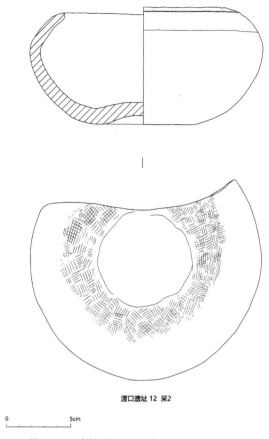

渡口遗址 12 采2

0   5cm

图 1-40　渡蛟遗址采集的印纹硬陶凹底罐

48.溪口遗址

位于云和县石塘镇溪口村、瓯江南岸的一处自然山岗上,海拔 150 米。平面呈长条形,面积约 2.4 万平方米。地表采集少量不带纹饰的硬陶和原始瓷片,未见文化层堆积,推测属夏商至西周时期。

49.长汀遗址

位于云和县石塘镇下村长汀沙滩,为瓯江北侧的一处自然山岗,海拔 155 米。平面近椭圆形,面积约 4.5 万平方米。未见文化层堆积,地表见零星陶片等。采集若干片印纹硬陶,属夏商时期。

50.桑溪遗址

位于云和县石塘镇北溪村桑溪自然村以西、瓯江东岸的一处自然山岗上,海拔 150 米。平面呈椭圆形,面积约 1.5 万平方米,未见文化层堆积。采集篮纹带釉硬陶若干,应属夏商时期。

51.规溪遗址

位于云和县石塘镇规溪村,为瓯江北岸的一处自然山岗,岗顶海拔155米。平面近长椭圆形,面积约6万平方米。未见文化层堆积,地表采集较多印纹硬陶和少量原始青瓷,可辨罐口沿、带镂孔圈足等,属夏商至西周时期(图1-41)。

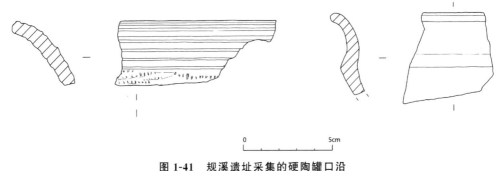

图1-41　规溪遗址采集的硬陶罐口沿

52.泉溪遗址

位于云和县石塘镇泉溪村北,为瓯江支流泉溪岸边的一处自然山岗,岗顶海拔160米。平面近圆形,面积约9万平方米。未见文化层堆积,地表见零星陶片、石器残片等,采集少量印纹硬陶片,属夏商时期。

三、结 语

云和县境调查发现的52处新石器至夏商时期遗址中,有43处位于云和盆地及邻近地区,此区域遗址密集较大,可称为云和遗址群。云和盆地面积约28平方千米,而云和遗址群面积要稍大于云和盆地,达40平方千米。这些遗址之间已经出现明显的分化,存在明显的聚合现象,已经出现了中心聚落、次级中心聚落和一般聚落的区分。瓯江主干道沿岸仅零星分布9处遗址,个别遗址面积较大,但均为单个遗址。

云和盆地内共有马鞍山聚落组、雷岗垄聚落组、坟背山聚落组、狐狸山聚落组、角山聚落组、坝头聚落组、缸窑山聚落组、石板桥聚落组等8个聚落组,其中马鞍山聚落组位于云和盆地的地理中心位置,该聚落组西部大面积被破坏,原应有更多遗址。

以单个遗址的面积,可将52处遗址分为三个层级:大型中心聚落(10万平方米及以上)、中型次级中心聚落(3万~10万平方米)、小型一般聚落(3万平方米及以下)。大型遗址4处,即角山、显圣湾、狮山、棺山尾;中型遗址20处;小型遗址28处。

按照年代划分,目前所知,明确属好川文化阶段的遗址仅2处,即显圣湾遗址和杨家山遗址,这与好川文化时期的陶片多为夹砂陶且较细碎,难以采集有关,部分定为夏商时期(肩头弄至营盘山时期)的遗址可能也会早到好川文化阶段。夏商时期遗址数量最多达40处,浙南夏商时期被认为包括先后相继的肩头弄和营盘山两类遗存[3],大致对应闽北的马岭类型和白主段类型,青龙山、黄山、独山、东山头(着黑陶和印纹软陶)、狗槽山、猫儿潭、雷岗垄、显圣湾均采集或多或少的着黑陶,可知这些遗址内包含肩头弄阶段的遗存,所有夏商时期遗址中均采集印纹硬陶,但从采集遗物很难对这两类遗存进行划分,本简报将这批遗址统归为夏商时期。4处大型遗址均含有夏商时期的遗存,且成片分布,马鞍山聚落组、雷岗垄聚落组、狐狸山聚落组、角山聚落组、石板桥聚落组内的所有遗址和坟背山聚落组的绝大多数遗址均属夏商时期或以夏商时期遗存为主体堆积。夏商时期是云和地区遗址最丰富、最繁荣的时期。西周时期的遗址数量有所减少,共19处,分布比较集中,其中坟背山聚落组、缸窑山聚落组、坝头聚落组内的绝大多数遗址的主要堆积属西周时期。

　　根据显圣湾遗址的发掘结果,可知该遗址的好川文化时期遗存与西部的好川墓地和山崖尾墓地、东部温州的曹湾山遗址等略有差异,如墓坑为较宽大的长方形,墓葬中不随葬鬶,石镞、石锛等石器也有自身的特点,代表了好川文化的一个新的地方类型。在浙江此前仅在江山肩头弄、江山山崖尾等少数遗址发掘了极少数肩头弄文化的灰坑、墓葬等遗迹,内涵所知甚少,文化谱系尚待建构。此次调查发现的不少夏商时期遗址内保存有较好的地层堆积,如有机会开展进一步的发掘工作,将极大地丰富我们对夏商时期面貌的认识。根据门前山的发掘情况和调查采集所获的各类原始青瓷器,此次云和发现的西周时期遗址年代主要集中于西周早期,墓葬随葬品中有不少大型瓮、罐,与衢江西周早中期大墓随葬品中的原始青瓷器类略有差异,显示出一定的地域特点。

　　在调查过程中,我们也收集了丽水地区的相关资料线索,新石器至夏商时期的遗址在丽水其他县市也有少量发现,如莲都区3处、松阳6处、景宁2处、龙泉1处、青田2处等。从地势情况来看,松阳所在的松古盆地、莲都区所在的碧湖盆地等区域自然条件优越,理应有较密集的遗址分布,相关主动性调查工作将于2022年底至2023年开展。

注释:

①云和县地方志编纂委员会编:《云和县志(1991—2010)》,方志出版社,2020年。

②张俭:《中国东南地区新石器时代石镞研究》,学苑出版社,2020年。

③黄昊德:《越韵·越礼·流变——先秦越系印纹陶原始瓷综论》,浙江省文物考古研究所编:《锁钥——先秦印纹硬陶原始瓷器特展》,文物出版社,2019年。

附表　云和县新石器至夏商时期遗址登记表

序号	遗址名	位置	归属	面积 (万平方米)	文化层	年代		
						好川	夏商	西周
1	显圣湾	云和盆地	马鞍山聚落组	13	厚0~1.3米	有	有	
2	马鞍山	云和盆地	马鞍山聚落组	1.8	无		有	
3	前溪山	云和盆地	马鞍山聚落组	2	无		有	
4	棺山尾	云和盆地	马鞍山聚落组	7.5	无		有	
5	花园殿	云和盆地	马鞍山聚落组	3.8	无		有	有

续表

序号	遗址名	位置	归属	面积（万平方米）	文化层	年代		
						好川	夏商	西周
6	雷岗垄	云和盆地	雷岗垄聚落组	7	无		有	
7	雷岗垄北	云和盆地	雷岗垄聚落组	1	无		有	
8	和尚垄	云和盆地	雷岗垄聚落组	1.4	无		有	
9	和尚垄西	云和盆地	雷岗垄聚落组	1.4	无		有	
10	黄山	云和盆地	雷岗垄聚落组	4.6	厚0～1.2米		有	
11	东山下	云和盆地	雷岗垄聚落组	2.3	无		有	
12	东山头	云和盆地	雷岗垄聚落组	1.6	无		有	
13	里面坡	云和盆地	雷岗垄聚落组	1.2	无		有	
14	大毛垄	云和盆地	雷岗垄聚落组	1	无			有
15	狮山	云和盆地	单个遗址	13	厚0～0.5米		有	
16	独山	云和盆地	单个遗址	9	无		有	有
17	下武村	云和盆地	单个遗址	7	无	有		
18	狮子头	云和盆地	坟背山聚落组	7.5	厚0～1.3米		有	有
19	坟背山	云和盆地	坟背山聚落组	6	无		有	有
20	坟背山西	云和盆地	坟背山聚落组	1	无			有
21	瓦窑岗	云和盆地	坟背山聚落组	2.8	无		有	
22	红石头	云和盆地	坟背山聚落组	2.5	厚0～0.7米		有	
23	狐狸山	云和盆地	狐狸山聚落组	5	厚0～1.2米		有	
24	猫儿潭	云和盆地	狐狸山聚落组	2.5	厚0～0.7米		有	
25	青龙山	云和盆地	狐狸山聚落组	5	厚0～0.7米		有	
26	村头	云和盆地	单个遗址	1	无		有	
27	凤凰山顶	云和盆地	角山聚落组	0.4	厚0～0.4米		有	
28	凤凰山脚	云和盆地	角山聚落组	2	厚0～0.4米		有	
29	角山	云和盆地	角山聚落组	27	厚0～0.8米		有	有
30	狗槽山	云和盆地	角山聚落组	2.4	厚0～0.6米		有	
31	龟山	云和盆地	单个遗址	1.5	无		有	
32	大猫山	云和盆地	单个遗址	13	无			有
33	馒头山	云和盆地	坝头聚落组	1.6	无			有
34	水库塘山	云和盆地	坝头聚落组	1.2	无			有
35	屋后山西	云和盆地	坝头聚落组	2	无			有
36	屋后山东	云和盆地	坝头聚落组	2	无			有
37	缸窑山	云和盆地	缸窑山聚落组	6.6	厚0～0.9米		有	
38	茶园	云和盆地	缸窑山聚落组	5.5	无			有
39	门前山	云和盆地	缸窑山聚落组	4	无			有
40	黄泥山	云和盆地	缸窑山聚落组	3	无			有

续表

序号	遗址名	位置	归属	面积 （万平方米）	文化层	年代		
						好川	夏商	西周
41	横山	云和盆地	缸窑山聚落组	6	无			有
42	石板桥	云和盆地	石板桥聚落组	2.7	厚0～1米		有	
43	后垟	云和盆地	石板桥聚落组	1	厚0～0.5米		有	
44	鼻梁岗	瓯江	单个遗址	1.3	无	有		
45	杨家山	瓯江	单个遗址	1.1	无	有		
46	樟坪	瓯江	单个遗址	5.5	无		有	有
47	渡蛟	瓯江	单个遗址	6	无		有	
48	溪口	瓯江	单个遗址	2.4	无		有	有
49	长汀	瓯江	单个遗址	4.5	无		有	
50	桑溪	瓯江	单个遗址	1.5	无		有	
51	规溪	瓯江	单个遗址	6	无		有	
52	泉溪	瓯江	单个遗址	9	无		有	

附记：参加调查的工作人员有浙江省文物考古研究所的陈明辉、李强强和云和县文物保护中心的杨克新、林旭平、邱长其。发掘领队为陈明辉、王永磊，参加发掘的有浙江省文物考古研究所的陈明辉、张小元、刘永伟，云和县文物保护中心的杨克新、林旭平、邱长其、李笑州和北京大学考古文博学院的博士研究生戴伟。绘图由浙江省文物考古研究所的张念哲和中国美院的实习生何佳宁完成。在发掘和简报撰写过程中得到了福建省闽江学院黄运明、厦门大学付琳及浙江省文物考古研究所黄昊德、罗汝鹏的提点和帮助，谨致谢忱！

执笔者：陈明辉　杨克新　张念哲

The survey report of archaeological sites from the Neolithic to the Xia-Shang period in Yunhe County，Zhejiang Province

Zhejiang Provincial Institute of Cultural Heritage and
Archaeology and Yunhe County Center for
Cultural Heritage Protection

Abstract：Yunhe County is situated in the southwestern part of Zhejiang Province，between Xianxia Ridge and Donggong Mountain，in the upper reaches of the Oujiang River. From 2021 to 2022，the Zhejiang Provincial Institute of Cultural Heritage and Archaeology collaborated with the Yunhe County Center for Cultural Heritage

Protection to conduct a systematic investigation and excavation in the area. The investigation revealed a total of 52 sites ranging from the Neolithic to the Xia-Shang period, with 43 of them concentrated in Yunhe Basin and nearby regions, while the remaining 9 sites were sparsely distributed along the main stream of the Oujiang River. The majority of these sites date back to the Haochuan period, the Xia-Shang period, and the early Western Zhou period. The artifacts discovered in these sites exhibit significant regional characteristics of prehistoric culture in the upper reaches of the Oujiang River.

Keywords: Yunhe County, Haochuan Culture, Stamped Hard Pottery, Proto-porcelain

福建莆田市常太镇仑仔山古墓葬的清理

黄运明

（闽江学院人文学院）

2017 年 2 月初,莆田市常太镇东青村村民在仑仔山挖坑栽树活动中,发现 3 件原始瓷器(包括 1 件尊、1 件双耳罐、1 件单把罐)和 1 件磨制石矛,随后及时向莆田市文物部门报告。2 月底至 3 月初,福建博物院文物考古研究所、中国社会科学院考古研究所东南工作队、莆田市博物馆联合组队,在当地村民的协助下,对文物出土所在的遗迹进行了抢救性清理,又清理出 1 件夹砂陶釜和 3 件石锛。通过对周边地形环境的考察以及对地层、遗迹形制和器物的判断,初步认为其为一处史前时期古墓葬遗迹(M1)。

一、墓葬概况

仑仔山 M1 位于莆田市常太镇东圳水库的东北部,其所在的仑仔山为高山延伸的缓坡。地理坐标:北纬 25°31′32.12″,东经 118°57′09.33″(图 2-1)。M1 开口于表土层下,打破生土。为长方形竖穴土坑深坑墓,墓向为东西向,宽约 90 厘米,残长约 20 厘米,深 110厘米。M1 填土分两层:第 1 层呈浅棕色,质硬,含少量红烧土块与炭粒,厚约 70 厘米;第2 层为散乱的花岗岩风化土,土质纯净,厚约 40 厘米(彩版 2-1)。在此次清理前,M1 西侧已被破坏,仅余墓葬最东侧约 20 厘米填土,陶釜和石锛出于墓葬填土底部。据村民介绍,其他遗物出土位置大体与之处于同一平面。

二、出土遗物

1.陶器

仅出土 1 件陶釜。

釜 1 件(M1:8)。夹砂灰黑色陶。破损严重,无法复原。敛口,尖唇,鼓腹。胎灰黑色,质地疏松,较薄。口径 7 厘米,残高 3.5 厘米。

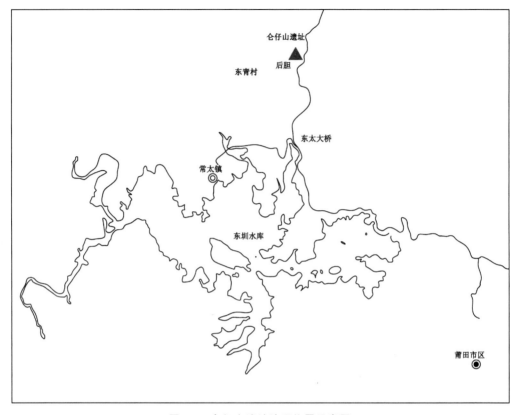

图 2-1　仑仔山遗址地理位置示意图

2.原始瓷器

共出土 3 件原始瓷器。器类有尊、双耳罐和单把罐。

尊 1 件(M1:6)。高领,敞口,溜肩,折腹,圈足外撤。器表施青白釉,釉稀薄,大多脱落,仅局部保留釉面。颈部和上腹部以及足部分别饰戳刺纹和弦纹。灰白胎,胎质紧密,火候较高。口径 10.2、腹径 7.8、足径 5.8、高 13.8 厘米(图 2-2,1;彩版 2-2)。

双耳罐 1 件(M1:5)。高领,侈口,束颈,双环形宽带耳,鼓腹,圜底微平。近口沿处残余少量青白釉,颈部饰一周小圆饼组成的联珠纹。肩腹部饰条纹,肩腹间饰一道附加凹弦纹。腹内壁有制作过程遗留的手指压印凹窝。灰白胎,胎质紧密,火候较高。口径 11、腹径 15、高 12.5 厘米(图 2-2,2;彩版 2-3)。

单把罐 1 件(M1:7)。高领,侈口,圆唇,束颈,一侧附宽带单把,溜肩,鼓腹,圜底微平。表面施青白釉,釉稀薄,大多脱落,仅局部保留釉面。面饰细条纹。灰白胎,胎质紧密,火候较高。口径 7、腹径 8.5、高 8.4 厘米(彩版 2-4)。

3.石器

共出土 4 件石器,器类为矛和镞。

矛 1 件(M1:1)。灰色硅质岩,平面呈柳叶形,一面脊,单向钻孔,整体磨制精细,表面

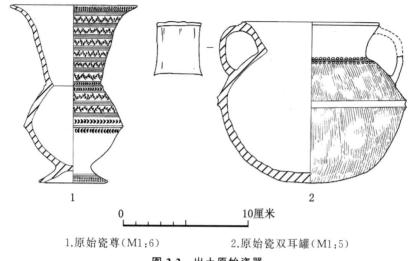

1.原始瓷尊（M1:6） 2.原始瓷双耳罐（M1:5）

图 2-2 出土原始瓷器

光滑。长 11.5、宽 4、厚 0.5、孔径 1 厘米（彩版 2-5）。

锛 3 件。M1:2，灰白色泥质砂岩，平面近长方形，两面细磨，侧面粗磨，弓背，弧刃，刃缘有使用形成的小疤痕，长 7.5、宽 2.5、厚 2 厘米。M1:3，灰白色泥质砂岩，平面近长方形，两面细磨，两侧粗磨，平顶，弓背，斜弧刃，刃缘有使用形成的小疤痕，长 7.3、宽 2.2、厚 2.1 厘米。M1:4，灰色硅质岩，表面较为粗糙，平面近长方形，弓背，弧刃，长 9.3、宽 3.5、厚 1.8 厘米（彩版 2-5）。

三、相关认识

此前，莆田境内发现的史前遗址主要集中在木兰溪沿岸及南部沿海，偏内陆的山区不多。仑仔山 M1 出土的原始瓷，无论其制作工艺、釉色还是烧成温度都相当成熟，其形制与泉州永春苦寨坑窑址发现的原始瓷基本一致[1]。根据仑仔山 M1 墓葬形制和出土随葬品判断，该墓葬年代应距今 3500 年左右，相当于中原夏商时期。

这是莆田地区首次发现夏商时期遗存，也是莆田迄今发现年代最早的考古学文化遗存，对探索闽中地区先秦考古学文化发展序列具有重要意义。该墓葬原始瓷器物群的出土，也为研究泉州永春苦寨坑原始瓷产品的流通提供了重要资料。

注释：

①羊泽林：《福建永春苦寨坑发现原始青瓷窑址》，《中国文物报》2017 年 3 月 10 日，第 8 版。

附记：福建博物院文物考古研究所范雪春，莆田市博物馆游国鹏、徐锋，中国社会科学院考古研究所东南工作队李水常等参与了墓葬清理工作，李水常绘制了器物线图，特此鸣谢！

The Cleaning of the Ancient Tomb in Lunzai Mountain, Changtai Town, Putian City, Fujian Province

Huang Yunming

Abstract: In spring 2017, a joint team consisting of the Fujian Provincial Institute of Archaeology, the Southeast Working Team of the Institute of Archaeology of the Chinese Academy of Social Sciences, and the Putian Museum conducted an emergency cleaning of a damaged relic located in Dongqing Village, Changtai Town, Putian City. The excavation resulted in the discovery of several artifacts, including a sand-clay pot, three stone hammers, a proto-porcelain statue, a proto-porcelain double-eared pot, a proto-porcelain single-handled pot, and a stone spear, all of which were attributed to tomb M1 in Lunzai Mountain. The proto porcelain wares found in tomb M1 bear a striking resemblance to those found at the Yongchun Kuzhaikeng Kiln site in Quanzhou, and as such, are estimated to date back to approximately 3500 years ago. The discovery of Lunzai Mountain M1 is particularly noteworthy as it marks the first time that Xia-Shang period remains have been found in the Putian area. Moreover, the excavation of the primitive porcelain wares provides valuable information for researching the circulation of proto porcelain products from the Yongchun Kuzhaikeng Kiln site.

Keywords: Lunzai Mountain, Putian, Tombs, Proto Porcelain, Kuzhaikeng Kiln Site

浙江海盐县葛山遗址的考古发掘与发现

何东风　江龙昌　王依依

（浙江省海盐县博物馆）

葛山位于浙江省海盐县通元镇与秦山街道交界处，由雪水港村、丰义村、丰山村三个行政村管辖。2008年第三次全国文物普查在葛山东南坡发现一条东北—西南走向的长条状土垄，当地俗称"龙埂"。土垄残长约90米，宽约16.5米，高约4米（图3-1）。现场采集到部分马桥文化时期至东周时期的遗物。此处土垄建成年代较早、规模较大、形制独特，具有重要的历史价值和文化价值，2010年6月由海盐县人民政府公布为县级文物保护单位"葛山遗址"。2019年初，附近居民发现葛山遗址被盗掘。闻讯后，海盐县博物馆与通元镇派出所相继来到现场勘查，后由公安部门立案侦查。

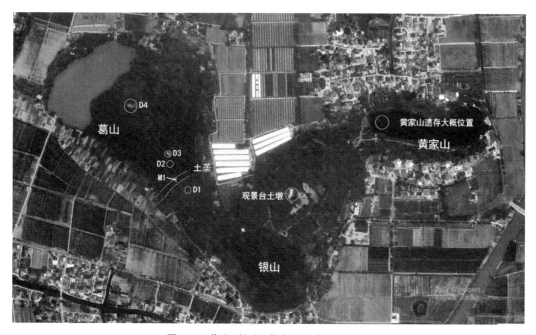

图3-1　葛山、银山、黄家山遗存分布总图

盗洞位于土垄最高处，略呈长方形，东西长约1.5米，南北宽约0.74米，深约2.7米。浙江省文物考古研究所专家在现场实地调查后建议对被盗区域进行抢救性清理，立项获批后，浙江省文物考古研究所与海盐县博物馆联合组成考古队，于2020年7月至2021年

1月正式展开发掘与进一步调查。经过近6个月的野外工作,共揭露面积530平方米,对土垄的年代、结构与营造方法都有了进一步的了解;在土垄北坡发现一座小型石室墓;在葛山东南坡的山脊线上发现土墩遗存4处,勘探解剖了其中2处,发现石室墓2座。出土物包括大量印纹硬陶片、原始瓷片及少量泥质陶片、夹砂陶片,另有青铜器、石器、印纹硬陶器、原始瓷器共十余件。

一、土垄遗存的发掘

土垄依山势而建,呈东北—西南走向,与山脊线近乎垂直,将葛山林区与鞍部茶树地分隔开。土垄最高处在山脊,最低处在山下菜地,落差较大。据当地老人介绍,传说其西南端原本一直延伸至村庄里的河道,但已不可考,东北端的具体走势亦不明朗。后期修路时,在山脊、西南山脚处各挖开一处豁口,将土垄分割成三段。

以盗洞西南方向的最高点为基点,正南北方向设"十"字隔梁,布设4个探方,探方面积依照地形大小不等,共177平方米。先发掘T1、T3,后发掘T2、T4,东部沿山路部分未清理(图3-2)。后又在T3西南方向20米处布设探沟(TG4),对土垄进行解剖。TG4垂直于土垄,长14米、宽1.5米。

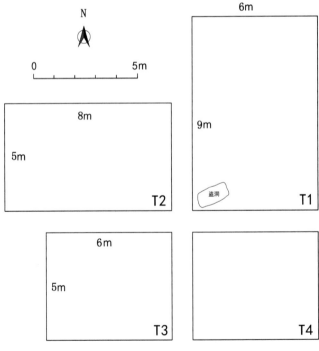

图 3-2　探方平面图

(一)地层堆积

探方区的地层堆积如下：

第1层，表土，为植被腐烂层，厚10~25厘米。土质疏松，呈灰褐色。包含大量的植物根茎，出土少量印纹硬陶、原始瓷片。

第2层，红壤层，厚15~116厘米。红壤为山体原生土，较疏松。植物根茎变少，出土少量印纹硬陶片。

第3层，灰白色凝结土，厚0~120厘米。土中混有黏合物，夹杂有不规则石块。整个土层坚硬密实，稳固且防水性好，能很好地保护垄体(彩版3-1)。植物根茎基本不见，陶瓷片极少。

第4层，花斑土，厚0~305厘米。土色多样，以黄褐色砂性土和黑褐色黏土为主，呈团块状互相夹杂，较坚硬，夹杂石块较多，部分形制规整的应取自其他建筑物。近底部铺有石块层，石块大小不一，或高或低，密集区与土垄走向一致，应为加固垄基而铺(彩版3-2)。出土大量印纹硬陶、原始瓷残片，另有少量泥质陶片。

第4层以下为基岩。

TG4的地层堆积与探方发掘区基本一致，但由于揭露面积小，在第1、2、3层未发现出土物，仅在第4层出土3件石钺及少量陶瓷片(图3-3)。在第4层的近底部，同样也铺有石块层。

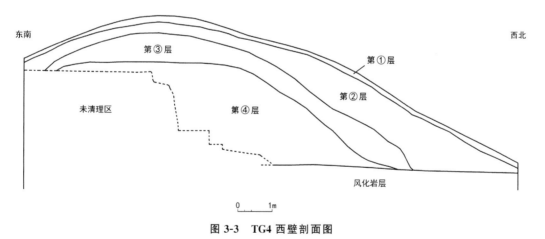

图 3-3 TG4 西壁剖面图

(二)出土遗物

1.石器

石钺3件。TG4④:1,单孔石钺,表皮泛红,边沿磕损,刃宽8.1厘米,高9.1厘米,厚1.8厘米(图3-4)。TG4④:2,单孔石钺,器表光滑细腻,圆孔和顶端中部较粗糙,似为长时间磨损所致,刃部磕损,刃宽 7.2 厘米,高 8.1 厘米,厚 1.3 厘米(图 3-5)。TG4④:3,双孔石钺,顶、刃均残缺,残高 5.9 厘米,厚 1.4 厘米(图 3-6)。

图 3-4　石钺 TG4④:1

图 3-5　石钺 TG4④:2

图 3-6　石钺 TG4④:3

2.原始瓷器

原始瓷罐 1 件。T4④:2,敞口圆唇,内沿中部微凹,束颈,肩部有三道双线弦纹,间饰斜向戳点纹,有一桥形耳已残断,另有两处"S"形堆塑,扁鼓腹,圈足,足底饰弦纹。除圈足及附近外,通体施釉,内底凹处积釉较厚。口径约 11 厘米,足径 7.8 厘米,高 7 厘米(图 3-7)。

原始瓷碗 3 件。T1④:1,灰胎,敞口圆唇,内沿中部内凹,内壁有螺旋状纹饰,矮假圈足,除足部以外通体施釉,残缺较严重,足径 7 厘米,高 3.1 厘米。T4④:1,灰胎,敞口圆

图 3-7 原始瓷罐 T4④:2

唇,口内沿中部微凹,并饰有两处"S"形堆塑,残缺部分可能亦有一处,折腹,内壁有螺旋状纹饰,矮假圈足,底部中央微微内凹,除足及附近外,通体施釉,口径 14.5 厘米,足径 7.8 厘米,高 3.7 厘米(图 3-8)。T1④:2,白胎,敞口圆唇,内沿和底部均饰螺旋纹,腹部有一道凸棱,矮假圈足,足底饰弧状的篦齿纹,通体施釉(图 3-9)。

图 3-8 原始瓷碗 T4④:1

图 3-9 原始瓷碗 T1④:2

除上述可完整修复的器物外,还出土了较多的原始瓷残片,釉色以青绿色、黄绿色为主,纹饰主要有弦纹、折线纹、变体云雷纹,可辨器形有碗、盘、罐、筒形卣等。

3.陶器

未发现完整器,出土了大量陶片,其中以印纹硬陶为主,纹饰主要有席纹、方格纹、叶脉纹、麻布纹、回字纹、口字纹、折线纹等,可辨器形主要是罐。另有少量夹砂陶和泥质灰陶,多素面,也有少量折线纹、篮纹、麻布纹。可辨器形有罐、鼎、支座等。

(三)其他遗迹现象

在 T2 东北角发现一座石室墓,编号 M1(彩版 3-1)。M1 开口于第 2 层下,墓底打破第 3 层、第 4 层(图 3-10)。墓室大致呈长条形,块石垒砌,西侧立石为门,石盖板有缺,方向为东偏南 17°。石室内壁长 2.1 米,下宽上窄近梯形,高 0.6～0.8 米。填土分两层,上层为较疏松的黄灰色土,下层为较硬的灰黄色凝结土。未发现遗物。

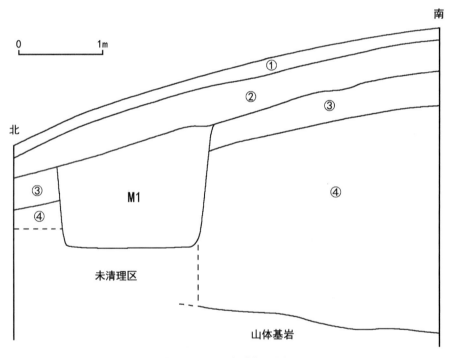

图 3-10　T2 东壁剖面图

(四)小结

从第 4 层出土物的形制特征来看,其所属年代为商代至春秋时期,早晚混杂明显,应均随取土而来。此外,在第 4 层土壤中所夹杂的规整石块,亦与葛山土墩遗存中的墓室石材相似。综合判断,土垄的修建时间不早于春秋时期,不排除二次营建的可能,其功能尚不明确。体量如此大的商周时期建筑遗存,在浙北地区尚未发现第二例,极为难得。

二、土墩遗存的初步调查与勘探

葛山东南坡山脊线上的 4 处土墩遗存(D1～D4)均依山势而建,平面大致呈椭圆形。D1 位于土垄东南侧约 30 米的鞍部,地表现种植茶树。近东西向,东西长约 23 米,南北宽约 21 米。D2 位于土垄西北侧约 43 米的山腰处,地表为野生竹林,间杂栗树等,近东西向,东西长约 20 米,南北宽约 18 米。D3、D4 顶部的封土流失情况较严重,已露出部分石块,遂对其进行了解剖和局部清理。

(一)D3

D3 位于 D2 北侧约 12 米。近东西向,东部因修山路而被严重破坏,残长约 25.5 米,南北宽约 24 米。在中心处布设两条南北、东西方向且十字交叉的探沟(TG1、TG2),TG1 长 27 米,TG2 长 22.5 米,宽均为 1.5 米(彩版 3-3)。

1.地层堆积

第 1 层,表土,为植被腐烂层,厚 10～23 厘米。土质疏松,呈灰褐色。包含大量的植物根茎,未发现遗物。

第 2 层,红壤,厚 14～94 厘米。土质较疏松,夹杂较多的碎石块。出土 1 件青铜斧(TG1②:1,图 3-11),高 7.1 厘米。另有少量印纹硬陶片和原始瓷片。

图 3-11　青铜斧 TG1②:1

第3层,黄灰斑土,厚0～120厘米。主要分布在石室内及周边,土质较硬。出土物有少量印纹硬陶片、原始瓷片。

第4层,灰黄土,厚0～72厘米。分布在TG1南、北端,TG2西端,环绕在第5层的外围。土质较硬,北端、西端出土较多的原始瓷片、印纹硬陶片,另有少量泥质陶片,西端出土原始瓷小罐和印纹硬陶罐各1件。

第5层,灰白色凝结土,厚0～140厘米。分布在石室周围,叠压在墓室石块上,土中混有黏合物,土层坚硬密实,应为墓葬封土。未发现遗物。

第5层以下为基岩。

2.遗迹与遗物

在探沟相交处发现一座石室墓,编号M2。方向为东偏南1°,墓室石块残损严重,盖板石、墙石大半缺失,南墙西段向北侧倾斜坍塌,底部局部有厚约2厘米的扁平状小块石片。内壁东西残长约10.1米,宽约1.9米,高约1.4米。东部(距西墙7.1米处)有一列南北向、体量较小的石块,石块南端近墙处有一釉陶罐(M2:1)。灰黑胎,敞口,翻唇,内沿饰5道弦纹,束颈,肩部饰叶脉纹,鼓腹,腹部饰小方格纹,平底。外壁口沿至肩部、内壁施黄褐色釉。口径21.7厘米,底径19厘米,高25厘米(图3-12)。

图 3-12　釉陶罐 M2:1

在石室外西侧TG2的第4层内出土原始瓷双系小罐、印纹硬陶罐各1件。原始瓷双系小罐(TG2④:1)发现于距底部基岩31厘米处,器形不规整,敞口,平唇中间微内凹,颈部一对小耳已残缺,溜肩,腹部微鼓,小假圈足,足心微内凹,内底呈螺旋状,有明显的支烧痕迹。施青绿色釉,外壁釉层大半剥落,内壁釉层保存较好。口径8.5厘米,足径5.3厘米,高7.3厘米(图3-13)。印纹硬陶罐(TG2④:2),侧躺在底部基岩上,胎体红褐色,内外壁施白衣,敞口,翻唇,颈部饰多道弦纹,肩部、底部满饰席纹,鼓腹,小圈底,底心微内凹。口径 13.8 厘米,高 27.5 厘米(图 3-14)。

图 3-13　原始瓷双系小罐 TG2④:1

图 3-14　印纹硬陶罐 TG2④:2

(二)D4

D4 位于山顶,西北—东南走向,长径尚不明确,短径约 22 米。石室墓(编号 M3)的石块一小半都已露出。在 M3 东侧布设一条正南北向探沟(TG3),沟长 40 米、宽 1.5 米,清理至灰白色凝结土止(彩版 3-4)。

1.地层堆积

与 D3 相似,但未见第 4 层灰黄土。

2.遗迹与遗物

墩内发现石室墓 M3,方向为东偏南 38°,墓室呈长条形,块石尺寸相对较大,大半散落在周边。墓内未清理到底,目前所见的内壁宽约 2 米,长度尚不明确。未发现遗物。

(三)小结

嘉兴境内目前所发现的土墩遗存主要分布在海盐、海宁南部沿杭州湾北岸一线的低山丘陵上,有数百座之多[1]。葛山发现的 4 座土墩遗存、土垄北坡的 M1,以及此前发现的银山观景台土墩、黄家山出土器物地点,均在山脊线上(图 3-1)。根据土墩之间的间隔来判断,上述 6 处地点之间应该尚有未发现的土墩遗存分布。当然,另外几条山脊线上,以及非山脊线区也不排除有土墩遗存的分布。目前,此区域土墩遗存分布的深入调查仍在进行中。

从营建方式来看,几座土墩遗存基本一致,中部用块石筑石室,以大长条块石盖顶,灰白色凝结土环筑成包,再用山体土壤裹覆。从规模来看,因土壤流失程度的不同而导致难以精确判断土墩的大小,但就石室而言,山顶的 M3 最大,山腰的 M2 次之,M1 最小。巧合的是,1984 年在海宁审坟山发掘的 17 座土墩遗存中,最大的土墩 D1(长径约 30 米、短径 18.5 米,石室残长 14 米、宽 2.04 米)也位于山顶,规模亦大致相当。根据类型学分期,报告将审坟山 D1 定为审坟山土墩遗存第四期,亦是土墩石室墓中最早的一期,推断年代相当于西周后期至春秋早期[2]。

根据器物质地、器形和纹饰等特征判断,D3 中第 4 层灰黄土中的出土物主要流行于商代(马桥文化)至西周,M2 石室内东南角的釉陶罐主要流行于西周时期,综合判断 M2 的建成时间不早于西周。但 TG2④:1、TG2④:2 两件器物主要流行于商代晚期至西周时期,与 M2 的釉陶罐相比时代要早,疑似属于另一墓葬,可能是 M2 在营建时打破了早期墓葬,也可能是多次营建形成的一墩多墓现象。

三、葛山遗址商周遗存的价值

嘉兴的人文历史十分悠久,文化底蕴极为厚重。史前的灿烂文明暂且不提,进入历史时期后,著名的"槜李之战"更是让嘉兴一战成名,在中国大一统、文明交融的历史进程中留下了浓墨重彩的一笔。然而,由于这一时期的史料极度匮乏,从志乘中解析出来的历史面貌过于模糊。于是,散布在辖区内各处的遗迹与遗物就成为我们了解商周历史最为重要的实物资料。葛山商周遗存,便是其中最为珍贵的实例之一。

(一)文化属性明确

目前,嘉兴境内常见的商周遗存主要是零散分布于各地的简单堆积,通常只见印纹陶、原始瓷、青铜器等完整器或残片等遗物,难见甚至不见文化层③。具有完整遗迹单位的相对较少,在研究中往往被视为其他文化遗址的伴生堆积,缺乏必要的独立性,称之为"商周遗物发现地"或"商周堆积分布区"似乎更准确。而本次对葛山遗存的考古调查与发掘结果表明主体部分应为大型的商周遗址,包含墓葬区,但不仅限于此。

(二)证明史料记载中部分"旧传"不实

明天启二年(1622 年)《海盐县图经·山》载:"丰山,县西南十八里,高一百三十二丈,周十二里。(永乐《志》云:上有石屋三所,旧传秦始皇屯兵于此。)"根据所载山体分布范围的"周十二里"来看,刚好与如今丰山、黄家山、银山、葛山总的分布范围相当,可能这四座山体在其时共用"丰山"一名,其"石屋三所"中可能就包括了葛山山顶的 M3。无论如何,其所载之石屋即为石砌墓室无疑,而非旧传之秦始皇屯兵处。另有"石屋山,县西南三十六里(宋《志》云:山与茶磨山相接,上有石垒叠成屋,旧传黄巢时民避兵处)"等记载,也是时人对石室墓的认识。

(三)增添了研究历史的重要资料

1983 年,黄家山采石场出土了 80 余件战国时期的陶瓷器,其中一批成组的原始瓷乐器尤为珍贵。其中有 3 件印纹陶坛紧靠在一个东西长 2.1 米、南北宽 1 米的不规则方形浅坑内的西、南壁,器物肩部以上已无存,报告推测此坑可能是一座土坑墓或带浅坑的土墩墓④。本次发掘与调查,在遗存分布上将葛山与银山、黄家山相连成一个整体,在遗存类别上增加了土垄,在墓葬形制上增加了土墩石室墓,在遗存年代跨度上也将上限大幅前推,为海盐乃至整个浙北地区的吴越文化研究增添了重要的实物资料。

综上所述,葛山遗址内涵丰富,种类多样,文化属性明确,整体保存情况较好,为难得的大型商周遗存分布群。在全面调查结束后将根据遗存的实际分布情况重新划定并公布保护范围与建设控制地带,进一步加大保护管理力度。此外,葛山地理位置优越,交通便捷。后续可根据实际情况将葛山遗存的局部作现场展示,建立一个商周时期民俗文化学习和研究基地,同时也为乡村振兴增添一处文化地标。

注释:

①嘉兴市文化局:《嘉兴博物馆馆藏文物精品集·器物卷》,浙江摄影出版社,2007 年,第 11～12 页。

②杨楠:《夹山商周时期土墩遗存的发掘及若干问题》,《考古学研究》(八),科学出版社,2011 年,第 235～243 页。

③陆耀华:《嘉兴印纹陶遗址与土墩墓》,《东南文化》1989 年第 6 期。

④浙江省文物考古研究所、海盐县博物馆:《浙江海盐出土原始瓷乐器》,《文物》1985 年第 8 期。

Archaeological Excavation and Discovery at the Geshan Site in Haiyan County, Zhejiang

He Dongfeng, Jiang Longchang, Wang Yiyi

Abstract: Geshan is a small hill located at the northern end of the low hill and hillock-dense area along the north bank of the Qiantangjiang River, with a height of 63.8 meters. During the third national cultural relic census, a trench remains were discovered and announced as a county-level cultural relic protection unit. In 2019, the site was illegally excavated and damaged. In 2020, the Zhejiang Provincial Cultural Relic and Archaeology Institute and Haiyan Museum jointly conducted a salvage archaeology excavation of the robbed area, gaining further understanding of the age, structure and construction method of the trench remains. A small stone chamber tomb was discovered on the northern slope of the trench and four soil mound remains were found on the ridge line of the southeast slope of Geshan, two of which were explored and dissected, revealing two stone chamber tombs. A large number of fragments from stamped hard pottery, proto porcelain and a small amount of fragments from mud pottery and sand-tempered pottery were unearthed, as well as more than ten bronze ware, stone ware, stamped hard pottery ware and proto porcelainware.

Keywords: Haiyan Geshan, Shang and Zhou Dynasty Remains, Trench, Earthen Mound with Stone Chamber Tomb

宁波鄞州区文保中心藏旧鄞县甲村出土的东周遗物

朱素珍

（宁波市鄞州区文物保护管理中心）

张晓坤

（杭州市文物考古研究所）

刘　翀

（厦门大学历史与文化遗产学院考古学系）

　　1976 年 12 月，浙江省宁波市鄞州区甲村（原鄞县甲村公社）郑家埭村民开挖河道时，在石秃山旁边农田距地表深 2.5～3 米处发现一批先秦时期遗物。曹锦炎先生等曾对出土的铜钺、剑和矛进行过简要介绍与讨论[①]。鉴于这批材料中存在诸如羽人竞渡纹铜钺这样的重要遗物，学界对其年代、来源均有不同看法。目前主要有以下几种认识：曹锦炎等[②]、张强禄[③]指出其年代为春秋时期，郑小炉指出其年代为战国中晚期[④]，蒋廷瑜指出其年代为战国时期[⑤]，俞珊瑛指出其年代为战国至秦汉时期[⑥]。本文拟在前贤研究的基础上，将这几件铜器和当时登记共出的其他铜器、陶器等遗物重新测绘与拍照，将资料完整公布并对相关问题略做讨论。

　　这批遗物中有铜器、原始瓷器和陶器，其中铜器有钺、矛、剑、斧、削，原始瓷器有鼎、碟、罐，陶器仅有碗。

　　铜钺 1 件，编号 110。保存完好，整体呈风字形，梯形銎口，一侧近銎口处有一穿孔。钺背面为素面，正面通体饰纹饰，沿器身四周有一风字形边框线，在边框线上方有两条相向的龙形动物，前肢弯曲，尾向内卷，昂首向天，下部以边框线表示狭长的轻舟，上乘四人，头戴羽冠，双手持桨划船。正面长 9.9、背面长 10.2、刃宽 12.1 厘米（图 4-1，1；彩版 4-1）。

　　铜斧 1 件，编号 99。保存完好，斧身瘦长，长方形銎口，窄弧刃，刃两侧稍向上翘，正面有一道凸弦纹。通长 8、刃宽 4.8、最厚 2 厘米（图 4-1，2；彩版 4-2）。

　　铜矛 2 件。矛（编号 111），保存完好，直刃收锋，前锋尖锐，两侧翼刃锋利，叶最宽处近叶底，其下内弧与骹接，中部起棱脊，横截面呈菱形，圆骹，骹上有一鼻钮与棱脊相对，鼻钮上部铸一凸线"王"字。通长 19.9、叶最宽处 3.4 厘米（图 4-1，3；彩版 4-3）。矛（编号 135），前锋残断，矛身较长，中部起脊，上部略窄，中部略向外凸，叶最宽处位于中部，宽骹，骹口略内凹，骹上有对穿的圆形小孔。通长 15.8、叶最宽处 5.3 厘米（图 4-1，4；彩版 4-4）。

铜剑 1 件,编号 112。剑已残断,仅余剑身上部,出土时断为两截。剑身狭长,宽从,中起脊,两从斜弧,双刃于近锋处收狭。一侧刃缘上部略有残缺,剑身下部残断。残长34、最宽 4 厘米(图 4-1,5;彩版 4-5)。

铜削 1 件,编号 117。铜削基本完整,椭圆形环首,细茎,横截面呈长三角形,刀身弧背,刃缘略有残缺。通长 31.5、刃长 20、刃宽 1.1、环首径 3.8 厘米(图 4-1,6;彩版 4-6)。

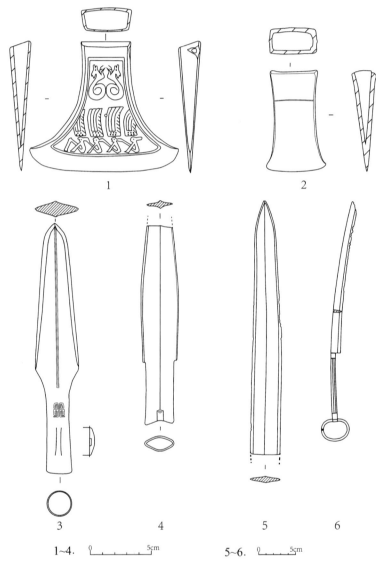

1.铜钺(110)　2.铜斧(99)　3.铜矛(111)　4.铜矛(135)　5.铜剑(112)　6.铜削(117)

图 4-1　浙江宁波旧鄞县甲村石秃山出土铜器

原始瓷鼎 1 件,编号 418。附耳鼎,带盖。鼎身子口微敛,口沿外附对称双耳,耳上部外折,中部有一竖向长方形孔,直腹微弧,平底,底部接三个简化蹄足,足稍外撇。鼎附拱盖,盖面弧形拱起,盖面附三个双孔形钮,盖顶附桥形捉手,捉手两端各贴附长方形泥饼。

盖面饰三周内填斜线的凸弦纹条带,以之为界,将盖面分为四部分,其内分别填有云雷纹和 C 形纹。灰白胎,器身及盖面均施青黄色釉,釉层薄,胎釉结合好。口径 17.6、底径 14、通高 20.8 厘米(图 4-2,1;彩版 4-7)。

原始瓷筒腹罐 1 件,编号 420。直口、方唇,直腹微弧,下腹弧收至底,平底,由内底中心至下腹内壁展开螺旋纹。暗红色胎,下腹呈黑红色,釉完全剥落。口径 10、底径 8.2、高 9.7 厘米(图 4-2,2;彩版 4-8)。

原始瓷碟 1 件,编号 421。大敞口、圆唇,弧腹斜收,平底,由内底中心至腹部顺时针展开螺旋纹。青色釉偏黄,釉已剥落殆尽,露出暗红色胎,胎较为细腻。口径 11.6、底径 6、高 3.2 厘米(图 4-2,3)。

陶碗 1 件,编号 419。夹细砂红陶,素面。直口、方唇,上腹微弧,下腹斜收,平底,内壁有轮旋痕迹。口径 12.7、底径 8、高 5.2 厘米(图 4-2,4)。

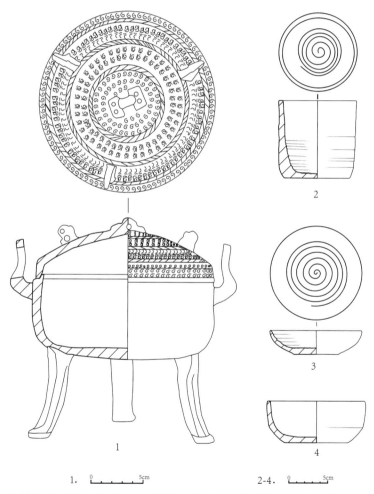

1. 原始瓷鼎(418)　2. 原始瓷筒腹罐(420)　3. 原始瓷碟(421)　4. 陶碗(419)

图 4-2　浙江宁波旧鄞县甲村石秃山出土原始瓷器和陶器

虽然甲村石秃山出土的这批遗物并非考古发掘所得,出土层位等背景信息非常有限,但出土时间、地点较为确定,遗物的共存关系仍值得重视。以下即通过对部分遗物及遗物组合的考察,对这批遗物的年代及相关问题加以讨论。

铜钺(110)上的纹饰展现了华南先民惯于开展水上活动的生动场景。曹锦炎先生将之称为"羽人竞渡纹"或"羽人划船纹"。最近张强禄先生在系统研究的基础上,也将之解读为羽人竞渡纹[⑦]。本文赞同上述观点,这与文献记载中越人对于舟船的依赖颇相吻合。铜钺上的羽人竞渡纹在浙江地区尚属孤例,但在中国云南、广西、广东和东南亚等地所见铜鼓或铜提桶上常有类似纹饰,如带羽冠的人物舞蹈纹、划船纹、行舟纹、祀河纹等[⑧]。铜鼓文化是华南和东南亚地区一种很有特色的重要文化现象,而羽人纹饰是铜鼓装饰艺术的重要组成部分[⑨],我们认为与其伴生的"舞蹈""竞渡"等纹饰应在铜鼓文化圈中找寻其源流和形态变迁过程。羽人竞渡图案最多发现于越南北部红河流域的东山文化中[⑩],且甲村石秃山出土铜钺(110)上的纹饰与东山文化铜鼓上的图案最为相似,两者之间无疑存在文化联系。东山文化是公元前 5 世纪至公元 1 世纪,分布于越南义静省以北至中越边境这一广大地域内的一种青铜时代晚期至铁器时代文化[⑪]。此外,铜钺(110)器形整体呈风字形,类似铜钺多见于广东、广西、湖南等地[⑫],高至喜先生将风字形铜钺的年代定为战国早中期,且指出可能由两广地区的越族人铸造,再流入湖南楚地[⑬]。综上,我们认为铜钺(110)的形制与我国湖南、岭南及越南北部所见同类器关系密切,年代应处于战国早中期。

甲村石秃山出土的王字形纹铜矛(111)在长江下游地区较为少见,带类似纹饰的铜矛在湖广地区发现较多,在岭南地区出土的部分斧、钺、刮刀、人首柱形器等铜器上也有王字形纹[⑭]。这类铜矛形制多为"矛身中脊有棱,脊两侧装饰鸟翼形纹饰或其他纹饰,骹部附钮,钮上方铸一'王'字,骹末端内凹或略平"[⑮]。甲村石秃山铜矛(111)骹末端略平,与其他地区所见同类器略有不同。此外,该铜矛(111)器身素面,所铸"王"字已严重变形,或与有学者指出的"'王'字器已失去了本身的含义,而成为百越文化或百越族群的标志或族徽"[⑯]有关。对于这类铜矛出现时间及族属问题,曹锦炎、傅聚良、管丹平和朱华东、周世荣等均曾论及,但有争议。概括看来,年代认识主要有春秋前期说[⑰]、春秋晚期说[⑱]、春秋或战国早期说[⑲]、战国早期说[⑳]、春秋晚期至战国中期说[㉑]。虽然学界对长江下游地区浙江、江苏、安徽所见少量王字形纹矛年代上限的认识可早至春秋时期,但除江苏六合和仁墓中出土的一件矛外,其余多为收集而来,并无明确层位或共出关系,年代难以定论。湖南、湖北地区出土王字形纹铜矛数量最多,且大多出于墓葬之中,年代集中于战国早中期,较为可信。而岭南地区出土王字形纹铜矛墓葬的年代可晚至战国晚期,应受到两湖地区的影响。综上,我们倾向于认为铜矛(111)的年代应为战国早中期,或受长江中游地区的影响而出现。

另外共出的其他铜器,从形制分析,其年代也处于战国早中期,可作为断代旁证。如铜剑(112)两从基本平行,至剑身三分之二处略内收,至近尖处收聚成锋,与绍兴凤凰山M1、M3所出铜剑上端形制较为相近。同时铜剑(112)、铜斧(99)、铜削(117)、铜矛(135)都可在绍兴西施山遗址[㉒]中见到相似形制的器物。俞珊瑛在对浙江出土青铜器的分区基础上,通过分析其铸造技术,指出绍兴西施山遗址的年代处于战国中期前后[㉓],其论可从。

春秋战国时期绍兴曾作为越国的都城,上述铜器的出土,可见其与越国文化有着千丝万缕的联系④。

对与这批铜器共出陶瓷器的年代判定,也可以佐证铜器的年代。这批铜器共出的原始瓷鼎(418)、筒腹罐(420)、碟(421)和陶碗(419),均与战国早中期越国墓葬或遗址中出土的同类器形制相近。如原始瓷鼎、碟与绍兴祝家山 M1⑤、无锡鸿山邱承墩 D7M1⑥中出土的同类器相似,原始瓷筒腹罐、碟和陶钵亦可在无锡鸿山老虎墩 D1M1⑦中见到相似的器物组合。所见原始瓷碟、筒腹罐均在德清亭子桥原始瓷窑址⑧中有较多发现。根据付琳建立起来的江南地区两周时期墓葬遗存的时空框架,含有上述同类陶瓷器组合的墓葬年代都集中于战国早中期⑨。

综上,我们将这批遗物的年代推定为战国早中期。除羽人竞渡纹铜钺和王字纹矛外,其他陶瓷器和铜器与战国早中期越国文化关系密切,在同期典型的越国墓葬或遗址中都有见到相似的遗物组合,而铜钺、铜矛则与长江中游地区和岭南地区密切相关。这批遗物的出土也从侧面表明了战国早中期时越国文化区与其他文化区之间的交往关系。

注释:

① 曹锦炎、周生望:《浙江鄞县出土春秋时代铜器》,《考古》1984 年第 8 期。

② 曹锦炎、周生望:《浙江鄞县出土春秋时代铜器》,《考古》1984 年第 8 期。

③ 张强禄:《"羽人竞渡纹"源流考》,《考古》2018 年第 9 期。

④ 郑小炉:《吴越和百越地区周代青铜器研究》,科学出版社,2007 年,第 109～110 页。

⑤ 蒋廷瑜:《先秦越人的青铜钺》,《广西民族研究》1985 年第 1 期。

⑥ 俞珊瑛:《浙江商周时期的钺》,《收藏家》2021 年第 3 期。

⑦ 张强禄:《"羽人竞渡纹"源流考》,《考古》2018 年第 9 期。

⑧ 中国古代铜鼓研究会编:《中国古代铜鼓》,文物出版社,1988 年,第 170～181 页。

⑨ 中国古代铜鼓研究会编:《中国古代铜鼓》,文物出版社,1988 年,第 149～150 页。

⑩ 张强禄:《"羽人竞渡纹"源流考》,《考古》2018 年第 9 期。

⑪ 陈果、胡习珍:《简论越南的东山文化》,《长江文明》2012 年第 2 期。

⑫ 郑小炉:《吴越和百越地区周代青铜器研究》,科学出版社,2007 年,第 110 页。

⑬ 高至喜:《湖南发现的几件越族风格的文物》,《文物》1980 年第 12 期。

⑭ 黄展岳:《论两广出土的先秦青铜器》,《考古学报》1986 年第 4 期。

⑮ 曹锦炎:《浙江出土商周青铜器初论》,《东南文化》1989 年第 6 期。

⑯ 黄展岳:《论两广出土的先秦青铜器》,《考古学报》1986 年第 4 期;朱华东、管丹平:《皖南青铜兵器研究三则》,《东方博物》2011 年第 1 期。

⑰ 曹锦炎、周生望:《浙江鄞县出土春秋时代铜器》,《考古》1984 年第 8 期。

⑱ 湖南省博物馆:《长沙浏城桥一号墓》,《考古学报》1972 年第 1 期。

⑲ 周世荣:《湖南省博物馆新发现的几件铜器》,《文物》1966 年第 4 期。

⑳ 傅聚良:《湖广地区出土的"王"字铜器》,《文物》2003 年第 1 期。

㉑ 管丹平、朱华东:《皖南出土青铜矛研究》,《东方博物》2009 年第 2 期;朱华东、管丹平:《皖南青铜兵器研究三则》,《东方博物》2011 年第 1 期。

㉒ 刘侃:《绍兴西施山遗址出土文物研究》,《东方博物》2009 年第 2 期。

㉓ 俞珊瑛:《浙江出土青铜器研究》,《东方博物》2010 年第 3 期。

㉔沈作霖:《绍兴出土的春秋战国文物》,《考古》1979 年第 5 期。

㉕浙江省文物考古研究所等编:《绍兴越墓》,文物出版社,2016 年,第 57～69 页。

㉖南京博物院、江苏省考古研究所、无锡市锡山区文物管理委员会:《鸿山越墓发掘报告》,文物出版社,2007 年,第 173～176,220 页。

㉗南京博物院、江苏省考古研究所、无锡市锡山区文物管理委员会:《鸿山越墓发掘报告》,文物出版社,2007 年,第 115～118 页。

㉘浙江省文物考古研究所、故宫博物院、德清县博物馆:《德清亭子桥——战国原始瓷窑址发掘报告》,文物出版社,2011 年,第 114～116 页。

㉙付琳:《江南地区周代墓葬的分期分区及相关问题》,《考古学报》2019 年第 3 期。

附记:遗物照片由王长喜拍摄,线图由张晓坤、关欣玉绘制。本文研究得到国家社会科学基金青年项目"江南地区周代墓葬与文化分区研究"(18CKG009)资助,为该项目阶段性成果。

The Eastern Zhou Relics Unearthed from Jia Village, Old Yin County in Yinzhou District Cultural Heritage Conservation Center of Ningbo

Zhu Suzhen, Zhang Xiaokun, Liu Chong

Abstract: In December 1976, when a resident of Jia Village in Yinzhou District, Ningbo was digging a canal, a batch of pre-Qin period relics, including a bronze yue with feathery rowing pattern, was found about 2.5 to 3 meters deep from the surface in the farmland near a stony hill, which drew attention from scholars. This article re-organizes and fully publishes these relics, in addition to the relics recorded at the time. The relics include the bronze relics (1 yue, 2 maos, 1 sword, 1 axe, 1 scraper) and the proto porcelain relics (1 ding, 1 dish, 1 jar), and 1 ceramic bowl, Research suggests that these relics date back to the early to middle period of the Warring States. In addition to the feathery rowing pattern bronze yue and the king-patterned mao, the other ceramic and bronze relics are closely related to the culture of the Yue state during the early to middle Warring States period and similar combinations of relics can be seen in typical Yue state tombs or sites from the same period. The bronze yue and mao are closely related to the mid-Yangtze River region and the Lingnan region.

Keywords: Jiavillage in Yin County, Feathery Rowing Pattern Bronze Yue, Early to Middle Warring States Period, Yue State Culture

福建浦城县金鸡山闽越墓葬发掘简报

福建闽越王城博物馆　浦城县博物馆

金鸡山墓葬位于浦城县临江镇南部锦城村之西南面的低矮丘陵山岗上,距临江镇约2公里。西北面为连绵起伏的山岗,东面为宽阔的农田盆地及南浦溪支流临江溪,南部隔山间垅田与低矮山丘地(也有墓葬遗存分布)相连。岗顶较为平缓,海拔高度约245米(图5-1)。

金鸡山遗址早在20世纪80年代全国第二次文物普查时就已发现,学术界大都认为是西汉闽越国东越拒汉六城之一的"临江城"遗址[①]。墓葬区是在2002年福建省"闽越文化专题调查"对该遗址进行复查时发现;2003年9月至11月,经国家文物局批准,福建闽越王城博物馆对金鸡山墓葬区其中的两座墓葬(编号为浦鸡M1、M2)进行了发掘清理,出土随葬品共计70件(套)。现将此次发掘清理情况及主要收获简述如下。

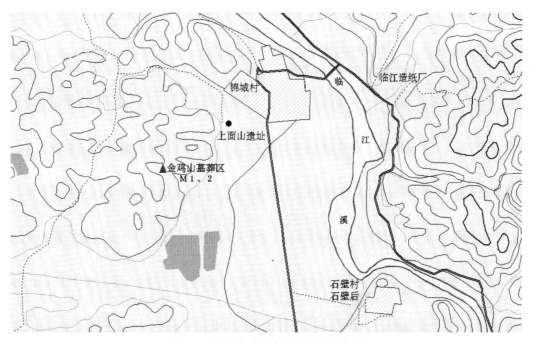

图5-1　浦城金鸡山墓葬区位置示意图

一、墓葬形制与结构

M1 为带斜坡墓道的长方形深竖穴土坑墓，墓上堆筑有封土。封土呈东西向，隆起明显，整体呈长方形馒头状，现存封土高约 2.5 米，底长约 17 米、宽约 15 米，封土土质较硬实，为红黏土及五花土，内含有红烧土和炭粒，在封土西部发现一个不规则圆形盗洞，直径 1.35～1.5 米，土质较疏松，土色灰红。

墓葬坐东朝西，平面整体呈"凸"字形，方向 265°。墓道设在墓坑西壁中部略偏北侧，大体呈长方形，两壁有收分，为逐渐向墓坑底部倾斜的斜坡式墓道，坡度为 18°，长 5、宽 1.4～1.8 米。

墓坑开口于原山体地面，平面呈长方形，坑口长 6、宽 3 米，坑底长 5.7、宽 2.6 米，深 2.8 米。墓坑南北两侧均出现坍塌现象。墓坑内填土大多采用附近的山土，基本为红褐土，夹杂有灰、黄褐色土以及红烧土、炭粒，墓室两侧以及后部大多用挖墓坑时的风化岩土回填，填土略经人工夯打，土质紧密，未发现夯层和夯窝遗迹。墓内的棺椁和人骨早已腐朽无存，仅墓坑底面两侧清出两条宽约 0.4 米的弧状凸起条形土台，应是起到枕木的作用。

M1 内残存的随葬器物共计 10 件，均为硬陶，器类有瓮、釜、双耳罐、匏壶、瓿、钵等。残存随葬品主要分布于墓室的后部和中部（图 5-2）。

M2 为带斜坡墓道长方形深竖穴土（岩）坑木椁墓，墓上堆筑有高大的封土。封土呈东西向，隆起明显，整体呈长方形覆斗状，现存封土高约 4 米，底长约 25、宽约 13 米，顶面长年受雨水冲刷和人为的扰动，已呈椭圆形馒头状。封土土质硬实，为红黏土及五花土，内含有红烧土和炭粒，局部发现有夯窝遗迹，直径 0.05～0.08 米。在封土西部发现一个圆形盗洞，直径约 2.35 米，土质较疏松，土色灰红。

墓葬坐东朝西，平面整体呈"凸"字形，由墓道、前室、后室三部分组成。方向 283°。墓道在墓室西端正中，处理规整，呈长方形，两壁有收分，为逐渐向墓坑底部倾斜的斜坡式墓道，坡度为 18°，长 10、宽 1.5～2.2 米。

墓坑开口于原山体地面，平面呈长方形，坑口长 8、宽 4 米，坑底长 7.6、宽 3.2～3.5 米，深 4.9 米。墓坑壁有收分，墓坑口四壁均出现坍塌现象。墓坑内填土大多采用附近的山土，基本为红褐土，夹杂有灰、黄褐色土以及红烧土、炭粒，接近底部夹杂有青膏泥土填筑。木椁室外两侧以及后部大多用挖坑所得原风化岩土回填，西侧墓门外侧至墓道的填土中夹较多的青膏泥，填土经人工夯筑，未见夯层，土质结构紧密，局部发现有夯窝遗迹，直径 0.05～0.08 米。墓葬坑底前、后室两侧清出两条规整枕木沟槽，距离墓壁约 0.4 米，沟槽宽 0.22～0.3 米，深约 0.15 米，根据枕木沟的分布位置和填土的平面情况分析，当时木椁应分为前、后两室，前室短而窄，长 1.8、宽 1.5 米；后室较长而宽，长 5.5、宽 2.08 米。枕木沟槽交接处错交约 0.4 米。在枕木沟槽上部还保存清晰的灰黑色椁底木板及两侧椁板和木棺腐朽的板灰痕迹。尸骨已腐朽无存。椁底木板横向架于枕木上，东西向排列着

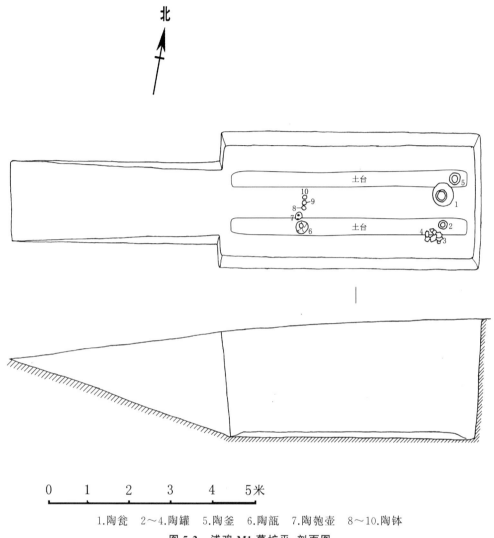

1.陶瓮 2~4.陶罐 5.陶釜 6.陶瓿 7.陶匏壶 8~10.陶钵

图 5-2 浦鸡 M1 墓圹平、剖面图

较明显的 12 块木板,板宽 0.45~0.5 米。前室两侧残存 3 块椁板痕迹,为半圆弧形,立于两侧,高 0.3~0.45 米,宽约 0.45 米。后室残存椁板痕迹厚约 0.1、高 0.3~0.45 米。前、后室交接处的两侧坑壁上挖有相对的 2 个壁槽,南侧距墓底 0.86 米,壁槽底平,上部崩塌,残存高约 0.7、宽 0.3、进深 0.7 米;北侧距墓底 1 米,壁槽向里往下斜进,保存较好,高约0.37、宽 0.25、进深 0.3 米。木棺痕迹平面呈梯形,东窄西宽,长 2.4、宽 0.6~0.82 米。

　　M2 墓内残存的随葬器物共计 60 件(套),其中棺内出土玉组佩 1 套 18 件,后室前部出土玉璧 4 件。其余全部为陶器,质地为硬陶和泥质陶,器类有瓮、双耳罐、匏壶、瓿、鼎、釜、提梁盉、洗、盅、香薰、盖杯、璧、纺轮等。残存随葬品主要集中分布于后室的后部两侧,后室前部有玉璧、陶璧、纺轮,前室有瓿、香薰等器物(图 5-3)。

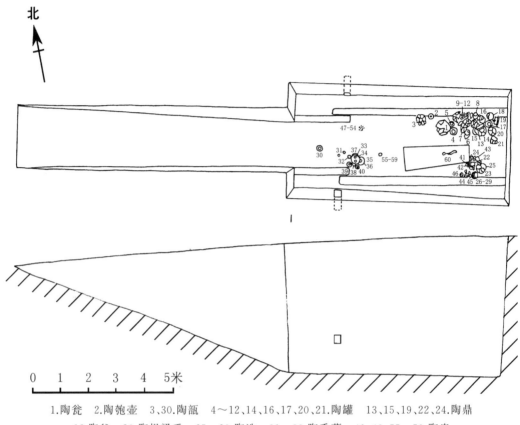

1.陶瓮 2.陶匏壶 3、30.陶瓴 4～12、14、16、17、20、21.陶罐 13、15、19、22、24.陶鼎
18.陶釜 23.陶提梁盉 25～29.陶洗 31～33.陶香薰 41、43、55～59.陶盅
48～54.纺轮 42、44～47.陶杯 38～40.陶璧 34～37.玉璧 60.玉组佩

图 5-3　浦鸡 M2 墓圹平、剖面图

二、随葬器物

墓葬早期就遭受盗掘,墓室内有些随葬器物已非原位或破碎较为严重。现将 M1、M2 出土随葬器物分述如下。

(一)M1

M1 残存随葬器物共 10 件,均为硬陶器,有瓮、罐、釜、瓴、匏壶、钵等。

1.印纹硬陶器

共 2 件,火候较高,质地坚硬,均用泥条盘筑法成型,内壁可见明显的制作痕迹,大多通体拍印纹饰。器型有瓮、釜等。

瓮 1 件（M1:1）。泥质灰硬陶。器形较大，侈口，沿面微内凹，折颈，广弧肩，圆鼓腹，平底略内凹。通体拍印方格纹，肩腹间饰有三道凹弦纹。口径 24.8、腹径 40、底径 24.8、高 36.8 厘米（图 5-4,3）。

釜 1 件（M1:5）。夹砂泥质灰硬陶。盘形敞口，束颈，深鼓腹，最大腹径近下部，圜底。外腹下底部拍印绳纹。口径 22.4、腹径 22.8、高 13.6 厘米（图 5-4,4）。

2.其他硬陶器

共 8 件，火候较高，质地、制作手法与印纹硬陶相同，但没有拍印纹饰，刻划弦纹、水波纹和篦点纹等。器型有罐、瓿、匏壶、钵等。

罐 3 件。形制大小基本一致，均为灰色泥质硬陶。敛口，唇沿微侈，溜肩，肩腹间有对称的桥形双耳，圆鼓腹，平底微内凹。肩和腹上部饰刻划弦纹三组，每组四道。M1:2，口径 12.4、腹径 18、底径 13、高 14 厘米（图 5-4,1）。

瓿 1 件（M1:6）。灰色泥质硬陶。直口，宽肩，肩腹上有对称的桥形双耳，耳上端有卷曲泥条装饰，上腹扁而鼓，最大腹径近肩部，腹径大于器高，下腹斜收，平底微内凹。近口处饰一组曲折篦点纹，肩和上腹部间隔饰五组刻划弦纹（每组四道）和三组水波纹（每组三至五道）。口径 9.8、腹径 21.6、底径 11.8、高 14.2 厘米（图 5-4,5）。

匏壶 1 件（M1:7）。夹细砂灰硬陶。敛口，颈部斜直，溜肩，肩部有对称的桥形双耳，耳上端有卷曲泥条装饰，圆鼓腹，平底微内凹。肩和上腹部间隔饰有三组弦纹、二组斜向篦点纹和两组半圆圈纹。口径 3.6、腹径 15.4、底径 10.6、高 16.6 厘米（图 5-4,2）。

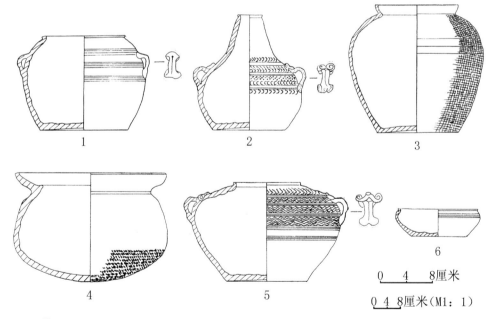

1.罐（M1:2） 2.匏壶（M1:7） 3.瓮（M1:1） 4.釜（M1:5） 5.瓿（M1:6） 6.钵（M1:8）

图 5-4 浦鸡 M1 随葬陶器

钵 3 件。形制大小基本一致,均为灰色泥质硬陶。敛口,侈沿,圆弧肩,腹壁斜收,平底微内凹。肩部饰刻划弦纹。M1:8,口径 12.3、底径 8.3、高 4 厘米(图 5-4,6)。

(二)M2

M2 残存随葬器物共 60 件(套)。前室出土遗物较少,成组陶器主要分布在后室后部,后室前部有玉璧和小件陶器,中部棺内有组玉佩。陶器种类有瓮、双耳罐、匏壶、瓿、鼎、釜、提梁盉、洗、盅、香薰、盖杯、璧、纺轮等,玉器有璧、组佩等。

1.印纹硬陶器

共 8 件,火候较高,质地坚硬,均用泥条盘筑法成型,内壁可见明显的制作痕迹,大多通体拍印纹饰。器型有瓮、罐等。

瓮 1 件(M2:1)。泥质灰硬陶。器形较大,侈口,折颈,广弧肩,圆鼓腹,平底略内凹。通体拍印方格纹,上腹部饰有五道凹弦纹。口径 24.4、腹径 46、底径 22.6、高 41.4 厘米(图 5-6,11)。

罐 7 件。泥质灰硬陶。均为敛口双耳罐,形制和大小基本一致。通体拍印方格纹,肩部抹去方格纹后饰三道凹弦纹(图 5-10,9),无颈,溜肩,肩部有对称的桥形双耳,圆鼓腹,最大腹径位于中部,腹径大于器高,器底平或略内凹。M2:14,口径 17.4、腹径 26.4、底径 17.4、高 25 厘米(图 5-5,1)。

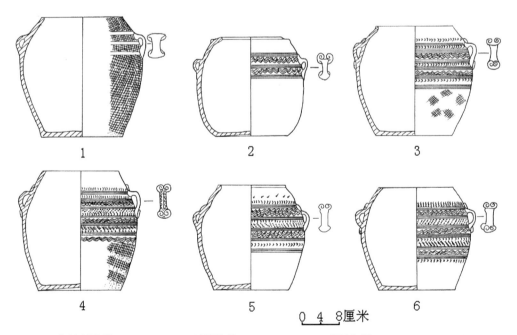

1.印纹硬陶罐(M2:14) 2.A 型硬陶罐(M2:7) 3~6.B 型硬陶罐(M2:16、21、17、12)

图 5-5 浦鸡 M2 随葬陶罐

1.A 型盖杯(M2:45)　2.B 型盖杯(M2:42)　3.C 型盖杯(M2:47)　4.A 型香薰(M2:31)
5.B 型香薰(M2:32)　6.C 型香薰(M2:33)　7.A 型纺轮(M2:48)　8.B 型纺轮(M2:51)
9.A 型盅(M2:41)　10.B 型盅(M2:55)　11.瓮(M2:1)

图 5-6　浦鸡 M2 随葬陶器

2.其他硬陶器

共 47 件,火候较高,质地、制作手法与印纹硬陶相同,但没有拍印纹饰,为刻划弦纹、水波纹、篦点纹和素面等。器型有罐、洗、瓿、匏壶、钵、纺轮、璧等。

罐 7 件。形制和大小基本一致,泥质灰硬陶。器表饰有刻划弦纹、水波纹、篦点纹,无颈,溜肩,肩部有对称的桥形双耳,圆鼓腹,最大腹径位于中部,腹径大于器高,器形显得矮胖。依纹饰、口沿、腹部的差别,可分二型。

A 型:3 件。敛口状子口双耳鼓形罐,肩部有对称卷曲羊角桥形双耳,肩部间隔饰有三组刻划弦纹和二组水波纹(图 5-10,4),平底略内凹。M2:7,口径 13.2、腹径 23.2、底径 15、高 20.6 厘米(图 5-5,2)。

B型:4件。敛口,肩部有对称桥形耳,双耳上下附贴卷云泥条装饰,下腹部斜收,平底。M2:16,肩腹部间隔饰有六组刻划弦纹和二组水波纹、四组月牙纹,下腹原拍印有方格纹,抹去后残留印记。口径16.4、腹径25.2、底径16.4、高22.6厘米(图5-5,3)。M2:21,肩腹部间隔饰有六组刻划弦纹和三组水波纹、四组月牙纹和一组斜向篦点、篦划纹,耳面上饰有戳印圆圈纹,下腹原拍印有方格纹,抹去后残留印记。口径16.4、腹径24.8、底径17.8、高24.8厘米(图5-5,4)。M2:17,肩腹部间隔饰有五组刻划弦纹、二组水波纹、三组月牙纹和一组斜向篦点纹。口径14.8、腹径23.2、底径16.2、高21.8厘米(图5-5,5)。M2:12,肩腹部间隔饰有六组刻划弦纹和三组水波纹、四组月牙纹和二组斜向篦点纹。口径16、腹径23.6、底径16.6、高21.4厘米(图5-5,6)。

匏壶1件(M2:2)。夹细砂灰硬陶,小口微内敛,颈部斜直,溜肩,肩腹部有对称的桥形耳,双耳上下附贴卷云泥条装饰,上鼓腹,小平底。肩和上腹部间隔饰有五组刻划弦纹、二组斜向篦点纹、三组月牙纹。口径3.4、腹径17.2、底径11、高21厘米(图5-7,9)。

瓿2件。泥质灰硬陶,直口,方唇,广弧肩,上腹扁鼓,下腹弧斜收,平底微内凹,最大腹径近肩部,腹径大于器高。依器形、纹饰的差别,可分二型。

A型:1件(M2:30)。肩腹交接部有对称的卷曲羊角桥形双耳。肩的上腹部间隔饰有三组刻划弦纹和三组水波纹。口径12.6、腹径24、底径13.2、高15.8厘米(图5-7,4)。

B型:1件(M2:3)。器形较大,肩腹交接部有对称的兽角形双耳,耳面上饰有戳印圆圈、月牙、篦点纹。肩腹部间隔饰有十三组刻划弦纹、七组月牙纹、六组斜向篦点纹。口径14.8、腹径32、底径17、高20.6厘米(图5-7,10)。

釜1件(M2:18)。夹细砂灰硬陶,盘形敞口,口径大于腹径,微鼓腹,平底。素面,口沿面上有凸起对称弧形护片,内侧装有半圆形麻花吊耳。口径27、腹径22、底径16、腹深14、高18.4厘米(图5-7,11)。

盉1件(M2:23)。夹细砂灰硬陶,直口,宽肩,鼓腹,腹径近肩部,平底略内凹,腹下紧贴器底有三个等距八棱柱形兽足,肩腹交接部装有兽首形流和七棱形卷尾式半圆弧形提梁,口部饰有月牙纹、斜向篦点纹;肩腹部间隔饰有七组刻划弦纹、四组月牙纹、三组斜向篦点纹。口径11.6、腹径22、腹深17.1、高25.4厘米(图5-7,8)。

鼎5件。夹砂灰硬陶。依形制、纹饰的差别,可分三型。

A型:3件。带盖钵形鼎,形制大小略有差别。拱形盖,泥条桥形钮,两端贴附卷云泥条装饰。鼎身为敛口状子母口,鼓腹,腹部有对称环形立耳,平底微内凹。底部有三个八棱柱形足,肩部饰有一组六道刻划弦纹。M2:22,口径18、盖径19.6、底径15、腹深10、通高27.6厘米(图5-7,1)。

B型:1件(M2:13)。带盖钵形鼎。拱形盖,泥条桥形钮,两端贴附卷云泥条装饰。鼎身为敛口状子母口,鼓腹,腹部有对称梯形立耳,耳洞呈三角形,平底。底部有三个八棱柱形足。肩部饰有一组六道刻划弦纹。口径20、底径17、腹深12、通高31厘米(图5-7,2)。

C型:1件(M2:19)。釜形鼎,盘形敞口,方唇,束颈,盘口下颈部外侧有对称环形立耳,耳上饰有斜线纹、月牙纹、圆圈纹、篦点纹;斜弧腹,最大腹径近下部,平底内凹。底部有三个八棱柱形足,素面。口径25、腹径24.4、腹深13.2、高32厘米(图5-7,3)。

洗5件。依形制、纹饰的差别,可分三型。

A 型:1 件(M2:25)。器形较大。泥质灰硬陶,口微侈,外折沿,斜腹,平底。器领有等分四个桥形铺首式吊环耳,耳两端贴附卷云泥条装饰。器表通体间隔饰有十一组刻划弦纹、六组斜向篦点纹和戳印纹。口径 36、底径 14、高 13 厘米(图 5-7,5)。

B 型:2 件。夹细砂红褐陶,口微敛,外折沿,斜弧腹,平底内凹。器领有对称铺首式吊环耳。腹部间隔饰有五组刻划弦纹、二组或三组月牙纹、三组斜向篦点纹(图 5-10,8)。M2:29,口径 25.4、底径 10.6、高 7.4 厘米(图 5-7,6)。

C 型:2 件。夹细砂红褐陶,口微侈,平折沿,斜腹,平底。器领有对称铺首式吊环耳。腹部间隔饰有三组刻划弦纹、二组月牙纹、三组斜向篦点纹。M2:28,口径 27、底径 12、高 7.4 厘米(图 5-7,7)。

香薰 3 件。泥质灰硬陶。带盖,折沿拱形盖,盖面较平,鸟形钮。器身为豆形,敛口状子母口,折腹,器表饰有刻划纹,盖面有镂孔。依纹饰、盖和圈足的差别,可分三型。

A 型:1 件(M2:31)。叠状圈足。盖面间隔刻划三组弦纹、三组双线菱形、三角形纹和三角形镂孔。薰身腹部刻划有三组弦纹、二组月牙纹、一组双线菱形和三角形纹(图 5-10,2)。口径 7.6、盖径 9、底径 5.6、通高 10.5 厘米(图 5-6,4)。

B 型:1 件(M2:32)。喇叭形圈足,足柄部有一道凸棱。盖面间隔刻划三组弦纹、三组双线菱形、三角形纹和三角形镂孔,沿部刻划有重线"米"字纹(图 5-10,10)。薰身近口部刻划有交叉重线三角形纹,腹下部刻划有三组弦纹,一组月牙纹和二组斜向篦点纹(图 5-10,7)。口径 8、盖径 9、底径 6.4、通高 10.6 厘米(图 5-6,5)。

C 型:1 件(M2:33)。喇叭形圈足,足柄部有一道凸棱。盖面间隔刻划有双线菱形、三角形纹和菱形镂孔,沿部刻划重线"米"字、叶脉纹(图 5-10,6)。薰身近口部刻划有重线"米"字、叶脉纹,腹下部刻划二组弦纹、二组菱形和三角形纹(图 5-10,5)。口径 8、盖径 9、底径 5.3、通高 10.2 厘米(图 5-6,6)。

盖杯 5 件。泥质灰硬陶。折沿拱形盖,鸟形钮,盖面在刻划纹之上贴饰大致等距离分布的三个鸟形捏塑。杯身为敛口状子母口,斜弧腹,腹较深,腹上部有对称桥形双耳上下附贴卷云泥条装饰。通体饰有刻划纹。依圈足的差别,可分三型。

A 型:3 件。喇叭形矮圈足。盖面间隔刻划五组弦纹、二组月牙纹和二至四组斜向篦点纹。杯身刻划有六组弦纹、二组月牙纹和三或四组水波纹。M2:45,口径 8.4、盖径 9.8、底径 5、通高 12.8 厘米(图 5-6,1)。

B 型:1 件(M2:42)。喇叭形圈足,足柄部有一道凸棱。盖面间隔刻划五组弦纹、二组月牙纹和三组斜向篦点纹。杯身刻划六组弦纹、三组月牙纹和三组篦点纹。口径 8.4、盖径 9.8、底径 5.6、通高 10.4 厘米(图 5-6,2)。

C 型:1 件(M2:47)。盘口状圈足,足柄部有一道凸棱。盖面间隔刻划五组弦纹和三组月牙纹、斜向篦点纹。杯身刻划七组弦纹和三组月牙纹、篦点纹(图 5-10,3)。口径 8.4、盖径 9.8、底径 5.8、通高 10.4 厘米(图 5-6,3)。

盅 7 件。泥质灰硬陶,大小基本一致。素面。依口部差别,可分二型。

A 型:3 件。敞口,斜腹,平底。M2:41,口径 6.8、底径 3.8、高 2.8 厘米(图 5-6,9)。

B 型:4 件。含有少量砂粒,敛口,沿外侈,斜腹,平底。M2:55,口径 7、底径 3.8、高 2.9 厘米(图 5-7,10)。

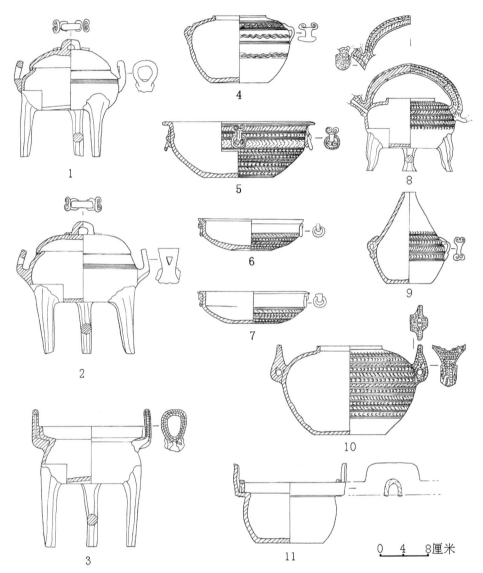

1.A 型夹细砂硬陶鼎(M2:22)　2.B 型夹细砂硬陶鼎(M2:13)　3.C 型夹细砂硬陶鼎(M2:19)
4.A 型硬陶瓿(M2:30)　5.A 型泥质硬陶洗(M2:25)　6.B 型夹细砂红褐陶洗(M2:29)
7.C 型夹细砂红褐陶洗(M2:28)　8.硬陶盉(M2:23)　9.硬陶匏壶(M2:2)
10.B 型硬陶瓿(M2:3)　11.夹细砂硬陶釜(M2:18)

图 5-7　浦鸡 M2 随葬陶器

　　纺轮 7 件。形制和大小基本一致,泥质灰陶。算珠形,纵剖面呈菱形,中有孔。依纹饰可分二型。

　　A 型:2 件。器表饰有细弦纹。M2:48,直径 2.4、孔径 0.4、高 1.7 厘米(图 5-6,7)。

　　B 型:4 件。素面。M2:51,直径 2.5、孔径 0.5、高 1.8 厘米(图 5-6,8)。

　　陶璧 3 件。泥质灰陶,均为单面刻划纹饰。依大小、纹饰差别,可分二型。

A 型：2 件。M2:38，器表单面间隔刻划有三组弦纹、月牙纹和二组麦穗纹。直径14.4、孔径 3.8、厚 0.9 厘米（图 5-8，4）。M2:40，器表单面间隔刻划四组弦纹、月牙纹和二组麦穗纹。直径 15.6、孔径 4.6、厚 1.0 厘米（图 5-8，5）。

B 型：1 件。M2:39，器形略大，单面间隔刻划有四组弦纹、五组月牙纹和一组麦穗纹、斜篦划纹，璧的沿面间隔刻划有一组月牙纹和二组斜篦划纹。直径 17.2、孔径 4.4、厚0.9 厘米（图 5-8，3）。

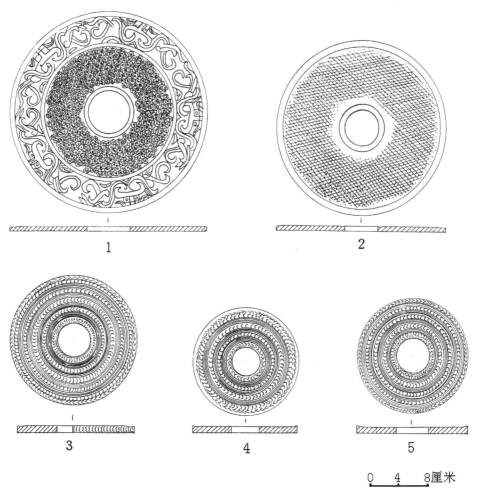

1.A 型（M2:35）　2.B 型（M2:34）　3.B 型（M2:39）　4、5.A 型（M2:38、40）

图 5-8　浦鸡 M2 随葬玉璧（1、2）与陶璧（3~5）

3.玉器

共 5 件（套），器型为组玉佩和玉璧。

璧 4 件，青绿色玉质，由于南方酸性土壤的长期腐蚀，1 件保存较好，其余 3 件腐蚀严重，大部分呈鸡骨白；依纹饰差别，可分二型。

A 型 2 件。圆形,体扁薄,外缘平直。两面均以绚纹分内外两区,外区以粗细阴线刻饰五组双体龙纹,内区饰蒲格涡纹,磨光度强。M2:35,直径 27.4、孔径 6.2、厚 0.6 厘米(图 5-8,1)。

B 型 2 件。圆形,体扁薄,外缘平直,近外缘处有一道浅细的廓线。两面均饰排列整齐的谷纹。M2:34,直径 24、孔径 4.8、厚 0.6 厘米(图 5-8,2)。

组玉佩 1 套(M2:60)。由玉环、玉璜、玉片、圆钮玉饰、管状玉饰共 18 小件组成,软玉,土沁色呈鸡骨白。分述如下:

玉环 1 件(M2:60-18),整体镂空阴刻、透雕三对正反,共六组首尾相接的变体凤纹,有勾喙,正反面以极细的线条阴刻出眼睛、羽毛等,边缘阴刻弦纹凸起棱边,直径 7、好径 4、厚 0.3、环宽 1.75 厘米(图 5-9,1)。

玉璜 2 件。依雕刻纹饰、大小差别,可分二型。

A 型(M2:60-2)。镂空阴刻变体凤纹,近半圆,从两端的纹饰不对称观察,似为玉环残件改制。戚齿边,镂空透雕三个半的凤纹,正反面阴刻细线凤的圆眼与羽毛,正中钻有一小孔,半径 5、厚 0.3、外边长 16、内边长 10.2、中宽 1.7 厘米(图 5-9,2)。

B 型(M2:60-1)。形近半圆,两端略残,外圈边有戚齿,边缘刻凹线形成凸起的棱边,正反面雕刻涡纹,两端正中钻有小孔,有玻璃光。半径 3.3、厚 0.35、外边长 10.5、内边长 4、中宽 1.9 厘米(图 5-9,3)。

玉片 10 件。均为长方形,部分玉质腐蚀较严重,纹饰较模糊。依雕刻纹饰、钻孔方式,可分三型。

A 型 1 件。M2:60-8,四周戚齿边,两端各有一小孔,双面雕刻勾连云纹;长 3.8、宽 2.1、厚 0.3 厘米(图 5-9,4)。

B 型 4 件(两对)。四周戚齿边,玉质腐蚀较严重,纹饰已模糊不清,局部可辨纹饰涡纹,两端各有一小孔。M2:60-3、M2:60-10,长 5.8、宽 2、厚 0.3 厘米(图 5-9,6、5)。M2:60-4、M2:60-6,其中一件角残缺,长 4.5、宽 2、厚 0.3 厘米(图 5-9,8、7)。

C 型 5 件。长宽不一,皆为双面雕工,分别雕刻卷云纹、涡纹、勾连云纹,两纵边上下对穿孔。M2:60-11、M2:60-16,1 对,双面雕刻勾连云纹,长 4、宽 1.8、厚 0.3 厘米(图 5-9,14、15)。M2:60-9,双面雕刻卷云纹,长 3.5、宽 1.4、厚 0.5 厘米(图 5-9,16)。M2:60-14,双面雕刻涡纹,长 3.5、宽 1.2、厚 0.7 厘米(图 5-9,17)。M2:60-5,双面雕刻勾连云纹,长 3.6、宽 1、厚 0.5 厘米(图 5-9,18)。

圆钮玉饰 4 件。大小不一,一面刻凹弦纹一圈,另一面刻云纹,侧有上下对穿的纵孔。M2:60-12,直径 1.3、厚 0.5 厘米(图 5-9,9)。M2:60-17,直径 1.2、厚 0.3 厘米(图 5-9,10)。M2:60-15,直径 1.2、厚 0.4 厘米(图 5-9,11)。M2:60-7,直径 1.4、厚 0.4 厘米(图 5-9,12)。

管状玉饰 1 件(M2:60-13)。圆柱状,中有孔,一头略大,管身刻凸弦纹八道。长 3.6、直径 0.8、厚 0.2 厘米(图 5-9,13)。

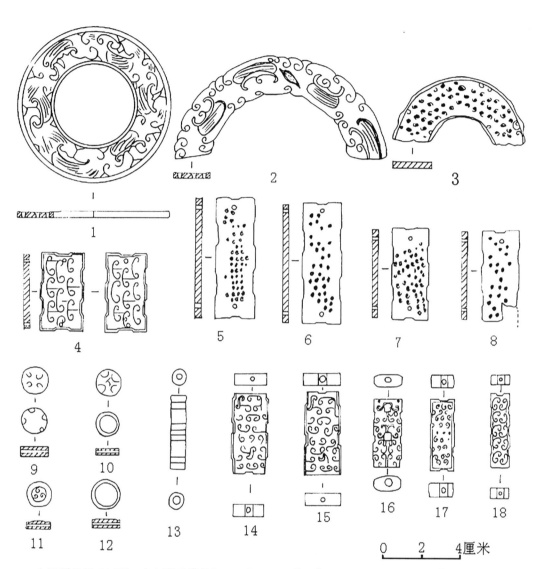

1.玉环(M2:60-18)　2.A型玉璜(M2:60-2)　3.B型玉璜(M2:60-1)　4.A型玉片(M2:60-8)
5～8.B型玉片(M2:60-10、3、6、4)　9～12.玉圆钮饰(M2:60-12、17、15、7)　13.玉管(M2:60-13)
14～18.C型玉片(M2:60-11、16、9、14、5)

图 5-9　浦鸡 M2 随葬组玉佩

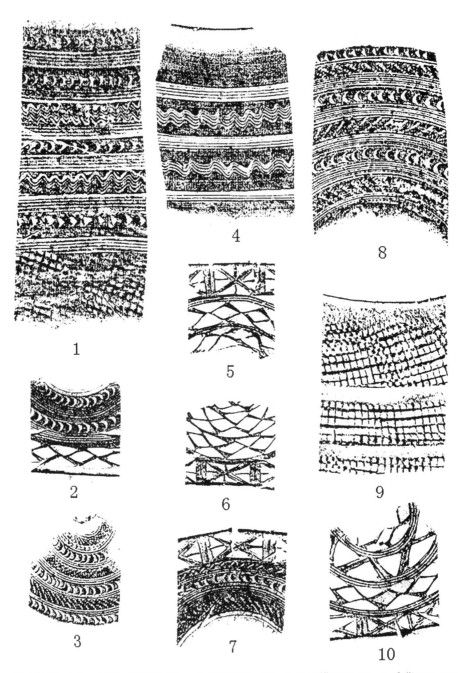

1.陶罐（M2:16）　2.陶香薰（M2:31）　3.杯盖（M2:47）　4.子口罐（M2:5）　5.香薰（M2:33）
6.香薰盖（M2:33）　7.香薰（M2:32）　8.洗（M2:26）　9.罐（M2:8）　10.香薰盖（M2:32）

图 5-10　浦鸡 M2 随葬陶器纹饰拓片

三、结 语

（一）墓葬年代

此次发掘清理的两座墓葬，从形制结构与修筑手法看，与武夷山城村汉城一带所发掘的墓葬基本相同②。从出土的随葬器物分析，M1 的方格纹瓮、弦纹双耳罐、釜、弦纹钵、瓿、匏壶等器型拍印、刻划装饰手法，在武夷山城村汉城遗址中较为普遍，器形及纹饰特征也完全一致③，其年代应为西汉初闽越国时期。但 M2 随葬器物就有较为明显的区别：（1）陶器如鼎盖钮、子母口罐、匏壶、瓿等器耳上下贴附卷云泥条和三兽足的提梁盉和带有圈足的盖杯以及洗、鼎、立耳瓿等，都与城村汉城遗址出土的平底盖杯、提梁盉等器有区别，部分器型在城村等地所发掘的墓葬中都未出现。特别是三兽足的提梁盉与江西贵溪仙岩发现的春秋战国崖墓出土的提梁盉极为相似④。（2）组玉佩的谷纹、涡纹、勾云纹等风格基本是战国特色，特别是玉璧 M2:35、36 两件与安徽省长丰县杨公乡战国墓出土的类同⑤。从上述这些情况分析，M1 应为西汉初期（公元前 202—前 110 年）的墓葬，M2 的年代略早，应早至秦甚至战国晚期。

（二）几点认识

这两座墓葬虽然早期被盗，但经过仔细的发掘清理，还是从 M2 中获取了相当多的收获。M2 是福建省目前发掘的闽越国时期出土器物数量最多的墓葬，随葬器物种类丰富，墓内出土的玉璧、组玉佩以及 5 件列鼎足以表明墓主人的身份等级。此外在墓葬区的东北部约 700 米处，是一处西汉闽越国时期的较大型建筑遗存⑥，结合出土的瓦当、板瓦、筒瓦上的戳印文字研究分析，这处遗址可能就是地方文献记载的闽越国城邑聚落遗址。这些情况都可说明该墓葬是一座闽越时期的上层贵族墓葬。

此次墓葬的发掘，对研究该地区二千多年前汉代丧葬文化中闽越时代特征又有地域特色和传统手法的闽越族丧葬制度。为研究闽北先秦时期历史和闽越国时期城址提供了十分珍贵的实物资料。对于认识相邻遗址的性质和解决该地区闽越国的地望等问题具有重要意义。

注释：

① 林忠干：《从考古发现看秦汉闽越文化的历史特点》，《福建文博》1987 年第 1 期。
② 林连芝：《武夷山闽越王城遗址墓葬考古新收获》，《福建文博》2005 年第 3 期。
③ 福建博物院、福建闽越王城博物馆：《武夷山城村汉城遗址发掘报告（1980—1996 年）》，福建人民出版社，2004 年。
④ 李科友、刘诗中等：《贵溪仙岩发现春秋战国崖墓》，《江西文博》1980 年第 2 期。

⑤安徽省文物工作队:《安徽省长丰杨公发掘九座战国墓》,《考古学集刊》2,中国社会科学出版社,1982年。

⑥福建闽越王城博物馆:《浦城县上面山汉代遗址发掘简报》,《福建文博》2012年第1期。

附记:浦城县金鸡山闽越墓葬的发掘负责人为杨琮,参加发掘和整理人员有林繁德、高绍萍、赵福凤、林连芝、赵兰玉、陈寅龙、杨军等。器物修复和线图由高绍萍、赵兰玉、林繁德绘制。

执笔者:林繁德 杨 军

Brief Report on the Excavation of the Min-Yue Tomb at Jinji Mountain in Pucheng County, Fujian Province

Min-Yue King City Museum in Fujian Province, Pucheng County Museum

Abstract: The Jinji Mountain Tomb area was discovered during the 2002 Fujian Min-Yue Cultural Archaeological Survey. In 2003, the Min-Yue King City Museum in Fujian Province conducted an archaeological excavation of two tombs within the Jinji Mountain Tomb area and found that the tombs dated back to the Min-Yue Kingdom period from the late Warring States to the early Western Han dynasty. The structures and construction techniques of these tombs were found to be similar to those of the Min-Yue Kingdom tombs found in the surrounding area of the Wuyi Mountain city and village of Han city. The two tombs at Jinji Mountain in Pucheng produced a series of pottery, jars, bowls, vases, pots, kettles, trips and spindle wheels, as well as jade bi disks and jade pendants with multiple pieces, which are important and rare materials for the study of Min-Yue cultural heritage.

Keywords: Jinji Mountain in Pucheng, Min-Yue Kingdom Tomb, Late Warring States, Early Western Han dynasty, Jade Pendants with Multiple Pieces

福建平潭榕山遗址 2020 年度发掘简报

厦门大学历史与文化遗产学院考古学系　平潭综合实验区博物馆
平潭国际南岛语族研究院

　　榕山遗址位于福建省平潭综合实验区平原镇榕山村南侧,163 县道旁,南距平原镇约 2.5 公里,距平潭县城约 12 公里,与东花丘遗址和壳丘头遗址相邻。遗址东面为一片平地,延伸 2 公里至海边,西面和北面多为林地和庄稼地,其间分布大量近现代的墓葬。

　　2018 年,厦门大学历史与文化遗产学院考古学系本科生在榕山遗址进行田野考古实习,发掘清理了大量先秦时期至明清时期的文化遗存。为进一步完成厦门大学本科生田野考古实践教学,经国家文物局批准,厦门大学历史与文化遗产学院考古学系于 2020 年 10 月联合平潭综合实验区博物馆和平潭国际南岛语族研究院对榕山遗址展开主动发掘。此次发掘区紧邻 2018 年发掘区西部,共布南北向探方 12 个,探方规格为 5 米×5 米,布方总面积 300 平方米,此次发掘清理了墓葬、灰坑和灰沟等遗迹,出土了一批陶瓷器、石器、钱币等遗物。现将榕山遗址 2020 年度的发掘情况介绍如下。

一、地层堆积

　　此次考古发掘区位于遗址西部,整个发掘区的地层堆积略呈西北高东南低走势,北部探方发掘深度较浅,且有些层位缺失。南部探方发掘深度较深,且各时期层位较全。地层堆积共分 6 层,现以 TN01W13、TN02W13、TN03W13 的东壁层位图示例如下(图 6-1)。

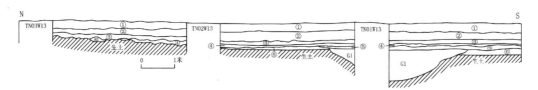

图 6-1　TN01W13、TN02W13、TN03W13 东壁剖面图

　　第 1 层:黄色细沙土,土质疏松,包含大量植物根茎、碎石块、碎瓷片、红陶瓦片和少量早期夹砂陶片等,厚 5~20 厘米。该层分布于整个发掘区,为现代耕土层。

　　第 2 层:褐色粗砂土,包含少量植物根茎、碎石块、碎瓷片、红陶瓦片和少量早期夹砂陶片等,厚5~36厘米。该层分布于整个发掘区。该层年代为明清时期。

第3层:紫褐色粗砂土,土质较为坚硬,包含大量青花瓷碎片、少量炭粒和红烧土颗粒,厚5~30厘米。该层分布于整个发掘区。该层年代为明清时期。

第4层:灰褐色细沙土,土质致密,包含少量青白瓷碎片和青瓷碎片、少量炭粒及红烧土颗粒,厚5~42厘米。该层分布于整个发掘区。该层年代为宋元时期。

第5层:黄褐色细沙土,土质较为致密,略有黏性,包含有一定数量的青瓷瓷片和碎墓砖,还有少量的夹砂黑陶,厚8~30厘米。该层主要分布于发掘区西半部。该层下开口遗迹有G1。该层年代为唐宋时期。

第6层:红色沙土,土质致密,夹杂有黑褐色锈斑,包含有夹砂黑陶和少量印纹硬陶,厚2~30厘米。该层分布于整个发掘区,年代为先秦时期。

第6层下为生土。

二、先秦时期遗存

(一)遗迹

先秦时期遗存发现有地层、灰坑。其中共发现灰坑10个,均距地表较浅,开口多为圆形或不规则圆形,开口线多不明显,遗迹中的填土与地层堆积差异不大。灰坑中出土一些破碎陶片,可修复者较少。下面以H19、H21、H22、H24、H25为例介绍。

H24位于TN02W14东南角,开口于6层下,打破生土。平面呈不规则圆形,圜底,最大口径1.72、深0.08米。坑壁由灰坑口向底斜弧内收,坑壁未见加工痕迹,灰坑整体北深南浅。坑内填红色黏土,土质较为致密。填土中出土有少量陶片,坑底未发现遗迹(图6-2;彩版6-1,1)。

H22横跨TN03W12和TN03W13两个探方,开口于6层下,打破生土。呈不规则椭圆形,圜底。最大口径2.35、深0.12米。坑壁由口部向底部斜弧内收,坑边不甚明显,坑壁未见加工痕迹。坑内填红色黏土,夹杂少量黑褐色锈斑,土质细腻,较为致密,包含少量红烧土和黑色炭粒。填土中出土若干陶片(图6-3)。

H19位于TN02W08东南角,开口于6层下,打破生土。开口平面呈椭圆形,坑状圜底。坑口长径1.13、短径0.85、深0.2米。坑壁由灰坑口向底斜弧收底,原貌边缘较明显,坑壁未见加工痕迹。坑内填红色黏土,土质细腻,较为致密,包含少量陶片和砾石(图6-4)。

H25位于TN02W15南部,开口于6层下,打破生土。开口平面呈不规则椭圆形,坑底呈圆形,坑状圜底。坑口长径1.6、短径1.34、深0.25米。坑壁由灰坑口向底斜弧收底。边缘不甚明显,坑壁未见加工痕迹。坑内填红色黏土,土质细腻且较为致密。填土中发现大量早期陶片,均为黑色夹砂陶,可修复者少,器类有釜和钵(图6-5;彩版6-1,2)。

H21位于TN02W12南部,开口于6层下,打破生土。开口平面和坑底均呈椭圆形,

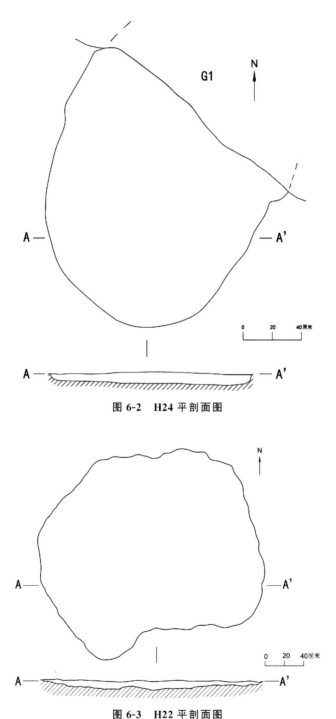

图 6-2　H24 平剖面图

图 6-3　H22 平剖面图

圜底。坑口长径 2.1、短径 1.95、深 0.26 米。坑壁由洞口向底斜弧收底,原貌边缘不甚明
显,坑壁未见加工痕迹。坑内填红色黏土,土质细腻且较为致密,包含少量陶片,坑底未发
现遗迹遗物(图 6-6)。

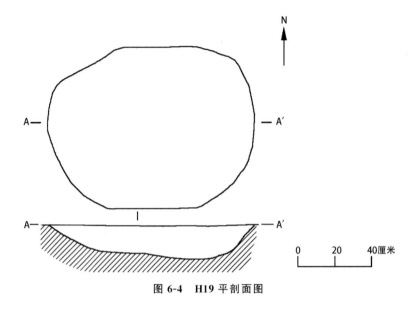

图 6-4 H19 平剖面图

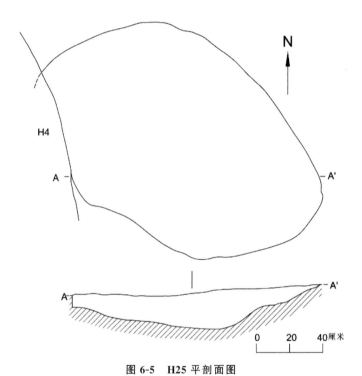

图 6-5 H25 平剖面图

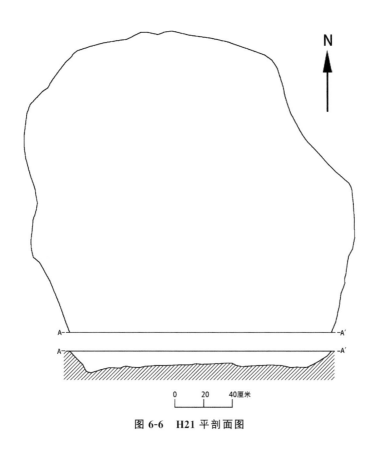

图 6-6　H21 平剖面图

(二)遗物

本次发掘出土的先秦时期遗物主要有陶器和石器。陶器多为夹砂黑陶和印纹硬陶，其中夹砂陶质地松软易碎，绝大多数为细碎陶片，可修复器物数量少。陶器器类主要有罐、豆、釜、钵、纺轮、支脚和网坠。陶器的表面多为素面，有少量细绳纹、刻划纹和篮纹等（图 6-8）。

陶罐 7 件。由于可辨器型少，本文不分器型进行介绍：

H24:5，泥质灰色硬陶，质地坚硬，直口，折平沿，尖唇，直颈，颈部有凸棱，外侧饰三角形刻划弦纹，口径 11.2、残高 5.1 厘米（图 6-7，4；彩版 6-1，3）。H22:1，泥质灰色硬陶，质地较坚硬，侈口，束颈，鼓肩，肩部壁饰斜向篮纹，残高 4.8 厘米（图 6-7，2）。H26:1，泥质灰色印纹硬陶，口沿内折为敞口，尖圆唇，口沿处有凸棱，束颈。颈部有刻划痕呈三角形状，下部残缺，口径 13 厘米（图 6-7，1）。H21:1，夹细砂黑陶，质地较为细腻，敞口，圆唇，长颈，斜肩，素面，口径 12.4 厘米，残高 4.9 厘米（图 6-7，5）。H21:5，夹细砂黑陶，胎色较杂，陶质软，侈口，圆唇，长束颈，斜肩，素面，残高 13.9 厘米（图 6-7，3）。H21:6，夹细砂黑陶，直口，圆唇，鼓肩，素面，口径 30、残高 6.4 厘米（图 6-7，7）。

陶釜 3 件。H19:1，夹粗黑砂，敞口，方唇，弧腹，圜底，高 8.9、口径 19 厘米（图 6-7，6；

彩版 6-1,4)。H25:2,夹砂黑陶,上部缺失,残留底部,圜凹底,底径 9、残高 13.5 厘米(图 6-7,11)。

陶钵 1 件(H26:2)。印纹硬陶,敞口,圆唇,斜弧腹,底部缺失,颈部有一周凸棱,器外壁饰有拍印云雷纹,口径 15、残高 5.1 厘米(图 6-7,9)。

陶豆 1 件(TN02W15①:1)。泥质黄褐陶,上部缺失,仅剩圈足部分,底径 9.2、残高 4.5 厘米(图 6-7,8)。

陶杯 1 件(G1:28)。印纹硬陶,仅残留部分杯底,外壁饰有刻划几何斜线纹,残高 3.5、底径 2.6 厘米(图 6-7,10)。

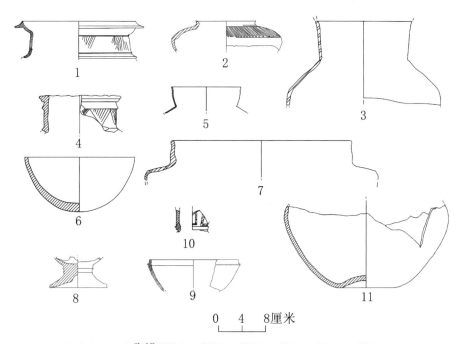

1、2、3、4、5、7.陶罐(H26:1、H22:1、H21:5、H24:5、H21:1、H21:6)

6、11.陶釜(H19:1、H25:2)　8.陶豆(TN02W15①:1)　9.陶钵(H26:2)　10.陶杯(G1:28)

图 6-7　先秦时期遗物(一)

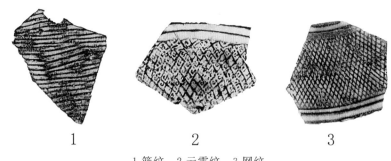

1.篮纹　2.云雷纹　3.网纹

图 6-8　先秦陶器纹饰

陶纺轮 3 件。根据形状可分两型。

A 型:2 件。扁平状。

H24:1,夹砂红陶,圆饼状,横截面呈圆形,中部略鼓,直径 2.8、孔径 0.2、高 0.6 厘米(图 6-9,2)。H24:2,夹砂红陶,横截面呈圆形,两面略鼓,直径 2.7、孔径 0.1、高 0.9 厘米(图 6-9,3)。

B 型:1 件。算珠状。H21:2,夹砂黄褐陶,平面略呈六边形,腰径 0.6、高 1.9 厘米(图 6-9,4)。

圈足 1 件(H20:1)。夹细砂黑陶,矮圈足,足外斜,残存腹部向下斜收,底径 7.5、残高 2 厘米(图 6-9,6)。

陶支脚 4 件。TN03W11⑥:1,夹砂黑陶,圆柱体,器壁外弧,器底略宽,残高 12.2、底径 4.4 厘米(图 6-9,7)。

凹石 1 件(H24:3)。平面呈椭圆形,有使用磨成的凹坑,凹坑内密布麻点痕迹。长 10、宽 6.7、厚 3.4 厘米(图 6-9,1)。

石刀 1 件(H21:3)。平面呈长方形,截面略呈菱形,器身三侧与刃缘均经过修理,正反两面均经过磨制,两面均磨制较平。长 8.7、宽 4、厚 2.1 厘米(图 6-9,5)。

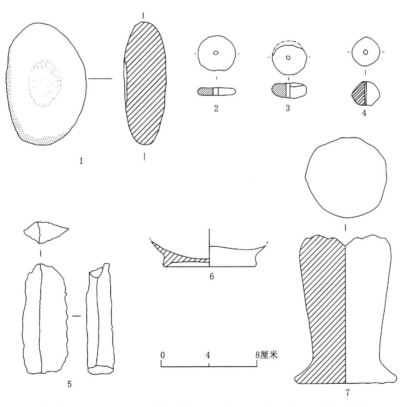

1.凹石(H24:3) 2、3、4.陶纺轮(H24:1、H24:2、H21:2) 5.石刀(H21:3)

6.圈足(H20:1) 7.陶支脚(TN03W11⑥:1)

图 6-9 先秦时期遗物(二)

三、唐代遗存

(一)遗迹

1.灰沟 1 条

G1 跨 TN02W13、TN02W14、TN03W14、TN01W13 四个探方(图 6-10)。开口于 5 层下,打破 6 层和生土,平面呈"人"形,依地势为北南向。剖面为"U"字形,宽 0.9～3.2 米、深 0.6～1.1 米。沟壁和沟底无明显加工情况,填土为黄褐色黏土,土质致密。沟内出土碎墓砖、青瓷、铁器、铜钱,沟底发现一堆墓砖,里面夹杂有青瓷。

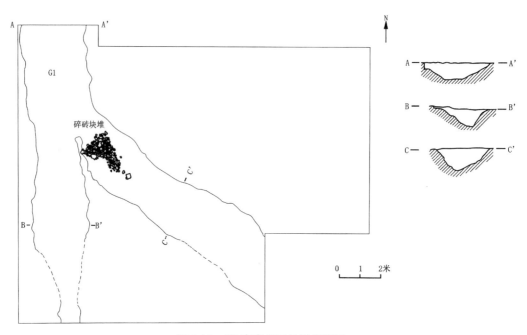

图 6-10　G1 在发掘区的平剖面图

2.灰坑 4 座

H26 位于 TN02W12 内,开口于 4 层下,打破 6 层和生土。开口平面为椭圆形,圜底。坑口长径 0.47、短径 0.45、深 0.23 米。坑壁由灰坑口向底斜弧收底,原貌边缘不明显,未见加工痕迹。坑内填黄褐色砂土,土质细腻,较为致密,土质较为纯净(图 6-11)。

H27 位于 TN03W14 东北角,开口于 4 层下,打破生土。开口平面为圆形,坑状平底。坑口长径 0.45、短径 0.39、深 0.15 米。坑壁由灰坑口向底斜弧收底,原貌边缘不明显,未见加工痕迹。坑内填灰色黏土,土质细腻,较为致密。填土中发现极少量软质陶片(图 6-12)。

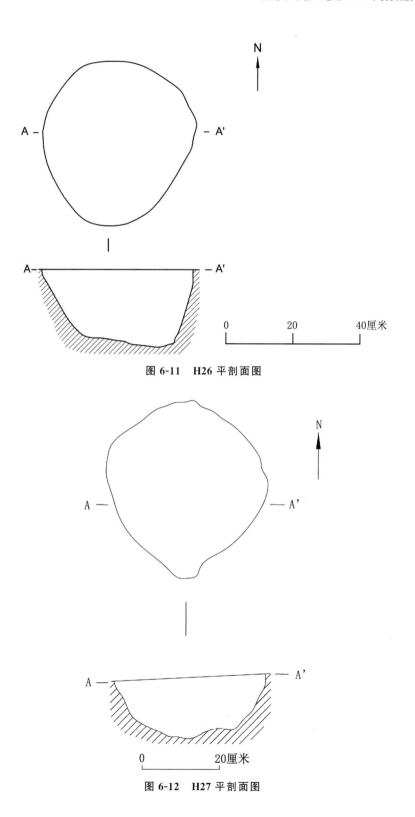

图 6-11　H26 平剖面图

图 6-12　H27 平剖面图

(二)出土遗物

青瓷罐 4 件。G1:22,圆唇,敞口,有耳,口径 17、残高 2.3 厘米(图 6-13,1)。G1:23,盘口,尖圆唇,长束颈,灰白色胎,青釉,剥釉严重,口径 15、残高 6.4 厘米(图 6-13,2)。G1:29,颈部及以上缺失,鼓肩,平底,底较厚,肩部对称装饰圆形耳,每侧并排两个,残高 28.4、底径 11.2 厘米(图 6-13,3)。

青瓷钵 4 件。G1:7,敛口,方唇,弧腹,平底略凹,胎灰褐色,内外壁上半部施青釉,内底残存 3 个支钉印痕,口径 16、高 5.5、底径 7.8 厘米(图 6-13,4)。G1:16,微敛口,圆唇,弧腹,平底略凹,胎灰褐色,外壁不施釉,内壁施青绿釉,剥落严重,口径 16、底径 8、高 5.3 厘米(图 6-13,5)。G1:26,平底略凹,内壁施青釉,内底残存有三个支钉印痕,底径 3.2、残高 2.4 厘米(图 6-13,6)。G1:27,平底,胎灰褐色,内外施青釉,内底有四个支钉印痕,残高 4.3、底径 7.4 厘米(图 6-13,7)。

此次发掘出土的墓砖都为碎砖,无一完好,砖侧面的纹饰有钱币纹和车轮纹(图 6-14)。

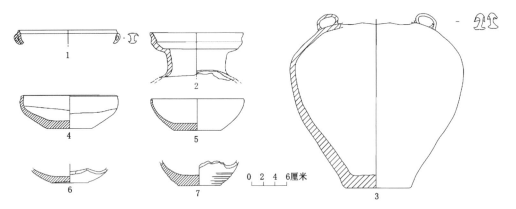

1、2、3.青瓷罐(G1:22、G1:23、G1:29) 4、5、6、7.青瓷钵(G1:7、G1:16、G1:26、G1:27)

图 6-13 唐代遗物

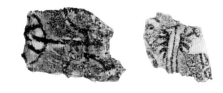

图 6-14 G1 出土墓砖纹饰

钱币 4 枚。

开元通宝 2 枚。G1:14 残。外圆内方,正面铸有凸文"开元通宝"四字,背面腐蚀不清,外径 2.44 厘米、内径 0.46 厘米(图 6-15,1)。一枚残损破碎,但能辨出铭文。

乾元重宝 1 枚(G1:15)。外圆内方,正面铸有凸文"乾元重宝"四字,隶书直读,外径 2.53 厘米、内径 0.57 厘米(图 6-15,2、3)。

另有一枚锈蚀严重,铭文无法辨认。

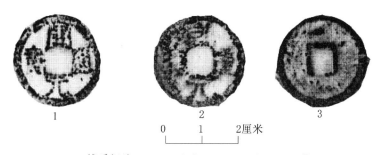

1、2、3.钱币拓片(G1:14 正面、G1:15 正面、G1:15 背面)

图 6-15　G1 出土钱币的拓片

四、明清遗存

　　此次发掘共发现明清时期墓葬 6 座,都位于本次发掘区的西南角,只清理了其中 5 座墓葬,没有对 M8 进行清理。6 座墓葬均为正南北向的竖穴土坑墓,都使用了三合土。其中,M9 规模较大,墓室结构比较复杂;M4～M7 墓葬规模较小,墓室结构也比较简单。

　　M9 位于 TN01W14 西部。方向 0°,开口于 2 层下,打破 3 层。墓圹平面呈长方形,长 2.8、宽 1.8、深 0.56 米。墓内填土为质地松软的灰褐色泥土,含有少量植物根茎等。该墓属于合葬墓,东侧墓室保存有少部分棺木和部分人骨,葬式为仰身直肢葬,人骨附近仅发现铜质纽扣若干,西侧墓室未发现棺木,人骨仅剩两根腿骨(图 6-16)。

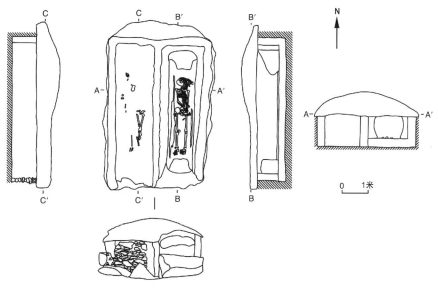

图 6-16　M9 平剖面图

M4～M7 为并排合葬墓,都已被迁走,墓与墓之间被三合土相隔,墓室结构比较简单。现以 M4 为例,介绍如下:

M4 位于 TN02W13 南部,方向 0°,开口于 2 层下,打破 3 层,墓平面呈圆角长方形,长 2.4、宽 0.7、深 0.6 米。墓内填有一层厚 5 厘米、质地松软的深褐色沙土。整个墓室用三合土浇灌,由于墓葬已被迁移,墓内无任何遗物(图 6-17)。

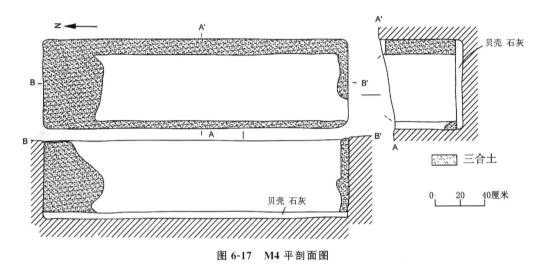

图 6-17　M4 平剖面图

五、结　语

此次榕山遗址发掘出土的遗物以陶器居多,大都质地松软,可复原的器物不多,且少有可辨器形。囿于材料的不足,无法对这批材料做深入的分析,但可以依据现有材料对榕山遗址的遗存进行初步的分析。依据层位关系和出土遗物,可将此次发掘的遗存分为早晚两个时期。

榕山遗址早期遗存中的陶器以夹砂陶和印纹硬陶为主,极少泥质陶。夹砂陶以灰色和黄褐色为主,有少量的黑陶和红陶,多出现分层并夹黑芯,器类有罐、釜、杯等,陶器器身多饰绳纹。在 6 层出土的陶片以夹砂陶居多,陶器烧制或使用时受热不均,器表多为黄褐色或黑色,但未发现有陶器表面施黑衣现象。印纹硬陶则以尊、豆、杯、罐等器类居多,纹饰以简易云雷纹占比较大,也有篮纹、刻划纹几何纹等。榕山遗址 2020 年发掘出土的早期陶器无论是器物组合还是器物形态,都与龟山遗址 2019 年发掘的第二期遗存[①]、东花丘遗址[②]以及东张下湾遗存[③]中的陶器风格十分相似,但是由于可对比的完整器较少,暂无法对本次发掘陶器的文化属性做出较为精准的判断,但从灰坑中出土陶器中夹砂陶的数量远多于硬陶、器物类型比较简单以及器物风格推测,可能会更偏向于下湾遗存。据此推测,此次榕山遗址发掘的早期遗存的年代应该不晚于商周时期。平潭岛北部是古代遗址密集分布区,现已发现的有壳丘头遗址、龟山遗址、东花丘遗址、君顶山遗址等史前遗址④,其中一些遗址已经进行了考古发掘。榕山遗址无论是在年代还是地理位置,都与这些遗址之间有很大的联系,属于这一遗址聚落群中的重要部分。此次对榕山遗址的发掘,为我们完善平潭岛考古学文化年代序列、构建考古学文化谱系提供了重要依据。

此次在榕山遗址第 5 层和 G1 中发现了大量墓砖和青瓷,青瓷器只有罐和碗,器类单一,不似先民日常生活的残留,推测应是墓中随葬品。榕山遗址中出土的青瓷器和墓砖与福州市仓山区万春一三区唐墓⑤和福清东张唐墓⑥中的遗物相似,故而推测榕山遗址第 5 层和 G1 的年代为唐代。在 G1 填土中出土的"开元通宝"和"乾元重宝"钱币,更为我们对灰沟的年代判断提供了可靠的依据。整个榕山发掘区虽然尚未发现唐代完整墓葬,但是在遗迹出土了典型的隋唐时期墓砖及墓葬中常见的随葬品,在遗址北面山地或许分布有唐代墓葬。《平潭县志》记载,"平潭旧称海坛山,产马,毛鬣有异文,相传为龙种,故在唐为牧马地"⑦,可见唐代先民对平潭岛已有开发。此次榕山遗址的发掘首次在平潭岛上发现年代明确的唐代遗存,为我们寻找平潭岛上唐代墓葬或其他遗存提供了宝贵的线索,为研究唐朝政府经略平潭岛的方式,探索唐代对东南海岛的开发利用,以及研究当时平潭地区与大陆之间的文化交流等问题提供了重要的实物资料。

注释:

①福建省考古研究院等:《福建平潭龟山遗址 2019 年发掘简报》,《福建文博》2021 年第 4 期。

②资料尚未发表。

③黄运明:《下湾、黄土仑与罗汉山——闽江下游地区商周时期遗存辨析》,《福建文博》2017 年第 3 期。

④福建博物院:《福建平潭壳丘头遗址发掘简报》,《考古》1991 年第 7 期;福建博物院:《2004 年平潭壳丘头遗址发掘报告》,《福建文博》2009 年第 1 期;福州市文物考古队等:《1992 年福建平潭岛考古调查新收获》,《考古》1995 年第 7 期;福建博物院、平潭县博物馆:《2015—2017 年平潭史前遗址考古调查简报》,《福建文博》2020 年第 3 期。

⑤福州市文物考古工作队:《福州市仓山区万春一三区唐墓发掘简报》,《福建文博》2014 年第 3 期。

⑥福建博物院:《福清东张唐墓》,《福建文博》2005 年第 3 期。

⑦(民国)《平潭县志》卷 34,民国十二年铅印本。

附记:此次发掘领队为厦门大学历史与文化遗产学院王新天副教授,执行领队为厦门大学历史与文化遗产学院刘淼副教授和周杨助理教授。参与此次发掘的人员有厦门大学 2018 级考古专业本科生和 2019 级文物与博物馆学硕士研究生。平潭国际南岛语族研究院范雪春院长,福建省考古研究院危长福,平潭综合实验区旅游文化局李磊,闽越王城博物馆林繁德、赵培立、姜威武等在此次发掘过程中给予了较大的关心和帮助,在此一并表示感谢!

执笔者:冯　锋　周　杨　刘　淼

2020 Annual Report on the Excavation of Rongshan Site in Pingtan，Fujian

Department of Archaeology of Xiamen University，

Pingtan Comprehensive Experimental Zone Museum，

Pingtan International Research Institute of Austronesian People

Abstract：In the autumn of 2020，the Archaeology Department of Xiamen University collaborated with the Pingtan Comprehensive Experimental Zone Museum and other institutions to excavate the Rongshan Site in Pingtan，Fujian. The excavation cleared 16 ash pits，5 tombs，2 ash ditches，and several post holes from the pre-Qin period to the historical period，yielding artifacts such as pottery，stone tools，porcelain，and coins. Of particular interest are the "Kaiyuan Tongbao" and "Qianyuan Zhongbao" coins，as well as Tang Dynasty tomb bricks，which provide relatively accurate references for dating the site and offer new directions for research on the distribution of Tang Dynasty tombs in the region. The Rongshan Site's stratigraphic sequence is relatively complete，and it has significant implications for further refining the archaeological and cultural chronology of the southeastern coastal region.

Keywords：Pingtan，Rongshan Site，Late Neolithic Period，Historical Period

福建浦城龙头山遗址宋至清代墓葬发掘简报

厦门大学历史与文化遗产学院考古学系　福建省考古研究院
南平市文物保护中心　浦城县博物馆

　　龙头山遗址位于福建省南平市浦城县南浦街道解放村陂头北侧龙头山山岗,遗址东、南、西三面为南浦溪所围绕,北邻清代浦城县城金凤门遗址,1987年第二次全国文物普查时发现,2008年第三次文物普查时进行了复查。经国家文物局和福建省文物局批准,2018年秋至2020年春,厦门大学历史与文化遗产学院考古学系联合福建省考古研究院等单位,对该遗址进行了考古调查与勘探,并先后开展了两次考古发掘。两次发掘总面积近900平方米,清理出新石器时代至清代墓葬50余座,另揭露出大量新石器时代至商周时期窑址、房址、灰坑、灰沟等遗迹。本文主要介绍遗址中所见的宋至清代墓葬,其余材料将另行整理发表。

　　此前,在浦城龙头山遗址周边还发现过邵武接龙头宋墓[①]、沿山宋墓[②],顺昌大坪林场宋墓[③]、九龙山宋墓[④]、南平大凤宋墓[⑤]、西芹镇宋墓[⑥]、店口宋墓[⑦]、南山镇宋墓[⑧],建瓯迪口宋墓[⑨],建阳莒口政和八年墓[⑩],浦城牛栏坪元墓[⑪],南平三官堂元墓[⑫]、西芹镇板应一路元墓[⑬]、邵武旗山元墓[⑭],松溪县祖墩乡元墓[⑮],南平大横明墓[⑯]、西芹镇明墓[⑰]等相关墓葬,龙头山为同时期分布最偏北的一处(图7-1)。

一、墓葬形制

　　龙头山遗址共清理宋至清代墓葬36座,分别开口于第1a层、1b层或第2层下。从形制上看,包括砖室墓5座、竖穴土坑墓12座、土洞墓18座,另有1座构造不明。从空间上看,这些墓葬主要集中分布在遗址的中部、南部及西北部(图7-2)。下面对各类墓葬的形制进行举例介绍。

(一)砖室墓

砖室墓共发掘5座,以M28、M41、M36为例,介绍如下。

图 7-1 浦城龙头山遗址及周边相关墓葬位置示意图

1.M28

位于发掘区 TS14E05 中部偏东,墓坑开口于第 1b 层下,打破第 2、5 层和生土,墓口距地表 0.72 米。

该墓为一券顶砖室墓,由墓道、砖室两部分组成(图 7-3)。墓道朝南,方向 180°,呈斜坡状,长约 1.8、宽约 1.14、深约 1.04 米,坡度为 10°,墓道南部被 M40 打破。砖室平面呈长方形,由双层封门和墓室构成。封门高约 1.18 米,有内、外两层,外层封门砖块大小不一,堆法较为杂乱,内层封门堆砌比较规整。墓室内长 2.16、内宽 0.9、内高 1.04 米,起券高度 0.7、券高 0.48 米。墓底规整,由 32 块正方形青灰底砖平铺,8 块长方形厚青灰砖置于其上,构成棺床。墓壁由底砖向上砌筑,砌法单砖错缝平铺顺砌,靠近内层封门有两处高度为 0.28 米且对称分布的侧龛。后壁由 14 层青灰墓砖叠压错缝平铺顺砌而成,中部设有一处高度为 0.28 米的头龛。墓壁均由石灰抹盖,正方形青灰底砖下也铺有一层石灰。

该墓所用墓砖按尺寸可分为五种:方形底砖长 28、宽 28、高 4 厘米,棺床砖长 52、宽 28～30、高 5 厘米,平砖长 28～30、宽 12、高 6.5 厘米,券砖长 28～30、宽 12、高 5～6 厘米,券顶盖砖长 28、宽 28、高 2 厘米。

2.M41

位于发掘区 TS13E06 东部,墓坑开口在第 1b 层下,打破第 2、3、4、5 层和生土,墓口距地表约 0.9 米。

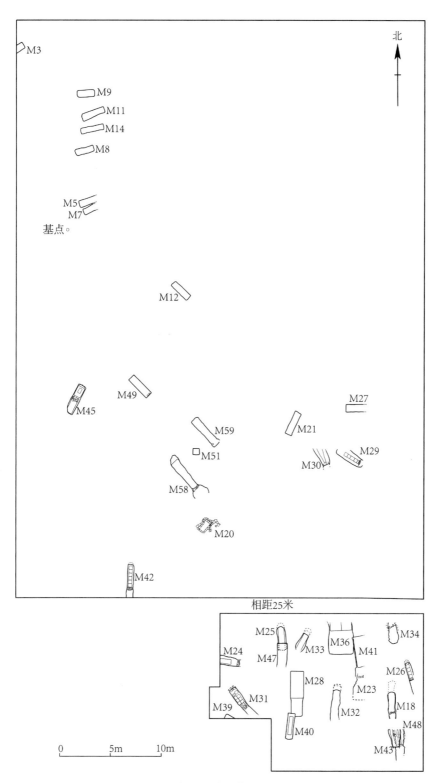

图 7-2　龙头山晚期墓空间分布图

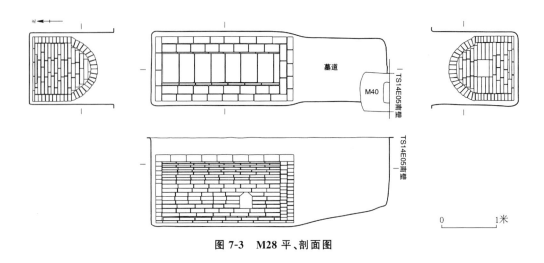

图 7-3　M28 平、剖面图

　　该墓为长方形券顶砖室墓,由墓道和砖室组成(图 7-4)。该墓方向 168°,墓道被 M23 打破,残长仅 1 米,宽约 1.2、深约 2 米。砖室平面呈长方形,由封门和墓室构成,全长 2.94、宽 1.16 米。封门由青灰砖错缝平铺顺砌,封门前堆有石灰。墓室平面呈长方形,内长 2.64、宽 0.84、高 1 米。墓底较平整,由青灰底砖平铺而成,其上平铺长方形厚青灰砖一层,构成棺床。棺床上见有残损木棺及部分人骨,木棺两侧和棺底板保存较好,棺木外有髹漆及棺钉 9 枚。墓壁则由底砖向上砌筑,下面的 6 层平砖较厚且中部都有一条刻划线,上面的 4 层平砖较薄且无装饰。两侧墙砖用单砖错缝平铺顺砌,在距墓底 0.6 米处开始起券。墓室后壁砌置壁龛 5 处,最下面 2 处较小,呈拱形,其上左右两侧为长方形龛,二者间则为一 3 层仿木结构,由外向内逐层内进(彩版 7-1)。墓内壁、壁龛下半部、棺床皆铺有石灰。因该墓被盗,随葬品仅余银片 3 枚。此外,墓室内距封门约 0.5 米处有一块方形地契砖,出土时似残存些许墨书字迹,但均已无法辨认。

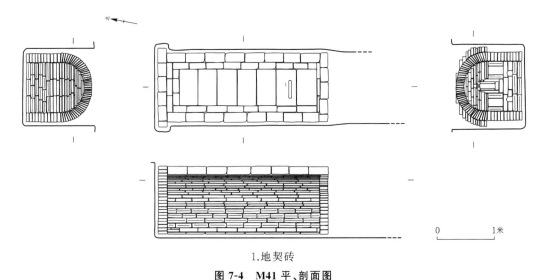

1.地契砖

图 7-4　M41 平、剖面图

该墓所用墓砖均为长方形,按尺寸可分为 5 种:底砖长 30、宽 28、高 4 厘米,棺床砖长 62、宽 34、高 6 厘米,厚平砖长 27、宽 16、高 8 厘米,薄平砖长 28、宽 16、高 3 厘米,券砖长 28、宽 14、高 2.5～4 厘米。

3.M36

位于发掘区 TS13E06 北部及北隔梁内,墓坑开口在第 2 层下,打破第 5 层和生土,墓口距地表约 0.8 米。

该墓为一座长方形夫妻合葬双室砖室墓,由墓道、封门、墓室组成(图 7-5)。

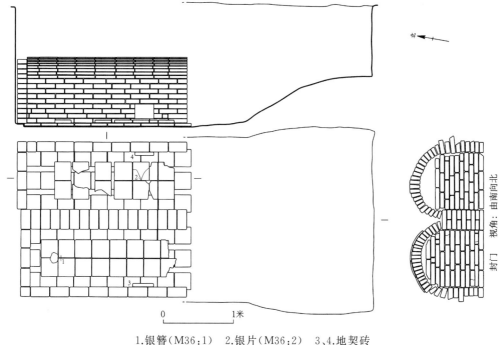

1.银簪(M36:1) 2.银片(M36:2) 3、4.地契砖

图 7-5 M36 平、剖面图

墓道为竖穴式,方向 173°,平面呈弧边梯形,南侧宽于北侧,长 2.6、最小宽度 2.3、最大宽度约 2.6 米,壁面垂直,底部呈坡状,坡度约 30°,最小深度 1.02、最大深度 1.72 米。

墓道北端为封门,为单砖墙,由长方形青灰砖错缝平铺顺砌,顶部呈拱形。西室封门共 12 层,宽 0.8、高 0.84 米,前堆有石灰;东室封门被盗洞破坏,余 10 层,宽 0.8、高 0.7 米。

墓室平面近正方形,全长约 2.5、宽 2.15 米,双室并列且形制大致相同。遗憾的是,东、西室均遭盗掘。

西室平面呈长方形,内长 2.24、宽 0.8、高 0.92 米。墓底平整,底砖由青灰方砖平铺而成,底砖之上平铺两排方砖作为棺床。棺床上铺石灰、木炭,石灰面上残留少量腐朽棺木及棺钉 2 枚,人骨附近发现银簪 1 件。墓壁从底砖向上砌筑。西壁为单砖墙,以长方形砖错缝平铺顺砌,共 9 层。西壁下距封门约 48 厘米处立有 1 块方形无字地契砖。东壁与东室西壁共用,为双砖墙,共 9 层,第 2、4、6、8 层为双砖顺向平铺,第 1、3、5、7、9 层为单砖横向平铺,使东西墓室紧密相连。东西两壁砌至 0.63 米处起券,由 23 列楔形砖成排砌成券顶。封门一侧券顶上余有四块青灰盖砖。后壁紧贴东西两壁北侧,为单砖墙,以长方形砖错缝平铺顺砌,共 13 层。

东室平面呈长方形,内长 2.3、宽 0.8、高 0.92 米。墓底平整,底砖由三排青灰方砖平铺而成,底砖之上再平铺两排方砖作为棺床。棺床上铺石灰、木炭,石灰面上残留少量腐朽棺木及棺钉 2 枚,人骨无存,另发现银片 1 枚。墓壁自底砖向上砌筑。西壁与西室东壁共用。东壁为单砖墙,以长方形砖错缝平铺顺砌,共 9 层。因受到填土挤压,东壁略向墓室内部倾斜。东壁下距封门约 48 厘米处立有 1 块方形无字地契砖。东西两壁砌至 0.63 米处起券,由 22 列楔形砖成排砌成券顶。后壁紧贴东西两壁北侧,略突出于西室后壁,为单砖墙,以长方形砖错缝平铺顺砌,共 13 层。

M36 所用墓砖按规格可分为 5 种:底砖长 24、宽 24、高 4 厘米,棺床砖长 26、宽 24、高 4 厘米,平砖长 28、宽 14、高 6.5 厘米,楔形券砖长 26、宽 6.5、高 4~5.5 厘米,盖砖长 23.5、宽 21.5、高 2 厘米。

(二)竖穴土坑墓

竖穴土坑墓共发掘 12 座,以 M12 为例,介绍如下。

1.M12

位于发掘区 TS02E03 北部及 TS02E03 北扩方内,竖穴土坑墓,墓向 135°(图 7-6)。墓坑开口于第 1 层下,打破第 2、3 层,墓口距地表 0.25 米。

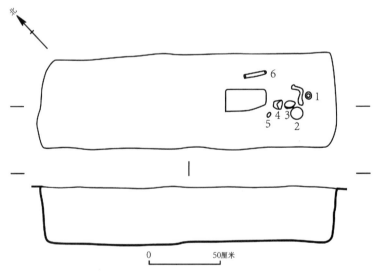

1.铜纽扣(M12:6)　2.瓷碟(M12:2)　3.瓷盖(M12:3)　4.水注(M12:4)
5.铜钱(M12:5)　6.烟枪(M12:1)

图 7-6　M12 平、剖面图

墓坑平面呈长方形,墓壁较直,墓底较平,长约 2～2.1、宽约 0.66、深约 0.38 米。出土随葬品包括烟枪 1 件、瓷碟 1 件、瓷盖 1 件、水注 1 件、铜钱 1 枚,铜纽扣 1 枚。

(三)土洞墓

土洞墓共发掘 18 座,以 M51、M59、M32、M42 为例,介绍如下。

1.M51

位于发掘区 TS05E03 北隔梁内,土洞墓,墓向 180°(图 7-7)。墓坑开口于第 1 层下,打破第 2 层,墓口距地表 0.6 米。

墓道朝南,具体形制不明。墓坑平面呈方形,长 0.56、宽 0.6 米,洞顶已塌,残高 0.2 米。墓内残存青釉罐 1 件,此外未发现其他随葬品。初步推测其为一座小型火葬墓。

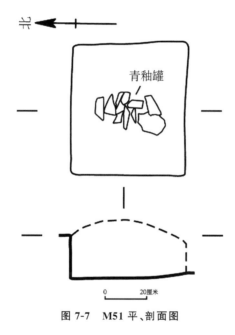

图 7-7　M51 平、剖面图

2.M59

位于发掘区 TS04E03 中部及南隔梁内,土洞墓,墓向 156°,由墓道、墓室组成(图 7-8)。墓坑开口在第 1 层下,打破生土,墓口距地表约 0.65 米。

墓道朝向东南,竖穴式,平面呈横长方形,长轴方向与墓室垂直,直壁,平底,长 0.4、宽 0.8 米,残深约 0.05～0.1 米。墓道西部发现一块卵石。墓室平面呈长方形,长 3、宽 0.6 米。墓顶已塌,残高 0.1～0.86 米,墓壁较直,墓底较平,棺木与人骨已腐朽无存,仅余板灰痕迹及棺钉。墓内随葬玻璃坠饰 1 件、饰品 1 组(铜饰 1 件、玻璃饰 2 件)、铜纽扣 1 组、铜饰 1 件。

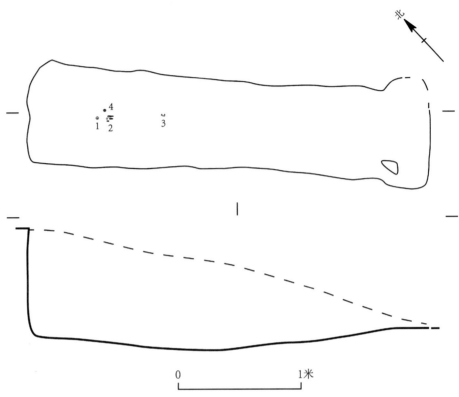

1.玻璃环形坠饰(M59:1)　2.饰品(M59:2)　3.铜纽扣(M59:3)　4.铜饰(M59:4)

图 7-8　M59 平、剖面图

3.M32

位于发掘区 TS14E06 中部,土洞墓,墓向 187°,由墓道、墓室组成(图 7-9)。墓坑开口在第 1b 层下,打破第 2、3、4、5 层和生土,墓口距地表约 0.35 米。

墓道朝南,平底,与墓室直接相连,因伸入探方南壁,且局部被晚期坑打破,具体形制不明。墓室平面呈长方形,已发掘部分长 3.1 米、宽 0.66～0.84 米。墓顶已塌,残高 1.24 米,墓壁较直。墓底平整,残留少量腐朽棺木、石灰及棺钉 4 枚,棺内发现人骨 1 具,头向北,足向南,保存较差。骨架附近发现银饰片 5 片和银饰 1 件。墓室北端距墓底约 0.38 米高处有一壁龛,壁龛内摆放陶罐 2 件,其中 1 件罐内置有铜钱 1 枚。

4.M42

位于发掘区 TS07E02 中南部,土洞墓,由墓道和墓坑构成,墓向 183°(图 7-10)。墓坑开口于第 1 层下,为一晚期坑打破,打破至生土层,墓口距地表深 0.4 米。

墓道朝南,略呈斜坡状,延伸至探方南壁下,已发掘部分长 0.74、宽 0.68、深 0.87 米。

墓坑平面近长方形,由封门和墓室构成,内长 2.36、宽 0.56、残高 0.8 米。封门单砖错缝平铺而成,残高 0.74 米。墓门内侧贴附一方砖,边长 35、厚 4 厘米,应为地契砖。墓底

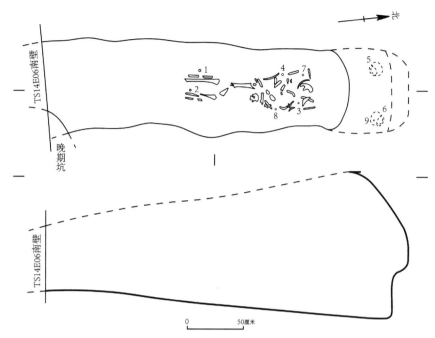

1、2、4、7、8.银片（M32∶1、2、4、7、8）　3.银饰（M32∶3）　5、6.陶罐（M32∶5、6）　9.铜钱（M32∶9）

图 7-9　M32 平、剖面图

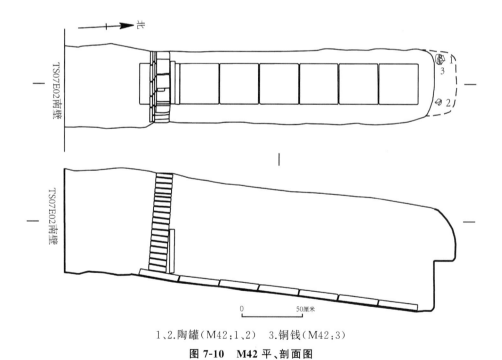

1、2.陶罐（M42∶1、2）　3.铜钱（M42∶3）

图 7-10　M42 平、剖面图

不甚平整，由前向后倾斜，以方砖铺设棺床，方砖边长 33、厚 3 厘米。墓壁未砌砖墙，后壁设一壁龛，距墓底约 0.4、宽约 0.18 米。龛内放置陶罐 2 件、铜钱 1 枚。

二、随葬遗物

(一)陶瓷器

1.陶器

青釉罐,1件。M51:1,方唇,侈口,溜肩,微鼓腹,底部略凹。通体施满青釉,肩腹部饰纵向条纹,上、下贴塑两周花边纹样。口径 26.2、腹径 36.3、底径 20.3、高 45 厘米(图 7-11,15)。

陶碟,1件。M14:1,黑胎泥质硬陶。敞口,浅腹,平底。器表似有一层红色陶衣。口径 8.6、底径 4.2、高 1.2 厘米(图 7-11,12)。

陶罐,10件。M48:1、2,夹细砂灰陶。敛口,尖唇外卷呈尖棱状,鼓腹,平底内凹。器内壁见轮制痕迹,腹部饰四周凸棱。M48:1,口径 7、底径 4.7、腹径 9.9、高 8.3 厘米。M48:2,口径 7.7、底径 5.4、腹径 10.3、高 8.6 厘米(图 7-11,3、10)。M32:5,夹砂灰陶。敞口,方圆唇,束颈,弧腹,上腹微鼓,平底。口径 11.3、底径 6.8、腹径 12、高 9.5 厘米(图 7-11,1)。M32:6,泥质红陶。敞口,方圆唇,束颈,弧腹,上腹微鼓,平底。口径 8.3、底径 7.4、腹径 11.8、高 8.8 厘米(图 7-11,2)。M33:1、2,夹粗砂红陶。敞口,方唇,束颈,弧腹,上腹微鼓,平底。下腹部饰四道凸棱。M33:2,器底中部有一抵手凹窝。M33:1,口径 8.8、底径 6.6、腹径 11、高 7.2 厘米。M33:2,口径 8.5、底径 6.4、腹径 11.3、高 7.4 厘米(图 7-11,6、4)。M42:1,泥质红陶。直口,平折沿,弧腹,上腹微鼓,平底。下腹饰五道凸棱。口径 9、底径 5.5、腹径 11、高 5.9 厘米(图 7-11,9)。M42:2,泥质红陶。敞口,束颈,弧腹,上腹微鼓,平底。下腹饰四道凸棱。口径 10.5、底径 7.7、腹径 12.8、高 7.5 厘米(图 7-11,5)。M45:1,夹粗砂红陶。折沿,方圆唇,弧腹,上腹微鼓,平底微内凹。器内壁见轮制痕迹,腹部饰四道凸棱。口径 10、底径 4.9、腹径 10.7、高 6.4 厘米(图 7-11,7)。M45:2,夹粗砂红陶。折沿,方圆唇,弧腹,上腹微鼓,平底微内凹。腹部饰四道凸棱。口径 9.4、底径 4.6、腹径 9.1、高 5.6 厘米(图 7-11,8)。

2.瓷器

瓷碟,1件。M12:2,侈口,圆唇,上腹较直,下腹弧收,平底,矮圈足。器内外满施白色釉。内底两周弦纹间填涂绿彩,并见红彩草书"福"字款。口径 8、底径 6.2、高 2 厘米(图 7-11,14;彩版 7-2)。

瓷盖,1件。M12:3,盖顶置圈足钮,盖面斜弧,圆形口,尖圆唇,内外施白釉,釉面光亮。盖面绘五彩"岁寒三友"图。通高 2.8、钮径 3.6、盖径 7.9 厘米(图 7-11,13;彩版 7-2)。

水注,1件。M12:4,青瓷。敛口,圆唇,斜弧腹,平底下附矮圈足。圈足未施釉。口径 2.5、底径 5.2、高 3.6 厘米(图 7-11,12;彩版 7-2)。

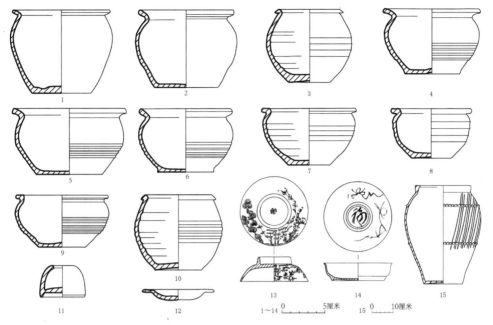

1～10.陶罐（M32:5、M32:6、M48:1、M33:2、M42:2、M33:1、M45:1、M45:2、M42:1、M48:2）
11.水注（M12:4）　12.陶碟（M14:1）　13.瓷盖（M12:3）　14.瓷碟（M12:2）　15.青釉罐（M51:1）

图 7-11　浦城龙头山遗址宋至清代墓葬出土陶瓷器

（二）金属器及其他

1.铜钱

共发现 6 枚，皆外圆内方，锈蚀严重。M12:5，字迹依稀可辨为"乾隆通宝"（图 7-12，1）。M32:9，M33:3、4、5，M42:3，字迹已漫漶不清（图 7-12，2～6）。

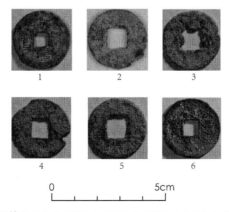

1～6.铜钱（M12:5、M32:9、M33:3、M33:4、M33:5、M42:3）

图 7-12　龙头山晚期墓铜钱排图

2.铜烟枪

1件。M12:1,烟杆为长管状,中部设置一扁球形烟斗,与烟杆相通,烟枪后侧残缺。残长 15.9、直径 2.7、烟斗高 4.6 厘米(图 7-13;彩版 7-2)。

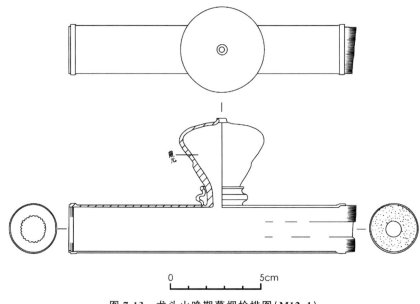

图 7-13 龙头山晚期墓烟枪排图(M12:1)

3.金属饰

所见铜饰主要包括纽扣和帽花等。

铜纽扣,七组,共 27 件。M12:6,一组 2 件(其中一件完整,另一件残缺不全,锈蚀严重)。M12:6-1,圆粒,尾端有圆环。通高 1.8、直径 1.3 厘米,重 1 克(图 7-14,15)。M3:1,一组 9 件。M3:1-1,通高 1.3、直径 0.8 厘米,重 0.3 克(图 7-14,1);M3:1-2,通高 1.2、直径 0.9 厘米,重 0.3 克(图 7-14,2);M3:1-3,通高 1.5、直径 1.1 厘米,重 0.7 克(图 7-14,3);M3:1-4,底部正面截面为三角形,通高 1.4、直径 1.2 厘米,重 1 克(图 7-14,4);M3:1-5,通高 1.6、直径 1.1 厘米,重 0.8 克(图 7-14,5);M3:1-6,通高 1.6、直径 1.1 厘米,重 0.8 克(图 7-14,6);M3:1-7,通高 1.8、直径 1.3 厘米,重 1.3 克(图 7-14,7);M3:1-8,体残,通高 1.3、直径 1.2 厘米,重 1.2 克(图 7-14,8);M3:1-9,体残,通高 1.7、直径 1.3 厘米,重 1.3 克(图 7-14,9)。M8:1,一组 2 件。M8:1-1,通高 1.8、直径 1.2 厘米,重 1 克(图 7-14,10);M8:1-2,通高 1.8、直径 1.1 厘米,重 1 克(图 7-14,11)。M11:1,一组 7 件(其中 3 件完整,另外 4 件残缺不全,仅余铜环,锈蚀严重)。M11:1-1,通高 1.7、直径 1.1 厘米,重 1 克(图 7-14,12);M11:1-2,通高 1.7、直径 1.1 厘米,重 0.6 克(图 7-14,13);M11:1-3,通高 1.8、直径 1.3 厘米,重 1.4 克(图 7-14,14)。M14:2,一组 2 件,其中 1 件完整,另 1 件残缺不全。两件均通高 1.4、直径 1 厘米,重 0.7 克(图 7-14,16)。M21:1,仅一件,通高 1.6、直径 1.1 厘米,重 1.1 克(图 7-14,17)。M59:3,一组 4 件,其中 M59:3-4 残缺。M59:3-1,通高 1.9、

直径 1.3 厘米;M59:3-2,通高 1.4、直径 0.9 厘米;M59:3-3,通高 1.3、直径 0.8 厘米;M59:3-4,残高 1、直径 0.7 厘米(图 7-14,18~21)。

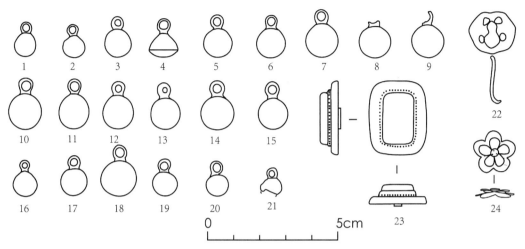

7~27.铜纽扣(M3:1-1~9、M8:1-1、M8:1-2、M11:1-1~3、M12:6-1、M14:2、M21:1、M59:3-1~4)
28.铜饰(M59:4)　　29、30.帽花(M3:2-1~2)

图 7-14　龙头山晚期墓铜饰件排图

帽花,一组 2 件。M3:2-1,金镶玉,分上、下两层,下层玉颜色洁白,上层玉颜色翠绿,边缘镶一圈金珠。长 2.8、宽 2.2、厚 0.8 厘米(图 7-14,23;彩版 7-3)。M3:2-2,银梅花,立体梅花造型,分三层,背后可见五个穿透小孔,体表氧化呈黑色。直径 1.6、厚 0.3 厘米(图 7-14,24;彩版 7-3)。

圆形铜饰,1 件。M59:4,锈蚀严重,背面连接铜丝断裂。对称分布 4 个圆孔,中间呈葫芦状凸起。直径 1.7 厘米,断裂铜丝长 1.7 厘米(图 7-14,22)。

银簪,1 件。M36:1,锈蚀严重。柄部呈长方条形,上粗下细,簪首呈圆形。长 7.9、直径 4 厘米(图 7-15,1)。

银饰,1 件。M32:3,上部为菊花造型立体薄片,下部为银丝。总长 5.4 厘米,薄片长 1.5 厘米、宽 1.8 厘米,银丝直径 0.1 厘米(图 7-15,2;彩版 7-4)。

银片,9 件。M32:1、2,银质圆形薄片,略有缺损,体表氧化呈黑色,依稀见"星""斗"字样。直径 2.7 厘米,厚不足 0.1 厘米(图 7-15,3、4;彩版 7-5)。M32:7,银质圆形薄片,略有缺损,体表氧化呈黑色,素面。直径 2.7 厘米,厚不足 0.1 厘米(图 7-15,5)。M32:8,银质薄片,体表氧化呈黑色,缺损严重。残长 2.3、宽 0.9、厚不足 1 毫米(图 7-15,10)。M41:1,一组 3 件,形制一致,圆形薄片,上有 3 个小孔。直径 2.8、厚 0.04 厘米(图 7-15,6~8;彩版 7-6)。

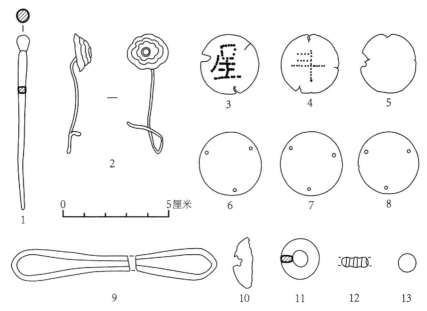

1.银簪（M36:1） 2.银饰（M32:3） 3～8、10.银片（M32:1、M32:2、M32:7、M41:1-1～3、M32:8）

9.铜饰（M59:2-1） 11.玻璃环形坠饰（M59:1） 12、13.玻璃饰品（M59:2-2～3）

图 7-15 浦城龙头山遗址宋至清代墓葬出土银饰、玻璃器

4.其他

玻璃环形坠饰，1件。M59:1，圆环形，淡青色，间杂绿色絮状斑，器表抛光好。直径1.8、孔径0.8厘米（图7-15,11;彩版7-7）。

其他饰件。M59:2为一组3件饰品。其中1件为铜制品（M59:2-1），呈勺状，尾端残缺，正面刻有纹饰，锈蚀严重无法辨认，残长9.4、宽1.4厘米;另外2件为玻璃制品。M59:2-2,残长1.2厘米，断成7截，淡蓝色，呈螺旋管状;M59:2-3,深蓝色，呈馒头状，直径0.8厘米（图7-15,12、13）。

三、结 语

龙头山遗址所揭露的35座宋至清代墓葬，虽然大多数墓葬已遭盗掘或破坏，仅10余座残存随葬品，且少见纪年器物，但通过对墓葬形制及随葬品特征与组合的分析，仍可将上述墓葬划分为四组。

第一组:以M51为代表。墓中随葬的青釉罐通体满釉，肩、腹部饰条纹，上、下贴塑两周花边纹样，形制与建阳莒口政和八年墓所出青瓷罐[⑩]极为相似。另外，该墓墓坑仅长0.56、宽0.6米，规模颇近于宋代闽北所流行的火葬墓。初步判断，该墓的年代当在北宋晚期至两宋之际。

第二组：以 M28、M36、M41 等为代表，皆为券顶砖室墓，设有棺床并流行墓龛。墓内随葬品虽多已被盗，但墓葬的形制构造与该地区已发掘的宋至明时期墓葬接近。比如单圹砖室墓与顺昌九龙山宋墓形制较为相似[19]，双圹并列者则近似于南平市南山镇宋墓[20]和延平区明墓西芹 M1[21]。除了墓葬形制，这一组墓葬所见铺垫石灰的葬俗及各类墓砖的尺寸也很接近南平地区已发掘宋至明墓的特点。故这一组的年代上限当不早于北宋，下限或可迟至明代。

第三组：以 M12 为代表，还包括 M3、M8、M11、M14、M21、M39 等。该组墓葬均为竖穴土坑墓，出土遗物相对丰富，尤其是各墓出土铜纽扣和饰件的样式高度一致，彼此年代当相去不远。鉴于 M12 出土烟枪应为吸食鸦片所用，而鸦片传入中国时间在晚明以后，且墓中见有"乾隆通宝"，故这批墓葬的年代不早于清代乾隆年间，可视为清代中晚期墓。

第四组：以 M59、M32、M42 为代表，还包括 M48、M33、M45 等。这组墓葬的特点是均为土洞墓，墓门皆以砖封堵，头部往往置有一龛，龛中随葬一大一小两件陶罐，罐中或附有铜钱若干枚。遗憾的是，铜钱的锈蚀都十分严重，难以辨认字迹。不过，这组墓葬多开口在第 1a 层下，而竖穴土坑墓多开口在第 1b、1c 层下。因而其年代要晚于第三组墓葬，或已迟至晚清、民国及至现代。

除了上述墓葬，另有一些墓葬由于缺乏可靠判断依据，或已受严重破坏，其年代已不可知，兹不赘述。

浦城龙头山宋至清代墓葬的发掘与清理，为了解闽北地区宋以来不同时期墓葬形制特点和丧葬习俗提供了新的实物资料，对于构建该地区清代中晚期至民国时期墓葬的年代学标尺、研究闽北地区的历史文化及社会发展的变迁具有重要意义。

注释：

①黄汉杰：《福建邵武县接龙头发现宋墓》，《考古通讯》1957 年第 1 期。

②福建省博物馆：《福建邵武沿山宋墓》，《考古》1981 年第 5 期。

③曾凡：《福建顺昌大坪林场宋墓》，《文物》1983 年第 8 期。

④福建省博物馆：《福建顺昌宋墓》，《考古》1979 年第 6 期。

⑤南平市博物馆：《福建南平大凤发现宋墓》，《考古》1991 年第 12 期。

⑥南平市博物馆：《福建南平西芹镇宋墓》，《考古》1991 年第 8 期。

⑦张文崟：《福建南平店口宋墓》，《考古》1992 年第 5 期。

⑧南平市博物馆：《福建南平南山镇发现一座宋墓》，《考古》2004 年第 11 期。

⑨建瓯市博物馆：《福建建瓯市迪口北宋纪年墓》，《考古》1997 年第 4 期。

⑩林忠干：《福建宋墓分期研究》，《考古》1992 年第 5 期。

⑪浦城县博物馆：《浦城县牛栏坪元墓清理简报》，《福建文博》2017 年第 1 期。

⑫张文崟、林蔚起：《福建南平市三官堂元代纪年墓的清理》，《考古》1996 年第 6 期。

⑬南平市博物馆等：《南平市延平区西芹镇板应一路元墓清理简报》，《福建文博》2019 年第 4 期。

⑭邵武市博物馆：《邵武通泰街道旗山元代墓葬清理简报》，《福建文博》2022 年第 1 期。

⑮福建博物院等：《松溪县发现元代壁画墓》，《福建文博》2009 年第 1 期。

⑯南平市博物馆等：《南平市延平区明墓清理简报》，《福建文博》2018 年第 3 期。

⑰南平市博物馆等：《南平市延平区明墓清理简报》，《福建文博》2018 年第 3 期。

⑱林忠干:《福建宋墓分期研究》,《考古》1992 年第 5 期。

⑲福建省博物馆:《福建顺昌宋墓》,《考古》1979 年第 6 期。

⑳南平市博物馆:《福建南平市南山镇发现一座宋墓》,《考古》2004 年第 11 期。

㉑南平市博物馆等:《南平市延平区明墓清理简报》,《福建文博》2018 年第 3 期。

附记:龙头山遗址考古发掘项目负责人为付琳、黄运明。参加宋至清代墓葬发掘工作的还有厦门大学历史与文化遗产学院考古学系助理教授魏凯,研究生官民伙、王欢欢、杨逸、唐凯纯、陈立宏、关欣玉、张晓坤及 2017 级考古专业全体本科生,福建闽越王城博物馆林繁德,南平市博物馆林叶辉、沈永平,浦城县文保中心杨军。遗物由熊仁寿修复,线图由翟雨洁、张硕、许嘉璐绘制,照片由王长喜拍摄。简报编写过程中,厦门大学历史与文化遗产学院考古学系王新天副教授、上海博物馆馆员高义夫博士提出诸多宝贵意见,谨此致谢!

执笔者:魏　凯　翟雨洁　杨　军

Report on the Excavation of Tombs from Song to Qing Dynasties at Longtoushan Site in Pucheng, Fujian

Department of Archaeology of Xiamen University,

Fujian Provincial Institute of Archaeology,

Nanping Cultural Relics Protection Center,

and Pucheng County Museum

Abstract: The Longtoushan Site is located on the Longtoushan hill north of the Pitou Village in Nanpu Street, Pucheng County, Nanping City, at the junction of Fujian, Zhejiang, and Jiangxi provinces. From 2018 to 2020, the Archaeology Department of Xiamen University, in collaboration with the Fujian Provincial Institute of Archaeology and other institutions, conducted two excavations at the site, clearing 35 tombs from the Song to Qing dynasties, including brick-chamber tombs, vertical pit tombs, and earthen cave tombs. Over 50 artifacts such as pottery, bronze, gold and silver objects, and glassware were excavated. The excavation of the Song-Qing dynasty tombs at Longtoushan in Pucheng provides new material evidence for understanding the funerary customs and burial practices of the region during this period. The excavation also has significant implications for research on the social development and historical and cultural changes in the northern Fujian region.

Keywords: Pucheng County, Fujian, Longtoushan Site, Song Dynasty Tomb, Qing Dynasty Tomb

江苏淮安红小北地块明代墓葬发掘报告

徐州博物馆　淮安市文物保护和考古研究所

淮安红小北地块明代墓葬位于江苏省淮安市淮安区沈坤路和杜康桥路交会处东北，周恩来红军小学北校区北侧，东距沈坤路约 44 米，中心地理坐标北纬 33°32′19.75470″，东经 119°9′35.32048″，海拔高度约 3 米（图 8-1）。2020 年 12 月至 2021 年 1 月，为配合该地块（后为碧桂园楚州府）建设，徐州博物馆、淮安市文物考古研究所（今淮安市文物保护和考古研究所）对其范围内发现的遗址和墓葬进行了发掘，共清理小型寺庙遗址 1 处（揭露面积 904 平方米），墓葬 10 座。现将墓葬发掘情况报告如下。

图 8-1　墓葬位置图

一、地层堆积

根据墓葬发掘现场北侧剖面来看,墓葬上层堆积从上至下可分为9层(图8-2)。

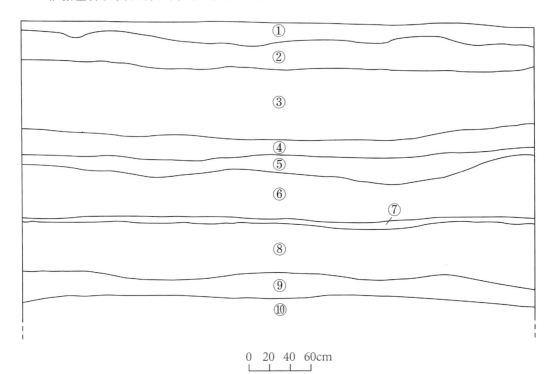

0 20 40 60cm

图 8-2 墓葬上部层位堆积图

第1层:灰色土,较软,结构较疏松,含少量现代砖瓦残块及植物根茎,厚0.10~0.22米。

第2层:灰黄色淤沙土,较软,结构较紧密,含少量植物根茎,厚0.20~0.32米,距地表深0.10~0.22米。

第3层:黄褐色淤沙土,较软,结构较紧密,含黄绿色水锈,厚0.52~0.68米,距地表深0.38~0.45米。

第4层:淡黄色淤沙土,较软,结构紧密,含少量黄绿色水锈,厚0.13~0.24米,距地表深0.90~1.12米。

第5层:红褐色淤泥土,较软,结构较紧密,厚0.07~0.26米,距地表深1.13~1.30米。

第6层:黄褐色淤沙土,夹少量红褐色淤泥,较软,结构较紧密,含黑色碳化颗粒及黄绿色水锈,厚0.34~0.60米,距地表深1.20~1.51米。

第7层:红褐色淤泥土,较软,结构较紧密,含黄绿色水锈,厚0.04~0.08米,距地表深

1.84～1.88 米。

第 8 层：黄褐色淤沙土，夹少量红褐色淤泥，较软，结构较紧密，含黄绿色水锈，厚
0.46～0.62 米，距地表深约 1.86～1.94 米。M9 开口于该层下。

第 9 层：灰色沙土，较软，结构较紧密，厚 0.15～0.25 米，距地表深 2.38～2.48 米。
M1～M8、M10 开口于该层下。

第 10 层：浅灰色沙土，未清理至生土。

第 1 层为表土层，第 2 至 10 层为黄泛土层。

二、墓 葬 分 述

墓葬共 10 座（编号 M1～M10），其中 M1～M8 呈"人"字形分布，M9、M10 位于 M1～
M8 东北方向，并列排布（图 8-3）。出土器物 40 件（组），有瓷器、釉陶器、金属器、铜钱、骨
器、漆木器、纺织品等类。

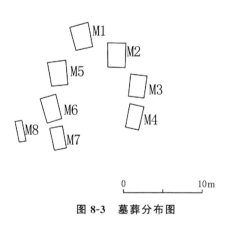

图 8-3 墓葬分布图

（一）M1

1.墓葬形制

M1 位于墓葬区中部，为长方形竖穴土坑双棺合葬墓。方向 350°。口大底小，墓壁斜
直，壁面较粗糙。墓口长 3.1、宽 2.2～2.48 米，墓底长 2.6、宽 1.6～1.8 米，墓深 2.45 米。

填土为青灰色细沙土,夹杂灰白色土块,土质稍软,较致密。

葬具均为木棺,杉木质,保存较好,双棺东西并列,平行置于墓底。棺木均由棺盖、天花板、两侧侧板、前后挡板、底板及棺座等部分组成,各部件间以榫卯连接、嵌合,棺盖、棺座另用铁钉与棺身钉连加固。西棺棺盖顶面前部钉有方形装饰板一块,其尾部形如蝠纹。棺内嵌置天花板一块,两侧侧板外壁略弧,内壁斜直,前挡板外各钉一块木条加厚,底板厚重。棺座由四块侧立的薄木板围成,呈"口"字形支垫于棺下,上端外侧呈阶梯状,底端外撇。东棺形制结构与西棺基本相同。东棺棺盖长 2.3、宽 0.52~0.7、厚 0.15 米,棺身长 2.15、宽 0.5~0.64 米,高 0.78 米,侧板厚 0.1、底板厚 0.12、棺座板厚 0.03 米;西棺棺盖长 2.31、宽 0.51~0.81、厚 0.12 米,棺身长 2.2、宽 0.5~0.72、高 0.78 米,侧板厚 0.1、底板厚 0.12、棺座板厚 0.04 米。

墓主人骨保存均较完整,但因水流浸泡冲刷,位置凌乱,表面泛黑。依其出土时所处位置,推测均为仰身直肢葬,头向北,面向不明。两棺棺内底部均平铺一层白灰及草木灰,且西棺墓主以草席包裹,多已朽烂。

共出土器物 12 件(组):两棺外西北角墓底各置有釉陶罐 1 件;东棺前挡板外底板上竖置买地券 1 块;东棺东侧、西棺西侧棺盖上各见有棺钉 1 枚;东棺棺内头骨东侧、西棺棺内头骨西侧各置有上下扣合青瓷碗 1 对;东棺头端西北角出土漆木箸 1 双;西棺头骨下方见有黑色纺织品 1 件及银簪 1 枚(图 8-4)。

2.出土器物

M1 共出土器物 12 件(组),有釉陶罐、青瓷碗、砖买地券、漆木箸、银簪、棺钉、纺织品等。

釉陶罐　2 件。M1:3,侈口微撇,方唇,口沿外侧内凹一周,束颈,溜肩,圆鼓腹,腹最大径位于上腹部,下腹斜收,小平底。泥质深灰陶,胎体厚重。器表薄施一层酱釉,因过烧呈棕红色,满釉,釉面干结,粗糙无光。颈部可见细密的线状修刮痕迹。腹中部外壁残存有小片布纹,下腹部饰有两周凸棱纹。口径 12、腹径 30.2、底径 11.8、通高 33.2 厘米(图 8-7,1)。

青瓷碗　4 件。M1:5,侈口,圆唇,深弧腹,高圈足,外墙稍敛、内墙外撇,其上可见均匀分布的斜向跳刀痕,足底外施釉后斜削,足内见有明显的修刮痕迹。白胎泛黄,胎质稍粗,胎体厚重。青釉,润泽光亮,施满釉,足底及其内无釉,内壁一侧及外壁近底处有大片积釉;釉面满布长条状开片,其下见有细密气泡,圈足外墙可见少量棕眼,足底粘砂。内底中心见有近圆形凸棱弦纹一周。口径 13、足径 5.6、通高 9、足高 2.3 厘米(图 8-7,2,彩版 8-1)。

砖买地券　1 件。M1:9,泥质灰陶,长方体,表面涂墨,上写朱书,均已剥落,内容不明。长 34.2、宽 33、厚 4.8 厘米。

漆木箸　1 双。M1:10,整体呈四棱柱状,两端粗而中间略细,边缘抹角。外髹红漆,部分已剥落。因埋藏原因略有弯曲。通长 27.3、直径 0.75 厘米(图 8-7,8)。

银簪　1 件。M1:11,整体呈圆锥状,簪头呈蘑菇形,簪身呈细圆锥状,自上至下渐细,表面光滑,已氧化发黑,尖端弯曲。通长 5.7、簪身长 5.4、簪头直径 0.4、簪身最大径

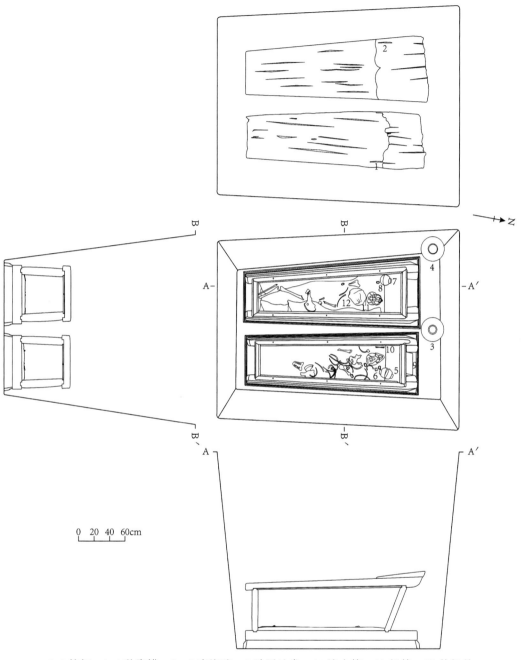

1、2.棺钉　3、4.釉陶罐　5～8.青瓷碗　9.砖买地券　10.漆木箸　11.银簪　12.纺织品

图 8-4　M1 平剖、面图

0.25 厘米(图 8-7,7)。

棺钉　2件。M1:1,铁质,尖端略残,器表锈蚀严重。分为钉帽、钉身两个部分。钉帽呈薄圆饼状,两侧各有一近圆形缺口;钉身呈四棱锥状;连接处造型类似钉帽。残长 37.2 厘

米,钉帽直径 13.7、厚 0.2 厘米,钉身最宽处 2、厚 0.7 厘米,连接处直径 6.3、厚 0.4 厘米(图 8-7,4)。

纺织品　1件。M1:12,黑色素纱,平纹,极为轻薄,展开后呈方形,两侧锁边,应为头巾一类。边长 77.5 厘米(彩版 8-3)。

(二)M2

1.墓葬形制

M2 位于墓葬区中部,为长方形竖穴土坑双棺合葬墓。方向 10°。口大底小,墓壁斜直,壁面较粗糙。墓口长 3.0、宽 2.2～2.34 米,墓底长 2.7、宽 1.9～2.04 米,墓深 1.95 米。填土为青灰色夹灰白色细沙土,土质稍软,较致密。

葬具均为木棺,保存较好,双棺形制、结构相似,东西并列,平行置于墓底。棺木均由棺盖、两侧侧板、前后挡板、底板等部分组成,各部件间以榫卯连接、嵌合,棺盖另用铁钉与棺身钉连加固。东棺棺盖由三块木板拼合而成,顶面外拱,足端略残。棺身两侧侧板壁面微弧,前挡板外各钉一块木条加厚,前挡板中部断裂,底板厚重。西棺形制结构与东棺基本相同,其棺盖顶面较为平整。两棺棺盖中上间横置一块木板,长 0.28、宽 0.14、厚 0.02 米,俗称"过桥板"。东棺棺盖残长 2.05、宽 0.5～0.58、厚 0.1 米,棺身长 2.05、宽 0.46～0.6 米、高 0.59 米,侧板厚 0.08、底板厚 0.09 米;西棺棺盖长 2.14、宽 0.47～0.58、厚 0.12 米,棺身长 2.08、宽 0.44～0.53、高 0.57 米,侧板厚 0.08、底板厚 0.1 米。

墓主人骨保存均较完整,但位置凌乱,表面泛黑。依其出土时所处位置,推测均为仰身直肢葬,头向北,面向不明。两棺棺内底部均平铺一层白灰及草木灰。

共出土器物 3 件:西棺西侧棺盖上见有棺钉 1 枚;东棺棺内头骨东侧置有上下扣合青瓷碗 1 对(图 8-5)。

2.出土器物

M2 共出土器物 3 件,有青瓷碗、棺钉等。

青瓷碗　2件。M2:2,侈口,圆唇,深弧腹,高圈足,外墙稍敛、内墙外撇,足底外斜削,足内见有明显的挖削及修刮痕迹。白胎泛黄,胎质稍粗,胎体厚重。青釉,半木光,施满釉,足内无釉,口沿内侧积釉一周,内壁器表见有少量棕黑色落砂,外壁近底处见有少量棕眼及缩釉现象。口沿外饰两周凹弦纹。口径 13.2、足径 5.4、通高 8.8、足高 2.3 厘米(图 8-7,3)。

棺钉　1件。M2:1,铁质,尖端略残,略有锈蚀。分为钉帽、钉身两个部分,二者分铸后连接组合而成。钉帽为一实心长方体,削角,正中留一菱形孔以连接钉身,底面微凹;钉身呈四棱锥状,下端弯折,上端削棱。外髹黑漆,下端漆面已脱落。残长 34.9 厘米,钉帽边长 5.6、厚 3.9 厘米,钉身最宽处 1.2 厘米(图 8-7,5,彩版 8-2)。

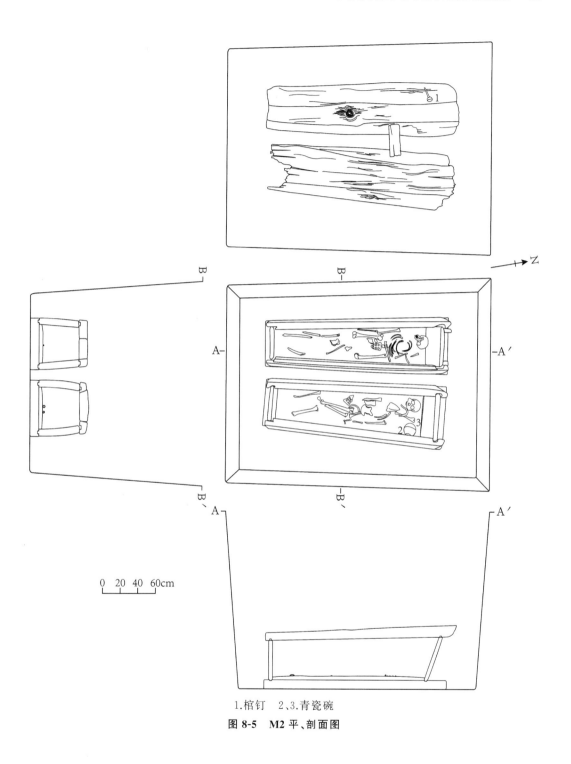

1.棺钉　2、3.青瓷碗

图 8-5　M2 平、剖面图

（三）M3

1.墓葬形制

M3 位于墓葬区中东侧，为长方形竖穴土坑双棺合葬墓。方向 15°。口大底小，墓壁斜直，壁面较粗糙。墓口长 2.75、宽 1.9～2.15 米，墓底长 2.35、宽 1.46～1.65 米，墓深 2.1米。填土为青灰色粉沙土，土质稍软，较致密。

葬具均为木棺，双棺东西并列，平行置于墓底。棺木均由棺盖、两侧侧板、前后挡板、底板及棺座等部分组成，各部件间以榫卯连接、嵌合，棺盖、棺座另用铁钉与棺身钉连加固。西棺保存相对较好，为松木质，用料、规格等均优于东棺。其棺盖由三块木板组合而成，中部断裂，两侧正中各有一长方形榫眼与棺身连接。棺身两侧侧板壁面斜直，东侧板前挡板外钉有木条一块，底板厚重。棺座由四块侧立的薄木板围成，呈"口"字形支垫于棺下，底端外撇。东棺板材偏薄，加工粗糙，多已朽烂，且变形严重。其棺盖几无存，两侧侧板及前后挡板也仅存下半部分，断裂处凹凸不平，底板较薄，下接棺座，形制结构同西棺。西棺棺盖长 1.96、宽 0.39～0.59、厚 0.1 米，棺身长 1.87、宽 0.38～0.53 米、高 0.59 米，侧板厚 0.06、底板厚 0.07、棺座板厚 0.02 米；东棺棺盖残长 1.87、残宽 0.28～0.45、厚 0.05 米，棺身残长 1.72、宽 0.34～0.46、残高 0.25 米，侧板厚 0.03、底板厚 0.03、棺座板厚 0.01 米。

墓主人骨保存均较完整，部分椎骨、肋骨等因水流浸泡冲刷稍有移位，表面泛黑。依其出土时所处位置，推断均为仰身直肢葬，头向北，面向上。两棺棺内底部均平铺一草木灰。

共出土器物 2 件，均为棺钉，分别钉于两棺棺盖前部东侧处（图 8-6）。

2.出土器物

M3 共出土器物 2 件，均为棺钉。

棺钉　2 件。M3:1,铁质，器表锈蚀严重，尖端略残。分为钉帽、钉身两部分。钉帽呈薄圆饼状，两侧各有一近圆形缺口；钉身呈四棱锥状，下端弯折；连接处造型类似钉帽，但整体近椭圆形。残长 30.1 厘米，钉帽直径 10.7、厚 0.2 厘米，钉身最宽处 1.5、厚 0.6 厘米，连接处直径 4.4 厘米，厚 0.4 厘米（图 8-7,6）。

（四）M4

1.墓葬形制

M4 位于墓葬区东南部，为长方形竖穴土坑双棺合葬墓。方向 16°。口大底小，墓壁斜直，壁面较粗糙。墓口长 2.8、宽 1.9～2.1 米，墓底长 2.6、宽 1.71～1.88 米，墓深 1.5米。填土为青灰色夹灰白色细沙土，土质稍软，较致密。

葬具均为木棺，杉木质，保存较好，双棺东西并列，平行置于墓底。棺木均由棺盖、两

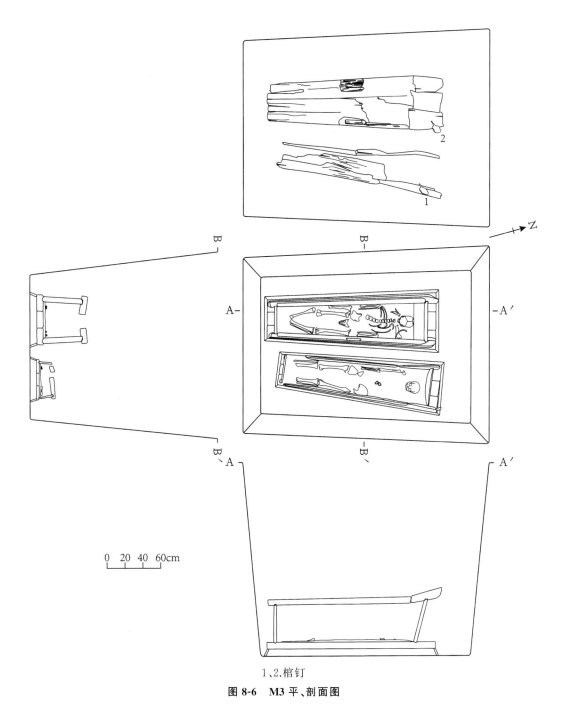

1、2.棺钉

图 8-6　M3 平、剖面图

侧侧板、前后挡板、底板及棺座等部分组成,各部件间以榫卯连接、嵌合,棺盖、棺座另用铁钉与棺身钉连加固。西棺棺盖顶面前端钉有方形装饰板一块,其尾部形如蝠纹,头端处另钉有横挡薄板一块。棺身两侧侧板壁面略弧,前挡板外各钉有木条一块,底板较厚。棺座由四块侧立的薄木板围成,呈"口"字形支垫于棺下,底端外撇。东棺形制结构与西棺基本

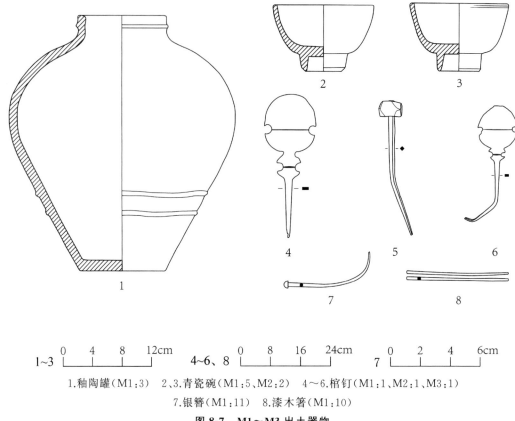

1~3 ┠─0──4──8──12cm─┨   4~6、8 ┠─0──8──16──24cm─┨   7 ┠─0──2──4──6cm─┨

1.釉陶罐(M1:3)　2、3.青瓷碗(M1:5、M2:2)　4~6.棺钉(M1:1、M2:1、M3:1)

7.银簪(M1:11)　8.漆木箸(M1:10)

图 8-7　M1～M3 出土器物

相同。东棺棺盖长 2.22、宽 0.61～0.73、厚 0.15 米,棺身长 2.08、宽 0.5～0.65、高 0.7 米,侧板厚 0.1、底板厚 0.08、棺座板厚 0.03 米;西棺棺盖长 2.21、宽 0.64～0.69、厚 0.15 米,棺身长 2.08、宽 0.49～0.68、高 0.66 米,侧板厚 0.09、底板厚 0.06、棺座板厚 0.03 米。

墓主人骨保存均较完整,但位置凌乱,表面泛黑。依其出土时所处位置,推测均为仰身直肢葬,头向北,面向不明。两棺棺内底部均平铺一层白灰及草木灰。

共出土器物 5 件:两棺外西北角墓底各置有釉陶罐 1 件;东棺西侧、西棺东侧棺盖前部各有棺钉 1 枚;东棺棺内头骨东侧出土有骨簪 1 枚(图 8-8)。

2.出土器物

M4 共出土 5 件器物,有釉陶罐、骨簪、棺钉等。

釉陶罐　2 件。M4:2,器形不甚规整。侈口,方唇,口沿外侧内凹一周,束颈,溜肩,鼓腹,腹最大径位于上腹部,下腹斜收,小平底。泥质灰陶,胎体厚重。器表薄施一层酱釉,因过烧呈暗红色,外施釉至腹中部,内及口沿内侧,下腹外壁可见流釉现象,釉面粗糙无光。颈肩部密布细线状修刮痕迹,上腹外壁切削一周圆痕,多数边沿不甚清晰,圆痕内有数道斜向划痕。素面。口径 9.8、腹径 18.3、底径 7、通高 21 厘米(图 8-10,2)。

骨簪　1 件。M4:4,整体呈毛笔状,制作精细。簪头略呈水滴形,簪身呈锥状,通体

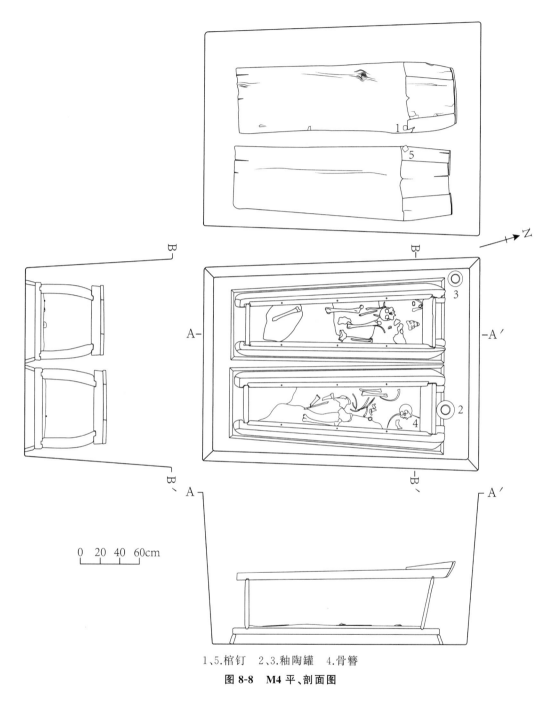

1、5.棺钉　2、3.釉陶罐　4.骨簪

图 8-8　M4 平、剖面图

磨制光滑,自上至下渐细,上端表面可观察到明显的切削痕迹,尖端圆钝,头、身相接处呈竹节状,上细下粗。通长 9.3、簪头长 1.2、簪身长 7.2、簪头最大径 0.8、簪身最大径 0.5 厘米(图 8-10,5,彩版 8-4)。

棺钉　2 件。M4:1,铁质,略有锈蚀。分为钉帽、钉身两个部分,二者分铸后连接组合而成。钉帽为一实心长方体,四边微曲向内,削角,正中留一方孔以连接钉身;钉身呈四棱锥状,尖端较锐,下端弯折,上端外有一方形铁箍。外髹黑漆,下端漆面已脱落。全长32.5厘米,钉帽边长4.7、厚1.9厘米,钉身最宽处1.3厘米(图8-10,8,彩版8-5)。

(五)M5

1.墓葬形制

M5位于墓葬区中西部,为长方形竖穴土坑双棺合葬墓。方向0°。口大底小,墓壁斜直,壁面较粗糙。墓口长3.1、宽2.2~2.4米,墓底长2.8、宽1.9~2.1米,墓深1.9米。填土为青灰色细沙土,夹杂灰白色土粒,土质稍软,较致密。

葬具均为木棺,保存较好,双棺形制结构类似,东西并列,平行置于墓底。棺木均由棺盖、两侧侧板、前后挡板、底板及棺座等部分组成,各部件间以榫卯连接、嵌合,棺盖、棺座另用铁钉与棺身钉连加固。西棺为杉木质,其在形制规格、材料加工等方面均优于东棺。棺盖顶面前端钉有方形装饰板一块,其尾部形如蝠纹。棺身两侧侧板外壁略弧,内壁斜直,前挡板外各钉有木条一块,底板厚重。棺座由四块侧立的薄木板围成,呈"口"字形支垫于棺下,底端外撇。东棺系松木质,板材偏薄,加工粗糙。棺盖表面凹凸不平,未作装饰。棺身两侧侧板略有残缺,底板较薄,下接棺座,其形制结构同西棺。西棺棺盖长2.47、宽0.52~0.75、厚0.15米,棺身长2.3、宽0.54~0.74、高0.78米,侧板厚0.11、底板厚0.09、棺座板厚0.03米;东棺棺盖长2.21、宽0.42~0.58、厚0.12米,棺身长2.1、宽0.38~0.51、高0.68米,侧板厚0.07、底板厚0.07、棺座板厚0.03米。

墓主人骨保存均较完整,但位置凌乱,表面泛黑。依其出土时所处位置,推测均为仰身直肢葬,头向北,面向不明。两棺棺内底部均平铺一层白灰及草木灰。

共出土器物7件:两棺外西北角墓底各置有釉陶罐1件;东棺西侧、西棺东侧棺盖前部各有棺钉1枚;西棺内西北角置有上下扣合青瓷碗1对,右侧手骨附近出土铜钱1枚(图8-9)。

2.出土器物

M5共出土7件器物,有釉陶罐、青瓷碗、铜钱、棺钉等。

釉陶罐　2件。M5:3,口沿略有变形,侈口,方唇,口沿外侧内凹一周,束颈,溜肩,鼓腹,腹最大径位于上腹部,下腹斜收,小平底,内底微凹。泥质深灰陶,胎体厚重。器表薄施一层酱釉,因过烧呈棕红色,满釉,釉面粗糙无光。颈部可见细密的线状修刮痕迹,且残留有一处指纹,肩及腹中上部各见有一周交错分布的切削圆痕,多数边沿不甚清晰,圆痕内可见数道斜向划痕。素面。口径8.4、腹径14、底径6.2、通高18.8厘米(图8-10,1,彩版8-6)。

青瓷碗　2件。M5:6,侈口,圆唇,深弧腹,高圈足,外墙稍敛,足底外斜削,足内见有明显的修刮痕迹。白胎泛黄,胎质稍粗,胎体厚重。青白釉,润泽光亮,施满釉,足内无釉;外壁釉面满布小块开片,其下见有细密气泡,内壁器表可见少量棕眼及缩釉现象,足底粘

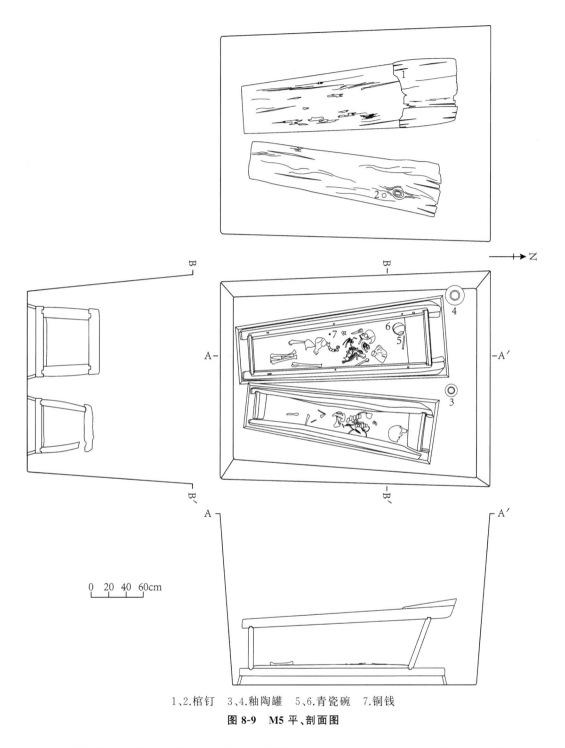

1、2.棺钉　3、4.釉陶罐　5、6.青瓷碗　7.铜钱

图 8-9　M5 平、剖面图

砂。口沿外饰有一周凹弦纹，内底饰以旋削涡纹。口径 12.8、足径 5.2、通高 8.5、足高 2.2
厘米（图 8-10，3）。

　　铜钱　1 枚。M5：7，圆形方穿，阔缘细郭。正面阳文"太平通宝"四字，隶书，直读；背

面光素。钱径 1.9、郭径 2.4、郭厚 0.1、内郭宽 0.05、穿边长 0.6 厘米(图 8-10,4)。

棺钉　2 件。

M5:1,铁质,尖端残,器表锈蚀严重。分为钉帽、钉身两个部分。钉帽呈薄圆饼状,两侧各有一近圆形缺口;钉身呈四棱锥状,下端弯曲;连接处造型类似钉帽。残长 31.1 厘米,钉帽直径 14、厚 0.3 厘米,钉身最宽处 1.7、厚 0.9 厘米,连接处直径 4.6、厚 0.4 厘米,(图 8-10,6)。

M5:2,铁质,略有锈蚀。分为钉帽、钉身两个部分,二者分铸后连接组合而成。钉帽为一实心长方体,削角,正中留一方孔以连接钉身,底面孔外见有一十字形凹槽;钉身呈四棱锥状,尖端较锐,下端弯折,上端外有一方形铁箍。外髹黑漆,下端漆面已脱落。全长 25 厘米,钉帽边长 4.3、厚 1.8 厘米,钉身最宽处 0.9 厘米(图 8-10,7)。

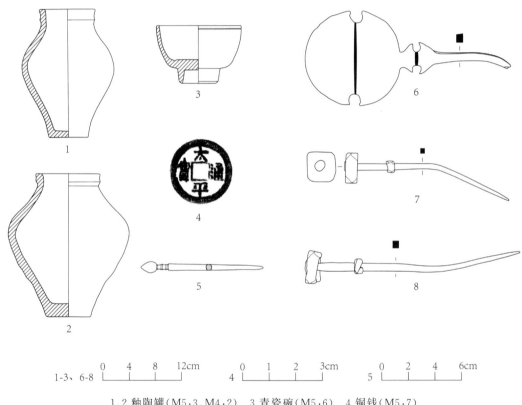

| 1-3、6-8 | 0　4　8　12cm | 4 | 0　1　2　3cm | 5 | 0　2　4　6cm |

1、2.釉陶罐(M5:3、M4:2)　3.青瓷碗(M5:6)　4.铜钱(M5:7)
5.骨簪(M4:4)　6~8.棺钉(M5:1、2,M4:1)

图 8-10　M4、M5 出土器物

(六)M6

1.墓葬形制

M6 位于墓葬区西南部,为长方形竖穴土坑双棺合葬墓,方向 7°。口大底小,墓壁斜直,壁面较粗糙。墓口长 3.17、宽 1.95～2.1 米,墓底长 2.8、宽 1.3～1.8 米,墓深 1.88～2.2
米。填土为青灰色细沙土,土质稍软,较致密。

葬具均为木棺,松木质,保存较好,双棺东西并列,平行置于墓底,其中西棺稍靠前,且
棺底高于东棺棺底 0.32 米。棺木均由棺盖、两侧侧板、前后挡板、底板及棺座等部分组
成,外髹红漆,均已剥落,各部件间以榫卯连接、嵌合,棺盖、棺座另用铁钉与棺身钉连加
固。西棺棺盖顶面前端钉有方形装饰板一块,其尾部形如蝠纹,头端另钉有横挡薄板一
块。棺身两侧侧板外壁略弧,内壁斜直,足端呈波浪状,西侧板前挡板外钉有一块木条加
厚,底板较厚。棺座由四块侧立的薄木板围成,呈"口"字形支垫于棺下,其口端外侧呈阶
梯状,底端外撇。东棺形制结构与西棺类似,棺盖由两块木板组合而成,前后两端各横钉
木板一块以加固。棺身前端挡板中部断裂。棺座外壁斜直,未作装饰。东棺棺盖长 2.18、
宽 0.48～0.6、厚 0.1 米,棺身长 2.1、宽 0.48～0.6、高 0.62 米,侧板厚 0.09、底板厚 0.07、棺
座板厚 0.03 米;西棺棺盖长 2.33、宽 0.5～0.61、厚 0.12 米,棺身长 2.17、宽 0.52～0.61、高
0.74 米,侧板厚 0.08、底板厚 0.07、棺座板厚 0.03 米。

墓主人骨保存均较完整,但因水流浸泡冲刷,位置凌乱,表面泛黑。依其出土时所处
位置,推测均为仰身直肢葬,头向北,面向不明。两棺棺内底部均平铺一层白灰及草木灰。
其中西棺墓主以草席包裹,部分已朽烂。

共出土器物 6 件(组):两棺前挡板外底板中部处各置有釉陶罐 1 件;东棺西侧棺盖前
部有棺钉 1 枚;东棺棺内头骨西侧置有上下扣合的青瓷碗 1 对,手骨及胸骨附近出有铜钱
1 组(图 8-11)。

2.出土器物

M6 共出土 6 件(组)器物,有釉陶罐、青瓷碗、铜钱、棺钉等。

釉陶罐　2 件。M6:4,器形不甚规整,整体制作粗糙。口沿变形严重,侈口,斜方唇,
口沿外侧内凹一周,束颈,溜肩,一侧变形内凹,鼓腹,腹最大径位于上腹部,下腹斜收,小
平底。泥质灰陶,胎体厚重。器表薄施一层酱釉,因过烧呈棕红色,满釉,釉面粗糙无光,
多处粘连有小块白灰。颈部可见细密的线状修刮痕迹,肩及腹中上部各见有一周交错分
布切削圆痕,多数边沿不甚清晰,其上密布不规则的横向划痕。素面。口径 9.6、腹径
17.7、底径 6.4、通高 21.3 厘米(图 8-16,1)。

青瓷碗　2 件。M6:2,整体制作粗糙。敞口,厚圆唇,斜弧腹,圈足,外墙稍敛,底端
向内斜削,足心见有明显的挖削痕迹及旋突。灰胎,胎质粗疏,胎体厚重。青釉,泛黄,半
木光,施满釉,圈足内外无釉,内底刮釉一周;釉面多见棕眼及棕黑色落砂。内底中心见有
近圆形凸棱弦纹一周。口径 14、足径 5.7、通高 6.2、足高 1.2 厘米(图 8-16,5,彩版 8-7)。

铜钱　1 组 5 枚。M6:5,包括景德元宝 1 枚,至道元宝 1 枚,元丰通宝 2 枚,钱文不明
者 1 枚。

M6:5-1,圆形方穿,阔缘细郭。正面阳文"景德元宝"四字,楷书,旋读;背面光素。钱
径 1.8、郭径 2.2、郭厚 0.1、内郭宽 0.05、穿边长 0.5 厘米(图 8-16,7 左)。

M6:5-2,圆形方穿,正面细缘细郭,背面周郭较正面宽浅。正面阳文"元丰通宝"四
字,行书,旋读;背面光素。钱径 2.0、郭径 2.3、郭厚 0.1、内郭宽 0.05、穿边长 0.7 厘米(图

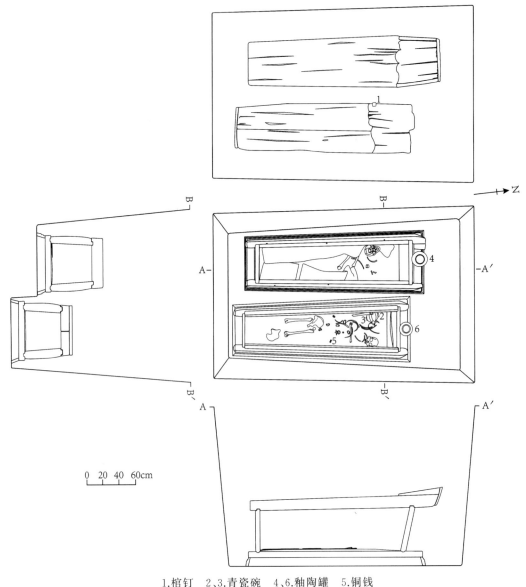

1.棺钉　2、3.青瓷碗　4、6.釉陶罐　5.铜钱

图 8-11　M6 平、剖面图

8-16,7 右）。

棺钉　1件。M6:1,铁质,尖端残,略有锈蚀。分为钉帽、钉身两个部分,二者分铸后连接组合而成。钉帽为一实心长方体,削角,正中留一方孔以连接钉身,底面孔外为一周圆形凸棱;钉身呈四棱锥状,下端弯折。外髹黑漆,部分漆面已脱落。残长 15.1 厘米,钉帽边长 4、厚 2.6 厘米,钉身最宽处 1.3、厚 1.1 厘米(图 8-16,8)。

(七)M7

1.墓葬形制

M7 位于墓葬区西南部,为长方形竖穴土坑双棺合葬墓。方向 8°。口大底小,墓壁斜直,壁面较粗糙。墓口长 2.9、宽 1.6～1.7 米,墓底长 2.6、宽 1.3～1.6 米,墓深 1.3 米。填土为青灰色细沙土,土质稍软,较致密。

葬具均为木棺,松木质,保存较好,双棺东西并列,平行置于墓底。棺木均由棺盖、两侧侧板、前后挡板、底板及棺座等部分组成,各部件间以榫卯连接、嵌合,棺盖、棺座另用铁钉与棺身钉连加固。东棺棺盖由三块木板组合而成,前后两端各钉有横挡薄板一块以加固,顶面前端钉有方形装饰板一块,盖板正中已断裂塌陷。棺身两侧侧板壁面略弧,前挡板外各钉有木片两条,围作方形,前挡板上端部分破裂,底板较厚。棺座由四块侧立的薄木板围成,呈"口"字形支垫于棺下,底端外撇。西棺形制结构与东棺基本相同。东棺棺盖长 2.15、宽 0.42～0.54、厚 0.1 米,棺身长 2.07、宽 0.36～0.51、高 0.72 米,侧板厚 0.07、底板厚 0.06、棺座板厚 0.02 米;西棺棺盖长 2.11、宽 0.38～0.54、厚 0.14 米,棺身长 1.95、宽 0.35～0.51、高 0.62 米,侧板厚 0.09、底板厚 0.05、棺座板厚 0.02 米。

墓主人骨保存均较完整,但因水流浸泡冲刷,位置凌乱,东棺尤甚,骨骼表面泛黑。依其出土时所处位置,推测均为仰身直肢葬,头向北,面向不明。两棺棺内底部均平铺一层白灰及草木灰。

共出土器物 3 件:东棺外西北角墓底置有釉陶罐 1 件;东棺东侧、西棺西侧棺盖前部各有棺钉 1 枚(图 8-12)。

2.出土器物

M7 共出土器物 3 件,有釉陶罐、棺钉 2 类。

釉陶罐　1 件。M7:3,口部略有变形,侈口,圆方唇,口沿外侧内凹一周,束颈,溜肩,圆鼓腹,腹最大径位于上腹部,下腹斜收,小平底。泥质灰陶,胎体厚重。器表薄施一层酱釉,因过烧呈棕红色,满釉,釉面粗糙无光,密布泡孔及杂质颗粒。口沿上方及颈部一侧见有数处指捏痕迹,腹中部见有三道纵向划痕,下腹部外可见明显的接口痕迹,外壁中上部密布不规则的横向修刮痕迹。素面。口径 9.4、腹径 18.5、底径 8.6、通高 20.8 厘米(图 8-16,3)。

棺钉　2 件。M7:2,铁质,略有锈蚀。分为钉帽、钉身两个部分。钉帽扁薄,微向一侧弯曲,平面略呈葫芦状;钉身呈四棱锥状,尖端锐利,下端弯折。外髹黑漆,下端漆面已脱落。全长 21.8 厘米,钉帽最宽处 3.6、厚 0.2 厘米,钉身最宽处 1、厚 0.8 厘米(图8-16,6)。

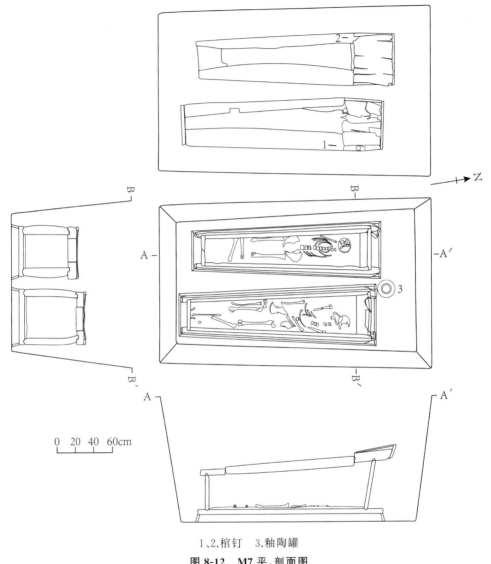

1、2.棺钉　3.釉陶罐

图 8-12　M7 平、剖面图

（八）M8

1.墓葬形制

M8 位于墓葬区西南角，为长方形竖穴土坑单棺墓。方向 345°。直壁，壁面较粗糙。长 2.7、宽 0.94～1、深 1.7 米。填土为青灰色夹灰白色细沙土，土质稍软、较致密。

葬具为木棺，保存较差。棺盖朽烂无存，棺身两侧侧板壁面斜直，前挡板上端略有缺损，底板较厚，棺座由四块侧立的薄木板围成，呈"口"字形支垫于棺下，底端外撇。各部件间以榫卯连接、嵌合，棺座另用铁钉与棺身钉连加固。棺长 2、宽 0.36～0.55、高 0.45 米，侧板厚 0.06、底板厚 0.05、棺座板厚 0.02 米。

墓主人骨保存较为完整,表面泛黑,推测为仰身直肢葬,头向北,面向上。棺内底部平铺一层白灰及草木灰。

出土釉陶罐 1 件,置于墓底西北角处(图 8-13)。

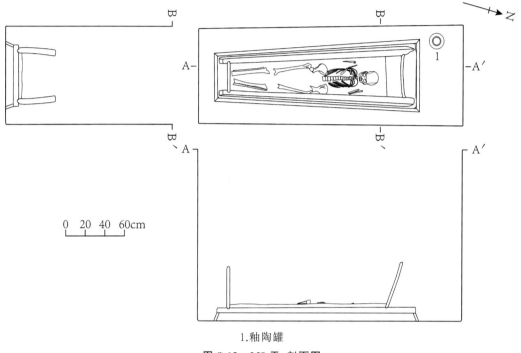

1.釉陶罐

图 8-13　M8 平、剖面图

2.出土器物

M8 内仅出有 1 件釉陶罐。

釉陶罐　1 件。M8:1,器形不甚规整,整体制作粗糙。侈口,方圆唇,口沿外侧内凹一周,束颈,溜肩,鼓腹,腹最大径位于上腹部,下腹斜收,腹内壁见有明显的接口痕迹,小平底。夹砂灰陶,胎体厚重。器表薄施一层酱釉,因过烧呈暗红色,满釉,釉面粗糙无光,密布泡孔及杂质颗粒,一侧可观察到粘连痕迹。素面。口径9.2、腹径15.6、底径7.2、通高19.2 厘米(图 8-16,2)。

(九)M9

M9 位于墓葬区东北角,为长方形竖穴土坑单棺墓。与 M10 为异穴合葬,居于其西侧。方向3°。直壁,壁面较粗糙。长 2.35、宽 0.7～0.85、深 1.3 米。填土为青灰色夹灰白色细沙土,土质稍软、较致密。

葬具为木棺,制作粗糙,保存较差。棺盖朽烂无存,棺身两侧侧板壁面斜直,上端部分缺损,前后挡板均仅存下半部分,底板较薄,由三块木板拼合而成,前端横钉木板一块以加

固。各部件间以榫卯连接、嵌合，且以铁钉钉连加固。棺长 2.05、宽 0.42～0.6、高 0.42
米，侧板厚 0.04、底板厚 0.04 米。

墓主人骨保存较差，因水流浸泡冲刷多有移位，部分骨骼表面泛黑。依其出土时所处
位置，推测为仰身直肢葬，头向北，面向上。棺内底部平铺一层白灰及草木灰。

墓内未见随葬器物（图 8-14）。

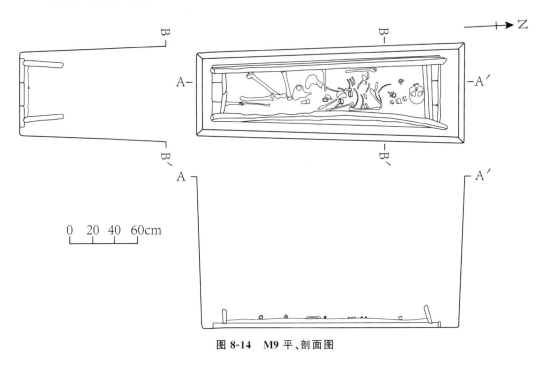

图 8-14　M9 平、剖面图

（十）M10

1.墓葬形制

M10 位于墓葬区东北角，为长方形竖穴土坑单棺墓。与 M9 应为异穴合葬，居于其
东侧。方向 2°。口大底小，墓壁斜直，壁面较粗糙。长 2.77、宽 0.94～1、深 1.3 米。填土
为青灰色夹灰白色细沙土，土质稍软，较致密。

葬具为木棺，制作粗糙，保存较好。棺盖由三块木板拼合而成，棺身两侧侧板均由两
块木板拼合而成，壁面斜直，后挡板仅存下半部分，底板较厚，由四块木板拼合而成。各部
件间以榫卯连接、嵌合，棺盖另用铁钉与棺身钉连加固。棺盖长 2.1、宽 0.4～0.54、厚 0.05
米，棺长 2.05、宽 0.4～0.55、高 0.71 米，侧板厚 0.07、底板厚 0.06 米。

墓主人骨保存较完整，因水流浸泡冲刷多有移位，骨骼表面泛黑。依其出土时所处位
置，推测为仰身直肢葬，头向北，面向上。棺内底部平铺一层白灰及草木灰。

出土釉陶罐 1 件，置于墓底西北角处（图 8-15）。

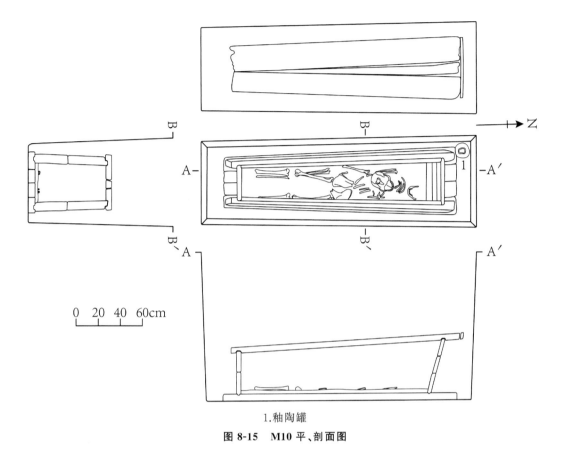

1.釉陶罐

图 8-15　M10 平、剖面图

2.出土器物

M10 内仅出有 1 件釉陶罐。

釉陶罐　1 件。M10:1,器形不甚规整,整体制作粗糙。直口微敛,斜方唇,口沿外侧内凹一周,束颈,溜肩,圆鼓腹,腹最大径位于上腹部,下腹斜收,小平底。夹砂灰陶,胎体厚重。器表薄施一层酱釉,外施釉至腹中部,内及口沿内侧,下腹外壁可观察到流釉现象,釉面粗糙无光。肩及上腹外壁各见有一周片状切削圆痕,交错分布,部分区域出棱明显。肩部饰有数周平行分布的浅凹槽纹。口径 8.8、腹径 16.2、底径 6.8、通高 19.6 厘米(图 8-16,4)。

三、结语

此次清理的 10 座墓葬,形制统一,出土器物特征明显。M1～M8 开口层位相同,排列有序,方向基本一致,随葬器物也较为接近,应该是一处家族墓地,其中 M1 处于中央最北端,其他墓葬呈"人"字形依此分列两侧。江苏地区的明代家族墓常见此类"人"字形布

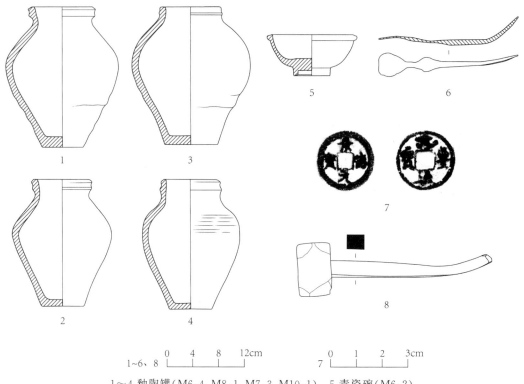

1~4.釉陶罐(M6:4、M8:1、M7:3、M10:1)　5.青瓷碗(M6:2)

6、8.棺钉(M7:2、M6:1)　7.铜钱(M6:5-1、2)

图 8-16　M6～M10 出土器物

局方式,如淮安山头遗址明代家族墓①、翔宇花园吴信家族墓②、拱辰佳苑小区家族墓③、南京中华门外宋氏家族墓④、南京钦天监副贝琳家族墓⑤、无锡青山湾明黄钺家族墓⑥等。由其墓葬分布位置来判断,M1 应为祖墓,年代最早,其余墓葬均渐次排列。这可能代表了"左昭右穆"的排列序列。一般来说,辈分越高离祖墓越近,同一排的可能为同一辈分。但由于这批家族墓年代跨度较小,也未发现文字纪年信息,无法准确判断各墓之间的早晚关系。M9、M10 疑与这批家族墓无关,大约同时期或年代稍晚,其中 M9、M10 为异穴合葬墓,M9 下葬时间晚于 M10。

关于这批墓葬的年代,从墓葬形制来看,大约为明代。从出土遗物来看,青瓷碗 M1:5、M5:6 与淮安翔宇花园 M2:4、拱辰佳苑 M4:3、淮安四站鸭洲 M4:1⑦造型特征相似,M6:2 与拱辰佳苑 M2:3、山头遗址 M33:1 造型特征相似,年代应较为接近。硬陶罐 M4:2 与翔宇花园 M2:2 均为侈口,方唇,束颈,溜肩,鼓腹,小平底,外形基本一致。其中翔宇花园 M2 时代为明代中期偏晚,拱辰佳苑 M2、M4 为明代中晚期,山头遗址 M33 为明代,淮安四站鸭洲 M4 为明代中期,因此这批墓葬的年代应在明代中晚期。

值得注意的是,墓葬所在层位上下均为黄泛堆积,这与南宋建炎二年(1128 年)以后,黄河南迁夺淮⑧这一事件密切相关。《天启淮安府志》记载:"嘉靖初年,三义口塞,(黄河)南从清河县前,亦与淮合,谓之小清口,经清江浦至草湾,转西南过淮安新城,北达安东。"

结合《正德淮安府志》⑨卷首《郡城之图》、《河防一览·全河图说》⑩等历史舆图可知,明代黄河和淮河合流后即流经淮安新城北侧,约在今翔宇大道位置,此次发掘的墓葬应处于黄河北岸。据研究,苏北地区大规模的黄河泛滥大约始于明正统以后⑪。明嘉靖以后,黄河开始全流夺淮,对淮安地区影响更甚。仅清初至清咸丰五年(1855年)黄河铜瓦厢改道前,黄河下游决口就达200多次⑫,多次决溢带来的大量泥沙,直接塑造出苏北地区广袤的平原地形。这批墓葬上层的黄泛堆积,直接反映了黄河泛滥对淮安地区的影响,为研究明代洪水灾害和黄淮治理提供了考古学资料。此外,墓葬的发掘对于研究淮安地区明代家族墓布局、排列规律、丧葬习俗及社会生活等也具有重要价值。

注释:

① 淮安市博物馆:《江苏淮安山头遗址墓地发掘简报》,《考古与文物》2010年第6期。

② 淮安市博物馆:《淮安楚州翔宇花园明清墓葬群发掘简报》,《东南文化》2012年第1期。

③ 淮安市文物考古研究所:《江苏淮安清江浦区拱辰佳苑小区明代家族墓发掘报告》,《东南文化》2020年第2期。

④ 南京市文物保管委员会:《南京中华门外明墓清理简报》,《考古》1962年第9期。

⑤ 南京市考古研究院:《明代南京钦天监副贝琳家族墓发掘简报》,《东南文化》2019年第6期。

⑥ 无锡市博物馆:《江苏无锡青山湾明黄钺家族墓》,《考古学集刊》3,科学出版社,1983年,第205~217页。

⑦ 南京博物院、淮安市博物馆:《淮安四站鸭洲明清墓地考古发掘简报》,《大运河两岸的历史印记——楚州、高邮考古报告集》,科学出版社,2010年,第41~50页。

⑧《宋史·高宗本纪》:"是(建炎二年)冬,杜充决黄河,自泗入淮以阻金兵。"

⑨ 薛鉴修、陈艮山纂,荀德麟、陈凤雏、王朝堂点校:《正德淮安府志》,方志出版社,2006年,第17页。

⑩ 潘季驯原著、中国水利史典编委会办公室编:《河防一览·全河图说》,中国水利水电出版社,2017年。

⑪ 蒋慕东:《黄河"夺泗入淮"对苏北的影响》,《淮阴师范学院学报(哲学社会科学版)》2006年第2期。

⑫ 王京阳:《清代铜瓦厢改道前的河患及其治理》,《陕西师大学报(哲学社会科学版)》1979年第1期。

附记:参加淮安市红小北地块明代墓葬发掘的有胡兵、赵李博、曾红强、王梦珊、曾文兵、李和金。照片由王梦珊、张立、文银学拍摄,线图由张荣鑫、高悦、付欣雅、沈涛、吴通、王慧绘制。

执笔者:赵李博　张荣鑫　胡　兵

Report on the Excavation of the Ming Dynasty Tomb in Hongxiao North，Huaian，Jiangsu

Xuzhou Museum，Huaian City Cultural Heritage
Protection and Archaeological Institute

Abstract：A total of 10 Ming Dynasty tombs were discovered in Hongxiao North，Huaian，Jiangsu，yielding 40 pieces（sets）of cultural relics. Eight of the tombs are arranged in the shape of the Chinese character "人"（ren），and are a family cemetery，while the other two tombs have no apparent connection to the family cemetery. The location of the tombs and the yellow sediment layer above them provide archaeological information for the study of the Yellow River flood in the Ming Dynasty. Moreover，the discovery has significant value for the research of family cemetery layout，arrangement，funeral customs，and social life in the Ming Dynasty in Huaian region.

Keywords：Hongxiao North，Huaian，Ming Dynasty，Family Tomb，Yellow River Flood

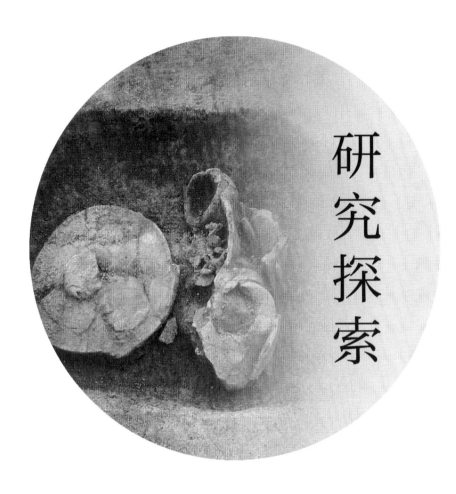

研究探索

中国东南地区旧石器时代遗存浅析

周振宇

（中国社会科学院考古研究所）

一、引论

东南地区作为地理单元名词，见于多个学术研究领域，但因研究内容的不同，对区域划定并不一致。范围最广的划分涵盖了山东至两广包括台湾、海南、香港、澳门在内的沿海地区，以及安徽、江西等相邻区域。同时也有"东南五省市""东南四省一市""东南六省一市"等提法。尽管划分区域大小有别，但对东南地区的核心地区有着较为一致的认定，即浙江至两广的沿海地区，这其中又可划分为岭南和闽台两大区域，行政区划包括浙江、福建、广东、广西、海南、台湾等省份①。

在历史学、民族学、考古学等人文研究领域中，均将东南地区视为传统地理区域单元。百越研究的核心区域与东南地区高度重合。林惠祥先生系统地从民族学的角度梳理百越历史，认为越为华夏之外尤其是南部之异族之统称，称百越，意为数量之多，越地特指中国东南及南方的蛮夷。学界将"百越"视为战国、秦汉时期中国东南沿海及中南半岛一带的非华夏居民。它并非一个严格意义上的民族实体，而是各有种姓，分布地域甚广，地区之间也有许多差别，故谓之"百越"。其分布区域即为东南地区，且随着时间推移、人群迁徙，分布范围也不断变化。百越分布的核心地区为闽浙两广地区，之后，百越建立的政权为汉所灭，其民徙居江淮间，江苏、安徽、江西等地也成为百越的分布区，仍留在原地未迁徙的越族则被称为山越②。

除百越研究之外，东南地区也是南岛语族的起源与扩散研究的核心区域。有学者认为百越土著先民向海洋迁徙，是南岛语族的直系祖先，认为百越-南岛是文化共同体③。近年的考古研究表明，南岛语族起源于中国南部或者台湾地区，这一观点至迟于 20 世纪前半期已初现端倪。林惠祥、凌纯声、张光直等就将南岛语族的起源与扩散研究关联到了中国南部地区。最新的研究成果表明，南岛语族的扩散有着多元路径，我国东南及华南沿海地区是探索南岛语族起源与扩散的重要源头之一。从考古学实证角度解决"南岛语族"起源与扩散等诸多问题，中国东南及华南沿海地区，尤其是福建、台湾、浙江、广东和海南，更是绕不开的关键位置。除了族群特征，从考古学遗存来看，东南区域也存在以有段石器、有肩石器和印纹陶为代表的独特区域性遗存。20 世纪初，正是上述遗存的发现，开启了东南地区地方特色区域文化系统研究。

上述学术史的梳理和回顾使我们意识到,东南地区是一个具有共性和特性的地理单元,无论是自然地理特征,还是人类演化扩散规律,抑或是历史文化传承交流,区域内均保持不同程度的相关性。沿海的浙江、福建、广东、广西、海南、台湾等地区则是孕育族群、文化的核心区域。因此,对该区域旧石器时代人群的深入研究,能够在更长的时间尺度上把握这个区域人类演化发展的脉络。由此尝试探讨旧石器时代人群的演化与迁徙,能够为我们认识中国南方地区早期人类演化历史和行为模式提供一个新的方向和视角。

二、区域地理特征

1.区域地理共性

受生产力水平限制,旧石器时代人类生存栖息、迁徙扩散受自然环境、地理地貌的影响和制约。东南地区面向海洋,陆地所处大地构造单元为华南加里东褶皱系,整体地貌由两列平行海岸的山脉控制,武夷山脉和南岭将东南与内陆相隔,第二列由博平岭、戴云山、洞宫山、括苍山和天台山等组成。各省份均依山傍海,相比我国南方其他地理区域,有着更为相似的地理特征:1.地貌单元复杂多样,山地、丘陵多,平原、盆地交错分布。2.海岸线漫长,海岸地貌多样,海岛众多,海洋资源丰富。3.古气候条件相近,记录人类演化历史的第四纪地层相似,如均发育网纹红土、红土等沉积物。4.均发育喀斯特地貌,是我国石灰岩溶洞集中分布的地区。5.气候环境接近,均属热带、亚热带海洋性季风气候,温暖湿润,降雨量丰沛,自然资源丰富。

2.多样化陆地特征

尽管有上述的相似性,但区域内地貌分布的另一显著特征在很大程度上影响了旧石器时代的文化特征。受山脉水系切割作用,东南地区地貌单元破碎,形成了浙闽、两广等丘陵。各省之间相对封闭,省域之内亦形成更小的、相对封闭的地貌单元。

浙江地势由西南向东北倾斜,地形复杂,山脉自西南向东北成大致平行的三支。地跨钱塘江、瓯江、灵江、苕溪等八大水系,由平原、丘陵、盆地、山地、岛屿构成。省内水系也多出自境内山地,呈羽状和格状[④]。

福建省地势西北高,东南低。省内有两大山带大体平行,闽西山带以武夷山脉为主,发源有闽江和汀江;闽中山带从北至南分为鹫峰山脉、戴云山脉、博平岭,发源交溪、霍童溪、鳌江、大樟溪、木兰溪、晋江等河流。两大山带之间为互不贯通的河谷、盆地,闽北武夷山脉有许多垭口,既是气流的风口,也是生物迁徙的通道,险峻的地势形成了相对的封闭性,东部沿海为丘陵、台地和滨海平原[⑤]。

广东地势总体北高南低,北依南岭山脉、东北为武夷山脉,南临南海。北部多为山地和高丘陵,中部地势高度降低,以丘陵为主;南部则为平原和台地。全省山脉大多与地质构造的走向一致,以北东—南西走向居多,粤北的南岭山地由多列近南北向山脉组成,为向南突出的弧形山脉,山脉之间有大小谷地和盆地分布。石灰岩地貌主要分布于粤北和粤西,发育有大量石灰岩溶洞⑥。

广西地处云贵高原东南边缘,两广丘陵西部,是云贵高原向东南沿海丘陵的过渡地带;地势西北高、东南低,四周多山,中部和南部多平原,总体是山地丘陵性盆地地貌。主要分布有山地、丘陵、台地、平原等类型地貌,喀斯特地貌广布⑦。东南地区地形复杂,山脉对气流的屏障,山间通道对气流的引导,这些因素与海洋一起影响了降水量、气候,造成区域内复杂多样的气候特征。

3.海洋性地貌特征

东南地区也是中国沿海岛屿分布最多的地区。福建海岸地貌格局以多海湾、多半岛的曲折海岸线为主体。浙江是全国岛屿最多的省份,海岸地貌类型多样,既有侵蚀海岸岩岸,又有堆积型的沙质海岸沙滩和淤泥质海岸滩涂。广东岛屿数量仅次于浙江、福建,海岸地貌有山地海岸、台地海岸、平原海岸、生物海岸四种类型。广西海岸地貌包括三角洲型海岸、溺谷型海岸、山地型海岸、台地型海岸。海南省由 200 多个岛礁和 200 万平方公里的海域组成,是全国面积最大的海洋省。海南岛为大陆岛,四周低平,中间高耸,向外围逐级下降,由山地、丘陵、台地、平原构成环形层状地貌,梯级结构明显。受地势控制,岛内河流大多发源于中部山地,呈放射状分布,地貌亦呈环状分布,由山地到沿海平原⑧。台湾岛为中国第一大岛,亦属大陆岛,位于东海大陆架南部边缘,岛形狭长。山地和丘陵占全岛面积 2/3,分布于东部和中部,平原多在西部。山脉平行分布,呈北北东—南南西走向,以中央山脉为主分水岭。河流由此发育,分别向东、西流入海洋,大都流程短、落差大,以浊水溪最长。台湾岛海岸地貌丰富,北部海岸多为岬湾与岩岸,西部海岸多沙滩、沙丘、潟湖、泥质滩地,南部分布珊瑚礁海岸,东部属断层海岸,坡度陡峻且多断崖⑨。

东南地区的地理格局孕育了具有南方砾石工业特征的旧石器时代文化,而小地貌单元的相对封闭独立的特征也使得旧石器时代文化具有强烈的多样性。华南地区的史前考古学文化关系受生态因素影响显著⑩。因此我们在自然环境的背景下尝试探讨东南地区的人类演化规律。

三、东南地区早期人类的起源与时空框架

人类起源是旧石器考古研究中最重要的研究领域。我国南方地区百万年以上的考古发现比较多,如云南元谋、安徽繁昌、湖北建始、重庆龙骨坡等。但与非洲、西亚及中国北方地区保存较好、人类活动遗物遗迹清楚的早更新世遗址相比,南方地区该时期遗存研究基础仍相对单薄⑪。东南地区目前尚无同时期人类遗存的报道,但旧石器时代早期人类活动的足迹已遍布各地。

张森水先生晚年亲力填补浙江旧石器时代考古空白,其工作始于旧石器时代早期遗

存的发现。最初的突破口位于浙江西部丘陵地区,后以此为线索,在钱塘江、苕溪、浦阳江、富春江等主要河流流域均发现了旧石器时代早期遗存,尤以浙江北部苕溪流域最为丰富。研究者将浙江的发现归入南方主工业传统,文化面貌上与临近的安徽、江苏同时期遗存更为接近,与江西、福建的发现也有相似之处[12]。

浙江北部长兴、安吉两县的旧石器时代旷野遗址发现最为丰富。在调查过程中,长兴县发现的石制品较为丰富,在王家山、西湖桥遗址等数十处遗址发现了上百件石制品。石制品类型包括石核、石片、刮削器、砍砸器、手镐等。反映打制技术的石核既有以自然台面为主的单台面石核,也有原料利用率较高的多台面石核。因部分石制品出自网纹红土,推测其时代属旧石器时代早期[13]。上马坎和七里亭是浙江两处经过系统发掘的旧石器时代早期遗址。上马坎遗址发现包括断块、石核、石片、刮削器、砍砸器、手镐、石球等多种石制品。原料来自周边河流砾石,岩性为砂岩、火成岩、石英、石英岩等。石核多为自然台面,打片和修理石器均用锤击法。石器体型较粗大,以块状毛坯居多[14]。七里亭遗址发现早晚两期遗存,文化面貌有所不同。早期文化层石器的毛坯以块状为主,石器包括刮削器、砍砸器、尖状器、手镐、钻器等。晚期,石核人工台面数量更多,原料利用率更高,只有刮削器、砍砸器、球形器三种,且片状毛坯的轻型的刮削器数量比例增高[15]。

广西旧石器时代早期遗址集中分布在西部的百色盆地,盆地内沿右江发现大量旧石器时代遗址,其中埋藏于网纹红土地层中的文化遗存被认为属旧石器时代早期。网纹红土年代一直是学界关注的焦点,通过共出的玻璃陨石绝对年代,间接判断百色旧石器时代早期遗存距今约 80 万年左右。尽管是否所有共出玻璃陨石的遗址均属同一年代仍存在争议,但我们可以确认以百色盆地为核心的右江两岸,集中分布着距今 80 万年以来各个时期的旧石器时代遗存,是我国南方旧石器考古研究最重要的地区之一[16]。

广东经过系统发掘和测年的旧石器时代早期遗存位于靠近广西的粤西地区。磨刀山遗址位于郁南县南江盆地东北部,为南江西岸第四级阶地。共发现石制品近 400 件,包括石料、石核、石片、石器、断块、碎屑和使用砾石等,以石料、断块、碎屑、石核及使用砾石的数量为多。石制品原料岩性以石英、砂岩与石英岩为主。石器尺寸以大中型为主,多为砾石直接修理成形。石器修理较简单、粗糙,刃部普遍不规整[17]。

福建尚未发现早更新世人类活动证据,目前有确切测年数据的旧石器时代早期遗址仅为万寿岩灵峰洞,距今约 18 万年。石制品主要产自洞内钙板层,原料以石英砂岩和砂岩为主,石核有单台面和双台面两种,石器以刮削器为主,另有砍砸器。刮削器体积较大,长度多在 5 厘米以上,片状毛坯略多[18]。

旧石器时代早期东南地区的发现初步构建了时空框架,但尚不足以勾勒人类在此生存演化的脉络。各地区的文化面貌也显示出南方地区砾石工业的特征,但区域间的差异明显,其原因是时代差距,还是文化传统,抑或是不同地理环境的影响,仍有待于更加丰富的发现和研究。

四、东南地区早期人类扩散与文化交流

1.早期人类扩散的东南实证

在百万年时间尺度下,石制品是反映文化的交流与互动最重要的物质载体。我国南方地区发现的手斧遗存,及其是否具有阿舍利文化因素的问题,与早期人类走出非洲的路线和模式研究高度相关。广西百色盆地与广东郁南地区均发现距今数十万年的手斧遗存,为上述研究提供了重要研究资料。广西百色盆地的旧石器考古工作起步较早,1973年以来,历次文物普查新发现多处遗址,开展了多项考古发掘项目,并配合基本建设发掘了一批遗址,积累了丰富的旧石器时代早期材料。百色旧石器时代早期遗存属砾石工业体系,原料取自河流砾石,重型工具多直接以砾石为毛坯,器物尺寸较大。主要石器组合为砍砸器、手镐、刮削器、手斧、薄刃斧等[19]。根据与手斧共生且原地埋藏的玻璃陨石的测年,百色盆地手斧遗存的年代为距今 80 万年左右[20]。尽管其年代仍存在争议,但百色盆地旧石器时代早期遗址分布集中、石器工业特征鲜明,为探讨我国早期人类的演化、行为、扩散提供了关键线索。

广东郁南南江盆地发现的旧石器时代早期遗址同样也发现了手斧遗存。其中磨刀山遗址经过系统发掘,遗址埋藏于南江西岸第四级阶地。石器类型有砍砸器、手镐、手斧与刮削器等,以砍砸器为主,手斧数量并不多。手斧、手镐存在两面加工技术,时代与百色盆地手斧遗存接近,距今 60 万～80 万年。

除东南地区外,陕东南的汉中盆地、洛南盆地和鄂西北的丹江流域也发现了手斧遗存。关于手斧所代表的阿舍利技术是否自西向东传入中国,从早期所谓的"莫维斯线"到百色手斧讨论,学界对此保持了长期的关注与讨论。高星先生对中国发现的手斧遗存现状以及相关概念有过深入的探讨,在现有材料基础上厘清了中国手斧研究中存在的诸多问题[21]。目前我国发现手斧的遗址,发掘出土标本的工具组合中,手斧均为相对少数;除洛南盆地外,鲜有典型的阿舍利手斧,缺少明显的周身修制、薄化处理、两面对称等技术特征,而更多与原手斧接近,在功能和石器组合中与手镐、砍砸器等砾石石器互补组成有机的工具体系。因此,依据手斧探讨大尺寸时空背景下的早期人类的迁徙交流缺乏基础。但在南方砾石工业体系中,手斧作为重型工具中的特殊类型,能够从技术特征和功能的角度,为区域内人群的交流与互动研究提供重要材料,在这个方面,手斧有着超越砍砸器、手镐等其他类型工具的研究价值。我国的手斧产区非常有限,百色与郁南同属东南地区,但相距甚远,从使用方式和功能上,二者的手斧更多地用于挖掘而非砍切,环境资源背景导致的工具需求,以及易于获取的、形状合适的砾石原料,都可能产生手斧。因此二者是否存在技术交流,由此探讨手斧所代表的人群交流,还有待于区域内更多相关遗存的发现和研究。

2.现代人起源的研究线索

人类演化研究的另一个关键问题是现代人的起源。"现代人"在人类演化阶段称为晚期智人,取其体质特征与现今人类基本一致之意,大体出现于距今 20 万年左右。关于现代人于何时、何地出现,如何迁徙扩散,学界存在一定的争论,近几十年来尤为热烈,本文不作赘述。中国的化石材料和考古证据表明东亚地区自直立人以来人类进化是连续的,不存在演化链条的中断,其间未发生过大规模外来人群对本土人群的替代,但存在着基因交流与融合,且年代愈晚愈频繁[22]。中国南方的湖北黄龙洞、广西智人洞、湖南福岩洞等人骨化石,以及区域考古学文化传统强烈的延续性,为上述观点提供了重要证据。东南地区距今 20 万~5 万年左右的遗存发现较少,但近年湖南澧水流域发现了一批该时期的遗址,为东南地区该时期的工作提供了新的视野[23]。出土石制品的网纹红土堆积在东南地区广泛分布。

福建漳州莲花池山遗址和永安黄衣垄遗址石制品均出自网纹红土,有研究表明,福建地区的网纹红土年代为中更新世早中期,距今约 40 万年左右,由此推测这两处遗址年代为中更新世[24]。但光释光测年显示,其年代可能在距今 20 万~5 万年间[25]。莲花池山遗址发现的文化遗物较为丰富,石器原料全部为脉石英、水晶晶体,器形以刮削器最多,尖状器、砍砸器次之。受原料影响,石片石器和砸击法比例较高。莲花池山石器文化面貌的特殊性主要受到原料特性的影响,尽管中小型的石片石器比例较高,但整体的技术和重型工具的加工方式仍表现出南方砾石工业传统的特征,加工水平比较简单,多属权宜性工具。永安黄衣垄遗址出土石制品特征属南方砾石工业传统,文化遗存出自网纹红土,根据地层对比推测年代属旧石器时代早期。石制品面貌体现出明显的南方砾石工业特征,多以砾石为毛坯,原料以石英砂岩最为丰富,其次是石英岩、砂岩、辉绿岩,器形以砍砸器为主,其次为刮削器[26]。除此之外,闽西北地区将乐县近年也发现相近时期的遗存[27],试掘的两处遗址出土石制品与黄衣垄遗址文化面貌较为接近,埋藏部位与年代也接近。砾石工具和重型砍砸器比例较高,整体文化性质仍应属于南方砾石工业的传统范畴,但是石片工具的比例明显增高,显示出这个阶段的文化特征的变化。

同时期,整个华南地区同样也发展出类似的石器工业,这个时期华南史前人群不论是技术特征还是栖居模式都发生了较大的变化,进入了承前启后、持续发展的新阶段[28]。但因为遗址数量少,很难窥探此时考古学文化的全貌。闽西北地区中、晚更新世之交的旧石器考古新发现为我们提供了更加丰富的材料。

五、旧石器时代晚期的文化传统与多样性

1.文化多样性

旧石器时代晚期,人类的足迹已遍布区内各个区域。遗址类型多样,分布于海洋沿

岸、河流阶地、山间盆地、石灰岩洞穴等不同地貌区。此阶段,石器工业面貌显示出持续的传统性和强烈的多样性,发展了砾石、大石片、中小石片不同面貌的石器文化。

浙江发现的大部分旧石器遗址未经过系统发掘与测年,其年代根据埋藏地貌部位推测,旧石器时代晚期遗址多埋藏于河流低阶地或下蜀土中,其中银锭岗遗址发现石制品数量较多,具有一定代表性;原料取自河流砾石,以燧石和石英砂岩为主。石制品中依然存在较大型的砾石工具,但已经出现明显小型化的趋势;锤击法和砸击法两种生产石片的技术同时存在,且砸击法生产的石片只存在于燧石质的制品中;石器以刮削器为多,少量砍砸器,个别为尖状器;刮削器的原材以燧石石片和毛坯最多[⑩]。

福建旧石器时代晚期遗址有以万寿岩船帆洞、漳平奇和洞为代表的洞穴遗址,也有以漳州旧石器地点群、平潭旧石器地点群等为代表的旷野遗址,还有较为罕见的潮间带遗址。该时期福建的旧石器时代文化多样性显著。深沪湾遗址位于晋江市东南滨海潮间带的滩涂,遗址周边广泛分布花岗岩,但古人类主要使用其中夹的脉石英条带作为原料,石核利用率较高。石器以砍砸器为主,占近50%,石制品大小集中于30~100毫米之间,以中小型为主[⑪]。三明船帆洞遗址早晚两期文化石制品原料均以石英岩和石英砂岩为主,刮削器为主要器形,尖状器、砍砸器也占相当比重,另有少量手镐。长度大于50毫米的石制品占80%,剥片主要为锤击法,偶见锐棱砸击法,上文化层发现有磨制骨器。石核以单台面为主,石核利用率较低[⑪]。漳州地区的旧石器时代地点发现较多,大致可划分为两个大的时期,早期文化以莲花池山遗址为代表,原料以石英和水晶为主,以锤击剥片为主,砸击剥片为辅,原料利用率较低,石器加工相对简单;晚期石制品原料以燧石为主,还包括石英、石英岩、玄武岩,石制品以小型为主,脉石英存在砸击剥片,石器所占比例相当高(36%),以凹缺刮削器具有代表性,加工精细,最大长度普遍小于30毫米。调查中还发现大量砍砸器、手镐等重型工具[⑫]。漳平奇和洞遗址一期文化全部为打制石制品,原料主要为河滩砾石,包括石英砂岩、石英岩、细砂岩。石核未见预制台面,石核利用率低。石器包含有砍砸器、刮削器、尖状器[⑬]。平潭新发现的旧石器时代晚期地点群工具组合包含刮削器、尖状器以及使用石片。以尖状器和刮削器为主,绝大多数为小型工具,剥片及修理方法简单高效,原料利用率高。原料一般就地取材,以花岗岩、火山碎屑岩、石英、燧石等火成岩类为主,也长距离搬运燧石等优质原料[⑭]。

旧石器时代晚期,包括东南地区在内的华南大部分地区发生了较为显著的由砾石石器向小型石片石器的转变过程,但是距今2万年之后,陡刃砾石砍砸器等又重新成为主导石器类型,并相继出现磨制石器与骨器等新技术。在此过程中砾石石器传统始终保持显著影响[⑮],这种情况在广东尤为明显。广东旧石器时代晚期的重要发现集于粤北地区,英德发现的数个旧石器时代晚期至新石器时代早期洞穴遗址,是华南地区探讨旧、新石器过渡的重要研究材料。牛栏洞遗址位于英德狮子山,原料取自河流砾石,以砂岩为主。多数石器以砾石为毛坯,少量以砾石石片为毛坯包括端刃器、陡刃器、砍砸器、刮削器、铲形器、凿形器、斧形器、矛形器、钻、锤、敲砸器、砧等[⑯]。黄门岩2号洞位于英德青塘镇,石制品原料来自河滩砾石,岩性主要包括砂岩、石英砂岩、石英、花岗闪长岩、石英岩等。砾石工具主要为砍砸器,也可见以原料砾石为毛坯直接修理出特定类型的石制工具,具有明显的"修型"石器技术特征[⑰]。位于粤西的封开黄岩洞遗址年代属旧石器时代末期,石制品原料也来自河流砾石。石器组合为砍砸器、刮削器等，块状毛坯多，片状毛坯少，加工相对简单[⑧]。

广西旧石器时代晚期遗存既有以桂林宝积岩、柳州白莲洞、鲤鱼嘴、隆安娅怀洞为代表的洞穴遗址，也有以百达遗址、虎头岭遗址为代表的分布于河流两岸的旷野遗址。这个阶段，以砍砸器为代表的重型砾石工具依然广泛存在，但小型石片石器的比例显著增加。百达和虎头岭遗址出土石器大多以砾石为毛坯，石器类型都以砍砸器和刮削器为主，年代更早的百达遗址石器尺寸更大，大多在 10 厘米以上，虎头岭遗址的石器个体则相对较小[⑨]。此时期广西的小型石片石器则以柳州白莲洞、鲤鱼嘴遗址最具代表性，出土大量以燧石为原料的小型石制品，近年发现的娅怀洞遗址同样出土大量小型燧石和玻璃陨石制品。白莲洞遗址位于柳州市东南郊白面山南麓，柳江沿岸第三阶地，石制品可分为燧石制品和砾石制品两大类，以燧石质石器居多，工具类型包括砍砸器、刮削器、尖状器等。燧石制品尺寸较小，以石片石器为主，部分加工精细，可能存在压制修理，砾石工具尺寸较大，既有直接以砾石为毛坯加工的工具，也使用砾石石片工具[⑩]。

2.人群迁徙与跨越海洋

目前的考古发现表明，直到旧石器时代晚期，人类才踏足海南岛和台湾岛。海南迄今发现的旧石器遗存大多属旧石器时代晚期。既有以落笔洞、钱铁洞为代表的洞穴遗址，也有昌化江、南渡江、万泉河流域的旷野类型遗址。经过系统发掘的遗址较少，获取的文化遗存数量不多，但初步反映出海南旧石器时代考古学文化面貌[⑪]。石器组合多为砍砸器和刮削器，砾石工具同样具有南方砾石工业特征，除石英岩、砂岩、灰岩之外，海岛出产花岗岩、黑曜石等火成岩也被用来制作石器，尤其是黑曜石、燧石质的小型刮削器，修理精致[⑫]。这种文化面貌与东南区内其他旧石器时代晚期遗址类似。

旧石器时代的台湾海峡海平面经过数次升降，两岸多次通过陆路相连，打捞出水的人类和哺乳动物化石印证了当时人群的迁徙与扩散。目前的考古发现显示，人类在旧石器时代晚期抵达台湾岛。八仙洞遗址是台湾岛最早经过系统发掘的旧石器时代遗址，发现了包括石制品、骨角器在内的丰富旧石器时代遗存，并命名为长滨文化。遗址出土的石制品为砾石砍砸器传统，与大陆南方砾石工业类似，石料为海滨砾石，骨角器发达，包括尖状器、骨针等[⑬]。近年，八仙洞重启的考古工作获取了更加丰富的遗存，以及更加精细的年代数据，新的校正后数据显示遗址年代上限接近 3 万年[⑭]。

六、讨 论

长期以来，学界在讨论我国南方旧石器时代考古学文化面貌时，多以南方主工业类型来描述[⑮]。实际上，因当时考古发现材料基础薄弱，张森水先生在划分南北二元主工业时，对南方主工业类型的空间分布、发展规律的界定和认识都谨慎地添加了诸多限定。中国南方地区是非常广阔的地理单元，如果将存在砾石石器重型工具的遗存简单地划入南方主工业类型,存在历史局限性。近年考古发现和研究表明,东南地区旧石器时代考古学文化发展具有延续性和多样性共存的特征,这一认识是南方主工业类型理论的重要组成和延伸。

1.延续性

整个旧石器时代包括旧、新石器过渡时期,东南地区的石制品工业体系存在一系列共性特征:1.石料多采自遗址周边,以河流砾石为主,原料类型多受到遗址所在地的基岩种类影响,进而成为影响石制品工业面貌的重要因素之一。2.打制技术长期以简单的石核石片技术为主,旧石器时代末期以前,未发现明显的预制处理。3.石制品体积较大,以砾石、块状毛坯制作的砍砸器、手镐等重型工具一直是石器组合中的重要部分。

2.多样性

多样性特征鲜明地存在于东南地区各区域的旧石器文化遗存中。不但各省域间存在差异,省域内部也存在地区差别。砾石石器广泛存在,但是石片石器也从未缺失,刮削器长期是其中的主要石器类型,但其比例在不同时期、不同区域存在明显差异。广东、广西旧石器时代早期的手斧遗存在其他地区尚未发现。

旧石器时代晚期的多样性更加显著,小型石片在某些地区大幅增加,比如广西、福建、海南均出现以燧石、玻璃陨石等高质量硅质岩类为原料的石片石器,多被描述为细小石器。小型化工具一方面反映了技术的进步,另一方面也体现了适应性。东南地区旧石器时代晚期石制品小型化并非主流,仍然作为砾石工具组合中的有机组成部分。在粤北地区,直到新石器时代磨制石器出现,重型砾石工具一直占据石器组合的优势地位。

除石制品外,骨角器的出现存在早晚区别和地区差异,福建万寿岩船帆洞、台湾八仙洞,以及东南地区一些旧石器时代末期遗址大多发现比较成熟的骨角器制品。

早期人类居址选择也是重要的研究方向,从内陆山区到沿海岛屿,从埋藏于河流阶地的旷野遗址到喀斯特地貌的洞穴遗址,东南地区旧石器时代的居址分布差别极大。早更新世遗存多发现于旷野遗址的网纹红土中,中更新世后才发现洞穴遗址,但因遗址总体数量少,难以总结规律。也未发现石制品面貌与遗址类型有对应关系,小型石器既发现于广西、海南等地的洞穴遗址,也见于福建沿海的旷野遗址。

多样性形成的原因复杂,最重要因素是自然环境,既包括古气候因素,也包括自然资源的分布情况。前文已论及,东南地区因地质构造限制,大地貌单元相对封闭,内部也形成了大量破碎的小地貌单元。各单元内,从石料种类到气候条件,从自然资源到地形地貌特征均存在差异,这很有可能是造成石器工业多样性的重要因素。以福建的小型石器为例,其原料多为燧石、脉石英,我们在调查中发现,原料体积多小于5厘米,这种情况必然导致石制品小型化,且燧石原料仅发现于少数地区,这就大大限制了相关遗存的分布范围而造成地区差异。而广东、广西旧石器时代晚期从砾石石器到小石片石器,进而出现局部磨制石器和早期陶器的类似文化进程,与人类流动性下降、选择洞穴居址高度相关[⑥]。

3.展望

关于南方地区主工业类型的研究起步较晚[47]。尽管近年来考古发现增多,但东南地区经过系统科学发掘和研究工作的遗址仍然有限,大多材料来自调查采集,缺乏基础的地层信息和科学的年代数据,限制了更加深入的研究。东南地区背靠陆地、面向海洋,独特的地理位置使其成为开展我国人类起源与扩散研究不可缺少的重要区域。因此,继续加强基础田野考古工作仍是东南地区旧石器时代考古的主要任务,建立高精度的时空序列,以及完善考古学文化谱系是复原人类演化历史的基础。

东南地区旧石器时代考古还有一个十分重要的研究领域,即早期人类的海洋适应。已有的线索已经表明,旧石器时代人类涉足沿海岛屿,随着海平面的升降,往返于台湾海峡,"为台湾省史前文化溯源拉近了空间距离"[48]。福建晋江深沪湾潮间带旧石器遗存的发现扩大了我们的研究视角,近年福建平潭岛新发现的旧石器遗存为开展相关研究提供了更多线索。东南地区涵盖了我国面积最大的海洋地区,持续的发现显示出巨大的研究潜力,及时开展旧石器时代海洋考古研究具有重大学术意义。

注释:

①冼剑民、周智武:《中国饮食文化史·东南地区卷》,中国轻工业出版社,2013 年,第 3～21 页。

②孙静:《林惠祥及其百越民族考——读林惠祥〈中国民族史·百越系〉》,《西北民族研究》2017 年第 1 期;严文明:《序》,参见吴春明:《从百越土著到南岛海洋文化》,文物出版社,2012 年。

③吴春明:《从百越土著到南岛海洋文化》,文物出版社,2012 年,第 XI 页。

④叶玮主编:《浙江地理》,北京师范大学出版社,2013 年,第 3～54 页。

⑤福建省地方志编纂委员会:《福建省志·地理志》,方志出版社,2001 年,第 8～136 页。

⑥张争胜主编:《广东地理》,北京师范大学出版社,2016 年;广东省地方志编纂委员会编:《广东省志·地理志》,广东人民出版社,1999 年。

⑦胡宝清主编:《广西地理》,北京师范大学出版社,2011 年;广西壮族自治区地方志编纂委员会编:《广西通志·自然地理志》,广西人民出版社,1994 年。

⑧毕华等编著:《南海地理》,广西师范大学出版社,2011 年。

⑨林岚主编:《台湾地理》,北京师范大学出版社,2018 年。

⑩臧振华:《华南、台湾与东南亚的史前文化关系:生态区位、文化互动与历史过程》,《新世纪的考古学——文化、区位、生态的多元互动》,紫禁城出版社,2006 年。

⑪王幼平:《中国南方旧石器时代考古:进展与问题》,《南方文物》2021 年第 1 期。

⑫徐新民:《浙江旧石器考古综述》,《东南文化》2008 年第 2 期。

⑬徐新民、应征、梅亚龙等:《长兴西湖桥遗址试掘简报》,《东方博物》2017 年第 4 期;胡秋凉、徐新民:《长兴县新发现的一个旧石器地点》,《东方博物》2014 年第 3 期;徐新民《长兴县发现的旧石器》,《人类学学报》2007 年第 1 期。

⑭张森水、徐新民、邱宏亮等:《浙江安吉上马坎遗址石制品研究》,《人类学学报》2004 年第 4 期。

⑮浙江省文物考古研究所、长兴县文物保护管理所编著:《七里亭与银锭岗》,科学出版社,2009 年,第 29～260 页。

⑯李炎贤、尤玉柱:《广西百色发现的旧石器》,《古脊椎动物与古人类》1975 年第 4 期;曾祥旺:《广西百色市百谷屯发现的旧石器》,《考古与文物》1996 年第 6 期;黄鑫、谢光茂:《广西百色盆地新发现旧石器

地点》，《人类学学报》2005 年第 3 期；林强：《广西百色田东坡西岭旧石器时代遗址发掘简报》，《人类学学报》2002 年第 1 期；裴树文、陈福友、张乐等：《百色六怀山旧石器遗址发掘简报》，《人类学学报》2007 年第 1 期；黄胜敏、刘扬、黄鑫等：《百色六合遗址发掘简报》，《人类学学报》2012 年第 2 期。

⑰刘锁强：《广东郁南县磨刀山旧石器时代遗址发掘简报》，《考古》2017 年第 5 期。

⑱李建军、陈子文、余生富：《灵峰洞——福建省首次发现的旧石器时代早期遗址》，《人类学学报》2001 年第 4 期。

⑲谢光茂、林强：《百色旧石器的发现与研究》，《第八届中国古脊椎动物学学术年会论文集》，科学出版社，2001 年。

⑳Hou YM，Potts R，Yuan BY，et al.，"Mid-Pleistocene Acheulean-like Stone Technology of the Bose Basin，South China"，*Science*，2000，Vol. 287，pp. 1622-1626；王頠、莫进尤、黄志涛：《广西百色盆地大梅南半山遗址发现与玻璃陨石共生的手斧》，《科学通报》2006 年第 18 期；Wang W，Bae CJ，Huang SM，et al，"Middle Pleistocene Bifaces from Fengshudao（Bose Basin，Guangxi，China）"，*Journal of Human Evolution*，2014，Vol. 69，pp. 110-122.

㉑高星：《中国旧石器时代手斧的特点与意义》，《人类学学报》2012 年第 2 期。

㉒吴新智：《现代人起源的多地区进化学说在中国的实证》，《第四纪研究》2006 年第 5 期；吴新智、徐欣：《从中国和西亚旧石器及道县人牙化石看中国现代人起源》，《人类学学报》2016 年第 1 期。

㉓李意愿：《石器工业与适应行为——澧水流域晚更新世古人类文化研究》，上海古籍出版社，2020 年，第 24～301 页。

㉔福建博物院：《莲花池山遗址：福建漳州旧石器遗址发掘报告（1990－2007）》，科学出版社，2013 年；黄镇国、张伟强、陈浚鸿等：《中国南方红色风化壳》，海洋出版社，1996 年，第 10～171 页。

㉕彭菲、范雪春、夏正楷：《福建莲花池山旧石器遗址孢粉记录的古环境初步分析》，《第四纪研究》2011 年第 4 期；赵举兴、李长安、黄光明等：《福建永安地区网纹红土粒度特征及其成因指示意义》，《地质科技通报》2020 年第 6 期。

㉖陈子文、李建军：《福建永安黄衣垄旧石器遗址发掘报告》，《人类学学报》2008 年第 1 期。

㉗投稿审稿中。

㉘李意愿：《华南旧石器时代中期文化初步探讨》，《南方文物》2021 年第 1 期。

㉙浙江省文物考古研究所、长兴县文物保护管理所编著：《七里亭与银锭岗》，科学出版社，2009 年，第 29～260 页。

㉚范雪春、吴金鹏、黄运明等：《福建晋江深沪湾潮间带旧石器遗址》，《人类学学报》2011 年第 3 期。

㉛福建省文物局等：《福建三明万寿岩旧石器时代遗址 1999～2000、2004 年考古发掘报告》，文物出版社，2006 年，第 12～263 页。

㉜张森水：《漳州莲花池山旧石器时代文化地点的新材料及再研究》，《人类学学报》1996 年第 4 期；彭菲等：《福建莲花池山旧石器遗址孢粉记录的古环境初步分析》，《第四纪研究》2011 年第 4 期；范雪春：《福建漳州旧石器调查报告》，《人类学学报》2005 年第 1 期；尤玉柱主编：《漳州史前文化》，福建人民出版社，1991 年，第 1～58 页。

㉝福建博物院等：《福建漳平市奇和洞史前遗址发掘简报》，《考古》2013 年第 5 期；吕锦燕：《福建漳平奇和洞遗址一期文化石核的初步研究》，《福建文博》2015 年第 4 期。

㉞周振宇等：《福建平潭岛新发现旧石器时代遗存及初步研究》，《南方文物》2019 年第 5 期。

㉟王幼平：《砾石工业传统与华南旧石器晚期文化》，《南方文物》2021 年第 1 期。

㊱英德市博物馆等编：《英德云岭牛栏洞遗址》，《英德史前考古报告》，广东人民出版社，1999 年。

㊲邓婉文、刘锁强、巫幼波等：《广东英德青塘遗址黄门岩 2 号洞地点 2016 年度的发掘》，《人类学学报》2020 年第 1 期；刘锁强、邓婉文、何嘉宁等：《广东英德市青塘遗址》，《考古》2019 年第 7 期。

㊳宋方义、丘立诚、王令红:《广东封开黄岩洞洞穴遗址》,《考古》1983 年第 1 期;宋方义、张镇洪、邓增魁等:《广东封开黄岩洞 1989 年和 1990 年发掘简报》,《东南文化》1992 年第 1 期;宋方义、邱立诚、王令红:《广东封开黄岩洞古人类文化遗址简讯》,《古脊椎动物与古人类》1981 年第 1 期。

㊴谢光茂:《广西旧石器考古综述》,《第十届中国古脊椎动物学学术年会论文集》,海洋出版社,2006 年。

㊵广西柳州白莲洞洞穴科学博物馆编著:《柳州白莲洞》,科学出版社,2009 年。

㊶李钊、李超荣、王大新:《海南的旧石器考古》,《第十一届中国古脊椎动物学学术年会论文集》,海洋出版社,2008 年;王明忠、李超荣、李浩等:《海南省新发现的旧石器材料》,《第十二届中国古脊椎动物学学术年会论文集》,海洋出版社,2010 年。

㊷李超荣、李钊、王大新等:《海南昌江发现旧石器》,《人类学学报》2008 年第 1 期;黄兆雪、李超荣、李浩等:《海南省昌江县钱铁洞旧石器时代洞穴遗址》,《第十三届中国古脊椎动物学学术年会论文集》,海洋出版社,2012 年;李英华、周玉端、郝思德等:《海南三亚落笔洞遗址石器工业新研究——与东南亚和平遗址的比较》,《考古》2020 年第 1 期。

㊸臧振华:《考古出土的台湾古史》,《文史知识》1990 年第 4 期;臧振华:《台湾考古研究概述》,《文博》1998 年第 4 期;加藤晋平:《长滨文化的若干问题》,《人类学学报》1990 年第 1 期;陈国强:《闽台旧石器时代古人类与文化》,《福建师范大学学报(哲学社会科学版)》1994 年第 4 期。

㊹据臧振华先生 2015 年福建漳平奇和洞国际学会研讨会学术演讲。

㊺张森水:《管窥新中国旧石器考古学的重大发展》,《人类学学报》1993 年第 3 期。

㊻冯玥:《岭南地区晚更新世晚期生态环境和生业经济研究——以洞穴遗址动物群分类栖息地指数分析为例》,《南方文物》2021 年第 1 期。

㊼张森水:《管窥新中国旧石器考古学的重大发展》,《人类学学报》1993 年第 3 期。

㊽张森水:《近 20 年来中国旧石器考古学的进展与思考》,《第四纪研究》2002 年第 1 期。

An Analysis of the Paleolithic Remains in Southeast China

Zhou Zhenyu

Abstract:The archaeological culture development of the Paleolithic period in Southeast China exhibited both continuity and diversity. Throughout the entire Paleolithic period, including the transitional period between the old and new phases, the stone tool industry in Southeast China had a series of common features. For example, the raw materials were mostly sourced from nearby rivers and gravel beds, and the production techniques primarily relied on simple core-and-flake technology. The stone tools were relatively large and heavy, with choppers and picks made of pebbles or chunky blanks being the main tool types. The geographic patterns of Southeast China gave rise to Paleolithic cultures with characteristics specific to the southern gravel industry. The relatively isolated and independent characteristics of small geomorphic units also contributed to the strong diversity of Paleolithic cultures in the region. Although gravel tools were widely present, flake tools were never absent. Scrapers were the main type of stone tool throughout the period, but their proportion varied significantly across different regions and time periods. Hand axes from the early Paleolithic period in Guangdong and Guangxi have been discovered where they have not been found elsewhere. In some areas，such as Guangxi，Fujian，and Hainan，small flake tools increased significantly in proportion during the late Paleolithic period，and high-quality siliceous rocks such as flint and glass meteorite were used to make smaller stone tools.

Keywords：Paleolithic Period，the Origin and Spread of Humans，Gravel-based Stone Tools，Flake-based Stone Tools

湿地的觉醒：上山文化的稻作、定居与陶器

孙瀚龙

（浙江省文物考古研究所）

朱江平

（浦江博物馆）

一、新石器时代早期与上山文化

关于中国新石器时代的年代分期，学界目前认为存在早期、中期、晚期和末期（又称龙山时代）四个阶段，尽管新石器时代早期的起始年代还存在争议，但将距今 12000 年前后看作是新石器时代早期的开始当属基本事实[①]。对上山文化目前所发现的 21 处遗址进行系统的 ^{14}C 测年，其结果表明，上山文化的主体年代距今 10000 至 8500 年（图 10-1）[②]，处于新石器时代早期后段至中期前段，这是对上山文化所处年代和阶段的基本判断[③]，归纳起来，上山文化延续发展的一千多年正好代表了钱塘江流域新石器化进程的完成。

如果以近些年的考古新发现为认识基础，并从整体来考察，有学者将中国新石器时代早期遗址和文化分为三大类型，即华北类型、长江中下游类型和华南类型，而上山文化所在的钱塘江流域则是长江中下游类型的最早代表[④]。倘若跳出地域类型的视角，目前发现的中国新石器早期遗址主要为洞穴遗址和旷野遗址，从年代上看，洞穴遗址相对更早，文化面貌更为原始，而旷野遗址在华北地区和长江中下游地区也表现出明显的差异，单纯从"洞穴"走向"旷野"的一般趋势很难全面地概括上山文化的独特性和上山文化遗址群的区域共性，正如严文明曾指出的"中国从旧石器时代向新石器时代过渡有三种不同的途径"，以"长江流域、珠江流域、东南沿海和云贵高原"为代表的"南方路径"也存在农业与非农业的分化，上山文化恰好代表了中国南方最早参与湿地环境开发的稻作农业者之一，当然与之密切相关的较为成熟的聚落定居、陶器工艺及彩陶艺术等共同奠定了上山文化在中国新石器时代早期的价值基础和文化地位，就内涵的完整性、系统性和全面性而言，上山文化在同时代文化中处于领先地位，主要表现在以下几个方面：

第一，从文化史的角度，上山文化是目前长江下游地区发现的年代最早的新石器时代考古学文化，是钱塘江流域的新石器文化之源，上山—跨湖桥—河姆渡的文化序列构建了区域文化史的基本框架和结构，距今 10000 年以来的文化发展路径非常明确，上山文化是

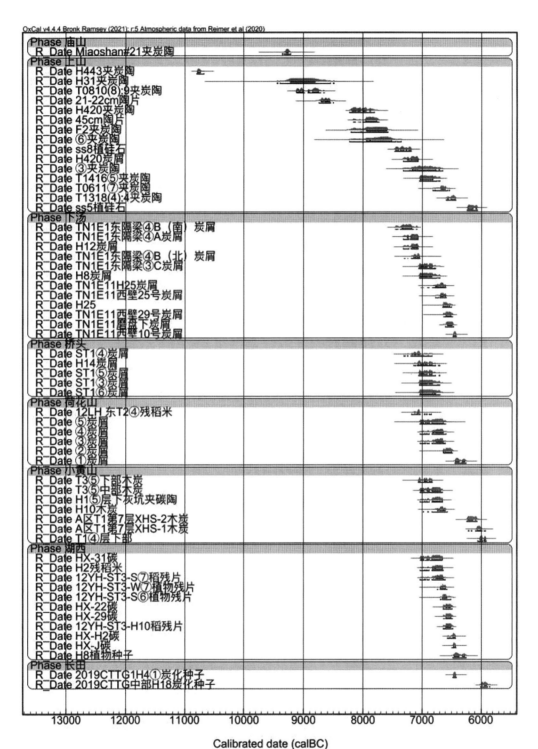

图 10-1　上山文化碳十四测年数据

重要起点。

第二，从农业史的角度，上山文化是目前世界上年代最早的稻作农业起源地，不仅遗址群内普遍发现了具有驯化特征的炭化稻米、小穗轴和植硅体遗存，而且在出土的夹炭陶片的陶胎中发现了大量的稻壳、稻秆和稻叶作为羼合料，石磨盘和磨石的重度使用、以石片石器为代表的收割工具表明上山文化先民存在一整套耕种、利用、加工、食用栽培稻的完整证据链。

第三，从定居史的角度，上山文化代表了目前长江下游地区出现最早的农业定居社会，不仅遗址群内的各处遗址文化堆积连续深厚，而且房址、灰坑、器物坑(堆)、墓葬、石器制造场、红烧土广场等遗迹丰富，聚落特征清晰、结构完整，特别是小黄山、桥头、下汤、湖西遗址都发现了明确的环壕迹象，揭示了上山文化先民走出洞穴后稳定的定居状态和对生活聚落的整体性规划以及空间利用能力。

第四，从技术史的角度，上山文化的陶器制作工艺领先于同时期中国南北方其他地区的文化和人群，器形规整、造型美观、技术精湛，夹炭陶、红衣陶尤其是彩陶技术开启了中国东南地区的区域传统；石器工艺延续了中国南方砾石石器的技术传统，但也兼具石片石器技术，新出现了磨制石器，不同石制品体现了多元化的技术风格。

第五，从精神信仰史的角度，上山文化目前发现了中国最早的彩陶，其中的太阳纹、数卦纹等表达了上山先民独特的精神信仰和思想观念，器物坑(堆)和红烧土广场体现了上山先民的祭祀活动和宴飨行为，发酵类酒精饮品的出现和粮食的剩余加工能力体现了以原始稻作农业为基础的精神信仰和思想体系。

因此，本文主要从稻作农业、聚落定居、陶器工艺、精神信仰几方面，阐述上山文化的主要内涵和历史成就。

二、湿地与稻作农业

经历"新仙女木"寒冷事件之后，距今约 12000 年，地质历史进入全新世早期。气候开始变得温暖湿润，降雨量增多，人类文化迎来发展新契机。

这一时期，上山文化主要分布在浙中丘陵盆地，区域内各小盆地之间为丘陵、低山所阻隔，形成"盆陵错落、江河灌流"的地貌特征。上山和小黄山等遗址周围的低山丘陵、平原盆地在流水长期侵蚀切割下，地形变得破碎，河流湖泊沼泽众多，多样的生境为生物资源的多样性、丰富性提供了良好的基础，生态系统趋于复杂但稳定⑤。遗址群内整体又属于亚热带湿热环境，水稻喜温、喜湿，最适宜生长在"浅水沼泽化"的湿地之中，上山先民最初尝试种植水稻，便是利用居址附近天然的水生环境和野生稻资源，这是稻作农业诞生的物质基础。

从目前的考古成果来看，上山文化普遍发现了具有驯化特征的原始栽培稻证据，包括炭化稻米、小穗轴和水稻植硅体。浦江上山遗址浮选出了上山文化时期的两粒炭化稻米，年代距今 10000 年前后，这是目前发现的年代最早、层位最清晰的炭化稻米，为探讨栽培稻的驯化过程和稻作农业的形成过程提供了珍贵的考古实物资料和重要的研究依据⑥。同时开展的对稻颖壳尺寸、小穗轴以及硅酸体形态的观察表明，上山遗址既有野生稻资源，又出现了一种类似于粳稻的原始栽培稻⑦，而且具有驯化特征的水稻扇形植硅体比例在上山文化长时段的发展中不断上升⑧。在永康湖西遗址，出土的稻作遗存，特别是小穗轴基盘形态，表明当时的水稻种植在经历了野生稻生产的初级栽培阶段之后进入到系统栽培阶段，并出现了亚种落粒性的分化⑨。此外，在义乌桥头、仙居下汤遗址，不仅浮选出数量丰富的炭化栽培稻米，而且具有驯化特征的稻属小穗轴比例普遍较高，意味着水稻的驯化过程可能在距今 9000 年左右的上山文化中期接近完成（彩版 10-1、彩版 10-2、彩版10-3、彩版 10-4）。

除了最直接的栽培稻遗存证据之外，上山文化普遍发现了与水稻耕作、收割、加工、利用相关的完整证据链。在稻作起源研究中，耕作行为的出现是栽培稻驯化的前提，也是稻作农业形成的先决条件，有学者据此将耕作行为的出现视为稻作农业的起始阶段（或称之为稻作农业的孕育阶段）⑩，而上山文化正是这一起始阶段的开创者与先行者。

目前与稻作相关的生产、加工和消费的行为证据，既包括以石片石器为代表的收割工具（类似石刀和石镰）⑪、以磨盘和磨石为代表的研磨加工工具⑫，还包括陶器胎土中羼合有大量未脱壳的稻粒、脱粒后的稻壳以及稻秆、稻叶，这些羼合料证据表明上山文化可能已经出现了脱壳、舂米、干燥、储藏等一系列稻米加工技术和处理方法，水稻作为粮食之外的"物用"价值得以充分发挥。最近在义乌桥头遗址，还发现了以水稻、薏苡和块茎类植物为原料的酒精发酵饮料⑬，充分体现了上山先民对于水稻特性的全面认识和食物加工转换能力（彩版 10-5、彩版 10-6），这些水稻的利用事实比年代更早的洞穴遗址如湖南道县玉蟾岩、江西万年仙人洞和吊桶环更具有认知、行为、精神层面的飞跃性。

三、聚落与定居社会

关于上山文化是处于定居状态还是处于具有一定流动性的半定居状态，曾有学者进行过专门讨论⑭，但如果从聚落结构的完整性、普遍性，聚落内部空间布局和遗迹类型的丰富性，以及和同时期同类型遗址的比较而言，上山文化众多遗址所体现的定居性质还是明确的，甚至在定居形态上已发展得较为成熟。

首先，上山文化普遍发现了挖设环壕的聚落单元，典型遗址如嵊州小黄山、义乌桥头、浦江上山、仙居下汤、永康湖西，年代集中在上山文化中晚期，距今约 9200～8500 年；地域上基本涵盖了上山文化的主要分布区，可以推断这一时期，环壕聚落可能已经成为上山文化定居生活的一般模式。从性质和功能上，环壕在于标定边界，居址内外在空间上有了明确界限，人们开始营建居址内部的生活空间，对空间的利用能力和周边环境的适应、改造能力显著增强。小黄山遗址存在多条壕沟相互打破的现象，表明不同阶段对于环壕的重复利用；另外在壕沟的底部还发现了宽窄、深浅不一的沟槽遗迹，其功能尽管还不清楚，但整体上与环壕构成了聚落最外围的空间单元⑮（彩版 10-7）。在义乌桥头遗址，也发现了三面修筑环壕、一面利用自然河流构成的独立聚落空间,并且在东面环壕发现了向外延伸、可能连接其他聚落单元的专门通道,整体形态更为考究和复杂[16](彩版 10-8)。此外,下汤、湖西遗址正在发掘,环壕的整体保存情况都比较理想,相信能收获更为全面的认识。

其次,上山文化遗址内部已经出现明显的功能分区,生活设施、生产场所、仪式空间等体现出成熟的空间规划能力,器物坑(堆)、墓葬和红烧土广场等特殊遗迹的集中出现暗示与定居生活相适应的周期性仪式和精神观念的系统性表达。在浦江上山遗址,南区发现较多器物坑,北区则多为生活废弃物坑。器物坑从早期延续至中期,常见大口盆埋藏现象,有的与红烧土颗粒、石器共存,有的则与其他陶器共存,而且摆放具有一定的规律[17](彩版 10-9)。在小黄山遗址,连片成组的建筑遗迹集中分布,房屋皆挖坑立柱、柱坑较密集,这里发现了目前上山文化遗址中形制最清晰的房屋结构,为一处东西 3 排柱洞、南北3 列、每列各 3 个柱坑构成的坐北朝南的双开间建筑(彩版 10-10)。另外该遗址还发现了数座上山文化中期的墓葬,均为长方形竖穴土坑墓,墓葬内随葬有大口盆、圈足罐、平底盘、高领壶等器物[18]。在桥头遗址,器物坑、墓葬集中分布于北部,仅 H98 一座器物坑就复原了数十件陶器,器类主要为大口盆和圜底罐;遗址中部发现了红烧土房屋,而在遗址南部、紧邻环壕内侧边缘的台地上,也发现了数处器物坑(彩版 10-11)。在下汤遗址,十多座器物坑靠近红烧土广场,陶器主要为盆、罐、盘、杯,有的叠放在一起、有的形成固定配伍关系,大量陶杯的出现更加暗示红烧土广场具有宴飨仪式的功能(彩版 10-12)。在荷花山遗址,东区主要为房址、灰坑等生活设施,西区则集中发现了一处从上山文化延续至跨湖桥文化的石器加工场所,生活、生产单元从空间上有序规划,遗址所在的山岗明显是最核心的聚落中心,其外围的低湿地很可能发现上山文化时期的农田遗迹。

再次,从整个上山文化分布的区域空间来看,金衢盆地构成了遗址群最核心的地带,在遗址群内部,沿钱塘江支流的几大水系又可细分为两三处小的聚落群,例如衢江流域的龙游荷花山遗址群、武义江流域的永康湖西遗址群、东阳江-浦阳江流域的上山、桥头遗址群。尽管目前发现的上山文化早期遗址还比较少,但以上聚落群的空间分布规律至少在上山文化中晚期基本出现,从文化面貌、遗址面积、聚落等级所反映出来的社会分化可能已经出现,人群、文化之间交流互动的网络雏形也已经初步形成(彩版 10-13)。

四、陶器与彩陶艺术

目前,中国最早的陶器发现于江西万年仙人洞遗址,[14]C 测年数据距今 20000～19000年,文化上属于旧、新石器过渡阶段[19]。到了新石器时代早期,中国南北方地区普遍发现了出土早期陶器的旷野和洞穴遗址,例如北京东胡林、徐水南庄头、英德青塘、桂林甑皮岩等,陶器类型基本为平底、圜底的罐和钵,器形简单、工艺也较为粗糙。

与上述遗址同时期的上山文化,陶器面貌不仅新颖独特,而且器类丰富、技术成熟,除了形成以大口盆、平底盘、双耳罐、圈足罐、折腹壶等为代表的基本器物组合之外,还有筒形器、背壶、直腹盆等较为特殊的器物,既有贯穿始终的统一文化风格,到了中晚期还逐渐显现出地域类型的分化。在陶器技术层面，夹炭红衣陶从早到晚始终延续、中期开始出现成熟的彩陶，由此开启了长江下游地区彩陶工艺传统，技术风格延续至跨湖桥文化，并对后续其他地区的陶器技术产生重要影响。

上山文化的陶器制作方法主要有直接捏塑法、泥片贴筑法和泥条盘筑法，其中最明显、最常见的是泥片贴筑法，带器耳、鋬、圈足的陶器，其附件基本是在胎体制作完成之后接入的。装饰技法上，无论是夹炭还是夹砂，陶器表面大多数装饰红陶衣，在施红陶衣之前，普遍还对胎体表面进行预处理，即涂抹一层较细腻的泥浆。

早期陶器以素面为主，但也出现了少量纹饰，主要有绳纹、刻划纹、折线纹、齿状纹、戳点纹、附加堆纹和凹带纹，有的单独表现，有的则以组合的形式表现。中晚期陶器基本延续早期的纹饰特征。

中期陶器中开始出现彩陶，以桥头、下汤遗址最为典型，分为白彩和红彩，彩陶纹样以条带纹为主，另有点纹、线纹、波浪纹以及太阳纹（彩版 10-14）。条带纹主要施加在盆、罐类器的口沿、颈部或底部，口沿处的彩内、外壁皆有，以红彩为主；点纹、线纹、波浪纹及太阳纹主要施加在壶类器的外壁，以白彩为主，另外在一些大口盆的内、外壁还可见到施满的白彩，特征十分鲜明（彩版 10-15）。晚期陶器基本延续早、中期风格，装饰手法无太大变化。

上山文化的彩陶不仅开创了中国新石器时代早期的先河，开启了中国东南地区的彩陶技术传统，也是世界上目前发现的年代最早的彩陶之一，从装饰性和艺术性的角度，比西亚地区发现的早期彩陶要更为成熟，其中所体现的观念信仰也与定居生活的强化、稻作农业的持续发展密切相关，陶器、定居和农业三者相互促进、协同发展，共同构成了上山文化时期稻作农业社会初步形成的动力。

五、小结

上山文化所在的钱塘江流域从距今 10000 年起开启了新石器时代的文化发展之路。稻作农业首先在上山文化遗址群内发生，一系列的稻作证据表明上山文化先民已经引领出一条"稻米之路"。上山文化遗址作为世界最早的稻作农业起源地已得到诸多考古实证。稻作与定居相结合，稻作农业社会的形态初步形成，聚落结构不断优化、聚落功能逐渐完善，聚落之间的文化联系也在日益增强，社会交流网络在上山文化中晚期已经初具规模。制陶技术和彩陶的发展和成熟，强化了稻作农业在经济生活中的地位，以"太阳纹"、红彩白彩相结合的彩陶"图像"表述了可能与稻作农业相关的农时周期、天文气象等精神内涵和原始崇拜。器物坑、墓葬、仪式广场以及以稻米、薏仁、块茎植物为原料的发酵酒的出现，表明以稻作为核心的物质生产和观念信仰已经充分融入社会生活的方方面面。

注释：

①中国社会科学院考古研究所编著：《中国考古学·新石器时代卷》，中国社会科学出版社，2010

年,第45～46页。

②王春法主编:《稻·源·启明——浙江上山文化考古特展》,山东美术出版社,2021年,第11～13页。

③严文明先生早在20世纪80年代就提出了新石器时代早期前、后段的划分,其中前段遗址主要包括江西万年仙人洞、广西桂林甑皮岩、广东英德青塘等华南洞穴和贝丘遗址,只不过当时尚未发现上山文化,后段主要以磁山、老官台、北辛、兴隆洼、城背溪和河姆渡早期文化为代表。参见严文明:《中国史前文化的统一性与多样性》,《文物》1987年第3期。

④蒋乐平:《中国早期新石器时代的三类型与两阶段——兼论上山文化在稻作农业起源中的位置》,《南方文物》2016年第3期。

⑤张瑞虎:《宁绍与太湖地区新石器早期生态环境比较研究》,《农业考古》2012年第6期。

⑥赵志军、蒋乐平:《浙江浦江上山遗址浮选出土植物遗存分析》,《南方文物》2016年第3期。

⑦郑云飞、蒋乐平:《上山遗址的古稻遗存及其在稻作起源研究上的意义》,《考古》2007年第9期。

⑧郇秀佳、李泉等:《浙江浦江上山遗址水稻扇形植硅体所反映的水稻驯化过程》,《第四纪研究》2014年第1期。

⑨郑云飞、蒋乐平、Gary W. Crawford:《稻谷遗存落粒性变化与长江下游水稻起源和驯化》,《南方文物》2016年第3期。

⑩赵志军:《中国稻作农业起源研究的新认识》,《农业考古》2018年第4期。

⑪王佳静、蒋乐平:《上山遗址石片石器微痕与残留物初步分析》,《南方文物》2016年第3期。

⑫尹承龙、杨玉璋:《浙江龙游荷花山遗址出土石器、陶器表面植物微体遗存研究》,《上山文化论集》(中),中国文史出版社,2018年,第112～123页。

⑬Jiangjing Wang,Leping Jiang,Hanlong Sun,"Early Evidence for Beer Drinking in a 9000-year-old Platform Mound in Southern China",*PLOS ONE*,2021,Vol. 16,No. 8.

⑭徐紫瑾、陈胜前:《上山文化居址流动性分析:早期农业形态研究》,《南方文物》2019年第4期。

⑮王海明:《嵊州小黄山新石器时代遗址》,《浙江考古新纪元》,科学出版社,2009年,第17～19页。

⑯浙江省文物考古研究所发掘资料。

⑰浙江省文物考古研究所、浦江博物馆编:《浦阳江流域考古报告之三:浦江上山》,文物出版社,2016年,第41～66页。

⑱浙江省文物考古研究所、浦江博物馆编:《浦阳江流域考古报告之三:浦江上山》,文物出版社,2016年,第41～66页。

⑲吴小红、张弛等:《江西仙人洞遗址两万年前陶器的年代研究》,《南方文物》2012年第3期。

The Awakening of Wetlands:Rice Cultivation,Settlement, and Ceramics in the Shangshan Culture

Sun Hanlong,Zhu Jiangping

Abstract:The Shangshan culture in the Qiantang River Basin,which dates back to 10,000 years ago,marked the beginning of the Neolithic in Southeast China and also created a food production pattern based on rice cultivation in low wetlands. During this period,rice cultivation,settlement,and ceramics (including early colored pottery) developed and promoted simultaneously，lending the earliest formation of rice cultivation agriculture society and highlighting the significance of the Qiantangjiang River Basin in the origin of agriculture and the development of Neolithic. The earliest rice cultivation agriculture appeared in the Qiantangjiang River Basin，and from the perspective of the formation and development of agricultural society，the Shangshan culture can be clearly seen as the initial stage.

Keywords：Shangshan Culture，Wetland Rice Cultivation，Settlement，Early Ceramics，the Process of Neolithic

井头山遗存与河姆渡文化的关系初论

王永磊

（浙江省文物考古研究所）

浙江钱塘江以南地区的史前考古以 1973 年河姆渡遗址的发掘为开端,至今已建立起上山文化→跨湖桥文化→河姆渡文化→? →好川文化的大致序列。因为钱塘江以北环太湖地区马家浜、崧泽、良渚文化的强势,对钱塘江以南地区有很大影响,因此越靠近杭嘉湖地区,与环太湖地区的文化面貌越相似,因此这一序列在不同的区域并不相同,宁绍地区主要是井头山遗存→? →河姆渡文化→良渚文化名山后类型→钱山漾文化→广富林文化,金衢地区则是上山文化→跨湖桥文化→? →楼家桥类型→? →良渚文化/好川文化。

河姆渡文化是一支主要分布在浙江钱塘江以南宁绍地区的新石器时代文化,台州地区的仙居下汤遗址发现了相当于河姆渡文化早期的遗存[①],三门上蔡[②]、路桥灵山遗址[③]发现了相当于河姆渡文化晚期的遗存,但是文化面貌与姚江谷地河姆渡文化核心分布区[④]有一定差异,可能代表河姆渡文化在台州地区新的类型。对于河姆渡文化的来源,学术界主要有两种观点,一种认为河姆渡文化源自河姆渡文化分布的浙东沿海地区[⑤],另一种认为河姆渡文化源自浙江的山区、半山区、丘陵地带[⑥],因为跨湖桥文化的发现,进而认为由偏内陆的跨湖桥文化发展而来[⑦]。2019—2020 年,余姚井头山遗址的发掘,为探索河姆渡文化的源头提供了新的线索,但是其文化面貌与河姆渡文化有较大的差异[⑧]。井头山遗存,目前仅发现井头山遗址一处,总体可归属于跨湖桥文化,代表跨湖桥文化早期在浙东北沿海地区的一个类型,也有人认为再做些调查工作后可命名为井头山文化[⑨],因为目前仅发现井头山一处遗址,此处暂称井头山遗存。

本文主要从地理环境、绝对年代、文化面貌、生业经济、精神信仰等方面来比较井头山遗存与河姆渡文化的异同,以探讨二者的关系。

一、地理环境

井头山遗址距离河姆渡遗址仅 7 公里,距田螺山遗址仅 2 公里,地貌现状也处于丘陵平原过渡地带。井头山遗址的文化层距地表深约 5.5～11 米,其上分布有相当于河姆渡文化一期的泥炭层(第 7 层,中间夹杂的一层可能是河姆渡文化早期稻田层),再上还有河姆渡文化晚期到良渚文化时期的泥炭层(第 5 层、第 4 层),文化层与河姆渡文化一期泥炭层中间间隔厚约 2～4 米的海相淤泥层,从地层关系上可知井头山遗存早于河姆渡文化。河姆渡文化早期的遗址,主要发现于宁绍地区东部,有余姚河姆渡、鲻山[⑩]、田螺山[⑪]、江北傅家山[⑫]、慈溪童家岙[⑬]等,均位于姚江谷地丘陵平原过渡地带(图 11-1),早期文化层距地表 2～4 米不等。井头山生土层表海拔约 -9～-4.5 米,河姆渡、田螺山遗址生土层表海拔约 -2～-1 米左右。

图 11-1 河姆渡文化早期遗址与井头山遗址位置示意图

据地质专家研究,我国东部的海平面自距今 15000 年到距今 8000 年左右一直逐渐上升,从海拔 -150 米逐渐上升到 -10 米左右[⑭]。

井头山遗址与河姆渡文化早期遗址的分布均具有依山傍水的特点,但是井头山遗址堆积主要包含物以贝壳为主,围绕一处孤立的地下小山丘分布,出土的部分陶片上胶结有牡蛎壳,说明井头山遗址就位于当时的海边。河姆渡文化早期遗址基本都是依托孤立小山丘的类型,文化层则包含较多的各类动植物遗存堆积,海洋生物遗存很少,遗址邻近淡水水域,离海稍远。据古环境学者研究,河姆渡文化早期的河姆渡、田螺山、傅家山遗址已不受海水的影响,离海已有一定的距离[⑮]。根据田螺山、施岙古稻田的考古调查、发掘来看,田螺山遗址周围分布有河姆渡文化早期的稻田[⑯],稻田外围是淡水沼泽地。

目前井头山遗址的动植物遗存尚在研究之中,而从年代上限稍晚的跨湖桥遗址可知,其所处的时代气候相对干冷,与今日浙江地区的气候相当,而河姆渡早期所处时代气候相对湿热,与今日两广地区的气候基本相当。这两个时期处于不同的气候期[⑰]。

二、绝对年代

井头山遗址目前共测定 38 个碳十四测年数据，经树轮校正后，除部分动物骨骼测年数据校正后明显偏早外，绝大部分数据在公元前 6200—公元前 5850 年，另外有一个数据在公元前 5750—公元前 5650 年[18]（图 11-2、11-3），可能代表了该遗址废弃的年代。河姆渡文化目前已测定了 200 个以上的碳十四数据，以田螺山、河姆渡遗址的测年数据最多[19]，由于早年河姆渡遗址的碳十四测年数据误差较大，总体来看其最早的年代不超过公元前 5200 年，在公元前 5000 年内的可能性更大（图 11-4、11-5），与井头山最晚的年代至少有 500 年以上的差距。

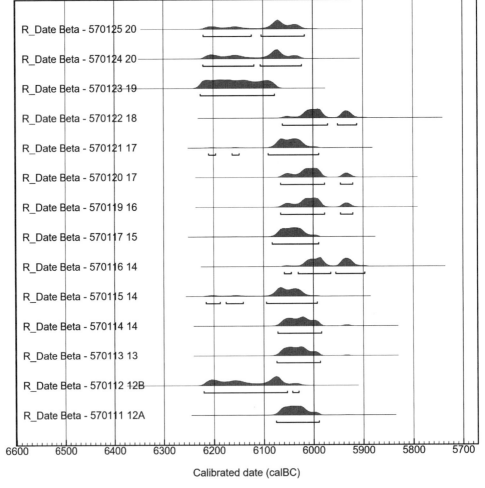

图 11-2　井头山遗址文化层校正后的测年数据

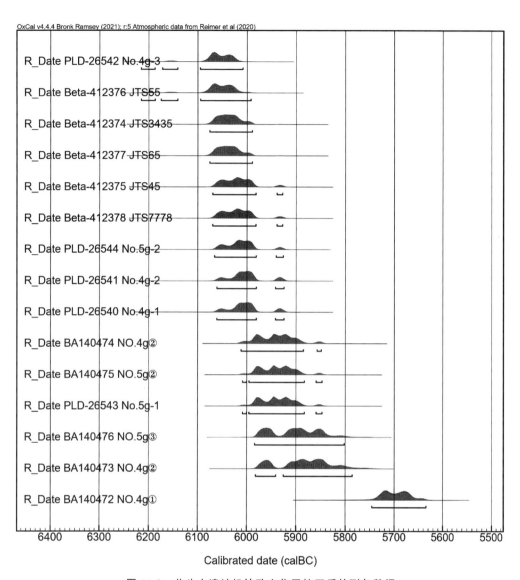

图 11-3　井头山遗址机钻孔文化层校正后的测年数据

三、文 化 面 貌

(一)微观聚落形态

通过地质勘测,井头山遗址文化层以距地表深约 6 米的地下小山丘为中心而分布,山丘顶部基本无文化层或很薄,紧靠小山的低洼区域分布有倾斜状的贝壳为主的堆积。一

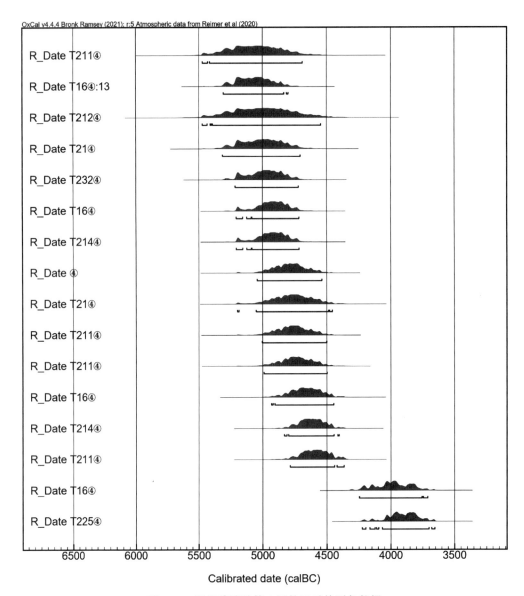

图 11-4 河姆渡遗址第 4 层校正后的测年数据

期发掘区位于遗址的东南部,主要发现了一些灰坑、食物储藏坑、烧土堆、木器加工场所、木构围栏、零散木桩等(图 11-6)。

　　从平面上来看,山丘主要分布在 T408、T409、T410 以西,东侧边缘是一高约 1.5 米的陡坎。山丘上文化层很薄,而且只存在第 9、10 两层文化层,紧邻陡坎的探方中贝壳层很厚,最厚处达 2.2 米,再往东贝壳堆积变薄,逐渐变为淤泥层为主的堆积,大量木器、较完整陶器出土于 T508、T509、T510 这三个探方以淤泥为主的地层中,再往东在 T610 内还有一处木构围栏,可能是滩涂上捕鱼或临时养鱼的设施。灰坑和食物储藏坑有 32 个,大致分为呈南北向分布的两组,一组紧挨木材、木器分布的区域,多数开口在第 18 层下;一

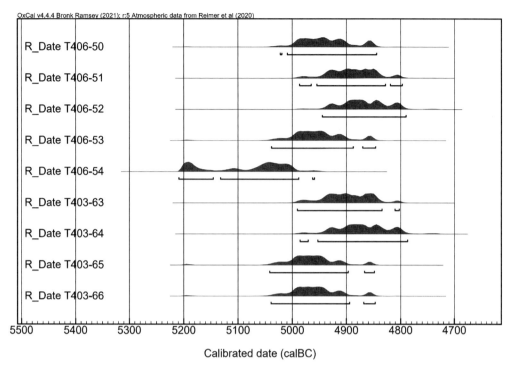

图 11-5　田螺山遗址第 8 层下木桩校正后的测年数据

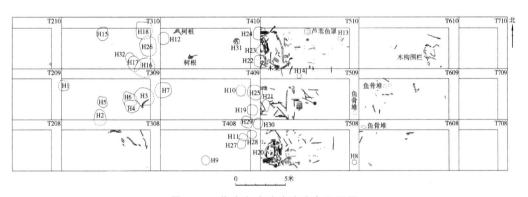

图 11-6　井头山遗址遗迹分布平面图

组在山丘东边坡上,多开口在第 9、10 层下;这些灰坑普遍比较规整,H8、H13、H14 保存着较完整的橡子,表明这些坑多数是储藏坑,有些废弃后成为垃圾坑。从层位上判断,低洼区域的灰坑明显早于高处的灰坑,另外低洼区域发现一些未加工完成的木器,表明有一段时间这一区域没有被海水直接影响,所以可以用来做食物处理与木器加工的场所,当海水上涨后,低洼区域成为贝壳、碎陶片等垃圾废弃的区域,晚期高处灰坑形成时,海平面已比早期高一些。根据遗迹、贝壳层的分布情况来看,当时的居住区应该位于小山丘顶及内侧更靠上坡方向,一期发掘揭露的西部是居住区与垃圾倾倒区之间的空白区域,东部则主要是食物储藏区和垃圾倾倒区。该遗址可以分为早、中、晚三期,但是聚落形态和器物面貌未发生大的变化。这种聚落生活区与垃圾废弃物分开的布局,与跨湖桥遗址接近。

在河姆渡文化早期的聚落中,聚落区与稻作生产区已有较明显的分界,聚落周围往往分布有大面积的同时期稻田。以田螺山为例,聚落依托一处小山,聚落与外围区域有一圈寨墙相隔,寨墙之外是一条小河,河上有一处独木桥与外围的稻田相连(图11-7)。聚落内部以干栏式长屋为主要建筑,既有打桩式的建筑,也有挖坑立柱式的建筑,当然以目前材料来看,最早阶段只有打桩式的建筑。聚落内也发现较多的食物储藏坑,少量木器加工、食物加工、玉器加工的场所,有些食物储藏坑内还保存大量的橡子等,与井头山的情况类似。已发现的建筑居住区内往往同时堆积有大量的生活废弃垃圾,人们居住在干栏式建筑中,直接在建筑周围或干栏式建筑居住面以下倾倒垃圾,显示出河姆渡先民与井头山先民明显不同的垃圾处理方式,总体感觉是河姆渡先民不如井头山先民注意环境卫生。等生活废弃垃圾堆积到一定厚度后,河姆渡先民又在同一区域或附近营建新的建筑。当时居住区的地下水位可能比较高,因此保留下来大量的有机质遗物。

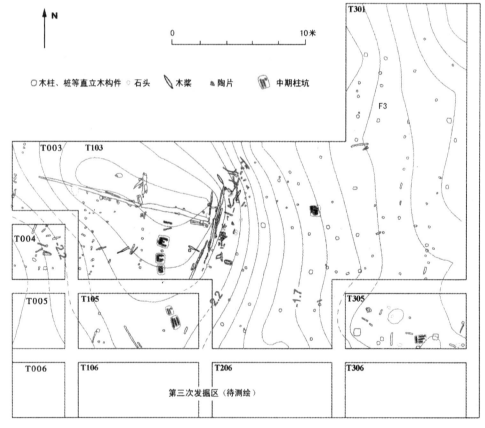

图11-7 田螺山遗址第一、二、三次发掘区第6层下聚落木构遗迹分布图

从井头山到河姆渡,聚落形态产生了很大的变化,最主要的变化在于居住区与垃圾废弃区由距离较远变为距离较近,聚落由离海很近到离海较远。

(二)生产工具、生活用具等

井头山遗址出土了较多的陶器、石器、骨角器、贝器、木器、编织物等。陶器主要是夹砂、夹蚌、夹炭灰褐陶,晚期红褐陶数量增多。陶胎普遍较薄,腹部一般厚 0.3～0.5 厘米。器表装饰方面,釜腹外表至底多装饰有竖绳纹,部分装饰有方格纹或横篮纹,少量陶釜唇上压印锯齿形花边,錾上也多压印花边,个别压印蚬齿纹。有的陶罐、盆口部或外壁装饰红衣,也有少量的条带形红彩。基本器物组合是釜、罐、盆、碗、盘、钵、杯、器盖、小罐、支脚等,也见少量的陶拍、纺轮(彩版 11-1、彩版 11-2)。

釜主要为侈口折沿或卷沿、翻卷沿,深鼓腹的较多,浅腹的较少,也有少量沿面内凹的深腹釜。与釜相配套的陶支脚多呈弓背状,断面长方形或圆形,底部有的实心,有的挖空。

罐有夹砂和夹炭的区别,夹炭的普遍有红陶衣,主要有装饰红陶衣的侈口卷沿鼓腹罐和翻沿扁腹罐,有的罐在口部或腹部带有双耳,还有少量凹沿深腹罐,胎体薄,器形小。盆有深腹和浅腹的区分,深腹盆为大敞口,口径较小,腹深;浅腹盆一种为斜直口,一种为上腹部微鼓近敛口,口径较大。碗有敞口、直口和微敛口的差异。盘为浅腹平底,口径较大,数量不多,但很有辨识度。钵多为敛口,有些上腹有鸡冠形錾手。另外,还发现数量极少的圆柱形小足,可能是三足罐的足。杯主要为直口筒形杯,也有侈口束颈者。小罐也有一定数量,器形小,斜直口或直口,颈部较长,鼓腹或扁折腹,平底。陶拍一般呈蘑菇形(图 11-8)。

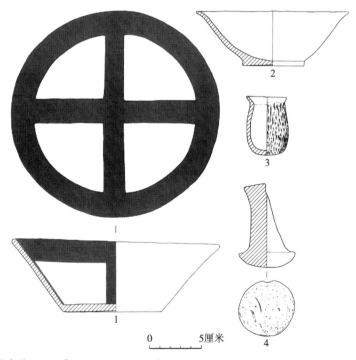

0   5厘米

1.彩陶盆(T509⑱:4)　2.碗(T510⑰:17)　3.杯(T409⑰:6)　4.拍(T408⑪:1)

图 11-8　井头山遗址陶盆、碗、杯、拍

河姆渡文化早期陶器一般以夹炭灰黑陶为主,夹砂灰黑陶略少,田螺山遗址中夹砂陶比夹炭陶多。陶胎普遍比井头山遗存的要厚。基本组合是釜、罐、钵、盘、盆、豆、盉、盂、器座、器盖、支脚等(图 11-9)。

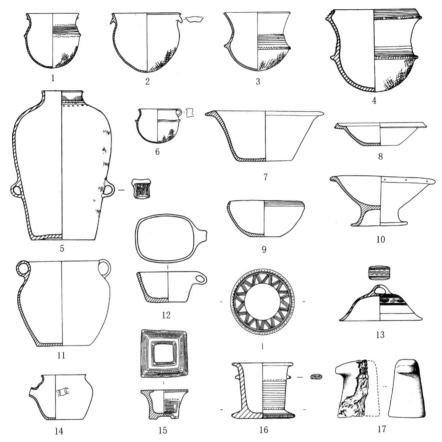

河姆渡:1、3、6.敞口有脊釜(T226④A:131,T211④B:515、T234④A:181)　2.侈口
弧腹釜(T226④A:130)　4.敛口有脊釜(T212④B:1152)　7.盆(T242④A:
357)　8.盘(T32④:43)　9.钵(T232④B:121)　10.圈足盘(T242④A:156)
11.罐(T226④A:111)　12.单把钵(T233④B:183)　13.器盖(T234④B:
332)　14.盉(T243④A:253)　15.盂(T24④:41)　17.支脚(T226④B:150)
傅家山:5.罐(T118⑧:29)　16.器座(T143⑧:21)

图 11-9　河姆渡文化早期陶器组合

总体来看,河姆渡的陶器组合与井头山的组合已有一定的差异,已无碗、杯。器形普遍有较大的差异,只有少量敞口卷沿或直口卷沿鼓腹釜、口部饰双耳的罐、敛口钵与井头山的类似,绳纹、锯齿状錾手、蚶齿纹是近似的,河姆渡文化少量的红彩陶可能也是井头山的遗风。绳纹是河姆渡文化与井头山遗存的共性之一,但是前者陶釜的绳纹多装饰在腹下部。另外,河姆渡文化早期还有一部分刻纹陶器,如猪纹稻穗纹钵、鸟禾纹盆、猪纹鹿纹龟形陶盉、刻纹陶块等,也有一些模仿动物或人的陶塑(图 11-10);陶器口沿或肩脊上多

有繁缛的阴刻花纹装饰,母题花纹有弦纹、蚶齿纹、谷粒纹、短斜线纹、圆圈纹及叶纹等(图11-11),经过不同组合构成丰富多彩的纹饰,显示出河姆渡先民丰富的精神信仰,而这些都是井头山遗存乃至跨湖桥文化缺乏的。从陶器厚薄、大小等特征来看,河姆渡文化时期的陶器,除器形更规整、种类更丰富外,总体显得厚重笨拙,而井头山的陶器除部分陶釜规整性欠佳,总体更轻薄。

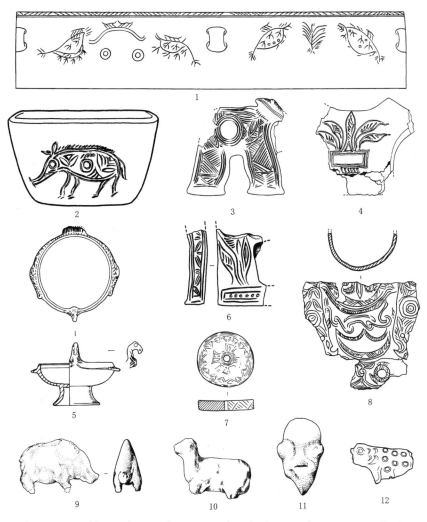

河姆渡:1.盆壁刻划图案(T29④:46) 2.猪纹方钵(T243④A:235) 3.兽形塑
　　　(T223④A:106) 4.刻纹陶块(T213④A:84) 6.刻纹陶块(T33④:90)
　　　7.刻纹纺轮(T235④A:102) 8.刻纹陶块(T33④:98) 9.猪形塑(T21
　　　④:24) 10.羊形塑(T16④:59) 11.人头像(T235③B:42) 12.鱼形塑
　　　(T242③B:68)

傅家山:5.鹰形豆(T143⑧:2)

图 11-10　河姆渡文化早期陶塑与图案

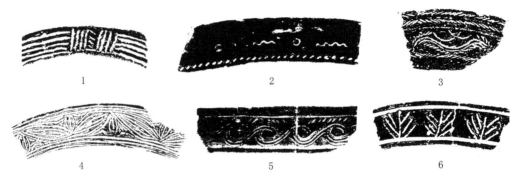

1.T222④B　2.T223④B　3.T211④B　4.T211④B　5.T224④A　6.T242④A

图 11-11　河姆渡遗址一期陶片纹饰拓片

　　井头山遗址石器主要有斧、锛、凿、锤、楔、砺石等,磨制石器多,打制石器数量极少(图11-12)。斧的断面多为椭圆形,个别断面近长方形。锛为常型锛,断面为长方形,多通体磨光。锤的形状近斧,只是一端较钝,有明显的锤砸痕迹。河姆渡文化早期有大量打制石器,器形有刮削器、尖状器等(图 11-13),磨制石器除有与井头山遗存同类的器形外,还有弹丸、蝶形器、玉石玦、璜形饰、管、珠等,装饰类的玉器数量较多。河姆渡文化早期的斧与锛多不容易区分,剖面一般呈梯形或近长方形,刃多不对称,制作相对较粗糙,刃部多精磨,器身部分仅简单修磨,明显没有井头山的精致,器形与井头山的有较明显区别,石斧的材质也有一定的差异。

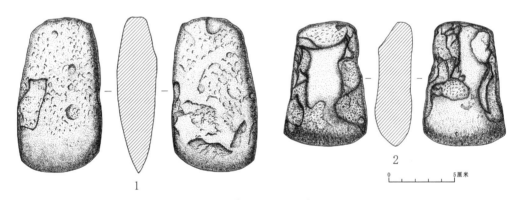

1.T410⑫:1　2.JKZ采:2

图 11-12　井头山遗址石斧

　　井头山遗址骨角器有镞、锥、鱼镖、凿、锯齿形器、钻、针、匕、器柄、笄、珠、哨等(图 11-14)。锯齿形器整体近似镞,但是一侧有锯齿。笄呈钉形,与跨湖桥遗址的同类器一样。因为井头山遗址是贝丘遗址,所以先民也制作了较多的贝器,有铲、刀、勺形器、螺哨、隧孔珠等(图 11-15)。贝铲为近江牡蛎壳制作而成,基本呈长梯形,有的加工出双肩。河姆渡文化骨器种类丰富,数量极多,有部分镞、鹿尺骨做的凿等与井头山的近似,缺乏钉形笄、锯齿形器、短柄骨匕、贝器等,但骨耜、镰形器、管形针、多孔哨、长柄骨匕、鸟形匕、梭形器、象牙蝶形器、鹿角靴形器等是井头山遗存没有的(图 11-16)。

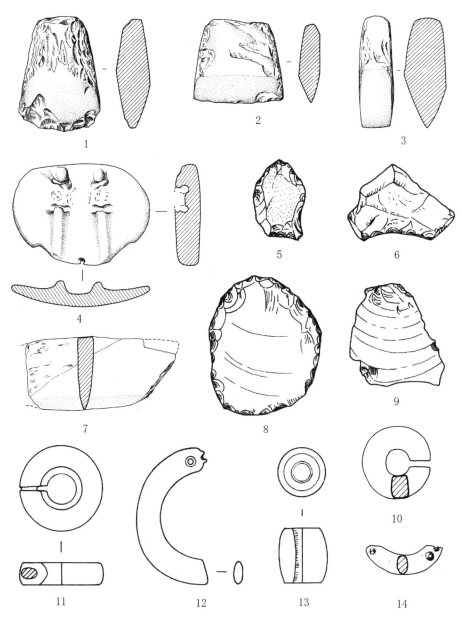

河姆渡:1.石斧(T235④B:142)　2.石锛(T211④B:482)　3.石凿(T235④B:137)　4.石
蝶形器(T28④:41)　7.石刀(T24③:10)　10.玉玦(T244③A:6)　14.玉璜
(T233③A:22)
鲻山:5.石尖状器(T3⑨:10)　6.石凹刃刮削器(T3⑨:8)　8.石盘状刮削器(T2⑩:5)
9.长石片(T6⑧:1)
傅家山:11.玉玦(T121⑧:14)　12.玉璜形饰(T111⑧:26)　13.玉管(T111⑧:1)

图 11-13　河姆渡文化早期石、玉器

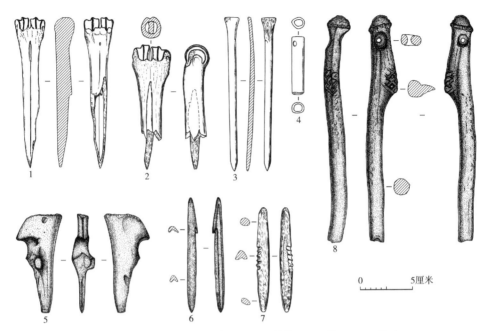

1.骨锥(T508⑬:2) 2.骨钻(T508⑱:13) 3.骨笄(T508⑬:1) 4.骨哨(H12:1)

5.骨凿(T510⑱:3) 6.骨鱼镖(T409⑨:5) 7.骨锯齿形器(T508⑯:5) 8.角锥(T508⑫:4)

图 11-14 井头山遗址骨、角器

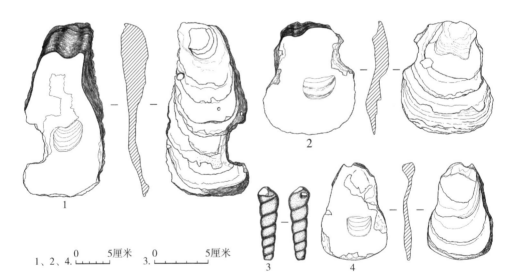

1、2、4.铲(T510⑱:7、T310⑨:1、JKZ 采:1) 3.螺哨(T510⑫:1)

图 11-15 井头山遗址贝器

井头山遗址木器多保存良好,多加工比较精细,主要有棍、钩形木柄、刀形木柄、双尖木器、带销钉木器、桨、碗、杵、矛、耜、扁担形木器等(彩版 11-3)。刀形木柄数量多,卯孔跟石斧、石锤相吻合,很可能就是这两种器物的柄,其数量比钩形锛柄多,多制作精细。木

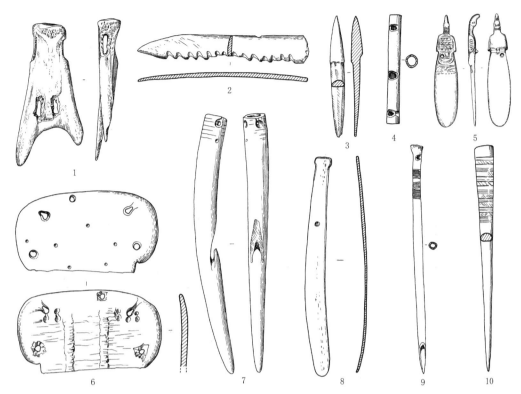

河姆渡：1.骨耜(T214④A:96)　2.骨镰形器(T211④B:257)　3.骨镞(T211④B:300)　4.骨哨
(T211④B:450)　5.象牙匕形器(T244④A:124)　6.象牙蝶形器(T233④A:102)　7.骨梭
形器(T29④:56)　8.骨匕(T211④B:220)　9.骨管形针(T211④A:184)　10.骨笄(T234
④B:331)

图 11-16　河姆渡文化早期骨、角、牙器

桨有两种形制，有尖头和方头的区别，保存完整的一件为短柄方头。碗仅一件，器身略呈
椭圆形，口沿一侧有半环形耳，底部有四个小乳丁足，器表修整得较规整光滑。河姆渡文
化木器中带卯孔的刀形柄、钩形柄、双尖木器、矛、尖头木桨等与井头山的类似。带卯孔的
刀形木柄仅一件，其他均是钩形木斧柄，钩形锛柄数量明显比钩形斧柄数量多，许多锛柄
尚保留树皮，明显不如井头山的精细。另外，河姆渡文化中还有很多的"T"形木柄、刀形
器、锯齿形器、筒形器、蝶形器、陀螺等，器类明显比井头山的更加丰富(图 11-17)。

　　另外，井头山遗址还发现一批编织物，有席、篮、筐、背篓、鱼罩等(彩版 11-4、彩版 11-
5)，编织技法多样而精细，有些编织物上尚存有绳索。河姆渡文化发现的编织物，大部分
都是席子(彩版 11-6)，也有少量的筐篮类的器物，有平纹和斜纹编织法。井头山遗存编
织物种类和编织技法更多，河姆渡文化时期似乎有一定的倒退。

　　总体来看，河姆渡文化早期的人工制品种类更为丰富，艺术也更进步。因为处于同一
地区，有少量器物有相似性，当为井头山延续下来，大部分器物差异较大。

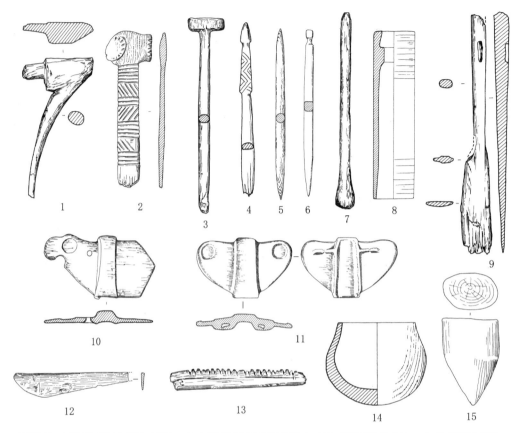

河姆渡:1.斧柄(T212④B:243)　2、3.T 形器柄(T231④A:303、T235③B:83)　4.矛(T212④B:
172)　5、6.棍(T26④:53、T233④A:147)　7.杵(T233④A:115)　8.筒形器(T242④B:351)
9.桨(T235④A:90)　10、11.蝶形器(T17④:91、T17④:37)　12.刀(T19④:66)　13.锯
形器(T226④A:105)　14.罐(T235③B:63)　15.陀螺(T25④:25)

图 11-17　河姆渡文化早期木器

四、生业经济

　　井头山遗址是一处海岸型贝丘遗址,出土了大量海生贝类、海鱼等,也有一些海蟹。贝类主要有泥蚶、牡蛎、缢蛏、青蛤、文蛤、脉红螺、珠带拟蟹守螺等(彩版 11-7),目前经鉴定的近 30 种,其中螺的种类有 10 余种;海鱼有鲈鱼、鲷鱼、鲻鱼、石首鱼等。另外,也发现了数量较多的陆生动物骨骼,以鹿类最多,鹿主要是梅花鹿,大型的麋鹿、水鹿极少或未见,也有狗、野猪、圣水牛等。植物遗存有稻、麻栎、桃、猕猴桃、柿、粗榧、松、狗尾草、花椒、紫苏、漆树等的种子,另外还发现大量的水稻小穗轴,有些陶支脚掺杂了稻谷壳。总体来看,井头山遗址的生业模式是以海产捕捞、狩猎采集和稻作农业相结合的混合模式,海洋

资源占有很重要的地位。

目前发现的河姆渡文化早期遗址,主要集中在姚江谷地,遗址中很少发现贝壳,仅有少量的无齿蚌、方形环棱螺、牡蛎等,但发现了大量的动物骨骼,有数十种哺乳动物、鸟类、爬行动物、鱼类。哺乳动物中,以鹿类最多,梅花鹿、小型鹿数量多,也有大型的麋鹿、水鹿,另外还有热带的亚洲象、苏门羚、爪哇犀等[①]。田螺山遗址出土的鱼类中,6 种主要的鱼类是乌鳢、鲤鱼、鲫鱼、鲇鱼、翘嘴鲌和花鲈,其中乌鳢最多,表现出淡水鱼类为主的特征,也有很少的鲨鱼、鲻鱼和石首鱼科等海鱼[②]。这些遗址目前离海岸线均较远,在河姆渡文化早期时,遗址周围主要是淡水资源,离海比现在要近但比井头山时期要远。离海比较近的属于河姆渡文化晚期的乌龟山遗址,出土的海鱼种类和数量明显比其他离海较远的河姆渡文化遗址要多,所占比例也高[③],表明离海远近是决定先民是否较多利用海生资源的决定因素。河姆渡文化早期,植物遗存有橡子、菱角、稻、芡实、猕猴桃、柿、南酸枣、悬钩子、桃、梅、葫芦、葡萄(属)、甜瓜、莲等,以前四种为最多[④],而且随时间推移,水稻在食物资源中的重要性越来越大,逐渐取代了野生植物资源。河姆渡文化早期的稻作农业,已发展到较高的水平。河姆渡、田螺山遗址早期均发现了成层的稻谷壳堆积。河姆渡[⑤]、田螺山、施岙遗址发现了河姆渡文化时期的水稻田,其形态是一种面积较大、平整的大规模稻田(彩版 11-8)。田螺山遗址揭露的古稻田,有烧荒、翻地、播种和收获等多种行为。河姆渡文化早期的稻田,已成为确证,而井头山时期的稻田,尚需要进一步寻找。河姆渡文化先民的食物主要来源于靠近遗址的淡水湿地、林地灌丛和远距离的山地地区,其中最重要的就是遗址附近的淡水湿地[⑥]。

对河姆渡、田螺山、塔山三个遗址进行的人骨碳氮同位素分析结果显示,这三个遗址有一定的差别,经分析的河姆渡个体,相比长江下游地区其他遗址先民摄取了更多的海产品,田螺山先民食物中植物类资源居多,而且可能来源于湿地环境的各种植物,这与植物考古的分析也很吻合[⑦]。这说明,至少有一部分姚江谷地河姆渡文化先民已利用了较多的海洋生物。

五、精神信仰

目前看来,能反映井头山人精神信仰的遗物很少,只有一件圆圈十字纹彩陶盆、圆圈纹红彩陶片、穿孔的龟甲。圆圈十字纹,很可能象征太阳,十字纹的彩陶在跨湖桥文化遗址中发现数量较多[⑦],井头山的与之略有差异,但表明井头山先民与跨湖桥文化先民有同样的太阳崇拜习俗。穿孔龟甲器,当为一种随身佩戴的器物,可能起到驱邪的护身符作用。

河姆渡文化早期的各遗址出土了大量原始艺术品。河姆渡文化早期的原始艺术,主要包括陶器上的刻划、戳印、压印纹样、堆塑和彩绘图案,另有陶塑、木雕、骨雕、牙雕、石雕等。除一般陶器的装饰纹饰外,在少量罐、盆、钵等器物腹部偶见刻划动植物图像,有鸟禾纹盆、猪纹稻穗纹盆、猪纹方钵、猪纹鹿纹龟形陶盉、鹰形陶豆、瓦形刻纹陶块、砖形刻纹陶块、五叶纹陶块、刻纹陶塑等,多数保存较为完好,是难得的艺术精品。其中部分器物既为陶塑,器身上又有刻划纹样,体现了塑与刻的融合。田螺山遗址出土的刻纹陶盉,顶部设计为龟鳖类俯视形态,刻划芽叶纹,周身刻划猪纹、鹿纹和双线"飞鸟"纹,该器造型独特,刻纹精美,具有高度的艺术性和思想性。这些特殊物品上的刻纹,以动物纹、植物纹、几何纹为主,也有少量的抽象纹样,反映了当时先民眼中周围世界的样貌。这些器物,多是一些孤品,表明它们并不是普通的实用器,而是具有某种特殊的用途,可能与当时的礼仪活动或宗教祭祀有关。另外,还有一些小的陶塑作品,多是模仿动物和人的形象,有人头、猪、鹿、鸟、鱼等。堆塑数量很少,有鹿头、羊、跳鱼堆塑等。彩陶仅发现数片,表面装饰一层致密的灰白色"化妆土",然后用黑色或红色在其上绘出几何形纹组合成的复杂纹样,可能是井头山彩陶的传统。各种质地器物上的形象有猪、鹿、鸟、鱼、稻穗、芽叶、编织纹等纹样,鸟的形象多见于木、骨、象牙材质上,猪、鹿、稻穗则主要以陶器为载体。骨、牙雕主要有蝶(鸟)形器,双鸟纹骨匕、骨笄、骨片、鸟形匕形器,象牙端饰等。在骨匕和骨笄上主要刻划几何形纹样,有些可能是模仿编织物的纹样。象牙端饰,刻有斜向编织纹和虫形纹饰。木雕主要有蝶(鸟)形器、双鸟木雕器、鱼形器柄、木鱼、动物纹雕板、象纹雕板、芽叶纹雕板等(图 11-18)。其中,鸟的形象最为常见,反映了河姆渡文化先民的鸟崇拜,当然其他形象的存在同样反映了先民的"万物有灵"多神崇拜体系。

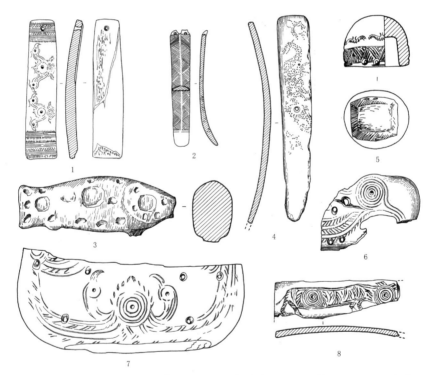

河姆渡:1.双鸟纹骨匕(T21④:18) 2.几何纹骨匕(T211④A:164) 3.木鱼(T231④B:309) 4.戳点纹骨匕(T244③B:104) 5.象牙端饰(T244③B:71) 6.象牙蝶形器(T224④B:167) 7.双鸟纹象牙蝶形器(T226③B:79) 8.刻纹骨片(T212④A:53)

图 11-18 河姆渡文化早期骨雕、牙雕与木雕

对于河姆渡文化器物中发现的圆圈纹、带有射线的圆圈纹,多数人人认为是太阳纹[28],有人认为是"神眼"[29],有人认为是"蛋卵"体现生殖崇拜[30],还有人认为是"涡纹"[31]。这些圆圈纹,与井头山遗存的圆圈十字纹有一定差异,虽然有些圆圈很有可能是表现太阳的崇拜,但是表现形式已产生巨大改变。另外,还有一些多角沿的陶釜,这些多角沿在马家浜文化中更为常见,可能是受马家浜文化影响而来,但应该象征了太阳崇拜。

在河姆渡、田螺山遗址中发现大量的龟甲,也见有成堆较完整的龟甲,但没有用龟甲做成的器物,表明河姆渡先民没有龟灵的信仰。

总体来看,河姆渡文化先民已经有鸟崇拜、猪崇拜、鹿崇拜等生物崇拜,也有太阳崇拜,与井头山时期的精神信仰产生了很大的变化,这种变化为何发生,也还需要进一步探讨。

六、小结

综合上文的分析,我们可以得出以下的初步结论:

1.井头山遗存与河姆渡文化之间既有断裂性也有延续性,从年代、文化面貌、生业经济、精神信仰等来看,断裂性更明显。井头山向河姆渡转变过程中,在姚江谷地发生了沧海桑田的变化,由一种咸水环境变成了一种偏淡水的环境。河姆渡文化只有少量的因素可以在井头山遗存中找到源头,折敛口风格的器物很可能来自跨湖桥文化,鸟崇拜的信仰则可能来自高庙文化[32],如此看来河姆渡文化的来源是多元的。当然,井头山遗存与河姆渡文化之间还有几百年的时间缺环,这一阶段的先民在姚江谷地合适的地方,应该会留下相应的遗存,只有填补好这一缺环,才能对河姆渡文化的来源有更清晰的认识。

2.距今 8000 年左右的井头山遗存,在陶器制作技术、石器加工、编织物制作等方面显示出比河姆渡文化先进的特征,表明技术的发展不是直线上升的,而是有一定的曲折性。

3.井头山遗址有明显的海洋适应属性,离海边要远一点的河姆渡文化早期遗址一般只有少量海洋生物,海洋适应性是由当时聚落离海岸的远近决定的。从井头山到河姆渡,先民利用的动植物遗存发生了一定的变化,与当时气候环境的变化引起的动植物种群变化有关。

4.井头山与河姆渡的文化面貌差异表明,海洋经济在稻作农业经济发展起来以后的环境条件下,其优势很快被弱化,由此也决定了中国沿海地区在新石器时代中晚期的经济、社会、文化发展进程中与内陆农耕文明区逐渐拉开了差距。

注释:

①浙江省文物考古研究所资料。

②浙江省文物考古研究所资料。

③罗河笙、汪跃、叶祥青、陈虹:《台州路桥灵山遗址》,《东方博物》2015 年第 2 期;陈虹、叶祥青、汪跃:《台州路桥区灵山遗址发掘简报》,《温州文物》(第十四辑),浙江古籍出版社,2017 年。

④河姆渡文化核心区指目前考古工作做得最多、遗址分布最为密集的姚江谷地,此名词由孙国平提出,参见《"点亮东方"——从上山到河姆渡的社会进程》,《中国新石器时代考古讲义》,复旦大学出版社,

2020 年；也称作"河姆渡文化核心聚落群"，参见浙江省文物考古研究所、余姚市文物保护管理所等：《浙江余姚田螺山新石器时代遗址 2004 年发掘简报》，《文物》2007 年第 11 期。

⑤孙国平：《中国东南沿海大陆与岛屿的史前文化关系》，《浙江省文物考古研究所学刊》（第九辑），科学出版社，2009 年，原载《中国东南沿海岛屿考古学研讨会论文集》，2005 年。

⑥王海明：《河姆渡文化渊源思考》，《河姆渡文化研究》，杭州大学出版社，1998 年。

⑦王海明：《浙江早期新石器文化遗存的探索与思考》，《宁波文物考古研究文集》，科学出版社，2008 年；蒋乐平：《钱塘江流域的早期新石器时代及文化谱系研究》，《东南文化》2013 年第 6 期。

⑧浙江省文物考古研究所、宁波市文化遗产管理研究院等：《浙江余姚市井头山新石器时代遗址》，《考古》2021 年第 7 期。

⑨王永磊、陆雪姣：《深埋 10 米下　追溯 8000 年——井头山遗址考古成果专家论证会纪要》，林留根发言，《中国文物报》2020 年 6 月 19 日。

⑩浙江省文物考古研究所、厦门大学历史系：《浙江余姚市鲻山遗址发掘简报》，《考古》2001 年第 10 期。

⑪浙江省文物考古研究所、余姚市文物保护管理所等：《浙江余姚田螺山新石器时代遗址 2004 年发掘简报》，《文物》2007 年第 11 期；孙国平：《浙江余姚田螺山遗址 2012 年发掘成果丰硕》，《中国文物报》2013 年 3 月 29 日，第 8 版；北京大学中国考古学研究中心、浙江省文物考古研究所：《田螺山遗址自然遗存综合研究》，文物出版社，2011 年。

⑫宁波市文物考古研究所：《傅家山——新石器时代遗址发掘报告》，科学出版社，2013 年。

⑬宁波市文物考古研究所、慈溪市博物馆：《浙江省慈溪市童家岙遗址 2009 年试掘简报》，《东南文化》2012 年第 3 期。

⑭王靖泰、王品先：《中国东部晚更新世以来海面升降与气候变化的关系》，《地理学报》1980 年第 4 期。

⑮孙湘君、杜乃秋、陈明洪：《"河姆渡"先人生活时期的古植被、古气候》，《植物学报》1981 年第 2 期；金原正明、郑云飞：《田螺山遗址的硅藻、花粉和寄生虫卵分析》，北京大学中国考古学研究中心、浙江省文物考古研究所：《田螺山遗址自然遗存综合研究》，文物出版社，2011 年；也有研究发现田螺山遗址 7、8 层可能受海水影响，不过这也可能是扰动生土而导致此种结果，参见莫多闻、孙国平、史辰羲等：《浙江田螺山遗址及河姆渡文化环境背景探讨》，北京大学中国考古学研究中心、浙江省文物考古研究所：《田螺山遗址自然遗存综合研究》，文物出版社，2011 年。

⑯郑云飞、孙国平、陈旭高：《河姆渡文化稻作农业发展水平又获重要证据》，《中国文物报》2009 年 2 月 6 日第 2 版；Zheng Yunfei, Sun Gguoping, Qin Ling, et al., "Rice Fields and Modes of Rice Cultivation between 5000 and 2500BC in East China", *Journal of Archaeological Science*, 2009, Vol.36, Issue 12, pp.2609-2616；王永磊、郑云飞等：《浙江余姚施岙遗址古稻田 2020 年发掘收获》，《2020 中国重要考古发现》，文物出版社，2021 年；王永磊、郑云飞等：《独木古舟 阡陌纵横——浙江余姚施岙遗址发现古稻田 展现史前稻作风貌》，《中国文物报》2022 年 4 月 22 日。

⑰蒋乐平：《跨湖桥文化研究》，科学出版社，2014 年，第 220 页。

⑱浙江省文物考古研究所、宁波市文化遗产管理研究院等：《浙江余姚市井头山新石器时代遗址》，《考古》2021 年第 7 期。

⑲浙江省文物考古研究所：《河姆渡——新石器时代遗址考古发掘报告》，文物出版社，2003 年，第 411～415 页；吴小红、秦岭、孙国平：《田螺山遗址的 14C 年代数据》，《田螺山遗址自然遗存综合研究》，文物出版社，2011 年；中村慎一、秦岭、孙国平：《放射性炭素年代测定报告（2）》，《浙江省余姚田螺山遗跡の学際的総合研究》，平成 18 年度～平成 21 年度科学研究費補助金研究成果報告書，2010 年；西本豊弘、铃木三男、孙国平、中村慎一：《放射性炭素年代测定报告（3）》，《浙江省余姚田螺山遗跡の学際的総合研究》，平成 18 年度～平成 21 年度科学研究費補助金研究成果報告書，2010 年；中村俊夫、菊地大樹、丸山真史、孙国平、松井章、中村慎一：《田螺山遗跡出土木柱の放射性炭素年代》，《中国新石器时代にお

ける家畜・家禽の起源と、東アジアへの拡散の動物考古学的研究》,平成 26 年度～平成 27 年度科学研究費補助金研究成果報告書,2016 年。

⑳魏丰、吴维棠等:《浙江余姚河姆渡新石器时代遗址动物群》,海洋出版社,1989 年;张颖、袁靖、黄蕴平等:《田螺山遗址 2004 年出土哺乳动物遗存的初步分析》,《田螺山遗址自然遗存综合研究》,文物出版社,2011 年。

㉑张颖:《河姆渡文化的渔猎策略:生物分类生境指数在动物考古学中的应用》,《第四纪研究》2021年第 1 期。

㉒朱旭初、董宁宁、雷少:《宁波镇海乌龟山遗址出土鱼类遗存研究》,《南方文物》2020 年第 2 期。

㉓傅稻镰、秦岭、赵志军等:《田螺山遗址的植物考古分析》,《田螺山遗址自然遗存综合研究》,文物出版社,2011 年;郑云飞、陈旭高、孙国平:《田螺山遗址出土植物种子反映的食物生产活动》,《田螺山遗址自然遗存综合研究》,文物出版社,2011 年。

㉔赵晓波:《河姆渡遗址干栏式建筑的再认识》,《史前研究》(2000),三秦出版社,2000 年。

㉕傅稻镰、秦岭、赵志军等:《田螺山遗址的植物考古分析》,《田螺山遗址自然遗存综合研究》,文物出版社,2011 年;张颖:《河姆渡文化的渔猎策略:生物分类生境指数在动物考古学中的应用》,《第四纪研究》2021 年第 1 期。

㉖董惟妙、胡耀武:《人骨稳定同位素视角下长江下游地区史前先民的生存方式及演变》,《南方文物》2020 年第 6 期。

㉗浙江省文物考古研究所、萧山博物馆:《跨湖桥》,文物出版社,2004 年;蒋乐平:《跨湖桥文化研究》,科学出版社,2014 年。

㉘刘军、姚仲源:《中国河姆渡文化》,浙江人民出版社,1993 年;牟永抗:《东方史前时期太阳崇拜的考古学观察》,《故宫学术季刊》1995 年第 12 卷第 4 期;黄渭金:《河姆渡文化蝶形器再研究》,《南方文物》1998 年第 2 期;董楚平:《东西方太阳神形象比较研究》,《河姆渡文化新论——海峡两岸河姆渡文化学术研讨会论文集》,海洋出版社,2002 年;黄渭金:《东方曙光:宁波史前文明》,宁波出版社,2014 年。

㉙刘斌:《神巫的世界——良渚文化综论》,浙江摄影出版社,2007 年,第 81 页。

㉚蒋乐平:《浙江史前鸟像图符的寓义及流变》,《浙江省文物考古研究所学刊》,长征出版社,1997年;宋兆麟:《河姆渡骨匕对鸟图案试析》,《中国历史博物馆馆刊》1997 年第 1 期。

㉛蒋卫东:《涡纹・湖沼崇拜・鸟形器》,《河姆渡文化研究》,杭州大学出版社,1998 年。

㉜贺刚:《湘西史前遗存与中国古史传说》,岳麓书社,2013 年,第 397～398 页;刘祥宇:《河姆渡遗址再分析》,《成都考古研究》(二),科学出版社,2013 年。

附记:本论文写作过程中曾得到孙国平先生的指导与帮助,他同时提供了井头山遗址的一些图片,在此表示感谢。

A Preliminary Discussion on the Relationship between the Jintoushan Site and the Hemudu Culture

Wang Yonglei

Abstract:The Jingtoushan site is a newly discovered shell mound site in the core area of the Hemudu culture,dating back around 8,000 years,and is located near other sites such as Hemudu and Tianluoshan. It predates the Hemudu culture by at least 500 years. By comparing aspects such as geographical environment, absolute age, cultural characteristics, livelihood and economy, and spiritual beliefs, it can be seen that the Jingtoushan site has limited similarities with the Hemudu culture but more differences, indicating that there are still gaps between the two. The cultural characteristics changed significantly from Jingtoushan to Hemudu, as the livelihood and economy shifted from marine adaptation to mainly relying on land resources, and the spiritual beliefs shifted from primarily worshipping the sun to worshipping various animals, plants, and the sun.

Keywords:Jintoushan Site, Hemudu Culture, Shell Mound Site, Rice Cultivation Agriculture

崧泽时期环太湖地区的文化格局及其变迁

曹　峻

（上海大学文化遗产与信息管理学院）

环太湖地区的崧泽文化从距今约 6000 年发展至约 5300 年[①]，其内部的不同区域经历了不同的发展阶段。关于崧泽时期太湖地区考古学文化格局及变迁的认识，主要集中在对崧泽文化分期与分区的研究之上，至今已有相当多学者的研究成果。

在崧泽文化的分期方面，自汪遵国先生于 1979 年正式提出崧泽文化命名以来[②]，黄宣佩、王仁湘、赵辉、郭明等先后提出不同的方案[③]。新世纪以来，随着环太湖各地崧泽时期遗址的大量发现和发掘，崧泽文化内涵得到极大丰富，学界对崧泽文化的认识也越发深入和完善。特别是嘉兴南河浜[④]、常州新岗[⑤]、张家港东山村[⑥]等遗址的发掘所获丰富材料，对环太湖崧泽文化的分期具有标尺性的重要意义。发掘者基于新出材料的细致分析，提出了二期五段说[⑦]、三期六段说[⑧]、四期六段说[⑨]等不同方案。分区方面，学界对环太湖崧泽文化的区域性认识大体经历了前后三个阶段。早期崧泽时期遗址发现不多，学者将其分为自北而南的徐家湾、崧泽、吴家埠三个类型[⑩]，分别代表苏南沿江区、太湖东岸平原区和浙北区。其后有学者将太湖北部遗址进一步细分为张家港区和常武区，加上太湖东部的苏沪区和南部的浙北区，共四个文化区域[⑪]。随着太湖以南遗址发现的增多，太湖南部区域逐渐受到重视，学界也加强了这一区域的分区研究，先后有刘斌、方向明、张利芳、彭辉等在太湖北部、东部已有分区外，对太湖以南又分为东南和西南（或浙北平原和浙北山地）的区域划分[⑫]。纵观学者们在崧泽文化分期和分区上的认识，尽管在一些具体阶段划分或区域归属的细节上有所不同，但在文化发展前后序列和各区域特征上并没有很大分歧。

目前见于报道的崧泽文化遗址已有百余处，遍布宁镇地区、环太湖与杭州湾南岸等区域（图 12-1）。其中环太湖区域的遗址根据其空间分布特点和文化面貌可以分为太湖北部、东部、东南部和西南部四个分区（图 12-2）。本文基于学界的普遍认识，结合各分区代表性遗址材料，将崧泽时期的环太湖地区考古文化分为早、中、晚三期加以考察（图 12-3），在此时空结构中理解崧泽文化的时代变迁和区域特征，以更深入细致地了解崧泽文化，并为进一步探究其文化与社会内涵提供基本的认识框架。

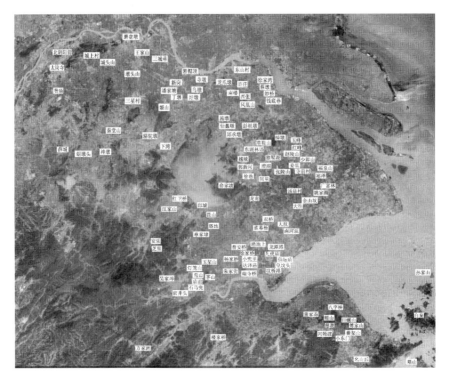

图 12-1　崧泽文化遗址分布示意图

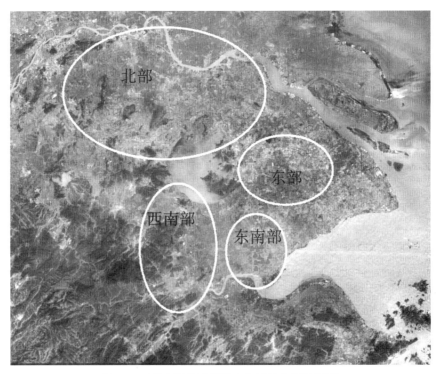

图 12-2　环太湖地区崧泽文化遗址分区示意图

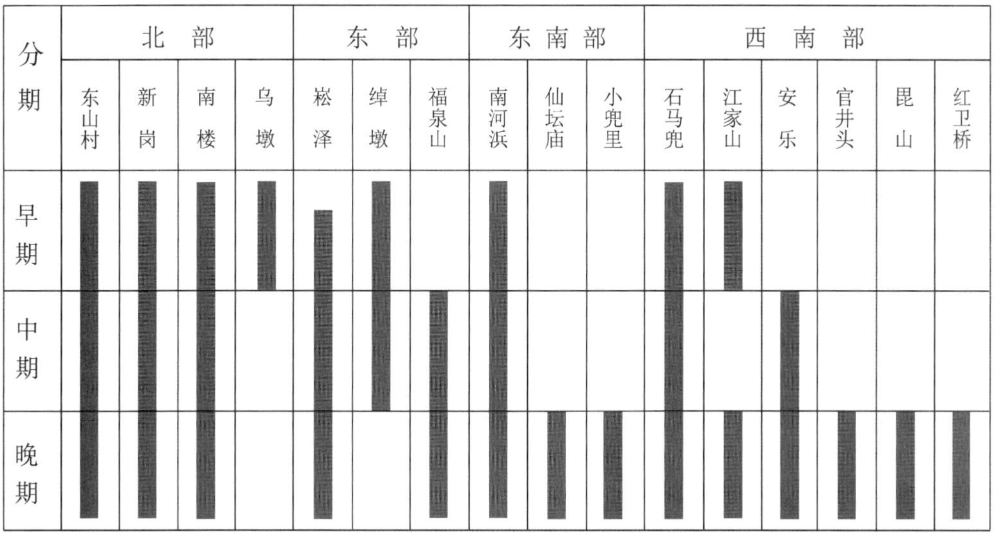

分期	北部				东部			东南部			西南部					
	东山村	新岗	南楼	乌墩	崧泽	绰墩	福泉山	南河浜	仙坛庙	小兜里	石马兜	江家山	安乐	官井头	昆山	红卫桥
早期	■	■	■	■	■	■		■			■	■				
中期	■	■	■				■						■			
晚期	■	■	■			■	■	■	■	■	■	■	■	■	■	■

图 12-3　崧泽文化各分区代表性遗址分期图

一、崧泽早期

　　崧泽早期的典型遗存有太湖北部的东山村第一期遗存、新岗早期墓葬、乌墩下层墓葬[13]、南楼早期墓葬[14]，太湖东部的绰墩[15]、崧泽中层第一期[16]，太湖东南部的南河浜早期遗存，太湖西南部的石马兜早期墓葬[17]、江家山[18]等，绝对年代约距今 6000～5700 年。

　　从文化面貌来看，此时各区域有着明显的共性。如陶器以鼎、釜、豆、罐、大口缸、刻槽盆等陶器和钺、锛、凿、璜、管等石、玉器为基本组合，其中铲形足鼎、大喇叭形高把豆、平底或圈足的罐和壶、平背锛、半环形璜、各式玉坠等是遍布环太湖周边的器形。同时，埋葬习俗和随葬器物的质地、形态都保留了较多马家浜文化的因素，包括墓葬头向朝北，炊器以夹砂红褐陶制成，饮食器多泥质灰陶，陶釜和釜支子较多使用，器身肩腹部多装饰牛鼻形耳、鸡冠状鋬或锯齿形中脊，鼎足根部常按压圆窝、足侧缘饰锯齿纹，以及长条形厚身石钺等等。这些因素到本阶段偏晚时期渐趋消退，显示环太湖崧泽文化在发展上的同步性。

　　与此同时，环太湖内部各区域之间也存在明显的差异。首先表现在区域间遗存分布的不均衡。从目前发现来看，太湖北部遗址数量多、堆积丰厚，而太湖以南地区则发现得比较少。这一现象虽然可能与考古工作不平衡有关，但从崧泽晚期太湖南部遗址显著增多的情况来看，不同区域遗址数量的不同，一定程度上应该也是客观情况的反映，即崧泽早期时太湖北部较南部地区更加繁荣。

　　其次从文化面貌上看，此时以东山村遗址为代表的太湖北部，文化内涵主要表现为以鼎、鬶、豆、罐、壶为墓葬陶器组合，其中陶鼎以圆鼓腹、铲形足鼎为主，少见锥形足和凿形足，不见鱼鳍形足鼎；陶鬶为喇叭口溜肩或弧折肩、三角形侧把、凿形足；其他如器腹中部多堆贴细泥条的有腰脊陶罐等,均富地域特色。而以南河浜遗址为代表的东南部区域,则以腹部垂鼓的粗泥陶鱼鳍形足鼎和铲形足鼎为主流代表,尤其是鱼鳍形足鼎不见于北部地区,是本区域富有特色的器形代表,北部典型的带三角形侧把的凿形足鬶,在南部地区也几乎不见。因此,从崧泽文化早期开始,以铲形足鼎和侧把凿形足鬶为代表的北部区域,与以鱼鳍形足鼎为代表的南部区域就形成各自有所差异的两个文化亚区。

再次,在这一南北格局中,太湖东部处于中间地带,文化内涵上除了具崧泽文化的一般特点之外,还表现出一定的过渡性特征。如崧泽和绰墩遗址出土的陶器,腹部垂鼓的形态与南部南河浜、石马兜相似,而与北部东山村圆鼓鼎腹有异,但在足部形态上,崧泽和绰墩遗址均以铲形足鼎为主,基本不见鱼鳍形足的现象又同北部地区相近。绰墩遗址还常见与北部地区相类的三实足带把鬶,但像东山村那样三角形侧把的鬶则较少见,而绞索状环形把较多见。与南部地区基本不出实足鬶的情况相比,绰墩陶鬶虽然在把手形态上有所差异,但仍显示出其与太湖北部地区更近的亲缘关系。因此在崧泽早期,太湖东部与北部地区的关系相较南部来说似乎更加密切一些。

最后,太湖西南区域的崧泽早期遗址数量不多,以石马兜、江家山为代表。出土陶器中鼎腹垂鼓、多见鱼鳍形足鼎、亚腰形把豆等器物内涵显示其与东南区域的密切关系。虽然该区域也有自身的一些特点,如陶器组合相对单调,多为器形简单的钵、盆、罐而少见鼎、豆、刻槽盆等其他区域常见器物等,但因材料不是非常丰富,其内涵独特性尚未特别显现,可与东南区视为同一文化亚区。

总的来说,崧泽早期环太湖各区域的文化格局是大同之下有小异,其中太湖北部和东南部是此时的两个文化核心地带,太湖东部的文化内涵较接近北部地区,西南部的内涵与东南部大体一致,因此可以将此阶段的环太湖地区分为以太湖东北部、东部一组,和东南、西南部一组的北、南两个亚文化区。

二、崧泽中期

崧泽中期的遗址在环太湖各区都有众多发现,且大多从早期遗存延续而来。主要遗址有北部的东山村、新岗、南楼,东部的崧泽、绰墩、福泉山[19],东南部的南河浜,西南部的石马兜、安乐[20]等,绝对年代约在距今 5700~5500 年。

在早期基础上继续发展的崧泽中期,环太湖各地的文化共性仍然强烈。墓葬头向大多转为南向,随葬品数量逐渐增多。陶器的鼎、豆、罐、壶组合已相当稳定,杯、盉、鬶、盆、大口缸、刻槽盆等器物种类增多、形态也更加多样化,凿形足鼎开始较多出现,陶豆把有高把亚腰形、上方鼓突束腰喇叭形、两段式矮把形等多种,长颈壶形态变化丰富,罐、壶、杯等圈足开始制作成花瓣形,镂孔装饰盛行。石器仍以钺、锛、凿为基本组合,厚重长条形石钺基本不见,器身扁平的"风"字形石钺占据主流。玉器中璜、镯、坠饰、管是常见器类,不见玦,而玉璜的形态由半环形过渡到半璧形。

南北的差异仍然存在。具体表现在北部陶鼎仍仅见铲形足鼎、圆锥形足鼎和凿形足鼎而不见鱼鳍形足鼎,南部则以鱼鳍形足鼎和铲形足鼎为主,凿形足鼎数量有所增多。器身风格上,北部地区的鼎腹仍多圆鼓,而南部垂鼓,罐、壶等北部地区多圆鼓,南部则多为折肩折腹。罐、壶、杯等在北部地区以平底为主流、仅偶见花瓣形圈足或矮三足,在南部地区则多圈足或花瓣形圈足。此时南河浜遗址率先出现了人工堆筑的土台遗迹,后期扩散影响到东部、西南部,而北部地区则始终不见,成为北、南亚文化区的显著区别。

此时的太湖东部,文化面貌上逐渐摆脱北部的影响,而与东南部趋于密切。虽然仍以铲形足鼎为主,不见鱼鳍形足鼎,但早期陶鼎垂鼓腹的形态继续发展,罐、壶等器身折肩折腹的风格越发浓厚,花瓣形圈足罐、壶、杯的特点日趋显著,这些现象均显示其渐与东南部地区融为一体。与之相对,太湖西南部的文化面貌依旧与东南部保持密切的联系,同时自身个性也逐渐显露出来。如器物造型上多圆腹或圆鼓腹作风,折肩折腹的风格不如东部地区盛行,陶壶、杯的数量和型式变化也不如东部地区发达等等。

总的来看,崧泽中期以太湖北部和东南部为各自核心的二分格局依然存在,但东部地区渐与东南部融为一体,而西南地区自身特色渐显,甚至某些方面表现出与北部相近的关系。

三、崧泽晚期

到了距今约5500～5300年的崧泽晚期,环太湖各地的遗址大量涌现。代表性遗址有北部的东山村、新岗、南楼,东部的崧泽、福泉山,东南部的南河浜、仙坛庙[①]、小兜里[②],西南部的石马兜、江家山、安乐、官井头[②③]、昆山[②④]、红卫桥[②⑤]等。此时各区尤其是东部、东南部地区,遗址数量相比早中期都有显著增长,显示出崧泽文化腹心地带进入了一个大发展的时期。

各区域在中期的基础上继续发展,文化面貌呈现繁荣态势。随葬陶器中,鼎、豆、罐、壶、杯的器类组合占主流地位,盉、盘、盆、钵等器形也多见。陶鼎中凿形足鼎越发流行,豆盘和豆把的形态更加丰富,尤其是豆把不论细高还是宽矮、喇叭形还是束腰形、三段式还是两段式,形态均变化多端,刻划、镂孔等装饰手法和题材也多种多样。此外,陶罐、壶、杯的器身多样,花瓣形圈足发达,蛋形杯、觚形杯等特征性器物多见。扁平长方形石钺继续盛行,石锛除平背之外,较多见到弧背甚至突起棱脊锛。半璧形玉璜取代半环形和桥形璜,成为此时最主要的玉璜形态。

与此同时,区域间文化格局也发生一些变化,南、北区别依然存在,但各自范围有所不同。晚期的太湖南部保持强劲的发展态势,北部似乎相对衰落。最初出现在崧泽中期南河浜遗址的人工营建土台,作为一种文化因素迅速发展并扩散到太湖东部和西南部,在整个环太湖的东、南至西南区域大量出现土台遗迹。太湖东部地区与东南区域融为一体,共同构成崧泽文化的腹心地带,不仅在土台的营建,而且在墓葬朝向、葬品组合等方面,二者都高度一致。尤其在陶器群特征上,铲形足鼎向凿型足鼎的转变、多样化的镂孔圈足豆、花瓣形足的罐和壶、蛋形与觚形杯、半璧形璜、隧孔玉珠等,均代表着崧泽文化晚期的主流。而太湖北部在文化发展上似乎并没有太多作为,始终保持着自身从早期开始的以铲形足鼎、凿形足鬶为代表的文化传统,既未出现南部鱼鳍形足鼎的身影,也未受到营建土台的影响,显示了该区域在环太湖地区文化格局中的相对独立地位。

西南部地区此时的个性更加彰显。假腹杯形豆、澄滤器、船形壶、双肩石钺、"耘田器"类石刀、大石网坠、玉隧孔珠等都很少见于其他区域,器物造型上多圆腹或圆鼓腹的作风、陶盉(鬶)的矮领和圆腹矮凿形足、假腹圈足杯和假腹杯形豆的数量以及纺轮上常见装饰复杂纹样的现象也远超过其他区域。同时,折肩折腹的风格却不如东部地区盛行,陶壶、陶杯、玉坠饰等的数量和型式变化也不如崧泽文化核心地区发达,壶、杯除了昆山等少数遗址外,在大部分遗址的出土数量都很少。因此,崧泽文化晚期在太湖西南部的地域特征是十分显著的。值得注意的是,安乐、江家山等遗址出现锯齿边缘的玉璜、宽长的尖刃角石钺,显示本地区与西部凌家滩遗址及宁镇地区、太湖北部文化之间的联系。

四、崧泽文化时期环太湖地区的 文化格局及其变迁

综合崧泽文化时期环太湖各区域、各阶段的文化内涵,可以归纳出此时太湖地区考古文化的时空结构及格局。首先,环太湖地区作为崧泽文化的分布区域,在文化内涵和发展节奏上具有很强的统一性。早期时,各地崧泽文化仍保留明显的马家浜文化余绪,在陶器组合上常见陶釜、大喇叭形把豆等,器物形态上也多有马家浜文化标志性的鸡冠錾和牛鼻形耳;石器以钺、锛、凿为组合,并延续至晚期;玉器也多见马家浜文化相似的半环形玉璜以及玉玦等。发展至中期,陶器中鼎、豆、罐、壶的组合逐渐稳定,陶釜基本不见,铲形足鼎、鱼鳍形足鼎、锥形足鼎和凿型足鼎是主要的类型,陶豆圈足形态多样,流行镂孔和刻划编织纹等装饰。晚期时,崧泽文化进入大发展阶段,各地遗址数量急剧增多,流行人工营建土台;陶器组合中以鼎、豆、罐、壶、杯为主,盆、盘、钵、缸等也是常见器类,凿形足鼎占据主流,陶豆形态丰富,镂孔发达,花瓣形圈足罐、壶、杯等器形盛行;扁平长方形"风"字形石钺是常见形态;半璧形玉璜取代半环形玉璜,等等。从早期到晚期,环太湖地区的崧泽文化经历了从摆脱马家浜文化影响到建立并发展完善自身风格和特性的过程。

与此同时,以各分区的视角考察,环太湖崧泽文化内部又存在着不同时期、不同分区之间的差异,这些差异表明不同区域之间存在着复杂的、变动的文化格局。

太湖北部地区在崧泽早期时,承自本区域马家浜文化的繁荣态势,自崧泽早期开始就形成以铲形足鼎、圆鼓器腹风格的文化传统,且自崧泽早期直到晚期始终保持;但到了崧泽晚期,太湖北部地区似乎没有更多发展,反而遗址数量减少、遗存堆积不甚丰厚,显示衰落的迹象。太湖东部地区在早期时以铲形足鼎为代表,与太湖北部关系密切;但从中期开始,凿形足鼎渐多并逐渐占据主流,晚期时大量出现人工营建土台,从而摆脱北部文化区的影响,而与东南区融为一体成为崧泽文化的腹心区。东南部从崧泽早期开始就是南部亚文化区的核心地带,其鱼鳍形足鼎自始至终持续发展,晚期时凿形足鼎占据主流、铲形

足鼎减弱，鱼鳍形足鼎仍然是主要的鼎足形态；器腹的折肩折腹风格也是从早期开始至晚期发展的主流；中期出现的人工营建土台，到了晚期急剧扩散至东部、西南区域，成为南方亚文化区的重要内涵和特征。西南部地区在崧泽文化早期的面貌还不是很清楚，从已有材料来看可以归属于以东南区为核心的南方亚文化区；但从中期开始，西南区的文化特征就逐渐显露出来，到晚期时以假腹杯形豆、澄滤器、"耘田器"类石刀等器群为表征的区域文化个性彰显，成为环太湖崧泽文化格局中的一个独立分区（图 12-4）。

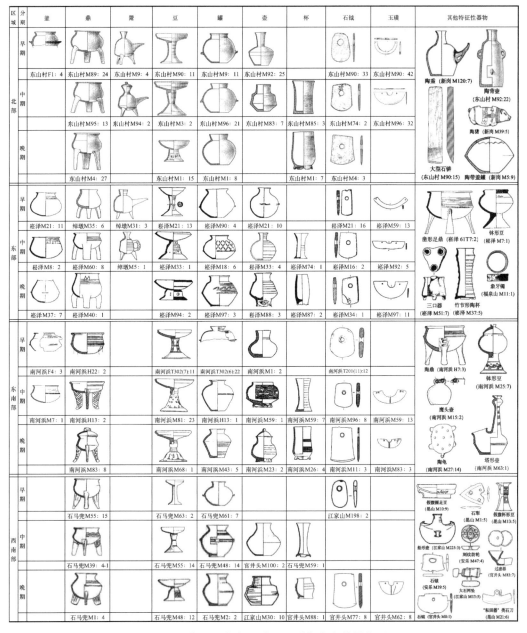

图 12-4　崧泽文化各区域不同时期代表性器物群

将环太湖地区崧泽文化置入早、中、晚不同时期,以及北部、东部、东南部和西南部这一多重时空框架下来考察,可以深入认识环太湖地区在崧泽时期的文化格局和变迁过程。同时也正是崧泽文化时期这一不同分区文化格局的形成和早晚不同阶段的文化变迁,为此后良渚文化进一步发展与繁荣奠定了重要基础。这也为我们理解良渚时期环太湖周边的文化态势提供了重要的视角。

注释:

①中国社会科学院考古研究所:《中国考古学·新石器时代卷》,中国社会科学出版社,2010年。

②汪遵国:《太湖地区原始文化的分析》,《中国考古学会第一次年会论文集(1979)》,文物出版社,1980年。

③黄宣佩:《略论崧泽文化的分期》,《中国考古学会第三次年会论文集(1981)》,文物出版社,1984年;王仁湘:《崧泽文化初论——兼论长江三角洲地区新石器文化相关问题》,《考古学集刊(4)》,中国社会科学出版社,1984年;赵辉:《崧泽墓地随葬陶器的编年研究》,《东南文化》2000年第3期;郭明:《试论崧泽文化分期》,《东方博物》2004年第2期。

④浙江省文物考古研究所:《南河浜:崧泽文化遗址发掘报告》,文物出版社,2005年。

⑤常州博物馆:《常州新岗:新石器时代文化遗址发掘报告》,文物出版社,2012年。

⑥南京博物院等:《东山村:新石器时代遗址发掘报告》,文物出版社,2016年。

⑦刘斌:《崧泽文化的分期及与良渚文化的关系》,《庆祝张忠培先生七十岁论文集》,科学出版社,2004年。

⑧南京博物院等:《东山村:新石器时代遗址发掘报告》,文物出版社,2016年。

⑨彭辉:《崧泽文化研究》,南京大学博士学位论文,2020年7月。

⑩邹厚本主编:《江苏考古五十年》,南京出版社,2000年。

⑪郭明:《试论崧泽文化分期》,《东方博物》2004年第2期。

⑫刘斌:《崧泽文化的分期及与良渚文化的关系》,《庆祝张忠培先生七十岁论文集》,科学出版社,2004年;方向明:《聚落变迁和统一信仰的形成:从崧泽到良渚》,《崧泽文化学术研讨会论文集(2014)》,文物出版社,2016年;张利芳:《崧泽文化墓地研究》,中央民族大学博士学位论文,2016年5月;彭辉:《崧泽文化研究》,南京大学博士学位论文,2020年7月。

⑬乌墩考古队:《武进乌墩遗址发掘报告》,《通古达今之路——宁沪高速公路(江苏段)考古发掘报告文集》,《东南文化》1994年增刊。

⑭南京博物院、上海大学文物与考古研究中心、江阴博物馆编:《南楼(2006年度发掘报告)》,中国社会科学出版社,2018年。

⑮苏州市考古研究所:《昆山绰墩遗址》,文物出版社,2011年。

⑯上海市文物保管委员会:《崧泽——新石器时代遗址发掘报告》,文物出版社,1987年;上海市文物管理委员会:《1987年上海青浦县崧泽遗址的发掘》,《考古》1992年第3期;上海市文物管理委员会:《1994—1995年上海青浦崧泽遗址的发掘》,《上海博物馆集刊(第八期)》,上海书画出版社,2000年;河南大学历史文化学院、上海博物馆考古部:《上海市青浦区崧泽遗址2014年发掘简报》,《考古》2020年第11期。

⑰浙江省文物考古研究所:《良渚石马兜遗址发掘简报》,《浙北崧泽文化考古报告集(1996—2014)》,文物出版社,2014年。

⑱浙江省文物考古研究所、长兴县博物馆:《长兴江家山遗址崧泽文化墓地发掘简报》,《浙北崧泽文化考古报告集(1996—2014)》,文物出版社,2014年。

⑲上海市文物管理委员会:《福泉山:新石器时代遗址发掘报告》,文物出版社,2000年。

⑳浙江省文物考古研究所、安吉县博物馆:《安吉安乐遗址第一次发掘简报》《安吉安乐遗址第二次发掘简报》《安吉安乐遗址第三、四次发掘的阶段性收获》,《浙北崧泽文化考古报告集(1996—2014)》,文物出版社,2014 年。

㉑浙江省文物考古研究所、海盐县博物馆:《海盐仙坛庙遗址的早期遗存》,《浙北崧泽文化考古报告集(1996—2014)》,文物出版社,2014 年。

㉒浙江省文物考古研究所、海宁市博物馆:《海宁小兜里遗址第一～三期发掘的崧泽文化遗存》《海宁小兜里遗址第四期(东区)发掘收获》,《浙北崧泽文化考古报告集(1996—2014)》,文物出版社,2014 年;浙江省文物考古研究所、海宁市博物馆:《小兜里》,文物出版社,2015 年。

㉓浙江省文物考古研究所:《良渚官井头遗址崧泽文化遗存》,《浙北崧泽文化考古报告集(1996—2014)》,文物出版社,2015 年。

㉔浙江省文物考古研究所、湖州市博物馆:《毘山》,文物出版社,2006 年。

㉕王宁远:《长兴县红卫桥崧泽文化与马桥文化及宋代遗址》,《中国考古学年鉴·2010》,文物出版社,2011 年;浙江省文物考古研究所、长兴县博物馆:《长兴红卫桥遗址发掘简报》,《浙北崧泽文化考古报告集(1996—2014)》,文物出版社,2014 年。

附记:本文为国家社科基金"太湖地区史前社会进程与文明形态研究"(项目号:18BKG008)阶段性成果。

The Cultural Landscape and Its Evolution in the Area Surrounding Taihu Lake during the Songze Culture Period

Cao Jun

Abstract:The archaeological culture during the Songze Culture period in the area surrounding Taihu Lake can be divided into four subregions: North, East, Southeast, and Southwest. Each subregion has experienced early, middle, and late stages. In the early stage, the northern subregion was influenced by the prosperity of the Majiabang Culture, forming the cultural tradition of plow-shaped tripod legs and round drumbell style vessels. However, the development declined during the late stage. In the early stage plow-shaped tripod legs occupied the eastern subregion of Lake Taihu, while drill-shaped tripod legs gradually became mainstream during the middle stage. During the late stage, a large number of artificial construction platforms appeared. The southeastern region of Taihu Lake had a continuous development of fish-fin-shaped tripod legs throughout the period, and in the late stage, drill-shaped tripod legs dominated, while the artificial construction platforms that appeared in the middle stage rapidly spread to the eastern and southwestern regions, becoming an important connotation and feature of the southern sub-culture region. The early stage of the southwestern subregion of the Songze Culture is not very clear, but in the late stage, the regional culture represented by groups of objects such as false belly cup-shaped beans, filter cups, "field-cultivating tools" type stone knives，and others became prominent，becoming an independent region in the cultural landscape of the Songze Culture in the area surrounding Taihu Lake. From the early to the late stage，the Songze Culture in the area surrounding Taihu Lake experienced a process of freeing itself from the influence of the Majiabang Culture and establishing and developing its own style and characteristics.

Keywords: Songze Culture，Temporal and Spatial Landscape，Evolution

安徽裕溪河流域区域性社会组织研究

王文婧

（厦门大学历史与文化遗产学院考古学系）

吴卫红

（安徽大学历史系考古专业）

一、导论

在距今大约 7000～1000 年间,世界范围内许多地方反复出现了比单一氏族部落规模更大、更复杂的社会组织形式,对这些复杂社会起源、形成与发展演进的探讨一直是国内外史前时期考古研究的热点。学界提出了不同模式解释社会复杂化进程的不同途径。有学者认为控制经济,即控制主要食物和威望物品的生产和流通,是早期复杂社会发展的主要原因[1];有学者认为人口压力是促进复杂社会起源的根本力量[2];有学者认为人口增长带来的剩余劳动力是社会发展的关键[3];有学者认为财富拥有者通过竞争性的宴飨、仪式或宗教活动来获取威望和权力是促进社会复杂化发展的重要方式[4];有学者认为危急时刻或资源稀缺是精英获取权力的重要机会[5];有学者认为环境和资源压力导致的冲突是超地方性聚落发展的基本条件[6];有学者认为仪式和信仰定义了生产、分配和消费的规则、实践和理性[7];也有学者认为通过掌握仪式,知识精英们可以控制人们对危机和生存的认知,从而实现不平等[8]。

学者们认为大约在距今 6000 年左右,中国早期文明发展进入了一个重大转型阶段[9]。在这个时期,中国各地出现了多个明确的等级社会,表明社会组织形式正在中国各地发生剧烈的转变。这些等级社会的出现是由不同因素引发的,比如说学者们通常认为仰韶社会的发展建立在强大政治经济因素上,而在宗教、信仰、仪式方面则发展得较为不成熟[10]。黄河下游的大汶口和长江中游的大溪文化发现的大量壕沟、巨大城墙或仪式性建筑,展现出这些社会的发展可能基于战争与冲突[11]。东北的辽河和大凌河谷的红山文化以复杂的仪式建筑和精美玉器闻名,其社会复杂化进程也常被认为建立在以宗教和信仰为基础的神权之上[12]。位于长江三角洲区域的崧泽文化,因发现大量礼仪性建筑和精美随葬品,其社会发展也常被认为是基于宗教和祭祀的力量[13]。值得注意的是,这些位于中原以外的早期复杂社会最终都没有产生被认为是后来中国"文明"基础的朝代国家。最终只有仰韶体系及其后继者(如二里头)持续扩张并最终发展成为第一个广为人知的早期国家——早商⑭。国内外考古学家在过去十几年里积极重建这些史前社会的发展轨迹,以便更好地理解社会复杂化的各种途径⑮。

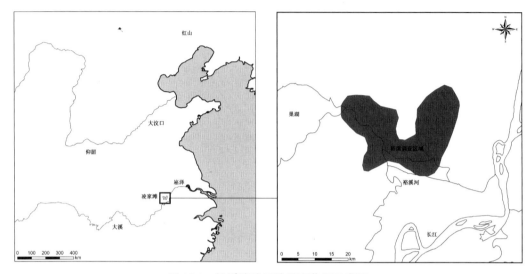

图 13-1 裕溪流域区域调查范围示意图

通过长江中下游的裕溪河谷的凌家滩社会,我们可以窥探到新石器中晚期社会组织形式高度多样化的一角。凌家滩遗址位于安徽省含山县,地处长江中下游的裕溪河流域,西距巢湖约 20 公里,东距长江约 35 公里(图 13-1、图 13-2)。碳十四测年数据显示凌家滩遗址的年代为距今 5700~5300 年。五次考古发掘揭露出许多精美墓葬和玉器。遗址的最高点为一祭台,面积约 1200 平方米。祭坛自下而上可分为三层,最上层是用小鹅卵石、小碎石子加黏土铺设而成。祭坛上还发现有三座祭祀坑和四个积石圈。祭祀坑为长方形,内出土有陶器和禽骨。积石圈用大小不等的石块围成,形状有圆形和近似长方形两种。此外,在祭坛的东南部还发现有红烧土遗迹,长约 90 米、宽约 30 米,发掘者推断这可能是神庙和宫殿建筑遗存。凌家滩墓葬区位于遗址北部高岗平地上,总面积约为 14000平方米,共发现 73 具墓葬⑯。墓葬区中随葬品的数量和质量并不相同,有着较为明显的分组,表明了社会等级的存在。北部墓葬的随葬品数量较少,西北部的墓葬有着数量最多的玉石生产废弃物,而在南部则发现了很多随葬品十分丰富的墓葬(如 87M15、87M4、87M8、07M23)。其中 07M23 为迄今发现的规模最大、随葬品最为丰富的墓葬,其平面呈不规则长方形,长 3.45 米、宽 2.1 米、深 0.3 米,位于祭台的东南方向。在墓葬中部填土上发现了一只重达 88 公斤的玉(石)雕猪形器。墓葬内共出土玉器 200 件、石器 97 件、陶器31 件,此外还有碎骨和绿松石各 1 件。玉、石器种类较多,以环、玦、镯、璜、钺、璧、锛和凿等为主。

有学者认为,凌家滩遗址可能是一个宗教和祭祀中心。祭台和大量精细玉器的存在,表明当地精英们可能拥有特殊的仪式力量,通过使用玉器来获取权力⑰。凌家滩遗址部分墓葬随葬大量玉器的现象表明当时社会分层和不平等已出现。但到目前为止,凌家滩

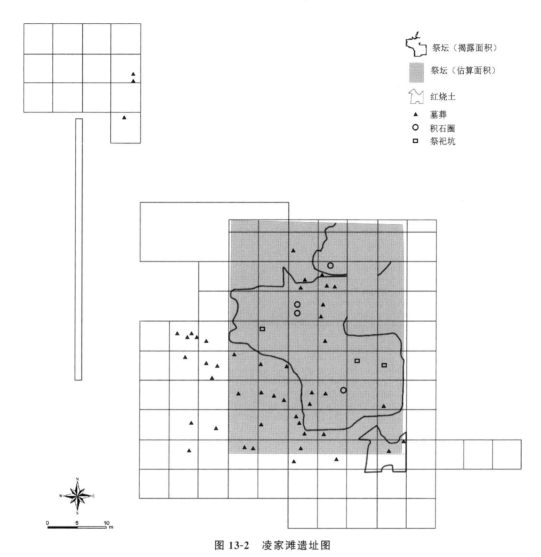

图 13-2　凌家滩遗址图

注：在《安徽含山县凌家滩遗址第五次发掘的新发现》基础上修改。

社会的发展轨迹、社会组织和社区性质尚不清楚，搞清这些对于更进一步探究中国早期复杂社会的出现和发展路径至关重要。本研究通过对裕溪河流域区域系统调查采集物（年代跨度为距今 5700 至 2500 年）进行整理、分析及研究，估算区域人口密度及人口数量和规模，探索地方性社群及超地方性社区的规模和性质及社会变化的轨迹，进而探讨凌家滩可能代表的社会发展背后的驱动力。近几十年来，比较考古学分析在社会复杂化研究中变得越来越重要[18]。凌家滩是中国最早的复杂社会之一，在公元前 4000 年中国各地区早期复杂社会蓬勃发展的背景下理解凌家滩社会复杂化进程，对了解早期复杂社会的不同发展途径，有至关重要的作用。

二、研究方法

（一）调查方法

从 2008 年至 2013 年,安徽省文物考古研究所围绕着凌家滩遗址进行了大规模的区域系统调查。调查共包括 8 个田野季度,覆盖面积达 400 平方公里。该调查遵循了一套已经被科学检验,并广泛适用于世界各地的标准的、系统的全覆盖式的调查方法[19]。该调查在 8 个田野季度采取了两种略不同的方法,具体方法和步骤可参见已发表的论文[20]。为了最大限度地减少地表因植被覆盖差异对调查结果的影响,调查小组进行了地表能见度测试,并用测试结果矫正调查数据[21]。

（二）年代框架

根据类型学研究和碳十四数据,此次调查采集的全部 13173 件陶片共分为四个时期[22]。其中第一期(凌家滩时期,距今约 5700～5300 年)共有陶片 3939 件,第二期(后凌家滩时期,距今约 5300～4000 年)314 件,第三期(空白期,距今约 4000～2900 年)0 件,第四期(周时期,距今约 2900～2500 年)8449 件。此外,还有 395 件未归类的陶片和 76 件难以识别的陶片。395 件未归类的陶片中,216 件为汉代,58 件为现代,其余 121 件与前述四期的陶片在特征上都不符合,76 件难以识别的陶片由于非常破碎,很难判定其年代,因此这些陶片均未归入到研究范围。完整的裕溪河流域区域调查数据可在美国匹兹堡大学比较考古学研究中心数据库获得[23]。

（三）人口复原方法

人口估算虽然复杂,但却是了解早期复杂社会如何组织和发展的重要基础[24],对于认识人类社区非常重要。在区域聚落研究中,考古学家常常使用不同的方法来估算古代人口[25],其中一种较为普遍的方法是将某一特定时期内在地表发现的遗存进行定量分析。在裕溪调查地区,由于地面并没有保存有当时的建筑,估算人口主要取决于地表发现的陶片密度和分布范围。基于区域系统调查来进行人口重建的方法十分成熟,在过去 50 年间在世界许多地方被广泛应用,在过去 20 年也在中国逐渐被认识和使用[26]。这种估算人口的方法的基本假设是:在其他条件不变的前提下,更多的人口必然会产生更多的垃圾,当更多的人在特定的地方生活更长时间时,他们会留下更多的垃圾[27]。从新石器时代以来,陶器残片往往是古代垃圾中保存最好且最有价值的部分,这些陶片为人口估算提供了重要依据。

　　裕溪调查区域聚落研究采用了与赤峰地区和大凌河上游地区相同的人口估算方法[20]，即根据地表陶片分布范围和分布密度来计算出每一时期的面积-密度指数（area-density index）来作为人口估算的参数。面积-密度指数这一概念的引入有助于避免仅考虑遗址数量或采集单位的数量而忽略了其大小所带来的偏见或误差，有关面积-密度指数的详细介绍可参见赤峰地区的聚落研究[22]。为了便于凌家滩的人口数据与中国乃至世界其他地方进行比较研究，我们对裕溪调查区域的数据进行一定的转换，具体转换方法参考已发表论文[23]。表 13-1 为调查区域每个时期经计算转换后的面积-密度指数和人口估算数量。

表 13-1　裕溪调查地区每个时期人口估算表

时　期	转化后的面积-密度指数	人口（人）
凌家滩时期	1.67	1250～2500
后凌家滩时期	0.06	45～90
空白期	0	0
周	12.31	9000～18000

(四)界定社群的方法

　　人口估算不仅对了解区域人口规模具有重要意义，而且对于认识社群组织的规模和性质也至关重要。家户之间的互动和交流产生了社群性组织，这种社群是复杂社会中日常生活的关键要素。了解人类社群的性质及社群之间的互动关系是理解早期复杂社会发展轨迹的重要环节[31]。而社群的性质及社群之间的互动关系，则通过人口的空间分布形式揭示出来。

1.地方性社群和超地方性社区

　　"社群"或"社区"的概念在这里并不是指具体的物理空间上的规模，而是指空间上的社会互动关系。其背后的基本原理是，在没有现代交通工具的古代，居住地的选择十分重要，生活在附近的人比那些居住在更远地方的人的互动更为频繁[32]。

　　为了划分地方性社群或社区，我们首先在 AutoCAD 3DMap 上将前面提到的面积-密度指数作为 Z 值附在每个 50 米×50 米的方格上，即每个方格的 Z 值为方格内全部采集单位的面积-密度之和。据此，我们可以在 Surfer 上得到一个未经平滑处理的地表居住密度图，这个图是我们划定地方性社群的基础。

　　为了划分超地方性社区，我们在 Idrisi 中通过插值分析对整个区域内没有值的地方进行赋值。在插值分析中，我们采用反距离权重法（Inverse Distance Weighting），即依据反距离的幂参数来预测未测量位置的测量值，这种影响会随着距离的增大而减小。本文所采用的幂参数为 0.25。之后，我们用 Surfer 软件生成一张新的经过数学平滑处理的地表居住密度图，从中可清楚地看到地方性社群被聚集到了更大的超地方性社区中。这些超地方性社区的划分不仅依靠采集单位或地方性社群的间隔距离,还反映了更高层次的整合⊛。

划分地方性社群和超地方性社区的具体原则与方法可参见 Peterson 和 Drennan 已发表的一系列论文⊛。

2.位序规模分析和集中化分析

为了研究聚落的规模、性质和互动关系,我们还对社群进行位序-规模分析(rank-size analysis)和集中化分析(centralization analysis)。

位序-规模分析是从社群的规模及规模位序的关系角度来考察聚落的等级结构和整合程度。根据位序-规模法则,一个"正常"的、较为整合的聚落体系应为最大的一个社群,规模为第二大社群的两倍,为第三大社群的三倍,以此类推。如果第二大社群的规模大于最大社群的一半,则可能代表了一个松散的体系;如果第二大社群的规模小于最大社群的一半,则可能代表了一个高度整合的体系。为了更加清楚地判断整合程度,我们计算了 A 系数,如果 A 值为正,位序-规模图会呈"凸"形,这代表了一个非常松散的体系,值越大,表明体系越松散;如果 A 值为负,那么位序-规模图会呈"凹"形,这代表了一个高度整合的体系,绝对值越大,表明体系越高度整合。

集中化分析是另一种了解区域人口分布的方式。这种方式是以人口中心为圆心,围绕其划出 12 个等面积的圆环,通过计算每个圆环内人口的比例,我们可以得到一个 B 值,用来表明集中化程度。当全部人口都集中在最中间的圆环时,B 的值为 1,代表了最大的集中化;反之,当每个圆环内的人口完全相同时,B 的值为 0,代表了无集中化。

值得强调的一点是,区别于传统的聚落考古研究,我们使用位序规模分析和集中化分析的目的不是为了给聚落划分等级,而是要展现裕溪调查区域聚落的性质和规模,以及其在地方性和超地方性规模上的集中度和整合度。

三、裕溪流域社会复杂化进程和区域性社会组织

本研究所包含的裕溪流域区域性社会组织的时间跨度主要指距今 5700 至 2500 年的时间段。目前尚未发现新石器时代早期的遗存。根据近年来的研究,新石器时代早期的遗存在长江下游已有发现。故推断,在新石器时代早期,可能有极少量人口分布在裕溪河流域调查区,居住点可能比较分散,且频发转移,这使得在区域调查中追踪到当时的遗迹非常困难。

(一)凌家滩时期(5700～5300 BP)

在裕溪河流域调查区,我们从总面积 4 公顷的 505 个采集单位共获得了 3939 件属于凌家滩时期的陶片。经估算,该时期人口约为 1250 至 2500。这些陶片的分布非常不均

匀,在一些地点出现了明显的聚集,这种聚集表明了由社会互动向心力产生的人口分布不均和地方性社会组织的形成(图 13-3)。

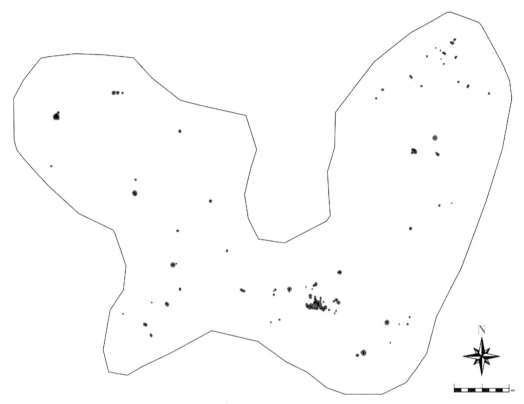

图 13-3　凌家滩时期采集单位聚集形成地方性社区

注:灰色多边形表示地方性社区。

在未平滑处理的地表居住密度图上,高峰代表了人群分布的聚集(图 13-6)。这些集群的范围通常不超过几百米,其规模符合地方性社群的定义。空间集群分析结果显示该地区在凌家滩时期共有 64 个地方性社群,其规模涵盖从独立家庭的农庄到约由 350 至 700 人组成的大型村落。最大的地方性社区的位置与凌家滩墓葬区的位置一致,此外还有两个由 100 至 200 人组成的社区和四个由 50 至 100 人组成的社区(图 13-4)。超过一半的地方性社区都是由一两个家庭组成的小农庄(图 13-5)。虽然这些小农庄的数量很多,但其人口总数只占凌家滩时期人口的很小一部分。大部分人口都居住在规模超过 50 至 100 人的社区。

通过对地表居住密度进行数学平滑处理,可进一步得到超地方性尺度上的空间分布集群。如图 13-6 所见,三个大的聚落集群可以被清晰地划分出来。这三个聚落集群的范围横跨数公里,且彼此之间被人烟稀少的空间所分隔。这样的集群被称为超地方性社区或行政区。东南部的 2 号行政区(District 2)为该区域最大的超地方性社区,且位置与凌家滩墓地一致,分布范围横跨 11～15 公里,人口据估算为 640 至 1280 人。西北部的第 1区和东北部的第 3 区的分布范围均为 8～10 公里,人口据估算均为 200 至 400 人。此外,

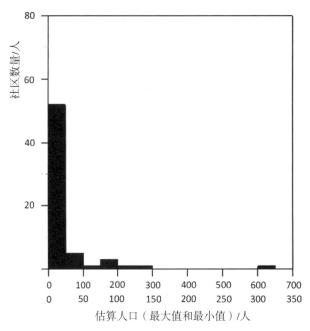

图 13-4　凌家滩时期不同人口规模的地方性社区数量的柱状图

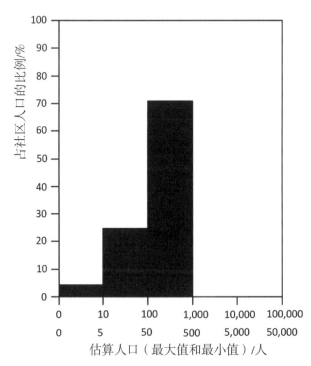

图 13-5　凌家滩时期不同人口规模的地方性社区所占区域人口比例的柱状图

在第 1 区和第 2 区之间还存在着一些小的聚落集群。

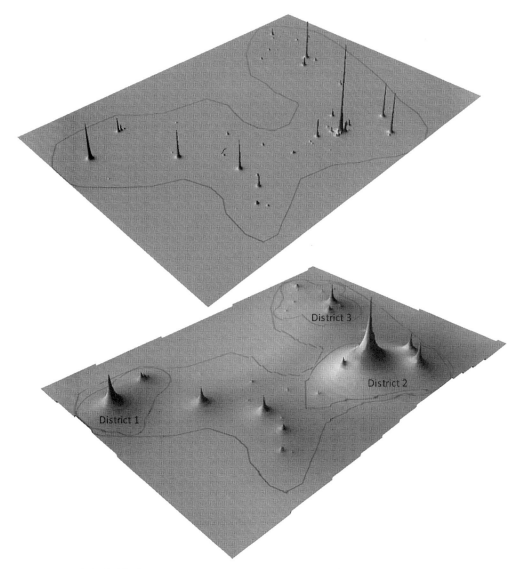

图 13-6　凌家滩时期未经平滑处理(上)和经过平滑处理(下)的居住密度图和超地方性社区图

位序规模分布和集中分析可以揭示每一个超地方性社区的人口集中化程度。对人口规模最大的 2 号行政区进行位序规模分析,得到 A 值为 −0.611,这表明这个行政区围绕着一个中心社区高度聚集,而且此中心社区的规模远大于其他地方性社区(图 13-7)。之后,我们以 2 号行政区为中心画出了 12 个等面积的同心圆,图 13-8 显示了每个同心圆内人口占总人口的比例,其中 B 值为 0.671,这显示了较高的集中化程度。这两个分析的结果一致表明,2 号行政区的人口高度集中分布。

西北部的 1 号行政区和东北部的 3 号行政区显示出相似的模式。在 1 号行政区,位序规模图上显示了一个“凹形”分布模式(A = −1.718),A 值为负且绝对值大,表明 1 号

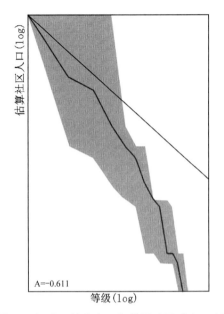

图 13-7　凌家滩时期 2 号行政区的位序－规模图以及对应 90％置信度的误差区域

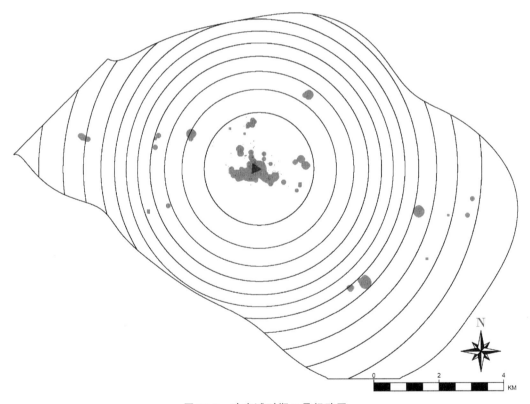

图 13-8　凌家滩时期 2 号行政区

　　注:浅灰色表示地方性社区,圆圈表示集中化分析而划分的 12 个同心圆环,三角是凌家滩仪式性建筑所在地,小圆点代表红烧土的位置。

行政区的整合程度甚至高于 2 号行政区。不过由于该区地方性社区数量较少,因此误差范围较大。在 3 号行政区,位序规模图显示其整合程度虽然低于 1 号和 2 号行政区,不过 A 值为 −0.522 仍表明 3 号行政区较为整合。在集中化分析中,1 号和 3 号行政区再次表现出类似的模式。1 号和 3 号行政区都有着较强的集中化程度,其 B 值分别为 0.579 和 0.573。在 1 号和 3 号行政区,我们并没有发现任何公共设施、宗教仪式或红烧土遗存。虽然在 1 号和 2 号行政区之间还存在一些聚落,但这些聚落很难被定义为超地方性社区。从平滑处理的地表居住密度图上,我们可以看到两个相距很远的村落和一些分散的农庄。这些聚落同样都没有仪式性建筑或红烧土遗存。

大多数学者长期以来都认为凌家滩遗址具有特殊的地位,可能为裕溪地区的宗教或仪式中心。人形和几何形的玉器被认为是精英与其他神灵交流的仪式用具。宗教建筑和大量精美玉器也被视为精英们在宗教活动中拥有特殊权力的标志⑧。我们的研究发现,凌家滩的祭台和墓葬区位于 2 号行政区内人口最密集点以西约 310 米处(即图 13-6 最高峰),很显然,这些仪式建筑和带精美玉器的墓葬并非位于远离居住址的偏僻地点,相反,它们恰恰坐落在整个聚落体系的中心。这种分布特点为人们将有组织的宗教活动看作是一个重要的社会整合角色提供了强有力的支持。参与宗教活动像是一种向心力,其作用覆盖了数公里的范围,吸引人们从四面八方前来,建立了一个虽小但高度集中化的凌家滩文化社会单元。

值得注意的是,在 2 号行政区之外没有发现任何的礼仪建筑和墓葬。根据估算,在裕溪河地区,2 号行政区的人口最多,且人口数量超过了其他两个超地方性社区人口之和。2 号行政区内的最大的地方性社区也是裕溪河区域调查范围内人口最多的社区。这些证据让我们猜测 2 号行政区是否代表更大规模的社会政治一体化的中心焦点。与单独的 2 号行政区相比,整个调查区域显示出较弱的社会政治一体化(位序规模得到 A 值为 −0.122,图 13-9)。此外,整个区域的集中化分析的 B 值为 0.191,这表明该区域并没有集中化(图 13-10)。上述结果似乎不支持我们把裕溪河调查区域想象成一个社会政治或经济一体化的社会。相反,每个超地方性社区似乎都是一个相对独立和自我整合的社会单位。

尽管我们的分析显示 1 号和 3 号行政区也展现了较强的人口集中化程度,但是在 1 号和 3 号行政区内没有发现任何仪式建筑和墓葬群。1 号和 3 号行政区的人口主要集中在一个中心的地方性社区,这表明生活在 1 号和 3 号行政区内部的居民各自互动十分密切。这些密集的聚落分布可能与生产专业化或经济上的相互依存有关,这种可能性需要进一步地在社区和家户尺度上进行分析。

在凌家滩文化分布的裕溪河调查区内,分布着三个规模为数平方公里,人口为几百人,性质相似的社会政治单元。虽然超出了局部的规模(即地方性社区),但规模仍然较小。这三个政治单元内部人口分布都高度集中,其中 2 号行政区的人口较其他区多,突出的礼仪建筑和与之相伴的精美随葬品与行政区的人口密度最高点重合。这暗示了某种程度的政治领导,很有可能是建立在宗教信仰和仪式角色之上。尽管如此,这种权力很可能只是局限在 2 号行政区内,并不足以作为一种巨大向心力,在更大区域范围内,建立更高层次的社会政治一体化。

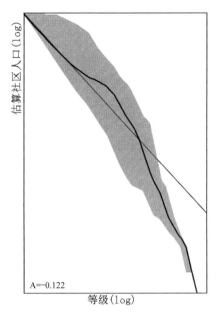

图 13-9　凌家滩时期整个调查区域的位序-规模图以及对应 **90%**置信度的误差区域

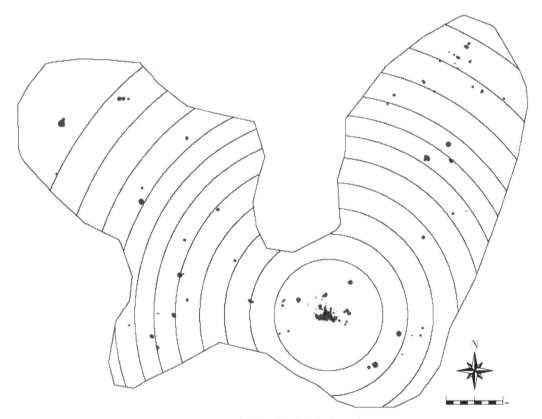

图 13-10　凌家滩时期整个调查区域

注:浅灰色表示地方性社区,圆圈表示集中化分析而划分的 12 个同心圆环。

　　另一点值得注意的是,随葬玉器材料的珍贵性和它呈现的形状(如玉人、玉龟等)充分表明了其宗教意义和象征意义,而非经济价值。玉器在墓葬中的分布及其不均衡,明显集中在一些墓葬和区域,说明了玉器与精英阶层牢固地联系在一起。这种模式表明,凌家滩的精英们获得追随者的忠诚和信任的方式既不是通过向其提供经济上有价值的物品,也不是通过玉器的交换和进口。精英们主要通过展现自己带有宗教和仪式意义的财产来建立声望,并且把自身与超自然的神圣力量相连接。多年来,考古学家在许多其他的复杂社会中也得到了相似的论据,如良渚文化、红山文化、奥尔梅克文化、马格达莱纳社会、查文文化等等[⊕]。有学者们认为威望物品(prestige goods)的交换在社会政治复杂化的形成和发展中起着至关重要的作用[⊘],然而凌家滩文化的玉器作为一种威望物品则不太可能有这样的作用。凌家滩的玉器非常珍贵,因此玉器材料有可能存在一定程度的远距离交换。但讨论威望物品的交换时不能忽略交换物品的数量。少量威望物品的交换并不一定表明其对社会经济有着重大影响,除非这些威望物品的数量足够大[⊗]。少量奢侈品或象征性物品的交换,即使是较长距离的、跨越多个超地方性社区的交换,也不需要整个区域的政治经济整合。因此,凌家滩文化中威望物品的交换虽然对于展示仪式和宗教权力很重要,但却不会对这些早期复杂社会产生重大的社会和经济影响。

(二)社会复杂化进程的中断(5300—2900 BP)

　　在裕溪河调查区域采集到的后凌家滩时期的材料非常少,一共从 0.57 公顷的范围内的 63 个采集单位采集了 314 件陶片。据此,我们可以估算出当时的人口为 45～90 人。聚落分布非常稀疏,基本只集中在调查区的中间部分。大多数采集单位彼此相距较远,只有少数几个采集单元可以聚集在一起作为地方性社区。在地表居住密度图上我们可以划分出 29 个地方性社区(图 13-11)。其中最大的地方性社区的人口为 35～70 人,其余社区人口为 1 或 2 人。它们全部由一个或两个家庭组成,除了最大的家庭。最大的地方性社区人口约为 35～70 人,这意味着超过 70％ 的居民生活在最大的社区(图 13-12)。在后凌家滩时期,并没有任何迹象表明超地方性社区的存在。在调查区中部偏右的地方存在着一个人口中心,但这只是一个地方性社区,也是这一时期最大的村落(图 13-11)。由于后凌家滩时期的陶片数量非常少,位序规模分析和集中化分析并不具有统计意义。

　　在裕溪河流域调查中,除了极少的、无法辨认的破碎陶片外,我们尚未发现距今4000～2900 年的聚落存在的证据。在调查采集的所有陶片中,只有 197 个(1.5％)无法分类或确定时期。我们假设这些陶片都属于距今 4000～2900 年之间,这仍然只代表非常少的人口,似乎无法改变这个时期人口灾难式下降的"事实"。我们并无意争辩说本研究中使用的年代学框架是完美的,但在现有的证据下,我们认为裕溪流域调查区在这个时期不存在任何聚落。即使有,也是规模非常小的、分散的且具有流动性的,导致在地表难以发现任何遗存。值得注意的是,这个空白期可能并不是裕溪河地区所特有,长江流域中下游的考古调查和发掘也显示出相似的模式[⊗]。例如,在长江中游江汉平原进行的范围为 58平方公里的区域系统调查显示,这一时期的人口非常少,估计只有为 5～10 人[⊕]。

　　从表面上看,裕溪地区的调查结果表明人口数量在距今 5300 到 2900 年之间发生了

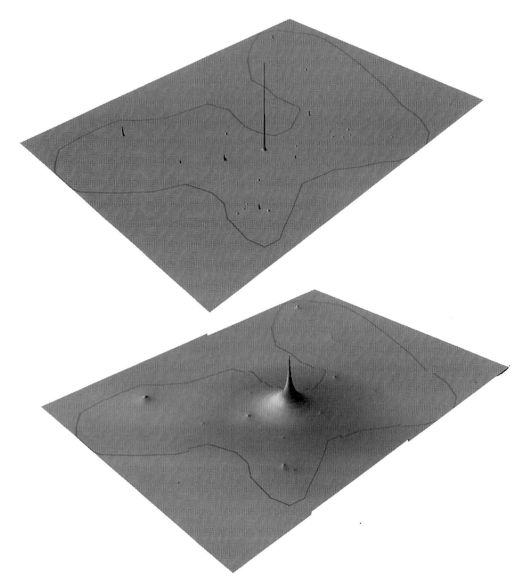

图 13-11　后凌家滩时期未经平滑处理(上)和经过平滑处理(下)的居住密度图和超地方性社区图

急剧下降。然而,基于现有材料,想真正理解凌家滩复杂社会崩溃的原因十分困难。有学者提出,新石器时代晚期的气候恶化是导致中国大部分地区的聚落被废弃的主要原因[41]。不过,这些学者的观点存在许多不一致之处。有学者认为在中国北方,这种波动始于6000 BP,但也有其他研究表明其发生在 5000 BP、4000 BP 或 3500 BP 左右[42]。此外,尽管大多数研究表明在此期间中国北方存在较冷和较干燥的气候,但一些基于孢粉分析的研究却显示在此期间存在更温暖和更潮湿的条件[43]。在中国南方地区,一些学者的孢粉数据显示这一时期气候十分干旱[44],这和另一些学者根据地质学研究提出的一时期长江中下游水位上升,表明发生较大的洪水的结论相矛盾[45]。我们认为关于气候波动的证据不足且自相矛盾,让我们无法清晰地看到中国南方当时真实的温度和降水状况。值得注

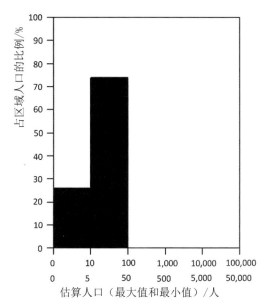

图 13-12　后凌家滩时期不同人口规模的地方性社区所占区域人口比例的柱状图

意的是，即使中国南方在 4000 BP 确实发生了大的气候波动，也无法作为凌家滩文化崩溃的原因，因为凌家滩文化的崩溃发生在 5300 BP，比气候波动的时间早了 1000 多年。

（三）周时期人口的迅速增长（2900～2500 BP）

在经历了两千多年的沉寂后，裕溪河地区在周时期见证了人口的大量增长。我们从总面积 7.6 公顷的 1020 个采集单位共获得 8449 件周时期的陶片，人口估算约为 9000 至 18000 人。这些采集单位的分布非常不均匀，集中在调查区域的东部。从未平滑处理的地表居住密度图上，我们划定了 102 个地方性社区（图 13-13）。其中，最大的一个社区人口为 3000～6000 人，另外有 3 个人口超过 500～1000 人的社区，9 个人口超过 100～200 的社区，4 个人口为 50～100 人的社区，20 个人口小于 50～100 人的社区（图 13-14）。除此之外，绝大多数地方只是一个或两个家庭的农庄，这些农庄的人口只占总人口的很小一部分。超过半数的人口居住在人口规模超过 500～1000 人的大型聚落（图 13-15）。

从平滑处理的地表居住密度图上，我们可以看出，周时期只有一个范围 11 公里的超地方性社区（1 号行政区）（图 13-13）。1 号行政区的中心最高峰代表了一个非常紧凑和集中化的人口分布，这个中心可以称为"城镇"⑥。位序规模分布图显示 1 号行政区内部围绕一个中心高度集中，A 值为－0.693（图 13-16）。

在更大的区域范围内，聚落形态也较早期有了很大不同。周时期的位序规模分布图中 A 值为－0.468，意味着整个裕溪河调查区域被很好地整合到一个系统中，而不是像凌家滩时期那样由多个较为独立的行政区组成（图 13-17）。集中化分析图中 B 值为 0.652，表明超过 60％的人口集中在最中间的一个环（图 13-18），暗示在这个时期整个裕溪河调查区域是高度集中化的。

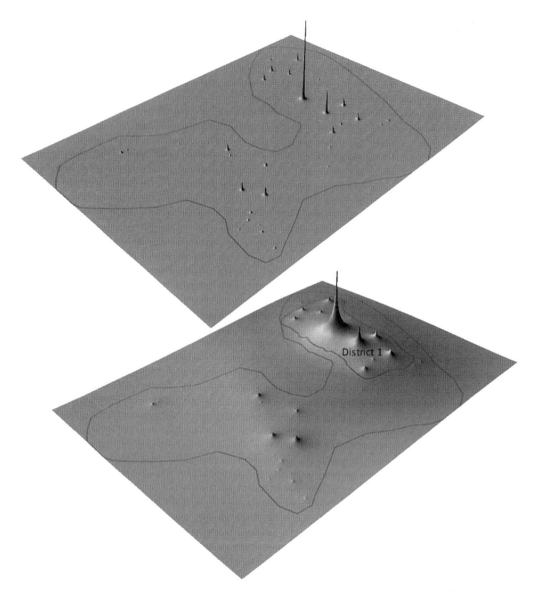

图 13-13 周时期未经平滑处理（上）和经过平滑处理（下）的居住密度图和超地方性社区图

周时期，裕溪河调查区内的政治组织模式，与这一时期存在的远超出调查区域的大规模国家级政治一体化的历史背景是一致的。史料记载裕溪河调查区自 3000 BP 以来一直被一个名为"南淮夷"的政体所占据，这是周王朝政治一体化下周边地区的一个低级别的行政分支[40]。中原地区的商周时期使用这个名称来特指"居住在淮河流域的南方人"。此外，裕溪河地区处于淮河流域的范围内，江淮分水岭是西周的南部边界，这个规模庞大的国家级政体的政治和经济影响很少超出这个边界[41]。因此，在周时期，裕溪河调查区虽然比早期社会形态在空间和人口规模上更集中，但却只是历史上已知的一个政治上一体化的大国的一小部分。

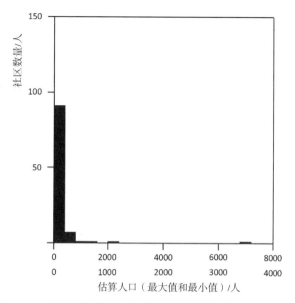

图 13-14 周时期不同人口规模的地方性社区数量的柱状图

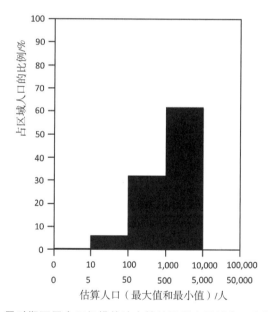

图 13-15 周时期不同人口规模的地方性社区所占区域人口比例的柱状图

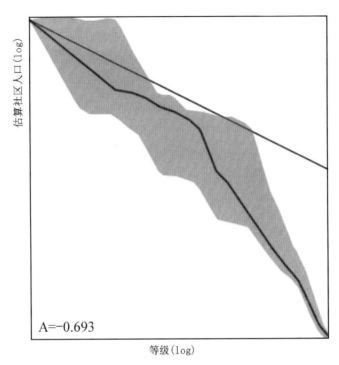

图 13-16　周时期 1 号行政区的位序-规模图以及对应 90% 置信度的误差区域

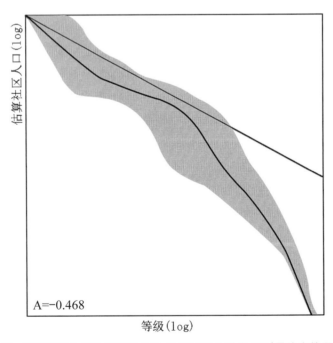

图 13-17　周时期整个调查区域的位序-规模图以及对应 90% 置信度的误差区域

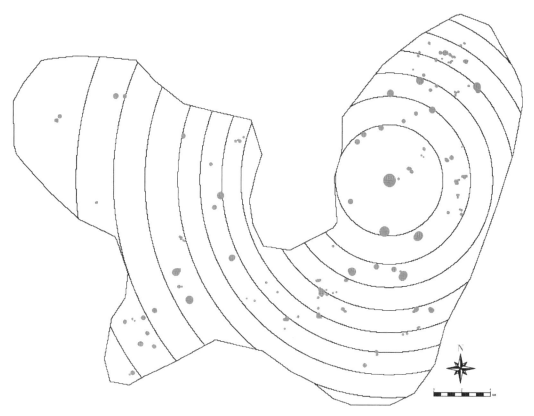

图 13-18　周时期整个调查区域行政区

注:浅灰色表示地方性社区,圆圈表示集中化分析而划分的 12 个同心圆环。

四、总结

综上所述,裕溪河地区的区域聚落研究揭示了这一 400 平方公里的区域内从距今 5700 到 2500 年之间社会的变化与发展轨迹(图 13-19)。新石器时代早期的遗存罕见,居住点可能分散且频发转移,因此我们未能在地表发现其遗存。该地区在凌家滩时期 (5700~5300 BP)经历了第一次剧烈的人口增长,人口约为 1250 至 2500 人。以祭祀建筑和带有宗教仪式感的玉器随葬品闻名的凌家滩遗址,正是出现在这个人口大量增长的背景下,其位置与聚落的人口中心相重合。聚落统计分析显示,该地区在此时出现了超地方性社区的整合和集中化,这个现象被认为是裕溪调查地区新石器时代最重要的社会转型。凌家滩遗址考古发掘所揭露出来的宗教和祭祀性建筑显示了当地人民对宗教和仪式活动的强烈关注。这种关注和权力在凌家滩社区(行政区 2)的集中化和整合过程中起着非常重要的作用。虽然裕溪地区的居民拥有相似的考古学文化,例如可以识别的带有凌家滩风格的陶器,但没有证据表明凌家滩的宗教和仪式活动能够成为一种向心力,在 2 号行政区以外的更大区域范围建立一个空间上和人口上更大的、更集中的社会组织。

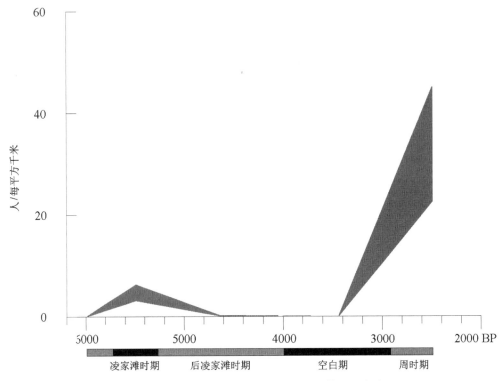

图 13-19 裕溪河谷调查区域各时期的估算人口密度

注：图中显示了最小和最大的估算人口。

凌家滩时期以后，人口急剧下降，只有几个地方性社区可以被划分出来。虽然气候变化可能导致人口急剧下降，但是要得出这样的结论还需要更充分的证据。直到两千年后，在周时期裕溪地区又出现了新的发展高潮，表现为聚落数量大幅增加，人口急剧增长，人口估算约为 9000～18000 人。有历史记载的、以中原为中心的、更大规模的、国家尺度上的社会组织对裕溪河区域的聚落分布有着巨大的影响。虽然是作为一个庞大的政治一体化国家的一小部分，聚落分布在这个时期发生了巨大的变化，体现出前所未有的高度整合和集中化趋势。

如果我们将凌家滩的社会组织和发展轨迹放在早期复杂社会发展的大框架中，可以清晰地看到，与新石器时期中国的某些复杂社会相比，凌家滩的社区在人口和空间上都较小。比如，聚落人口分析显示，仰韶社会的行政区比凌家滩更大，甚至大几倍[①]。而以精美墓葬和各式玉器而闻名的红山社会，其人口在数量和空间上的规模就和凌家滩社会十分相近[②]。对仰韶文化墓葬群的发掘和聚落研究，让学者们倾向于认为仰韶社会发展背后的推动力是政治和经济活动[③]。而宗教、仪式权力被认为是红山和凌家滩社会建立的主要凝聚力。社会复杂化包罗万象，如政治整合，经济控制，财富积累，精心设计的宗教和仪式建筑，精美稀有的随葬品等等，都是考量社会复杂化的重要因素。我们不能从任意单一角度来衡量社会复杂化的进程。探索社会复杂化的广度及其不同维度之间的关系，有助于我们理解早期复杂社会发展模式的差异性[②]。有学者还指出,以宗教和仪式为基础的神权,相较之建立在强大政治经济基础上的政权更加地不稳定,更易崩坏[③]。而目前对于中国新石器时代早期复杂社会的研究,也似乎佐证了这一点。有学者提出,像在红山社会中看到的以宗教与神权为基础的一体化,不仅不能支撑红山社会发展更强大的政治权力,甚至可能成为其政治权力的发展以及人口与社会规模扩张的阻碍[④]。而在仰韶社会中,根植于经济活动发展起来的政治权力,可能为商代初期大规模的政治经济一体化做出了重要贡献[⑤]。

本研究表明,凌家滩社会的发展可能是围绕以宗教和仪式为基础的神权展开,且没有实现更大范围的社会政治一体化。但是,我们绝非要争辩说凌家滩社会的发展完全基于宗教神权。社会复杂化的发展,更多的是各种因素以不同的方式和程度混合在一起,而不是简单的单一选择。我们关心的是,凌家滩社会复杂化进程背后的推动力是不是向以宗教、仪式为代表的神权强烈倾斜,凌家滩社会的复杂化在其他方面(如经济控制、生产差异)又有什么样的表现。要探究这些问题,未来需在更小尺度,如凌家滩中心行政区的地方性社群与家户层面展开考古学发掘、采集和分析,识别和比较家户之间的人工制品组合模式,以更好的理解社会复杂化的发展。

注释:

①Brumfiel, Elizabeth M., and Timothy K. Earle, "Specialization, Exchange, and Complex Societies: An Introduction", in Elizabeth M. Brumfiel and Timothy K. Earle, eds., *Specialization, Exchange, and Complex Societies*, Cambridge, UK: Cambridge University Press, 1987, pp. 1-9; Costin, Cathy Lynne, and Timothy Earle, "Status Distinction and Legitimation of Power as Reflected in Changing Patterns of Consumption in Late Prehispanic Peru", *American Antiquity*, 1989, Vol. 54, No. 4, pp. 691-714; Earle, Timothy K., *How Chiefs Come to Power: The Political Economy in Prehistory*, Stanford: Stanford University Press, 1997; Hayden, Brian, "Practical and Prestige Technologies: The Evolution of Material Systems", *Journal of Archaeological Method and Theory*, 1998, Vol. 5, No. 1, pp. 1-55; Underhill, Anne P., "Pottery Production in Chiefdoms: The Longshan Period in Northern China", *World Archaeology*, 1991, Vol. 23, No. 1, pp. 12-27; Underhill, Anne P., "Craft Production and Social Change in Northern China", in *Craft Production and Social Change in Northern China*, Springer, 2002, pp. 241-258.

②Boserup, Ester, *The Conditions of Agricultural Growth: The Economics of Agrarian Change under Population Pressure*, New York: Aldine Pub. Co., 1965; Cohen, Mark N., *Food Crisis in Prehistory: Overpopulation and the origins of agriculture*, New Haven: Yale University Press, 1977.

③Drennan, Robert D., and Carlos A. Uribe, *Chiefdoms in the Americas*, MD: University Press of America, 1987; Feinman, Gary M., "The Emergence of Inequality", in Douglas Prices, Gary Feinman, eds., *Foundations of Social Inequality*, New York: Springer, 1995, pp. 255-279.

④Clark, John, and Michael Blake, "The Power of Prestige: Competitive Generosity and the Emergence of Rank Societies in Lowland Mesoamerica", in Elizabeth M. Brumfiel, John W. Fox, eds., *Factional Competition and Political Development in the New World*, Cambridge, UK: Cambridge University Press, 1994, pp. 17-30; Dietler, Michael, and Brian Hayden, "Digesting the Feast- Good to Eat, Good to Drink, Good to Think: An Introduction", in Michael Dietler, Brian Hayden, eds., *Feasts: Ar-*

chaeological and Ethnographic Perspectives on Food，*Politics*，*and Power*，Tuscaloosa：University of Alabama Press，2010，pp. 1-20；Hayden，Brian，and Suzanne Villeneuve，"Who Benefits from Complexity? A View from Futuna"，in T. Douglas Price and Gary M. Feinman eds.，*Pathways to Power*：*Archaeological Perspectives on Inequality*，*Dominance*，*and Explanation*，New York：Springer，2010，pp. 95-145.

⑤Spencer，Charles S.，"Human Agency，Biased Transmission，and the Cultural Evolution of Chiefly Authority"，*Journal of Anthropological Archaeology*，1993，Vol. 12，No. 1，pp. 41-74；Spencer，Charles S.，"Factional Ascendance，Dimensions of Leadership，and the Development of Centralized Authority"，in Elizabeth M. Brumfiel and John W. Fox eds.，*Factional Competition and Political Development in the New World*，Cambridge：Cambridge University Press，1994，pp. 31-43.

⑥Carneiro，Robert L. "A Theory of the Origin of the State：Traditional Theories of State Origins Are Considered and Rejected in Favor of a New Ecological Hypothesis"，*Science*，1970，Vol. 169，No. 3947，pp. 733-738.

⑦Spielmann，Katherine A.，"Ritual Craft Specialists in Middle Range Societies"，*Archeological Papers of the American Anthropological Association*，1998，Vol. 8，No. 1，pp. 153-159；Spielmann，Katherine A.，"Feasting，Craft Specialization，and the Ritual Mode of Production in Small-scale Societies"，*American Anthropologist*，2002，Vol. 104，No. 1，pp. 195-207.

⑧Potter，James M.，"Ritual，Power，and Social Differentiation in Small-scale Societies"，in Michael William Diehl，ed.，*Hierarchies in Action*：*Cui Bono*，Carbondale：Southern Illinois University，2000，pp. 295-316.

⑨李伯谦：《中国古代文明演进的两种模式——红山、良渚、仰韶大墓随葬玉器观察随想》，《文物》2009 年第 3 期。

⑩张玉石、赵新平、乔梁：《郑州西山仰韶时代城址的发掘》，《文物》1999 年第 7 期；严文明：《近年来聚落考古的进展》，《考古与文物》1997 年第 2 期。

⑪Chang，Kwang-Chih，*The Archaeology of Ancient China*，New Haven：Yale University Press，1986. Feinman，Gary M.，Hui Fang，and Linda M. Nicholas，"Coastal Shandong，China：The Longue Durée"，*Journal of Anthropological Archaeology*，2019，Vol. 55，101076；Underhill，Anne P.，Gary M. Feinman，Linda M. Nicholas，Fang Hui，Luan Fengshi，Yu Haiguang，and Cai Fengshu，"Changes in Regional Settlement Patterns and the Development of Complex Societies in Southeastern Shandong，China"，*Journal of Anthropological Archaeology*，2008，Vol. 27，No. 1，pp. 1-29.

⑫Barnes，Gina L.，and Dashun Guo，"The Ritual Landscape of 'Boar Mountain' Basin：The Niuheliang Site Complex of North-Eastern China"，*World Archaeology*，1996，Vol. 28，No. 2，pp. 209-219；Drennan，Robert D.，Christian E. Peterson，Xueming Lu，and Tao Li，"Hongshan Households and Communities in Neolithic Northeastern China"，*Journal of Anthropological Archaeology*，2017，Vol. 47，pp. 50-71.

⑬Boqian，Li，"Implications of Large Burial Sites of Songze Culture"，*Social Sciences in China*，2012，Vol. 33，No. 2，pp. 133-141.

⑭Dai，Xiangming，*Pottery Production*，*Settlement Patterns and Development of Social Complexity in the Yuanqu Basin*，*North Central China*，Vol. 1502，British Archaeological Reports，2006；Drennan，Robert D.，and Xiangming Dai，"Chiefdoms and States in the Yuncheng Basin and the Chifeng Region：A Comparative Analysis of Settlement Systems in North China"，*Journal of Anthropological Archaeology*，2010，Vol. 29，No. 4，pp. 455-468.

⑮例如 Chifeng International Collaborative Archaeological Research Project，*Regional Archeology in Eastern Inner Mongolia：A Methodological Exploration*，Beijing：Science Press，2003. Linduff，Katheryn M.，Robert D. Drennan，and Gideon Shelach，"Early Complex Societies in NE China：The Chifeng International Collaborative Archaeological Research Project"，*Journal of Field Archaeology*，2004，Vol. 29，No. 1-2，pp. 45-73. Feinman，Gary M.，Hui Fang，and Linda M. Nicholas，"Coastal Shandong，China：The Longue Durée"，*Journal of Anthropological Archaeology*，2019，Vol. 55，101076.

⑯安徽省文物考古研究所：《凌家滩考古发掘报告之一》，文物出版社，2006 年；安徽省文物考古研究所：《安徽含山县凌家滩遗址第五次发掘的新发现》，《考古》2008 年第 3 期。

⑰朔知：《从凌家滩文化看中国文明的起源》，《安徽史学》2000 年第 3 期；安徽省文物考古研究所：《凌家滩考古发掘报告之一》，文物出版社，2006 年；Liu，Li，and Xingcan Chen，*The Archaeology of China：From the Late Paleolithic to the Early Bronze Age*，Cambridge：Cambridge University Press，2012.

⑱例如 Earle，Timothy K.，*How Chiefs Come to Power：The Political Economy in Prehistory*，Stanford：Stanford University Press，1997；Drennan，Robert D.，and Christian E. Peterson，"Early Chiefdom Communities Compared：The Settlement Pattern Record for Chifeng，the Alto Magdalena，and the Valley of Oaxaca"，in Jeffrey R. Parsons and Richard E. Blanton，eds.，*Settlement，Subsistence，and Social Complexity：Essays Honoring the Legacy of Jeffrey R. Parsons*，Los Angeles：Cotsen Institute of Archaeology，UCLA，2006，pp. 119-154；Drennan，Robert D.，and Christian E. Peterson，"Patterned Variation in Prehistoric Chiefdoms"，*Proceedings of the National Academy of Sciences of the United States of America*，2006，Vol. 103，No. 11，pp. 3960-3867.

⑲Berrey，C. Adam，"Inequality，Demography，and Variability among Early Complex Societies in Central Pacific Panama"，*Journal of Anthropological Archaeology*，2015，Vol. 40，pp. 196-212；Peterson，Christian E.，Xueming Lu，Robert D. Drennan，and Da Zhu，*Hongshan Regional Organization in the Upper Daling Valley*，Pittsburgh：Center for Comparative Archaeology，University of Pittsburgh，2014；Chifeng International Collaborative Archaeological Research Project，*Settlement Patterns in the Chifeng Region*，Pittsburgh：University of Pittsburgh Center for Comparative Archaeology，2011.

⑳Wang，Wenjing，and Weihong Wu，"Lingjiatan Early Complex Societies and Social Organization in the Yuxi Valley，China"，*Archaeological Research in Asia*，2021，Vol. 25，100259.

㉑参见 Wang，Wenjing，and Weihong Wu，"Lingjiatan Early Complex Societies and Social Organization in the Yuxi Valley，China"，*Archaeological Research in Asia*，2021，Vol. 25，100259.

㉒在凌家滩考古发掘调查报告（待刊）中，执笔者采用了更精细的年代框架，即把分期细化为八期（包括汉代）。为了聚落分析结果的稳健性（Robustness）和统计结果的高置信度，本研究采用更为粗糙的年代框架，将其统归为四期。关于分期更详细的探讨可参见 Wang，Wenjing，"Lingjiatan Social Organization in the Yuxi Valley，China：A Comparative Perspective"，Ph.D. Thesis，University of Pittsburgh，2018，http://d-scholarship.pitt.edu/id/eprint/33419.

㉓Wang，Wenjing，and Weihong Wu，"Yuxi Regional Settlement Dataset"，Comparative Archaeology Database，University of Pittsburgh，in press，http://www.cadb.pitt.edu.

㉔Drennan，Robert D.，Charles Adam Berrey，and Christian E. Peterson，*Regional Settlement Demography in Archaeology*，New York：Eliot Werner Publications，Incorporated，2015.

㉕例如 Adams，Robert McC，*Land behind Baghdad：A History of Settlement on the Diyala Plains*，Chicago：University of Chicago Press，1965；Robert D.，Boada，Ana María，"Demographic Patterns"，*Prehispanic Chiefdoms in the Valle de la Plata*，2006，Vol. 5，pp. 59-81；Fang，Hui，Feinman，Gary，Underhill，Anne，Nicholas，L.，"Settlement Pattern Survey in the Rizhao Area：A Preliminary Effort to Consider Han and Pre-Han Demography"，*Indo-Pacific Prehistory Association Bulletin*，2004，Vol. 24，pp. 79-82；Hill，James N.，*Broken K Pueblo：Prehistoric Social Organization in the American Southwest*，Tucson AZ.：University of Arizona Press，1970；Kohler，Timothy A.，"Ceramic Breakage Rate Simulation：Population Size and the Southeastern Chiefdom"，*Newsletter of Computer Archaeology*，1978，Vol. 14，pp. 1-18；等等。

㉖例如 Blanton，Richard E.，Kowalewski，Stephen A.，Feinman，Gary M.，Appel，Jill，*Monte Alban's Hinterland*，*Part I：The Prehispanic Settlement Patterns of the Central and Southern Parts of the Valley of Oaxaca*，*Mexico*，University of Michigan Press，1982；Ann Arbor，Drennan，Robert D.，Berrey，Charles Adam，Christian E. Peterson，*Regional Settlement Demography in Archaeology*，New York：Eliot Werner Publications，Incorporated，2015；Haller，Mikael John，"The Emergence and Development of Chiefly Societies in the Río Parita Valley，Panama"，Ph.D. Thesis，University of Pittsburgh，2004；Kowalewski，Stephen A.，Feinman，Gary M.，Finsten，Laura，Blanton，Richard E.，Nicholas，Linda M.，*Monte Albán's Hinterland*，*Part II：Prehispanic Settlement Patterns in Tlacolula*，*Etla*，*and Ocotlan*，*the Valley of Oaxaca*，*Mexico*，Memoirs of the Museum of Anthropology，Ann Arbor：University of Michigan，1989；Sanders，William T.，Parsons，Jeffrey R.，Santley，Robert S.，*The Basin of Mexico：Ecological Processes in the Evolution of a Civilization*，New York：Academic Press，1979.

㉗Chifeng International Collaborative Archaeological Research Project，*Settlement Patterns in the Chifeng Region*，Pittsburgh：University of Pittsburgh Center for Comparative Archaeology，2011.

㉘Peterson，Christian E.，Lu Xueming，Robert D. Drennan，and Zhu Da，*Hongshan Regional Oganization in the Upper Daling Valley*，Pittsburgh：Center for Comparative Archaeology，University of Pittsburgh，2014；Drennan，Robert D.，Charles Adam Berrey，and Christian E. Peterson，*Regional Settlement Demography in Archaeology*，New York：Eliot Werner Publications，Incorporated，2015.

㉙Chifeng International Collaborative Archaeological Research Project，*Settlement Patterns in the Chifeng Region*，Pittsburgh：University of Pittsburgh Center for Comparative Archaeology，2011.

㉚Wang，Wenjing，and Weihong Wu，"Lingjiatan Early Complex Societies and Social Organization in the Yuxi Valley，China"，*Archaeological Research in Asia*，2021，Vol. 25，100259. Wang，Wenjing，"Lingjiatan Social Organization in the Yuxi Valley，China：A Comparative Perspective"，Ph.D. Thesis，University of Pittsburgh，2018.

㉛Chifeng International Collaborative Archaeological Research Project，*Settlement Patterns in the Chifeng Region*，Pittsburgh：University of Pittsburgh Center for Comparative Archaeology，2011.

㉜Peterson，Christian E.，and Robert D. Drennan，"Communities，Settlements，Sites，and Surveys：Regional-Scale Analysis of Prehistoric Human Interaction"，*American Antiquity*，2005，Vol. 70，No. 1，pp. 5-30.

㉝Chifeng International Collaborative Archaeological Research Project，*Settlement Patterns in the Chifeng Region*，Pittsburgh：University of Pittsburgh Center for Comparative Archaeology，2011.

㉞Peterson，Christian E.，Drennan，Robert D.，"Communities，Settlements，Sites，and Surveys：Regional-Scale Analysis of Prehistoric Human Interaction"，*American Antiquity*，2005，Vol. 70，pp. 5-30. Drennan，Robert D.，Peterson，Christian E.，"Centralized Communities，Population，and Social Complexity after Sedentarization"，in Bocquet-Appel，J.-P.，Bar-Yosef，O.，eds.，*The Neolithic Demographic Transition and Its Consequences*，New York：Springer，2008，pp. 359-386.

㉟朔知：《从凌家滩文化看中国文明的起源》，《安徽史学》2000 年第 3 期；Liu，Li，and Xingcan

Chen，*The Archaeology of China：From the Late Paleolithic to the Early Bronze Age*，Cambridge：Cambridge University Press，2012.

㊱例如 Drennan，Robert D.，Peterson，Christian E.，"Patterned Variation in Prehistoric Chiefdoms"，*Proceedings of the National Academy of Sciences of the United States of America*，2006，Vol. 103，pp. 3960-3967；Drennan，Robert D.，Blick，Jeffrey P.，*Las Sociedades Prehispánicas del Alto Magdalena*，Instituto Colombiano de Antropología e Historia，2000；Drucker，Philip，*La Venta，Tabasco：A Study of Olmec ceramics and art*，Bureau of American Ethnology Bulletin，1952；杜金鹏：《良渚神祇与祭坛》，《考古》1997 年第 2 期；等等。

㊲Brumfiel，Elizabeth M.，and Timothy K. Earle，"Specialization，Exchange，and Complex Societies：An Introduction"，in Elizabeth M. Brumfiel and Timothy K. Earle，eds.，*Specialization，Exchange，and Complex Societies*，Cambridge，UK：Cambridge University Press，1987，pp. 1-9；Earle，Timothy K.，*Chiefdoms：Power，Economy，and Ideology*，Cambridge：Cambridge University Press，1991；Earle，Timothy K.，*How Chiefs Come to Power：The Political Economy in Prehistory*，Stanford：Stanford University Press，1997；Earle，Timothy K.，*Bronze Age Economics：The Beginnings of Political Economies*，Boulder：Westview，2002.

㊳Drennan，Robert D.，"Long-distance Transport Costs in Pre-Hispanic Mesoamerica"，*American Anthropologist*，1984，Vol. 86，No. 1，pp. 105-112；Drennan，Robert D.，"Porters，Pots，and Profit：The Economics of Long-Distance Exchange in Mesoamerica"，*American Anthropologist*，1985，Vol. 87，No.4，pp. 891-893.

㊴安徽省文物考古研究所：《潜山薛家岗》，文物出版社，2004 年；何驽：《长江中游文明进程的阶段与特点简论》，《江汉考古》2004 年第 1 期；郭立新：《长江中游地区初期社会复杂化研究》，上海古籍出版社，2005 年；安徽省文物考古研究所：《凌家滩考古发掘报告之一》，文物出版社，2006 年；安徽省文物考古研究所：《安徽含山县凌家滩遗址第五次发掘的新发现》，《考古》2008 年第 3 期；安徽省文物考古研究所、含山县文物局：《安徽含山县韦岗遗址新石器时代遗存发掘简报》，《考古》2015 年第 3 期。

㊵Li，Dongdong，"The Emergence of Walled Towns and Social Complexity in the Taojiahu-Xiaocheng Region of Jianghan Plain China"，Ph.D. Thesis，Department of Anthropology，University of Pittsburgh，2016.

㊶许靖华：《太阳、气候、饥荒与民族大迁移》，《中国科学（D 辑：地球科学）》1998 年第 4 期；吴文祥、刘东生：《4000 BP 前后降温事件与中华文明的诞生》，《第四纪研究》2001 年第 21 期；Yasuda，Yoshinori，et al.，"Environmental Archaeology at the Chengtoushan Site，Hunan Province，China，and Implications for Environmental Change and the Rise and Fall of the Yangtze River Civilization"，*Quaternary International*，2004，Vol. 123，pp. 149-158；Zhang，Jane，David D. Zhang，Harry F. Lee，and Yuan-qing He，"Climate Change and War Frequency in Eastern China over the Last Millennium"，*Human Ecology*，2007，Vol.35，No.4，pp.403-414；Zhang，Jane，David D. Zhang，Harry F. Lee，Cong Wang，Baosheng Li，Qing Pei，and Yulun An，"The Causality Analysis of Climate Change and Large-scale Human Crisis"，*Proceedings of the National Academy of Sciences of the United States of America*，2011，Vol. 108，No.42，pp. 17296-17301；Liu Fenggui and Zhaodong Feng，"A Dramatic Climatic Transition at～ 4000 Cal. Yr BP and Its Cultural Responses in Chinese Cultural Domains"，*The Holocene*，2012，Vol.22，No.10，pp. 1181-1197.

㊷吴文祥、刘东生：《4000 BP 前后降温事件与中华文明的诞生》，《第四纪研究》2001 年第 21 期；吴文祥、刘东生：《5500 a BP 气候事件在三大文明古国古文明和古文化演化中的作用》，《地学前缘》2002 年第 1 期；李永化、尹怀宁、张小咏、陈占娇：《5000a B.P.以来辽西地区环境演变与人地关系研究》，《冰川

冻土》2003 年第 25 期;黄翡、熊尚发、黄凤宝:《内蒙古中东部全新世草原植被、环境及人类活动》,《中国科学 D 辑》2004 年第 11 期;张小咏、李永化、刘耕年、尹怀宁:《辽西北地区全新世中期以来环境变迁》,《海洋地质与第四纪地质》2004 年第 4 期;彭晓莹、钟巍、赵引娟、薛积彬:《全新世大暖期气候环境特征及其机制的再认识》,《华南师范大学学报(自然科学版)》2005 年第 2 期。

㊸Liu, Kam-biu, "Quaternary History of the Temperate Forests of China", *Quaternary Science Reviews*, 1988, Vol. 7, No. 1, pp. 1-20;李永化、尹怀宁、张小咏、陈占娇:《5000a B.P.以来辽西地区环境演变与人地关系研究》,《冰川冻土》2003 年第 25 期。

㊹Li, Yonghua, Yin Huaining, Zhang Xiaoyong, Chen Zhanjiao, "5000 BP Yilai Liaoxi Diqu Huanjing Zaihai Shijian yu Rendi Guanxi Yanbian [Disastrous Events and Human Land Relationships in Western Liaoning Province in the Last 5000 Years]", *Bingchuan Dongtu*, 2003, Vol. 25, pp. 19-26.

㊺Liu, Fenggui, Feng, Zhaodong, "A Dramatic Climatic Transition at ~ 4000 Cal. Yr BP and Its Cultural Responses in Chinese Cultural Domains", *The Holocene*, 2012, Vol. 22, pp. 1181-1197. 吴文祥、刘东生:《4000 BP 前后降温事件与中华文明的诞生》,《第四纪研究》2001 年第 21 期。

㊻Peterson, Christian E., Lu Xueming, Robert D. Drennan, and Zhu Da, *Hongshan Regional Organization in the Upper Daling Valley*, Pittsburgh: Center for Comparative Archaeology, University of Pittsburgh, 2014.

㊼刘翔:《周夷王经营南淮夷及其与鄂之关系》,《江汉考古》1983 年第 3 期;何光岳:《淮夷史考》,《安徽史学》1986 年第 2 期。

㊽许倬云:《西周史》,联经出版事业公司,1984 年;宫希成:《安徽淮河流域西周时期文化试析》,《东南文化》1999 年第 5 期。

㊾Drennan, Robert D., Dai, Xiangming, "Chiefdoms and States in the Yuncheng Basin and the Chifeng Region: A Comparative Analysis of Settlement Systems in North China", *Journal of Anthropological Archaeology*, 2010, Vol. 29, pp. 455-468.

㊿Drennan, Robert D., Lu, Xueming, Peterson, Christian E., "A Place of Pilgrimage? Niuheliang and Its Role in Hongshan Society", *Antiquity*, 2017, Vol. 91, pp. 43-56. Drennan, Robert D., Peterson, Christian E., Lu, Xueming, Li, Tao, Hongshan Households and Communities in Neolithic Northeastern China, *Journal of Anthropological Archaeology*, 2017, Vol. 47, pp. 50-71.

51Liu, Li, *The Chinese Neolithic: Trajectories to Early States*, Cambridge, UK: Cambridge University Press, 2004. Peterson, Christian E., Shelach-Lavi, Gideon, "The Evolution of Early Yangshao Period Village Organization in the Middle Reaches of Northern China's Yellow River Valley", in Matthew S. Bandy, Jake R. Fox, eds., *Becoming Villagers: Comparing Early Village Societies*, Tucson: University of Arizona Press, 2010, pp. 246-275.

52Drennan, Robert D., Peterson, Christian E., Fox, Jake R., "Degrees and Kinds of Inequality", in Price, T.D., Feinman, G.M., eds., *Pathways to Power*, Springer: New York, 2010, pp. 45-76.

53Earle, Timothy K., *How Chiefs Come to Power: The Political Economy in Prehistory*, Stanford: Stanford University Press, 1997.

54Drennan, Robert D., Peterson, Christian E., Lu, Xueming, Li, Tao, "Hongshan Households and Communities in Neolithic Northeastern China", *Journal of Anthropological Archaeology*, 2017, Vol. 47, pp. 50-71.

55Drennan, Robert D., Dai, Xiangming, "Chiefdoms and States in the Yuncheng Basin and the Chifeng Region: A Comparative Analysis of Settlement Systems in North China", *Journal of Anthropological Archaeology*, 2010, Vol. 29, pp. 455-468.

附记：本研究是国家社会科学基金青年项目"凌家滩与红山社会复杂化比较研究"（项目批准号：22CKG006）的阶段性成果。本研究主体翻译自作者已发表的一篇英文文章，并经过修改和扩充。英文文章信息如下，已经获得英文杂志所属出版社爱思唯尔（Elsevier）的授权。Wenjing Wang，Weihong Wu，"Lingjiatan early complex societies and social organization in the Yuxi Valley，China"，*Archaeological Research in Asia*，2021，Vol. 25，100259.

Lingjiatan Early Complex Societies and Social Organization in the Yuxi Valley，China

Wang Wenjing，Wu Weihong

Abstract：The social differentiation of the Lingjiatan site in middle Neolithic China has long been recognized by archaeologists based on discoveries of a plethora of exquisite jades and ceremonial works. The symbolic and ritual meanings of the elaborate jades have been the main focus of archaeological research，while the social organization and the natures of communities of Lingjiatan societies have received little attention. These aspects，however，provide an excellent context for understanding the various pathways taken by early complex societies. Analysis of a large sample of remains from a systematic complete-coverage survey in the Yuxi River valley of Anhui，China complements the current knowledge of the Lingjiatan site through reconstructing the trajectory of social changes and documenting patterns of social organization as well as the nature and population of communities at local and supra-local scales in this region from the middle Neolithic to historical Zhou（c. 5700～2500 BP）. Results suggest that while ritual and ceremonial power seem to be the principal centripetal forces in creating a strong centralized Lingjiatan chiefly polity，the Yuxi survey region is characterized by numerous，relatively autonomous supra-local communities and lacked sociopolitical integration at the larger regional scale.

Keywords：Chiefdoms，Early Complex Societies，Regional Settlement，China，Lingjiatan

GIS 支持下的增江流域先秦两汉时期
遗存空间分布研究

曹耀文

（广州市文物考古研究院）

一、前言

自 20 世纪 80 年代末开始，GIS 技术被欧美考古学家应用到计算机图形学、数据库和统计分析，遗址预测，景观考古分析等考古学研究和文化遗产管理实践中来[1]，并在 20 世纪 90 年代进入国内，开始在考古研究中不断得到运用和推广，比较有代表性的区域系统调查和 GIS 应用实践有河南颍河上游地区[2]、洹河流域区域[3]、内蒙古赤峰地区[4]、山西运城盆地[5]等。具体到学术研究上，则主要集中于以下三个方面：利用 GIS 工具对考古聚落的地理分布和空间关系进行共时性和历时性的展示和讨论；利用 GIS 工具开展遗址分布与地形地貌、水文、矿产、资源等自然环境的相关性研究；利用 GIS 空间分析的多元统计分析、成本面分析、空间移动模型、视域分析、水文分析等工具开展生态和景观的探索研究[6]。

遗址空间分布模型研究是基于对特定区域内已知遗址进行的环境因素分析，如高程、坡度、到水系的距离、土壤类型等，找出遗址分布的统计性规律和特征，并用多变量判别函数对遗址存在的可能性进行评价，给出潜在遗址的概率分布。运用 GIS 方法开展遗址模型分布预测研究的方法有逻辑斯蒂回归分析方法（Logistic Regression）[7]、BP 神经网络方法[8]、柯尔莫诺夫-斯米尔诺夫（Kolmogorov-Smirnov，简称 K-S）统计检验方法[9]等。其中运用最广泛的便是逻辑斯蒂回归分析方法，逻辑回归模型是一种多元统计分析方法，通过分析因变量与自变量的关系，建立数学模型，并借助该模型预测某种事件发生的概率。

本文运用 GIS 的空间分析功能，借助逻辑斯蒂回归分析方法获取增江流域先秦两汉时期遗址分布与海拔高度、坡度、坡向、河流水文等自然地理要素之间的定量关系，并基于定量关系构建不同时期遗存分布预测模型，尝试揭示不同时空框架下遗存分布与其周围各种自然环境因素的关系，探究特定区域中古代人类社会适应与改造自然环境的能力[10]。

二、研究区域及资料概况

(一)研究区域概况

增江为珠江水系东江的一级支流,在增城境内段称增江,自北向南纵穿增城区。流域内地势北高南低,北部群山起伏,中部丘陵广布,有宽广的河谷平原,南部为冲积平原(彩版 14-1)。增江流域是珠江三角洲东部早期考古遗存分布较密集的区域,自 20 世纪五六十年代开始,金兰寺贝丘遗址[11]、西瓜岭窑址[12]、老虎岭汉墓[13]、围岭遗址[14]、扶浮岭遗址[15]、墨依山遗址[16]等考古发现初步构建起增城地区早期考古学文化编年序列(彩版 14-2)。2016 年 3 月—2017 年 5 月,广州市文物考古研究院与中山大学人类学系合作,依托"考古通"软件[17],对增城地区(包括增江流域、西福河流域等)进行了田野考古调查,复查和新发现各时期遗址 555 处,采集有效遗物点信息 9298 个[18]。

(二)资料概况

本文研究资料为增江流域先秦两汉时期遗存,空间范围涉及整个增城区[19],以增江流域为主,兼及西福河、雅瑶河、兰溪水等流域;时间范围分为新晚(新石器时代晚期简称,下同)至商时期、西周至春秋、战国至南越国、汉代(西汉中晚期至东汉);纳入统计分析的遗存数据为 9062 个(其中新晚至南越国时期为遗物点,计 9023 个;汉代以遗址点数据代替,计 39 个)(彩版 14-2)。

基础数据运用 Arcmap 软件进行处理。将 1∶100000 增城行政区划图[20]与 30 米/90 米 DEM 数字高程数据[21]导入地理信息系统配准后制作河流水系、行政边界等矢量图层,再根据行政区划边界图对 DEM 数字高程数据进行截取,所有数据均采用 WGS1984 坐标系统。利用 DEM 数字高程数据获得高程、坡度、坡向、地形起伏度、水文等数据,利用矢量化河流水系获得河流缓冲区数据,利用遗存点进行核密度分析,并根据研究需要对上述要素进行区间划分。

三、研究原理及方法

(一)研究原理及方法

设 P 为遗存存在的概率,取值范围为 $[0,1]$,$1-P$ 则为遗存不存在的概率。将比数

$\dfrac{P}{1-P}$ 取自然对数得 $\ln\dfrac{P}{1-P}$ 。即对 P 作 logit 转换,记为 $\mathrm{logit}P$,则 $\mathrm{logit}P$ 的取值范围为 $(-\infty,+\infty)$,以 $\mathrm{logit}P$ 为因变量,建立线性回归方程:

$$\mathrm{logit}P = \alpha + \beta_1 x_1 + \beta_2 x_2 + \cdots + \beta_n x_n \tag{1}$$

由公式(1)得 $P = \dfrac{1}{1+\mathrm{e}^{-(\alpha+\beta_1 x_1+\beta_2 x_2+\cdots+\beta_n x_n)}}$ 或 $P = \dfrac{\mathrm{e}^{(\alpha+\beta_1 x_1+\beta_2 x_2+\cdots+\beta_n x_n)}}{1+\mathrm{e}^{(\alpha+\beta_1 x_1+\beta_2 x_2+\cdots+\beta_n x_n)}}$ （2）

公式(2)即为逻辑斯蒂回归模型,其中 x_n 为影响遗存分布的环境因素自变量,β_n 为回归系数。

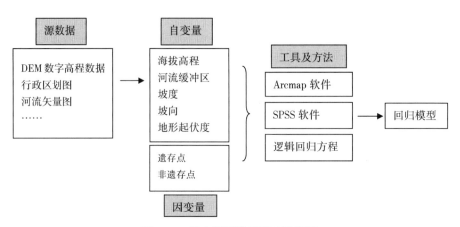

图 14-1 遗存预测模型研究流程图

(二)样本及变量选择

逻辑斯蒂回归模型的样本,包括增江流域调查采集的新石器时代晚期至汉代遗存数据 9062 个(其中新石器时代晚期至商时期 2167 个,西周至春秋时期 3635 个,战国至南越国时期 3221 个,汉代 39 个)。此外,通过 Arcmap10.2 软件的随机点生成工具,生成随机点(其中新石器时代晚期至商时期、西周至春秋时期、战国至南越国时期随机点统一为 3000 个,汉代随机点为 40 个),假设随机点均不存在遗存。遗存分布概率作为模型因变量只有两个值,其中遗存点为 1,非遗存点为 0。

确定影响研究区域内遗存点出现概率的环境要素是构建遗存分布模型的基础,结合同类型研究成果及数据获取难易程度,本文最终选择的是海拔高程、河流缓冲区(距离河流距离)、坡度、坡向、地形起伏度等 5 个环境参数,作为模型构建的自变量。

将遗存点、非遗存点与海拔高程、河流缓冲区、坡度、坡向、地形起伏度图层进行叠加提取,获取样本在不同地理参数、不同区间的数值。

(三)模型建立

运用 SPSS 软件,对数据进行逻辑斯蒂回归建模和分析。在运算时,自变量进入模型的方法选择为"enter",进入协变量标准设置为"0.05",删除协变量标准设置为"0.1",分类分界点设置为"0.5"。经计算,得出不同时期遗存分布模型的参数。

1.新石器时代晚期至商时期

新石器时代晚期至商时期遗物有 2167 个,非遗物点为 3000 个,合计样品数量为 5167 个,经与坡度等环境变量叠加获得提取值(表 14-1)和分布图(彩版 14-3)。

表 14-1　新石器时代晚期至商时期样本环境变量提取值

点号	坡度(度)	坡向(度)	距河流距离(米)	海拔高程(米)	地形起伏度(米)	因变量
1	5.8	215.0	100.0	15.0	15.0	1
2	5.8	215.0	100.0	15.0	15.0	1
3	0.5	270.0	100.0	21.0	14.0	1
4	2.9	9.5	100.0	20.0	13.0	1
5	2.9	9.5	100.0	20.0	13.0	1
……	……	……	……	……	……	……
5163	8.4	321.8	0.0	968.0	83.0	0
5164	4.4	40.6	300.0	75.0	29.0	0
5165	1.0	0.0	300.0	5.0	4.0	0
5166	4.6	279.0	500.0	18.0	14.0	0
5167	3.6	168.7	100.0	73.0	21.0	0

运用 SPSS 软件进行二项逻辑斯蒂回归分析得到遗存分布模型参数(2),其中坡度、坡向未通过显著性检验。

表 14-2　新石器时代晚期至商时期遗存分布模型参数

自变量	β（回归系数）	S.E.（标准误差）	Wald（统计量）	Df（自由度）	sig.（显著性水平）	Exp（β）
坡度(度)	0.001	0.013	0.003	1	0.956	1.001
坡向(度)	0.000	0.000	1.887	1	0.170	1.000
距河流距离(米)	−0.001	0.000	69.728	1	0.000	0.999
海拔高程(米)	−0.004	0.001	34.629	1	0.000	0.996
地形起伏度(米)	−0.007	0.003	6.130	1	0.013	0.993
Constant(常量)	0.442	0.072	37.792	1	0.000	1.555

根据公式(2)得遗存分布概率 $P = \dfrac{e^{\varepsilon}}{1 + e^{\varepsilon}}$,$\varepsilon = 0.442 - 0.001 \times$ 距河流距离(米) $- 0.004 \times$ 海拔高程(米) $- 0.007 \times$ 地形起伏度(米)。基于已建立的逻辑斯蒂回归模型,利用 Arcmap 地图栅格计算机功能,得出新晚至商时期遗存分布概率图(彩版 14-5,1)。

模型显示影响遗存分布的自变量依次为距河流距离、海拔高程、地形起伏度,均为负相关关系。模型显示高概率区多位于增江及其大型支流流域,西福河及其支流流域,增城南部江河两岸的平缓地带。

2.西周至春秋时期

西周至春秋时期遗物有 3635 个,非遗物点为 3000 个,合计样品数量为 6635 个,经与坡度等环境变量叠加获得提取值(表 14-3)和分布图(彩版 14-4)。

表 14-3　西周至春秋时期样本环境变量提取值

点号	坡度(度)	坡向(度)	距河流距离(米)	海拔高程(米)	地形起伏度(米)	因变量
1	3.7	140.2	500.0	24.0	19.0	1
2	3.7	140.2	500.0	24.0	19.0	1
3	1.7	123.7	500.0	25.0	19.0	1
4	1.7	123.7	500.0	25.0	19.0	1
5	1.7	123.7	500.0	25.0	19.0	1
……	……	……	……	……	……	……
6631	2.9	155.6	500.0	24.0	19.0	0
6632	3.5	164.1	500.0	39.0	48.0	0
6633	0.8	198.4	1500.0	6.0	7.0	0
6634	0.0	−1.0	100.0	2.0	2.0	0
6635	1.4	315.0	1500.0	11.0	8.0	0

运用 SPSS 软件进行二项逻辑斯蒂回归分析得到遗存分布模型参数(表 14-4),其中坡向未通过显著性检验。

表 14-4　西周至春秋时期遗存分布模型参数

自变量	β (回归系数)	S.E. (标准误差)	Wald (统计量)	Df (自由度)	sig. (显著性水平)	Exp (β)
坡度(度)	0.114	0.013	76.674	1	0.000	1.121
坡向(度)	0.000	0.000	2.786	1	0.095	1.000
距河流距离(米)	−0.001	0.000	33.757	1	0.000	0.999
海拔高程(米)	−0.024	0.001	297.321	1	0.000	0.976
地形起伏度(米)	−0.007	0.003	6.567	1	0.010	0.993
Constant(常量)	0.871	0.066	171.740	1	0.000	2.389

根据公式(2)得遗存分布概率 $P = \dfrac{e^{\varepsilon}}{1+e^{\varepsilon}}$,$\varepsilon = 0.871 + 0.114 \times$ 坡度(度)$- 0.001 \times$ 距河流距离(米)$- 0.024 \times$ 海拔高程(米)$- 0.007 \times$ 地形起伏度(米)。基于已建立的逻辑斯蒂回归模型,利用 Arcmap 地图栅格计算机功能,得出西周至春秋时期遗存分布概率图

（彩版 14-5,2）。

模型显示影响遗存分布的自变量依次为海拔高程、坡度、距河流距离、地形起伏度,其中坡度为正相关关系,其余为负相关关系。模型显示高概率区多位于增江及其大型支流流域,西福河及其支流流域,增城南部江河两岸的平缓地带。相较于新晚至商时期,北部地区高概率区有所减少。

3.战国至南越国时期

战国至南越国时期遗物有 3221 个,非遗物点为 3000 个,合计样品数量为 6221 个,经与坡度等环境变量叠加获得提取值(表 14-5)和分布图(彩版 14-6)。

表 14-5　战国至南越国时期样本环境变量提取值

点号	坡度(度)	坡向(度)	距河流距离(米)	海拔高程(米)	地形起伏度(米)	因变量
1	6.6	111.0	300.0	49.0	39.0	1
2	10.4	174.8	500.0	28.0	54.0	1
3	9.4	202.1	100.0	24.0	40.0	1
4	12.5	196.4	300.0	32.0	49.0	1
5	3.1	175.6	300.0	20.0	41.0	1
……	……	……	……	……	……	……
6217	2.9	155.6	500.0	24.0	19.0	0
6218	3.5	164.1	500.0	39.0	48.0	0
6219	0.8	198.4	1500.0	6.0	7.0	0
6220	0.0	−1.0	100.0	2.0	2.0	0
6221	1.4	315.0	1500.0	11.0	8.0	0

运用 SPSS 软件进行二项逻辑斯蒂回归分析得到遗存分布模型参数(表 14-6),其中坡度、坡向未通过显著性检验。

表 14-6　战国至南越国时期遗存分布模型参数

自变量	β (回归系数)	S.E. (标准误差)	Wald (统计量)	Df (自由度)	sig. (显著性水平)	Exp (β)
坡度(度)	0.008	0.016	0.259	1	0.611	1.008
坡向(度)	0.000	0.000	0.027	1	0.869	1.000
距河流距离(米)	−0.002	0.000	288.731	1	0.000	0.998
海拔高程(米)	−0.038	0.002	367.503	1	0.000	0.963
地形起伏度(米)	0.022	0.003	46.256	1	0.000	1.023
Constant(常量)	1.428	0.073	381.361	1	0.000	4.168

根据公式(2)得遗存分布概率 $P = \dfrac{e^{\varepsilon}}{1+e^{\varepsilon}}$, $\varepsilon = 1.428 - 0.002 \times$ 距河流距离(米) −

0.038×海拔高程(米)+0.022×地形起伏度(米)。基于已建立的逻辑斯蒂回归模型,利用 Arcmap 地图栅格计算机功能,得出战国至南越国时期遗存分布概率图(彩版 14-5,3)。

模型显示影响遗存分布的自变量依次为海拔高程、距河流距离、地形起伏度,其中地形起伏度为正相关关系,其余为负相关关系。模型显示高概率区多位于增江、西福河干流及其大型支流流域沿岸,相较于前两期来看,遗存分布高概率区极度缩小,河流倾向性明显。

4.汉代

汉代遗址有 39 个,非遗址点为 40 个,合计样品数量为 79 个,经与坡度等环境变量叠加获得提取值(表 14-7)和分布图(彩版 14-7)。

表 14-7　汉代样本环境变量提取值

点号	坡度(度)	坡向(度)	距河流距离(米)	海拔高程(米)	地形起伏度(米)	因变量
1	1.7	123.7	500.0	21.0	13.0	1
2	1.4	135.0	100.0	13.0	10.0	1
3	3.5	164.1	500.0	30.0	23.0	1
4	0.0	−1.0	700.0	10.0	6.0	1
5	2.8	329.0	300.0	24.0	18.0	1
……	……	……	……	……	……	……
75	21.5	143.6	700.0	136.0	127.0	0
76	4.7	135.0	700.0	25.0	19.0	0
77	2.5	29.1	100.0	37.0	13.0	0
78	2.1	206.6	100.0	34.0	14.0	0
79	9.7	76.0	100.0	30.0	37.0	0

运用 SPSS 软件进行二项逻辑斯蒂回归分析得到遗存分布模型参数(表 14-8),其中距河流距离、海拔高程、地形起伏度未通过显著性检验。

表 14-8　汉代遗存分布模型参数

自变量	β (回归系数)	S.E. (标准误差)	Wald (统计量)	Df (自由度)	sig. (显著性水平)	Exp (β)
坡度(度)	−0.471	0.232	4.117	1	0.042	0.624
坡向(度)	−0.010	0.004	7.356	1	0.007	0.990
距河流距离(米)	0.000	0.001	0.078	1	0.780	1.000
海拔高程(米)	−0.012	0.023	0.275	1	0.600	0.988
地形起伏度(米)	0.002	0.047	0.001	1	0.971	1.002
Constant(常量)	3.475	0.956	13.203	1	0.000	32.284

根据公式(2)得遗存分布概率 $P = \dfrac{e^{\varepsilon}}{1 + e^{\varepsilon}}$,$\varepsilon = 3.475 - 0.471 \times$ 坡度(度)$-0.01 \times$ 坡向

(度)。基于已建立的逻辑斯蒂回归模型，利用 Arcmap 地图栅格计算机功能，得出汉代遗存分布概率图(彩版 14-5,4)。

模型显示影响遗存分布的自变量依次为坡向、坡度，均为负相关关系。高概率区多位于增城中部、西部及南部坡度较平缓地带，呈现大范围聚集而局部分散的现象，与河流、海拔等相关性弱。

四、空间分析

前文基于遗存与海拔等自然地理要素的定量关系构建不同时期遗存分布预测模型。模型显示，不同时期影响遗存分布的自变量区别较明显，不同时期遗存概率区区别较大。下文将借助 GIS 空间分析功能去考察遗存实际分布情况与预测模型所示遗存分布概率的异同，进一步揭示增江流域先秦两汉时期人地关系。

(一)海拔高程分析

增城属珠江三角洲平原向粤北山地的过渡地带，整体地势北高南低，东北部以山地、丘陵为主，高海拔山脉多位于该区域；中南部以丘陵、谷地为主，海拔高度渐次降低；南部则为珠江三角洲冲积平原，地势平坦。

借助 GIS 软件，对 DEM 数字高程数据进行重新分类，然后将遗存与其进行叠加，可分析海拔高度与遗存分布间的关系。根据前文分析，结合增江流域地形地貌特点，本文将增城海拔高度分为 10 级，经统计，各期遗存与海拔高程关系如表 14-9。利用表 14-9 生成增江流域各期遗存海拔高程分布数量统计直方图(彩版 14-8)和增江流域各期遗存海拔高程分布百分比统计直方图(彩版 14-9)，彩版 14-10 为各期遗存与海拔高程叠加图。

表 14-9 增江流域各期遗存海拔高程分布统计表

坡度(度)		0～3	3.01～5	5.01～8	8.01～10	10.01～15	15.01～20	20.01～25	25.01～30	30.01～35	35.01～55	总数
新晚至商时期	数量	899	603	354	99	153	33	26	0	0	0	2167
	百分比	41.49%	27.83%	16.34%	4.57%	7.06%	1.52%	1.20%	0.00%	0.00%	0.00%	100.00%
西周至春秋时期	数量	1161	1077	981	146	182	51	37	0	0	0	3635
	百分比	31.94%	29.63%	26.99%	4.02%	5.01%	1.40%	1.02%	0.00%	0.00%	0.00%	100.00%
战国至南越国时期	数量	1147	1041	823	147	63	0	0	0	0	0	3221
	百分比	35.61%	32.32%	25.55%	4.56%	1.96%	0.00%	0.00%	0.00%	0.00%	0.00%	100.00%
汉代	数量	29	8	2	0	0	0	0	0	0	0	39
	百分比	74.36%	20.51%	5.13%	0.00%	0.00%	0.00%	0.00%	0.00%	0.00%	0.00%	100.00%

分析可知,新晚至商时期,遗存海拔高程分布特点较明显,可分为 3 个梯级:第 1 梯级海拔高度为 10.01~30 米,数量为 1219 处,占比 56.25%;第 2 梯级为 30.01~50、50.01~80 米,数量相近,分别为 363、309 处,占比分别为 16.75%、14.26%,合计占比约 31.01%;第 3 梯级为 1~10、80.01~100、100.01~200、200.01~400 米,合计占比约 12.74%;而海拔高于 400 米的区域则未发现遗存。据此可知,新晚至商时期,增江流域超过一半遗存分布于海拔介于 10.01~30 米区域内,从新晚至商时期遗存海拔高程叠加图(彩版 14-10,1)可见,10.01~30 米的区域主要在增城中北部,以增江、西福河中北段及大型支流沿岸,这些区域的地形地貌主要是河谷两侧低矮山岗及缓坡台地。约三分之一的遗存分布于第 2 梯级区域,介于第 1 梯级低矮山岗、缓坡台地向高海拔山地过渡地带。第 3 梯级区域要么海拔过低,要么海拔太高,发现遗存较少。需要说明的是,因为增城南部平原一带调查工作开展不充分,不排除新晚至商时期大量遗存未被发现;同时类似于金兰寺遗址等过往已发现的遗址,因复查未能采集遗物,故亦未纳入统计学分析。

西周至春秋时期,遗存亦主要分布于海拔高度为 10.01~30 米的区域,数量为 2665 个,占比超 70%。随着海拔的升高,遗存数量急剧减少。海拔高于 200 米的区域已不见遗存分布。

战国至南越国时期,遗存在海拔高度上的分布规律与前期较类同,但分布于 10.01~30 米的遗存占比近 87%。

到了汉代,1.0~10 米的区域发现的遗存增多,但 10.01~30 米的区域仍然是遗存分布的最集中区域。

综合前文各期遗存分布逻辑斯蒂回归模型来看,海拔高程是影响遗存分布的重要因素,特别是西周至春秋时期、战国至南越国时期,海拔高程是最重要的影响因子。增江流域各期遗存,主要集中于增城中北部,以增江、西福河中北段及大型支流沿岸 10.01~30 米的低海拔区域,这些区域的地形地貌以河谷两侧低矮山岗及缓坡台地为主,自然环境较适宜人类居住。

(二)坡度、坡向分析

坡度和坡向是表示地面形态的两个重要因子,二者是不可分开的两个环境因素。

1.坡度分析

一般而言,坡度大小与人类活动所需耗费的能量呈正相关关系,坡度越大耗能越多、坡度越小耗能越小;同时坡度大小还直接影响着农业劳作的成本,坡度越大平整土地所耗精力越多,发生滑坡、泥石流的概率越大,反之则越少、越小;此外,坡度越大,地势越高,河流流速越高、水流越小,无法满足人类生存需要,但坡度越小,被洪水淹没的可能性越大。

表 14-10 增江流域各期遗存坡度分布统计表

海拔高程(米)		1.0~10	10.01~30	30.01~50	50.01~80	80.01~100	100.01~200	200.01~400	400.01~600	600.01~800	800.01~1047	总数
新晚至商时期	数量	89	1219	363	309	78	95	14	0	0	0	2167
	百分比	4.11%	56.25%	16.75%	14.26%	3.60%	4.38%	0.65%	0.00%	0.00%	0.00%	100.00%
西周至春秋时期	数量	73	2665	686	174	25	12	0	0	0	0	3635
	百分比	2.01%	73.31%	18.87%	4.79%	0.69%	0.33%	0.00%	0.00%	0.00%	0.00%	100.00%
战国至南越国时期	数量	45	2801	341	34	0	0	0	0	0	0	3221
	百分比	1.40%	86.96%	10.59%	1.06%	0.00%	0.00%	0.00%	0.00%	0.00%	0.00%	100.00%
汉代	数量	13	22	2	2	0	0	0	0	0	0	39
	百分比	33.33%	56.41%	5.13%	5.13%	0.00%	0.00%	0.00%	0.00%	0.00%	0.00%	100.00%

本研究中通过 GIS 软件生成坡度分析模型,并根据需要将坡度分为 10 级(表 14-10)。由表 14-10 可生成遗存坡度分布数量统计直方图(彩版 14-11)和遗存坡度分布百分比统计直方图(彩版 14-12),彩版 14-13 是增江流域各期遗存与坡度叠加图。

从彩版 14-11、彩版 14-12 可知,各时期均存在遗存分布数量或百分比随坡度增长而不断降低的趋势,整体分布于 8 度以下的区域。据前文逻辑斯蒂回归模型看,新晚至商时期、战国至南越国时期,坡度未通过检验,对遗存分布影响弱;西周至春秋时期,坡度对遗存分布的影响仅次于海拔高程,这与遗存分布规律略有差异;汉代样本数量少,但各坡度区间遗存分布数量差异较大,这与逻辑斯蒂回归模型所得结果一致。

2.坡向分析

坡向就是地面的朝向,是坡面法线在水平面上的投影与正北方向的夹角[②]。坡向对日照时数和太阳辐射强度有影响,增江流域大部分地处北回归线以南,南北坡在日照时数和太阳辐射强度上区别并不显著。坡向对降水亦有影响,增江流域属亚热带季风气候,其南坡、东南坡受东南向太平洋暖湿气流影响降水明显多于西北、北坡。此外,北向山地冬季受北风直吹,与南坡相较,温度更低、风速更大。受风速、温度、光照、降水等因素的影响,南、北向坡地在自然植被上亦存在着差异,为人类提供食物资源量大小亦不同。综合考量,人们一般选择降雨较丰富、温度较高、太阳辐射较多、植被较茂盛(食物更丰富)的南坡居住,坡向是影响遗存分布的重要因子。

本文通过 GIS 软件生成坡向分析模型,以 45°为单位,划分为 8 个方向,此外还有平地(−1°)(表 14-11)。由表 14-11 生成遗存坡向分布数量统计直方图(彩版 14-14)和遗存坡向分布百分比统计直方图(彩版 14-15),彩版 14-16 是增江流域各期遗存与坡向叠加图。

表 14-11　增江流域各期遗存坡向分布统计表

坡度(度)		−1	337.5～22.5	22.5～67.5	67.5～112.5	112.5～157.5	157.5～202.5	202.5～247.5	247.5～292.5	292.5～337.5	合计
新晚至商时期	数量	25	320	212	294	365	371	165	208	207	2167
	百分比	1.15%	14.77%	9.78%	13.57%	16.84%	17.12%	7.61%	9.60%	9.55%	100.00%
西周至春秋时期	数量	16	595	263	555	419	568	396	419	404	3635
	百分比	0.44%	16.37%	7.24%	15.27%	11.53%	15.63%	10.89%	11.53%	11.11%	100.00%
战国至南越国时期	数量	7	698	278	583	444	360	371	196	284	3221
	百分比	0.22%	21.67%	8.63%	18.10%	13.78%	11.18%	11.52%	6.09%	8.82%	100.00%
汉代	数量	2	5	6	8	8	7	1	1	1	39
	百分比	5.13%	12.82%	15.38%	20.51%	20.51%	17.95%	2.56%	2.56%	2.56%	100.00%

从表 14-11、彩版 14-14、彩版 14-15 可知,增江流域各时期遗存在坡向分布上并不存在明显规律性,不同时期遗存分布较多的坡向各有不同。前文逻辑斯蒂回归模型显示,新晚至商时期、西周至春秋、战国至南越国三个时期,坡向均未通过检验,这与遗存分布规律相符。

增江流域遗存分布与坡向的弱相关性,与从化流溪河流域遗址分布规律类同[③]。从化流溪河流域先秦时期遗址主要分布于流溪河干流及其支流的几大自然地理单元内,如吕田盆地、安山盆地、鸭洞河谷、S354 沿线、桃园盆地、灌村盆地、凤凰水流域、锦洞水流域、沙溪河流域,这些盆地或河谷(河流)的走向基本为东西向,部分略为东北—西南走向。先秦时期人类选址对坡向的放弃,更多应该与自然地理单元(河流)的走向有关,无论选址北向还是南向,都可直面盆地,视域宽阔,可随时观察来自盆地或河谷内的危险。增江流域河流走向各异,遗存分布的坡向选择比流溪河流域更多,因此坡向成为影响遗存分布最小的因子。

(三)河流缓冲区分析

河流是人类选址的重要考量因素之一,河流可提供水源,为方便取水遗址多邻河而建;同时,中国南方亚热带季风气候影响下夏季降水集中的现象使得河流存在较大的水患危险,为安全起见,遗址又必须远离河流泛滥区。本研究中通过 GIS 软件生成河流缓冲区分析模型,并根据增江流域遗存距离河流的实际情况,将其分为 7 级(表 14-12)。根据表 14-12 生成各期遗存河流缓冲区分布数量统计直方图(彩版 14-17)和各期遗存河流缓冲区分布百分比统计直方图(彩版 14-18),彩版 14-19 是各期遗存与河流缓冲区叠加图。

表 14-12　增江流域各期遗存河流缓冲区分布统计表

河流缓冲区(米)		0~100	100.1~300	300.1~500	500.1~700	700.1~1000	1000.1~1500	1500.1~3000	总数
新晚至商时期	数量	520	968	551	68	60	0	0	2167
	百分比	24.00%	44.67%	25.43%	3.14%	2.77%	0.00%	0.00%	14.67%
西周至春秋时期	数量	935	1360	850	329	157	4	0	3635
	百分比	25.72%	37.41%	23.38%	9.05%	4.32%	0.11%	0.00%	100.00%
战国至南越国时期	数量	1315	1368	404	109	24	1	0	3221
	百分比	40.83%	42.47%	12.54%	3.38%	0.75%	0.03%	0.00%	100.00%
汉代	数量	12	10	8	6	2	1	0	85
	百分比	14.12%	11.76%	9.41%	7.06%	2.35%	1.18%	0.00%	100.00%

分析可知,各时期遗存主要分布于距河流 100.1~300 米的区间范围内,其次是 0~100 米和 300.1~500 米两个范围。且遗存分布与距河流距离间还存在着随时代发展,0~100 米范围内遗存数量和所占比例不断增加的分布规律。前文逻辑斯蒂回归模型亦显示,新晚至南越国,距河流距离一直是影响遗存分布的重要因子;水源对遗存分布位置影响巨大,而不同时期不同距离区间遗存数量的差异,甚至还与生计方式的变化有关。

河流为人类生存提供水源,人类从自然界摄取资源的活动半径距离是有差异的,不同的生计方式对应着不同的资源域半径,透过遗存与河流距离的相互关系及变化规律,可窥探增江流域先秦两汉不同时期生计形态的演变线索。有学者在分析珠江三角洲遗址资源域时认为,新石器时代晚期珠江三角洲天然资源丰富,但人口密度低,遗址面积小且分布密度低,人均资源占比高,所以人类不需要进行觅食;珠江三角洲新石器时代晚期遗址资源域半径只有 500 米,采集野食半径则为 1000 米,根据人类步行速度,1000 米资源域的往返时间为半小时[20]。

增江流域遗存绝大多数居于距河流 500 米范围内,但 500 米范围内,0~100 米、100.1~300 米、300.1~500 米间遗存数量占比的变化或多或少指示出增江流域先秦两汉时期生计方式的转变。新晚至商时期,资源丰富,人均占有资源量大,人类摄食范围广,农业生产活动占比小,故而对水源依赖小;而西周至春秋,乃至战国至南越国、汉代,因为人类生计方式对农业生产活动依赖度的提高,水源对农业活动的影响变大,故而遗存更倾向于选址于靠近河流的区域,而这些区域,在前文海拔高程的分析中可知多为地形地貌适宜农业生产活动的缓坡和台地。

(四)地形起伏度分析

地形起伏度是指在一个特定的区域内,最高点海拔高度与最低点海拔高度的差值,它是反映地形起伏的宏观地形因子。地形起伏度对区域人类活动有较强的影响,人口密度与地形起伏度有强的相关性;地形起伏度高的地区水土流失相对严重,不利于农业生产[②]。

首先通过 GIS 软件生成地形起伏度分析模型,并根据需要将其分为 6 级(表 14-13)。由表 14-13 可生成遗存地形起伏度分布数量统计直方图(彩版 14-20)和遗存地形起伏度分布百分比统计直方图(彩版 14-21),彩版 14-22 是增江流域各期遗存与地形起伏度叠加图。

表 14-13　增江流域各期遗存地形起伏度分布统计表

地形起伏度(米)		0~10	10.1~30	30.1~100	100.1~200	200.1~250	250.1~320	总数
新晚至商时期	数量	394	1217	541	15	0	0	2167
	百分比	18.18%	56.16%	24.97%	0.69%	0.00%	0.00%	100.00%
西周至春秋时期	数量	329	2531	733	42	0	0	3635
	百分比	9.05%	69.63%	20.17%	1.16%	0.00%	0.00%	100.00%
战国至南越国时期	数量	327	2172	722	0	0	0	3221
	百分比	10.15%	67.43%	22.42%	0.00%	0.00%	0.00%	100.00%
汉代	数量	17	22	0	0	0	0	39
	百分比	43.59%	56.41%	0.00%	0.00%	0.00%	0.00%	100.00%

从彩版 14-20~彩版 14-22 可知,遗存主要分布于起伏度小于 100 米的区域,其中 10.1~30 米区域发现的遗存最多,占比均超过 50%。在海拔高程分析中,遗存主要分布于 10.01~30 米区间的缓坡和台地上,这些区域亦是地形起伏度较小的区域。前文逻辑斯蒂回归模型结果亦显示,新晚至南越国时期,地形起伏度均通过检验,说明其是影响遗存分布的因子,但影响程度又较河流缓冲区、海拔高程等小。

(五)密度分析

前文分析可知,遗存分布受海拔、坡度(坡向)、河流等因素影响,增江流域自然地理要素在不同区域的差异化分布,使得不同区域内遗存分布的聚集状况是不同的。借助 GIS 空间分析的核密度分析功能,考察遗存分布密度与自然环境特征的关系。

从图 14-2 可知,增江流域各时期遗存分布密度是不同的,新晚至商时期遗存分布密度最高是 53.33 个/平方千米,西周至春秋时期是 115.58 个/平方千米,战国至南越国时期是 176.76 个/平方千米,整体呈现遗存核心聚集区分布密度不断增加的趋势;到了汉代,遗存数量急剧降低,每平方千米遗存分布密度不足 1 个。

此外,遗存分布核心区亦存在不断变化的现象。新晚至商时期,遗存分布密集区位于荔城街北部和小楼镇中东部,其他区域则有小片聚集区,但是核密度值较低;西周至春秋时期,荔城街北部核密度值最高,遗存分布最密集,同时在小楼镇中东部之外,新增了中新镇北部、正果镇中西部等密集分布区;战国至南越国时期,分布规律与新晚至商时期类同;汉代整体分布密度较低,主要呈点状分布于增城南部一带和中北部增江干流及大型支流沿线。

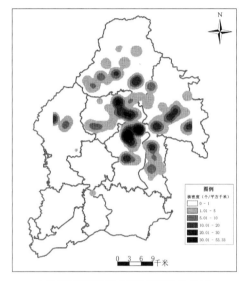

1.新晚至商时期遗存核密度分布图

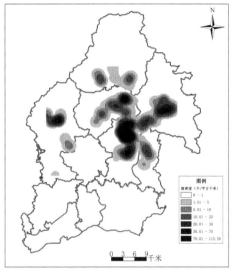

2.西周至春秋遗存核密度分布图

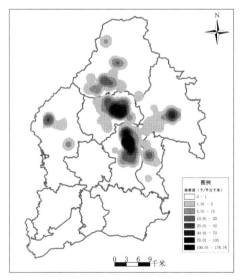

3.战国至南越国遗存核密度分布图

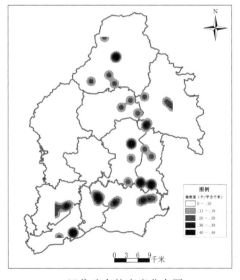

4.汉代遗存核密度分布图

图 14-2　各期遗存核密度分布图

五、结语

　　人地关系是聚落考古的重要研究课题,本文运用 GIS 的空间分析功能,借助逻辑斯蒂回归分析方法获取增江流域先秦两汉时期遗存分布与海拔高度、坡度、坡向、河流水文等自然地理要素之间的定量关系,并基于定量关系构建不同时期遗存分布预测模型,并尝试揭示不同时空框架下遗存分布与其周围各种自然环境因素的关系。结果显示,海拔高程、距河流距离、地形起伏度、坡度等是各时期影响遗存分布的重要因子,但不同时期,各因子影响程度不一,反映了不同时期人类对于自然环境的适应性。需要说明的是,因为增城南部各镇街调查工作开展不充分,纳入统计遗物较少,而汉代遗存样本数量又偏小,故而各时期遗存分布规律还有待后续更多数据补充来完善。

　　GIS 空间分析技术的运用,提供了一种全新的探索古代人地关系研究的方法,GIS 理念和方法的引入,拓展了聚落考古研究的深度和广度,让繁杂的考古数据得以系统化收集、管理、分析和展示,使得传统聚落考古研究的定性分析向定性和定量分析转变,为解决聚落分布时空演变规律提供全新的整体性思路,为探索岭南珠三角地区先秦文明化进程演变提供全新的视角和思路。

注释:

　　①高立兵:《时空解释的新手段——欧美考古 GIS 研究的历史、现状和未来》,《考古》1997 年第 7 期;周真:《论地理信息系统在考古学中的应用》,《地域研究与开发》2007 年第 5 期。

　　②河南省文物考古研究所等:《河南颍河上游考古调查中运用 GPS 与 GIS 的初步报告》,《华夏考古》1998 年第 1 期。

　　③中国社会科学院考古研究所:《洹河流域区域考古研究初步报告》,《考古》1998 年第 10 期。

　　④赤峰中美联合考古研究项目:《内蒙古东部(赤峰)地区考古调查阶段性报告》,科学出版社,2003 年。

　　⑤中国国家博物馆田野考古研究中心:《运城盆地东部聚落考古调查与研究》,文物出版社,2011 年。

　　⑥张海:《GIS 与考古学空间分析》,北京大学出版社,2014 年。

　　⑦尚南、于丽君、聂跃平:《采用逻辑回归的汾河流域遗址分布研究》,《测绘科学》2015 年第 8 期;董振、金石柱:《基于 Logistic 回归模型的延边地区渤海国遗址预测研究》,《延边大学学报(自然科学版)》2015 年第 2 期;倪金生:《山东沭河上游流域考古遗址预测模型》,《地理科学进展》2009 年第 4 期;乔文文等:《郑洛地区龙山文化遗址预测模型》,《测绘科学》2013 年第 6 期。

　　⑧金石柱、董振:《基于 BP 神经网络的延边地区渤海国遗址预测研究》,《可持续发展》2015 年第 5 期。

　　⑨牛少静等:《山东沂沭河流域龙山文化考古遗址分布与环境的关系》,《地域研究与开发》2013 年第 6 期;彭淑贞、张伟、陈栋栋:《汶泗流域大汶口文化考古遗址模型预测》,《泰山学院学报》2010 年第 6 期。

　　⑩刘建国:《考古与地理信息系统》,科学出版社,2007 年;滕铭予:《GIS 在环境考古研究中应用的若

干案例》,《吉林大学社会科学学报》2006 年第 3 期；曹耀文：《从化流溪河流域先秦时期遗址坡度、坡向分析》,《华夏文明》2018 年第 1 期。

⑪莫稚：《广东考古调查发掘的新收获》,《考古》1961 年第 12 期。

⑫广东省文物管理委员会等：《广东增城、始兴的战国遗址》,《考古》1964 年第 3 期。

⑬广州市文物考古所：《广州考古六十年》,广州出版社,2013 年；广州市文物考古研究院发掘资料,2006 年。

⑭广州市文物考古研究所：《增城石滩围岭遗址发掘简报》,《羊城考古发现与研究》（一）,文物出版社,2005 年。

⑮张强禄：《增城市浮扶岭新石器时代至元明墓地》,《中国考古学年鉴·2011》,文物出版社,2012 年。

⑯广州市文物考古研究院：《广州增城墨依山遗址两座出土玉牙璋的商代墓葬》,《东南文化》2018 年第 3 期。

⑰"考古通"软件是基于地理信息系统基础平台所搭建的,专门服务于区域系统考古调查工作,由安装有"考古通"地理信息系统的手持电子设备（三星 GALAXY Tab A 8.0）,及搭载在云服务器上的 web 地理信息系统组成。由中山大学和广东省文物考古研究所合作开展的和平县大坝镇的区域考古调查工作中首次采用"考古通"地理信息系统软件,取得了良好的效果,为其调查工作提供了有效的技术支持。

⑱曹耀文：《增江流域区域性考古调查实践与收获》,《文博学刊》2021 年第 3 期。

⑲行政区划以考古调查时为准,分为 11 个镇街。

⑳从化市地方志编纂委员会编：《从化市志（1997—2004）》,广东人民出版社,2010 年。

㉑数据来源于中国科学院计算机网络信息中心地理空间数据云平台（http://www.gscloud.cn）。

㉒刘建国：《考古测绘、遥感与 GIS》,北京大学出版社,2008 年。

㉓曹耀文：《从化流溪河流域先秦时期遗址坡度、坡向分析》,《华夏文明》2018 年第 1 期。

㉔李果：《资源域分析与珠江口地区新石器时代生计》,《华南及东南亚地区史前考古——纪年甑皮岩遗址发掘 30 周年国际学术研讨会论文集》,文物出版社,2006 年。

㉕封志明、唐焰、杨艳昭等：《中国地形起伏度及其与人口分布的相关性》,《地理学报》2007 年第 10 期；彭熙、车家骧、苏维词等：《地表起伏度对农业生产条件的影响》,《贵州农业科学》2013 年第 5 期；尚南、于丽君、聂跃平：《采用逻辑回归的汾河流域遗址分布研究》,《测绘科学》2015 年第 8 期。

Study on the Spatial Distribution of Pre-Qin and Han Dynasty Remains in the Zengjiang Basin using GIS

Cao Yaowen

Abstract：This paper utilizes the spatial analysis functions of GIS and employs the Logistic Regression analysis method to obtain the quantitative relationship between the distribution of Pre-Qin and Han dynasty remains in the Zengjiang basin and natural geographical elements such as altitude，slope，aspect，hydrology，etc. Based on the quantitative relationship，a prediction model for the distribution of remains in different periods is constructed. This attempt reveals the relationship between the distribution of remains and various natural environmental factors in different time and space frames，exploring the ability of ancient human societies to adapt and transform the natural environment in a specific region.

Keywords：Zengjiang Basin，GIS，Logistic Regression，Spatial Analysis，Prediction Model

闽侯庄边山遗址史前贝类资源的强化利用

——基于捕捞压分析的初步认识

徐 萱 葛 威

（厦门大学历史与文化遗产学院考古学系）

林 峰

（福州市文物考古工作队）

福建沿海是我国新石器时代贝丘遗址分布的主要地区之一。然而，由于福建沿海贝丘遗址的发掘大多集中在 80 年代中后期[①]，当时柱状取样法还未普及，在发掘时并未按照统一堆积单位对贝壳进行取样，使得有关史前人类对贝类开发利用的研究不够系统。为了进一步探索贝丘遗址所蕴含的考古学信息，本文第二和第三作者于 2019 年在福州市闽侯县庄边山遗址原发掘区南部断崖处进行了小范围的试掘，并通过柱状取样法提取了一定量的贝类遗存。庄边山遗址是已知闽江流域"昙石山文化"最重要的遗址之一，为理解昙石山文化先民对水生资源的开发与利用提供了十分珍贵的实物资料，具有重要的学术价值。本文主要报道对庄边山遗址贝类遗存开展的量化分析工作，揭示福建沿海先民对水生资源利用的面貌，从而为研究福建沿海史前海洋性文化内涵提供新的科学资料。

一、样品与方法

本研究的样品为柱状取样各水平层的全部贝类遗存。调查发现，在庄边山遗址原发掘区南部断崖处暴露一个含有贝类遗存的剖面，厚约 70～80cm。我们以 30cm（宽）×20cm（深）×80cm（高）的范围为界划定柱状体，自上而下按照每 10cm 一层进行取样，共取 8 层（彩版 15-1）。

贝壳样品的分析工作在厦门大学科技考古实验室进行，主要包括种属鉴定、数量统计、尺寸量化分析等。种属鉴定主要是通过对贝壳外部形貌和内部结构的观察，参照有关图谱及现代标本进行。统计方法主要通过保留完好的壳顶特征来确定最小个体数（MNI）[②]，包括完好的（能准确测量长和高）和缺损的（通过壳顶特征能够准确判定为单个壳体）贝壳。贝壳尺寸量化分析采用 Zeiss Axiovision 软件，对能准确测出壳高或壳长的贝壳进行测量，建立壳高和壳长的回归方程，选择壳高或壳长作为尺寸变化的替代性指标，最后借助 Microsoft Excel 软件进行数据统计和绘图。

贝类堆积中没有发现可以识别的陶片或其它有助于指示年代的文化遗物。为了考察贝类堆积的确切年代信息,我们选取了两个贝壳样品进行^{14}C 年代测定。这两份样本分别来自柱状取样第 8 层和第 1 层,分别代表贝类堆积最早和最晚的时期。样本在常规清洗后,寄往美国 BETA 实验室进行测试。

二、分析结果

(一)测年结果

庄边山遗址的贝丘堆积包括了下层的"昙石山文化"和上层的"黄瓜山文化"(也称"庄边山上层遗存")两类遗存。我们送测的两个贝壳样本的 δ^{13}C 值较低(均 $< -8‰$),显示生长在淡水环境[③],碳十四测年结果不需要进行海洋效应校正,而是进行常规树轮年代校正,数据见表 15-1。柱状第 8 层贝壳的年代约在距今 5200～4800 年(2σ),柱状第 1 层贝壳的年代约在距今 4400～4200 年(2σ),即贝壳堆积的年代范围与学界所认定的"昙石山文化"年代范围基本吻合(距今约 5000～4300 年)[④]。因此我们可以判定,此次所得贝壳属于昙石山文化时期先民食余的贝壳堆积。

表 15-1 庄边山遗址碳十四测年数据

实验室编号	层位	样品材质	^{14}C 年代	校正年代*
ZBS01	柱状第 1 层	贝壳	3920±30BP	4417～4297BP(1σ range) 4425～4242BP(2σ range)
ZBS02	柱状第 8 层	贝壳	4410±30BP	5041～4884BP(1σ range) 5264～4865BP(2σ range)

* 淡水贝壳存在淡水效应问题,但淡水效应的校正目前仍是 ^{14}C 测年技术中的难题。本文没有进行淡水效应校正,所发表数据仍有待将来更多工作检验。

(二)统计结果

我们对 8 个柱状层的贝壳进行数量统计,共获得 387 个贝壳(见表 15-2),各层的数量分布在 39～55 之间。根据学界对贝丘遗址的取样标准,保证每层有 15～30 个贝壳样品,将会获得有关贝丘遗址的清晰组成情况[⑤],本次取样的各层贝壳数量均在 30 个以上,具备研究的可行性。

表 15-2 庄边山遗址 2019 年柱状取样贝壳统计表

编号	柱状地层	数量	编号	柱状地层	数量
1	ZBS01	39	5	ZBS05	51
2	ZBS02	48	6	ZBS06	55

续表

编号	柱状地层	数量	编号	柱状地层	数量
3	ZBS03	37	7	ZBS07	52
4	ZBS04	51	8	ZBS08	54

(三)贝类的种属鉴定

初步观察表明,8 个水平层位出土的贝壳均为双壳纲贝类,且种类单一[⑥]。首先,从外部结构来看,贝壳外形略呈正三角形,两侧略对称,壳顶膨胀突出,略偏向前方,外部具有同心圆粗的生长轮纹(彩版 15-2,2),这些特征与现代河蚬外部十分相似(彩版 15-2,1)[⑦]。其次,贝壳的主齿呈"八"字形排列,前后各有侧齿两枚,并且它们都各自延展到了其前后闭壳肌的背缘处,呈紧密排列的锯齿状,闭壳肌痕皆呈卵圆形(彩版 15-2,3),这些内部特征也都符合河蚬的生理结构。因此,我们可以鉴定此次出土的贝壳属于瓣鳃纲(Lamellibranchia)中真瓣鳃目(Eulamellibranchia)的蚬科(Corbiculidae)中的蚬属(*Corbicula*)河蚬(*Corbicula fluminea*)。河蚬别名沙蜊、蜒、金蚶、黄蚬,广泛分布于我国各地江河、湖泊、沟渠等淡水或咸淡水交汇的水域,营养价值高,易于捕捞,是人们喜食的淡水贝类;特别是在广东、福建、台湾等地,是当地人们重要的副食之一[⑧]。

(四)贝壳尺寸量化分析结果

在史前考古学重建方面,许多学者将资源的强化利用(通常是一种动物或者植物)作为衡量资源消耗的替代性指标,进而理解过去人类与生存资源的相互关系[⑨]。贝类作为一种特有的生存资源,大多数是营固着生活,具有可预测性,再加上贝类的捕捞较为容易,使得贝类特别容易受到人类密集活动的影响[⑩]。由于此次柱状取样所得贝类全为河蚬,因此在观察是否存在强化利用的特征时,可以只将河蚬尺寸变化作为指标[⑪]。对不同层位河蚬尺寸的分布情况进行统计,判断是否存在捕捞压,即可了解庄边山先民与贝类资源是否存在强化利用关系。

西方考古学界通常利用壳高或者壳长作为指标来衡量贝壳的大小[⑫]。由于此次柱状取样的贝壳均为河蚬,形态基本保持不变,也就是壳长/高比基本保持恒定,因此可以采取测量单一尺寸的方法来衡量贝壳的大小。为验证单一指标的代表性问题,笔者对每层所出完整贝壳的壳长、高进行了相关性分析(图 15-1)。结果显示,壳高与壳长呈显著的正相关(R 越接近 1,相关性越大)。由于能够准确测量壳高的数据更多,我们选择将壳高作为观察贝壳大小变化的指标。通过壳高指标,共获得有效个体的数据 315 个。

我们进一步统计了各层贝壳壳高的平均数、中位数、最大值、最小值和集中分布的情况(见表 15-3)。结果显示,1～4 层贝壳高度平均略小于 5～8 层,从集中分布情况来看,1～4 层集中分布区间在 20～30mm,而 5～8 层在 30mm 以上的贝壳数量明显更多,集中分布于 20～35mm。此外,根据绘制的箱线图(图 15-2),也可以看出 1～4 层河蚬壳高整

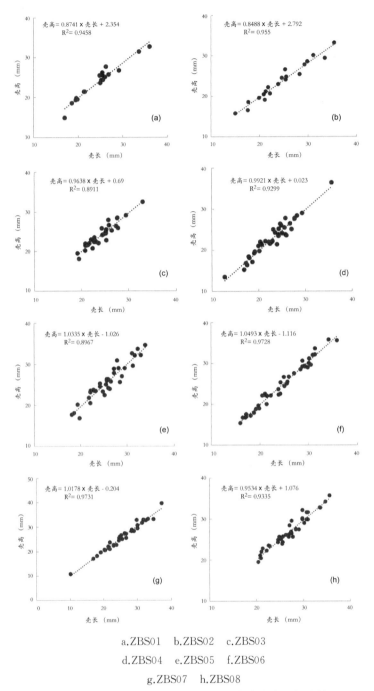

a.ZBS01　b.ZBS02　c.ZBS03

d.ZBS04　e.ZBS05　f.ZBS06

g.ZBS07　h.ZBS08

图 15-1　庄边山遗址柱状取样河蚬壳高与壳长相关性

体略小于 5～8 层。

表 15-3　庄边山遗址 2019 年柱状取样河蚬壳高数据

贝壳取样柱状层	平均值（mm）	中位数（mm）	最大值（mm）	最小值（mm）	集中分布情况
ZBS01	24.91	25.3	35.7	14.9	20～30mm 占 60％
ZBS02	23.17	23.0	33.2	15.7	20～30mm 占 75.63％
ZBS03	25.1	24.4	41.5	18.1	20～30mm 占 85.29％
ZBS04	23.9	23.7	36.4	13.4	20～30mm 占 66％
ZBS05	26.24	25.8	35.5	16.8	20～35mm 占 88.6％
ZBS06	25.91	25.95	37.5	15.4	20～35mm 占 74％
ZBS07	26.1	26.6	39.7	10.8	20～35mm 占 86.66％
ZBS08	26.8	26.1	35.7	18.6	20～35mm 占 93.02％

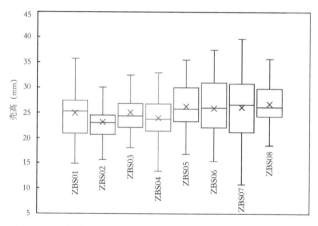

图 15-2　庄边山遗址柱状取样每层贝壳壳高的箱线对比图

三、讨论

（一）从贝壳尺寸变化看是否存在"捕捞压"

根据贝壳壳高的变化趋势（图 15-2），我们可以将其分为两个时期来看，即庄边山遗址昙石山文化时期人类活动的早晚两个阶段，早期以 ZBS05～ZBS08 为主，晚期以 ZBS01～ZBS04 为主。从早晚阶段河蚬大小的分布情况可以看出（图 15-3），晚期壳高在 20～30mm 区间分布较多，占据可供测量贝壳的一半以上；而 30mm 以上的较少。早期壳高在 20～30mm 区间也占据了可供测量贝壳的一半及以上，但与晚期不同的是，高度大于 30mm 的明显更多，并且普遍高于晚期阶段。如晚期大于 30mm 的均未超过 20％，

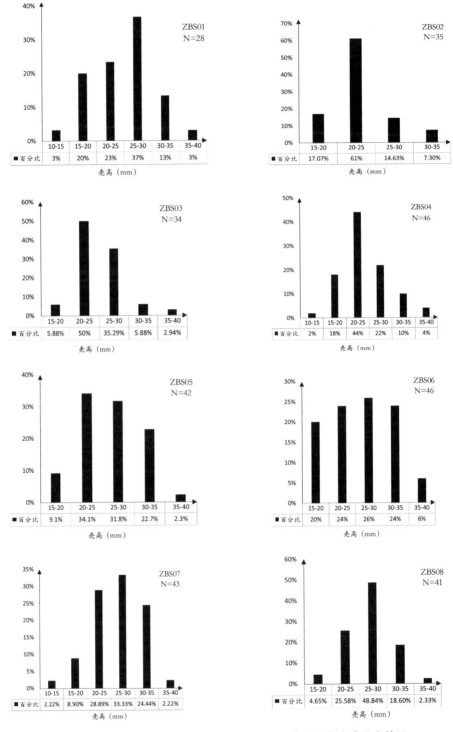

图 15-3 庄边山遗址柱状取样 ZBS01—ZBS08 出土河蚬壳高分布情况

数量最多的第一层也只占据该层出土贝壳的 16％,而早期高度在 30mm 以上的均高于 20％。河蚬生长速率研究表明,一龄贝壳长度在 10～20mm,二龄在 20～30mm,三龄在 30mm 左右[13]。从 30mm 以上的贝壳在两个阶段呈现减少的趋势来看,人们可能大量采食个体较大的河蚬,从而对该类河蚬的生长造成了持续的影响。大尺寸贝壳所占比例缩小的现象也存在于胶东半岛邱家庄、蛤堆顶、翁家埠、大仲家等贝丘遗址中[14]。另一方面,从小龄贝壳(壳高小于 20mm)的占比规模来看,晚期阶段占 16.8％,早期阶段占 11.5％,数量从早期到晚期呈现增长趋势,说明高强度的捕捞活动对贝壳的生长造成了一定的影响。遗址中小型个体在偏晚阶段占据优势,大型个体则明显缩减(图 15-4)。这说明了庄边山遗址昙石山文化时期,先民对河蚬的强化利用已经形成了明显的捕捞压。捕捞压的产生反映了贝类与先民生产生活联系越来越紧密,先民逐渐强化了对水生资源的开发利用。

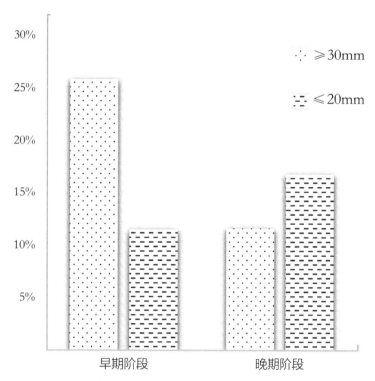

图 15-4　出土河蚬早晚阶段壳高分布情况

为了提供现代河蚬的对比资料,我们于 2022 年 1 月在闽江下游庄边山遗址附近河段对河蚬进行了采集和尺寸测量。有学者对现代中国主要流域河蚬的长度进行了统计分析,发现壳体长度在 11～23mm 的占 87％,23～29mm 的占 11％,超过 30mm 的个体不足 1％,反映了中国主要流域河蚬的分布情况[15]。因为河蚬壳高和壳长十分相近,我们以壳高作为标准观察此次采集河蚬大小、现代主要流域河蚬大小、庄边山遗址出土河蚬大小的情况(见表 15-4)。一方面,可以看出,我们此次采集的河蚬大小范围基本落在国内主要流域的河蚬大小分布范围内,壳高基本在 11～23mm 范围,而庄边山遗址出土河蚬的高度以 23～29mm 分布更多,并且在高度 30mm 以上的也有接近 20％。由此可见,在距今 5000～4300 年左右,闽江下游流域的河蚬个体明显大于现在。采集到的河蚬个体以小型居多可能有以下三点原因:首先,软体动物的生长与环境因素关系十分紧密,河蚬这类淡水贝类主要受到可利用食物来源、pH 值、水体温度、溶解氧等水域因子的影响[16]。其中,河蚬最适合的生长水温在 18～25℃[17],最高的生长率通常发生在 20～25℃,当水温低于 15℃时,河蚬的生长速度会加速下降[18]。温度高于 32℃时河蚬会停止生长,甚至死亡[19]。闽江口及其附近支流年平均水温变化较大,最高可达到 29.8℃,最低在 12.9℃[20],我们采集现代贝类时正值一月,月平均水温在 14.5℃左右,是闽江水温最低的月份[21]。其次,可能是受到人类季节性捕捞行为的影响。一般认为,秋季是河蚬的最佳捕捞季节。冬季捕捞时,大型个体大多在秋季已经被捕捞,而当年夏季繁殖的新一代个体还未长大,这可能也是造成冬季采集个体较小的原因[22]。再次,可能是人类长期强化捕捞造成的后果。从国内主要流域河蚬大小分布情况来看,河蚬从古到今呈现出一种小型化、低龄化的趋势,说明相对于水体环境的变化,人们对河蚬大小的影响是持续性和关键性的,特别是在捕捞技术成熟以后,人们大规模、周期性的捕捞对河蚬贝类生长产生了较大的影响。

表 15-4 河蚬大小古今对比情况

河蚬取样点	壳体高度分布范围		
	11～23mm	23～29mm	≥30mm
庄边山遗址	33.64％	42.53％	19.35％
国内主要流域(长江、淮河、黄河、西江等)	87％	11％	<1％
闽江下游竹岐乡草蓬洲(一月份采集)	86.02％	8.05％	1.69％

(二)庄边山先民对贝类资源的开发与利用

1.人口增长对资源的压力

为了更好地理解昙石山文化时期贝类资源强化利用背后的人口因素,我们有必要从较长的时间跨度来观察福建沿海史前遗址的变化情况[23]。遗址数量显示,福建沿海的史前人口在壳丘头文化期到昙石山下层文化期并无明显增加。而昙石山文化时期,闽北和闽南沿海遗址数量增长了 3～4 倍左右,说明各区域人口规模呈现快速增长的态势。特别是闽东北沿海地区,遗址数量最多,反映了这一区域人口规模的大幅增长。

对于狩猎采集者来说,对其人口增长的最主要限制因素是高的流动性生活方式。高度流动性的生活往往不允许一个育龄妇女生育太多的孩子[24]。一旦流动性下降,人口的增长可能就会迅速提升,这一模型与昙石山文化时期沿海遗址数量的迅速增长是相吻合的。另一方面,先民一旦开始从事定居的生活方式,往往需要提高生产力以充分利用居址附近的资源。从生产生活工具的特征可以看出,前两个阶段存在的共性更多(表 15-5)。这一时期生产工具加工粗糙,器类单一,多以石锛为主,陶质生活工具多以夹砂粗陶为主,泥质陶较少,火候低,胎质软,显示了生产力比较落后的初级发展阶段。而昙石山文化时期,生产工具以通体磨光的石锛为代表,陶系、器形的面貌也发生了较大变化,陶器开始采取轮制,夹砂、泥质陶的烧成温度更高[㉕]。

表 15-5　壳丘头、昙石山下层、昙石山文化时期生产生活用具对比

考古学文化	代表性遗址	生产工具特征	陶质生活工具特征	资料来源
壳丘头文化	壳丘头遗址	石器多粗磨,存在一定数量打制石器;石锛占石器总数2/3,少量石斧、石刀;骨器以骨凿为主	以手制为主,夹砂陶占总数的90%,火候低、胎质厚,易破碎;泥质陶极少见;圜底釜、罐最多,占2/3	㉖
昙石山下层文化	昙石山下层	石器以磨制为主,不少器身上留有打片痕迹,以石锛为主,少量石锛磨制精细。还见少量穿孔贝刀、骨镞	以手制为主,以夹砂红陶和泥质红陶为主,其中夹砂陶制作粗糙,硬度较低。器底往往凹凸不平。完整器较少,以圜底釜为主	㉗
昙石山文化	昙石山遗址中层	大量为磨制,其中以通体磨光的石锛、石钺、石镰为主。骨器、贝器数量和类型增多,部分骨器制作精致	采用轮制,陶胎硬度增强,出现了泥质硬陶,器物造型美观,类型增多	㉘
	庄边山遗址下层	大型器物打磨皆有,仅有小型锛、镞磨制精细。贝器以贝铲居多,刃部精磨锋利	手制、轮制皆有,圜底器多为手制,圈足器则多为轮制;陶器以夹砂陶为主,但也出现了一些泥质陶和灰硬陶器。规整的釜、罐、壶、豆、杯为常见陶器组合	㉙

当狩猎采集者的流动性受到限制时,往往其可利用资源的空间范围也会随之减少,导致生计风险增加[㉚]。在这种情况下,就会对某些较为熟悉的资源产生强化利用的情况。从壳丘头文化到昙石山文化时期,软体动物资源构成了先民生计来源的重要组成部分。我们认为,这一时期人口的迅速增长造成了对食物资源需求的扩张,而可食用资源范围的缩小导致了对熟悉资源的强化利用。

2.贝壳利用方式的多样性与单一性

贝壳的多样性功能在昙石山文化期得到了一定拓展,使其除了作为饮食之外还有别的用途。从福建沿海史前时期对贝类资源的利用情况来看,贝类主要作为饮食、制作生产工具的原料以及陶器纹饰的装饰(见表 15-6)。而从昙石山文化期开始,墓葬填土中普遍出现了贝壳碎屑,有的甚至直接利用贝壳坑作为墓穴。一般认为,遗址中骨骼保存不佳的主要原因就是土壤的 pH 值太低,土壤中的酸性物质会溶解掉骨质[㉛]。而贝壳碎屑在长期的堆积下滤出的碳酸钙能够中和土壤的酸性,甚至在一些地区呈现碱性的环境,从而有利于骨骼的保存[㉜]。

河蚬是闽江流域史前主要的饮食贝类,体现了一定的单一性。对比同一时期各地遗址所利用的贝类资源可以看出(见表 15-6),在昙石山文化时期,位于东山岛上的大帽山遗址,能够利用的贝类相比庄边山遗址更为多样,反映了海岸环境比河口环境栖息的贝类更为丰富。因此,受到环境条件限制的庄边山先民食用的贝类更为单一,主要以河蚬为大宗。昙石山、溪头两处遗址出土的贝类也都是以河蚬为主,可见河蚬需要承载比大帽山遗址先民所食贝类更多的压力,在不断重复的捕捞过程中,河蚬生长自然会受到影响。

表 15-6　福建沿海距今 6500～4300 年对贝类资源的利用情况

考古学文化	代表性遗址	饮食贝类	贝制生产工具	其他用途	资料来源
壳丘头文化	壳丘头遗址	泥蚶、丽文蛤、褶牡蛎、粒花冠小月螺、等边浅蛤等 19 种海生贝类	贝耜	可能用于加固建筑的贝壳碎屑、陶器纹饰上的贝齿纹	③
昙石山下层文化	昙石山下层文化类型	河蚬等	贝刀	—	④
昙石山文化	大帽山遗址	泥蚶、褶牡蛎、青蛤、锈凹螺、粒花冠小月螺、多角荔枝螺、丽文蛤等 30 余种海生贝类	贝铲	—	⑤
	庄边山遗址	河蚬为主,还有魁蛤、牡蛎、小耳螺等	贝铲、贝刀、贝凿	陶器纹饰上的贝齿纹;墓坑填土掺合料(河蚬)	⑥
	昙石山遗址	河蚬为主,还有魁蛤、牡蛎、小耳螺等	贝斧形器、贝铲、贝刀等	陶器纹饰上的贝齿纹;个别陶器掺和粉末状贝壳碎屑;墓坑填土掺合料(河蚬)	⑦
	溪头遗址	蚬、魁蛤、耳螺、牡蛎	贝刀	陶器纹饰上的贝齿纹;墓坑填土掺合料(河蚬)	⑧

3.食贝传统的延续

河蚬之所以被作为主要的食用贝类,还与先民长期延续着传统的食贝种类与方式有关。庄边山遗址虽然有腹足纲贝类出现,但数量远不及双壳纲的河蚬,这可能是由于古人对其加工和处理的方式与双壳纲贝类存在较大差异。先民采取何种方式对贝类进行加工食用可以通过观察贝类的保存情况来推测。通常来看,古人食贝的方式主要有以下几种:烧制法,使用该方法的贝类表面通常呈现灰黑色;水煮法,出土的贝类保存一般较为完整;敲砸法,贝壳较为破碎,螺类可能仅存螺旋部位[⑨]。

从福建沿海史前各阶段出土贝类来看(表 15-7),双壳纲一直以来都是沿海先民重点食用的贝类。最早的亮岛Ⅰ遗址,双壳纲贝类壳菜蛤科、牡蛎科就已经占据了出土贝类的 58％,而青铜时代早期的屏风山遗址所发现的双壳纲贝类更是占据了 90％以上。越到晚期,完整贝壳数量越多,说明随着人们食用贝类方式的进步,水煮法已成为一种具有优势的加工方式。可能有两个方面的原因造成了人们更喜欢通过水煮法食用贝类:一方面,贝类在水煮的高温下双壳很容易打开,掰开双壳就能够取食;另一方面,贝肉生吃腥味较大,难以下咽,而通过烹煮的贝类变得更为鲜甜,熟食也更易于营养的吸收[40]。观察显示,此次柱状取样所得的河蚬以完整的贝壳居多,表面并无烧烤现象,因此可以初步判断庄边山遗址的先民对河蚬的食用也采用了水煮法。

表 15-7 福建沿海史前遗址各阶段饮食贝类情况

年代	遗址名称	出土贝类概况	贝类保存情况	食用方式推测	资料来源
新石器时代早期(距今 8300～7300 年)	岛尾Ⅰ遗址	双壳纲壳菜蛤科、牡蛎科占全坑出土贝类58%	破碎残片与完整个体都有发现,但多数为破碎残片	水煮和砸击法并存	⑪
新石器时代中期(距今 6500～5500 年)	壳丘头遗址	双壳纲贝类丽文蛤、褶牡蛎占主要采食贝类的84.6%	以 H3 为例,上部较破碎、底部完整较多	水煮和砸击法并存	⑫
新石器时代晚期(距今 5000～4300 年)	庄边山遗址	双壳纲以河蚬数量最多	完整和碎贝壳并存	水煮和砸击法并存	⑬
	大帽山遗址	双壳纲泥蚶和丽文蛤占主要采食贝类的60%以上	少数贝壳表面呈灰黑色;大多数贝壳较完整;少量牡蛎壳较破碎	烧制法、水煮法、敲击法并存	⑭
新石器时代末期(距今 4300～3500 年)	黄瓜山遗址	腹足纲和双壳纲贝类并存,未见数量统计	完整和碎贝壳并存	水煮法和砸击法并存	⑮
青铜时代早期(距今 3807～3450 年)	屏风山遗址	双壳纲泥蚶和牡蛎占主要采食贝类的90%	大部分为完整贝壳	水煮法	⑯

虽然几千年来环境变迁造成古人食用的贝类种类存在差异,但对双壳纲贝类的利用一直贯穿于福建沿海早晚阶段的遗址中,反映了人们更依赖于对双壳纲贝类的获取,庄边山先民也优先将河蚬作为重点捕捞和食用的对象。

(三)庄边山先民最佳采贝策略

最佳觅食模型通常用于处理特定地区狩猎采集者居住地周围潜在的生存资源,根据所能获得物种的考古学证据以及现代生态学和民族学的研究,确定被捕获资源,并评估它们的相关特征。这些特征通常包括密度、分布、流动性、行为、繁殖力和大小等[47]。由于贝类的流动性很弱,预测性较强,因此最佳采贝策略的分析主要从该资源的特征和人类的行为入手。

1.基于河蚬大小的采贝策略

根据 Anderson 对贝类采集策略的研究,采贝人群会不断调整对贝壳大小的选择标准,以获得最多的肉量[48]。

对玉蟾岩遗址渔猎经济的研究表明,遗址中出土了大量个体在 1～5mm 的微体螺类——尽管这些螺无法食用,却反映了当时人群在捕捞水生资源时,并未经过挑选,说明在渔猎经济的萌芽阶段,人们获取资源的方式还比较粗放[49]。根据此次柱状取样河蚬的壳龄分布情况可以看出(见表 15-8),两个阶段二龄贝壳所占的比例都超过了 50％,也就是说,高度在 20～30mm 的河蚬是庄边山先民捕捞的主要对象。而大于 30mm 和小于 20mm 的河蚬所占比重则较少,说明出土贝壳的大小较为稳定。我们认为河蚬这种稳定的尺寸分布情况可能意味着庄边山遗址先民对贝类的捕捞存在一定的选择性,采集者偏向选择体型较大的个体,其所能提供的肉食资源更为丰富,能量回报率更高,也反映了这种较为固定的捕捞模式已经成为庄边山先民渔猎经济的一个显著特征。同时,根据现代河蚬生长的研究来看,2～3 龄的河蚬高度大约在 20mm～30mm 左右,处于最佳捕捞期内,可以提供最肥美的肉质与肉量[50]。从庄边山遗址此次出土贝壳高度的分布来看,基本符合河蚬的最佳捕捞期。据此,我们可以认为,庄边山先民根据长期的捞贝经验,很可能对河蚬的生长特性有了一定的认知,对壳高分布在 20～30mm 区间的个体进行捕捞是先民采取的最佳采贝策略。

此外,根据贝蒂·米汉(Betty Meehan)对澳大利亚安巴拉妇女采贝活动的观察,她们通常用手或者挖掘棒对栖息于浅海或者泥沙中的贝进行采集,这样获取的贝类大小通常较为固定[51]。但是,也不能排除在黏稠的泥浆中,大量的小型软体贝类与目标贝类一起被收集起来。因此,高度在 2cm 以下的河蚬可能并非庄边山先民捕捞的对象,它们只是在捕捞大型个体时附带着被带回营地。

表 15-8　庄边山遗址柱状取样河蚬贝壳壳龄分布情况*

阶段	一龄(10～20mm)		二龄(20～30mm)		三龄(≥30mm)	
	数量	占比	数量	占比	数量	占比
晚期阶段	24	16.78％	104	72.73％	15	10.49％
早期阶段	21	12.21％	106	61.63％	45	26.16％

* 世界不同地区河蚬生长速度研究显示,一龄河蚬大小在 10～20mm,二龄在 20～30mm,三龄在 30mm 左右。资料来源:Hombach, D. J., "Life-history traits of a riverine population of the Asian Clam Corbicula fluminea", *American Midland Naturalisy*,1992,Vol. 127, pp. 248-257.

2.河口环境适应基础上发展出的采贝策略

贝类自身的生长环境也会影响人们的选择和采集模式。庄边山遗址发掘报告未对出土贝类进行详细鉴定,仅描述有河蚬、牡蛎、魁蛤、小耳螺等[52]。相较于其它贝类,河蚬在闽江下游地区具有得天独厚的生长优势。

首先,河口环境为河蚬提供了充足的生长空间。根据福州盆地的沉积记录,随着冰后期海平面的上升,在距今 9000 年左右,福州盆地开始由河流向河口环境转变,直到距今 7000 年左右,随着海岸线的持续后退,闽江河口的泛滥平原才逐渐形成[33]。另外,根据福州盆地海岸线古今对比情况,距今 6000 年前闽江下游的河口范围比现在更为广阔,可以为河蚬大量繁殖提供足够的生存空间[34]。据《福建省河蚬业的初步调查总结》报告,闽江福州地区河蚬早在二三百年前就开始了人工管养,闽江下游最高年产量可达 10000 吨,可见河蚬从古至今都是该地区利用的主要贝类[35]。耳螺和河蚬一样,对淡水的适应能力都很强,然而遗址中却很少见。这可能是由于小耳螺大多为陆生,喜欢栖息在阴暗潮湿、多含腐殖质的土壤、树干或者石块下[36],人们在进行专门性的渔猎活动时,较难发现,所以较少带回营地。

其次,从这几种贝类的采集方式来看,河蚬的栖息深度一般在 20～50mm 间,因此在河口附近利用沙蜊拖和一个竹筐即可开展捕捞活动。而牡蛎多栖息于岩石缝隙中,采集的难度较大,需要利用刀铲和凿子等工具,才能采集到较为完整的个体,明代在福州地区养殖牡蛎时,记载"蛎生水中,锋芒粗利,取亦甚难"[37]。可以想象,在生产工具较为落后的史前时期,对牡蛎的获取难度应该更大。

从上面的分析可以看出,河蚬具有易于捕捞和产量高的特点,庄边山遗址先民通过在河口边小范围的涉水即可收获大量的河蚬贝类,其捕捞成功率和便捷程度都优于其他贝类,人们自然而然会加大捕捞力度。

四、结语

福建地处我国东南沿海,东临台湾海峡,面向太平洋,是我国重要的海洋省份之一[38]。在山多地少的地理条件限制下,海洋资源的利用能弥补陆地环境条件的不足。其中,数量庞大、种类繁多的贝类为福建海洋文化的发生和繁荣提供了重要的物质基础。

本文从贝类资源的开发与利用的视角出发,以柱状取样和贝壳尺寸量化分析为手段,较为详细地考察了庄边山先民与贝类资源的互动关系。量化分析表明,河蚬作为庄边山先民重点食用的淡水贝类,在史前时期经历过大规模的强化开发利用,即存在所谓的"捕捞压"。古今贝类大小的对比显示现代个体明显小于古代河蚬个体,呈现出一种小型化的变化趋势,显示出高的捕捞压一直存在。这也警示了现代渔业需要进行合理的规划与管理,允许贝类种群数量的恢复,以防止过度捕捞带来的资源枯竭。

以往,研究者往往只是单一地将强化捕捞解释为人口增长的结果。本文发现,除了人口因素外,还与贝类多样性功能开发、贝类资源开发种类的局限性、先民的饮食习惯等因素有关。此外,我们还结合河蚬壳高分布比例、遗址环境特征、不同贝类生长情况的对比等分析,认为庄边山先民已经发展出了对河蚬的最佳采集策略,并成为庄边山遗址史前渔猎经济的一个重要特征。

需要说明的是,不同贝类的开发利用情况是基于它们各自的生态特征和先民的开发技术而言的。由于本研究中柱状取样所获得的贝类遗存全为河蚬,而庄边山遗址先前发掘中尚出土有牡蛎等其他贝类遗存,因此本文无法提供庄边山先民对其他贝类资源开发利用模式的详细见解,有待于将来获取更多材料后补充或修正。

注释:

①福建省文物管理委员会等:《闽侯县石山新石器时代遗址第二至四次发掘简报》,《考古》1961 年第 12 期;福建省文物管理委员会等:《福建闽侯县石山新石器时代遗址第五次发掘简报》,《考古》1964 年第 12 期;福建省博物馆:《闽侯县石山遗址第六次发掘报告》,《考古学报》1976 年第 1 期;福建省博物馆:《福建平潭壳坵头遗址发掘简报》,《考古》1991 年第 7 期;福建省博物馆:《福建闽侯庄边山遗址发掘报告》,《考古学报》1998 年第 2 期;福建省博物馆:《福建闽侯白沙溪头新石器时代遗址第一次发掘简报》,《考古》1980 年第 4 期。

②Claassen C.,"Quantifying Shell:Comments on Mason,Peterson,and Tiffany",*American Antiquity*,2000,Vol. 65,No. 2,pp.415-418.

③ Yin, Jiarun, "Stable Carbon and Oxygen Isotopes in Jurassic Shells as Palaeosalinity Indicators". *N. Jb. Geol. Paläont. Mh.*, 1991, H. 3, pp. 163-176.

④林公务等:《闽侯县石山遗址 2004 年考古发掘简报》,《福建文博》2010 年第 1 期。

⑤Treganza, A. E., Cook, S. F., "The Quantitative Investigation of Aboriginal Sites:Complete Excavation with Physical and Archaeological Analysis of a Single Mound", *American Antiquity*, 1948, Vol.13.

⑥刘月英等:《中国经济动物志－淡水软体动物》,科学出版社,1979 年,第 77～134 页。

⑦周会等:《河蚬壳体 δ^{13} C:由水体溶解无机碳重建过去环境变化的代用指标》,《科学通报》2010 年第 34 期。

⑧张定国等:《柏江河蚬外部形态与内部结构研究》,《内陆水产》2004 年第 7 期。

⑨Thakar, H.B., "Intensification of Shellfish Exploitation:Evidence of Species-specific Deviation from Traditional Expectations", *Journal of Archaeological Science*, 2011, Vol. 38, pp. 2596- 2605.

⑩Erlandson, J. M., Rick, T. C., et al., "Human Impacts on Ancient Shellfish:a 10,000 Year Record from San Miguel Island, California", *Journal of Archaeological Science*, 2008, Vol. 35, pp. 2144-2152.

⑪Claassen, C. L., "Temporal Patterns in Marine Shellfish-species Use along the Atlantic Coast in the Southeastern United States", *Southeastern Archaeology*, 1986, Vol. 5, No. 2, pp. 120-137.

⑫Claassen, C. L., "Temporal Patterns in Marine Shellfish-species Use along the Atlantic Coast in the Southeastern United States", *Southeastern Archaeology*, 1986, Vol. 5, No. 2, pp. 120-137.

⑬Hombach, D. J., "Life-history Traits of a Riverine Population of the Asian Clam Corbicula fluminea", *American Midland Naturalist*, 1992, Vol. 127, pp. 248-257.

⑭中国社会科学院考古研究所:《胶东半岛贝丘遗址环境考古》,社会科学文献出版社,2007 年,第 113、152、185、203 页。

⑮周会等:《中国主要流域河蚬[*Corbicula fluminea* (Müller,1774)]形态及其对环境的适应性》,《生态学杂志》2011 年第 30 期。

⑯Foe C., Knight A., "Growth of *Corbicula Fluminea* (Bivalvia) Fed Artificial and Algal Diets", *Hydrobiologia*, 1986,Vol. 133, pp.155-164.

⑰Stites, D. L., et al., "Population Dynamics,Growth,and Production of the Asiatic Clam, *Corbicula Fluminea*, in a Blackwater River", *Canadian Journal of Fisheries and Aquatic Sciences*, 1995, Vol. 52, pp.425-437.

⑱Foe C.，Knight A.，"Growth of *Corbicula Fluminea*（Bivalvia）Fed Artificial and Algal Diets"，*Hydrobiologia*，1986，Vol. 133，pp.155-164.

⑲张虎才等：《河蚬分布的气候环境及壳体稳定同位素》，《海洋地质与第四纪地质》2007 年第 3 期。

⑳黄良敏等：《闽江口及附近海域渔业资源现存量评析》，《热带海洋学报》2010 年第 5 期。

㉑欧阳恒、王迪：《福州市闽江水作为水源热泵系统的水源特性研究》，《给水排水》2017 年第 2 期。

㉒刘燕山等：《洪泽湖河蚬种群生长方程估算及其应用》，《水生态学杂志》2017 年第 4 期。

㉓福建省昙石山遗址博物馆编著：《闽江下游流域史前遗址考古调查与研究》，第 348～350 页，科学出版社，2018 年；吴春明、林果：《1992 年福建平潭岛考古调查新收获》，《考古》1995 年第 7 期；郑辉：《福建漳州市史前文化遗址调查》，《考古》1995 年第 9 期；福建博物院、美国哈佛大学人类学系：《福建东山县大帽山贝丘遗址的发掘报告》，《考古》2003 年第 12 期；福建博物院：《福建省东山县史前遗址 2007 年调查简报》，《福建文博》2009 年第 1 期；福建晋江流域考古调查队编著：《福建晋江流域考古调查与研究》，科学出版社，2010 年，第 300～305 页。

㉔陈胜前：《史前的现代化：从狩猎采集到农业起源》，生活·读书·新知三联书店，2020 年，第 41 页。

㉕中国硅酸盐学会：《中国陶瓷史》，文物出版社，1982 年，第 42 页。

㉖福建博物院：《2004 年平潭壳丘头遗址发掘报告》，《福建文博》2009 年第 1 期。

㉗福建省博物馆：《闽侯县石山遗址第六次发掘报告》，《考古学报》1976 年第 1 期。

㉘福建省博物馆：《闽侯县石山遗址第六次发掘报告》，《考古学报》1976 年第 1 期。

㉙福建省博物馆：《福建闽侯庄边山遗址发掘报告》，《考古学报》1998 年第 2 期。

㉚陈胜前：《史前的现代化：从狩猎采集到农业起源》，生活·读书·新知三联书店，2020 年，第 52 页。

㉛Gordon，C. C.，and Buikstra，J.E.，"Soil pH，Bone Preservation，and Sampling Bias at Mortuary Sites"，*American Antiquity*，1981，Vol. 46，pp. 566-571.

㉜Waselkov G. A.，"Shellfish Gathering and Shell Midden Archaeology"，*Advances in Archaeological Method and Theory*，1987，Vol. 10，pp. 93-210.

㉝福建博物院：《2004 年平潭壳丘头遗址发掘报告》，《福建文博》2009 年第 1 期。

㉞福建省博物馆：《闽侯县石山遗址第六次发掘报告》，《考古学报》1976 年第 1 期。

㉟徐起浩：《福建东山县大帽山发现新石器贝丘遗址》，《考古》1988 年第 2 期。

㊱福建省博物馆：《福建闽侯庄边山遗址发掘报告》，《考古学报》1998 年第 2 期。

㊲福建省博物馆：《闽侯县石山遗址第六次发掘报告》，《考古学报》1976 年第 1 期。

㊳福建省博物馆：《闽侯溪头遗址第二次发掘报告》，《考古学报》1984 年第 4 期。

㊴福建博物院、美国哈佛大学人类学系：《福建东山县大帽山贝丘遗址的发掘报告》，《考古》2003 年第 12 期。

㊵曾广春：《广西新石器时代贝丘遗址饮食探究》，《南宁职业技术学院学报》2009 年第 14 期。

㊶陈仲玉、邱鸿霖：《马祖亮岛岛尾遗址群发掘及亮岛人修复计划》，连江县政府，2013 年，第 83～97 页。

㊷福建博物院：《2004 年平潭壳丘头遗址发掘报告》，《福建文博》2009 年第 1 期。

㊸福建省博物馆：《福建闽侯庄边山遗址发掘报告》，《考古学报》1998 年第 2 期。

㊹福建博物院、美国哈佛大学人类学系：《福建东山县大帽山贝丘遗址的发掘报告》，《考古》2003 年第 12 期。

㊺福建省博物馆：《福建霞浦黄瓜山遗址发掘报告》，《福建文博》1994 年第 1 期；福建博物院：《福建霞浦黄瓜山遗址第二次发掘》，《福建文博》2004 年第 3 期。

㊻福建博物院、霞浦县博物馆:《福建霞浦县屏风山贝丘遗址 2016 年发掘简报》,《福建文博》2017 年第 1 期。

㊼Waselkov G. A.,"Shellfish Gathering and Shell Midden Archaeology",*Advances in Archaeological Method and Theory*. 1987,Vol. 10,pp. 93-210.

㊽Anderson,A. J.,"A Model of Prehistoric Collecting on the Rocky Shore",*Journal of Archaeological Science*,1981,Vol. 8,pp. 109-120.

㊾顾海滨、袁家荣:《玉蟾岩遗址微体螺类对探讨古人类活动特征的指示意义》,《第四纪研究》2006 年第 4 期。

㊿徐桂珍等:《河蚬资源的开发与养殖技术》,《资源开发与市场》1998 年第 5 期;刘燕山等:《洪泽湖河蚬种群生长方程估算及其应用》,《水生态学杂志》2017 年第 4 期。

○51Meehan,B.,"Hunters by the Seashore",*Journal of Human Evolution*,1977,Vol. 6,No. 4,pp. 363-370.

○52福建省博物馆:《福建闽侯庄边山遗址发掘报告》,《考古学报》1998 年第 2 期。

○53Yue,Y.,et al.,"Holocene Vegetation,Environment and Anthropogenic Influence in the Fuzhou Basin,Southeast China",*Journal of Asian Earth Sciences*,2015,Vol. 99,pp. 85-94.

○54Rolett,B.V.,et al.,"Holocene Sea-level Change and the Emergence of Neolithic Seafaring in the Fuzhou Basin (Fujian,China)",*Quaternary Science Reviews*,2011,Vol. 30,pp. 788-797.

○55转引自福建省地方志编纂委员会编:《福建省志·水产志》,福州方志出版社,1995 年,第 125 页。

○56陈德牛:《中国陆生贝类一新种(腹足纲:基眼目:耳螺科)》,《动物分类学报》1992 年第 4 期。

○57福建省地方志编纂委员会编:《福建省志·水产志》,福州方志出版社,1995 年,第 88 页。

○58福建省地方志编纂委员会编:《福建省志·水产志》,福州方志出版社,1995 年,第 88 页。

附记:厦门大学考古学系博士生蔡文超同学协助取样。福建博物院陈兆善先生对终稿提出了建设性的修改意见。本研究是国家社科基金项目"海峡西岸贝丘遗址多学科综合研究"的阶段性成果(项目批准号:18BKG002)。

Enhanced Utilization of Prehistoric Shellfish Resources at the Zhuangbianshan Site in Minhou：Preliminary Analysis Based on Fishing Pressure

Xu Xuan，Ge Wei，Lin Feng

Abstract：In coastal Fujian, research on the interactions between shellfish resources and ancient humans is still insufficient. In order to understand how ancient humans exploited and used shellfish, a column of shell samples was unearthed along a cliff to the south of the initial excavation site of the Zhuangbianshan Site in Minhou, Fujian. The findings revealed that Corbicula fluminea, a type of aquatic resource that the ancestors of Tanshishan culture continuously used, is the sole species identified from the column. Our analyses revealed that average sizes of Corbicula fluminea decreased throughout time, with large individuals (shell height ≥ 30 mm) predominating in the early stage and small individuals (shell height ≤ 20 mm) predominating in the late stage, indicating the existence of human predation pressure as a result of intensive use of the species. Additionally, the shell sizes of Corbicula fluminea from ancient and modern periods revealed a trend of shrinkage in the lower valley of the Minjiang River, showing that resource intensification continued in historical times. According to our analyses, the primary causes of the intense use of shellfish resources include population expansion, the diversification of shellfish, the transmission of traditional shellfish diets, and the limitations of coastal environments. Our studies suggest that the prehistoric people of Zhuangbianshan have developed optimal strategies for harvesting Corbicula fluminea, based on shell size and environmental factors. These strategies have become an important feature of the fishing and hunting economies.

Keywords: Zhuangbianshan Site, Shellfish Resources, Human Predation Pressure

浙南近十年史前考古进展与思考

仲召兵

（浙江省文物考古研究所）

刘团徽

（温州市文物考古研究所）

一、地理环境

本文所谈浙南地区泛指钱塘江以南的浙江省域范围。钱塘江是浙江第一大河，由于钱江大内斜的发育，形成了以钱塘江为横轴的"V"形总体构造，它的形成，对浙江地区的地形、水系有着直接的影响。浙江地形以低山丘陵为主，占省域陆地面积的三分之二以上，大部分位于钱塘江以南地区，平原面积仅占不足三分之一。地势西南、西北高，东北低，因此，主要水系基本呈东西向，由西向东入海。钱塘江的形成对浙江史前考古学文化格局也有着决定性的影响，因此，钱塘江既是浙江的"地理之轴"，也是浙江史前文化的地理界标。

二、旧石器时代考古进展

浙江旧石器考古工作起步较晚，2002 年，中国科学院古脊椎动物与古人类研究所和浙江省文物考古研究所合作，对苕溪流域进行旧石器考古调查，取得了突破性收获，标志着我省旧石器考古工作的真正开展。2010 年，旧石器洞穴调查的工作重心转移到钱塘江流域，至 2019 年上半年，调查工作涉及钱塘江流域的桐庐、建德、龙游、开化、衢江、常山、江山、嵊州，另外在椒江流域上游仙居以及舟山、德清等市县进行了短暂调查，发现多处第四纪哺乳动物化石埋藏地。通过以上工作，大致掌握了钱塘江中上游地区旧石器地点的分布规律以及石制品特征，基本了解调查地区洞穴分布、洞内堆积的概貌[①]。

十年来，浙江进行的旧石器遗址发掘主要有以下几项：

2017 年 5 月至 6 月，配合杭绍台高速公路建设，对嵊州市兰山庙遗址进行了配合性

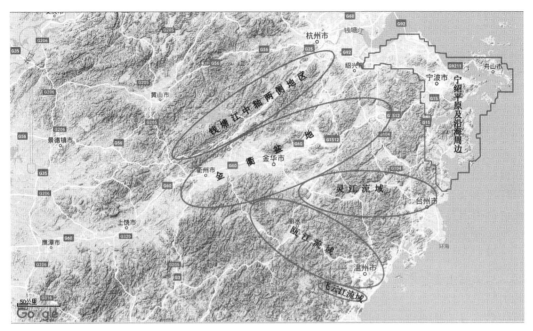

图 16-1 浙南地形图

考古发掘，发掘面积 60 平方米。获石制品 60 余件，多为石核、石片、断块，岩性以燧石、石英岩、石英砂岩为主，与典型的南方主工业类型存在差异。该遗址可能非原生堆积，年代距今 15.6 万～10 万年，处于旧石器时代中期。这也是曹娥江流域首次发现的旧石器地点，为探讨这一地区万年前的人类活动提供了线索。

2016、2018、2021 年，分别对建德莲花镇齐平洞、衢江灰坪乡前叶洞、衢江观音洞进行了试掘，均未发现石制品，但齐平洞发现两件骨制品和人工砍痕化石，证明这里曾有古人类活动。

三、新石器时代考古进展

十年来，浙江钱塘江以南地区新石器考古工作开展较为活跃，既有专题性的区域调查，也有一批重要遗址的发掘，分布在各个地区，涵盖新石器时代各个阶段。下面主要以水系为地理单元，将浙江省域的钱塘江以南地区分为飞云江流域、瓯江流域、灵江流域、金衢盆地、钱塘江中轴两侧、宁绍平原及沿海周边地区（图 16-1）。各区域的新石器时代考古进展，依次介绍如下。

(一)飞云江流域

2014 和 2016 年，为配合温州绕城高速西南线的建设，浙江省文物考古研究所与温州市文物保护考古所联合发掘了瑞安山前山遗址和寨山遗址。2017 年，对飞云江流域先秦遗址进行了专题调查。本次调查确认飞云江流域先秦时期遗址约 80 处，其中新发现 27 处，这些遗址主要分布在飞云江及其支流的低矮山岗上，海拔 20～120 米。文化内涵相近，大多数遗址采集的陶片以泥质陶为主，少量夹砂灰褐陶。泥质陶以灰色硬陶为主，器表流行拍(压)印篮纹、条纹、网格纹等纹饰，同时，器表流行施黑衣，也称"着黑陶"，少量为赭红色印纹硬陶(彩版 16-1)。此外，存在数量不少的黑色彩绘陶，一般施于橙黄色泥质陶的口沿内外和肩部，以直线、交叉直线、网格纹为主要形式。石器主要为石锛、石镞，石锛横截面多呈近扇形或梯形。

以上陶器、石器的特征与泰顺狮子山[②]、福建霞浦黄瓜山[③]、屏风山[④]等遗址基本相同。从山前山遗址的陶系来看，它混合了黄瓜山遗址上、下层的因素，可能是长期雨水冲刷的结果。但山前山等遗址中硬陶的比例明显高于黄瓜山、屏风山等遗址，可能是年代下限较后两者晚的缘故。

山前山遗址还出土了一批泥质灰陶残片，常见弦纹和镂孔，戳印的太阳纹颇有特色(彩版 16-2)，这种装饰手法也见于昙石山遗址第一期，年代应该早于上述以"着黑陶"和印纹硬陶为特征的阶段。

通过飞云江流域先秦遗址的调查，我们掌握了这一流域先秦遗址的分布概况、分布规律、文化面貌等，为开展与周边地区关系的考察提供了更丰富的资料。这些遗址绝大部分集中在夏商时期，表明这一时期进入了文化的繁盛阶段。通过明确的遗迹单元及地层关系构建浙南温州地区的先秦文化序列仍是今后的基础任务。

(二)瓯江流域

瓯江流域于 1997 年发现好川墓地[⑤]并提出了"好川文化"的命名。2003 年，发掘了温州曹湾山遗址(原名老鼠山)[⑥]。2018 年，发掘了缙云陇东和温州屿儿山、龙岗山三处先秦遗址。

陇东遗址位于丽水市缙云县壶镇，遗址分布在瓯江上游支流好溪南岸的自然岗地上。清理了 5 座新石器时代晚期墓葬及 60 座左右的灰坑。墓坑呈东西向的长条形，典型的良渚文化晚期双鼻壶、豆、簋等陶器确证了良渚文化晚期对这一地区的影响，圆柱形鼎足与"大鱼鳍足"共存反映了这一阶段土著遗存与钱山漾文化的交流，大量的石制品(石锛、石环、石镞、剥片)表明该遗址可能是一处石器加工点[⑦]。

屿儿山遗址位于瓯江下游南岸的温州市鹿城区藤桥镇，是一座孤丘型的聚落遗址，海拔 20 米，面积约 5000 平方米，东北距曹湾山遗址仅 3 公里(图 16-2)。2018 年抢救性发掘 700 平方米。遗址功能分区明显，西南区清理好川文化土坑墓 16 座，墓葬均为东北—西南向长条形，西北区清理灰坑、柱坑等生活类遗迹 76 个，大致构成 4 组东北—西南向的长方形建筑;中南部揭露"木骨泥墙"类红烧土废弃堆积1处。遗址出土较多陶片标本,陶质以夹砂灰黑陶、泥质灰陶为主,少量硬陶,可辨器形主要有釜、鼎、罐、钵、豆、圈足盘、壶和纺轮等,不见陶鬶;石器以镞、锛、钺最为常见;玉器有锥形器、镯和纺轮等。

图16-2　屿儿山遗址航拍图

龙岗山遗址位于温州市龙湾区瑶溪镇,地处瓯江入海口南岸龙岗山山背中部,海拔90～110米。为配合龙岗路建设,2017—2018年抢救性发掘150平方米,清理夏商时期岩坑墓1座和少量灰坑,揭露红烧土废弃堆积多处。出土陶片以黑衣、赭衣硬陶为大宗,另有部分夹砂红褐或灰褐陶、泥质橙黄陶及灰陶,可辨器类主要有高领罐或釜、浅凹圜底罐、壶、曲腹盆、豆、侧扁足及圆锥足鼎、支座、纺轮等。龙岗山遗址为一处新石器时代末期到夏商时期的小型聚落遗址,其主体文化面貌与浙西南的江山肩头弄第二单元、闽北邵武斗米山遗址和光泽马岭墓葬等的主体面貌较为相近。

2021年以来,浙江省文物考古研究所对瓯江上游丽水地区的云和盆地、松古平原开展了区域系统调查,目前已确认先秦时期遗址260余处,大部分为夏商时期,30余处为好川文化时期。其中对云和门前山、显圣湾、独山等进行了抢救性发掘,显圣湾发现好川和夏商时期的遗存,门前山、独山则清理了一批西周早期的墓葬,初步建立起从好川、夏商到西周时期的文化序列[8]。

(三)灵江流域

十年来,灵江流域先后发掘了路桥灵山[9]、临海峙山头[10]、仙居下汤、天台百亩塘等新石器时代遗址。2020年4月,根据市民提供的线索,我们对灵江下游的杜桥镇、章安街道进行了简短的考古调查,确认了章安大吞里、东西村、杜桥后山岭等多处遗址,年代集中在河姆渡文化晚期至商周时期,初步判断在灵江下游的台州湾应该存在数量可观的先秦遗址群。

灵江流域已知的遗址中,下汤遗址考古工作最为充分。下汤遗址位于灵江上游的仙居县横溪镇下汤村,1983年发现,为高出周边水田约1.5~2米的台墩,面积约3万平方米(图16-3)。2018、2022年,先后进行了两次正式的考古发掘,发掘面积1350平方米。遗址文化堆积厚达2米,包含上山文化—跨湖桥文化—河姆渡文化—好川文化四个阶段,以上山文化内涵为主,清理了上山文化时期的建筑遗迹、器物坑(堆)、仪式活动面、农业加工场、灰坑等丰富的遗迹,出土了大量的陶器和石制品(图16-4)。

图 16-3 下汤遗址航拍图

下汤遗址还清理了数十座好川文化时期的灰坑,地层及灰坑中出土的陶片以夹砂红褐陶和泥质灰陶为主,器形主要为鼎、豆、圈足盘等。鼎足以圆锥形为显著特征,鼎(釜)宽沿内凹,豆把上施弦纹和镂孔,这些特征与西邻的缙云陇东遗址相同(图16-5)。

(四)金衢盆地

近十年,金衢盆地在新石器早、晚期考古领域均取得了重大进展。首先是上山文化遗址群的确认。目前共发现22处上山文化遗址,是我国乃至东亚规模最大的新石器早期遗

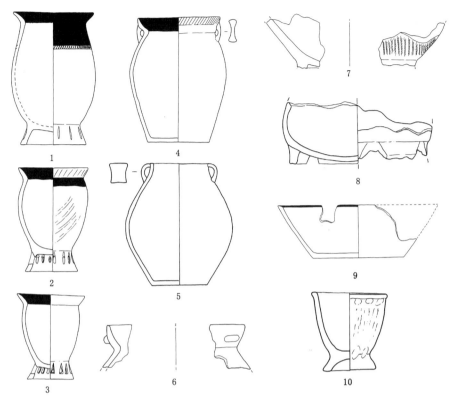

1.TN1E2④B:21　2.M2:2　3.M2:1　4.TN1E1④C:33　5.G2:1　6.TN1E1④C:31
7.TN1E1④:44　8.TN1E2④:18　9.TN1E2④:50　10.TN1E1④C:60

图 16-4　下汤遗址出土上山文化陶器

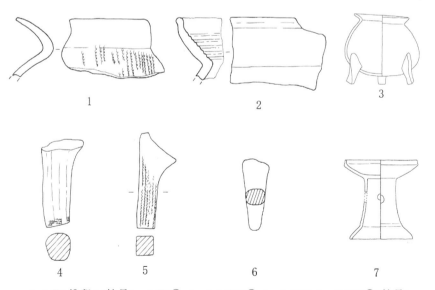

1、3.T6 堆积 1(缺号)　2.T4②:1　4、6.T11②:1　5.H41:1　7.T12②(缺号)

图 16-5　下汤遗址好川文化时期陶器

址群。遗址群以钱塘江上游的金衢盆地为分布中心,南至灵江流域,其中多个遗址进行了考古勘探和发掘,以义乌桥头的工作最为系统,成果最为显著。

义乌桥头遗址从2014年发掘至今,发现了上山文化时期的环壕聚落,面积2000余平方米。在中心台墩上发现了目前性质最明确的上山文化墓葬,东西向长方形,头朝东,侧身屈肢。清理了一批器物坑,出土的陶器制作非常精美,太阳纹等彩陶图案与跨湖桥遗址中出土的太阳纹图案一脉相承。值得注意的是,圜底罐(釜)在陶器群中占较大比例,进一步为跨湖桥文化圜底器的溯源提供了新线索。

金衢盆地新石器时代晚期的进展主要来自江山山崖尾遗址的发掘(彩版16-3)。2017—2018年发掘面积600平方米,主要收获是清理了新石器时代晚期墓葬59座、灰坑45座以及少量肩头弄文化遗存,这是继好川墓地之后,发掘面积最大,遗存最为丰富的好川文化遗址。

发掘区内好川文化墓地与生活堆积均分为南、北两区,相间分布。北区墓葬13座,南区46座。墓葬西北—东南成排分布,绝大多数为近方形土坑竖穴墓,少数为长方形,方向基本呈东西向。一般都有葬具,均平底。因骨骼均朽烂,难辨葬式和头向,从个别墓葬残存的骨骼来看,可能为二次葬。随葬品以陶器为主,玉石器不多,少量漆木器。陶器流行三足和圈足,以鬶、杯、豆、罐、壶为主,另有少量釜、簋、盉、圈足盘、纺轮等。部分器形为硬陶,主要为簋、罐、杯等(彩版16-4)。纹饰素面为主,主要有镂孔和弦纹,少量绳纹。石器主要为锛和镞,有少量钺。玉器均为锥形器。漆木器可辨有觚,其他器形不明。

生活区出土陶片以夹砂红褐陶为主,其次是泥质灰陶。夹砂陶主要为鼎类残件,鼎流行宽凹沿,鼎足形式多样,以正面内凹、戳印的铲形足为主流和特色。泥质灰陶主要为豆和罐,豆把流行矮圈足,圈足上饰圆形镂孔。以上特征与墓葬中陶器的组合和形制有显著差别,灰坑的测年数据也表明生活区大部分遗存整体上早于墓葬。

(五)钱塘江中轴两侧地区

钱塘江中轴两侧地区指钱塘江干流两侧的东西向狭长谷地,在这一地带,近十年主要发掘了桐庐方家洲、小青龙、城堂岗、沈家畈、富阳瓦窑里等遗址。

方家洲遗址发现了崧泽文化时期长江流域第一处大型的、专业性玉石生产制造场,并清理了数座马家浜文化墓葬[①]。沈家畈为良渚文化时期的石器加工作坊。小青龙遗址为一处钱塘江中游良渚文化时期高等级聚落,从墓葬方向、排列方式、随葬品组合、灰坑出土的陶器等各方面判断,都具有显著的地域特征[②]。

富阳瓦窑里遗址2016—2018年三次发掘共约2000平方米,清理了崧泽文化末期至良渚文化早期墓葬20余座,填补了方家洲和小青龙遗址之间的年代缺环,随葬品以鼎、豆、罐、过滤器为组合,陶器组合及形制与余杭地区非常相近。另出土较多的石铲,长方形,整体厚实,一面带纵脊,为其他地区未见,很有地域特点。

城堂岗遗址2016年进行了全面的勘探、调查,揭露面积780平方米,清理灰坑11个、柱坑3个、柱洞4个,是桐庐县首次发现的钱山漾文化遗址,特殊的聚落模式以及遗址出土的陶、石器等遗物丰富了钱山漾文化内涵。

钱塘江下游地区,近年发掘了萧山祝家桥遗址,年代为崧泽文化晚期至良渚文化时期。发现了同时期人工营建的土台等生活遗迹,这在钱塘江以南地区比较少见。

(六)宁绍平原及周边沿海地区

这一地区近年发掘了余姚井头山、施岙、江桥头、北仑大榭[13]、镇海鱼山、乌龟山、胡坑基、奉化何家[14]、下王渡[15]、慈溪茂山、嵊泗黄家台等一批重要遗址。同时,对姚江谷地和舟山群岛的先秦遗址进行了专题调查,两个地区史前遗址的数量较之前有了数倍增加。井头山遗址是浙江第一处贝丘遗址,也是我国沿海年代最早的贝丘遗址,距今 8300～7800年。施岙遗址则发现了世界上最早、规模最大的史前水稻田,并且历经河姆渡文化早期、河姆渡文化晚期、良渚文化三个发展阶段。奉化江河姆渡文化遗址群、镇海河姆渡文化遗址群的工作揭示了河姆渡文化晚期聚落和社会的发展,也为研究与太湖文化的关系提供了新材料。大榭、慈溪茂山遗址还揭露了钱山漾阶段的聚落,前者更是发现了钱山漾时期的制盐遗存。嵊泗黄家台遗址是我省发现的第一处沙丘遗址。总之,以上这些发现在遗址的年代、遗址类型、生业经济、聚落分布等方面均取得了重要突破。

四、思考与初步认识

(一)旧、新石器过渡阶段是探索农业起源、农业社会发生、人类生产生活变革的关键阶段。目前,这一阶段在长江下游地区还是空白。浙西、浙西南的山地丘陵地区均有一些旧石器时代晚期文化遗存的线索,结合上山文化遗址的分布来看,钱塘江上游特别是其南侧广袤的丘陵盆地有望发现旧、新石器过渡阶段的遗址。从上山文化早期的陶器等文化特征来看,它已呈现比较成熟的形态,可能还存在更早阶段的新石器初期的文化遗存。因此,今后要以上山文化为基点,向上溯源,弥补旧、新石器之间过渡的缺环,探索这一转变的过程。

(二)进入 21 世纪的头十年,浙江史前考古好戏连台,新发现、新认识不断涌现。钱塘江以南地区发现和发掘了上山遗址和小黄山遗址,于 2006 年提出了"上山文化"的命名。20 世纪 90 年代初曾掀起波澜的跨湖桥遗址,2001 年再度发掘,2005 年正式提出了"跨湖桥文化"的命名。2001 年《好川墓地》发掘报告出版,正式提出了"好川文化"的命名。这样,钱塘江以南地区便建立起了上山文化—跨湖桥文化—河姆渡文化—好川文化的年代序列,但彼此之间的差异仍然给人以强烈的断裂感。之后,龙游青碓、荷花山、永康湖西等重要遗址的发现与发掘,"不但在文化的叠压关系上,证明了上山文化与跨湖桥文化的前后关系,也在文化内涵上证明两者的继承关系"[16]。

近十年来的工作,进一步丰富了各个考古学文化的内涵,我们也越来越清晰地看到了文化间传承的"血缘性"与文化类型的"多样性"。特别是义乌桥头、仙居下汤、余姚井头山遗址的发掘,丰富和深化了我们对上山文化、跨湖桥文化的认识,体现在以下几个方面:第一,桥头和下汤遗址均为相对独立的台地,且都有环壕围绕,结合小黄山等遗址的情况,上山、跨湖桥时期的聚落可能普遍存在环壕。第二,以上两个遗址都出现了较多的器物坑,上山、小黄山也存在这样的情况,可见,在上山文化中这是一个普遍的现象,但它们的功能还需具体分析,下汤遗址的大多数器物坑或器物组位于有意铺垫的红烧土活动面上,有的大口盆中可能还装满某种食物,陶器组合中及烧土面上还常见陶杯,显示了较强的仪式活动的特征。第三,桥头遗址发现了较多的圜底器,部分陶器外壁中下部还有火烧的痕迹,尚不能确认是否为炊器,但圜底的特征应与跨湖桥文化有着渊源关系。第四,桥头遗址中发现了数量较多的彩陶,其中有非常具象的太阳纹图案,不但表明上山先民对太阳及天体的关注或崇拜,而且与跨湖桥文化的太阳纹高度相同,显示了两者观念和艺术手法上的一脉相承。第五,井头山遗址所蕴含的信息是巨大的、多维的——首先,作为首个发现的跨湖桥时期贝丘遗址,它呈现了跨湖桥文化时期文化和生业经济形态的多样性;其次,发掘者认为从遗址所处环境和文化特征上看,井头山遗址所代表的文化类型,应是河姆渡文化的主要来源或直系祖源,也是中国海洋文化和南岛语族文化的源头;最后,井头山遗址再次证明这一地区距今7000多年前环境的变迁,对历史和环境研究都提供了重要启示。

(三)以宁绍平原为中心的河姆渡文化的研究进展,主要体现在以下几个方面:

余姚施岙遗址河姆渡早期—河姆渡晚期—良渚时期水田"三叠层"的发现不仅呈现了水田耕种、管理技术的发展,也揭示了河姆渡文化全面繁荣的生业基础。不仅如此,河姆渡文化以来,钱塘江两岸的交流非常密切,河姆渡文化的有脊釜、绳纹釜等典型因素广泛出现在嘉兴地区桐乡罗家角、海宁瑞士桥等遗址,一个显著的事实是崧泽文化晚期,杭嘉湖平原涌入了大量的人口开垦拓荒,这背后很可能有河姆渡人的直接移植,崧泽晚期杭嘉湖地区水田耕种技术的大发展,离不开河姆渡的贡献。

姚江谷地的调查、奉化江流域河姆渡聚落群的呈现及舟山群岛河姆渡时期遗址的调查,不仅使我们对河姆渡文化核心区聚落的分布和社会发展有了深入的了解,也表明了聚落考古工作思想在这一区域的实践。宁波地区奉化何家、下王渡等一系列新石器时代晚期遗址的发掘,丰富和深化了我们对该地区新石器时代晚期文化、聚落与社会的认识,展现了该地区河姆渡文化晚期以来文化的转型和发展,也为我们思考和重新定义这一时期钱塘江两岸的关系提供了重要的新资料。

自河姆渡遗址发现以来,钱塘江两岸的史前文化关系和文化性质一直是经久不衰的话题,讨论的焦点为宁绍地区河姆渡文化晚期以来的考古学文化属性问题。大部分学者坚持钱塘江以南地区"河姆渡文化四期说"[17],而相当于良渚文化时期的遗存,认识不一。牟永抗称为"河姆渡后续文化"[18];王海明、刘军从宁绍地区的良渚文化时期遗存入手,提出了"良渚文化名山后类型"[19];丁品认为宁绍地区到了良渚文化时期,南、北两支文化融合产生了新的文化,建议称为"河姆渡文化名山后类型"或"名山后文化"[20]。

对钱塘江两岸史前文化关系认识的分歧充分反映了考古学文化融合及其命名的现实困境,具有广泛的普遍性。笔者认为,处理这一问题,要遵循考古学文化的命名原则,但不赞成以物质文化因素量化的标准裁定考古学文化的属性,强调要从区域历史发展纵、横的角度考虑文化遗存的差异性。不论"良渚文化名山后类型"还是"名山后文化",本质上均承认了该类遗存相对于空间(浙北良渚文化)或时间(河姆渡文化)的混合性和特殊性,这种特殊性应该放在钱塘江两岸史前文化关系发展进程和区域格局中去综合考量。丁品指出，马家浜文化晚期钱塘江两岸的文化关系发生了倾斜，即由原来平等的双向交流演变为主要由马家浜中晚期文化对河姆渡三期文化单向的影响[20]，这便是对马家浜文化晚期钱塘江两岸史前文化关系的高度概括。蒋乐平针对塔山遗址马家浜文化晚期与河姆渡文化三期文化因素分组共存的现象，提出了"塔山文化"的概念，并认为马家浜晚期以来，发生了太湖人群向钱塘江以南地区迁移，直接参与了该地区的史前文化开发[22]。实际上，之后曾源源不断地发生这样的人口迁移，在这一过程中，钱塘江以南地区的地域传统不断被分化和解构，到了良渚文化时期，呈现多样化、碎片化的历史格局。一方面，浦江山背、桐庐小青龙、富阳瓦窑里等遗址表现出全面的"良渚化"，另一方面，都不同程度地保留着区域传统的基因和烙印，比如墓葬东西向的传统，釜和绳纹的顽强存续，某些器类（如鼎等）的独特风格。

（四）钱塘江腹地方家洲、小青龙、瓦窑里、城堂岗等遗址的发掘建立了该地区马家浜文化—崧泽文化—良渚文化—钱山漾文化的史前文化序列，不仅在各个时间断面上展示了该地区的考古学文化面貌和社会进程，也清晰地呈现了杭嘉湖地区与钱塘江以南地区史前文化交流和互动的通道，结合奉化名山后遗址、浦江山背遗址、萧山祝家桥遗址等进行比较分析，有两点启示：其一，这些遗址不同程度地受到太湖地区的影响，似乎越往钱塘江上游，遗址的独立性越明显；其二，各遗址个性鲜明，不仅反映了文化交流存在多种的路径和网络，也反映了文化交流方式和融合方式的多样性。

（五）浙西南地区山崖尾、陇东等好川文化遗址的发掘，丰富了好川文化的内涵，特别是通过墓葬揭示了好川文化基层社会的样态，推动了好川文化的研究，表现在以下四个方面：

第一，山崖尾遗址发掘后，好川文化的内部结构更加明晰。目前，可以将好川文化暂分为好川类型和曹湾山类型（彩版 16-5）。好川类型以好川墓地、山崖尾遗址为代表，主要分布在瓯江上游的仙霞岭南北两侧，陶器组合常见鬶、豆、罐、壶、盉、杯、矮圈足盘等，而鼎不见或少见，流行近方形墓坑，方形墓坑的传统见于更早阶段的福建浦城下山尾遗址[23]、武夷山吴齐墓地。曹湾山类型以温州曹湾山遗址、屿儿山遗址为代表，主要分布在仙霞山脉以东的瓯江中下游地区。墓葬形制流行长条形土坑墓，随葬品陶器组合为釜、鼎、豆、罐、壶、盉等，不见鬶、杯类器物，条纹着黑陶、小型石锛、扁铤石镞构成曹湾山类型最具特色的文化面貌。根据灵江流域最新的发现，下汤及西邻的陇东遗址的柱形鼎足很有特色，但整体文化面貌还不清楚，暂归为曹湾山类型。

第二，填补了好川文化绝对年代数据的空白。山崖尾遗址共获取有效测年数据 44份。由图 16-6 可以看出，第一期灰坑的年代区间为距今 5100～4500 年，显然，以灰坑为代表的生活遗存的年代要早于绝大部分墓葬。墓葬填土中碳样的测年区间较分散，距今5000～3900 年。从逻辑上说，这批测年数据可以作为卡定墓葬年代上限的参考。学界基本一致认为好川墓地第一至三期不晚于良渚晚期[24]，栾丰实认为环太湖地区的矮颈袋足鬶年代为大汶口晚期，而以长颈袋足鬶为代表的遗存年代相当于龙山文化初期[25]，按照良渚文化和龙山文化的编年体系，好川文化上限在距今 4500 年左右。山崖尾 H20 和T7Z45 分别打破 M33 和 M20，这两座墓葬的年代均相当于好川墓地三期，根据这两个墓葬的测年数据，其年代不晚于距今 4400～4200 年，这支持上述好川文化年代上限的判断。

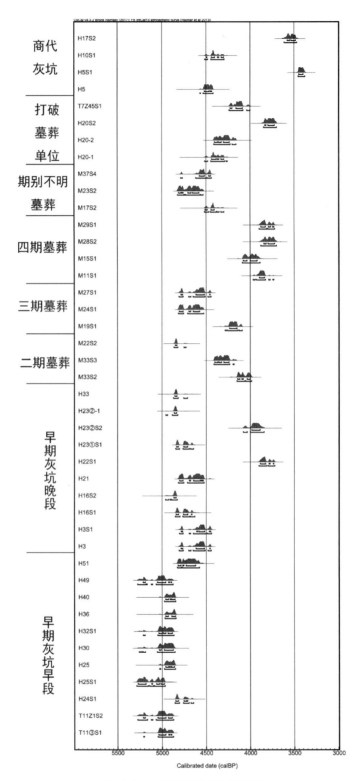

图 16-6　山崖尾遗址测年区间图

关于好川文化的下限,以出土长颈鬶的墓葬为代表,根据山崖尾的测年结果,M11、M15、M28、M29 四座墓葬填土中木炭的测年数据集中在距今 4000～3900 年,且这四座墓葬均处于整个墓地的最晚阶段,若确凿,则意味着好川文化年代的下限可能迟至距今 3900 年左右,但这与龙山文化早期的绝对年代相抵牾,这还需要今后更多的测年数据来讨论。

第三,山崖尾、屿儿山为讨论好川文化的聚落结构和社会组织提供了很好的样本。其一,从曹湾山、屿儿山、山崖尾等遗址的情况看,好川文化的聚落,居址和墓葬紧邻,空间上有着明确的功能分区,只是尚不清楚好川文化居址的具体形态。其二,山崖尾遗址清理的 59 座墓葬在空间上,可以分为 A、B、C、D、E 五组,每组 15 座左右,C 组 M33 的西部应该还有高等级的墓葬分布,或许可以单列一组。经笔者初步的整理,山崖尾墓地可以分为四期,结合分期的结果,可以发现这五组墓葬基本是并行下葬的,其中 A、B 组墓葬的下葬顺序最为清晰(彩版 16-6)。其三,好川遗址贵族墓地与平民墓地的发现,已揭示了其聚落内部不同集团的存在。山崖尾南、北两区墓地也表明聚落内部至少存在两大集团的组合。从其规模看,这样的集团单位很可能就是不同的家族,如此,各组墓葬则可能代表不同的核心家庭。从社会分化的角度看,好川遗址高等级墓地与平民墓地在家族的层面揭示了好川文化高等级聚落内部社会的分层和分化,而山崖尾遗址则主要是在家庭的层面揭示了好川文化普通聚落家庭之间的分化。

第四,山崖尾遗址生活区灰坑和地层出土的以铲形足、宽凹沿鼎(釜)、矮圈足豆为特征的陶器遗存,测年距今 5100～4800 年,为探索好川文化形成之前的土著文化遗存提供了新的线索。而对灰坑植物遗存的分析,首次证明当地至少在距今 5300～4900 年前已经形成了稻粟黍混作的农业结构,而且粟黍在整个农业体系中所占的比重较高。同时,稻米粒形的测量和对比分析显示,当地自新石器时代晚期至商代种植的稻米均为“短圆形”的小粒型,作物结构和水稻品种特征均表现出与临近的江西、福建地区较为密切的联系,明显不同于同属长江下游文化区的环太湖地区。

尽管近十年来,钱塘江以南地区的史前考古,取得了许多方面的重要成果和进展,但各阶段仍存在诸多方面的问题。我们面临的最为基本和迫切的问题是这一地区的先秦考古学文化谱系还没有完整地建立起来。上山文化、跨湖桥文化、河姆渡文化三者之间的承袭关系还需要更多的证据进行系统的梳理和论证。跨湖桥文化与河姆渡文化都是以滨海的遗址命名的考古学文化,具有一定的特殊性,他们与西部丘陵地区同时期的文化遗存关系如何?新石器时代晚期,浙南地区除了宁绍地区和钱塘江腹地,普遍缺失相当于河姆渡文化晚期至良渚早中期阶段的遗存。此外,好川文化向肩头弄文化的转变也是极度薄弱的环节。因此,浙南地区考古学文化谱系的建设依然任重道远。

注释:

①浙江省文物考古研究所:《浙江考古四十年》,文物出版社,2019 年。

②浙江省文物考古研究所等:《浙南飞云江流域青铜时代文化遗存》,《东南考古研究》第二辑,厦门大学出版社,1999 年。

③林公务:《黄瓜山遗址的发掘与认识》,《福建文博》1990 年第 1 期;福建博物院:《福建霞浦黄瓜山遗址第二次发掘》,《福建文博》2004 年第 3 期。

④福建博物院、霞浦县博物馆:《福建霞浦县屏风山贝丘遗址 2016 年度发掘简报》,《福建文博》2017年第 3 期。

⑤浙江省文物考古研究所、遂昌县文物管理委员会:《好川墓地》,文物出版社,2011 年。

⑥王海明:《温州老鼠山遗址——好川文化在瓯江下游地区的重要发现》,《浙江考古新纪元》,科学出版社,2009 年。

⑦浙江省文物考古研究所发掘资料。

⑧陈明辉:《2021—2023 瓯江上游(丽水地区)区域考古调查的阶段性成果》,"浙江考古"微信公众号,2023 年 6 月 20 日。

⑨罗河笙、汪跃等:《台州路桥灵山遗址》,《东方博物》2015 年第 2 期。

⑩浙江省文物考古研究所等:《浙江临海峙山头遗址调查与试掘简报》,《东南文化》2017 年第 1 期。

⑪方向明:《方家洲:新石器时代的专业玉石器制造场》,《中国文化遗产》2012 年第 6 期。

⑫浙江省文物考古研究所、桐庐县博物馆:《小青龙》,文物出版社,2017 年。

⑬雷少、梅术文:《浙江宁波大榭遗址》,《大众考古》2018 年第 2 期。

⑭宁波市文物考古研究所等:《浙江宁波奉化方桥何家遗址 2017 年度发掘简报》,《南方文物》2019年第 1 期。

⑮宁波市文物考古研究所等:《浙江宁波市下王渡遗址方桥发掘区 2017 年发掘简报》,《考古》2019年第 9 期。

⑯蒋乐平:《跨湖桥文化研究的回顾与进展》,《跨湖桥文化国际学术研讨会论文集》,文物出版社,2012 年。

⑰牟永抗:《试论河姆渡文化》,《中国考古学会第一次年会论文集》,文物出版社,1979 年;牟永抗:《浙江新石器时代文化初步认识》,《中国考古学会第三次年会论文集》,文物出版社,1981 年;刘军:《河姆渡文化再认识》,《中国考古学会第三次年会论文集》,文物出版社,1981 年。

⑱牟永抗:《浙江新石器时代文化初步认识》,《中国考古学会第三次年会论文集》,文物出版社,1981 年。

⑲刘军、王海明:《宁绍平原良渚文化初探》,《东南文化》1993 年第 1 期。

⑳丁品:《钱塘江两岸新石器时代晚期文化关系初论》,《纪念浙江省文物考古研究所建所二十周年论文集(1979—1999)》,西泠印社,1999 年。

㉑丁品:《钱塘江两岸新石器时代晚期文化关系初论》,《纪念浙江省文物考古研究所建所二十周年论文集(1979—1999)》,西泠印社,1999 年。

㉒蒋乐平:《塔山下层墓地与塔山文化》,《东南文化》1999 年第 6 期。

㉓福建博物院、浦城县博物馆:《福建浦城县石陂下山尾遗址友掘报告》,《福建文博》2009 年第 3 期。

㉔宋建:《环太湖地区新石器时代末期考古学研究的新进展》,《南方文物》2006 年第 4 期;丁品:《距今 4400—4000 环太湖和周边地区古文化及相关问题》,《禹会村遗址研究——禹会村遗址与淮河流域文明研讨会论文集》,科学出版社,2014 年。

㉕栾丰实:《试论广富林文化》,《徐苹芳先生纪念文集》,上海古籍出版社,2012 年。

附记:本文系国家社科基金重大项目"长江下游社会复杂化及中原化进程研究"(20&ZD247)阶段性成果。

Advancements and Reflections on Prehistoric Archaeology in Southern Zhejiang over the Past Decade

Zhong Zhaobing，Liu Tuanhui

Abstract：This study summarizes and reviews the prehistoric archaeological work conducted in the southern Zhejiang Province，also known as the southern Zhejiang region，over the past decade. The Neolithic archaeology work has been particularly active in this area，with important discoveries made in natural geographic units such as the Feiyunjiang River Basin，the Oujiang River Basin，the Lingjiang River Basin，the Jinqu Basin，the central axis of the Qiantangjiang River，the Ningshao Plain，and the surrounding coastal areas. Excavations at Yiwu Qiaotou，Xianju Xiatang，and the Jingtoushan site in Yuyao have enriched and deepened our understanding of the Shangshan Culture and Kuahuqiao Culture. The discovery of the "three-layer" water field at the Shi'ao site in Yuyao，which spans the early Hemudu period，late Hemudu period，and Liangzhu period，not only demonstrates the development of water field cultivation and management techniques，but also reveals the comprehensive prosperity of the Hemudu Culture based on its livelihood. Excavations at the Fangjiazhou and Xiaoqinglong sites in the Qiantangjiang River Basin establish the prehistoric cultural sequence of the Majiabang Culture，Songze Culture，Liangzhu Culture，and Qianshanyang Culture in the area. The excavation of the Haochuan Culture sites at Shanyawei and Longdong in the southwest of Zhejiang enriches the content of the Haochuan Culture.

Keywords：Southern Zhejiang，Shanshan Culture，Kuahuqiao Culture，Hemudu Culture，Haochuan Culture

新形势、新方法下田野考古中的"系络图"

——以平潭龟山遗址为例

危长福

（福建省考古研究院）

2009 年,国家文物局颁布了修订后的《田野考古工作规程》(以下简称《规程》),用于指导田野考古发掘工作,其中对于田野考古操作技术有详细的说明和相应的记录方法,旨在提高和加强田野考古技术的规范性和系统性以及获取高质量的考古资料。"系络图"是修订后的《规程》中新的概念和内容。

一、《规程》的修订以及"系络图"

1984 年颁布的《田野考古工作规程》得到了学界的普遍认可,发挥了重要作用。20 多年以来,中国考古学在物质文化史的基础研究积累到了一定的阶段,众多考古学理论、田野考古工作理念与方法的引入,使得中国考古学正悄然发生变化,"中国考古学最大变化发生在研究目的直指复原或重建古代社会的各个层面和领域,如果同意这一基本观点,这个变化引申出的对田野考古的期望与需求主要有两个方面:加强在发掘现场聚落结构的复原研究、提供复原社会生活不同领域的系统信息"[①]。田野考古是关于地层学、堆积形成、埋藏过程的一种研究,也为各项考古学研究获取和采集资料。同时,其他仰赖考古学材料进行研究的学科对考古资料的获取提出了更多的要求,因此对田野考古制定一系列的规范标准势在必行。在此大背景之下,国家文物局对原《规程》的修订,颁布了《田野考古工作规程(2009)》,通过规范和提高田野考古操作技术及其产生的资料质量水平,以达到"引导田野考古从获取物质文化史资料为目的工作方式转向聚落的空间结构和形成过程的把握与分析","加强对田野考古技术的规范和系统性的要求,以最大可能保证获取资料的全面性和系统性"[②]。

何为系络图? 系络图概念的核心思想来源于西方田野考古主流的"CONTEXT"发掘方法和"哈里斯矩阵"[③]。其实国内对"CONTEXT"发掘法和"哈里斯矩阵"的认识不算太晚[④],只是未引起重视。1973 年,英国考古学家爱德华·哈里斯在英国温彻斯特发掘时,首次使用了一种全新的地层记录方法,他将田野考古可辨识的地层堆积的最小单位称为"地层单位"(stratigraphic unit),是自然营力和人工共同作用的结果。换言之,它们都代表着一次次的自然事件或是人类行为的结果，都是可以被辨识并且确认和记录的。正如《规程》里提到的"堆积单位是考古发掘最小的作业单位"。"CONTEXT"后来作为西方考古发掘中所有地层单位的通称，并给予数字编号，通过确认一个个"CONTEXT"时间的早晚，按时间关系将其编排串联，即是"哈里斯矩阵"。其主要目的是依据考古遗址地层堆积的基本原理，重建地层堆积的序列，复原遗址堆积的全过程。这要求在田野考古中细致地辨认堆积，规范地记录，认识地层形成的原因，才能建立起完整和正确的地层序列。

2009 年版《田野考古工作规程》根据我国田野考古对堆积单元及其编号的传统方法，引入"CONTEXT"发掘的理念，对"哈里斯矩阵"进行改良，将遗址的时空关系表现为二维的图表，即是系络图，"是用图形的形式表达堆积之间、堆积单位与遗迹之间的层位关系"[⑤]。有的学者将其表述为"将遗址堆积中单位的关系按照堆积形成的逻辑顺序相联，形成数据结构，以树状图的形式表现出来"[⑥]。在"系络图"中，堆积单位用长方形表示，遗迹单位则用重叠轮廓的长方形表示。系络图可以分层次绘制，小到某个（组）遗迹，大到发掘区，不同层次的绘制要求不同。绘制发掘区的系络图时，"无须事无巨细的表现所有单位的层位关系，而应有所取舍，突出重点"，还需要"关注地层单位之间的空间关系，充分考虑地层堆积的平面特征，按照各地层之间的平面关系进行布局"[⑦]。

二、龟山遗址"系络图"的实践

龟山遗址位于平潭综合试验区平原镇上攀村东北侧的一处小山岗上，为龟山西侧的延伸坡地，西北距上攀村委会约 245 米，西南距壳丘头遗址约 1 公里。遗址南北长约 520 米，东西宽约 250 米，面积约 13 万平方米（图 17-1）。2017、2018、2020 年，福建省考古研究院（福建博物院文物考古研究所）联合社科院考古研究所先后进行三次正式考古发掘，总面积为 800 平方米。遗址揭露包括贝壳堆积、大面积、密集分布的陶片堆积（图 17-2）、一处人工土台、若干柱洞，出土丰富的陶器、石器等遗物，其主体文化遗存属于青铜时代，是大型的史前聚落遗址。目前，龟山遗址正在进行第四次考古发掘，本文所要绘制系络图的发掘区即是 2017—2020 年这三次正式发掘的区域，位于遗址的西北部（图 17-3）。陶片堆积无疑是龟山遗留下的最显著的人类活动的结果，从这一意义上说，它可以算是"遗迹"，目前由于考古工作基本停留在揭露的密集陶片堆积层面，对其成因和性质尚未有统一的认识，所以在绘制"系络图"时，依然将其当作堆积处理。

龟山遗址 2017—2020 年发掘区系络图（彩版 17-1）的绘制思路是：遗址遗迹单位少，以发掘区的地层（堆积单位）为主；考虑到西北发掘区堆积呈东西方向的坡状，在绘制过程中按东西方向，将整个发掘区以东部、中部、西部的策略来布局各地层单位的位置；虽然发掘区的系络图无须拆解遗迹单位，由于人工土台的特殊性，笔者还是将人工土台目前解剖的不同堆积单位绘制进系络图里；另外，系络图经过了精简，主要考虑各探方地层堆积的特征，未将所有探方纳入系络图中，选取了重点且有代表性的若干探方。

从系络图中可以看出，其地层堆积的形成过程大致可以分成三个阶段：

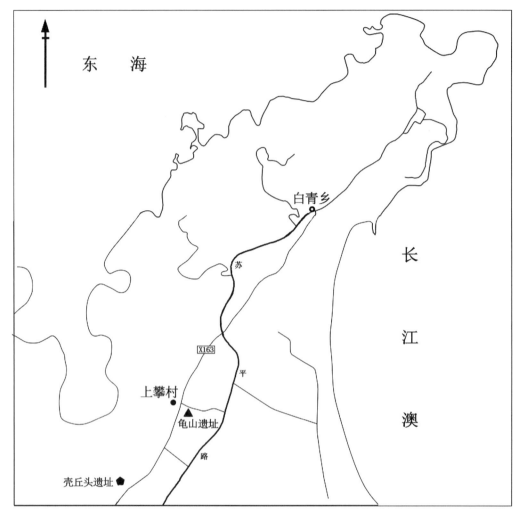

图 17-1 龟山遗址位置示意图

第一阶段：新石器时代晚期。在 T1 北部出露的贝壳堆积，其光释光测年约为5000B.P.，表明在新石器时代晚期，龟山遗址的先民在区域的中部偏北从事生产生活活动。发掘区中部位于龟山遗址的西北低矮坡地，现在的龟山被村道从中分面南北两部分，遗址当时所处的环境应当是一个近海湾的小山丘，潮涨时海水可至山前，潮退时亦可露出广阔的陆域。近海方便获取海洋资源而且背靠龟山东南的主峰，阻绝了长江澳的大风和带来的风沙，是良好的居址。T1 以北为村道所破坏，向北应当还有类似的堆积存在。

第二阶段：商周时期。为龟山遗址的主体堆积。系络图中的地层序列可以看出有早晚之别。稍早阶段，聚落不断发展。表现在发掘区：中部是主要的生活区域，同时向西和南扩张，如 TS02W06⑦、TS02W08④、TS02W09④与 TS03W10⑥及 H3 等堆积单位或是遗迹单位的出现即是此种的表现⑧。除此之外，人们开始向东翻过山坡抵达更高的区域生活（TS01W02⑤、TS01W03⑤、TS01W04⑤）。这一阶段，在发掘区留下了大面积的密

图 17-2　龟山遗址揭露的陶片堆积

图 17-3　龟山遗址 2017—2020 年发掘区位置图

集分布的陶片层,中部和西部又比东部更密集。该时期的土台垫⑤(目前只解剖至该层)表明,也许此时在东南角开始构筑人工土台。之后,原来在东侧更高处的人们并未在此持续生活,反而出现了看似废弃的情况,遗存上覆盖有如 TS01W02④、TS01W03④、TS01W04⑤、TS01W05⑥、TS01W06⑥的堆积,此层堆积形态与山体的走势相同,东薄西厚,特别在 TS01W04、TS01W05 内,该层厚而包含物少。再往西未见此层分布,历史时期地层之下即是密集的陶片层,有被破坏的可能性。这说明聚落内部可能发生了变化,可能人群转移或是功能区的改变。

至稍晚阶段,当时的人又重新回到此处,形成 TS02W03④、TS02W04④、TS02W05⑥大面积、密集分布的陶片层,这点可以说明是同一群人而不是一批外来人群。结合龟山遗址的勘探成果,此时聚落规模已经扩散至整个龟山。人工土台继续在构筑(垫土④~①),或许已经完成,但土台周边几个探方(如 TS02W02③、TS03W02③)包含物虽有增多,并未见如其他探方遗留的密集的陶片层,当时人们刻意地保持人工土台与陶片堆积的距离,体现了土台特殊的功能性,两者之间似乎有密切的关系。如此大面积的陶片层在一定程度上反映了陶器使用更迭之快与频繁,其背后的人类行为应该有着特殊目的与意义。之后遗址再遭废弃。

第三阶段:历史时期(唐宋至明清)。发掘区出土唐宋时期的遗物,不过明显为明清时期所扰。表明唐代以前的一段时期内,龟山遗址无人类活动。壳丘头遗址 1985 年发掘时出土的唐代遗物⑨和 2021 年发掘的唐墓⑩、榕山遗址的唐代地层及遗存⑪、平原镇红卫村仙女山唐墓⑫,使我们认识到岛屿北部是唐时经略平潭岛的重要区域,这与《平潭县志》所载的平潭在“唐为牧马地”史实相符。这一状况也为宋朝所延续。宋廷重海洋贸易,平潭岛作为海上贸易的必经之路,北部的苏澳钟门设置巡检司,平潭始兴。明清两朝重海防,对平潭岛的开发利用作用也很突出,故而对遗址形成破坏,龟山遗址成为居住区和耕作区。总体而言,明清以来的生产活动对遗址造成更严重的破坏,犁沟直接破坏至商周时期的文化遗存。直至近现代的耕作与建设,对遗址的地貌进一步的改造,形成了如今所见的模样。

三、结　语

系统图结合了我国田野考古的实际,不仅强调地层堆积序列,也突出遗迹功能,而且考虑空间布局变化。正如上文中所述,系统图绘制的依据是遗址中可以辨识的最小堆积单位,这就要求发掘过程中发掘者细致的辨识、分析其成因和性质并将所有的这些信息都加以记录,从而将大大提高获取考古信息的全面性与有效性。系统图在解释、复原堆积形成过程中可以有效地弥补后期出版报告时在地层剖面上取舍的不足。这套记录方法对我国的田野考古工作在如何获取考古资料的全面性和系统性方面有很大的启示,会使我国的田野考古发掘更为规范化、科学化⑬。

就龟山遗址而言,遗址分布的大面积、密集的陶片堆积一度困扰着考古发掘工作。龟山遗址经过多次考古发掘,获得了一批考古学材料,可研究成果却稍显滞后,笔者用这几年发掘的材料,第一次尝试用"系络图"这套记录方法对遗址的堆积过程进行复原,并形成了粗浅的认识,其中必然会有不足之处。"系络图"的绘制可能会很繁锁,体量或许很庞大,但在史前遗址的发掘中,为了复原遗址形成过程和满足复原、重建古代社会各个方面的研究目的需要,以及"对遗址堆积的认识是每一次田野考古发掘都需要面对和总结的,每次发掘对遗址堆积物的解释在各方面都应有所贡献"⑬,所以对堆积的发掘与记录就尤为重要,《规程》里的这套技术规范与记录方法,用以指导后续或是其他遗址的田野考古工作,是本文写作的目的。

注释:

①赵辉、秦岭、张海、孙波:《新形势、新需求、新规程、新修订:〈田野考古工作规程〉的相关说明》,《南方文物》2009 年第 3 期。

②赵辉、秦岭、张海、孙波:《新形势、新需求、新规程、新修订:〈田野考古工作规程〉的相关说明》,《南方文物》2009 年第 3 期。

③赵辉、张海、秦岭:《田野考古的"系络图"与记录系统》,《江汉考古》2014 年第 2 期。

④李新伟:《CONTEXT 方法浅谈》,《东南文化》1999 年第 1 期。

⑤国家文物局:《田野考古工作规程》,文物出版社,2009 年,第 35 页。

⑥霍东峰:《田野考古发掘记录中的"系络图"》,《考古》2018 年第 1 期。

⑦赵辉、张海、秦岭:《田野考古的"系络图"与记录系统》,《江汉考古》2014 年第 2 期。

⑧福建省考古研究院、中国社会科学院考古研究所、平潭综合实验区博物馆、平潭国际南岛语族研究院:《福建平潭龟山遗址 2019 年发掘简报》,《福建文博》2021 年第 4 期。

⑨福建省博物馆:《福建平潭壳垅头遗址发掘简报》,《考古》1991 年第 1 期;平潭国际南岛语族研究院、福建博物院考古研究所、中国社科科学院考古研究所:《平潭壳丘头遗址图录》,科学出版社,2019 年。

⑩资料整理中,待发表。

⑪本辑《福建平潭榕山遗址 2020 年度发掘简报》。

⑫厦门大学历史系、平潭社会事业局、平潭博物馆:《福建平潭县仙女山南朝至唐初砖室墓》,《考古学集刊》第 22 集,社会科学文献出版社,2019 年。

⑬李新伟:《CONTEXT 方法浅谈》,《东南文化》1999 年第 1 期;汤惠生:《哈里斯矩阵:考古地层学理论的新进展》,《考古》2013 年第 3 期。

⑭张弛:《理论、方法与实践之间——中国田野考古中对遗址堆积物研究的历史、现状与展望》,《北京大学考古学丛书:考古学研究》(九),文物出版社,2012 年。

Systematic Diagram in Field Archaeology under New Situations and Methods-Taking the Guishan Site in Pingtan as an Example

Wei Changfu

Abstract:The "Field Archaeological Work Procedure"(Trial Implementation) issued in 1984 has been widely recognized by the academic community and played an important role. In the past 20 years, Chinese archaeology has made great progress and has accumulated a certain stage of basic research on the material cultural history. The objective environment of the discipline has also undergone significant changes, reflected in the shift of research objectives towards the restoration or reconstruction of various aspects and fields of ancient society. In 2009, the State Administration of Cultural Heritage issued the "Field Archaeology Operation Procedure" (2009), which set technical standards and recording methods for field archaeology operations in order to guide field archaeology from obtaining material cultural historical data to grasping and analyzing the spatial structure and formation process of settlements. The "Systematic Diagram" is an important part of the revised "Procedure", through which field archaeology information can be effectively recorded and the accumulation process and understanding of the cause of the site can be restored. The systematic diagram derived from the excavation of the Guishan Site shows that the formation process of the stratum can be roughly divided into three stages: late Neolithic, Shang-Zhou period, and historical period.

Keywords:Systematic Diagram, Accumulation Process, Guishan Site

从日本学者记录的东南亚杆上家屋看岭南地区史前房屋的原始形态

李玫瑰

（桂林博物馆）

一、研究缘起

人类自形成聚居点以来，居住形式一直处于变迁之中。其中洞穴是一种早期重要的聚居形式。它不仅给了人类遮风挡雨的场所，还可以抵御外部的袭击和侵扰。周口店北京猿人和山顶洞人，以及国外尼安德特人、克罗马农人等的遗址就是早期穴居的典型例子[①]。我国境内天然洞穴很多，因此穴居的习惯一直延续至近代。清嘉庆《广西通志》记载：庆远府（今广西河池宜州区）瑶壮杂居，又有伶僚、么佬、俍、侗之属，"民性轻悍，人风狂戾，常持兵甲，礼异俗殊，以岩穴为居止"[②]。

我国岭南地区山岭连绵，沟壑纵横，天然洞穴多，这为生活在岭南一带的先民创造了天然的居住环境。两广地区的古人类在旧石器时代就开始以天然的洞穴为家，如广西桂林宝积岩、柳州白莲洞等，广东阳春独石仔等，都是重要的旧石器时代晚期人类洞穴遗址。在中石器时代至新石器时代中期，人类依然以洞穴为家，如广西桂林的大岩遗址、甑皮岩遗址等，广东英德牛栏洞、封开黄岩洞等。在新石器时代中期以后，岭南地区的居民才开始走出洞穴，在河旁台地、山坡丘陵构木为巢，形成聚落，如广西邕宁顶蛳山遗址、横县江口遗址、柳州鹿谷岭遗址等，广东深圳咸头岭遗址、高要茅岗遗址、南海灶岗贝丘遗址等，香港涌浪遗址、元朗厦村陈家园贝丘遗址等。这说明新石器时代中期以后人类开始慢慢走出洞穴，迁到山坡、河流台地、贝丘等地居住。但他们走出洞穴后的居住形式又是怎么样的呢？目前在岭南地区一些新石器时代中晚期遗址发现了柱洞、居住面等房屋建筑遗存，一些学者对此进行了初步的探讨，比如：上海市文物保护研究中心赵荦在《先秦时期沿海地区贝丘遗址中人工建筑遗迹试析》一文中，认为我国沿海地区已发现的先秦部分贝丘遗址中出现了人工建筑，大体上可以分为半地穴建筑、地面建筑和干栏式建筑三种类型；华南理工大学建筑学院曹劲、邓其生在《岭南早期建筑适应环境的启示》一文中认为岭南原始建筑发展经历了洞居、半穴居、巢居、栅居、船居等，通过对遗址环境及柱洞遗存分析，岭南史前建筑出现了干栏式建筑，其中高要茅岗遗址、珠海宝镜湾遗址的房屋等都是典型的"干栏建筑"；天津师范大学历史文化学院张文娟在《试论中国史前干栏式建筑的起源》

一文中,认为干栏式建筑是自然环境的产物,早在新石器时代早期就在我国南方地区诞生。在已有出土资料的基础上,该文从四个角度进行论证,即:中国新石器时代的自然环境变迁、文化发展的连续性及继承性、农业的发展及经验的积累与技术创新,最终得出了干栏式建筑的多元化发展模式,即"多中心起源说"。

以上研究者都把岭南的史前建筑归类为干栏式建筑,但是由于考古发现的材料有限,对于这些"干栏式建筑"的具体形态没能做出进一步的判断。这使得我们对这些"干栏"的具体形态还缺乏客观的了解。

笔者因为所学专业为日语翻译,且从事工作为广西历史和民族研究,多年来搜集了不少有关东南亚中南半岛诸国和南太平洋诸岛国(以下简称"东南亚诸国")民族志的日文书籍。在这些日文书籍中也有关于东南亚诸国居住方式方面的材料,包括文字描述和影像资料。本文试根据日本学者记录和翻译的东南亚诸国原始部落的房屋建筑资料,结合中国古代文献记载和考古发现的岭南地区史前房屋遗存分布情况、环境因素等,对岭南地区史前房屋的初步形态进行分析和探讨。不当之处,请专家学者进行指正。

二、古代中国文献记载的岭南土著房屋的类型

关于中国岭南地区和东南亚各国的民族志的资料,最早见录于中国上古地理书《山海经》,以及西汉史学家司马迁的著作《史记》之《南越列传》。此后历代官修正史一般都设有关于东南亚各国的列传。南朝以后,一些学者开始以个人名义撰述岭南民族志资料,如南朝宋沈怀远《南越志》(南夷志,已失传)、唐代樊绰《蛮书》、刘恂《岭表录异》、莫休符《桂林风土记》,宋代范成大《桂海虞衡志》、周去非《岭外代答》,元代周达观《真腊风土记》,明代张洪《南夷书》、田汝成《炎徼纪闻》、黄福《奉使安南水程日记》、王世贞《安南传》,清代《朝鲜琉球安南图说》等。明清以来,广西、广东的地方志书(省志、州志、县志、乡土志等)也都有关于本辖区少数民族的资料。

在这些古代文献关于岭南和东南亚民族志的资料中,几乎都有关于居住方式方面的记载。综合古籍记载和近代民族学调查资料,岭南地区土著居民房屋类型大体上有以下几种:

(一)树巢

树巢是一种利用天然大树作支撑、在树干中上部枝丫开杈处搭建房屋的居住方式,是人类最古老的房屋建筑形式之一。在我国史书中有关巢居的记载很多,如《韩非子·五蠹》说:"上古之世,人民少而禽兽众,人民不胜禽兽虫蛇,有圣人作,构木为巢,以避群害,而民悦之,使王天下,号之曰有巢氏。"[③]晋代张华《博物志》载:"南越巢居,北朔穴居,避寒暑也。"[④]唐代黔州东谢蛮"散在山洞间,依树为层巢而居,汲流以饮"[⑤]。清嘉庆《广西通志》载:泗城府(今广西百色凌云县),"民居架木为巢,或结茨山顶,依傍岩穴"[⑥]。云南尤

独族在新中国成立前还"筑屋于树,或就石洞为屋"⑦。因为搭建在高离地面的大树上,巢居可以防止野兽、敌人的攻击,同时还利于瞭望。

在一些古文献中,巢居也被称为"干兰",如《魏书》载:"依树积木以居其上,名曰干兰,干兰大小随其家口之数。"⑧笔者认为,这种"依树积木"建造的"干兰",与其他文献所记载的"编竹苫茅为两重,上以自处,下居鸡豚"⑨的"麻栏"或"干栏"在建造方式上明显不同,应属于不同类型的房屋,因此本文称之为"树巢"以示区别。树巢与干栏有共同之处,即两者的居住面都离开地面,但是不同之处也是非常明显的:树巢是依靠天然的树木来作为整座房屋的支柱,干栏则是依靠人工夯植木桩于地面作为房屋的支柱。树巢的建造必须依靠天然大树,而干栏的建造则不受制约,可以选择建在空旷的平地、倾斜的山坡,甚至还可以建在临水的河湖岸边,显然是比巢居更为进步的居住方式。

(二)干栏

"干栏"之名始见于唐代古籍,另外还有"麻栏""葛栏""高栏"等不同名称,可能是由古越语转译而来的音变。在现代壮语中,"干"是"上面""稻梗"的意思,"栏"是"房屋"的意思,连起来就是"上面的房子""放稻谷的房子",这正符合干栏式房屋的基本特点和功能。

干栏式建筑的基本特点是,在木(竹)柱底架上建造的高出地面的房屋。一般用木头、竹子作桩柱、楼板和上层的墙壁,屋顶为人字形,覆盖以树皮、茅草等。干栏建筑上部因离开地面,具有防潮、防虫蛇、防兽害等功能,一般用于住人和存放稻谷,下面架空层可用于关养猪牛鸡鸭等畜禽,便于看管并防止偷盗。建造干栏时,地面不需要做挖平、夯实等处理,建筑材料全部是可以就地取材的木材和茅草,因此建造方便快捷,是南方古代少数民族最为普遍的住宅建筑形式之一。这种居住方式从古代一直沿用到现代,是研究南方居住建筑文化的活化石。

(三)吊脚楼

吊脚楼也称为"吊楼",是南方山区常见的房屋形式。吊脚楼都是依山就坡而建,在靠山坡一端挖出平坦的屋台,房子主体建在屋台实地上,属于地台房屋;另一端延伸出屋台外用木柱支撑架空,属于干栏结构。吊脚楼兼具地台屋和干栏的优点:地台屋部分稳固耐用,便于生火做饭及各种活动;吊脚部分高出地面,既通风干燥,又能防毒蛇、野兽,楼板下还可以放杂物。

(四)地台屋

地台屋也可以简称为"屋居"。中国最早的地台屋发现于北方黄河流域,时代属新石器时代早期。在长江流域也发现新石器时代早中期的地台屋遗址。岭南地区地台屋遗址出现在新石器时代中期,很可能是从北方传入的。

地台屋的主要特点是:房子建在人工平整好的地台上,地台既是房屋的承重面,也是人家的居住面。由于地台坚固平整,承重力强,房子不易倾斜塌陷;地面就是居住面,方便生火做饭及各种活动。地台屋的布局受建筑材料制约较小,因此除常见的方形布局外,还可以有圆形、三角形、多边形等布局。

综上所述,笔者认为岭南地区土著居住方式发展过程为:穴居(以岩穴为居址)→半穴居(依傍岩穴,巢居崖处)→巢居(结茨山顶,架木为巢)→干栏居(架木为屋,爨寝在上,禽畜在下)→吊脚楼→地台屋。

三、近代日本学者描述的东南亚诸国土著房屋的类型

日本早在明治时期就开始了东南亚研究,出版了若干涉及东南亚问题的书籍。1930年代以后,随着军国主义对外扩张政策主导了日本国策,日本当局十分重视搜集东南亚各地的情报与资料,并出版了大量刊物与图书。第二次世界大战期间,日军占领东南亚诸国,日本专业研究人员随军进行"实地调查",并以军事地志和民族志的名义将调查研究结果编撰成书。这些书籍有:太平洋协会编《大南洋文化と農業》(大南洋文化和农业),昭和十六年(1941年)东京河出书房刊行;能登志雄著《タイ國地誌》(泰国地志),昭和十六年东京古今书院刊行;ハイネ・ゲルデルン著(小堀甚二译)《東南アジアの民族と文化》(东南亚的民族与文化),昭和十七年圣纪书房刊行;清野谦次著《太平洋民族学》,昭和十八年岩波书店刊行;清野谦次著《太平洋に於ける民族文化の交流》(太平洋民族文化的交流),昭和十九年创元社刊行;フゴ・アドルフ・ベルナチク著(小池新二译)《メラネシア探検》(美拉尼西亚探险),昭和十八年海洋文化社刊;A・L・クローバー著(三品彰英、横田健一译)《フィリッピン民族誌》(菲律宾民族志),昭和十八年三省堂刊行;アーサー・フェーヤー著(岡村武雄译)《ビルマ史》(缅甸史),昭和十八年博文馆刊行。

这些书籍都是日文原版,国内未见译本。在这些书籍中,有不少篇幅涉及东南亚诸国居住方式的文字描述和影像资料。兹简要介绍于下:

日本人类学家、考古学家、医学家清野谦次(1885—1955)在《太平洋民族学》一书中详细地记载了东南亚各民族文化特点,包括衣食住行、社会构成、宗教等各个方面,其中对东南亚各地住民家屋也进行了翔实的记载,并配有图片。

ハイネ・ゲルデルン著(小堀甚二译)《東南アジアの民族と文化》(东南亚的民族与文化)一书中,主要介绍了东南亚各地区的人种与民族、文化以及外来文化对当地的影响。同样把文化方面分为:"有史以前に関する発見"(史前文化)、"原始文化"(原始文化)、"中级文化"(中级文化)、"外来文化の影響・高度文化"(外来文化的影响、高度文化)。在"中级文化"一章节中对当地住民的居住方式——杙上家屋进行了翔实的介绍,并配有图片。

A・L・クローバー著(三品彰英、横田健一共译)《フィリッピン民族誌》(菲律宾民族志)一书中对菲律宾诸岛原住民、语言、生活物资、社会构成、宗教、知识与艺术等方面进行了详细的介绍。其中,对菲律宾原住民的家屋也进行了翔实的介绍并配以图片。

归纳起来，日本学者记录的东南亚诸国居住方式有以下几种：

(一)树上家屋

树上家屋，也称"木上家屋"。是利用一棵或数棵天然的树桩作为立柱，把上半截树木砍掉，在其上搭建平台，再接着在其平台上搭建房屋的建筑形式（图18-1）。フゴ・アドルフ・ベルナチク著（小池新二译）《メラネシア探検》（美拉尼西亚探险）一书中，把"木上家屋"称之为"高层家屋"[⑩]（图18-2）。除了以天然的树桩作为立柱之外，为更加巩固房基，在作为主要立柱的天然树桩的旁边还会增加数根木桩共同支撑整个家屋。这样的居住形式可以防止野兽、敌人的攻击，便成为当地土著人很好的"避难所"。主要分布在菲律宾（吕宋岛的卡阿林族、棉兰老岛的曼达亚族等）、新几内亚等地。

图18-1　フイリッピンのバゴボ族の木上家屋（菲律宾的巴戈博族的木上家屋）

（引自清野謙次《太平洋民族學》第54页）

日本民族学家清野谦次在《太平洋民族学》中对树上家屋有较详细的描述：[⑪]

高床家屋の一種とも見るべきは樹上家屋である。之れは村を離れた淋しい地の畑に建てられて、立木の途中を切り棄てて其上方に建造せられて居る事が多い。野獸の害を防ぎ、敵人を防禦するためでもある（ルスン島のカリンガ族、ミンダナ

图 18-2　クラレンス山頂のブヤイ部落、敵襲を防ぐ為樹梢ヤ台杭上に建てた家
(在克拉伦斯山顶的布雅伊部落,为了防御敌袭而建造在树梢和台桩上的一种房屋)
(引自フゴ・アドルフ・ベルナチク《メラネシア探検》第 68 图)

才島のマンダヤ族等)。

　　译文:树上家屋属于高床家屋的一种。大多数建在远离村子的荒凉田地上,把树木的上半截砍掉,在其上建造家屋。这样的树上家屋不仅可以防御野兽的侵害,还可以防御敌人(吕宋岛的卡林阿族、棉兰老岛的曼达亚族等)。

　　另外,ハイネ・ゲルデルン著(小堀甚二译)《東南アジアの民族と文化》(东南亚的民族与文化)一书中也对"树上家屋"进行了介绍。
　　从描述和图片来看,日本人记录的"树上家屋"对应的是中国文献记载的"树巢"。

(二)杭上家屋

　　杭上家屋,也称"杭上家屋"(图 18-3)、"高床家屋"(图 18-4)。"杭""杭"在日语里都是"木桩"的意思,连接起来"杭上家屋"或"杭上家屋"的意思为"木桩上的房屋"。
　　ハイネ・ゲルデルン著(小堀甚二译)《東南アジアの民族と文化》(东南亚的民族与文化)一书中对"杭上家屋"的记述如下:[12]

　　　少なくとも場所的な分布に関する限り、東南アジアにおける家屋建築において

图 18-3　アムバワ島ドンゴ族の家（安巴瓦岛多贡族的家屋）
（引自ハイネ・ゲルデルン《東南アジアの民族と文化》第 181 頁）

图 18-4　マイルウ島對岸クレーレ部落原住民の住居（マイルウ文化）
［迈卢岛对岸的克莱雷部落原住民居住地（迈卢文化）］
（引自フゴ・アドルフ・ベルナチク《メラネシア探検》第 49 图）

は杙上建築が重さをなしている。杙によって地面上高く高められた家か、または
それよりも稀ではあるが、水上に建てられた家かがそれである。

译文：至少就地域分布而言，在东南亚的家屋建筑中，杙上家屋占主导地位。杙
上家屋就是在地面立上桩子，使地板高于地面的居住形式。另外，较少在水上建造类
似的家屋结构。

清野谦次在《太平洋民族学》中则根据"杭上家屋"楼面高出地面的特点将之归类为
"高床家屋"，描述道：[13]

東南亜細亜では分布地域の大なる點に於ける杭上家屋、換言すれば地上に杭を
を立てて床を高くした高床家屋が最も多い。同様な構造で水上に建つものは其
れ程多くはない。

译文：杭上家屋分布在东南亚大部分地区。换言之，在地面上立上桩子，使地板
高于地面的高床家屋为最多。在水上建造类似的家屋结构，并没有那么多。

总之，所谓"杙上家屋""杭上家屋""高床家屋"，都是在地面上立上桩子后，在其上搭
建地板，使地板高于地面的家屋形式。相对而言，"杙上家屋"是比"高床家屋"更为原始的
房屋形式。这样的建筑形式不仅具有防潮、散热、通风等功能，还可以有效地防止毒虫、野
兽的侵害。修建地点也比较不受地形限制，即使是在凹凸不平的地面上也易于修建，甚至
还可以建在水中。

(三)地床(平床)家屋

所谓"地床家屋"，是以地面为居住面，相对较矮的家屋的形式，也称之为"平床家屋"。
这类家屋的古老形式是帝汶岛的圆形家屋，在家屋中间立上柱子，用树皮、草皮等覆盖，屋
顶呈伞状(图18-5)。有些地方在建造地床家屋时，往往会在地板上铺上石块使地板更加
平整。

清野谦次在《太平洋民族学》对地床家屋的描述为：[14]

上記の高床家屋の外に地面を床とせる低い家屋の形式がある（地床家屋）。此型
での古式なるものはチモール島の圓形家屋で中央に柱を建てて傘を擴げた様に屋
根を葺く。然り此地床圓形家屋が総ての地下床家屋の根源を為すや否やは甚だし
く疑問である。

译文：除了上述的高床家屋外，还有以地面为地板的低矮家屋形式（地床家屋）。
这种类型的古老建筑是帝汶岛的圆形家屋，在房屋中间立上柱子，屋顶呈伞状。然
而，这种地床圆形家屋是否是所有地床家屋的根源，依然是一个疑问。

日本人记录的"地床家屋"和"平床家屋"，可以与中国岭南地区的"地台屋"对应。

上述树上家屋、杙上家屋(杭上家屋、高床家屋)、地床家屋主要是根据房屋"床面"与地面的支撑方式做出的分类。除此之外,日本学者还根据房屋的平面和屋顶形状把房屋分成长方形、六边形、圆形、角形等类型,实际上这几种家屋也有树上、杙上(杭上、高床)、地床等地板形式(图 18-5、图 18-6)。

清野谦次在《太平洋民族学》对"圆形家屋"的描述如下:[15]

インドネシア最古の家屋形式の一として圓形家屋のあることは前に述べたが、平地床で圓形家屋である。例へばアンダマン島とチモール島の住民に之れを見る。ところが高床であり、且つ圓形家屋を呈せる住宅はチモール島に於いて上記平床圓形家屋と並び行はれるし、又エンガノ、ニコバール島、東ボルネオ島のダヤーク人の一部にも之と同様なる状態が現はて居る。

時として楕圓形の家がある。ニアス島北部に見る所があるが、やはり圓形家屋から發生したものであらう。其他ハルマヘラ北部には平地床、或は高床八角家屋ありと云ふが、其發生は圓形家屋からでないかも知れぬ。

译文:前面已经提到过,圆形家屋作为印度尼西亚最古老的家屋形式之一,它是平床(地床)圆形家屋。例如,在安达曼岛和帝汶岛也可见这样的房屋形式。在帝汶岛,既有高床圆形家屋,也有上述的平床圆形家屋。另外,在恩加诺岛、尼科巴岛、东婆罗洲岛的一部分达雅克人也同样是采用这样的家屋形式。偶尔也见有椭圆形的家屋。在尼亚斯岛北部虽然可见椭圆形家屋,但这些家屋是圆形家屋演变而来的。此外,在哈马拉黑岛北部有平床(地床)家屋、高床八角家屋,但这些家屋形式是不是从圆形家屋演变而来的,至今尚未知道。

图 18-5　チモール島の圓形家屋(帝汶岛的圆形家屋)
(引自清野謙次《太平洋民族學》第 48 页)

图 18-6　ニコバール島ナンカウリの圓形家屋(尼科巴群岛的楠考里岛的圆形家屋)

(引自清野謙次《太平洋民族學》第 50 页)

四、杙上家屋与"干栏"的异与同

以上大致介绍了东南亚诸国原住民的家屋形式。显而易见,杙上家屋是东南亚最普遍的家屋形式。同时从结构来看,东南亚杙上家屋与中国岭南的干栏既存在相似性,又存在差异性,总体来看似乎更为原始。因此,研究东南亚杙上家屋,对了解中国岭南地区干栏建筑的起源,尤其是对了解史前时期岭南建筑遗存的具体形态,具有一定的借鉴意义。

(一)杙上家屋的建造方式

ハイネ・ゲルデルン著(小堀甚二译)的《东南亚的民族与文化》一书中对"杙上家屋的建筑材料"的记载如下:[16]

　　建築材料としてまず第一に問題となるのは、木材と竹材とである。この場合注意しなければならぬのは、他ならぬ山地諸部族および一般に中級文化諸民族はしばしば強い木の支柱と厚い木の板とを床および壁のために選ぶが、特に文化諸民族の下層においては竹材が廣範圍に用ひられているといふことである。

　　巨大な竹は柱と梁とを提供し、また縦に割られたり平たく潰されたりしてしばしば壁と床との材料にも用ひられる。細長い割竹で編まれ、非常に美しく模様を編み込んだ莚も、よく壁に用ひられる。多くの地方では樹皮が壁や床や屋根に用ひられる。その他往々にして木や竹の小板が屋根瓦に用ひられるが、しかしそれよりも草や棕櫚の葉の小束の方が一層頻繁に用ひられる。小間隔を置いて垂木に竹棹を固定させ、それに草や棕櫚の葉の小束を列を作って結び付けるのである。この種の屋根瓦は、インドネシアでは大抵アタプと呼ばれる。マレイ半島とマレイ群島では、往々にして家の壁もアタプで作られる。インドネシアの東部一特にモルッカ諸島でしばしば用ひられる壁の材料は色々な種類の棕櫚の葉脈であって、ガッバガッバと名付けられている。相互に柄接ぎされていない限り、建物の各部の締め付けには結縛材として藤またはしなやかな竹の組が用ひられる。石と粘土は家屋建築においては稀にしか挙ぐるに足る役割を演じていない。杙上建築においては、時として大きな石が代の土臺に用ひられている。

　　译文：建筑材料主要以木、竹为主。值得注意的地方是，山地诸部落、中等文化诸民族常选择坚硬的木头作为支柱、厚实的木板作为地板和墙壁，但低级文化诸民族广泛使用竹子作为建材。

　　大型的竹子作为桩子和房梁，把竹子从中间破开或者把竹子捶扁，作为墙壁和地板的材料。用细长的竹篾编织成竹席作为墙壁使用，这些竹席常编织出美丽的图案。大部分地区，使用树皮作为墙壁、地板、屋顶的材料，用木板或者竹板作为屋顶的瓦，但把草和棕榈叶捆绑成束状作为房瓦的材料更为常见。把竹竿间隔横搭在椽木上使其固定，先把草和棕榈叶捆绑成小束，再有序排列铺在屋顶上。这种类型的房瓦在印度尼西亚称之为"アタプ"（Atp），在马来半岛和马来群岛把墙壁也称之为"アタプ"（Atp）。在印度尼西亚东部，特别是在摩鹿加群岛，常用各种不同品种的棕榈叶脉作为墙壁材料，称之为"ガッバガッバ"（Gabba-Gabba）。棕榈叶脉不仅可以起到相互连接的作用，还可以作为束缚材料把建筑物的各部位捆得更加牢固，除此之外还使用到藤蔓和竹绳。石头和黏土使用率不高。杙上家屋，有时候会使用石头作为桩子的地基。

　　杙上家屋的基座主要使用数根立柱支撑着整座房屋，使得家屋的地板高于地面，这是原始高床家屋的显著特点。立柱主要以木、竹为主。有些地方为了更好地适应当地潮湿的气候，会在柱洞里填埋上石头以防止木桩受潮腐朽。

　　杙上家屋的"床面"采用的材料主要以木、竹为主。家屋外面往往有梯子通往"床面"，以便于生活。同样，梯子也较为原始，有些用一根砍有缺口的木桩作为上下的梯子，有些则是在两根竖立圆木头中间加上几根横木作为梯子(图18-7)[17]。另外，从图18-7、图18-8可看出，杙上家屋的立柱分布并不是均匀有规律的。

　　A. L. クローバー著(三品彰英、横田健一译)《フィリッピン民族誌》(菲律宾民族志)一书中对"家屋的火塘"的描述如下：[18]

　　爐には地面を箱形に掘った穴で十分役に立つ、或は此の目的に作った陶器の器がある。火は只料理の為にのみ必要なのであるから、小さな爐で充分であり、煙突は

图 18-7　家へ上がる（爬上高床回家）

（引自フゴ・アドルフ・ベルナチク《メラネシア探検》第 75 图）

图 18-8　モトウ族部落ガイリの「往来」（東南ニューギニア）

［凯里村的摩托族部落在家屋高床间架设横木用于"往来"（东南新几内亚）］

（引自フゴ・アドルフ・ベルナチク《メラネシア探検》第 76 图）

不必要である。そのやうな煙は茅葺の檐の下からたってしまふ。

译文：在地面上挖出一个箱形的坑作为火塘，或者制作一个陶炉。火只用于烹饪，所以一个小火塘就足够了。烟囱并不是必要的，那轻薄的炊烟可以从茅屋檐下冒出来。

由此可见，杙上家屋的火塘并不是在地板上的，而是在其"床面"下的地面上或者在杙上家屋旁边的地上。其床面主要用于日常起居。

东南亚地区处于太平洋与印度洋的交汇处，这样的地理位置使得东南亚的气候主要以热带雨林气候和热带季风气候为主。热带雨林气候的气候特征是全年高温多雨。热带季风气候的气候特征是终年高温，降水分旱雨两季。杙上家屋下面有数根木桩支撑着，使得家屋的地板高于地面。这样的建筑形式不仅具有防潮、散热、通风等功能，还可以有效地起到防止毒虫、野兽的侵害。这样的房屋，即使是在凹凸不平的地面上也易于修建，还干净卫生。由此可见，杙上家屋是适合东南亚地理环境以及气候的建筑形式。

（二）杙上家屋与干栏的异同

日本人记录的"杙上家屋"对应的是中国文献记载的"干栏"或"高栏"。但是，从描述及所附图片来看，东南亚杙上家屋与中国岭南地区干栏又有所区别。主要体现在以下三个方面：

1.结构上，杙上家屋的建造过程是先搭建基床，然后在基床之上用立柱搭建房间，上部的房间与下部的基床不一定共用立柱，因此基床与房间可以是分开的两部分，下部支撑柱的布局与上部房间立柱的布局是不一致的。但是岭南干栏建筑的下部架空层与上部房间的立柱是共用的，即立柱从地面直通房顶，因此下部架空层与上部房间是统一的整体，不可分开，下部立柱的布局就是上部房间立柱的布局。

2.布局上，由于东南亚杙上家屋下部基床与上部房间是分开搭建的，因此下部基床的大小和布局与上部房间的大小和布局不一定对应一致，形状有正方形、长方形、六边形、圆形、角形等（图18-3、图18-4、图18-6）。有些甚至在基床上再建造两层的房子，形成三层杙上家屋（图18-4）。

3.功能上，东南亚杙上家屋的下部架空层一般是通透的，少见用围板封闭的现象，因而下部大多不具备圈养牲畜和家禽的功能。而文献记载的岭南地区干栏的一个重要特征是"牛羊犬豕畜其下"。

五、考古发现的岭南史前房屋遗存

根据已公布的材料，岭南地区发现房屋遗存的新石器时代遗址约有 15 处。为便于比较，择其要素列表于下（已发掘但未公布发掘报告的暂不录）：

表 18-1　南岭及岭南地区新石器时代房屋遗存发现地点

遗址名称	所在政区	地理环境	堆积类型	房址状况	房址时代
横县江口遗址①	广西横县百合镇江口村	郁江一级台地	河旁贝丘	柱洞 11 个，未见居住面	新石器晚期
贵港上江口遗址②	广西贵港市瓦塘行政村上江口村	郁江一级台地	河旁贝丘	灰坑、柱洞，未见居住面	新石器中期、晚期
象州南沙湾遗址③	广西象州县象州镇沙兰行政村南沙湾村	柳江一级台地	河旁贝丘	柱洞 4 个，未见居住面	新石器晚期
柳州鹿谷岭遗址④	广西柳州市柳南区太阳村镇和平岭背屯	柳江一级台地鹿谷岭	河旁	灰坑、柱洞，未见居住面	新石器中晚期
顶蛳山遗址⑤	广西南宁市邕宁区蒲庙镇九碗坡村	三面环水呈半岛状小土岭	河旁贝丘	柱洞 22 个	第 4 期新石器晚期
桂林甑皮岩遗址⑥	广西桂林市象山区独山西南麓	岩溶地区洞穴	洞穴贝丘	干栏纹陶片	第 5 期新石器中期
深圳咸头岭遗址⑦	广东深圳市宝安区大鹏镇咸头岭村	海湾第三级沙丘	河旁	房基、柱洞、红烧土	新石器晚期
高要茅岗遗址⑧	广东肇庆市高要区金利公社茅岗大队石角村	西江冲积平原中的浅水湖泊	湖滨	木桩、木柱	新石器晚末期
三水银洲贝丘遗址⑨	广东三水市白坭镇银洲村	西江、北江冲积平原中的小山岗	河旁贝丘	房址 2 处、柱洞 100 多个	新石器晚末期
南海灶岗贝丘遗址⑩	广东南海市灶岗村	珠江三角洲冲积平原上的小土墩	河旁贝丘	房址 3 处、1 个火堆或火塘、稀疏的柱洞	新石器晚末期
南海鱿鱼岗贝丘遗址⑪	广东南海市百西乡水边村	珠江三角洲平原上的一处低矮岗丘	河旁贝丘	房址 4 处	新石器晚末期
香港涌浪遗址⑫	香港新界屯门	海湾	海滨沙丘	干栏建筑遗存	新石器晚期
香港陈家园沙丘遗址⑬	香港元朗厦村乡白泥村陈家园	海湾	海滨沙丘	柱洞 4 个	新石器晚末期
香港吴家园沙丘遗址⑭	香港元朗下白泥村吴家园	海湾	海滨沙丘	夯筑泥沙土房基 2 座	新石器晚末期

根据上表,岭南地区新石器时代晚期和末期遗址发现的房屋建筑遗存,大体上可以分为 4 类:

第一类:发现房屋图案但没有发现房址。这类遗址只有广西桂林甑皮岩一处。漆招进先生对此已有论述,无需再次讨论⑮。

第二类:发现房基和居住面,可以判断其房屋类型属于地台屋。这类遗址有深圳咸头岭、三水银洲贝丘、南海灶岗贝丘、南海鱿鱼岗贝丘、香港吴家园沙丘。此外,香港涌浪和陈家园沙丘的房屋类型可能与吴家园沙丘的一致。此类房屋遗存的类型无需讨论。

第三类:柱洞排列规律,没有发现居住面,可以判断其房屋类型属于干栏。这类遗址有广西邕宁顶蛳山、广东高要茅岗。李珍、杨豪对此类遗存的房屋类型已有论述,也无需再议。

第四类:柱洞排列无规律,没有发现居住面,房屋形制不明。这类遗址有广西横县江口、贵港上江口、象州南沙湾、柳州鹿谷岭,都在广西境内。

本文主要讨论第四类房屋遗存的类型。笔者认为,岭南新石器时代晚期柱洞排列无规律、无居住面房屋遗存的房屋类型可能属于栈上家屋,理由如下:

(一)东南亚栈上家屋是在地面上竖起数根木桩支撑着地板,再在地板上建造房屋的建筑形式。房子建在用木桩(栈)支撑的床台上是栈上家屋最重要的特征。据日本学者描述,床台的高度有些1~2米高[34],有些高达3米[35],有些地方则认为床台越高,房屋主人的地位越高(维提人)[36]。由于居住的房子是坐落在木桩支撑的高台之上,高台的大小和稳固程度对台上房子的大小与稳固程度具有决定性的作用。在掌握榫卯连接技术之前,保持木桩稳固的方法主要是埋桩[37]。所谓埋桩,就是把木桩一端埋入地下一定深度以使之不能晃动。这也是我们能够在新石器时代遗址发现柱洞并据此判断属于房屋建筑遗存的理由之一。因此,如果在新石器时代遗址发现一定数量的柱洞,基本上可以判断为栈上家屋的遗存。第四类房屋遗存就都属于这种情况。在广西横县江口遗址发现的11个柱洞(图18-9),在广西贵港市上江口遗址发现的5个柱洞(图18-10),在广西象州南沙湾贝丘遗址发现的4个柱洞(图18-11),在柳州鹿谷岭遗址中发现的9个疑似柱洞(图18-12)即属此类。

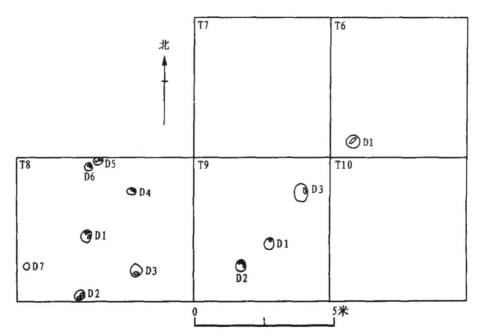

图18-9 横县江口遗址第3层下柱洞(?)遗迹平面分布图

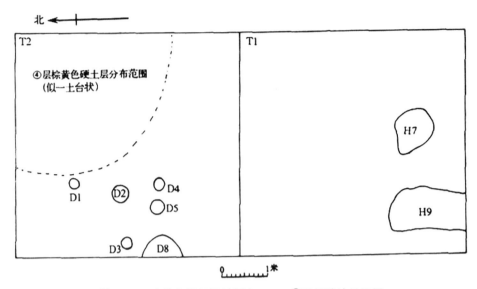

图 18-10　贵港上江口遗址探方 T1、T2③层下遗迹平面图

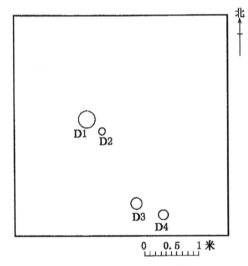

图 18-11　象州南沙湾遗址 Ata1⑥遗迹平面图

（二）杙上家屋支撑床台的木桩，并不需要与台上房子的立柱完全对应。为了使床台足够稳固，支撑床台的木桩并不限于四角，而是会遍布台下各处，木桩的数量会根据房屋的大小而不同，有些 5～7 根，有些 8～10 根，甚至更多[⑧]。因而柱洞的分布就不是规则的房屋布局，柱洞大小也不完全一致（参见图 18-7）。由此可见，在杙上家屋遗存中通过少量柱洞的分布规律是不能推断出房屋的平面布局的。反而观之，那些柱洞分布不规律的房屋很可能是杙上家屋。第四类房屋遗存属于这种情况。例如，横县江口遗址发现的 11 个柱洞，分布较为散乱，没有规律可循；贵港市上江口遗址发现柱洞 5 个，其中较大的 D2 柱洞居于中间，其他 4 个较小的柱洞围绕 D2 排列；象州南沙湾贝丘遗址发现柱洞 4 个，

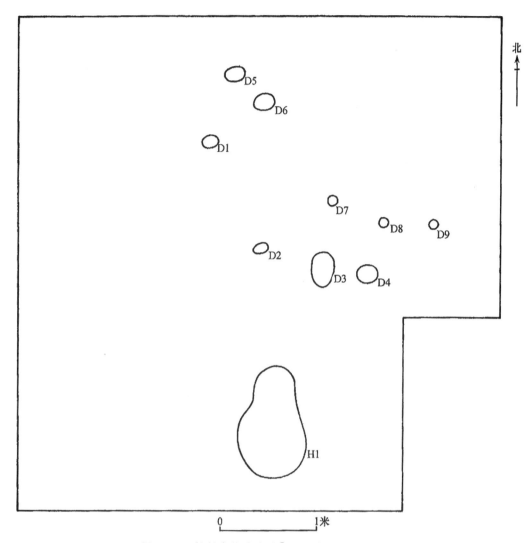

图 18-12　柳州鹿谷岭遗址②层下遗址平面分布图

排列大致为弧形,分布不规整,不符合干栏房屋一般呈方正布局的特点。

（三）建造杋上家屋时不需要对地面进行平整处理,主人生活也基本上不在地面,因而在地面不会出现因长期使用而产生的较硬实平整的居住面和因生火煮食产生的红烧土层、灶坑、灰烬等用火遗迹。由此,如果柱洞所在区域没有发现居住面和用火遗迹,也可以作为是杋上家屋的证据。第四类房屋遗存属于这种情况。例如,在横县江口遗址、贵港市上江口遗址、象州南沙湾贝丘遗址中都没有发现居住面。

（四）为了使支撑床台的木桩稳固,人们还会在主桩易倾斜方向增加副桩,这就会在地面出现大柱洞周边有小柱洞的情况。第四类房屋遗存存在这种情况。例如,在象州南沙湾遗址、柳州鹿谷岭遗址均存在这种情况。

（五）为了防止支柱下部因潮湿而腐朽,以及支柱因重力作用而下陷过深,人们还会在柱洞底部垫放石块、陶片等硬物。比如加罗林群岛当地的住民会在柱洞里填埋上石头或者珊瑚岩以防止木桩受潮腐朽。第四类房屋遗存的柱洞也存在放置石块和陶片的现象。例如,横县江口遗址 11 个柱洞的底部大都垫有石块;贵港市上江口遗址有 1 个柱洞(D5)的底部垫有石块和陶片。

(六)在新石器时代,螺蛳、河蚌、鱼鳖是人类重要的食物资源,而这些食物都是生活在水里。人们为了方便获得这些食物,就需要在河湖岸边居住。然而河湖岸边往往比较低洼潮湿,虫蛇较多,且容易遭受水患。因此,具有防潮、防虫蛇、抵御小规模水患以及高处瞭望等功能的杙上家屋是最适合的建筑形式。第四类房屋遗存都位于河旁台地,都有较多水生动物遗骸堆积(贝丘堆积),符合建筑杙上家屋的地理环境。

六、结语

(一)房屋是人类生活的必需场所,建造房屋是石器时代以来人类必须掌握的基本技能之一。由于人类建造房屋的最初材料是竹、木等有机质材料,材料寿命有限,在自然状态下难以长久保存,作为现代人的我们几乎不可能再看到几千年前史前房屋的完整实物,而只能通过考古发掘发现一些史前房屋的蛛丝马迹,比如柱洞、红烧土、灰烬炭渣、硬实的居住面等,再根据古代文献记载和近代民族学的田野调查资料对这些房屋的形态进行推测。然而由于历史的原因,我国对岭南地区民族学的田野调查开始的时间比较晚近,民国时期才开始有零星的田野调查,大规模的田野调查是在新中国成立以后。又由于受技术条件限制,这些田野调查资料大多为文字资料,缺乏影像资料,多数也没有公开发表。因此,利用较早开展田野调查并已公开出版的外文资料进行民学学研究,不失为一条可行的途径。

(二)根据日文书籍(日人原著和译著)的记录,东南亚诸国土著人的原始房屋主要有树上家屋、杙上家屋(杭上家屋、高床家屋)、地床家屋等形式,大体上可分别与中国古代文献记载的树巢、干栏、地台屋对应,但并不完全相同。

(三)考古发现的岭南地区史前房屋遗存,大体上有 4 种类型:第一类,发现房屋图案但没有发现房址;第二类,发现房基和居住面,可以判断其房屋类型属于地台屋;第三类,柱洞排列规律,没有发现居住面,可以判断其房屋类型属于干栏;第四类:柱洞排列无规律,没有发现居住面,房屋形制不明。发现第四类史前房屋遗存的新石器时代遗址有广西横县江口、贵港上江口、象州南沙湾、柳州鹿谷岭,都在广西境内,都属于河旁贝丘遗址。本文主要是讨论了第四类房屋遗存的建筑形制。

(四)根据日文书籍的描述,杙上家屋是在地面立上木桩、在木桩上平铺木板形成高于地面的平台、再在平台上用竹木搭建家屋用于居住的建筑形式。为了使平台稳固,平台下面的支撑木桩一般要深埋入地下并在洞底放置石块以防止下沉,木桩的数量一般会多于上部家屋柱子的数量,并且还会在主木桩的侧边安装较小的副桩作为加固措施,这就会出现主柱洞下部有石块、侧边有小柱洞、柱洞数量和分布不符合地台房屋的特征、地面没有居住遗迹等现象。岭南地区第四类史前房屋遗存,基本符合东南亚栿上家屋的特征。因此,可以将这类史前房屋遗存的建筑形态判断为类似于东南亚栿上家屋的形态。日文"栿"字与中文"栿"字意义相同,因此可以直接借用,称这类房屋为"栿上干栏"。

(五)"栿上干栏"属于"干栏"的一种原始形态,目前仅在广西中部邕江、郁江、柳江的河旁台地上的新石器时代中晚期贝丘遗址群发现,可能是适合于当时当地低洼潮湿、水灾多发的自然环境的一种房屋形式。

注释:

①林耀华:《民族学通论》,中央民族大学出版社,1997 年,第 410 页。

②谢启昆:《广西通志》卷 87《舆地略·风俗一》,广西人民出版社,1987 年,第 2789 页。

③王先慎集解:《韩非子集解》卷 19《五蠹》,中华书局,1986 年,第 339 页。

④张华撰、范宁校证:《博物志校证》卷 3,中华书局,1980 年,第 12 页。

⑤刘昫撰:《旧唐书》卷 197《列传第一百四十七·东谢蛮》,中华书局,1975 年,第 5274 页。

⑥谢启昆:《广西通志》卷 87《舆地略·风俗一》,广西人民出版社,1987 年,第 2789 页。

⑦陶云逵:《俅江纪程》,《云南边疆》1941 年第 12~15 期。

⑧魏收撰:《魏书》卷 101《列传第八十九·獠》,中华书局,1974 年,第 2248 页。

⑨周去非撰:《岭外代答·蛮俗》卷 10,上海远东出版社,1996 年,第 257 页。

⑩(日)フゴ・アドルフ・ベルナチク著,小池新二译:《メラネシア探検》(美拉尼西亚探险),海洋文化昭和十八年(1943 年)社刊,第 198 页。

⑪(日)清野谦次:《太平洋民族学》,岩波书店,昭和十八年五月二十五日(1943 年第一刷发行),第 54 页。

⑫(日)ハイネ・ゲルデルン著,小堀甚二译:《東南アジアの民族と文化》(东南亚的民族与文化),圣纪书房,昭和十七年(1942 年)刊行,第 208 页。

⑬清野谦次:《太平洋民族学》,岩波书店,昭和十八年五月二十五日(第一刷发行),第 47 页。"床"在日语中是"地板"的意思,并不是"床板"的意思,因此"高床家屋"的意思是"地板高于地面的家屋"。

⑭清野谦次:《太平洋民族学》,岩波书店,昭和十八年五月二十五日(第一刷发行),第 47~48 页。

⑮清野谦次:《太平洋民族学》,岩波书店,昭和十八年五月二十五日(第一刷发行),第 49~50 页。

⑯ハイネ・ゲルデルン著,小堀甚二译:《東南アジアの民族と文化》,聖紀书房,昭和十七年十二月五日初版印刷,第 212~213 页。

⑰(日)フゴ・アドルフ・ベルナチク著,小池新二译:《メラネシア探検》(美拉尼西亚探险),昭和十八年(1943 年)海洋文化社刊,第 75 页。

⑱(日)A・L・クローバー著,三品彰英、横田健一译:《フィリッピン民族誌》(菲律宾民族志),三省堂昭和十八年(1943 年)刊行,第 104 页。

⑲广西壮族自治区文物工作队:《广西横县江口新石器时代遗址的发掘》,《考古》2000 年第 1 期。

⑳广西壮族自治区博物馆、贵港市文物管理所:《广西贵港市上江口新石器时代遗址的发掘》,《华夏考古》2008 年第 11 期。

㉑广西壮族自治区文物工作队:《象州南沙湾贝丘遗址 1999~2000 年度发掘简报》,《广西考古文集》,文物出版社,2004 年。

㉒广西文物保护与考古研究所:《广西柳州鹿谷岭遗址 2010~2011 年度发掘简报》,《广西考古文集》第五辑,科学出版社,2013 年。

㉓李珍、黄云忠:《中国广西与越南的贝丘遗址及其文化关系》,《华南考古》2,文物出版社,2008 年,

第 26～32 页。

㉔中国社会科学院考古研究所等：《桂林甑皮岩》,文物出版社,2003 年,第 161 页。

㉕深圳博物馆、中山大学人类学系：《深圳市大鹏咸头岭沙丘遗址发掘简报》,《文物》1990 年第 11 期。

㉖杨豪、杨耀林：《广东高要县茅岗水上木构建筑遗址》,《文物》1983 年第 12 期;杨耀林：《广东高要茅岗新石器时代干栏式建筑遗存》,《史前研究》1985 年第 1 期。

㉗李子文：《广东三水市银洲贝丘遗址发掘简报》,《考古》2000 年第 6 期。

㉘广东省博物馆：《广东南海县灶岗贝丘遗址发掘简报》,《考古》1984 年第 3 期。

㉙李子、文李岩：《广东南海市鱿鱼岗贝丘遗址的发掘》,《考古》1997 年第 6 期。

㉚香港古物古迹办事处：《香港涌浪新石器时代遗址发掘简报》,《考古》1997 年第 6 期。

㉛区家发、莫稚：《香港元朗厦村乡陈家园沙丘遗址的发掘》,《考古学报》2002 年第 3 期。

㉜区家发、莫稚：《香港元朗下白泥吴家园沙丘遗址的发掘》,《考古》1999 年第 6 期。

㉝漆招进：《甑皮岩遗址第五期干栏陶纹辨识》,《史前研究》(2009),宁波出版社,2010 年。

㉞清野谦次：《太平洋民族学》,岩波书店,昭和十八年五月二十五日(第一刷发行),第 380 页。

㉟清野谦次：《太平洋民族学》,岩波书店,昭和十八年五月二十五日(第一刷发行),第 516 页。

㊱清野谦次：《太平洋民族学》,岩波书店,昭和十八年五月二十五日(第一刷发行),第 573 页。

㊲榫卯技术最早在中国东南沿海地区发明。目前发现的榫卯结构建筑实物是距今 7000 年前的浙江余姚河姆渡遗址的干栏建筑。

㊳清野谦次：《太平洋民族学》,岩波书店,昭和十八年五月二十五日(第一刷发行),第 469～470 页。

Examining the Original Form of Prehistoric Houses in the South China Region through Southeast Asian Stilt Houses Recorded by Japanese Scholars

Li Meigui

Abstract：This paper studies the Southeast Asian stilt houses recorded by Japanese scholars and compares them with the prehistoric house architectural remains found in the South China region. Based on the Japanese data, stilt houses were a type of architecture where poles were erected on the ground and then flat wooden boards were placed on the poles to form a platform elevated from the ground. The house was then built on the platform using bamboo and wood. To ensure the stability of the platform, the supporting poles were generally deeply buried in the ground and stones were placed at the bottom of the poles to prevent sinking. The number of poles was usually more than the number of columns in the upper house and smaller auxiliary poles were installed on the sides of the main poles for reinforcement. This resulted in phenomena such as stones at the bottom of the main pole holes, small pole holes on the sides, an irregular number and distribution of pole holes, and the absence of living traces on the ground. According to relevant archaeological excavation data, in the prehistoric house remains in the South China region, there is a type of remains that does not have a living surface, the pole holes are arranged irregularly，and it is difficult for excavators to determine the form of the house. After comparison，it was found that this type of prehistoric house remains basically matches the characteristics of Southeast Asian stilt houses. Therefore，the architectural form of this type of prehistoric house remains can be judged as similar to Southeast Asian stilt houses and referred to as "Stilt Posts". "Stilt Posts" is a prehistoric primitive form of "Posts" and is currently only found in the Late Neolithic Shell Mound Site Group in the central part of Guangxi along the rivers of the river-side plateau of the Yongjiang，Yujiang，and Liujiang Rivers. It may have been a type of house suitable for the local low-lying，wet and flood-prone natural environment at that time.

Keywords：Stilt Houses，Stilt Posts，Prehistoric Houses，Southeast Asia Region，Lingnan（South China）Region

杭州余杭跳头遗址夏商时期文化遗存初论

林　森　　　杨金东

（杭州市文物考古研究所）

　　跳头遗址位于杭州市余杭区中泰街道跳头村东北 400 米。遗址西南为天目山余脉，东北为平原区，遗址处于山地丘陵区与平原区的交界地带，遗址北侧南苕溪自西向东流过。经国家文物局批准，杭州市文物考古研究所于 2020 年秋季开始对其进行持续两年的考古发掘工作，总发掘面积约 3500 平方米。遗址地层共分为 10 层，其中第 1～5 层为自然沉积地层，第 6～10 层为文化层，文化层年代分别为西周至春秋时期、晚商时期、夏商时期、广富林文化时期和良渚文化时期。发掘共清理灰坑 68 座、灰沟 4 条、房址 2 座、陶片堆（TD）4 处、红烧土堆积（HD）18 处、作坊遗迹（ZF）1 处以及柱洞（组合）、护岸遗迹等。出土陶鼎、甗、罐、钵、盆、豆、三足盘、圈足盘、瓠、鸭形壶、纺轮、器盖、支座，印纹硬陶罐、瓿、尊，原始瓷碗、豆，石锛、凿、斧、刀、镰、范、箭镞、纺轮，青铜斧、刀、箭镞、矛头，玉钺等遗物。其中夏商时期阶段文化遗存丰富，遗址第 8 层出土盆形鼎、罐形鼎、带按窝的鼎足、花边装饰口沿等带有二里头文化因素特征的遗物，晚商阶段出土多件保存完好的石范以及青铜器、铜锭、铅锭等与铸铜直接相关的遗存，为研究环太湖地区夏商时期文化面貌提供了重要资料。

　　本文根据遗址发掘资料，对夏商时期文化遗存进行初步分期，进而与同时期周边的遗存进行对比，探讨其文化性质与源流，进一步促进环太湖地区夏商时期文化性质与分期的研究。

一、遗存概况

（一）地层堆积状况

　　跳头遗址文化层自下而上、自早到晚依次为良渚文化、广富林文化、夏商时期、晚商时期、西周至春秋时期等，延续时间长、堆积连续、序列完整，其中涉及夏商时期的遗存主要集中在遗址第 7、8 两层。以 T1510 南壁为例，第 7 层距地表 99～116 厘米，厚 20～36 厘米，土质较为致密，土色呈深棕褐色，分布全探方，出土陶片以夹砂红陶和泥质灰陶居多，也有少量印纹硬陶,纹饰主要有云雷纹、梯格纹等。典型器物有细高喇叭形泥质灰陶豆、外撇椭圆足泥质灰陶三足盘等。第8层距地表145～159厘米,厚16～35厘米,土质致密,土色呈浅黄褐色偏灰,分布全探方,出土夹砂灰黑陶、夹砂红陶、泥质红陶、印纹硬陶、原始瓷等,典型器物有侧装扁足鼎、束腰甗、鸭形壶、带鋬敛口罐、高领鼓腹硬陶罐、瓿以及半月形穿孔石刀、石锛等。

(二)遗存概况

跳头遗址夏商时期遗迹主要有房址、灰坑、灰沟、陶片堆、红烧土堆积、作坊遗迹等。房址两座,F1为商代晚期,内部发现一层黑灰色土,浮选后获得大量水稻种子。F2为马桥文化时期,顶部为红烧土堆积,红烧土烧结程度较高,可能为倒塌的墙体,结构为木骨泥墙。将倒塌的红烧土清理完毕后,其下分布有两排大致呈西南—东北走向的柱洞。灰坑形状以圆形和椭圆形者居多。陶片堆指集中分布的成堆陶片,未见明显土坑,TD1、TD2、TD3均为晚商时期,TD4为马桥文化时期。红烧土堆积可能与生产活动相关,其中HD1出土多件保存完好的石范以及炭屑、石器等,其与作坊遗迹(ZF1)可能为铸铜活动的生产区域。

跳头遗址夏商时期出土遗物比较丰富,种类有石器、陶器、青铜器、玉器等,石器主要为磨制石器,包括石锛、刀、凿、斧、矛头、镞、范等,以半月形石刀、石锛、石镞为主。陶器从胎体结构来说,可分为软陶和硬陶。软陶类主要包括泥质和夹砂两种,泥质陶以泥质灰黑陶和泥质红陶为主,夹砂陶以夹砂红陶和夹砂灰黑陶为主。坯体的制作方法主要有泥条盘筑加慢轮修整和轮制两种。纹饰种类多样,压印主要为粗绳纹、细绳纹以及交错绳纹、弦断绳纹器等,拍印以席纹、方格纹、叶脉纹、云雷纹等为主,此外戳印的圈点纹也较为流行。器形包括鼎、甗、罐、钵、盆、豆、三足盘、圈足盘、瓿、鸭形壶、纺轮、器盖等。青铜器包括斧、镞、矛头等,此外还发现与铸铜有关的铜锭、铅锭等。

二、遗存的分期与年代

跳头遗址夏商时期文化遗存可分为早中晚三期。

(一)早期遗存

早期遗存主要包括地层第8层下部以及H45、H65等遗迹。该期遗存仅存在于发掘区西南部,且在层位上与中期遗存分界不明显,但在遗物特征上,与中期存在差异。早期遗存陶质以夹砂陶为主,同时出现原始瓷器。陶色以灰褐、红陶为主。纹饰以绳纹、弦纹、弦断绳纹等为主。器类包括罐形鼎、盆形鼎、束腰甗、三足盘、器盖等,侧扁足施按窝(图19-1,3、4、5、6)以及花边口沿装饰(图19-1,1、6)带有浓郁的二里头文化风格特征。罐形鼎(YTH65：4)，折沿，侧装扁状足，足上施三组对称的按窝，肩部施弦纹，腹部施绳纹(图19-1，4)。盆形鼎(YTH65：5)，夹砂灰褐陶，折沿近平，方唇，唇面有一道凹弦纹，圆弧腹，侧装扁状足，足上施按窝(图19-1，5)。束腰甗(YTH65：6)，折沿，束颈，束腰，上体鼓腹，下体扁圆，足为侧装扁足，口沿施花边装饰，上体肩部施数周弦纹，腹部及下体施弦断绳纹、绳纹(图19-1，6)。三足盘，原始瓷，敞口，斜沿，斜直腹，平底，下承三矮足，器壁内外有明显的轮制修整痕迹(图19-1，7)。器盖(YTH65：3)，夹砂灰陶，侈口，浅腹，盖面较斜，捉手较高，器壁内外侧见有多周弦纹(图19-1，8)。

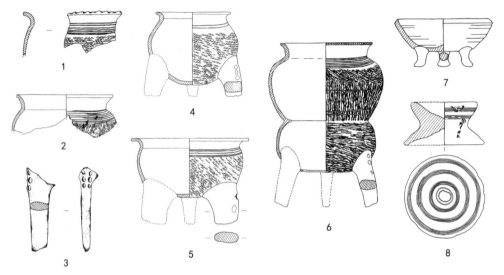

1.花边装饰口沿(YTZF1：72) 2.鼎(甗)(YTH45：3) 3.侧装扁状足(YTH65：7) 4.罐形鼎(YTH65：4)
5.盆形鼎(YTH65：5) 6.束腰甗(YTH65：6) 7.原始瓷三足盘(YTH65：1) 8.器盖(YTH65：3)

图19-1 跳头遗址夏商时期早期阶段遗存

　　早期阶段遗存延续了广富林文化的部分特征，如罐形鼎在广富林文化中较为常见，但两者存在一些差异，跳头遗址鼎口沿沿面上凹弧不明显，足根外侧也不见有手指捏痕，鼎足部位内壁不见椭圆形捺窝。鼎足非三角足，而为近梯形。肩部施弦纹以及弦断绳纹、唇面有一道凹弦纹的风格也与广富林文化遗存相似，但广富林文化绳纹多仅施于下腹部。束腰甗在广富林文化中几乎不见，但却是马桥文化的典型器，华南地区印纹陶文化的甗形器最早兴起于鄱赣地区[①]，以万年类型文化为代表，釉陶和原始瓷比例较高，圜底无足的甗形器为主要炊器，关于万年文化的年代尚不是十分清晰，近年来对角山遗址的发掘发现二里头文化相似的因素，表明万年类型文化早期阶段遗存可能进入夏时期[②]，跳头遗址马桥文化早期阶段遗存出土原始瓷三足盘、束腰甗等器形与鄱赣地区万年类型文化有密切联系，万年类型文化很可能参与到马桥文化的形成过程中。盆形鼎、罐形鼎、带按窝的鼎足、花边口沿装饰属于典型的二里头文化因素，在江汉平原的盘龙城[③]、荆州荆南寺[④]、郧县李营[⑤]、淅川下王冈[⑥]均有发现，并可能存在东西两条传播路线[⑦]。跳头遗址马桥文化早期阶段遗存的二里头文化因素应是江汉平原沿江南下进入鄱赣地区之后进而影响到的。跳头遗址第8层下H29出土水稻种子测年结果为公元前1770—公元前1610年，或可认为是该期遗存的年代上限,考虑到文化传播的滞后性,早期遗存年代可能为夏商交界或已经进入商代初期。

(二)中期遗存

中期遗存主要以地层第8层上部以及F2、TD4等遗迹为代表。泥质陶比例增大,陶器分为夹砂红陶、夹砂灰黄、泥质红陶、泥质黑灰色陶等,常见纹饰有绳纹、篮纹、席纹、云雷纹、条纹、条格纹、叶脉纹、方格纹等。器类包括鼎、甗、三足盘、豆、罐、瓿、鸭形壶、器盖等。

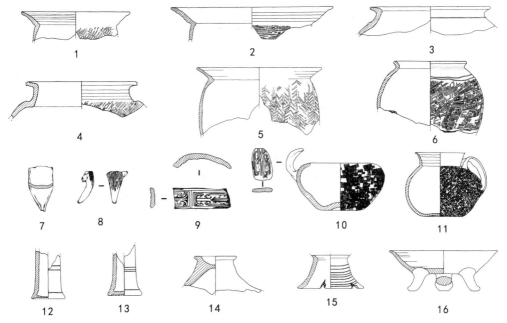

1.鼎(甗)口沿(YTT1510⑧:44)　2.鼎(甗)口沿(YTTD4:9)　3.折沿罐(YTT1510⑧:14)
4.高领罐(YTTD4:2)　5.泥质陶罐(YTZF1H1:13)　6.陶罐(YTZF1H1:15)
7.鼎(甗)足(YTHD18②:2)　8.甗足(YTG1:21)　9.鋬手(YTT1511⑧:7)　10.带鋬敛口罐
11.鸭形壶(YTT1611⑧:1)　12.瓿(YTT1511⑧:6)　13.瓿(YTT1510⑧:33)
14.器盖(YTT1510⑧:40)　15.豆座(YTT1510⑧:37)　16.三足盘(YTZF1:34)

图 19-2　跳头遗址夏商时期中期阶段陶器

鼎甗类陶器以夹砂红陶和夹砂灰黄陶为主,夹砂灰褐色陶较早期明显减少。夹砂陶炊器纹饰以绳纹为主,多施满器腹和器底。口沿多为宽折沿,部分沿面见有数道弦纹(图19-2,1、2)。器足不见侧装扁状足,代之以凹弧足和圆锥足为主(图19-2,7、8)。罐多为折沿、方唇,部分领较高(图19-2,4),可能是受浙南闽北肩头弄文化所影响。带鋬罐多为凹圜底,腹部饰席纹,鋬手纹饰多仿商代青铜器的风格特征(图19-2,9、10),可能与闽江下游黄土仑文化有关,但黄土仑文化测年数据跨度较大[⑧],两地可能均是商文化因素经闽赣地区扩散而来。硬陶豆(YTT1510⑧:37),仅剩豆座部分,豆座整体粗矮,柄身上可见数道弦纹装饰,有三个缺口(图19-2,15)。鸭形壶(YTT1611⑧:1),质地较硬,敞口,凹圜底,腹部及底部拍印席纹,口颈部可见轮旋痕迹,素面扁鋬(图19-2,11)。陶瓠(YTT1511⑧:6、YTT1510⑧:33),泥质黑灰陶。假圈足下部弧曲比较小,外撇不明显,器身有弦纹装饰,器底微内凹(图19-2,12、13)。

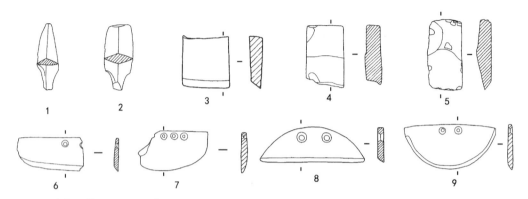

1.有铤石镞(YTT1512⑧:1) 2.有铤石镞(YTT1512⑧:3) 3.常型石锛(YTT1510⑧:30)
4.有段石锛(YTT1611⑧:3) 5.有段石锛(YTT1510⑧:1) 6.条形石刀(YTT1510⑧:11)
7.条形石刀(YTT1610⑧:2) 8.半月形石刀(YTT1912⑧:2) 9.半月形石刀(YTT1511⑧:1)

图19-3 跳头遗址夏商时期中期阶段石器

石器以石锛、石刀、石镞为主。石锛以有段石锛、常型石锛(图19-3,3)为主。有段石锛(YTT1611⑧:3),段脊较明显,为一突出直坎,平顶,刃部缺失,两侧平直(图19-3,4)。有段石锛(YTT1510⑧:1),圆角平顶,背部向上弓起,微弧刃,两侧平直(图19-3,5)。石刀以半月形石刀和条形石刀为主。半月形石刀(YTT1912⑧:2),直刃,拱背,磨制较精,单面刃,近背处有两个圆形钻孔(图19-3,8)。半月形石刀(YTT1511⑧:1),弧刃,拱背,近背处有两个穿孔(图19-3,9)。条形石刀(YTT1510⑧:11),平背,凸弧刃,单面刃,近背处有两个穿孔(图19-3,6)。条形石刀(YTT1610⑧:2),平背,弧刃,单面刃,近背处有四个穿孔,其中一孔较残(图19-3,7)。石镞流行有铤石镞(图19-3,1、2)。

从地层堆积与文化遗存特征上看,其与马桥遗址[⑨]、钱山漾遗址[⑩]马桥文化中期遗存相似,钱山漾遗址 H26 的碳十四测年数据经树轮校正后的年代区间为 1404BC—1361BC。因此,跳头遗址中期遗存年代应为商代中期。

(三)晚期遗存

晚期遗存主要以地层第 7 层以及 F1、TD1、TD2、TD3、HD1、HD18 等遗迹为代表。陶质陶色延续中期遗存风格,常见纹饰为绳纹、席纹、叶脉纹、折线纹、云雷纹等,此外压印(戳印)的圈点纹(图19-4,6、9、14)、动物形纹饰(图19-4,14)也较为流行。器类包括羊角形把手的鼎、泥质灰陶三足盘、泥质灰陶细高柄豆、泥质红陶凹圜底的罐、刻槽盆、器盖等。羊角形把手鼎(YTHD18②:2),夹砂红褐陶,敛口,弧腹较浅,圜底,附单把手,把手上翘为羊角形,器足断面为椭圆形(图19-4,1)。三足盘(YTHD18②:10、YTTD3:4),泥质灰陶,口沿较平齐,折腹较浅,高足,器足断面为扁椭圆形(图19-4,4、5)。豆(YTHD18①:4、YTHD18①:7),泥质灰陶,浅盘,细高柄,柄部上端多存在凸棱,喇叭形圈足(图19-4,7、8)。

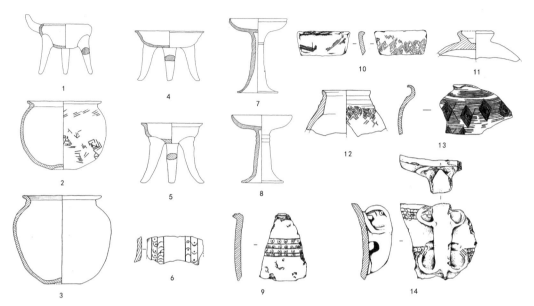

1.羊角形把手鼎(YTHD18②:2)   2.泥质红陶罐(YTHD18②:5)   3.泥质红陶罐(YTHD18②:7)
4.泥质灰陶三足盘(YTTD3:4)   5.泥质灰陶三足盘(YTHD18②:10)   6.圈点纹陶片(YTT1512⑦:10)
7.泥质灰陶细高柄豆(YTHD18①:4)   8.泥质灰陶细高柄豆(YTHD18①:7)   9.圈点纹陶片(YTG2:19)
10.刻槽盆(YTT1913⑦:3)   11.夹砂红陶器盖(YTTD3:5)   12.印纹硬陶罐(YTTD3:13)
13.印纹硬陶罐(YTZF1:89)   14.动物形纹饰陶片(YTT1512⑦:5)

图19-4 跳头遗址夏商时期晚期阶段陶器

晚期阶段还出土石器、青铜器、玉器等。石器以石锛、石刀、石镞、石矛头、石范为主。石锛包括有段石锛、常型石锛、有槽石锛等。有段石锛(YTTD2:2),平顶平刃,段在上部,段脊较明显(图19-5,10)。有槽石锛(YTT1518⑦:1),平顶,弧刃,刃部较锋利,背部凹槽较深(图19-5,8)。石刀以半月形石刀和条形石刀为主。半月形石刀(YTTD1:1),平背,弧刃,双面磨刃,近背处有两个圆形穿孔(图19-5,13)。半月形石刀(YTTD2:4),直刃,拱背,单面磨直刃,近背处有两个圆形钻孔(图19-5,11)。条形石刀(YTT1511⑦:1),平背,弧刃,近背处钻双孔(图19-5,12)。石矛头(YTT1615⑦:1),阔叶形,器形规整,一面有脊,一面圆弧,前锋锐尖(图19-5,3)。石镞(YTT1812⑦:6),两面有脊,上部两侧圆弧无刃,下部两侧薄刃(图19-5,2)。晚期阶段出土多件石范,多数石范较为完整,少数石范较残。出土的石范有镞范、斧范等,有一范一器,也有一范多器,石范的种类以生产工具和兵器为主,出土的石范中,绝大部分是两扇合范。石范(YTHD1:2),斧范,一范一器,两扇合范,平面近梯形,宽端为铸件刃部,窄端为铸件銎口及范体的浇口(图19-5,4)。石范(YTHD1:3),斧范,一范一器,范面平,背面圆弧,背部有方形凸起提手,浇口位于銎口一端,方形銎口(图19-5,5)。同时晚期阶段还出土青铜器(图19-5,6、7)、铜锭、铅锭等与铸铜活动相关的遗存,晚期阶段性质应为铸铜作坊。

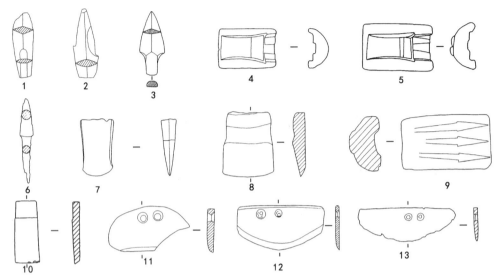

1.石镞(YTT1511⑦:6)　2.石镞(YTT1812⑦:6)　3.石矛头(YTT1615⑦:1)　4.石范(YTHD1:2)
5.石范(YTHD1:3)　6.铜箭镞(YTT1512⑦:1)　7.青铜斧(YTT1718⑦:1)
8.有槽石锛(YTT1518⑦:1)　9.石范(YTHD1:4)　10.有段石锛(YTTD2:2)
11.半月形石刀(YTTD2:4)　13.半月形石刀(YTTD1:1)　12.条形石刀(YTT1511⑦:1)

图 19-5　跳头遗址夏商时期晚期阶段石器、青铜器

晚期遗存的典型遗物包括羊角形把手的鼎、泥质灰陶三足盘、泥质灰陶细高柄豆、泥质红陶凹圜底的罐等与常州钱底巷遗址一期遗存⑪、钱山漾遗址三期遗存⑫、嘉兴姚家村遗址二期遗存⑬等遗址的同类器物相似。钱山漾遗址 J8 碳十四测年数据经树轮校正后的年代区间为 1210BC—970BC。对跳头遗址 HD1 出土炭样测年结果为公元前 1230—公元前 1040 年,因此,跳头遗址晚期遗存的年代应为商代晚期。

三、相关问题初论

马桥文化是主要分布在太湖地区东南部的夏商时期考古学文化⑭,多数学者认为马桥文化形成受浙南闽北的"肩头弄类型"的影响⑮。关于马桥文化的分期与年代问题,宋建⑯认为马桥文化的绝对年代为距今 3900 年至 3200 年,前后延续约 700 年,可分为三期,早期以马桥遗址第一段和第二段为代表,相当于二里头文化的二期至四期,中期以马桥遗址第三段和第四段为代表,相当于二里岗文化时期,晚期遗存仅在金山亭林和查山有所发现,年代相当于殷墟文化早期。最新的研究成果显示,二里头遗址一期的年代为公元前 1750 年至前 1680 年,二期为公元前 1680 年至前 1610 年⑰。因此,马桥文化的年代上限及其文化分期问题则需要重新思考。

跳头遗址夏商时期遗存第二期出土遗物与宋建划分的马桥文化二期相似，但是其内涵有一定差异。跳头遗址夏商时期遗存第一期内涵与宋建划分的马桥文化一期差异较大，且其浓郁的二里头文化装饰特征表明其受到中原文化的强烈影响。如此，则跳头遗址一期遗存的发现及其与马桥文化一期遗存的差异，是同一文化的先后相继造成的差异，还是同一文化的不同地方类型差异，则是值得思考的问题。

跳头遗址夏商时期遗存第三期陶质陶色延续中期遗存风格，常见纹饰为绳纹、席纹、叶脉纹、折线纹、云雷纹等，新出现压印（戳印）的圈点纹和动物形纹饰也较为流行，新出现泥质陶三足盘和泥质灰陶细高柄豆等器型。表明晚商时期的文化延续了中商时期文化的主体特征，并吸收了全新的文化因素。结合湖州邱城遗址、常熟钱底巷遗址、萧山蜀山遗址、嘉兴姚家村遗址等同一时期遗址的发现情况，我们认为应将环太湖地区发现的晚商时期遗存视为马桥文化晚期遗存。

马桥文化已经是学术界公认独立的考古学文化，但对其早期阶段遗存的认识仍比较模糊，跳头遗址一期遗存对探索马桥文化早期阶段遗存提供了新的视角。我们认为跳头遗址一期遗存以及马桥遗址早期遗存、马桥遗址晚期遗存和跳头遗址三期遗存作为不同发展阶段的夏商时期文化可以统一命名为马桥文化，只是马桥文化的内涵已经与早期命名时的文化内涵不同。

跳头遗址与东苕溪流域同时期其他遗址如毗山遗址[⑬]的内涵表现出一些与以马桥遗址为代表的文化存在差异性特征，表明太湖地区东南部夏商时期文化的复杂性，同时也为探讨马桥文化起源、分期、分区以及与中原夏商文化的关系提供了新的视角。

从二里头文化开始，尤其是二里头文化三期之后，中原文化开始向周边地区强势传播，至商代中期，中原文化对南方地区的影响力达到巅峰，盘龙城、吴城等与商文化直接相关的城址即是见证，这些城址成为区域性中心，推动中原文化向周边地区进行次级传播，传播的重要动机是获取资源。商代中期之后，商文化逐渐退出长江中下游地区，代之而来就是地方青铜文化的兴起。跳头遗址早期阶段遗存侧扁足施按窝以及花边口沿装饰表现出典型的二里头文化因素，中期阶段带鋬罐、陶甗、鸭形壶等也应与商文化因素对外交流有关。晚期阶段石范、压印（戳印）的圈点纹显然与吴城文化的影响有关，对出土青铜器铅同位素分析显示部分铜器具有中原地区商代青铜器常见的高放射性成因铅同位素，铜器加铅工艺和特殊铅料的发现表明跳头遗址夏商时期晚期阶段与中原商文化存在密切交流，青铜技术和物料受到中原地区的影响。

跳头遗址位于山地与平原的交界地带，在夏商时期，中原夏商文化可能存在一条由江汉平原—鄱赣地区—浙闽地区经过跳头遗址进而影响到环太湖地区的交流通道，不同文化因素的传播也推动了马桥文化的形成和不断发展，这一路线也暗示原始瓷资源可能是中原夏商文化南下的一个重要动因。同时马桥文化在环太湖地区保持着较为统一的文化面貌，又在青铜这一夏商时期最为重要的资源上与中原地区存在密切的联系，也表明两者之间存在错综复杂的关系。

注释：

①付琳：《甗形器研究》，《中国国家博物馆馆刊》2014 年第 3 期。

②赵东升:《试论江西万年文化的年代、分期及相关问题》,《东南文化》2009 年第 2 期。

③湖北省文物考古研究所:《盘龙城——1963～1994 年考古发掘报告》,文物出版社,2001 年。

④荆州博物馆:《荆州荆南寺》,文物出版社,2009 年。

⑤周宁、陈安宁等:《湖北郧县李营遗址二里头文化遗存发掘简报》,《江汉考古》2014 年第 6 期。

⑥河南省文物研究所:《淅川下王冈》,文物出版社,1989 年;中国社会科学院考古研究所:《淅川下王岗:2008—2010 年考古发掘报告》,科学出版社,2020 年。

⑦盛伟:《从盘龙城遗址兴废看夏商时期中原文化在江汉平原及周边地区的进退》,《四川文物》2022 年第 4 期。

⑧福建省博物馆:《福建闽侯黄土仑遗址发掘简报》,《文物》1984 年第 4 期;中国社会科学院考古研究所编:《中国考古学中碳十四年代数据集(1965—1991)》,文物出版社,1991 年。

⑨上海市文物管理委员会:《马桥 1993—1997 年发掘报告》,上海书画出版社,2002 年。

⑩浙江省文物考古研究所、湖州市博物馆:《钱山漾:第三、四次发掘报告》,文物出版社,2014 年。

⑪南京大学历史系考古专业、常熟博物馆:《江苏常熟钱底巷遗址发掘报告》,《考古学报》1996 年第 4 期。

⑫浙江省文物考古研究所、湖州市博物馆:《钱山漾:第三、四次发掘报告》,文物出版社,2014 年。

⑬浙江省文物考古研究所、嘉兴博物馆:《嘉兴姚家村遗址发掘简报》,《浙江省文物考古研究所学刊》(第十辑),文物出版社,2015 年。

⑭上海市文物管理委员会:《马桥 1993—1997 年发掘报告》,上海书画出版社,2002 年。

⑮宋健:《马桥文化探源》,《东南文化》1988 年第 1 期。

⑯宋建:《马桥文化的编年研究》,《长江流域青铜文化研究》,科学出版社,2002 年;宋建:《论马桥文化的时空结构》,《苏秉琦与当代考古学》,科学出版社,2001 年;上海市文物管理委员会:《马桥 1993—1997 年发掘报告》,上海书画出版社,2002 年。

⑰仇士华:《14c 测年与中国考古学研究》,中国社会科学出版社,2015 年。

⑱浙江省文物考古研究所、湖州市博物馆:《毘山》,文物出版社,2006 年。

Preliminary Study on the Cultural Remains of the Xia-Shang Period at the Tiaotou Site in Yuhang, Hangzhou

Lin Sen, Yang Jindong

Abstract: The Tiaotou site is located in the northeast of Tiaotou village, Zhongtai Street, Yuhang District, Hangzhou City. In the fall of 2020, the Hangzhou Cultural Relics and Archaeology Research Institute began a two-year-long archaeological excavation of the site, with a total excavated area of approximately 3,500 square meters. The site contains a rich quantity of relics from the Xia and Shang periods. In the 8th layer of the site, artifacts were unearthed, such as pot-shaped tripods, jar-shaped tripods, tripod feet with knobs, and decorated rims with features characteristic of the Erlitou culture. During the late Shang period, many well-preserved stone molds, bronze wares, copper ingots, lead ingots, and other relics directly related to copper casting were also excavated. The Tiaotou site's Xia and Shang period relics can be divided into three periods: early, middle, and late, providing a new perspective on the origin of the Maqiao culture and its relationship with the Xia and Shang cultures in central China.

Keywords: Tiaotou Site, Maqiao Culture, Erlitou Culture, Stone Molds

试论赣鄱地区商代城址的技术渊源
与历史背景

豆海锋　　周梦媛

（西北大学文化遗产学院）

　　鄱阳湖水系区是中国文明起源与发展的重要区域,史前时期的文化发展与技术革新为区域社会文明化进程奠定了坚实基础。以吴城、牛城为代表的城址在赣江流域的发现,无疑揭示了区域社会发展的高度成熟化,城垣、护城壕、城内建筑及大型墓葬,集中揭示了区域青铜文明自身传统与外来因素整合特征。随着近些年考古工作的不断深入,为探讨商时期赣江流域大型城址出现的背景与内在动因提供了重要条件。因此,本文从赣鄱地区商代城址的考古学特征出发,聚焦城址布局、城墙与壕沟建造技术等方面,以考古新材料为突破口,追溯商代城址出现的文化渊源与历史背景,以期对区域社会演进模式探索有所裨益。

一、吴城与牛城：两类不同类型城址的考古学特征

(一)吴城城址及其特征

　　吴城遗址位于樟树市西南赣江支流萧江上游南岸的低丘岗阜上,平面近圆角方形,依地形和水文环境,整体略呈西北—东南走向,北宽南窄,其中北城垣长约 1000 米,南城垣长约 740 米,东城垣长约 660 米,西城垣长约 554 米[①],城内面积 61.3 万平方米,主要由四个连绵不断的山丘组成,城垣北面有北门、东北门,东面有东门、东南水门,南面有南门,西面有西门。

　　考古发掘显示,城墙外有护城壕。城垣由垣体和垣体之建筑基槽两部分组成。垣体呈下宽上窄梯形状,残高 3.3 米,顶面宽 8 米,底宽 21 米。基槽开口于城垣堆积第 35 层下,基槽上宽下窄,呈倒梯形,位于城垣内侧,为顺城垣走向,口宽 12.3、底宽 6.5、深 1.9 米,槽底较平坦,西壁较斜陡,坡度约 135°。城壕为口大底小呈斗状,口径 6.5、壕深 3.1、壕底宽 1.3 米。壕底距地表 4.2 米,两岸斜直。城垣、城壕之间分布一沟槽,呈敞口锅底状,口径 1.3、深 0.5 米,为顺城垣走势。

据吴城发掘报告,城墙始建于吴城一期,二期进行了重修。第二期城垣是在第一期城垣体的基础上加宽、加高而修建,形成宽且高的垣体,并采取了挖基槽、开护城壕的筑城方法,提高了城垣的牢固度和防御能力。

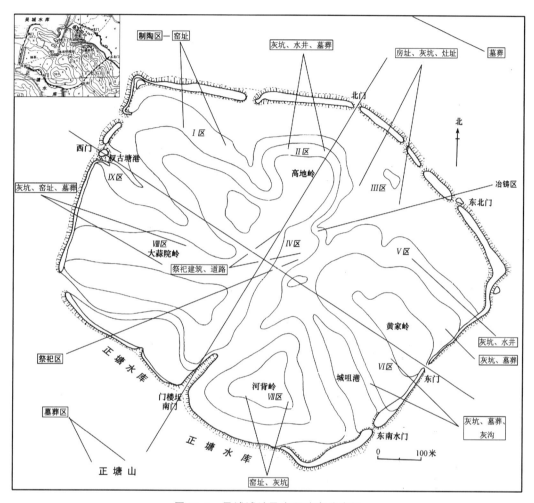

图 20-1 吴城城址及主要遗存分布图

总体上,吴城城址的考古学特征可总结为以下四点:

1.从建城技术来看,吴城城墙以沟槽为基础堆筑而成,城墙外有城壕,城墙与城壕之间见有小型沟槽。

2.从城址布局来看,城址平面呈近五边形,城内稍高的岗地均分布有灰坑等生产生活遗迹,亦有墓葬发现,城内中部偏北发现有冶铸区、祭祀建筑区等(图 20-1),揭示了吴城聚落功能区划明确的特征。

3.从建城理念来看,北门与南门、东门与西门成为城址的中轴线,整个城址方向为北偏东,与中原商代都城及盘龙城等在方向及中轴线分布上有一定的相似性。可以说,吴城是长江流域将区域地形与中原建城理念相结合的代表性城址。

4.从文化渊源方面来看,吴城遗址所见偏早阶段遗存与商文化相似度较高[②],并发现了典型的商式陶器,正如诸多学者研究所得出的结论,吴城遗址早期遗存与商文化因素南下有直接关系[③]。

(二)牛城城址及其特征

牛城遗址位于江西省吉安市新干县的东北部,地处吉泰盆地的丘陵地带[④]。牛城城址平面呈不规则长方形,分内外两城,内城东西最长 650 米,南北最宽 400 米,面积约 20万平方米;外城东西最长 1100 米,南北最宽 600 米,周长 2900 米,面积约 50 万平方米[⑤](图 20-2)。据学者研究文章披露,通过对牛城城墙的解剖,牛城城墙底部发现了数量众多的柱洞,其作用是连接上下土层,使之牢固,建筑方式为夯筑[⑥]。

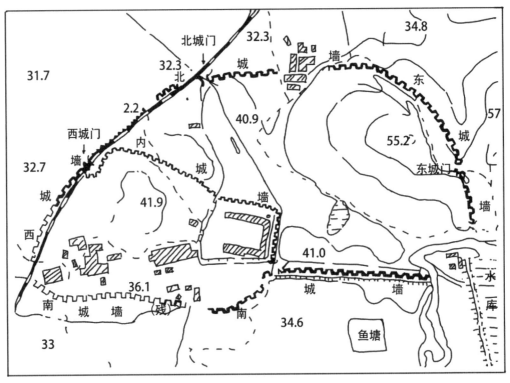

图 20-2　牛城遗址平面示意图

与吴城城址相比,牛城城址有较多的自身特征:

1.在筑城技术方面,牛城城墙依托地形,由内城、外城构成,内外城相互依附,内城未处于外城中心。城墙为夯筑,墙底见有柱洞,此种做法可有效巩固城墙基础。从已公布的信息来看,牛城城墙未见挖基槽筑墙的做法,说明其与吴城有所不同。

2.从城址布局来看,内城中部偏北的天花会山发现有大型夯土台基,面积达 5000 平方米,在夯土台基中部偏西发现三条大型建筑基槽[⑦],说明这一区域是牛城城址的核心区。城内各山岗均有遗迹和遗物发现,并发现有多处墓葬,城外中堎水库、大洋洲等地出土有大量铜器,应与高等级墓葬有关。

3.从建城理念来看,城址所见东城门与西城门连线尚不能构成中轴线,反映出牛城依托地形而建,西城墙和南城墙以外地势变低,西侧赣江河道与东南侧中埭水库形成的三角地带为牛城选址提供了优越条件。通过对牛城城内建筑遗存中植物遗存分析来看,发现有较多粟、稻遗存,分析者研究认为区域内地势较低处适宜种植水稻,而冈陵丘阜则为粟等旱地作物种植提供了条件[8],这一现象揭示了牛城人群已掌握了利用地形种植不同作物的技能。可以说,牛城城址的建造理念更多是基于自然地形与水环境,内外城结构也应与有限的空间资源有关。

4.从文化渊源方面来看,较多学者指出牛城所见遗存与吴城的差异[9],特别是吴城遗址早期遗存中所见的典型商文化因素在牛城少见,两者年代略有早晚。有学者提出牛城遗存的出现受到了安徽江淮、皖南地区商文化的影响,并持续受商文化影响的认识值得关注[10]。

此外,赣东地区还见有颇具特色的小型城址。城墙圈商代遗址是赣东北地区所发现的第一个早期城址[11],其位于余江县城北约 20 公里的邵家村,东距鹰潭市区约 16 公里。遗址地处村南的圆形台地,高出周边水田约 1 米,面积约 4 万平方米。遗址周边有断断续续、若隐若现的土墙,墙体上窄下宽,最宽处约 4～5 米,残高约 0.8 米,土墙外有宽约 5～8 米的壕沟围绕。2006 年江西省文物考古研究所对该遗址进行了发掘,出土有陶器、石器,还有青铜器残片及炭化稻谷。通过对出土器物形制的分析,发掘者判定其年代约相当于吴城三期,绝对年代大概为商末周初。

城墙圈城址应代表了赣鄱地区商时期规模略小的城址类型,城址地形略高于周边水田,呈圆形台地,边缘有土墙,墙外有壕沟围绕,这种小城更多利用已有地形进行挖壕堆筑城墙,具有鲜明的地方特色,在抚河流域先秦时期遗址中发现了大量此类城址,我们将其称之为"环壕聚落"[12],一般环壕遗址与城址的差异,主要在于城墙是否存在,由于考古工作存在深入程度差异等方面的原因,可将目前没有明确发现城垣的遗址称之为"环壕聚落"。因此,利用新近的考古发现来进一步揭示赣鄱地区早期城址的基本形态,将会为吴城、牛城等商代城址的产生背景与文化渊源寻找到更加可靠的证据。

二、环壕与围墙:赣鄱地区早期环壕聚落的基本形态

赣鄱地区史前时期城址发现数量较少,位于赣江中游地区的筑卫城是发现较早的案例[13],但由于对城墙考古工作不足,城址的年代仍存在一定争议[14]。自 21 世纪始,赣鄱地区相继发现多个史前时期环壕聚落,部分聚落发现有护壕和堆筑而起的墙体。这些"环壕＋围墙"式聚落的发现,为商代城址的技术来源提供了重要线索。

(一)环壕聚落研究的新突破

随着考古工作的深入开展,史前环壕聚落相继被发现,先后有新余龚门山[15]、临川金钟[16]、丰城寨上[17]、樟树樊城堆[18]、吉水盆形地[19]等。特别是近年来,通过国家文物局重点项目"江西抚河流域先秦时期遗址调查与发掘"工作的开展,江西省文物考古研究所、西北大学文化遗产学院等多个单位于 2014 至 2017 年间对抚河流域的 11 个区县进行了考古调查,发现先秦时期遗址 373 处,其中环壕聚落约 101 处,为抚河流域文化序列和聚落形态研究提供了十分重要的考古资料[20]。此次发现的金溪城上龚家遗址[21],聚落结构较为复杂,是抚河流域中大型环壕聚落的代表。

城上龚家环壕遗址位于金溪县对桥镇龚家村委会城上龚家村,沿着城上龚家村外围分布,北距太坪村约 960 米。遗址所处区域地势较平坦,外侧为低矮山岗。遗址由中心台地和四周壕沟组成,遗址长径约 622.4 米,短径约 460.7 米,面积约 20 万平方米(彩版 20-1)。遗址所在台地中心区域为村庄,受生产活动影响,破坏严重。仅在村庄北部、南部等台地保存相对较好。地表面植被覆盖较为茂密。台地整体高于周围稻田约 1~7 米不等,在中心台地边缘发现有人工垒墙遗迹,宽约 4~10 米。壕沟仅存有东壕沟局部和北壕沟残部,现存宽度约 22~67 米。遗址西北方向发现一小型椭圆状环壕,中部为台地,与抚河流域所见小型环壕形制相近。

城上龚家环壕遗址结构完备,由大小环壕相依构成,外围大型环壕聚落可见明显城墙。由于该遗址尚未进行考古发掘工作,从采集到的史前时期陶片来看,遗址应有史前人类活动遗留下的遗存,而城墙的年代还需要通过进一步的考古工作来确认,但从结构来看,其与牛城城址有一定的相近性,均为大小城相依形态。可以说,城上龚家遗址的发现,为牛城城址的结构与建城理念找到了重要的考古学线索。

对环壕聚落的系统考古发掘将会为理解此类聚落的形成过程与建造技术提供十分重要的考古学信息。近年发掘的宜黄锅底山遗址揭示了一个较为完整的环壕聚落结构[22]。自 2017 年始,江西省文物考古研究院等单位对抚河上游的锅底山环壕聚落遗址及周边地区展开了考古调查、勘探与发掘工作。发现该遗址由台地、城墙、壕沟及外壕堤四部分组成,现存总面积约 4.2 万平方米(彩版 20-2)。从考古发现来看,遗址的围墙位于台地外侧边缘,呈外陡内缓形态。城墙堆积高约 3.6 米,共分 17 层,1~16 层向内呈斜坡堆积,第 17 层为城墙垫土层,人工堆筑方式明显。从地层叠压关系及城墙夹杂的遗物可判断其始建年代应为新石器时代晚期。壕沟围绕台地一周,除东壕沟宽度不清晰外,北壕沟宽约 40 米、西壕沟宽约 38~43 米、南壕沟宽约 36~43 米。从对北壕沟的解剖看,壕沟剖面呈锅底状,中部最深处约 3 米。锅底山遗址的考古发掘,对我们了解环壕聚落类遗址的分布规律、文化性质及功能布局无疑将起到"解剖麻雀"的作用。锅底山遗址的考古发掘,系统揭示了赣鄱地区史前城址的雏形,为区域内环壕聚落向城址演进提供了重要证据,环壕与堆筑围墙这一技术在区域内得以广泛流行。

商代之后,区域内亦发现有较多数量的城址或环壕聚落,如位于南河下游靖安、奉新两县交界处的九里岗遗址[23],城址面积约 30 万平方米,呈长方形,分内外城布局,四面城墙保存较好,局部高度 15 米,辟有多座城门,城门最宽处达 30 余米。据对城墙解剖及城内堆积分析,九里岗城址的使用时代应为周代。赣鄱腹地发现一处边缘有大型壕沟环绕的月光山遗址^㉓,其年代为西周时期;已发掘的奉新县栀子垴遗址,亦是一处西周时期环壕聚落^㉕。周代所见城址及环壕聚落可进一步证实环壕聚落在区域内自新石器时代晚期延续至周代,而城址的发现揭示了区域社会等级分化及其在建城技术上对商代城址的继承。

(二)环壕聚落的聚落特征

1.聚落选址

可从海拔高度、地形条件和与水距离三个方面对先秦时期赣鄱地区的环壕聚落选址进行分析。

（1）海拔高度

赣鄱地区位于南方丘陵地带,山地、河流多,大部分地区海拔较低,聚落主要分布在海拔低的平地及山间河谷地带。根据田野调查资料及相关发掘报告,并结合赣鄱地区的整体地理环境,将赣鄱地区的高程划分为 0～30 米,30～60 米,60～90 米,90～120 米及 120 米以上等五个区间。

通过对已有数据的分析^㉖,赣鄱地区先秦时期环壕聚落高程区间分布如下:海拔 0～30 占比约为 2%;海拔 30～60 米占比约为 53%;海拔 60～90 米占比约为 41%;海拔 90～120 米占比约为 2%;海拔 120 米以上占比仅约为 1%。由此可见,先秦时期赣鄱地区先民对于聚落的选址更倾向于 30～90 米的低高程地区。

（2）地形条件

地形地貌是古代先民选址时考虑的重要因素。赣鄱地区地形以山地丘陵为主,谷地、盆地广布。区域内东、西、南三面环山,北部鄱阳湖与长江相连,地势南高北低,整体构成"凹"字形结构。据考古资料可将赣鄱地区先秦时期环壕聚落大致分为三类:平地堆建类、山地边缘类及山岗中心类。平地堆建类环壕聚落一般建于平坦之地,多为地势低平的河道区域,遗址由中心台地、壕沟与外围台地三部分构成;山地边缘类则利用坡岗地形,在山地边缘地带人为挖出壕沟,中部及外围地势略高,经人类长时间活动,中部台地愈来愈高,此类聚落多位于小河交汇之地的边缘,与平地起建类相比,该类可减省修建时的人工耗费;山岗中心类利用山岗地形,一般在山岗中心部挖出壕沟,遗址整体地势较高,利用地形,直接挖出壕沟,既可排水又可防御,遗址面积一般较大,多与山岗面积大小有关。

（3）与水域的空间关系

赣鄱地区河网密布,水资源丰富,以赣江、鄱阳湖两大水系为主,与抚河、信江、饶河、修河一起构成"五河一湖"格局。先秦时期赣鄱地区的环壕聚落遗址大体沿河流分布或位于河流附近不远处,主要分布在河流中下游地区,河流上游山区少见,这一现象可能与地形有关系。一方面,河流上游多为山区,海拔较高,生活条件不佳,不宜人居,而中下游则多冲积平原、河谷等地形平坦的区域,且自然资源丰富,适应发展种植业等,因此河流中下游成为古代先民居住地首选。另一方面,北部鄱阳湖与长江相连,形成一个开放的窗口,区域文化、人群的交流、互动更为便利。

2.聚落等级与结构

(1)聚落等级

根据已有聚落面积数据,可将先秦时期赣鄱地区环壕聚落分为大型环壕聚落、中型环壕聚落、小型环壕聚落三个等级(图20-3)。其中小型环壕聚落面积在1万平方米以下,中型环壕聚落面积在1万到10万平方米之间,而大型环壕聚落则在10万平方米以上。统计结果显示,赣鄱地区先秦时期环壕聚落绝大多数为中小型环壕聚落,其中1万平方米以下的小型环壕聚落占比约60%;1万~10万平方米之间的中型环壕聚落约占比为35%;而大型环壕聚落仅有6处,占比约为5%,分别为吴城遗址、城上龚家环壕遗址、曾家村环壕遗址[27]、筑卫城遗址、牛城遗址以及九里岗遗址。

聚落数量

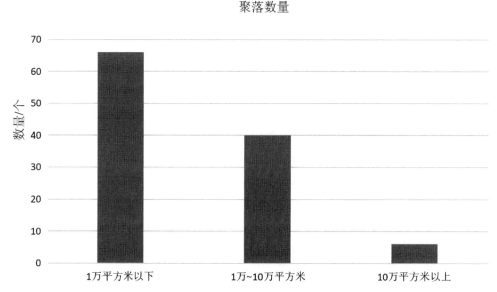

图20-3 赣鄱地区先秦时期环壕聚落等级分布统计图

(2)聚落结构

依据遗址形态的差异,可将赣鄱地区先秦时期遗址划分为两大类,即岗地类与环壕类[28]。岗地类遗址一般邻近河流,水资源充沛,同时地势较高,可避免洪水灾害,是古人长时间普遍使用的聚落形式。此类遗址在赣鄱地区较为常见,具有紧邻河流沿岸、多遗址成片分布、年代相近的特点。

从建筑技术来看,环壕类聚落较岗地类聚落更为复杂。岗地类聚落只需选定居住地址后进行生活设施的修筑,而环壕聚落则要集中人力、物力,挖建护壕以起到防御或排水的作用,利用护壕挖土而堆筑起围墙,这自然就为早期城址的兴起提供了条件。值得注意的是,平地起建的环壕聚落先挖成锅底状壕沟,可将土堆筑形成台地,在堆土的过程中形成了边缘高、中心低的人工台地,而台地边缘有意加高加厚的做法应为堆筑城墙技术积累了经验。

从聚落形态分布看,岗地类聚落往往围绕环壕聚落分布,形成"众星捧月"式格局。通过调查,发现宜黄锅底山环壕遗址周边分布有太坪村、屋沿山、炮沿山、塔前山、杨家山、菜籽山、下寮山、辽家山、朱单界等9处同时期岗地类遗址,它们相对锅底山环壕遗址呈向心拱卫态势,说明该区域已形成了以锅底山遗址为中心的新石器时代晚期到商周时期聚落群[22]。

三、本地与外域:赣鄱地区与外围区域
早期城址间的关系

赣鄱地区地处长江中下游,自古以来就与周边地区有着密切联系。通过对比周边地区城址发展的异同,可以窥见先秦时期各区域内筑城技术的发展程度及区域之间文化与人群之间的互动情况。

(一)黄河中下游地区

郑州西山城址的时代为仰韶晚期,是目前黄河中下游地区考古发现的最早的城址[23],该城平面近圆形,城墙营造时先挖基槽,再于基槽内填土分段夯筑,基槽之上建造地面墙体。随后的龙山时代,黄河中下游地区涌现出大量城址,其特征包括城址平面形状以规则方形为主,墙外有护壕,城墙多为单体结构,先挖基槽再夯墙方式较为流行,筑城方式以夯筑、版筑或版筑与夯筑相结合。夏商时期出现了大规模的城址,特别是商代发现了多个都城[24],其平面形状更加规则,出现了"外郭城+内城+宫城"的都城布局,城墙主要流行平地起建和挖槽筑墙形式,多见单墙体,部分墙外见有护坡。整体上看,黄河中下游地区早期城址出现夯土城墙最早,城墙下基槽逐层夯筑技术延续时间较长。主要流行单体墙,城址布局日益完善。至夏商时期,城址平面更加规范,内部结构更趋完善和制度化,大多数城址建于地势平坦处或临近河流之地,逐渐形成了以地形环境、文化认同等方面为核心的建城理念。

吴城城墙建造方式与中原建墙形式十分相近,商代都邑及大型城址多见中轴线及中轴线偏东北方的建筑理念在吴城有所体现(图20-4)。由此可见,吴城城址的建造技术和理念应受到了中原的影响。

(二)长江中游地区

距今7000多年的澧县八十垱遗址发现了中国最早的城址,发现壕沟内侧的围墙部分墙体直接建在生土之上[25]。该遗址是早期环壕聚落向城址过渡的重要例证,堆筑而成的围墙技术在长江中游地区日益成熟。澧县城头山遗址见有地面堆筑的单体墙,现存宽度

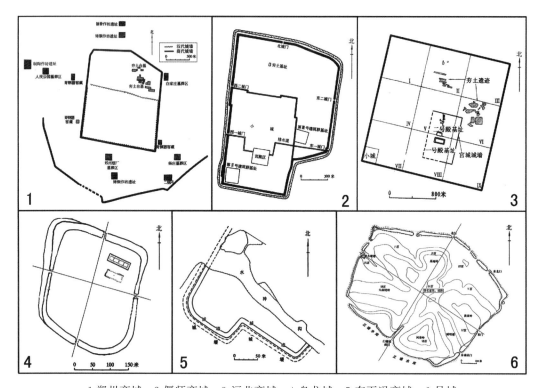

1.郑州商城 2.偃师商城 3.洹北商城 4.盘龙城 5.东下冯商城 6.吴城

图 20-4 吴城城址与商代城址比较图

该图引自豆海锋:《冲击与调适:长江中游商代文化与社会演进的考古学观察》科学出版社,2021年,第 443 页图 6.23,略有改动。

有 25～37 米[③]。这一时期区域内所见城址多位于冲积平原或盆地内,城址平面呈圆形,城址面积一般较小。屈家岭文化和石家河文化时期,区域内出现了大量的城址[③],一般面积较大,城墙外有护壕,出现了平面呈方形的城址,主要流行单体墙,而有基槽筑墙的结构少见,多见堆筑法建墙,少见夯筑堆筑结合的方法,区域内史前时期未见版筑技术的使用。这一时期大型城址主要分布于江汉平原地带,"主墙＋护坡""基槽＋墙体"等技术应与黄河中下游地区有密切联系。

长江中游地区龙山时代见有较多数量的方形或圆角方形城址,其多利用地形建造护壕与城墙,赣鄱地区所见新石器时代晚期环壕聚落多呈方形,部分亦有围墙,应是在龙山时代这种筑城平面形态的大背景下所形成的方形筑城理念,宽壕与堆筑围墙的做法与长江中游地区早期环壕聚落向城址过渡的技术演进轨迹如出一辙。

(三)长江下游地区

长江下游的浙北、苏南地区所见城址数量较少,城址出现年代偏晚。这一区域城墙以单墙体为主,基槽筑墙技术不见,不见版筑技术,主要为堆筑。良渚古城城墙采用了平地起建,建墙之前铺设石块为垫层,石块下铺垫黑色淤泥以加固墙基,墙体使用纯净黄土堆筑而成。良渚城址内外布局复杂,代表了发达的文明程度⑥。长江下游商周时期发现有一定数量的小型环壕聚落及大型城址⑦,这一时期城址结构更为复杂,显示了时代的发展和技术的进步。

四、结语

通过对赣鄱地区商代城址的考古学特征分析,揭示出牛城与吴城在建城技术与理念上均存在一定差异,说明两者所代表的人群在自身特征及外来因素影响等方面都存在不同之处,而城墙圈城址与本地所见环壕聚落特征更为相近。区域内近些年的考古调查与发掘工作为追溯商代城址的技术来源提供了重要条件,比较分析可得出以下初步认识:首先,区域内新石器时代晚期已出现环壕内侧堆筑成墙的做法,这种有意或无意之举,应是早期环壕聚落向城址的过渡形态,为区域内大型城址的出现提供了技术与方法基础。其次,吴城、牛城所见城址出现了诸如基槽上筑墙、夯土建墙、中轴线对称布局、城址方向选择等特征,应与区域以外江汉平原、中原地区等地区有密切联系,说明了随着历史演进,区域间技术与建城理念方面的交流日趋广泛,赣鄱地区城址在因地制宜的基础上吸收新技术成为历史发展的必然。最后,通过对黄河中下游、长江中下游地区城址演进的简要梳理可以看出,各地筑城技术的产生都与当地的自然环境及土的性质相关,而随时代的发展,城址被赋予更多的理念,如出现了规则的方城、内外城相套结构,甚至出现城内复杂的聚落布局,赣鄱地区新石器时代晚期所见大量方形环壕聚落,也应是在龙山时代黄河中下游及长江中游地区流行“方城”理念的大背景下而产生,代表了区域文明化的重要进程。总之,赣鄱地区早期城址的研究还有诸多问题存在,特别是对已知城址的建造技术、城址布局与年代、环壕聚落的演进历程等问题亟待解决,相信随着考古工作的深入,区域内城址研究将会取得更大的突破。

注释:

①江西省文物考古研究所、樟树市博物馆:《吴城——1973—2002 年考古发掘报告》,科学出版社,2005 年,第 35～37 页。

②豆海锋:《冲击与调适:长江中游商代文化与社会演进的考古学观察》,科学出版社,2021 年,第226～270 页。

③唐际根:《商文化在鄂东南与赣西北地区兴衰的时间与通道》,《湖北理工学院学报(人文社会科学版)》2022 年第 3 期。

④江西省文物工作队:《新干牛头城遗址调查》,《江西历史文物》1977 年第 6 期;江西文物工作队、江西省新干县博物馆:《江西省新干县牛头城遗址调查》,《东南文化》1989 年第 1 期;朱福生:《江西新干牛城遗址调查》,《南方文物》2005 年第 4 期。

⑤江西省文物考古研究所、樟树市博物馆:《吴城——1973—2002 年考古发掘报告》,科学出版社,2005 年,第 422 页。

⑥黄水根、周广明、朱福生：《吴城与牛城文化分析》，《纪念王懿荣发现甲骨文 110 周年国际学术研讨会论文集》，社会科学文献出版社，2009 年，第 514～519 页。

⑦黄水根、周广明、朱福生：《吴城与牛城文化分析》，《纪念王懿荣发现甲骨文 110 周年国际学术研讨会论文集》，社会科学文献出版社，2009 年，第 514～519 页。

⑧陈雪香、周广明、宫玮：《江西新干牛城 2006—2008 年度浮选植物遗存初步分析》，《江汉考古》2015 年第 3 期。

⑨唐际根、荆志淳：《商时期赣江流域的青铜文化格局》，《三代考古》（三），科学出版社，2009 年，第 152～159 页；唐际根：《商文化在鄂东南与赣西北地区兴衰的时间与通道》，《湖北理工学院学报（人文社会科学版）》2022 年第 3 期。

⑩李宏飞：《江西清江盆地商代诸遗存兴起背景探讨》，《南方文物》2020 年第 4 期。

⑪江西省文物考古研究所：《余江县城墙圈商代遗址》，《中国考古学年鉴 2007》，中国社会科学出版社，2008 年，第 250～251 页。

⑫豆海锋、严振洪、王上海：《江西抚河流域先秦时期遗址类型初探》，《文博》2020 年第 5 期。

⑬江西省博物馆、北京大学历史系考古专业、清江县博物馆：《清江筑卫城遗址发掘简报》，《考古》1976 年第 6 期；江西省博物馆、清江县博物馆、厦门大学历史系考古专业：《江西清江筑卫城遗址第二次发掘》，《考古》1982 年第 2 期；江西省文物考古研究院、江西樟树市博物馆：《江西樟树筑卫城遗址大型建筑基址发掘简报》，《南方文物》2018 年第 1 期。

⑭唐锦琼、王意乐、张建仕：《筑卫城城址的时空构架》，《南方文物》2018 年第 4 期。

⑮江西省文物考古研究所、江西省新余市博物馆：《江西新余龚门山遗址发掘简报》，《南方文物》2003 年第 2 期。

⑯江西省文物考古研究所：《临川区架上金钟新石器时代至商周时期及元明清遗址》，《中国考古学年鉴 2010》，中国社会科学出版社，2011 年，第 257～258 页。

⑰江西省文物考古研究所：《丰城寨上新石器时代遗址》，《中国考古学年鉴 2016》，中国社会科学出版社，2017 年，第 276～277 页。

⑱2016 年在对樊城堆遗址重新清理时，清晰地发现该遗址同样拥有环壕，因而其同属于环壕遗址。见徐长青：《江西史前区域考古调查和聚落考古历程》，《文物天地》2020 年第 10 期。

⑲徐长青：《江西史前区域考古调查和聚落考古历程》，《文物天地》2020 年第 10 期。

⑳江西省文物考古所、西北大学文化遗产学院等：《江西抚河流域先秦时期遗址考古调查报告Ⅰ（乐安·宜黄）》，文物出版社，2015 年，第 3 页。

㉑江西省文物考古研究所、西北大学文化遗产学院等：《江西抚河流域先秦时期遗址调查报告Ⅱ（金溪县）》，文物出版社，2017 年，第 49 页。

㉒严振洪、常金国、王上海：《江西宜黄锅底山遗址发现环壕聚落》，《中国文物报》2018 年 6 月 15 日第 8 版。

㉓徐长青：《江西史前区域考古调查和聚落考古历程》，《文物天地》2022 年第 10 期。

㉔江西省文物考古研究所：《南昌市月光山西周遗址》，《中国考古学年鉴 2009》，中国社会科学出版社，2010 年，第 225～226 页。

㉕江西省文物考古研究所：《奉新县枸子垴西周遗址》，《中国考古学年鉴 2011》，中国社会科学出版社，2012 年，第 268～269 页。

㉖据统计，先秦时期赣鄱地区环壕聚落遗址共有 112 处，由于部分数据未见公布，故目前可明确遗址海拔高度者仅有 100 处。

㉗江西省文物考古研究所、西北大学文化遗产学院等：《江西抚河流域先秦时期遗址调查报告Ⅲ（临川·崇仁）》，文物出版社，2017 年，第 299 页。

㉘豆海锋、严振洪、王上海:《江西抚河流域先秦时期遗址类型初探》,《文博》2020 年第 5 期。

㉙严振洪、常金国、王上海:《江西宜黄锅底山遗址发现环壕聚落》,《中国文物报》2018 年 6 月 15 日第 8 版。

㉚国家文物局考古领队培训班:《郑州西山仰韶时代城址的发掘》,《文物》1999 年第 7 期。

㉛河南省文物考古研究所:《郑州商城——1952—1985 年考古发掘报告》,文物出版社,2001 年;中国社会科学院考古研究所:《偃师商城(第一卷)》,科学出版社,2013 年。

㉜湖南省文物考古研究所:《彭头山与八十垱》,科学出版社,2006 年。

㉝湖南省考古研究所:《澧县城头山——新石器时代遗址发掘报告》,文物出版社,2007 年,第 8 页。

㉞湖北省文物考古研究所:《湖北史前城址》,科学出版社,2015 年。

㉟朱雪菲:《良渚古城遗址》,浙江大学出版社,2019 年。

㊱浙江省文物考古研究所:《安吉春秋至汉代城址》,《中国考古学年鉴 2016》,中国社会科学出版社,2017 年,第 251～251 页;浙江省文物考古研究所:《安吉县窑山春秋至汉代城址》,《中国考古学年鉴 2017》,中国社会科学出版社,2018 年,第 257～258 页。

附记:本文的研究受到教育部哲学社会科学研究重大专项项目(批准号:2022JZDZ026)、陕西省教育厅 2021 年度重点科研计划项目(批准号:21JY042)和陕西省高校"黄土高原文明起源与早期发展研究青年创新团队"项目共同资助。

A Study on the Technological Origins and Historical Background of the Shang Dynasty City Sites in the Gan-Po Region

Dou Haifeng，Zhou Mengyuan

Abstract：By analyzing the Shang Dynasty city sites in the Gan-Po region（the region surrounding the Gan River and Poyang Lake），it is revealed that there are certain differences in the construction technology and ideas between Niu City and Wu City, indicating that the populations they represent have differences in terms of their own characteristics and influences from external factors. The city walls seen are more similar to the features of the ring ditch settlements in the region. The practice of stacking walls inside the ring ditches appeared in the late Neolithic in the region，which could be a transitional form from early ring ditch settlements to city sites and provided a technical and methodological basis for the emergence of large city sites in the region. The city sites in Wu City and Niu City show features such as building walls on foundation trenches，using ramming earth to build walls，symmetrical layout along the central axis，and selection of city site direction，which should have close connections with areas outside the region such as the Jianghan Plain and Central Plains. The city sites in the Gan-Po region absorbed new technologies to become a necessary part of historical development based on local conditions. A brief summary of the evolution of city sites from the lower reaches of the Yellow River and Yangtze River shows that the technologies used to build cities are related to the local natural environment and soil properties, and with the development of time, cities were given more ideas, such as regular square cities, inner and outer city structures, and even complex settlements within cities. The large number of square ring ditch settlements seen in the late Neolithic in the Gan-Po region should also be produced under the background of the popular "square city" concept in the lower reaches of the Yellow River and Yangtze River during the Longshan period, representing an important process of regional civilization.

Keywords: Gan-Po Region, Niu City, Wu City, Ring Ditch Settlements, Yihuang Guodishan Site

白主段类型的分期与年代

林叶辉

（南平市博物馆）

1981 年至 1983 年,考古工作者在光泽县开展文物普查工作对白主段遗址进行试掘,清理了 5 座商代晚期墓葬,当时发掘者未对其进行考古学文化的命名,但已厘清了这类遗存的年代[①]。及至 1989 年,以白主段 5 座墓葬为代表的遗存正式被命名为白主段类型[②]。白主段类型被视为闽江上游地区青铜时代早期代表性的考古学文化类型,曾有不少学者在综合研究闽江流域或福建史前文化区系时,对其内涵、年代等相关问题进行了简要的论述[③],也有学者专门针对其做了分期和年代研究[④]。我们注意到,人们对白主段类型的内涵界定、分期年代等问题的看法仍存在较大分歧,也不够细致深入。本文拟在前人研究的基础上,重新梳理现有属于白主段类型的出土材料,试就该文化的内涵界定、分期与年代问题再作进一步的探讨。

一、内涵界定

关于白主段类型的文化内涵,由于光泽白主段、香炉山、池湖遗址[⑤]和邵武鹰头山遗址[⑥]墓葬出土成组内涵单纯的陶器群,本文试从以上典型遗址中墓葬出土的陶器与墓葬形制两方面作一番界定。

白主段类型陶器群主要为泥质陶,夹砂陶次之。其中硬陶占绝对主导,尤以泥质灰硬陶和夹细砂灰硬陶最多,细砂红褐硬陶、泥质红硬陶等较少。另见少量灰陶、红陶、黄陶、灰黄陶、灰褐陶、红褐陶等泥质或夹砂软陶。器类以甗形器、鼎、尊、罐、瓮、豆、钵、盂、盆、杯等常见,尤以罐类器居多。主要器形为筒形甑甗形器、盆形鼎、斜弧腹尊、折肩罐、平底圆腹罐、圜底圆腹罐、长腹罐、长颈罐、垂腹罐、扁腹罐、折腹罐、鼓腹罐、弧腹罐、圆腹瓮、弧腹豆、弧腹钵、敛口折腹盂、折沿盆、单鋬杯等。此外,还有部分盆形甑甗形器、鼓腹尊、敞口平底罐、提梁罐、敞口盂、敞口盆、小口钵等。罐类器形态多样,领和颈、肩部多数不明显,折沿现象较多,腹部表现形式丰富,常见垂、折、鼓、弧、圆腹,器底多为平底和凹底。盛行平底器,凹底器次之,圜底器较少,圈足器和空三足器少见。另有极少原始青瓷三足三盅盘和尊。器物装饰方面,白主段类型陶器群除豆、钵、盂、盆、杯等少数盛食器和水器通常素面外,其余器物普遍施有拍印纹饰,以方格纹、细绳纹、云雷纹和变体雷纹为大宗,席纹、篮纹、曲折纹等亦较多,S形纹、网格纹、凹点网状纹、交错细绳纹等较少。器物颈、肩、上腹部流行施弦纹。刻划纹饰不多,仅见复线曲折纹和复线交叉纹,多施于器物颈和肩部。组合纹饰亦较流行,多见方格纹和弦纹,弦纹和绳纹,云雷纹和绳纹的组合,也有少量方格纹配篮纹,云雷纹配曲折纹,弦纹配云雷纹,绳纹配席纹,变体雷纹配复线曲折纹等。此外,部分罐类器的口、肩、腹部运用系、鋬耳、宽带状耳、角状把等较为突出,器盨顶端还常饰泥条螺旋S纹,亦见颈部饰凸棱。少数罐、盆、杯器内可见刻划符号。个别器物表面还施黑衣。

白主段类型的墓葬特征亦主要通过典型遗址的墓葬得以反映。白主段类型的墓葬常坐落于离溪流不远的低矮平缓山丘或山岗处,山体的相对高度不高,范围亦不会很大。墓葬埋葬地点一般选择山体的坡地边缘,且早前未有人为活动过,故墓葬均打破生土。墓葬分布排列呈现出多座密集相邻的特征。墓葬内人骨葬具皆未保留。在形制上,普遍为小型长方形竖穴土坑墓,方向未有定制。墓坑通常长约2~3米,宽约1~2米,深度由于被破坏多不详,残存墓葬普遍偏浅。一般随葬2~9件陶器不等,以硬陶为主,涵盖炊煮器、蒸煮器、盛食器、存贮器、水器等主要生活用器。有的集中摆放于墓坑某一侧或坑底中部腰坑处。偶有发现二层台。而池湖村发现的2座大墓埋葬于所属山体的最高处,相邻一般还分布有普通的小墓葬。大墓墓坑长达6~8米,宽约4米,随葬品丰富,多达八九十件,见大量以硬陶为主的陶器随葬,还有少量的原始青瓷、石器、玉器及陶网坠,并发现墓道、柱洞、沟槽及踏步遗迹。这2座大墓在建造方法、构筑形式等方面极其独特,主要表现在墓室中有柱洞和沟槽遗迹。同时,墓葬随葬品数量丰富、门类齐全,还发现玉器和石器随葬。据如此高等级规格的葬制推测,墓主人可能是具有一定财富和地位的部族首领[⑦]。

白主段类型陶器群与墓葬形制所构成的鲜明特征,已明显区别于以原始瓷豆、碗和印纹硬陶罐类器共存的器物组合及以土墩墓为特征的杨山墓葬的文化内涵。因此,将杨山类型从白主段类型中区分出来为妥。故本文所讨论的白主段类型是以光泽白主段、香炉山、池湖以及邵武鹰头山遗址的墓葬陶器为基本内涵。这批墓葬出土的陶器群也是本文尝试对白主段类型分期与年代研究的材料支撑。

二、典型陶器分析

白主段类型陶器群中形态演变关系明确,可构成发展序列的典型遗物有甗形器、尊、折肩罐、盂、罐、盆形鼎、瓮、豆、杯、钵、盆等,现将这些典型陶器的特征及演变序列概述如下(图21-1~图21-3):

1.甗形器

甗部呈筒形,最大口径和高在20厘米左右。可分3式。

Ⅰ式。卷沿,甑部直腹微弧,圜底,釜底微残(白主段 M5:3)。

Ⅱ式。折沿,沿缘内收,甑部弧腹,凹圜底(池湖 M9:77)。

Ⅲ式。甑部深弧腹,釜部折腹,于转折处有一周凸棱,甑口及釜底微残(池湖 M3:1)。

演变趋势:甑腹由微弧腹到弧腹,逐渐加深,釜部由鼓腹到折腹,出现一周凸棱,器底由圜底到凹圜底。

2.尊

宽肩,斜弧腹,器物最大径在肩部。据口部形态差异,分为 2 型。

A 型　折沿,侈口,宽弧肩。可分 3 式。

Ⅰ式。平底(白主段 M3:1)。

Ⅱ式。凹底,颈部明显(池湖 M1:70)。

Ⅲ式。凹底,短颈(池湖 M9:63)。

演变趋势:颈部愈加明显,器底由平底到凹底。

B 型　撇口,束颈。可分 2 式。

Ⅰ式。折沿,斜肩,平底,肩部饰两系(白主段 M4:5)。

Ⅱ式。弧肩中部略折,凹底(池湖 M9:64)。

演变趋势:折沿和系消失,肩部由斜肩到弧肩中部略折,器底由平底到凹底。

3.折肩罐

斜弧腹,腹较深。据口部形态差异,分为 2 型。

A 型　体型较高,直口,长颈,平底微凹。可分 3 式。

Ⅰ式。口部残甚(白主段 M1:1)。

Ⅱ式。平折沿,宽长颈,肩部饰两系(池湖 M1:3)。

Ⅲ式。细长颈,颈部出棱,肩部饰四系,口部略残(池湖 M3:2)。

演变趋势:颈部由宽短到瘦长,系和凸棱由无到有。

B 型　侈口,颈部出棱,肩部饰系,平底。可分 3 式。

Ⅰ式。束颈,肩部饰两系(池湖 M7:5)。

Ⅱ式。颈部明显,出棱突出,肩部饰两系,平底微凹(鹰头山 M1:7)。

Ⅲ式。折沿,沿缘部上曲,宽短颈,肩部饰四系(池湖 M10:1)。

演变趋势:颈部渐趋明显。

4.盂

敛口,折腹,平底。可分 3 式。

Ⅰ式。近底部腹微折,大平底(香炉山 M2:4)。

Ⅱ式。近中部腹略折(池湖 M1:69)。

Ⅲ式。中部折腹,小平底(池湖 M9:18)。

演变趋势:折腹位置渐移向中部,折腹愈加明显,器底由大平底到小平底。

5.圆腹罐

平底。可分2式。

Ⅰ式。微侈口(香炉山 M3:1)。

Ⅱ式。折沿,颈微束(池湖 M1:18)。

演变趋势:颈部由直颈到束颈。

6.长腹罐

敛口,微折沿,平底,底壁较厚。可分2式。

Ⅰ式。腹壁斜直(池湖 M2:4)。

Ⅱ式。腹壁微弧,带单鋬(池湖 M1:64)。

演变趋势:腹壁由斜直到微弧。

7.长颈罐

直口。可分2式。

Ⅰ式。垂鼓腹,圜底,带单把(池湖 M4:1)。

Ⅱ式。扁鼓腹,凹底(池湖 M1:61)。

演变趋势:腹部渐趋扁鼓,器底由圜底到凹底。

8.垂腹罐

据体型和底部差异,分为2型。

A型　体型矮宽,敛口,底部较大。可分2式。

Ⅰ式。折沿,腹壁略鼓,平底(白主段 M2:4)。

Ⅱ式。口沿微外侈,腹壁略弧,平底微凹,带单鋬(鹰头山 M1:11)。

演变趋势:腹壁渐趋弧壁,器底由平底到平底微凹。

B型　体型瘦高,折沿,敛口,垂鼓腹。可分3式。

Ⅰ式。长颈,平底(白主段 M4:1)。

Ⅱ式。短颈,凹底(香炉山 M1:4)。

Ⅲ式。无明显颈部,凹底(池湖 M9:72)。

演变趋势:折沿愈加明显,颈部渐趋不明显,器底由平底到凹底。

9.扁腹罐

侈口,束颈。可分2式。

Ⅰ式。大平底,带单鋬(白主段 M2:6)。

Ⅱ式。小平底(池湖 M9:25)。

演变趋势:器底由大平底到小平底。

10.折腹罐

敛口,折沿。据体型差异,分为 2 型。

A 型 体型瘦高,于器身中部折腹。可分 2 式。

Ⅰ式。微折腹,平底(池湖 M1:68)。

Ⅱ式。折腹明显,凹底(池湖 M9:73)。

演变趋势:折腹愈加明显,器底由平底到凹底。

B 型 体型矮宽,折腹位置偏器身下部,凹底。可分 2 式。

Ⅰ式。腹部略折(池湖 M1:55)。

Ⅱ式。折腹明显(池湖 M9:70)。

演变趋势:折腹愈加明显。

11.鼓腹罐

直口,短颈,肩部不明显,鼓腹,器物最大径在肩部。可分 2 式。

Ⅰ式。平底,带单鋬,上腹近口部饰泥条 S 形装饰(池湖 M1:24)。

Ⅱ式。微折沿,上腹近口部饰两周凸棱,凹底(池湖 M10:2)。

演变趋势:口沿由无到有,器底由平底到凹底。

12.弧腹罐

上腹近口部饰一周凸棱,大平底。可分 2 式。

Ⅰ式。敛口,折沿(白主段 M4:2)。

Ⅱ式。微侈口(池湖 M1:50)。

演变趋势:口部由敛口到微侈口。

13.盆形鼎

三足呈宽扁状。可分 2 式。

Ⅰ式。足细长,足截面内凹(池湖 M1:52)。

Ⅱ式。足较短,足截面略弧(池湖 M1:6)。

演变趋势:足部渐短,足截面内凹渐趋不明显。

14.瓮

圆腹。可分 2 式。

Ⅰ式。体型高大,侈口,凹底(池湖 M5:2)。

Ⅱ式。体型矮小,敛口,平底(池湖 M1:6)。

演变趋势:口部由侈口到敛口,器底由凹底到平底。

15.豆

敛口,弧腹。可分2式。

Ⅰ式。喇叭形圈足,壁内弧,足沿外翻(白主段 M5:1)。

Ⅱ式。假圈足(池湖 M1:89)。

演变趋势:圈足渐趋退化。

16.杯

直腹。可分2式。

Ⅰ式。微侈口,直腹微弧,平底(池湖 M1:31)。

Ⅱ式。折沿,直口,圜底,带单鋬(池湖 M9:38)。

演变趋势:腹部渐趋直腹,器底由平底到圜底。

17.钵

体型高宽,口沿不明显。可分2式。

Ⅰ式。敛口,深弧腹(白主段 M5:2)。

Ⅱ式。直口,直腹,圜底(池湖 M9:28)。

演变趋势:口部由敛口到直口,腹部由弧腹到直腹,器底由平底到圜底。

18.盆

直口,折沿。据体型和腹部差异,分为2型。

A 型　体型矮宽,浅腹。可分2式。

Ⅰ式。平底(香炉山 M3:3)。

Ⅱ式。平底微凹(池湖 M9:13)。

演变趋势:器底由平底到平底微凹。

B 型　体型瘦高,直口微侈,深腹。可分2式。

Ⅰ式。圜底(池湖 M1:10)。

Ⅱ式。圜底微凹(池湖 M9:74)。

演变趋势:折沿愈加明显,器底由圜底到圜底微凹。

依据以上对白主段类型典型遗物的形制分析及型式划分,可将上述遗址陶器组合进行归纳(表21-1),并将白主段类型陶器群组合列表如下(表21-2)。

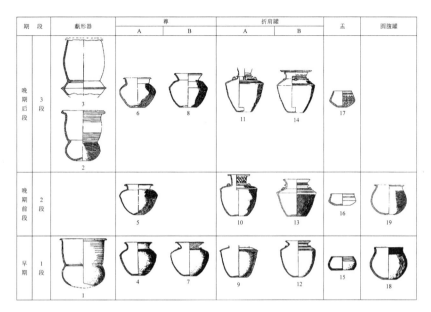

| 期 | 段 | 瓢形器 | 尊 | | 折肩罐 | | 盂 | 圆腹罐 |
			A	B	A	B		
晚期后段	3段	3 2	6	8	11	14	17	
晚期前段	2段		5		10	13	16	19
早期	1段	1	4	7	9	12	15	18

1.白主段 M5:3　2.池湖 M9:77　3.池湖 M3:1　4.白主段 M3:1　5.池湖 M1:70　6.池湖 M9:63

7.白主段 M4:5　8.池湖 M9:64　9.白主段 M1:1　10.池湖 M1:3　11.池湖 M3:2　12.池湖 M7:5

13.鹰头山 M1:7　14.池湖 M10:1　15.香炉山 M2:4　16.池湖 M1:69　17.池湖 M9:18

18.香炉山 M3:1　19.池湖 M1:18

图 21-1　白主段类型典型陶器分期图(一)

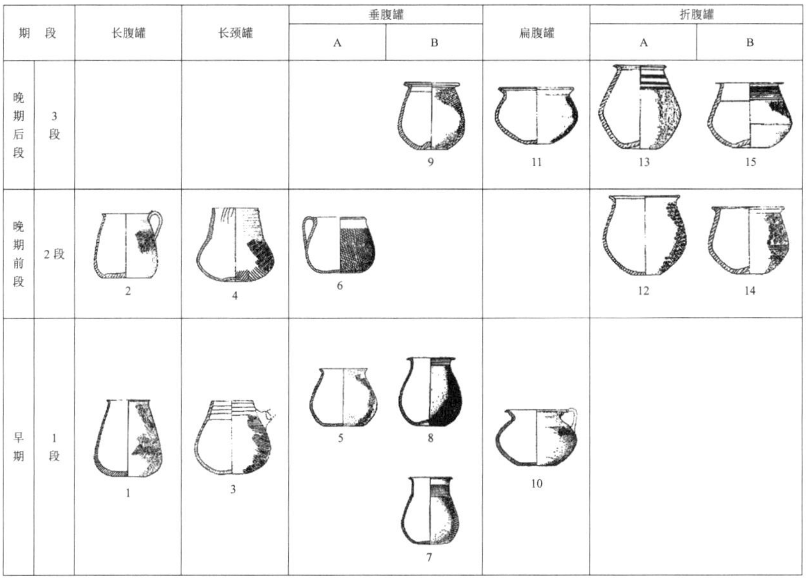

| 期 | 段 | 长腹罐 | 长颈罐 | 垂腹罐 | | 扁腹罐 | 折腹罐 | |
				A	B		A	B
晚期后段	3段				9	11	13	15
晚期前段	2段	2	4	6			12	14
早期	1段	1	3	5	8 7	10		

1.池湖 M2:4　2.池湖 M1:64　3.池湖 M4:1　4.池湖 M1:61　5.白主段 M2:4　6.鹰头山 M1:11

7.白主段 M4:1　8.香炉山 M1:4　9.池湖 M9:72　10.白主段 M2:6　11.池湖 M9:25

12.池湖 M1:68　13. 池湖 M9:73　14.池湖 M1:55　15.池湖 M9:70

图 21-2　白主段类型典型陶器分期图(二)

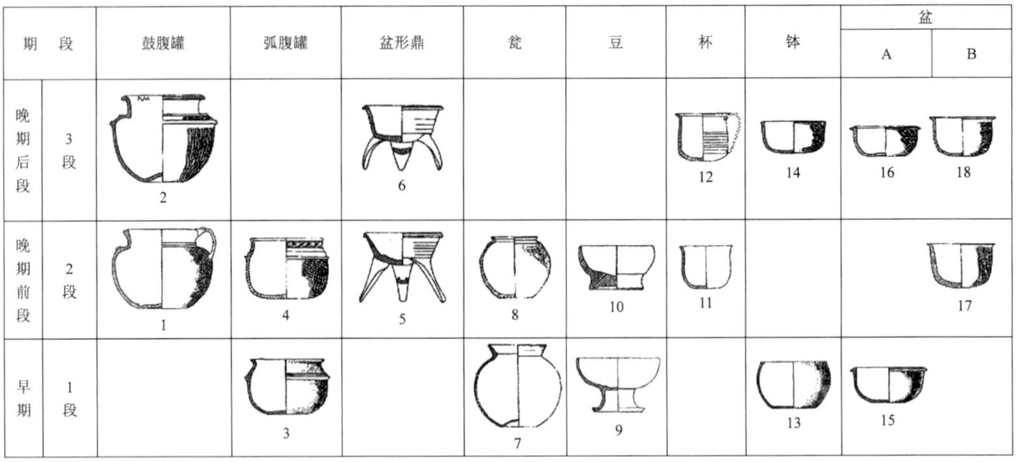

期	段	鼓腹罐	弧腹罐	盆形鼎	瓮	豆	杯	钵	盆 A	盆 B
晚期后段	3段	2		6			12	14	16	18
晚期前段	2段	1	4	5	8	10	11			17
早期	1段		3		7	9		13	15	

1.池湖 M1:24　2.池湖 M10:2　3.白主段 M4:2　4.池湖 M1:50　5.池湖 M1:52　6.池湖 M9:36
7.池湖 M5:2　8.池湖 M1:6　9.白主段 M5:1　10.池湖 M1:89　11.池湖 M1:31　12.池湖 M9:38
13.白主段 M5:2　14.池湖 M9:28　15.香炉山 M3:3　16.池湖 M9:13　17.池湖 M1:10
18.池湖 M9:74

图 21-3　白主段类型典型陶器分期图(三)

表 21-1　白主段类型墓葬典型陶器型式组合表

期	段	单位	瓶形器	尊 A	尊 B	折肩罐 A	折肩罐 B	盂	圆腹罐	长腹罐	长颈罐	垂腹罐 A	垂腹罐 B	扁腹罐	折腹罐 A	折腹罐 B	鼓腹罐	弧腹罐	盆形鼎	瓮	豆	杯	钵	盆 A	盆 B
早期	第1段	白 M5	I																		I		I		
早期	第1段	白 M2									I	I														
早期	第1段	白 M3		I					I																	
早期	第1段	白 M4				I						I						I								
早期	第1段	白 M1					I																			
早期	第1段	香 M1										II														
早期	第1段	香 M2						I																		
早期	第1段	香 M3																							I	
早期	第1段	池 M2								I																
早期	第1段	池 M4									I															
早期	第1段	池 M5																		I						
早期	第1段	池 M7						I																		
晚期前段	第2段	池 M1		II		II		II	II	II	II	I	I		I	I	I	II	I	II	II	I			I
晚期前段	第2段	鹰 M1					II							II												
晚期后段	第3段	池 M9	II	III	II			III				III	II	II	II				II		II	II	II	II	II
晚期后段	第3段	池 M3	III			III																				
晚期后段	第3段	池 M10						III										II								

表 21-2　白主段类型各期典型陶器型式组合表

期段	瓿形器	尊		折肩罐		盂	圆腹罐	长腹罐	长颈罐	垂腹罐		扁腹罐	折腹罐		鼓腹罐	弧腹罐	盆形鼎	瓮	豆	杯	钵	盆	
		A	B	A	B					A	B		A	B								A	B
早期	Ⅰ	Ⅰ	Ⅰ	Ⅰ	Ⅰ	Ⅰ	Ⅰ	Ⅰ	Ⅰ	Ⅰ	Ⅰ	Ⅰ				Ⅰ		Ⅰ	Ⅰ		Ⅰ	Ⅰ	
晚期前段		Ⅱ		Ⅱ	Ⅱ	Ⅱ	Ⅱ	Ⅱ	Ⅱ	Ⅱ			Ⅰ	Ⅰ	Ⅰ	Ⅱ	Ⅰ	Ⅱ	Ⅱ	Ⅰ			Ⅰ
晚期后段	Ⅱ Ⅲ	Ⅲ	Ⅱ	Ⅲ	Ⅲ	Ⅲ					Ⅲ	Ⅱ	Ⅱ	Ⅱ	Ⅱ		Ⅱ			Ⅱ	Ⅱ	Ⅱ	Ⅱ

三、分期与年代

依据上文对白主段类型典型陶器的分析,结合其共出关系,可将白主段类型总体上划分为三段。

第一段,以白主段 M5 为代表,还包括白主段 M1、M2、M3、M4,香炉山 M1、M2、M3,池湖 M2、M4、M5、M7。该段典型器物为Ⅰ式瓿形器,A 型Ⅰ式、B 型Ⅰ式尊,A 型Ⅰ式、B型Ⅰ式折肩罐,Ⅰ式盂,Ⅰ式圆腹罐,Ⅰ式长腹罐,Ⅰ式长颈罐,A 型Ⅰ式、B 型Ⅰ式、B 型Ⅱ式垂腹罐,Ⅰ式扁腹罐,A 型Ⅰ式弧腹罐,Ⅰ式瓮,Ⅰ式豆,Ⅰ式钵,Ⅰ式盆等。另有盆形瓿瓿形器、敛口鼓腹尊、侈口扁圆腹尊、侈口束腰平底罐、直口扁腹双耳罐、敞口盆、小口钵、盂等。

第二段,以池湖 M1 为代表,还包括鹰头山 M1。该段典型器物为 A 型Ⅱ式尊,A 型Ⅱ式、B 型Ⅱ式折肩罐,Ⅱ式盂,Ⅱ式圆腹罐,Ⅱ式长腹罐,Ⅱ式长颈罐,A 型Ⅱ式垂腹罐,A 型Ⅰ式、B 型Ⅰ式折腹罐,Ⅰ式鼓腹罐,Ⅱ式弧腹罐,Ⅰ式盆形鼎,Ⅱ式瓮,Ⅱ式豆,Ⅰ式杯,B 型Ⅰ式盆等。亦见小侈口耸肩罐、敞口斜腹平底罐、敛口鼓腹罐、提梁罐、高领圆腹圜底罐、盂、杯、碗等。

第三段,以池湖 M9 为代表,还包括池湖 M3、M10。该段典型器物为Ⅱ式、Ⅲ式瓿形器,A 型Ⅲ式、B 型Ⅱ式尊,A 型Ⅲ式、B 型Ⅲ式折肩罐,Ⅲ式盂,B 型Ⅲ式垂腹罐,Ⅱ式扁腹罐,A 型Ⅱ式、B 型Ⅱ式折腹罐,Ⅱ式鼓腹罐,Ⅱ式盆形鼎,Ⅱ式杯,Ⅱ式钵,A 型Ⅱ式、B 型Ⅱ式盆等。还见筒形瓿鼓腹平底釜瓿形器、圆腹罐、直腹平底带鋬杯、钵、盆等。

在此基础上,我们可进一步分析归纳得出白主段类型的初步分期及各期特征如下:

白主段类型早期:即第一段。该期主要特征表现为陶质普遍为泥质灰硬陶,少量细砂灰硬陶、泥质红软陶等。除豆、盂、钵、盆等少数盛食器和水器通常素面外,其余陶器外表均施有拍印纹饰,以方格纹大宗,篮纹、席纹、曲折纹、细绳纹、S 形纹饰等其次,少见刻划纹。部分器物颈和肩、上腹部施有弦纹。组合纹饰亦不少，以方格纹配弦纹、弦纹配绳纹多见，方格纹配篮纹、篮纹配S纹等较少。个别盆内可见刻划符号。系、耳、把等装饰运用不多。器类种类较多，基本涵盖陶器群的器类，以罐、尊、盆、钵常见，罐类器尤多。盛行平底器，凹底器其次，圈底和圈足器最少。原始青瓷仅见三足三盅盘。墓葬方面，早期墓葬为小型长方形竖穴土坑墓，随葬品较少，一般在10件陶器以下，少见其他随葬品。

白主段类型晚期：包括第二段和第三段。该期主要特征表现为在陶质上，夹细砂灰硬陶比重大幅增加，与泥质灰硬陶持平，两者数量最多，泥质或夹砂软陶的比例有所上升。陶系仍以灰陶系为主，红陶、黄陶、红褐陶、灰褐陶、灰黄陶等陶系亦有不少。纹饰仍以拍印纹饰为主，篮纹、席纹、方格纹、细绳纹、曲折纹等早期常见的纹饰继续流行。新出现的云雷纹、网格纹、变体雷纹、交错细绳纹等纹饰亦流行。尤以云雷纹、细绳纹和变体雷纹为大宗。早期盛行的方格纹地位下降。器物颈和肩、上腹部施弦纹亦多见。刻划纹饰较早期增加，多为复线曲折纹和复线交叉纹，常施于器物的颈部。组合纹饰的比重上升，以云雷纹和绳纹组合，或二者分别与其他某种或某两种纹饰的组合较多，如云雷纹和曲折纹；云雷纹和弦纹；绳纹和席纹；绳纹和网格纹；云雷纹、弦纹和条纹等，亦有变体雷纹和复线曲折纹，席纹和弦纹，方格纹和曲折纹等组合纹饰。素面陶器仍少见。罐类器盛行在口沿与肩部或腹部装饰鋬耳或宽带状耳，鋬耳上端还常见泥条螺旋S纹，肩部装饰系，以及腹部装饰角状把。亦见颈部饰凸棱。刻划符号增多，多出现于杯内，盆、罐内亦见。个别器物表面施有黑衣。器类继续保持早期类别，数量上大幅增加。新出现折腹罐、鼓腹罐、提梁罐、带把小杯、直腹杯、B型盆等。平底器为主，凹底器和圈底器亦较多，圈足器和空三足器极少。原始青瓷仅见尊。晚期墓葬上，2座大型长方形竖穴土坑墓尤为突出，随葬品极为丰富，多达八九十件陶器随葬，还见少量原始瓷、石器和玉器。另发现柱洞和沟槽以及踏步遗迹。

白主段类型两期特征鲜明，既可看出早晚风格延续的一面，也能观察到所存在的差异，反映了白主段类型的不同发展阶段。白主段类型晚期前、后两段，即第二段和第三段，稍有区别。无论是在陶质、陶系，还是纹饰、装饰，以及器类、器形诸方面，前段似比后段更为丰富，后段在诸方面的数量上也不及前段。后段不见前段流行的变体雷纹和刻划纹饰，系、鋬耳和宽带状耳的运用也不如前段广泛。瓮、豆以及弧腹罐、长腹罐、长颈罐、A型垂腹罐、圆腹罐等前段各类形态的罐基本少见于后段，后段则新出现提梁罐等。总的来看，白主段类型晚期前后两段还是存在较为密切的关系，共同构成了区别于早期的典型特征。

关于白主段类型年代的认识，学者们的推断莫衷一是，有的意见是商代晚期至西周，有的看法是商代中期至春秋时期，有的则笼统认为是夏商时期。我们根据前文对白主段类型的讨论，尝试通过与周边地区诸考古学文化中的典型器对比分析，并吸收前人断代研究成果，从而进行推断。

白主段类型早期：该阶段有不少典型器物的风格与鹰潭角山窑址的器物组合大体相近。且从器物的具体形制上看，如白主段M4:5的撇口束颈尊、池湖M7:5的侈口折肩罐、香炉山M3:1的圆腹罐、香炉山M2:4的敛口折腹盉、白主段M5:2的敛口深弧腹钵、香炉山M3:3的浅腹盆等，在角山窑址中均有同类器形的发现，如86板H1:40、86板H1:33、板H1:6、角A:88、角A:188、86板H1:2、角A:6等。进一步按器物的形态演变逻辑观察,角山窑址同类器的口部、腹部等特征明显不如白主段类型者发达,当处于该型式器物的初始阶段,是白主段类型该类器的"祖型",白主段类型器物的风格当处于其发展阶段。角山窑址的这几组遗迹单位为角山二期遗存,相对年对为商代初期和前期,绝对年代为距今 3590~3380 和 3490~3360 年[⑧],白主段类型早期的年代应当晚于角山二期,但两者年代又较为密切,应该不会相距很大,据此可以推定白主段类型早期的年代相当于早商且属于早商偏晚阶段。另外,白主段类型早期出土一件甗形器,是白主段类型的典型器,基本特征为卷沿,甑部直腹微弧似筒形,圜底。已有学者对甗形器进行专门的分期研究,将此件甗形器划分为 Bb 型 I 式,年代上推定为早商[⑨]。故甗形器亦可为白主段类型的年代判断提供指示,白主段类型早期的年代相当于商代早期。

白主段类型晚期:该阶段存在较大比重的黄土仑类型的文化因素,这些器物与黄土仑墓葬的出土器物形制几乎如出一辙,该类器物亦是黄土仑类型的基本器物组合,广泛出现于闽江下游黄土仑类型的分布区。白主段类型晚期十分流行的云雷纹、变体雷纹和刻划纹饰,以及系、鋬耳和宽带状耳这些装饰风格更是常见于黄土仑类型的器物。同时,白主段类型的代表性器物也在黄土仑类型的分布区域中有不少发现。由此可见,白主段类型晚期阶段与闽江下游黄土仑类型的交流和互动异常频繁,两者存续年代应该相当。黄土仑类型的年代据碳十四测年结果为公元前 1300±150 年,相当于距今 3250 年左右的商代晚期[⑩]。因此,我们推测白主段类型晚期的主体年代相当于商代晚期。

至于白主段类型的年代下限,我们推测有可能至西周初。白主段类型晚期偶有出现的原始青瓷尊还不具备西周早期原始瓷的发展面貌特征。据研究,西周早期的原始瓷往往表现为产品质量高,器类丰富,主要包括鼎、豆、罐、盂、尊、壶、盉、盆等,普遍装饰弦纹、篦划纹,小泥饼耳饰等诸特征,已经迎来了原始瓷发展的第一个高峰期[⑪]。因此,相较西周早期原始瓷的发达面貌,白主段类型的下限不可能晚至西周早期,至迟至西周初还是比较符合实际的。

综上所述,白主段类型早期年代大致相当于商代早期偏晚;晚期前段与后段年代大致相当于商代晚期[⑫],下限或至西周初。

注释:

①福建省博物馆,光泽县文化局、文化馆:《福建省光泽县古遗址古墓葬的调查和清理》,《考古》1985年第 12 期。

②林公务:《福建史前文化遗存概论》,《福建文博》1990 年增刊。

③林公务:《光泽古墓葬出土陶器的类型学考察——兼论闽北地区史前文化发展序列》,《福建文博》1990 年第 2 期;林忠干:《闽北先秦古文化发展的初步线索》,《福建文博》1990 年第 2 期;林公务:《福建境内史前文化的基本特点及区系类型》,见《福建历史文化与博物学研究——福建博物馆成立四十周年纪念文集》,福建教育出版社,1993 年;吴春明:《闽江流域先秦两汉文化的初步研究》,《考古学报》1995年第 2 期;林公务:《福建境内史前文化区系类型初论》,见《跋涉集——北京大学历史系考古专业七五届毕业生论文集》,北京图书馆出版社,1998 年。

④林公务:《福建光泽先秦陶器群的研究——兼论白主段类型》,见《东南考古研究》第三辑,厦门大学出版社,2003 年。

⑤福建博物院:《福建光泽池湖商周遗址及墓葬》,见《东南考古研究》第三辑,厦门大学出版社,

2003 年。

⑥福建博物院、邵武市博物馆：《邵武市鹰头山商代墓葬发掘简报》，《福建文博》2014 年第 3 期。

⑦福建博物院：《福建光泽池湖商周遗址及墓葬》，见《东南考古研究》第三辑，厦门大学出版社，2003 年。

⑧江西省文物考古研究院、鹰潭市博物馆：《角山窑址——1983～2007 年考古发掘报告》，文物出版社，2017 年。

⑨付琳：《甗形器研究》，《中国国家博物馆馆刊》2014 年第 3 期。

⑩福建省博物馆：《福建闽侯黄土仑遗址发掘简报》，《文物》1984 年第 4 期。

⑪郑建明：《商周原始瓷装饰纹样略论》，《文物》2012 年第 11 期。

⑫关于商文化不同阶段的划分，我们采用的是早商文化与晚商文化二分法。

附记：本文系由王新天老师指导本人完成的厦门大学硕士学位论文《白主段类型初步研究》修改而成，曾得到付琳老师悉心指导，在此谨致谢忱！本文为国家社会科学基金青年项目"江南地区周代墓葬与文化分区研究"（18CKG009）阶段性成果。

Stages and Dating of the Baizhuduan Type

Lin Yehui

Abstract：The Baizhuduan type is a significant archaeological culture of the early Bronze Age in the upper Minjiang River region of China. Its notable sites include the Guangze Baizhuduan type, the Xianglushan, the Chihu Site, and the Shaowu Yingtoushan Site. This paper provides a new definition of the Baizhuduan type, dividing it into three stages and two phases based on a typological analysis of typical pottery discovered in tombs. The first stage is the early Baizhuduan type, represented by Baizhuduan M5, which dates back roughly to the late early Shang period. The second and third stages are the early and late periods of the late Baizhuduan type, represented by Chihu M1 and M9, which date back roughly to the late Shang period, with a lower limit approximately to the early Western Zhou period.

Keywords：Baizhuduan Type，Stages，Date

"后马桥文化"辨析

黄一哲

（北京大学考古文博学院）

　　"后马桥文化"是宋建先生在讨论马桥文化去向时所提出的一个概念，指的是环太湖地区商末周初时期的一类文化遗存[①]。这类遗存在年代上晚于"马桥文化"[②]，最早由金山亭林遗址的层位关系证明[③]，因此也被一些学者称为"亭林类型"[④]。

　　已有研究表明，这类遗存是从二里头至早商时期的马桥文化直接发展而来，但又有一些明显的区别，如二里头至早商时期的马桥文化流行锥形、凹弧形、舌形三种鼎、鬶类足，以及普遍在各种型式的豆、瓿、觯器身上施有条带状压印纹饰，而这类遗存中仅流行锥形足的各类鼎、鬶，瓿、觯等器形以及压印条带状纹饰逐渐消失，豆类也变成以细高柄为主流，且流行在豆柄上端加一周凸箍。

　　关于这类遗存更加具体的年代、分区等方面的研究，目前仍有讨论的空间，本文即以此为目标展开论述。

一、分期与年代

　　目前有关环太湖地区商周时期的分期成果，普遍将这类遗存单独作为一期，置入长时段的年代框架之中[⑤]，尚未见有对这类遗存本身进行分期研究[⑥]。

　　虽然时至今日对这类遗存中数量众多的夹砂、泥质陶，仍没有充足的地层证据支持展开分期研究。不过近年来南山窑址资料的公布为这一时期原始瓷和硬陶的分期提供了可能[⑦]。南山窑址报告将窑址分为五期，其中第一期产品从测年结果看相当于早商时期，且其产品也没有与"后马桥文化"遗存共出的情况，而第二至五期产品，在钱山漾 H23、H80、J8，亭林 H1，柴岭山 D22M1，花山 G2，余城 H1 等单位中与"后马桥文化"遗存共出，因此可以认为窑址第二至五期的年代与"后马桥文化"相当。

　　由于本文赞同南山窑址的分期结果，因此详细的器物分期可参见窑址报告。本文在此仅对窑址中数量最多、年代辨识意义最显著的浅盘弧腹瓷豆和短直颈扁腹瓷罐对作式别分析：

　　瓷豆，分 4 式。

　　Ⅰ式，侈口近平，沿面两侧略凸出，斜弧腹，圈足外缘或有较浅的半圆形或三角形缺口。标本南山ⅠT402⑫:4(图 22-1,1)。

Ⅱ式,短敛口,斜弧腹,圈足外缘偶见较浅的半圆形或三角形缺口。标本南山ⅠT302⑤:36(图 22-1,2)。

Ⅲ式,敛口较长,弧腹,圈足外缘不见缺口。标本南山ⅠT402⑨:8(图 22-1,3)。

Ⅳ式,直口,弧腹,圈足外缘不见缺口。标本南山ⅠT202②:15(图 22-1,4)。

演变规律:口沿上抬由侈口近平→内敛→直口,斜腹→弧腹,圈足外缘缺口消失。

瓷罐,分 4 式。

Ⅰ式,敛口微上扬。标本南山ⅠT402⑪:1(图 22-1,5)。

Ⅱ式,口沿上扬略呈短直口状,斜肩。标本南山ⅠT402⑩:27(图 22-1,6)。

Ⅲ式,短直口,斜肩。标本南山ⅠT402⑨:10(图 22-1,7)。

Ⅳ式,直口,圆鼓肩。标本南山ⅠT202②:31(图 22-1,8)。

演变规律:敛口微上扬→直口,斜肩→圆鼓肩。

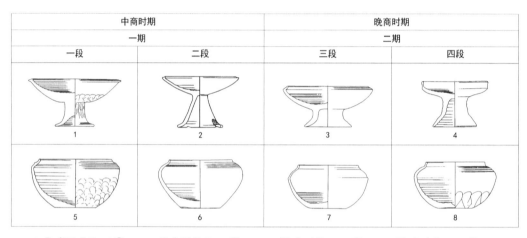

中商时期		晚商时期	
一期		二期	
一段	二段	三段	四段
1	2	3	4
5	6	7	8

1.Ⅰ式豆ⅠT402⑫:4 2.Ⅱ式豆ⅠT302⑤:36 3.Ⅲ式豆ⅠT402⑨:8 4.Ⅳ式豆ⅠT202②:15
5.Ⅰ式罐ⅠT402⑪:1 6.Ⅱ式罐ⅠT402⑩:27 7.Ⅲ式罐ⅠT402⑨:10 8.Ⅳ式罐ⅠT202②:31

图 22-1　南山窑址瓷豆、罐分期

瓷豆、罐的分式可作四段:第一段包括Ⅰ式豆、罐,见于南山 T302⑥、T402⑬~⑮、T404⑨,相当于报告所分第二期;第二段包括Ⅱ式豆、罐,见于南山 T302⑤、T402⑩、T404⑦,相当于报告所分第三期;第三段包括Ⅲ式豆、罐,见于南山 T402④~⑨、T404③~⑥,相当于报告所分第四期;第四段包括Ⅳ式豆、罐,见于南山 T202②、T303②a~③、T401②、T402②~③、T404②,相当于报告所分第五期。

简言之,根据瓷豆、罐式别所分的四段正对应南山窑址报告分期框架中的第二至五期。通过对器形特点的观察,这四段还可以进行合并,如原始瓷豆在第一、二段中的口沿内侧略凸出、斜弧腹、圈足外缘或有缺口,第三、四段中口沿为明显的敛口或直口、弧腹、圈足外缘不见缺口;原始瓷罐在第一、二段中为敛口上扬,第三、四段中为直口。因此第一、二段可合并为第一期,第三、四段可合并为第二期(表 22-1)。

表 22-1　环太湖地区中晚商时期遗存分期表

本文分期		南山窑址报告分期	年代	
一期	一段	南山窑址二期	中商	1400BC～1250BC
	二段	南山窑址三期		
二期	三段	南山窑址四期	晚商	1250BC～1000BC
	四段	南山窑址五期		

　　绝对年代方面,第一期有 2 个经树轮校正的有效测年数据,一个是属于南山窑址二期的 1450BC～1300BC(ⅠT402⑫),另一个为钱山漾遗址的 1420BC～1250BC(H108)。测年结果大致落在 1400BC～1250BC 的范围内,相当于中原地区的中商时期⑧。此外,壶瓶山遗址第 5 文化层还有两个测年数据的校正结果在 1300BC 左右,但是从陶器面貌上看,壶瓶山第 5 文化层遗存的年代跨度较大,因此该遗址的测年数据只能辅助说明这类遗存的年代上限确实可以早到中商时期。

　　第二期有 4 个经树轮校正的有效测年数据,2 个为属于南山窑址 4 期的 1270BC～1020BC(ⅠT402⑦)、1300BC～1000BC(ⅠT402⑤);另外 2 个来自钱山漾遗址的数据数值相同,均为 1210BC～970BC(均来自J8)。测年结果大致落在 1250BC～1000BC 的范围内,相当于中原地区的晚商时期。此外,此期晚段的直口原始瓷豆开始见于中原地区的殷墟四期文化⑨,这是连接中原和长江下游地区年代框架的一个重要节点⑩,可证此期晚段年代确实相当于殷墟四期。

　　总之,这类遗存的年代可依南山窑址的层位关系分为两期四段,两期的年代分别相当于中商、晚商时期。

二、分布与分区

　　目前已经发表的这类文化遗存,见于上海地区的亭林、寺前村、崧泽⑪,杭州地区的水田畈、蜀山、高祭台、柴岭山、小古城、老虎洞⑫,湖州地区的毘山、邱城、南王山、钱山漾⑬,嘉兴地区的姚家村、董家桥⑭,宁波地区的庶来、鱼山、灵山⑮,绍兴地区的壶瓶山⑯,苏州地区的澄湖、张墓村、钱底巷、绰墩、俞墩⑰,无锡地区的花山、佘城、彭祖墩、南楼⑱等遗址,此外以南山窑址为代表的东苕溪流域窑址群中⑲,也有相当部分的年代主体属于中晚商时期。整体上看,除了缺少浦阳江流域的发现⑳,本时期的文化遗存基本覆盖了二里头至早商时期马桥文化的分布范围。

　　已有研究表明,二里头至早商时期的马桥文化可以分为湖东、湖西两区,分别以马桥遗址和钱山漾遗址为代表㉑。当然考虑到位于太湖西区的遗址其实集中在太湖西南岸,本文更偏向使用太湖西南区的称呼。以此作为历史背景,可以发现中晚商时期环太湖地区考古学文化面貌的整体变化就在于,原有的东、西二分格局在这一时期趋于一体化。

　　从陶系上看,仍有一些二里头至早商时期就存在的区域性特点被保留,主要体现在夹砂陶方面。二里头至早商时期,太湖东区马桥文化的夹砂陶占全部陶系的 25% 左右,且几乎全为夹砂红陶;太湖西南区马桥文化的夹砂陶占全部陶系的 50% 左右,且其中夹砂灰陶要略多于夹砂红陶[②]。而到了中晚商时期,崧泽上层、壶瓶山第 5 文化层、钱底巷等太湖东区遗址的陶片统计显示,夹砂陶仍占全部陶系的 20%~30%,且几乎全部为夹砂红陶;而小古城、昆山等属于太湖西南区遗址的陶片统计显示,夹砂陶仍占全部陶系的五成上下,且红、灰陶的占比相当[③]。

但在夹砂陶以外,环太湖地区的陶系特点开始趋于相近。其一是泥质陶方面,灰陶占比数量明显增多。太湖东、西两区原有的差异在于东区的泥质红陶更多,而西区的泥质灰陶更多[③]。中晚商时期,小古城、昆山遗址的统计数据显示太湖西区的灰陶数量仍然多于红陶,与此同时太湖东区的灰陶数量开始激增且远多于红陶,如崧泽上层中泥质灰陶占 41.06%、泥质红陶占 6.58%、壶瓶山第 5 文化层中泥质灰陶占 60.4%、泥质红陶占 8%、钱底巷遗址中泥质灰陶占 42%、泥质红陶占 14.8%。

其二则是硬陶、瓷器的数量开始显著变多。二里头至早商时期,马桥文化的硬陶、瓷器仅零星出现,马桥遗址报告的陶片统计中甚至没有涉及硬陶、瓷器,而钱山漾遗址报告的统计显示硬陶占 12.5%、瓷器占 0.1%[②]。中晚商时期,硬陶、瓷器见诸报道者明显变多,有具体统计数据的包括:太湖东区崧泽遗址上层硬陶占 19.73%、釉陶占 7.11%,壶瓶山遗址第 5 文化层硬陶占 8.2%、瓷器 0.3%,钱底巷遗址硬陶占 8.6%;太湖西南区昆山遗址 17 年度的发掘中硬陶约占 20%、瓷器约占 5%;太湖北区佘城遗址中硬陶、瓷器合占 14.19%,花山遗址中硬陶、瓷器合占 3.17%。硬陶、瓷器的占比值在各遗址其实有较大的个性,这与区位有关,如接近东苕溪流域窑址群的昆山遗址,其硬陶、瓷器的占比值较高;也与等级有关,如位于同地区的佘城、花山遗址,佘城作为城址等级更高,其硬陶、瓷器的占比也明显更高。但相比于同地区的前一时期来说,中晚商时期硬陶、瓷器整体数量的增长是显而易见的。

从纹饰上看,中晚商时期的整体性变化主要有两点。其一是席纹、云雷纹的数量激增。二里头至早商时期,拍印在各类泥质红陶罐上的几何形印纹以叶脉纹、条格纹为主,席纹、云雷纹在马桥遗址红褐陶系中的占比共计不到 5%,而马桥遗址的红褐陶约占所有陶系的五成,那么席纹、云雷纹合计在所有陶片中的占比就是约不到 2.5%;钱山漾遗址也提供了相似的数据,云雷纹和席纹的合计占比约 2.6%[③]。到了中晚商时期,各类泥质红褐陶罐多已烧制成硬陶器,其器表拍印的纹饰也转变为以席纹、云雷纹为主,如太湖西南区的昆山遗址 17 年度发掘就显示席纹、云雷纹是最主流的硬陶纹饰,各自占比值约为全部陶片的 5%;小古城遗址北城墙的层位证据还显示中晚商时期的云雷纹数量有随着时间占比变大的趋势;南山窑址的发掘也显示硬陶的拍印纹饰几乎全为席纹、云雷纹。太湖东区目前缺少明确的统计数据,但根据崧泽上层、壶瓶山第 5 文化层、钱底巷、彭祖墩等遗址报告的介绍,饰在硬陶上的几何形印纹同样以席纹、云雷纹为主流[④]。

其二则是梯格纹、圈点纹的分布范围扩大。二里头至早商时期,梯格纹、圈点纹仅见于太湖西南区。到了中晚商时期,两种纹饰的分布范围皆开始东扩。其中梯格纹的数量较多,但仍有明显的地区性差异,即地理位置偏西、偏北的遗址中数量较多,如湖州地区的昆山,无锡地区的花山、佘城、彭祖墩等遗址中,梯格纹皆为占比最大的泥质陶纹饰;但在偏东南区位的遗址中则数量较少,如上海地区的寺前村,嘉兴地区的姚家村,杭州地区的老虎洞等遗址中,梯格纹的数量就较少;再往东南的宁绍地区目前则尚未见到出土有梯格纹的明确证据,但也有可能是相关的考古发掘工作较少所致。而圈点纹的绝对数量虽少,在这一时期也开始普遍出现在太湖地区的各遗址中。

从器形上看,环太湖地区的文化面貌也比较统一。夹砂陶方面,陶鼎除了有继承本地区二里头至早商时期就流行的折沿垂腹鼎(图 22-2,1),这一时期还开始流行大口盆形鼎(图 22-2,2),尤其常见一种腹部较浅,整体造型接近三足盘的,这种鼎通常还会装有角状把手(图 22-2,3);陶甗则普遍为短折沿、甑部扁圆,鼎腹部也多作大口盆形(图 22-2,4)。泥质陶方面,中晚商时期的一个显著特点便是高锥足三足盘和细高柄凸箍豆的流行(图 22-2,5、6),这两种器形在各遗址都是最为常见的泥质灰陶盛贮器,而上一阶段器身饰有带状纹饰的豆、瓠、觯类器物几乎完全消失;另一类比较流行的泥质灰陶器便是刻槽盆,常见两种形态,一种浅腹,口沿多作内折状(图 22-2,7),另一种深腹,多带有流口,流口两侧还常贴有泥饼装饰(图 22-2,8);二里头至早商时期马桥文化的泥质红陶罐在这一时期也得到了延续,不过多已开始用硬陶烧制(图 22-2,9~11),此外罐类器中还开始流行一种直口短颈、鼓肩、饰有带状圈点纹的灰陶大罐(图 22-2,12)。瓷器方面,以豆、罐类器为主[⑧],而这些器形中的多数都见于以南山窑址为代表的东苕溪流域窑址群中(图 22-1)。

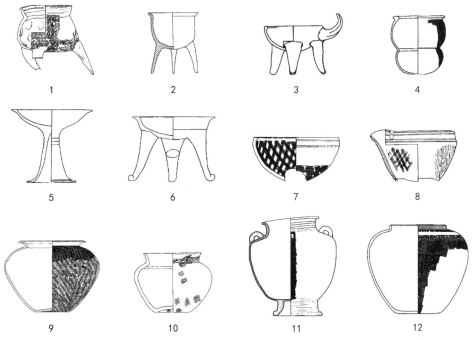

1.昆山 G1⑤:1　2.绰墩 H36:4　3.姚家村 H15:1　4.姚家村 H5:13　5.邱城 H23:1　6.邱城 H23:5
7.姚家村 T6②:015　8.钱底巷Ⅲ T604③　9.钱山漾 J8②:11　10.昆山 H14:3　11.柴岭山 D22M1:4
12.姚家村 J2:5(1~3.鼎　4.甗　5.豆　6.三足盘　7、8.刻槽盆　9~12.罐)

图 22-2　后马桥文化陶器举例

　　在此,有必要对太湖北区遗存作单独的分析,因为该小区是中晚商时期个性最明显的区域。从陶系上看,本区夹砂红褐陶的占比最大,泥质红褐陶次之,泥质灰陶、硬陶与瓷器的占比较少。彭祖墩遗址第 3 层的统计数据显示,夹砂红褐陶占 52.4%、泥质红褐陶占 35.1%、泥质灰黑陶占 5.8%、硬陶占 6.7%。与同时期环太湖其他地区相比,太湖北区陶系的不同点在于夹砂红褐陶占比极大,且泥质陶中也是以红褐陶为主[㉒]。从纹饰上看,太湖北区的特点在于梯格纹的数量非常多,彭祖墩遗址 3 层统计中占 5%、花山遗址中占 12.26%、佘城遗址中更是占到 31.5%,在各遗址中皆是占比最高的纹饰,而同时期环太湖其他地区的梯格纹虽也常见,但在各遗址中的占比数量往往不及云雷纹与席纹。从器形上看,太湖北区也颇有一些地方特色,如浅腹盆形鼎的上腹部略鼓、锥足相对较矮且足尖外撇明显(图 22-3,1、2),陶甗下部呈袋足状(图 22-3,3),陶釜、陶鬲的数量明显多于其他地区(图 22-3,4、5)。

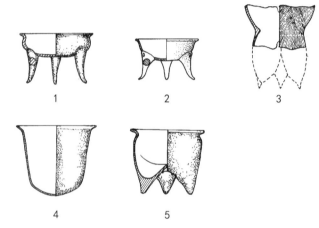

1.花山 G2:27　2.佘城 TG1④:11　3.花山 G2:b103　4.花山 G2:68　5.花山 H7:3

（1、2.鼎　3.甗　4.釜　5.鬲）

图 22-3　花山类遗存陶器举例

　　总之,中晚商时期环太湖地区整体的文化面貌呈现出一体化的态势,仅有太湖北区的个性比较明显。

三、"后马桥文化"辨析

　　中晚商时期环太湖地区在陶系、纹饰、器形上的变化是联动的。首先,与泥质灰陶增多相伴的是,锥足三足盘、高柄凸箍豆成为这一时期最主流的泥质陶器,梯格纹、圈点纹等多作为装饰泥质灰陶罐的纹饰,在此时的分布范围也得到扩大。值得注意的是,这些文化因素原先都是太湖西南岸的区域特色[㉓],但在中晚商时期成为环太湖地区的整体风格。其次,泥质红陶的减少实则与硬陶的增长同质,即原先泥质红陶系的各类陶罐,普遍开始被制作成硬陶,与此同时瓷器的数量也开始增加。这背后其实代表着陶瓷制作技术的进步,而这一时期硬陶、瓷器的烧制中心正是位于太湖西南区的东苕溪流域窑址群。

统筹上述认识不难看出,中晚商时期环太湖地区文化面貌变化背后的逻辑是,太湖西南区的文化因素开始扩张,并影响了整个环太湖地区。事实上,中晚商时期环太湖地区已经确认的中心遗址,除了位于太湖北区的佘城遗址,其余皆位于太湖西南区,包括毘山遗址、下菰城遗址、小古城遗址等。这一时期的陶瓷器手工业中心,是以南山窑址为代表的东苕溪流域窑址群,同样位于太湖西南区。虽然目前因公布的资料有限,尚无法讨论太湖西南区瓷器专业化生产和中心聚落产生之间的明确关系。但至少可以看出太湖西南区在中晚商时期确实处于区域文化发展的强势期,那么其文化因素在这一时间段的外向影响便不难理解了。

此外,太湖北区是中晚商时期地方特色最明显的小区,结合区位与文化背景等因素考虑,其个性产生的原因可能由以下三条所致。第一,地理位置靠北,因此更容易受到湖熟文化的影响。太湖北区陶系中夹砂红褐陶约占五成、泥质陶中以红褐陶为主、纹饰以梯格纹为主,其实也是同时期湖熟文化的特点,而且太湖北区的袋足鬲、陶鬲等也恰恰是湖熟文化的典型器[21]。第二,太湖北区至今只在南楼遗址发现有零星的二里头至早商时期的马桥文化遗存[22],这固然有可能是考古工作的不足所致,但也可能表明中晚商时期本地区所受到的自身历史影响因素较小,因此区域文化的个性会比较明显。第三,太湖北区在中晚商时期出现了属于本小区域的中心,即佘城遗址,这同样可能导致区域文化更具特点。

根据上述针对陶系、器形、纹饰的分析,可以将环太湖地区在中晚商时期的文化态势总结为:在二里头至早商时期东西两分的考古学文化格局,在中晚商时期呈现出一体化的状态,且该一体化的本质,可以看作是太湖西南区文化因素的扩张。

最后讨论一下关于文化命名的问题。"后马桥文化"这类遗存还经常被称为"高祭台类型"与"亭林类型",但本文以为这两个称呼并不太合适。

"高祭台类型"和"亭林类型"作为文化命名时存在的问题是相同的。第一,高祭台、亭林两处遗址的材料公布得都不充分,高祭台遗址的公布材料只有几张没有出土单位的器物图[23],亭林遗址上层也仅发表了9件器物图。第二,"高祭台类型"和"亭林类型"的内涵都没有准确的界定。"高祭台类型"在提出时用以指代"浙江省境内包含有几何形印纹陶的古代遗存"[24],在时间上包括整个青铜时代,空间上涵盖了浙江省全境乃至于更广的范围,内涵过于宽泛。"亭林类型"以亭林遗址上层为代表,原指上海地区西周时期的文化遗存[25],该年代认识或许是受到了当时想让"马桥类型"与"亭林类型"分别对应商、周两个时期的影响,但目前看来环太湖地区中晚商和西周时期的文化遗存不应视作同一支考古学文化,而亭林遗址上层公布的器物图年代应属于中晚商时期[26]。

当然,"后马桥文化"本身也不是一个严格的考古学文化命名,不过考虑到环太湖地区中晚商时期最重要的几个中心遗址的资料发表仍不充分[27],本文仍沿用"后马桥文化"的称呼。关于这类遗存文化命名的最终结论可以等到这些中心遗址的资料公布后再作讨论。

至于太湖北区中晚商时期的文化遗存,虽然目前的考古资料也不算充分,且从整体来看与环太湖地区仍有较大的共性,但确实是这一时期个性特征最明显的小区域。可以将其理解为在毘山类型扩张时期,受湖熟文化较深影响而形成的一类文化遗存。本文认为可以沿用学界已有的"花山类遗存"[28]对其进行称呼。

四、结语

本文的认识可以总结为如下三点。

第一,所谓"后马桥文化"的这类遗存年代为中晚商时期,目前可依南山窑址的层位证据分为二期四段。诚如宋建先生所言,这类遗存的年代下限或许能到西周初期,但这主要是由于类型学分期不可能与历史年表完全吻合的局限性所致[39]。这类遗存的主体年代是中晚商时期,而不会晚到西周时期[40]。

第二,相较于二里头至早商时期的东、西二分格局,太湖地区中晚商时期的考古学文化面貌整体趋于相近,呈现出一体化的趋势。

第三,"后马桥文化"的发生原因是中晚商时期太湖西南区文化因素的扩张,这也与太湖西南区在这一时期形成了陶瓷器手工业中心与多个中心聚落的社会背景相吻合。

注释:

①宋建:《马桥文化的去向》,《中国考古学会第九次年会论文集》,文物出版社,1993年。

②这里的"马桥文化"指的是以马桥遗址出土遗存为代表的马桥文化,年代上相当于二里头至早商时期。事实上"马桥文化"在不同学者笔下有不同的内涵。参见毛颖、张敏:《长江下游的徐舒与吴越》,湖北教育出版社,2005年。

③孙维昌:《上海市金山县查山和亭林遗址试掘》,《南方文物》1997年第3期。

④黄宣佩、张明华:《上海地区古文化遗址综述》,《上海博物馆集刊·第2期》,文物出版社,1981年。

⑤黄宣佩、孙维昌:《略论太湖地区几何印纹陶遗存的分期》,《上海博物馆集刊·第1期》,上海人民出版社,1981年;李伯谦:《我国南方几何形印纹陶遗存的分区、分期及其有关问题》,《北京大学学报》1981年第1期。

⑥曹峻先生曾将"亭林类型"分为早、晚两期,早期为晚商期,晚期为西周期。但本文以为曹峻先生所认为的西周时期的"亭林类型"晚期,和属于晚商时期的"亭林类型",不应该视作同一类文化遗存。参见曹峻:《亭林类型初论》,《中国考古学会第十四次年会论文集》,文物出版社,2012年。

⑦浙江省文物考古研究所、湖州市博物馆、德清县博物馆:《东苕溪流域夏商时期原始瓷窑址》,文物出版社,2015年。

⑧中国社会科学院考古研究所:《中国考古学·夏商卷》,中国社会科学出版社,2003年。

⑨中国社会科学院考古研究所:《殷墟的发现与研究》,科学出版社,1994年。

⑩郑建明:《商代原始瓷分区与分期略论》,《东南文化》2012年第2期。

⑪上海市文物保管委员会:《上海市青浦县崧泽遗址的试掘》,《考古学报》1962年第2期;孙维昌:《上海市金山县查山和亭林遗址试掘》,《南方文物》1997年第3期;孙维昌:《上海青浦寺前村和果园村遗址试掘》,《南方文物》1998年第1期。

⑫浙江省文物管理委员会:《杭州水田畈遗址发掘报告》,《考古学报》1960年第2期;蜀山遗址资料见于林华东先生的研究文章,参见林华东:《对湖熟文化正名、分期及其他》,《东南文化》1990年第5期;新安江水库考古工作队:《浙江省淳安县进贤高祭台遗址第一次发掘报告》,《浙江省文物考古研究所学刊(第七辑)》,杭州出版社,2005年;新安江水库考古工作队:《浙江省淳安县进贤高祭台遗址第二次发

掘总结》,《浙江省文物考古研究所学刊(第七辑)》,杭州出版社,2005 年;杭州市考古文物研究所、萧山博物馆:《萧山柴岭山土墩墓》,文物出版社,2013 年;罗汝鹏:《浙江杭州小古城遗址》,《马桥文化探微:发现与研究文集》,上海书店出版社,2018 年;杭州市文物考古研究所、萧山博物馆、上海大学历史系:《杭州市萧山区老虎洞遗址发掘简报》,《东南文化》2021 年第 5 期。

⑬浙江省文物考古研究所、湖州市博物馆:《毗山》,文物出版社,2006 年;闫凯凯:《浙江湖州毗山遗址》,《马桥文化探微:发现与研究文集》,上海书店出版社,2018 年;浙江省文物考古研究所:《浙江省湖州市邱城遗址第三、四次的发掘报告》,《浙江省文物考古研究所学刊(第七辑)》,杭州出版社,2005 年;浙江省文物考古研究所、德清县博物馆:《独仓山与南王山》,科学出版社,2007 年;浙江省文物考古研究所、湖州市博物馆:《钱山漾:第三、四次发掘报告》,文物出版社,2014 年。

⑭浙江省文物考古研究所、嘉兴博物馆:《嘉兴姚家村遗址发掘简报》,《浙江省文物考古研究所学刊(第十辑)》,文物出版社,2015 年;浙江省文物考古研究所、桐乡市博物馆:《桐乡董家桥遗址 2011 年度发掘简报》,《浙江省文物考古研究所学刊(第十辑)》,文物出版社,2015 年。

⑮浙江省宁波市文物考古研究所、浙江省宁波市镇海区文物保护管理所:《浙江省宁波镇海九龙湖庶来遗址试掘简报》,《南方文物》2015 年第 4 期;宁波市文物考古研究所、镇海区文物保护管理所、吉林大学文化遗产保护研究中心:《浙江宁波镇海鱼山遗址Ⅰ期发掘简报》,《东南文化》2016 年第 4 期;宁波市文物考古研究所、南京大学历史学院:《浙江宁波灵山遗址试掘报告》,《南方文物》2017 年第 3 期。

⑯浙江省文物考古研究所、绍兴县文物保护管理所:《绍兴陶里壶瓶山遗址发掘简报》,《浙江省文物考古研究所学刊》,长征出版社,1997 年。

⑰南京博物院、吴县文管会:《江苏吴县澄湖古井群的发掘》,《文物资料丛刊(9)》,文物出版社,1985 年;吴县文物管理委员会:《江苏吴县越溪张墓村遗址调查》,《考古》1989 年第 2 期;南京大学历史系考古专业、常熟博物馆:《江苏常熟钱底巷遗址发掘报告》,《考古学报》1996 年第 4 期;苏州市考古研究所:《昆山绰墩遗址》,文物出版社,2011 年;苏州市考古研究所:《苏州阳山俞墩土墩墓发掘简报》,《东南文化》2012 年第 4 期。

⑱江苏花山遗址联合考古队:《江阴花山夏商文化遗址》,《东南文化》2001 年第 9 期;江苏佘城遗址联合考古队:《江阴佘城遗址试掘简报》,《东南文化》2001 年第 9 期;南京博物院、无锡市博物馆、锡山区文物管理委员会:《江苏无锡锡山彭祖墩遗址发掘报告》,《考古学报》2006 年第 4 期;南京博物院、上海大学文物与考古研究中心、江阴博物馆:《南楼:2006 年度发掘报告》,中国社会科学出版社,2018 年。

⑲浙江省文物考古研究所、湖州市博物馆、德清县博物馆:《东苕溪流域夏商时期原始瓷窑址》,文物出版社,2015 年。

⑳事实上,楼家桥遗址的年代下限被一些学者认为可以到晚商时期,参见曹峻:《亭林类型初论》,《中国考古学会第十四次年会论文集》,文物出版社,2012 年。但由于目前尚缺乏明确的证据,本文暂不采纳这一观点。

㉑田正标:《关于马桥文化的几个问题》,《纪念浙江省文物考古研究所建所二十周年论文集》,西泠印社,1999 年;张敏:《殷商时期的长江下游》,《南京博物院集刊(11)》,文物出版社,2010 年。

㉒本文关于二里头至早商时期太湖东、西两区的比较数据,均来自马桥、钱山漾遗址发掘报告。参见上海市文物管理委员会:《马桥 1993—1997 年发掘报告》,上海书画出版社,2002 年;浙江省文物考古研究所、湖州市博物馆:《钱山漾:第三、四次发掘报告》,文物出版社,2014 年。

㉓小古城、毗山遗址的数据,是笔者根据 2015—2017 年度小古城、2017 年度毗山遗址发掘所统计。均为浙江省文物考古研究所内部资料。

㉔例如湖东区马桥遗址第三、四次发掘的统计显示,泥质红褐陶 51％、泥质灰陶 13％;湖西区钱山漾遗址第三、四此发掘的统计显示,泥质红褐陶 15.5％、泥质灰陶 21.6％。

㉕钱山漾遗址报告提供的数据是将所有夏商时期遗存一起统计。根据笔者的认识,钱山漾遗址夏

商时期的主体遗存属于二里头至早商时期,也有少量中晚商时期的遗存,而环太湖地区的整体发展趋势是中晚商时期的硬陶、瓷器数量有明显的增加,因此钱山漾遗址报告的硬陶、瓷器占比数据可能还会比本遗址二里头至早商时期的实际值略高一些。

㉖钱山漾遗址的统计数据并没有把不同时期的遗存分开统计,那么根据年代越晚、席纹、云雷纹数量越多的规律,可能会使该统计值略微高于本遗址二里头至早商时期云雷纹、席纹占比的实际值。不过钱山漾遗址中晚商时期遗存数量并不多,因此对数值的影响或许并不大。

㉗正如小古城遗址北城墙的层位证据揭示的那样,中晚商时期的硬陶纹饰存在着由条格纹、叶脉纹转向席纹、云雷纹的趋势。在一些中晚商时期年代较早的遗址中,就还会保有一定数量的条格纹、叶脉纹,如花山遗址。

㉘有些器物在报告中被认为是硬陶,但看造型与南山窑址的同类器几乎一致。这可能是早期瓷器的釉层较薄,或是烧制、埋藏等过程中脱釉,导致考古工作者没有注意到器物上有釉层。

㉙同时期太湖东区的夹砂陶也以红陶系为主,但占比仅在25%左右,太湖西南区夹砂陶占比虽也在五成左右,但其中灰陶系的占比较多。而泥质陶方面,太湖东区、西南区在这一时期皆为灰陶系数量远大于红陶系。

㉚过去学界有观点认为锥足三足盘、高柄凸箍豆、圈点纹、梯格纹等是"后马桥文化"时期才新出现的文化因素,但近来钱山漾遗址第三、四次发掘资料显示,这些文化因素在太湖西南区的马桥文化早期阶段就已经出现。参见浙江省文物考古研究所、湖州市博物馆:《钱山漾:第三、四次发掘报告》,文物出版社,2014年。

㉛张敏:《殷商时期的长江下游》,《南京博物院集刊(11)》,文物出版社,2010年。

㉜二里头至早商时期,太湖北岸的常州地区有以神墩遗址为代表的一类遗存,但本文以为这类遗存并不属于马桥文化。参见南京博物院、常州博物馆、溧阳市文化广电体育局:《溧阳神墩》,文物出版社,2016年。

㉝新安江水库考古工作队:《浙江省淳安县进贤高祭台遗址第一次发掘报告》,《浙江省文物考古研究所学刊(第七辑)》,杭州出版社,2005年;新安江水库考古工作队:《浙江省淳安县进贤高祭台遗址第二次发掘总结》,《浙江省文物考古研究所学刊(第七辑)》,杭州出版社,2005年。

㉞牟永抗:《高祭台类型初析》,《浙江省文物考古研究所学刊·建所十周年纪念(1980—1990)》,科学出版社,1993年。

㉟孙维昌:《上海市金山县查山和亭林遗址试掘》,《南方文物》1997年第3期;黄宣佩、张明华:《上海地区古文化遗址综述》,《上海博物馆集刊·第2期》,文物出版社,1981年。

㊱但根据报告对亭林遗址上层(第三层)遗物的描述,该层也有两周时期的陶片出土。

㊲昆山、小古城遗址近年来仍在进行发掘,资料还未完全公布,下菰城遗址尚未展开正式发掘,佘城遗址只进行过小规模的试掘。

㊳这一概念的提出者付琳先生认为"花山类遗存"的分布范围包括太湖北部、东部地区。可本文并不同意这一点,认为"花山类遗存"仅局限在太湖北区。参见付琳:《吴越之迹:江南地区早期国家形态变迁》,厦门大学出版社,2020年。

㊴即便对于材料丰富的中原地区,商周分界也不是一个仅凭考古学分期就能解决的问题。更遑论借用了中原王朝历史年表的周边地区,将考古学文化分期框架与朝代分界完全吻合显然是不切实际的。因此本文的中、晚商时期等绝对年代用词,只能被视作考古学分期意义上的中、晚商时期,其年代上下限必然不可能与真实的中晚商时期完全吻合,那么认为这类遗存的年代下限可以到西周早期自然也没有问题。

㊵戴宁汝:《太湖地区周代文化初探》,《东南文化》1998年第2期。

附记:本研究得到中国国家留学基金资助(留金选[2022]87号)。

Analysis of the "Post-Maqiao Culture"

Huang Yizhe

Abstract: The "Post-Maqiao Culture" was previously considered to be the successor to the Maqiao Culture in the region around Taihu Lake, dating from the end of the Shang Dynasty to the beginning of the Zhou Dynasty. However, based on the stratigraphic evidence and dating data from the Nanshan kiln site, these remains can be divided into two phases and four stages, dating back to the middle to late Shang period. In comparison to the pattern of division between the Maqiao Culture in the east and west of Taihu Lake during the Erlitou and early Shang periods, the cultural landscape in the region during the "Post-Maqiao Culture" stage demonstrated a trend towards integration, with the expansion of cultural factors from the southwestern region of Taihu Lake serving as the source of this integration.

Keywords: Post-Maqiao Culture, Tinglin Type, Taihu Region

吴式青铜器的辨析

——以燕尾骹矛为例

高逸凡

（江苏大学马克思主义学院）

一、"吴式青铜器"与"吴国青铜器"

在长江流域的青铜时代文明中，长江上游青铜文化以巴蜀文化为代表，长江中游青铜文化以楚文化为代表，而长江下游青铜文化则以吴越文化为代表。虽然相对于吴越地区以外的文化来说，吴文化与越文化之间共性大于个性，足以将苏南、浙江、皖南、赣东北和闽西北以土墩遗存为代表的文化一同归入"吴越文化区"[①]，但从吴越贵族墓葬和遗址的内部区别来看，吴文化在青铜器方面较越文化更为发达，而越文化则在陶瓷器和玉器方面更为见长[②]。然而当我们谈及吴越文化的代表性青铜器时，所举之例却往往是外撇足的越式鼎这类越文化特色器物或扁腹簠、勾鑃这类吴、越文化共有的器物[③]，吴人所使用的青铜器"没有固定的形制，缺乏一套独特的、与众不同的器物，以至于很难说哪些类型的青铜器是吴器"[④]似乎已经成为一种共识，这与出土吴国青铜器可观的数量和丰富的类型[⑤]显然并不协调。究其原因，问题的症结在于"吴式青铜器"这一概念的不明。

"吴式青铜器"与"吴国青铜器"的概念并不等同，参照学界一般认识，前者所指应是"具有吴国独特风格、自成序列，且对其他文化具有一定影响力的青铜器"[⑥]，而后者主要泛指吴国贵族墓葬、吴国遗址和吴国境内窖藏或零散出土的各类青铜器[⑦]。

对于吴国青铜器，学界此前已有较为详细的分类研究：邹厚本将宁镇地区的商周青铜器分为"中原型或仿中原型""地方化的中原青铜器""地方型"和"南方型"四类[⑧]；肖梦龙将西周时期的吴国青铜器分为"中原型""融合型""土著型"，将吴国中期青铜器分为"仿造中原型铜器"和"地方创造型铜器"二类，将吴国晚期青铜器分为"本地特点器形""中原特点器形"和"楚文化特点器形"三类[⑨]；叶文宪将吴国青铜器分为"中原器""仿中原器""楚器与楚式器""越式器""独创器"五类[⑩]；张敏则将西周时期的吴国青铜器分为"宗周器""吴器""干器""徐舒器"四类，将春秋时期的吴国青铜器分为"吴器""徐器""舒器""莒器""越器""楚器"六类[⑪]。可以看出，学界对于吴国青铜器所包含不同文化因素的认识是不断深入的，然而"吴式青铜器"的内涵却依然没有浮出水面。

西周时期"土著型"青铜器中的矮足鼎至春秋时期就消失不见[12]，带有鲜明楚式鼎特征的云纹鼎却成了春秋时期"吴器"的代表[13]；西周至春秋早期"土著型""地方创造型"青铜器中具有代表性的扁体簋和三段式扁腹尊，在吴国后期的"典型吴国特点铜器"中已不见踪影，取而代之的是未见于前的三短足鉴和薄胎刻纹铜器盘[14]，而典型的楚式青铜器盥缶竟也被归入春秋时期的"吴器"一类[15]；所谓吴国的"独创器"（"地方型"），即角状器（兕觥）、三轮盘、鸳鸯形尊等，似乎代表了吴国青铜器独特的风格，但正如叶文宪所言，这些器物"都是单件孤品，不能成为一种类型"[16]，更遑论自成序列并对其他文化具有一定影响力了；至于细高足外撇鼎、勾鑃之类[17]，本属吴、越共有的青铜器，亦不足以构成"吴式青铜器"的内涵，只能强化我们对于"吴越同器"的认知。

总而言之，无论是"土著型""独创器"还是"吴器"，要么器例太少，不成类型，要么年代有限，难以自成序列，要么与周边文化雷同，缺乏自身特色，总体看来颇有混乱驳杂之感，其中绝大多数器物目前都很难称得上是"吴式青铜器"，不能客观反映吴国自身青铜文化的特色。

想要辨析出真正的"吴式青铜器"，最合理的思路是首先关注吴国青铜器中发现数量最多的一类器物，这类器物正是各种制作精良的吴国青铜兵器[18]，而它们也是文献记载中吴国最为天下所推崇的名产[19]。然而以往研究在论述吴国青铜器自身特色和发展演变时却对吴国青铜兵器着墨不多，少见代表性形制的提炼[20]，这也是"吴式青铜器"长期缺乏核心内涵的重要原因。

二、"吴式青铜器"试析——燕尾骹矛

在众多的吴国青铜兵器中，骹作燕尾形的狭叶青铜矛（以下简称"燕尾骹矛"）是极具特色的一类形制，其燕尾形骹钳夹木柲较普通平骹更为牢固，在造型上也赋予了器物独特的美感（图23-1,3）。以往有关吴越青铜兵器的研究已经在一定程度上揭示了这种燕尾骹矛的独特性，如肖梦龙吴国青铜矛分型中的 B 型"狭叶矛"绝大多数皆为燕尾骹矛，他也指出"骹口端制成特殊的燕尾形双尖叉状"是"吴矛的一大特点"[21]；郑小炉则径称此类青铜矛为"燕尾矛"，并视其为主要分布于吴越地区的一种"典型越式铜器"[22]；胡保华虽然是从"器体遍饰几何形（菱形）暗纹是吴国兵器的一大特色"出发，在中国北方地区出土的先秦时期青铜矛中识别出了"吴矛"这一类别，但其所列举的"东周时期北方地区和南方地区的吴矛"除骹残者外，也都是燕尾骹矛[23]。可见学界对于燕尾骹矛属于先秦时期吴越青铜器中具有独特风格的代表性形制（图 23-1）[24]已基本取得一致。

然而，肖梦龙因"吴、越兵器目前尚难区分"之故，所举器例中也包括了"越王者旨於睗矛"和长沙"越王"矛等越国燕尾骹矛，实际并未分辨燕尾骹矛起源于吴文化还是越文化[25]；郑小炉所举"燕尾矛"器例基本皆出土于吴地，也指出了此类青铜矛最早出现于宁镇地区，却没有就其吴文化属性进行专门探讨[26]；胡保华仅将器体是否遍饰几何形（菱形）暗纹作为识别"吴矛"的依据，同样未曾细辨燕尾骹这一"吴矛"和其他"南方文化铜矛"共见

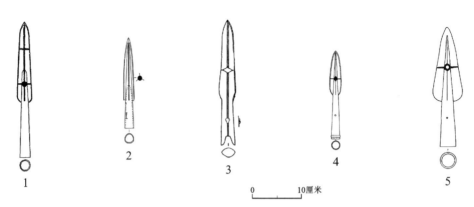

1.陕西户县宋村　2.山东新泰周家庄　3.江苏高淳下坝　4.山西侯马上马　5.湖北麻城李家湾

图 23-1　各地出土的东周时期青铜矛

作法的文化来源⑦。因此,燕尾骹矛是否属于吴文化的独特文化因素仍有待明确。

目前吴越地区所见年代最早的燕尾骹矛是丹徒大港母子墩西周墓中所出的八件铜矛,属西周早中期㉘;中原地区同时期墓葬中也出土有几种燕尾骹矛,但数量相对稀少,不入彼时中原青铜矛之主流㉙,远不及丹徒母子墩一墓八件的规模,除此以外再无更早器例可见。西周早中期到春秋中期的燕尾骹矛基本出土于宁镇地区及其周边的宜兴、扬州等地㉚,唯浙江长兴出土一批与宁镇地区同类器物面貌非常一致的燕尾骹矛㉛,很可能与西周晚期至春秋早期吴国已扩张至其毗邻的宜溧地区有关㉜。直到春秋晚期,燕尾骹矛才开始在吴国新占领的苏州一带出现㉝,而这一形制在钱塘江以东地区的出现也不早于这一时期㉞,反映了越国在吴、越交战过程中对这种兵器的接纳。也就是说,燕尾骹矛作为一种主要分布于吴越地区的"典型越式铜器",其起源地域与传播路径其实与吴国的发展轨迹更加相符。据此我们可以判断,燕尾骹矛是一种典型的吴文化因素,足以体现吴国自身青铜器的独特风格。

关于燕尾骹矛的演变序列,此前肖梦龙针对吴越地区狭叶青铜矛的研究实际上已将其包含在内,从西周早中期到春秋晚期共分为二十式㉟;郑小炉进一步对这类铜矛进行了专门的类型学研究,依燕尾形骹口凹槽的宽窄分为二型,各分五式和三式,年代从西周中期至战国早期㊱。但这些研究都没有关注到决定燕尾骹矛形制发展的关键性特征,即骹与脊、叶的关系。因此我们可以在这些研究和一些新材料的基础上进一步完善燕尾骹矛的演变序列。

燕尾骹矛依骹与脊、叶的关系可分为二型(图 23-2)。

A 型,骹与脊连通,叶底与骹区分明显。据叶的变化可分为五式。

Ⅰ式:矛从扁平,叶外缘微外弧,叶底呈倒刺状。标本江苏丹徒母子墩Ⅰ式矛,椭圆形骹,骹口燕尾凹槽浅,凹槽上端穿一卯孔,通长 23.3 厘米(图 23-2,1)㊲。西周早期。

Ⅱ式:近锋处矛从增厚,叶中下部弧形外凸,叶底呈倒刺状。标本江苏丹徒母子墩Ⅲ式矛,菱形骹,骹口燕尾凹槽深,凹槽上端穿一卯孔,通长 20.7 厘米(图 23-2,2)㊳;标本浙江长兴南门仓库上交青铜矛(长 663),圆形骹,骹上部一侧有单耳(残),骹口燕尾凹槽浅,通长 19.9 厘米㊴。西周早中期。

Ⅲ式:上部矛从增厚,叶下部弧形外凸,中部微内弧,叶底多缓收。标本江苏高淳里溪Ⅱ式矛(19),柱脊上端弧形外放连叶,椭圆形骹,骹口燕尾凹槽深,凹槽上端穿一卯孔,通长 31.5 厘米(图 23-2,3)。西周中晚期[40]。

Ⅳ式:叶近锋处加宽,下部弧形外凸,呈亚腰形,叶底缓收。标本江苏高淳里溪Ⅰ式矛(1),圆形骹,骹口燕尾凹槽深,通长 39.5 厘米(图 23-2,4)。西周晚期至春秋早期[41]。

Ⅴ式:中部矛从增厚,叶中上部加宽,下部微外弧,外缘弧线平缓近直,叶底缓收。标本江苏丹徒北山顶春秋墓 M:79("余昧矛"),柱脊上部与叶连为一体,两侧有血槽,椭圆形骹,骹口燕尾凹槽略深,矛身铸有菱形暗纹,两行铭文在骹部,通长 27.4 厘米(图 23-2,5)[42];标本湖北荆门左冢楚墓 M3:29("楚王孙渔矛"),椭圆形骹,骹口燕尾凹槽略深,骹上部正面穿一卯孔,脊中与骹两侧均有错金纹饰,两行铭文在两侧叶上,通长 27.3 厘米[43]。春秋中晚期。

B 型,骹与叶连通,叶底与骹连为一体。

Ⅰ式:叶下部弧形外凸,上部微内弧,叶底呈倒刺状或缓收。标本镇江博物馆藏高淳固城出土青铜矛(3:696),菱形骹,骹上部一侧有单环耳,骹口燕尾凹槽略深,矛身中部饰有云雷纹,锋残,残长 24 厘米(图 23-2,6)[44];标本浙江长兴长兴港出土青铜矛(长 725),圆形骹,骹上部一侧有单环耳,骹口燕尾凹槽略深,骹中部棱线侧穿一卯孔,通长 19.4 厘米[45]。西周中晚期。

Ⅱ式:叶近锋处加宽,中下部弧形外凸,呈亚腰形,叶底呈倒刺状。标本镇江博物馆藏宜兴废品收购站拣选青铜矛(3:621),菱形骹,骹上穿卯孔,骹口燕尾凹槽略深,凹槽上端穿一卯孔,通长 15.8 厘米(图 23-2,7)[46];标本浙江长兴长兴港出土青铜矛(长 703),叶尾倒刺细小,菱形骹,骹上部有单环耳,骹口燕尾凹槽略深,通长 19.6 厘米[47]。西周晚期至春秋早期。

Ⅲ式:叶中上部加宽,下部微外弧,外缘弧线平缓近直,叶底缓收。标本江苏丹徒青龙山 M1:44,脊两侧有血槽,菱形骹,骹口燕尾凹槽深,凹槽上端穿一卯孔,矛身铸有折线暗纹,通长 30.4 厘米[48];标本江苏苏州何山东周墓出土青铜矛,圆形骹,骹口燕尾凹槽略深,凹槽上端穿一卯孔,矛身中部饰有云雷纹,通长 32 厘米(图 23-2,8)[49]。春秋中晚期。

Ⅳ式:叶外缘弧线平缓近直,叶底急收。标本镇江博物馆高淳下坝出土青铜矛(3:844),椭圆形骹,骹正、背面有鼻形钮,骹口燕尾凹槽略深,通长 25.1 厘米(图 23-2,9)[50];标本浙江博物馆藏杭州西湖出土青铜矛(编号 342),圆形骹,骹上有鼻形钮,骹口燕尾凹槽略深,通长 29.8 厘米[51]。春秋晚期至战国早期。

演变趋势:

A 型燕尾骹矛早期仍保留着商代青铜矛最为常见的柱脊薄叶特征,此后自矛锋开始逐渐加强两从与中脊的联系,两从自矛锋至矛身中部逐渐增厚,矛身截面呈菱形的部分逐渐增加;两叶先是在矛身中下部增宽以支持矛锋和矛身上部的强化,此后又因矛身的进一步强化增厚而在近锋处和中上部有所增宽,叶底的倒刺则逐渐消失。

B 型燕尾骹矛出现较晚,在矛身上部截面已呈菱形的基础上,直接加强了叶底与中脊以及骹部的联系,早期仍可见骹向脊下部延伸的痕迹,此后自骹以上矛身的脊、从、叶完全融为一体,叶底倒刺消失,两叶在近锋处和中上部加宽的趋势则与 A 型相同,最后由此发

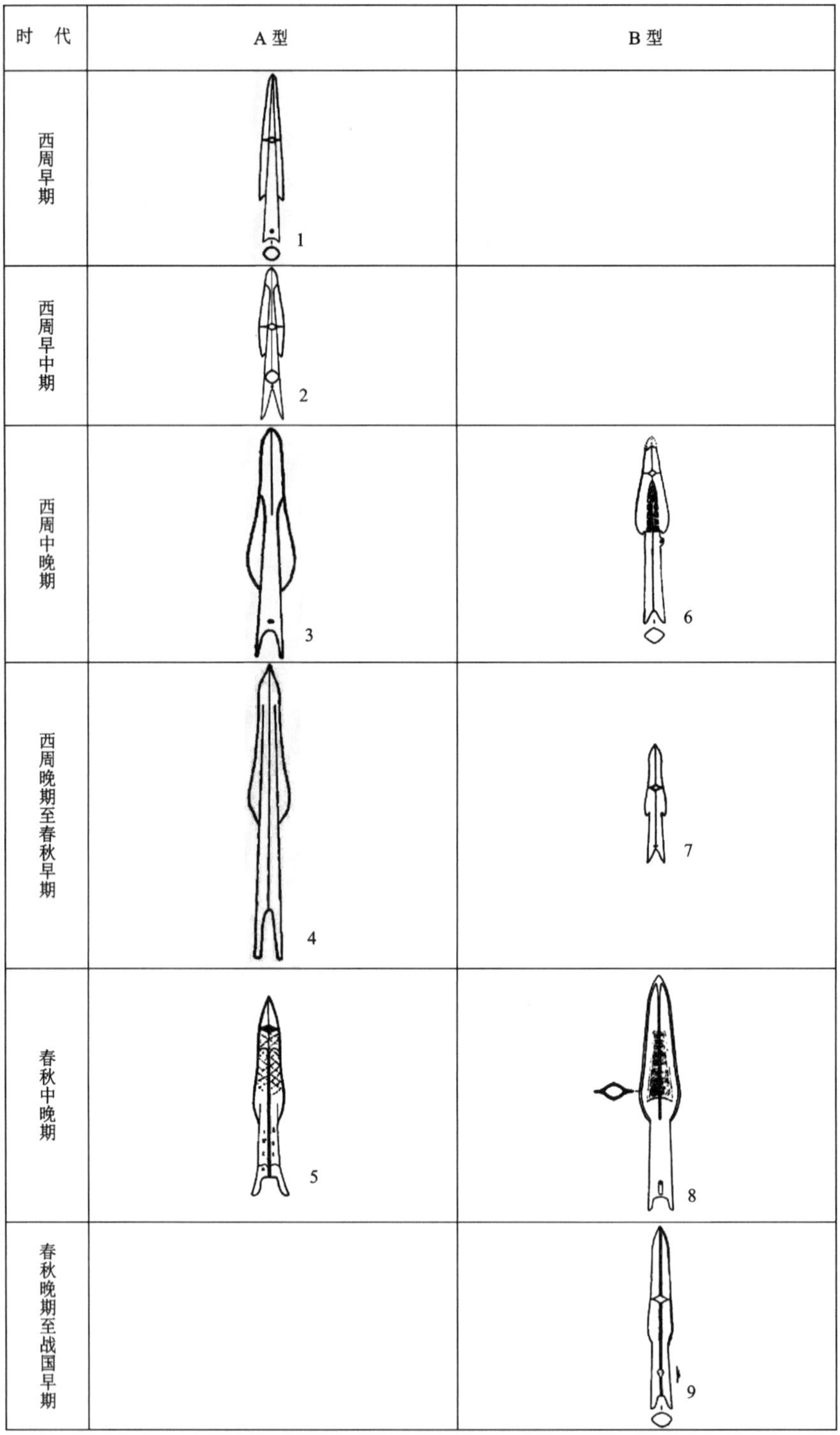

时　代	A 型	B 型
西周早期	1	
西周早中期	2	
西周中晚期	3	6
西周晚期至春秋早期	4	7
春秋中晚期	5	8
春秋晚期至战国早期		9

1.江苏丹徒母子墩　2.江苏丹徒母子墩　3.江苏高淳里溪　4.江苏高淳里溪　5.江苏丹徒北山顶
6.江苏高淳固城　7.江苏宜兴　8.江苏苏州何山　9.江苏高淳下坝

图 23-2　燕尾骹矛分期图

展出了该形制更为劲长犀利的形态。

燕尾骹矛的演变趋势清晰体现了吴人对增加矛身强度的不懈追求,反映了吴国在征战过程中对其穿刺破甲能力不断提升的客观需要,而叶底倒刺的消失也体现了燕尾骹矛从兼作渔猎工具向纯粹战争武器转变的发展方向[52]。这些伴随了吴国扩张历史的演变发展,表明燕尾骹矛这一形制在"自成序列"方面也符合了吴式青铜器的判断标准。至春秋战国之际,燕尾骹矛已发展为成熟的战场利器,它不仅没有随着吴国的灭亡而消失,反而对战国时代的列国武备继续发挥着影响。

约当春秋晚期之时,燕尾骹矛就开始出现在楚国的青铜兵器之中,荆门左冢楚墓三号墓出土的"楚王孙渔"矛[53]就是一件典型的 A 型 V 式燕尾骹矛(图 23-3,1)。进入战国以后,一部分燕尾骹矛主要继承了 B 型燕尾骹矛的传统形制,如绍兴县亭山乡树下王村和江陵雨台山楚墓 M253 出土的青铜长矛(图 23-3,2)[54]、武汉熊家岭 M18 和绍兴富盛出土的"王"字纹青铜矛(图 23-3,3)等[55]。还有一部分燕尾骹矛则发展出了新的特色,主要分为两类,一类以长沙楚墓 M1385 和 M336 出土的"越式矛"[56],以及镇江博物馆藏镇江中山路出土青铜矛[57](图 23-3,4)为代表,骹面满饰上出尖角的条形纹,参考燕尾骹矛的演变序列,长沙楚墓 M336:5 似为此类燕尾骹矛的较早形态,而墓葬年代已入战国中期[58];另一类以河北邯郸复兴区西小屯 HXM3 陪葬墓 PM2 出土青铜矛[59]、陕西户县涝峪口青铜矛[60]以及江苏盱眙大云山西汉江都王陵一号墓出土的 M1:5085[61](图 23-3,5)为代表,叶底与骹首有明显界格,出土单位年代较早者已入战国晚期[62]。这一部分燕尾骹矛的共同特征是骹与叶界格明显,前者主要通过纹饰界格,而后者主要通过加宽的叶底形成明显的界格线。这一造型思路与主要分布于两广地区的另一类"典型越式铜矛"——"阔叶细骹有界格矛"[63]非常一致,但其矛身和骹的主体造型又与 B 型燕尾骹矛一脉相承,表现出融合发展的迹象,很有可能与楚国对岭南的经略有关[64]。直到西汉晚期墓葬中,仍可见到燕尾骹矛形制的铁矛,如湖南资兴西汉墓 M163:21(图 23-3,6)[65]、安徽泗县前李墓地 M3:11 等[66],足见燕尾骹矛对战国秦汉时期矛类兵器影响之深远。

综上所述,燕尾骹矛这一形制"具有吴国独特风格""自成演变序列"且"对其他文化具有一定影响力",完全符合吴式青铜器的定义,我们有充足的理由将其视为吴国青铜文化的代表性文化因素。

三、结 语

在为数众多的吴国青铜器中,燕尾骹矛率先被辨析出吴式青铜器的属性并非全出偶然,因为吴国青铜器的器用形态本就是以武备系统和生产系统为主,各类兵器、车马器、工具、农具正是吴器之大宗,这与中原诸国甚至南方楚国以礼乐系统青铜器为主的形态有着明显的差异。认识到这一点,我们在今后的研究中就不必纠结于吴国青铜重器的缺乏个性和不成系统,而应以燕尾骹矛为例,将目光更多地聚焦到真正奠定了吴国这个边缘国家崛起之路的兵器武备和生产工具上来,以此抓住核心要素,逐步揭示出吴式青铜器的完整

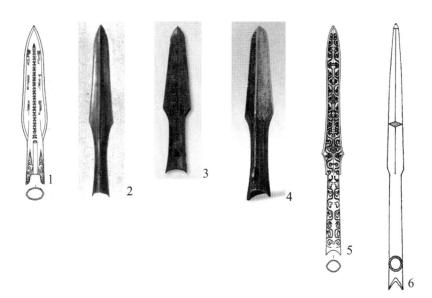

1.湖北荆门左冢（"楚王孙渔"矛）　2.湖北江陵雨台山　3.浙江绍兴富盛　4.江苏镇江中山路
5.江苏盱眙大云山　6.湖南资兴

图 23-3　"楚王孙渔"矛与战国秦汉时期的燕尾骹矛

内涵,从而在超越先秦吴国存在时间的更长历史时期里,进一步探明吴文化对"华夏东南"和中华文明多元一体格局形成的贡献。

注释:

①郑小炉:《吴越和百越地区周代青铜器研究》,科学出版社,2007 年,第 1 页。

②张敏:《吴越贵族墓葬的甄别研究》,《文物》2010 年第 1 期;张敏:《吴越文化比较研究》,南京出版社,2018 年,第 162～163 页。

③中国考古学大辞典编辑委员会编:《中国考古学大辞典》,上海辞书出版社,2014 年,第 345 页。

④叶文宪:《考古学视野下的吴文化与越文化》,中国社会科学出版社,2015 年,第 159 页。

⑤杨正宏、肖梦龙主编:《镇江出土吴国青铜器》,文物出版社,2008 年,第 3～5 页。

⑥参见郑小炉对群舒青铜器代表性器物瓻形盉的表述、刘彬徽对楚系青铜礼器组合基本器种浴缶的表述,以及叶文宪对楚式器的定义等。郑小炉:《试论徐和群舒青铜器——兼论徐、舒与吴越的融合》,《文物春秋》2003 年第 5 期;刘彬徽:《楚系青铜器研究》,湖北教育出版社,1995 年,第 205 页;叶文宪:《考古学视野下的吴文化与越文化》,中国社会科学出版社,2015 年,第 162 页。

⑦杨正宏、肖梦龙主编:《镇江出土吴国青铜器》,文物出版社,2008 年,第 3～4 页;张敏:《吴越文化比较研究》,南京出版社,2018 年,第 256、278 页。

⑧邹厚本主编:《江苏考古五十年》,南京出版社,2000 年,第 197～198 页。

⑨杨正宏、肖梦龙主编:《镇江出土吴国青铜器》,文物出版社,2008 年,第 7～14 页。

⑩叶文宪:《考古学视野下的吴文化与越文化》,中国社会科学出版社,2015 年,第 159～167 页。

⑪张敏:《吴越文化比较研究》,南京出版社,2018 年,第 255～258、278～281 页。

⑫杨正宏、肖梦龙主编:《镇江出土吴国青铜器》,文物出版社,2008 年,第 10、14 页。

⑬张敏:《吴越文化比较研究》,南京出版社,2018 年,第 255～258、272、278、280 页。

⑭杨正宏、肖梦龙主编：《镇江出土吴国青铜器》，文物出版社，2008年，第10、12、14页。

⑮张敏：《吴越文化比较研究》，南京出版社，2018年，第255～258、278、280页。

⑯叶文宪：《考古学视野下的吴文化与越文化》，中国社会科学出版社，2015年，第164～165页。

⑰杨正宏、肖梦龙主编：《镇江出土吴国青铜器》，文物出版社，2008年，第10、13、14页。

⑱毛颖、张敏：《长江下游的徐舒与吴越》，湖北教育出版社，2005年，第210页。

⑲杨正宏、肖梦龙主编：《镇江出土吴国青铜器》，文物出版社，2008年，第15页。

⑳如张敏在论述春秋时期的"吴器"时只提到"兵器有戈、矛、剑、戟等，制作精良的兵器成为吴器的一大特色"，参见张敏：《吴越文化比较研究》，南京出版社，2018年，第255～258、278页。

㉑肖梦龙：《吴国青铜兵器研究》，《考古学报》1991年第2期。

㉒郑小炉：《吴越和百越地区周代青铜器研究》，科学出版社，2007年，第106～107页。

㉓胡保华：《中国北方出土先秦时期青铜矛研究》，吉林大学博士学位论文，2011年，第118、214页。

㉔陕西省文管会秦墓发掘组：《陕西户县宋村春秋秦墓发掘简报》，《文物》1975年第10期；山东省文物考古研究所、新泰市博物馆：《山东新泰周家庄东周墓发掘简报》，《文物》2013年第4期；肖梦龙：《镇江博物馆藏商周青铜器——兼谈江南吴器的地方特色》，《东南文化》1988年第5期；山西省考古研究所：《山西侯马上马墓地发掘简报（1963—1986年）》，《文物》1989年第6期；湖北省文物考古研究所：《湖北麻城市李家湾春秋楚墓》，《考古》2000年第5期。

㉕肖梦龙：《吴国青铜兵器研究》，《考古学报》1991年第2期。

㉖郑小炉：《吴越和百越地区周代青铜器研究》，科学出版社，2007年，第106～107页。

㉗胡保华：《中国北方出土先秦时期青铜矛研究》，吉林大学博士学位论文，2011年，第118、209、214页。

㉘镇江博物馆、丹徒县文管会：《江苏丹徒大港母子墩西周铜器墓发掘简报》，《文物》1984年第5期。

㉙胡保华：《中国北方出土先秦时期青铜矛研究》，吉林大学博士学位论文，2011年，第70、74～76、182、186～187页。

㉚肖梦龙：《吴国青铜兵器研究》，《考古学报》1991年第2期。

㉛毛波：《长兴出土商周青铜矛研究》，《东方博物》2014年第3期。

㉜付琳：《江南地区周代墓葬的分期分区及相关问题》，《考古学报》2019年第3期。

㉝苏州博物馆考古组：《苏州城东北发现东周铜器》，《文物》1980年第8期；吴县文物管理会：《江苏吴县何山东周墓》，《文物》1984年第5期；付琳：《江南地区周代墓葬的分期分区及相关问题》，《考古学报》2019年第3期。

㉞徐定水：《浙江永嘉出土的一批青铜器简介》，《文物》1980年第8期；刘侃：《绍兴西施山遗址出土文物研究》，《东方博物》2009年第2期。

㉟其中只有个别骹尾平直的器例，参见肖梦龙：《吴国青铜兵器研究》，《考古学报》1991年第2期。

㊱郑小炉：《吴越和百越地区周代青铜器研究》，科学出版社，2007年，第106～107页。

㊲镇江博物馆、丹徒县文管会：《江苏丹徒大港母子墩西周铜器墓发掘简报》，《文物》1984年第5期。

㊳镇江博物馆、丹徒县文管会：《江苏丹徒大港母子墩西周铜器墓发掘简报》，《文物》1984年第5期。

㊴毛波：《长兴出土商周青铜矛研究》，《东方博物》2014年第3期。

㊵江苏省文物管理委员会：《江苏高淳出土春秋青铜兵器》，《考古》1966年第2期。

㊶江苏省文物管理委员会：《江苏高淳出土春秋青铜兵器》，《考古》1966年第2期。

㊷江苏省丹徒考古队：《江苏丹徒北山顶春秋墓发掘报告》，《东南文化》1988年第Z1期。

㊸湖北省文物考古研究所、荆门市博物馆、襄荆高速公路考古队：《荆门左冢楚墓》，文物出版社，2006年，第171、175页。

㊹肖梦龙：《镇江博物馆藏商周青铜器——兼谈江南吴器的地方特色》，《东南文化》1988年第5期。

㊺毛波:《长兴出土商周青铜矛研究》,《东方博物》2014 年第 3 期。

㊻肖梦龙:《镇江博物馆藏商周青铜器——兼谈江南吴器的地方特色》,《东南文化》1988 年第 5 期。

㊼毛波:《长兴出土商周青铜矛研究》,《东方博物》2014 年第 3 期。

㊽丹徒考古队:《丹徒青龙山春秋大墓及附葬墓发掘报告》,《东方文明之韵——吴文化国际学术研讨会论文集》,岭南美术出版社,2000 年,第 19、22 页。

㊾吴县文物管理委员会:《江苏吴县何山东周墓》,《文物》1984 年第 5 期。

㊿肖梦龙:《镇江博物馆藏商周青铜器——兼谈江南吴器的地方特色》,《东南文化》1988 年第 5 期。

(51)蒋琳:《浙江省博物馆藏出土先秦青铜兵器》,《东方博物》2007 年第 4 期。

(52)沈融:《吴越系统青铜矛研究》,《华夏考古》2007 年第 1 期。

(53)此墓包含物除此矛外皆为战国中晚期楚墓常见器物,但有学者曾提出"王孙渔"是春秋时期楚将司马子鱼,故此矛制作年代很可能早于墓葬年代,参见湖北省文物考古研究所、荆门市博物馆、襄荆高速公路考古队:《荆门左冢楚墓》,文物出版社,2006 年,第 193 页。

(54)绍兴博物馆编:《走近大越》,上海人民美术出版社,2014 年,第 211 页;湖北省荆州地区博物馆:《江陵雨台山楚墓》,文物出版社,1984 年,第 83 页、图版四一。

(55)武汉市考古队、汉阳县博物馆:《武汉市汉阳县熊家岭东周墓发掘》,《文物》1993 年第 6 期;绍兴博物馆编:《走近大越》,上海人民美术出版社,2014 年,第 207 页。

(56)"越式矛"系原报告所起名称,参见湖南省博物馆、湖南省文物考古研究所、长沙市博物馆、长沙市文物考古研究所:《长沙楚墓》,文物出版社,2000 年,第 214 页。

(57)杨正宏、肖梦龙主编:《镇江出土吴国青铜器》,文物出版社,2008 年,第 188 页。

(58)湖南省博物馆、湖南省文物考古研究所、长沙市博物馆、长沙市文物考古研究所:《长沙楚墓》,文物出版社,2000 年,第 465、575 页。

(59)胡保华:《中国北方出土先秦时期青铜矛研究》,吉林大学博士学位论文,2011 年,第 97、202 页。

(60)胡保华:《中国北方出土先秦时期青铜矛研究》,吉林大学博士学位论文,2011 年,第 219 页。

(61)南京博物院、盱眙县文广新局:《江苏盱眙县大云山西汉江都王陵一号墓》,《考古》2013 年第 10 期。

(62)胡保华:《中国北方出土先秦时期青铜矛研究》,吉林大学博士学位论文,2011 年,第 97 页。

(63)郑小炉:《吴越和百越地区周代青铜器研究》,科学出版社,2007 年,第 106～108 页。

(64)《左传·襄公十三年》:"赫赫楚国,而君临之,抚有蛮夷,奄征南海",杨伯峻编著:《春秋左传注》,中华书局,2009 年,第 1002 页。

(65)湖南省博物馆、湖南省文物考古研究所:《湖南资兴西汉墓》,《考古学报》1995 年第 4 期。

(66)安徽省文物考古研究所、泗县文物保护管理所:《安徽泗县前李墓地发掘简报》,《华夏考古》2015 年第 3 期。

Analysis of Wu Style Bronzes: Taking the Swallow-tailed Pastern Spear as an Example

Gao Yifan

Abstract: "Wu-style bronzes" and "Wu state bronzes" have different connotations. The former refers to bronzes with Wu state's unique style, its own evolution sequence, and a certain influence on other cultures, while the latter mainly refers to various bronzes which were unearthed from tombs of Wu state's aristocrats, ruins of Wu State and other places in Wu State. Previous research on Wu bronze artifacts has shown a lack of individuality, systematicity, and a confusing and disordered nature, which is rooted in the absence of the core essence of Wu-style bronze artifacts. This paper started with the main form of Wu-style bronzes - the weapon system, analyzed the characteristics, evolution sequence and external influence of the swallow-tailed pastern spear, revealed its attributes of Wu-style bronzes, and showed a possible research path of Wu-style bronzes.

Keywords: Wu Culture, Bronze Ware, Form of Vessel, Weapons of Wu State

论黑格尔Ⅲ型铜鼓在东南亚的传播

陆秋燕

（广西民族博物馆）

　　弗朗茨·黑格尔在 1902 年出版的《东南亚古代金属鼓》一书中，整理了 165 面从中国和东南亚各国收集到的铜鼓资料，并将它们划分为Ⅰ、Ⅱ、Ⅲ、Ⅳ四个主要类型和三个过渡类型Ⅰ－Ⅱ、Ⅰ－Ⅳ、Ⅱ－Ⅳ[①]。在中国以标准器出土地点命名的"八型法"出现以前，黑格尔分型法在西方和东南亚铜鼓研究者中被广泛采用，时至今日形成了两种分型法并驾齐驱的局面。黑格尔Ⅲ型铜鼓在中国、越南、老挝、缅甸、泰国都有发现，除泰国仅在皇室仪典中使用外，其使用者主要为居住在中缅边境的佤族、缅泰边境的克伦、缅老和越老边境的克木以及越南西北部的拉棉等山地民族。东南亚现存铜鼓使用习俗中，所使用的大部分是黑格尔Ⅲ型铜鼓。每个使用民族对黑格尔Ⅲ型铜鼓都有自己的称呼，常见的他称有克伦鼓、克木鼓等，我国国内则称西盟鼓（以西盟佤族自治县铜鼓为标准器）[②]。

　　黑格尔Ⅲ型铜鼓是东南亚发现数量最多的铜鼓。根据李伟卿于 20 世纪 60 年代在云南中缅边境佤族地区所做的调查，西盟、沧源等佤族聚居县的基层废品收购点收入的"蛙鼓"（即黑格尔Ⅲ型鼓）"数以千计"[③]，仅西盟岳宋收购点在 1958—1970 年间收进的铜鼓就有 2000 面[④]。根据汪宁生的调查，解放初期佤族地区还保留着使用铜鼓的习俗，20 世纪五六十年代仅西盟全县民间保有的"蛙鼓"就有四五千面之多[⑤]。万辅彬、韦丹芳等人在 2018 年出版的《东南亚铜鼓研究》一书中公布了 85 面国内馆藏黑格尔Ⅲ型铜鼓的实测资料[⑥]。但现在已很难在佤族地区看到黑格尔Ⅲ型铜鼓的身影。从近几年我国学者在东南亚地区的调查来看，现存黑格尔Ⅲ型鼓最多的国家是老挝，馆藏 69 面，而在 20 世纪八九十年代，老挝民间收藏的铜鼓可能在 1000 面左右，现在约为 600 面[⑦]，仅在琅南塔省就有 300 面左右[⑧]；其次是缅甸，现馆藏 37 面黑格尔Ⅲ型鼓；泰国 12 面，仅在皇室仪典中使用；越南 10 面，基本均来自老挝或泰国[⑨]；柬埔寨 1 面，由老挝政府于 20 世纪 60 年代赠送[⑩]。

　　从上述分布地区和保有数量来看，黑格尔Ⅲ型鼓在中国、老挝、缅甸分布最集中，且在民间曾经或仍有铜鼓使用习俗。对于这类数量巨大、在东南亚广泛使用的铜鼓，一直以来却甚少专门研究，目前仅见理查德·M.库勒的《缅甸的克伦铜鼓》（*The Karen Bronze Drum of Burma*）一书，较详细地探讨和记述了缅甸克伦铜鼓的起源、使用习俗、纹饰含义、铸造技术等，并尝试从纹饰分类和演化方面建立起克伦铜鼓的编年体系[⑪]。国内学者对黑格尔Ⅲ型鼓的研究侧重于分布情况、使用习俗的探讨，对该类型与其他类型铜鼓的源流关系、传播路径往往一笔带过，因缺少对关键环节的梳理，其起源和传播路径模糊不清、众说纷纭,难以形成清晰明了的结论。在这样的背景下,希望本文的尝试能为解决这一谜题提供有益的思路和观点。

一、黑格尔Ⅲ型铜鼓起源的既往观点

关于黑格尔Ⅲ型铜鼓的起源,以往的铜鼓研究者主要有以下几种观点。

第一种观点认为,黑格尔Ⅲ型铜鼓源自柬埔寨。持该观点的有迈尔(A.B. Meyer)和他的搭档弗伊(W. Foy),以及马歇尔(H. Marshall)。迈尔最初认为克伦铜鼓来自暹罗或缅甸,但是后来又认为这些鼓在远古的某个时期在柬埔寨制造并从那里传播到东南亚各地[12]。而马歇尔通过他的人类学和民族志调查,坚持采用从柬埔寨神话中得到的信息,认为"(蛙鼓)很可能产生于半岛南部的柬埔寨北部",并提到洞吾东面的莫加村有一个千年老鼓,其他鼓皆仿自它而铸造[13]。然而无论是从官方保有量还是从民间使用情况来看,柬埔寨并非黑格尔Ⅲ型鼓的流行中心,零星的发现更像是外来而非原生。因此持有这种观点的人很少。

第二种,也是最主流的观点,认为黑格尔Ⅲ型鼓出自缅甸克伦社区,由掸邦制造。对于鼓的铸造来源,学界意见比较统一,黑格尔[14]是较早提出上述观点的西方学者,他的观点影响了后来的很多研究者,如汪宁生、蒋廷瑜、万辅彬、韦丹芳等国内知名铜鼓学者,以及库勒(Richard M. Cooler)和坎普斯(A. J. Bernet Kempers)等关注东南亚铜鼓研究的西方学者。但后来的学者走得更远,他们不仅探究铜鼓本身的铸造地,还探究其起源和流播,由此不免又分化为几种不同意见,一种认为要追溯至与云南青铜器的关系,如库勒、坎普斯;一种认为与云南、广西两地铜鼓都有渊源,如李伟卿认为"滇西蛙鼓是在吸收滇粤两式铜鼓的艺术营养的基础上发展而来的",云南的南诏政权通过他们与傣族、骠族的政治联系,使 I_c 式(冷水冲型)铜鼓越过今中缅边境并往南传播,而广西的僚族则从龙州一带,利用他们与克伦族的族源关系将 I_c 式鼓向交趾、真腊传播,同时又认为黑格尔Ⅲ型鼓只是铜鼓发展史中的一个支流,与源头的关系非常远[15]。还有一种观点以万辅彬、韦丹芳为代表,直接指出黑格尔Ⅲ型鼓与主要流行于广西的冷水冲型铜鼓有源流关系,从二者相似的杂乱无章的调音铲痕、铅含量、鼓高与面径比、纹饰来看,黑格尔Ⅲ型鼓有可能是在广西冷水冲型铜鼓的影响下形成的,通过某种方式传到缅甸,进而对缅甸、老挝的黑格尔Ⅲ型铜鼓产生影响[16]。

本文认为,黑格尔观察到的是 19 世纪末Ⅲ型铜鼓的流行区域和铸造地,没有对其进行溯源,也没有探讨该型鼓与其他型的关系;库勒和坎普斯等人因对中国铜鼓的情况了解不多,溯源时也语焉不详,往往由族群来源着手,对各型铜鼓,尤其是中国铜鼓与东南亚铜鼓之间的源流关系缺乏科学而完整的梳理。相较而言,国内学者更真切地抓住了黑格尔Ⅲ型铜鼓与滇粤两式铜鼓之间的关系,万辅彬等人更直接点出其是受广西冷水冲型铜鼓的影响而产生。遗憾的是从冷水冲型到黑格尔Ⅲ型鼓的早期形态,再到现在广泛流行于中南半岛山地族群间的"克伦鼓",这中间的流传脉络揭示得并不甚清晰,需要有更多的环节来补充和证实。

　　以上我们总结了一个多世纪以来外国研究者以"他者"的身份和视角对黑格尔Ⅲ型铜鼓起源的探讨,那么其使用者本身又有什么样的观点呢?在长期缺乏文献材料的情况下,在本地族群当中流传的神话、传说、诗歌等也许能提供一些重要信息,即使这些信息同样是由外来研究者所记录和保存的。

　　库勒、坎普斯和李富强等人的书中均提到了克伦人先民从猴子那里得到铜鼓的故事。各个版本之间有细微差异。库勒从当地老人口中了解到的故事是一位名叫 Pu Maw Taw 的老人——他是克伦人中属于 Sgaw 的那一支,种了许多作物,但快成熟时总是被猴子们给偷走。老人很生气,拼命追赶猴群,直至自己精疲力竭,干脆倒地装死。猴子们以为老人真的死了,内心有愧,决定为老人举行体面的葬礼。猴群将老人抬至山顶山洞口,它们先拿出了一面银鼓,然后又拿出一面金鼓、一面银鼓和一面白色的鼓,不断敲击这些铜鼓。仪式过程中老人突然醒了,猴子们被吓得四散奔逃。老人将铜鼓都拿回家,但后来被他那些妒忌的 Pwo 支系的亲戚偷走了。那面白色的鼓掉入一个很深的池塘里消失不见。而金鼓和银鼓流转至毛淡棉市(Moulmein,缅甸港口区)一个名为 Donyan 的村庄,并被藏了起来。这导致 Sgaw 支系和 Pwo 支系之间长期存在着铜鼓归属权的纠纷,Sgaw 支系一直主张藏了铜鼓的 Donyan 村将铜鼓归还。库勒的受访者 Poo Taw Oo 坚称这个故事中的猴子并非指真正的猴子,而是一支身着"长尾"服饰的山地族群,但这种"长尾"服饰又并非当时的傈僳人所穿[⑰]。

　　坎普斯的版本则要简化得多,但猴子们留下的是三面铜鼓,而且 Pu Maw Taw 是无意中撞见猴子们在用铜鼓举行葬礼[⑱];李富强通过在缅甸的田野考察则提供了一个更详细的版本,在他的版本中猴子们留下的也是如库勒所说的四面铜鼓[⑲]。

　　而克伦人里人数最少的一支"红克伦",又称"Karenni"或"Kayah"(克伦尼或克耶),其中的一支克阳人,则认为自己的祖先原来生活在黄河流域,有一个只要敲打便可获得食物的"红铁鼓",后来在迁徙过程中神器消失,重新仿制失去了魔力,只能用作烹饪食物。他们在使用过程中发现,只要配以咒语便可求来降雨,于是慢慢地将这种器皿演化成了铜鼓。并将它们命名为"格隆銮",意为"有求必应鼓"[⑳]。

　　另一个使用黑格尔Ⅲ型鼓的主要族群是老挝的克木人。在克木人的传说中,克木人本身就是铸造铜鼓的民族。他们将铜鼓分为三代,第一代和第二代铜鼓的铸造者都是威苏和囊昆坎夫妇。据说他们的祖先从中国云南洱海迁徙而来,威苏和囊昆坎大约出生于9世纪,他们先是居住在柬埔寨,后又搬至老挝北部。第二代铜鼓于11世纪的头25年开始铸造,第三代铜鼓则于14世纪左右,转移到了泰国清莱府一个叫咩弘算的村子,由威苏的后人生产。因此泰国也慢慢有了铜鼓铸造,到了19世纪末20世纪初,很多老挝人到泰国清迈、南邦、清莱去购买铜鼓[㉑]。

　　克伦人和克木人当中流传着的这些神奇有趣的铜鼓故事,侧面证明了铜鼓在他们生活当中所代表的重要意义。克伦人从猴子(或身着"长尾"服的山地族群)那里得到了铜鼓,暗示了克伦人的铜鼓为外来;祖先的祖籍地为云南洱海的克木人,先是辗转到了柬埔寨,后又到了老挝才开始重拾铸鼓技术,这中间显然缺乏技术传统的连贯性。而克阳人"红铁鼓"的故事倒是和学界已经达成共识的"釜—鼓起源"论相契合,再次证明"釜—鼓起源"论的科学性和合理性。克伦人和克木人均为迁徙民族,他们的来源地被认为与云南有关,云南的濮人和滇越是万家坝和石寨山型铜鼓的创造者和使用者。而在代际相传的祖先记忆中保存着铸造铜鼓的传统是合乎逻辑的,这些传说也暗合了这样一个可能的事实:克伦人和克木人的铜鼓起源看起来均非本族产生,克伦人的铜鼓来自外族赐予,克木人和部分克伦人(克阳)则保有祖先的铸鼓记忆。

以上无论是学者还是本地人的观点,其实都没能解答黑格尔Ⅲ型铜鼓的起源、流传、播迁以及它与其他型铜鼓之间明确而详细的源流关系。这个谜题,我们将在下文慢慢解开。

二、先黑格尔Ⅲ型鼓

可以确定的是,黑格尔Ⅲ型鼓既不是最早起源的铜鼓类型,也不是最后出现的,那么它的源头只能从其他鼓型去寻找。要弄清楚它与其他鼓型的源流关系,我们需要先找到最早形态的黑格尔Ⅲ型鼓,才能有比较、分析和立论的基础。

那么,最早的黑格尔Ⅲ型鼓在哪里?

库勒也关注到了这个问题。他在《缅甸的克伦铜鼓》一书中,观察和测量了 370 面他于 1973—1975 年在缅甸、泰国、老挝、马来西亚、新加坡和印度尼西亚发现的铸造年代不可考的克伦铜鼓,试图根据具体纹饰之间的发展和演变差异来划分并建立这些鼓的年代序列。他认为克伦鼓的纹饰既然是采用印模法压印而成,那么这些制造不易的印模便不会被随意更改,直到有新的纹饰出现,因此每一类纹饰的演化都可以反映出各流行阶段之间的不同特征。他提出了先黑格尔Ⅲ型鼓(Proto-Heger Ⅲ)的概念,认为它是此后每一个纹饰序列演化的基点。在先黑格尔Ⅲ型鼓之上,他根据 5 种较稳定变化的纹饰将 370面Ⅲ型鼓划分为 7 个发展阶段,先黑格尔Ⅲ型属于阶段 1(DS 1)。这 5 种纹饰分别为变形羽人纹、鸟纹、鱼纹、眼纹、菱形纹。库勒显然参考了我国学者对西盟型铜鼓的认定和划分,并认为 31 号铜鼓是他所调查的Ⅲ型鼓中最老的一面,也就是他所说的先黑格尔Ⅲ型鼓[②]。

广西西部中越边境地区出土了 3 面先黑格尔Ⅲ型鼓。库勒所说的 31 号鼓就是现藏于广西民族博物馆、编号族鼓 0031 的变形羽人纹鸟纹铜鼓。该鼓 1971 年出土于中越边境的龙州,面径 50cm,身高 33.4cm,鼓面上装饰的变形羽人纹与冷水冲型、灵山型铜鼓上的十分相似,略显呆滞的鸟纹还能看出鹭鸶鸟的一些神韵。辅助纹饰如同心圆纹、栉纹、三角垂叶纹等也是冷水冲型铜鼓常见的纹饰。鼓面 4 蛙均为单蛙,保持着北流型鼓立蛙的简洁形状。鼓面以单弦分为 10 晕,太阳芒 7 芒,芒间为坠形纹,由内往外的纹饰组合依次为太阳纹、栉纹、菱形填线、同心圆、变形羽人、同心圆、鸟纹(小鸟＋大鸟)、同心圆、鸟纹复合纹(鸟＋团花＋菱形),鼓身则由栉纹和同心圆纹带装饰鼓胸和鼓足。此时鼓耳的弯曲弧度还是较圆缓的,鼓耳根部也未装饰有稻穗纹,不同于克伦鼓近乎三角纹的弯曲弧度。鼓身较明显地区分为胸、腰、足三个部分,胸部外凸、腰部内收、足部外侈,腰足仍以一道突棱分隔㉓。1982年,中越边境的靖西庭毫山也出土了一面纹饰布局与龙州鼓十分相似的西盟型早期铜鼓㉔,面径45.2cm,残高仅余8cm。该鼓有北流型、灵山型鼓上常见的雷纹、四瓣花纹。柳州市博物馆现存的一面编号为Hg00038的鼓,面径43cm,高28cm,纹饰组合和布局与靖西庭豪山鼓几乎一致,只是最外晕由庭毫山的翔鹭纹变成了与之十分相像的鱼纹。

越南也出土了先黑格尔Ⅲ型鼓。越南国家历史博物馆馆藏LSB-38069号鼓,其装饰风格与上述广西的几面鼓一脉相承,纹饰组合由太阳纹(6芒)、雷纹、同心圆、栉纹、小鸟纹、大鸟纹、鱼纹+定胜纹构成㉕。从鸟纹的形态来看,小鸟纹退化,大鸟纹趋向鱼纹,鱼纹在黑格尔Ⅲ型鼓中显然来源于鸟纹的形态和构造(Hg00038号鼓显示了这一变化趋势),因此有鱼纹的鼓比还未出现鱼纹的龙州鼓应该略晚一些。

库勒还记录了1面缅甸和2面泰国的先黑格尔Ⅲ型鼓,分别编号103、300和305号。103号出土地点不详,保存在缅甸垒固的文化机构;300号和305号于泰国清迈被发现。从纹饰来看,这3面鼓的装饰风格十分接近,主体纹饰都是"小鸟+大鸟+变形羽人+鱼",辅助纹饰为栉纹和同心圆纹带。这几面鼓形态如此接近,应为相同时期产物㉖。

老挝似未发现与龙州鼓等相似的先黑格尔Ⅲ型鼓,但出土了两面黑格尔Ⅲ型早期鼓,从纹饰布局和装饰手法来看,比上述鼓的年代晚一些。一面为出土于占巴塞省清扎伦县、现藏占巴塞历史博物馆的C3号鼓,面饰4蛙,青蛙后腿蜷曲,很有当地特色;鼓面虽纹饰不清,但依稀可辨栉纹和同心圆纹带的纹饰组合,鼓身也以这种组合装饰胸、腰、足,足部最下还有三角垂叶纹。出土于沙湾吉省赛布来区的S3号鼓装饰风格与C3号几乎全然一致㉗。这两面鼓的面径和身高比变小,鼓身拉长,造型已更趋向中晚期的黑格尔Ⅲ型鼓。

从广西和中南半岛越南、泰国、缅甸、老挝等国的先黑格尔Ⅲ型鼓的分布情况来看,这些鼓装饰风格十分接近,但分布却甚为广泛,极有可能是短时期内的族群迁移造成的,否则很难解释这些族源不同、信仰习惯不同的国家和地区都发现了同一时期的铜鼓,而且数量稀少且风格统一。这样的迁徙目前看来是由北往南进行的,最后在黑格尔Ⅲ型鼓的中晚期,形成了缅甸和老挝两个铸造和使用克伦鼓的中心。

那么,先黑格尔Ⅲ型鼓的主人是谁?促使他们往中南半岛迁移的原因是什么?

上文已仔细观察过至今为止有案可循的6面先黑格尔Ⅲ型鼓和2面Ⅲ型鼓的早期鼓,不难发现它们身上遗留着冷水冲型和灵山型铜鼓的纹饰特征,如已显笨拙和呆滞的飞鸟纹有翔鹭纹的痕迹、栉纹和同心圆纹带、鼓足的三角垂叶纹、定胜纹均为冷水冲型具有标志性的装饰特征;小鸟纹(或小鸡纹)、抽象化和简略后的变形羽人纹则来自灵山型铜鼓。但相对于冷水冲型和灵山型的体型硕大和繁复精美,它们鼓体缩小,面径通常在45～55cm之间,整体呈现出一种融合和退化的气息。

而在中越边境、广西的最西端,发现最早的和最多的先黑格尔Ⅲ型鼓并非偶然。作为巨型铜鼓大本营的广西,除107面北流型和99面灵山型铜鼓,还出土了147面冷水冲型铜鼓,这三型大铜鼓流行的年代大致为汉至唐。岭南俚僚好大鼓,以鼓大为贵,晋人裴渊《广州记》载"俚僚铸铜为鼓,鼓唯高大为贵,面阔丈余"㉘,唐代杜佑在《通典》里说:"铜鼓……岭南豪家则有之,大者广丈余。"㉙唐代以前历代王朝对边疆少数民族地区的统治和管辖基本以"安抚"为主,实行的是间接的"羁縻之治",设立的郡县通常还保留民族首领的地位。这个时间段是广西乌浒、俚僚部族势力强盛的时期,已有学者考证北流型铜鼓的主人是居住在桂东、桂东南的冯氏家族统治下的俚人,灵山型的主人是桂南至桂中的宁氏家族统治下的俚人[⑨]。伴随着广西北流铜石岭、容县西山等大型铜矿的开采,大型铜鼓的铸造达到了顶峰。直到唐代在边疆少数民族地区设置"府州八百五十六"[⑩],而且设立"边州都督""都护府"进行管理,中央王朝的管控更为强势和深入[②]。在这样的社会背景下,部族首领的权力和地位不可避免受到冲击,大型鼓失去了生存的土壤。受到挤压的铜鼓文化只能往王朝势力较薄弱的地方迁移。而当时的广西西部是骆越后裔僚人和少数民族聚居的传统区域,先黑格尔Ⅲ型鼓首先在这里找到了生存的空间。但这个生存空间是短暂的,宋元土司制度开始萌芽,广西成为王朝的边疆前沿阵地,开发和治理力度空前,铜鼓文化遭受了更为严重的冲击。因此继先黑格尔Ⅲ型鼓之后,广西并没有发展出另一种被广泛运用的鼓型,直至明清时期土司制度渐次瓦解之后,麻江型铜鼓开始流行。

云南省中缅、中老边境地区也曾经是黑格尔Ⅲ型鼓的集中分布区,那里的佤族、傣族、克木人等都有使用黑格尔Ⅲ型鼓的传统,以致我国学界将在该地区发现的铜鼓作为八大类型铜鼓之一,命名为"西盟型"。国内外一些学者也认为云南是黑格尔Ⅲ型鼓的来源地。事实上云南省没有发现先黑格尔Ⅲ型鼓,该省保存和使用的均为黑格尔Ⅲ型中、晚期鼓。正如前文所述,先黑格尔Ⅲ型鼓是冷水冲型和灵山型这两型大铜鼓衰落退化后的鼓型,而云南并不是大型铜鼓的流行区域,发现的冷水冲型、北流型和灵山型铜鼓数量都很少,基本集中在文山地区。根据崔剑峰、吴小红等人对文山州2面冷水冲、1面北流和1面灵山型铜鼓进行的铅同位素检测分析,结果显示这几面铜鼓与广西矿料和出土的同类型鼓比值非常接近,有可能是铸造好后从广西流入云南的[③]。

本文采用库勒的7阶段法对云南省文博机构收藏的35面黑格尔Ⅲ型鼓进行分期,其中米粒纹和变形羽人纹是最明显的指标,米粒纹至少到第3阶段(DS 3)才开始出现,而变形羽人纹在第5阶段(DS 5)之后已不见踪影。参照广西民族博物馆馆藏族鼓0332号鱼纹鸟纹菊花纹铜鼓(西盟地区征集)对比发现,云南省馆藏的黑格尔Ⅲ型鼓大部分与0332号鼓具有相同纹饰特征,面身比也极为相近[③]。进一步统计结果表明,云南馆藏70%的黑格尔Ⅲ型鼓面身比在1.30～1.40之间,而先黑格尔Ⅲ型鼓的面身比则集中在1.50～1.55之间,黑格尔Ⅲ型中、晚期鼓比早期鼓器形更修长。另外,曾广泛使用铜鼓的佤族本身并没有铸鼓传统,根据汪宁生等人的田野调查,佤族铜鼓来自相隔数天路程之外的缅甸威当城。

综上,云南并不具备产生先黑格尔Ⅲ型鼓的先决条件,先黑格尔Ⅲ型鼓最有可能是从广西开始流向东南亚地区的。

三、黑格尔Ⅲ型鼓的演化和传播路径

上文简单介绍了先黑格尔Ⅲ型鼓的出土发现情况和社会历史背景,先黑格尔Ⅲ型鼓产生之后的演化和传播路径仍未明确。更多的问题接踵而来：为什么先黑格尔Ⅲ型鼓（早期鼓）和中晚期鼓（克伦鼓）在器形风格上有如此巨大的差异？为什么越南北部不是黑格尔Ⅲ型鼓的起源地和传播中心？

唐代以前，广西是大型铜鼓分布的中心；唐代开始，中央王朝加强了对西南边疆地区的管控，民族首领的地位和权势下降，作为权力和地位象征的大型铜鼓开始没落，并迁移至王朝管控较弱的地区。曾经雄霸岭南的俚僚大铜鼓虽然再难觅踪影，但它们对后来的鼓型产生了深远影响。俚僚大铜鼓兵分三路寻找新的发展空间，一路往西往北，在云南文山、贵州遵义发展出了遵义型，遵义型是冷水冲型的退化形鼓；一路先往西再往南，先是往西迁移至广西西部中越交界地区，在那里发展出了先黑格尔Ⅲ型鼓，先黑格尔Ⅲ型鼓同时受冷水冲和灵山型铜鼓的影响，靖西、龙州地处左江上游，既可通过水系也可通过陆路往南到达红河平原，再从红河平原传播至中南半岛各国；一路则是俚人后裔携北流型铜鼓由桂东南往南迁移到海南岛，还有可能经由北部湾到达了红河平原。海南发现的铜鼓以北流型为主，还有一面石寨山型、一面灵山型和一面遍饰变形羽人纹的铜鼓，表明这里曾经发生着铜鼓文化的交流，是传播路径中的一站。

按库勒的理论，先黑格尔Ⅲ型鼓是Ⅲ型鼓发展和演化的基础，理论上来说有先黑格尔Ⅲ型发现的地方，就应当是黑格尔Ⅲ型鼓的流行区域。先黑格尔Ⅲ型鼓传播至红河平原后，为什么没能使红河平原成为黑格尔Ⅲ型鼓的传播中心？其中一个重要原因是：在广西大型铜鼓流行的同时或衰落的后期，作为骆越传统区域的越南北部已经发展出了早期"芒鼓"（受佛教影响前），早期"芒鼓"的主人是越-芒族，是该地区的主体民族。彼时芒族还未从古越族中分离出来，保留着骆越后裔族群的用鼓传统⑥。越南受佛教影响的时间与芒族形成的时间大体一致，也是大约在 10—11 世纪前后，即李朝将佛教作为国教开始⑥。由此可知，以"芒鼓"这一名称来涵括越南发现的 120 面以上的黑格尔Ⅱ型鼓是不太严谨的，早期"芒鼓"和后来主要为芒族使用的芒鼓分别有不同的族属。从鼓形和装饰风格也可看出，佛教影响前的早期"芒鼓"更接近粤式铜鼓（北流型、灵山型），以菱形（雷纹）、双菱形和双方格花纹为主，该阶段的代表鼓有山雄鼓、新富 2 号、新立 1 号、达乡鼓、安良 2 号、安良 4 号、和平 1155 号等鼓，主要分布在河山平、永富、义静等省，年代大约在公元前二三世纪至公元 10 世纪。而真正的芒鼓（佛教影响后）的纹饰逐渐以菩提叶、菊、荷、柠檬、叶脉纹及其变体几何纹为主，后期更是出现了孔雀、鸟、龙、鹿等图案，主要分布在河山平、永富、义安省，年代大约在 11—19 世纪。义安组属于晚期鼓组，也被认为是最具地方特色的Ⅱ型鼓，其形制和装饰风格更趋向黑格尔Ⅳ型鼓⑦。

因此，先黑格尔Ⅲ型鼓没能在红河平原发展壮大，是由于当它流传至中南半岛时，早期"芒鼓"就已在这里占据了主体地位。与当时岭南地区铜鼓的占有和使用习惯相同，铜鼓仍是权力和地位的象征，属于豪强酋领或皇室贵族所有。直到李朝时期，芒鼓仍通过分封赏赐给芒人朗官（土司），从有东山铜鼓铸造传统的平原地区流入芒族地区；芒族首领墓葬中所出的芒鼓说明当时铜鼓牢牢掌握在权贵阶层手中⑧。而这样的用鼓传统或许从东山铜鼓时期便已在中南半岛存在，直到现在仍能在泰国的皇家仪典场合中看到铜鼓所代表的皇家威仪。

越南现存的 10 面Ⅲ型鼓多数来自老挝和泰国，越老边境的克木人和北部山区的拉棉人都是越南的少数民族,他们使用的是克伦鼓,即黑格尔Ⅲ型中晚期鼓,显然与老挝克木人属于同一种用鼓传统。而老挝虽然是东南亚收藏Ⅲ型鼓最多的国家,民间保有量据说达千面以上,但老挝在黑格尔Ⅲ型鼓的传播链中没有居于主导地位。该国发现的两面黑格尔Ⅲ型的早期鼓 C3、S3 号也说明了这一点,老挝接受先黑格尔Ⅲ型的影响要更晚一些。老挝铜鼓数量多是由于老挝可能也存在过一个铸鼓中心。据韦丹芳等人 2007 年在老挝的调查,老挝矿产资源分布广泛而储量丰富,在琅南塔省普哈县龙阮村发现一处冶铜遗址,据当地文化官员介绍,这处遗址被认为是至少 500 年前克木人在此铸造铜鼓的地方。琅南塔省也是现老挝民间铜鼓保有量最多的地区。经检测分析,该处遗址极有可能采用含硫的铜铅共生矿冶炼出成分不稳定的铅青铜⑩。纵观中南半岛各国黑格尔Ⅲ型鼓的使用情况,克伦人和克木人是最主要的使用族群,而这两者本为同源民族,他们分布于越老、缅老和中老的长长的边境线上,习俗、信仰相近,其实可以被当作一个整体进行考察。老挝克木人的铜鼓文化与缅甸克伦人密不可分。

缅甸发现的 103 号鼓和泰国发现的 300 号、305 号鼓装饰风格高度统一,说明先黑格尔Ⅲ型鼓来到红河平原后,应该是在很短的时间内传播到了泰国和缅甸。泰国和缅甸两国具有很深的历史渊源和千丝万缕的文化源流关系,掸(傣)族曾于 1 世纪末至 6 世纪末统治上缅甸地区。而掸人自古有使用铜鼓的习俗。掸人(傣族先民)是滇越后裔,滇越是石寨山型铜鼓的创造者。掸人也是骠国组成族群之一⑪,掸邦是缅甸现在最大的邦。泰缅两国均信仰佛教,在掸文化或与掸文化关系密切的地区,铜鼓是佛教音乐中的重要乐器。白居易《骠国乐》记述骠国于唐贞元年间向唐王朝献乐,其中有"玉螺一吹椎髻耸,铜鼓千击文身踊"的诗句,所献之"骠国乐"中也有来自掸傣地区的佛教音乐《菩萨蛮》⑪;绘于唐诏宗光化元年(898 年)的《南诏中兴二年画卷》和大理国盛德五年(1240 年)的《张胜温画卷》中,均绘有击鼓者于梵僧或观音之侧敲打铜鼓的画面⑫。同时掸族还有青铜器铸造的悠久历史和独特传统。泰国东北部孔敬府发现的暖农活遗址发现了铸造铜鼓的铸范残片、模片、铜鼓残片、大型坩埚、鼓风管、冶铸炉渣等遗物,从发现的模、范、铜鼓残片来看,该处冶铸遗址采用失蜡法铸造了黑格尔Ⅰ型和Ⅱ型铜鼓,碳十四测年结果为 2105±25BP⑬。然而泰国并不是Ⅲ型鼓的流行区域,现泰国皇室收藏的 12 面Ⅲ型鼓据说都来自缅甸,并且直至今天仍只在与皇室相关的仪典中使用。

铜鼓文化没能进入泰国民间,与掸族关系密切的古代缅甸情况也是一样。缅甸历史上曾占统治地位的主体民族如掸、骠、缅,似乎也没有在民间大量使用铜鼓的习俗,掸国的具体情况不可知(但可参考泰国皇室使用铜鼓的传统),骠国时期向唐王朝献"铜鼓乐舞"则侧面证明了铜鼓对当时的骠人来说代表了尊贵与庄严;到缅人建立蒲甘王朝时,几件 11 世纪的盂上的铭文描述的都是在与皇室有关的场合中使用铜鼓的场景,如铜鼓作为迎接国王的乐器演奏、作为赠送别国的国礼、在有国王参加的祈雨仪式中使用等⑭。

缅甸成为黑格尔Ⅲ型鼓的使用和铸造中心,是在铜鼓文化为克伦(克木)人接受之后。在那之前,早期的黑格尔Ⅲ型鼓并未在民间流行,这也是其数量稀少的一个原因。而克伦(克木)人所接受的铜鼓文化是经过掸族审美改造后的铜鼓,与先黑格尔Ⅲ型鼓无论是造型还是纹饰风格,甚至是合金配比上都存在着明显差异。前文已分析了先黑格尔Ⅲ型鼓的来源和族属,先黑格尔Ⅲ型鼓发源于岭南地区(主要是广西),是俚僚大铜鼓的退化形式,它的族属是俚僚后裔,同时也是骆越后裔,与越南越族同源。先黑格尔Ⅲ型鼓和后来克伦人广泛使用的克伦鼓有着不同的族属。

史学家们认为克伦人是在大约 4—8 世纪跨过伊洛瓦底江进入缅甸的操藏缅语的族群⑮。克伦人的一支克耶人,其第五代首领降伏了勐人的一支他浪人(Talaing),并建造了威当城。威当城是缅甸最著名的铜鼓铸造中心,缅甸其他邦和周边国家都前来购置铜鼓。克耶人强迫掸族铸匠居住在克耶人社区中。掸族铸匠使用只有他们才知道的失蜡法技艺为克耶人铸造蛙鼓。威当城现地处掸邦,距现在克耶邦首都垒固南端 13 公里,周围有金山、银山和铜山,显示着该地蕴含丰富的金属矿产资源⑯。虽然无法考证第五代克耶人首领建造威当城的具体时间,但显而易见的是,黑格尔Ⅲ型鼓在掸族铸匠住进威当城之前,肯定已在缅甸流行了很长一段时间。正如前文所述,铜鼓文化掌握在缅甸各历史时期的上层阶级手中,这个传统影响深远,以至于打败了勐人的克耶人不惜代价建造了自己的铜鼓铸造中心。此后即便铜鼓不再象征权力和地位,但对克伦人而言,仍保留着那份神秘的威严,代表着财富和神旨。

掸族工匠铸造的黑格尔Ⅲ型鼓具有热带平原稻作生活的特征,鼓面上的花鸟虫鱼、稻壳米粒、青蛙立像,鼓身上的大象田螺和稻穗花树,还有圆筒状的纤细腰身,处处彰显着浓浓的掸傣风情。因此在黑格尔命名之前,人们称它们为"掸鼓"⑰。这种强烈的审美倾向也影响了邻近地区其他使用铜鼓的族群。众多历史和考古学材料表明,黑格尔Ⅲ型鼓(克伦鼓)与芒鼓之间,存在着紧密的联系。通过整理越南馆藏的 50 面芒鼓可发现,其装饰风格发展的趋势是鼓身从三段逐渐变为两段,胸部变平直,腰线下移,腰足分隔渐渐消失,大部分鼓面径在 50~70cm 之间,少数几面面径超过 80cm,77% 的芒鼓面径与身高比在1.40~1.60 之间⑱,这个比值与黑格尔Ⅲ型鼓的面径身高比非常接近,黑格尔Ⅲ型鼓的面径也多为 50~70cm。这样的趋同性在受佛教影响后的芒鼓中表现尤其明显。越南国家历史博物馆馆藏 LSB-5747 号鼓鼓面出现了Ⅲ型鼓立体装饰中常见的象塑,本该装饰 4只立蛙的位置变成了 2 蛙 2 象;而玉乐 01 号鼓,鼓面则为 6 只圆润可爱的小象,鼓身拉长,胸已经变成了直筒状。再从这两类鼓的流行年代来看,黑格尔Ⅲ型鼓出现的时间虽然不太明确,但应该在早期"芒鼓"出现之后,或至少差不多同一时间,即粤式鼓往南迁移(唐代)至 10 世纪;从使用情况来看,佛教影响后的芒鼓和Ⅲ型鼓都与 11 世纪的遗迹相关,如芒鼓的出土伴出物,关于Ⅲ型鼓的壁画、铭文等;它们的制作和生产最晚都可以追溯至 19世纪。这至少可以证明 11—19 世纪,是芒鼓和Ⅲ型鼓同时被邻近地区的不同族群使用的时期,它们之间一定存在着某种程度的相互交流和借鉴。

四、结 论

黑格尔Ⅲ型鼓的起源和流播是一个复杂的问题,它涉及我国边疆和东南亚少数民族地区的社会历史、族群关系、政治制度,涉及岭南地区铜鼓文化和东南亚铜鼓文化的相互关系,还涉及对包括黑格尔Ⅱ型鼓在内的不同鼓型的分期,任何一个环节的缺失都会导致分析的不完整,从而得出草率的结论。本文通过分析比对岭南地区和东南亚各国已出土和发现的大量黑格尔Ⅱ型鼓和Ⅲ型鼓资料,结合民族史和考古学材料,对黑格尔Ⅲ型鼓的起源和传播问题进行了详细的梳理和论证。

中国西南和东南亚是铜鼓文化圈的两个组成部分,它们之间既有区别又有联系。黑格尔Ⅲ型鼓虽然广泛流行于东南亚,却脱胎于我国岭南铜鼓文化。俚僚大铜鼓深刻影响着东南亚,特别是中南半岛的铜鼓艺术和使用传统。自唐代始,在我国西南边疆少数民族政策发生重大改变后,俚僚大铜鼓失去了生存的土壤,由北往南迁移,寻找新的生存空间,并在不同地区培育出了遵义型、先黑格尔Ⅲ型鼓、早期"芒鼓"等不同的后续类型。先黑格尔Ⅲ型鼓流传至红河平原后,没能被占主导地位的越族上层所采用,却受到了掸族社会上层的欢迎。先黑格尔Ⅲ型鼓在掸族审美的改造下发生了造型和纹饰风格上的演变,产生了颇具掸傣风情的"掸鼓"。受掸族文化深刻影响的缅甸保持了掸族的用鼓传统,铜鼓长期只在与王室有关的场合或重大佛教仪典中出现,直到被居住在缅泰、缅老边境地区的克伦(克木)人所接受,大量用于信仰仪式和人生礼俗,从而成为名副其实的克伦鼓。先黑格尔Ⅲ型鼓在成为"克伦鼓"的过程中,与相邻族群使用的"芒鼓"相互影响和交流,是异彩纷呈的东南亚铜鼓文化中不可或缺的一部分,多民族的智慧和坚守使铜鼓成为人类青铜文明史上的一朵奇葩。

注释:

①(奥)弗朗茨·黑格尔著,石钟健、黎广秀、杨才秀译:《东南亚古代金属鼓》,上海古籍出版社,2004年。

②中国古代铜鼓研究会:《古代铜鼓第二次学术讨论会纪要》,《中国古代铜鼓研究通讯》3,1984年。

③李伟卿:《论铜鼓中的滇西"蛙鼓"》,《考古》1986年第7期。

④高宗裕:《铜鼓研究与民族调查——云南少数民族使用铜鼓的试点调查》,《古代铜鼓学术讨论会论文集》,文物出版社,1982年。

⑤汪宁生:《佤族铜鼓》,云南民族学院民族研究所民族学、考古研究室,1979年。

⑥万辅彬、韦丹芳:《东南亚铜鼓研究》,中国科学技术出版社,2018年。

⑦韦丹芳、万辅彬:《老挝克木族铜鼓考察》,《广西民族研究》2007年第6期。

⑧卫彦雄、李富强、欧江玲:《老挝铜鼓文化调查与研究》,《东南亚纵横》2020年第4期。

⑨"中国—东南亚铜鼓"数据平台,广西民族大学、广西民族博物馆、南宁市平方软件新技术有限责任公司共建,http://www.nngfkj.cn:82/gxtg/front/toGraphicPage.action,2021.

⑩https://bronzedrums.jimdofree.com/countries/cambodia/,Combodia-Site de Bronzedrums!,2020年5月16日。

⑪Richard M. Cooler, *The Karen Bronze Drums of Burma*, Leiden:Brill, 1995.

⑫Richard M. Cooler, *The Karen Bronze Drums of Burma*, Leiden:Brill, 1995, pp. 15-19.

⑬(奥)弗朗茨·黑格尔著,石钟健、黎广秀、杨才秀译:《东南亚古代金属鼓》,上海古籍出版社,2004年。

⑭(奥)弗朗茨·黑格尔著,石钟健、黎广秀、杨才秀译:《东南亚古代金属鼓》,上海古籍出版社,2004年。

⑮(奥)弗朗茨·黑格尔著,石钟健、黎广秀、杨才秀译:《东南亚古代金属鼓》,上海古籍出版社,2004年。

⑯（奥）弗朗茨·黑格尔著,石钟健、黎广秀、杨才秀译:《东南亚古代金属鼓》,上海古籍出版社,2004 年。

⑰Richard M. Cooler, *The Karen Bronze Drums of Burma*, Leiden:Brill,1995,pp. 27-28.

⑱A. J. Bernet Kempers, *The Kettledrums of Southeast Asia:A Bronze Age World and Its Aftermath*, Rotterdam:Balkma,1988,p. 394.

⑲李富强主编:《中国—东南亚铜鼓·缅甸卷》,广西人民出版社,2021 年。

⑳欧江玲、王海玲、杜瓦底丁:《缅甸铜鼓类型、源流族属与文化传承》,《广西民族大学学报(哲学社会科学版)》2020 年第 5 期。

㉑李富强、卫彦雄、吕洁:《老挝克木人铜鼓文化考察》,《广西民族研究》2019 年第 4 期。

㉒Richard M. Cooler, *The Karen Bronze Drums of Burma*, Leiden:Brill,1995,pp. 71-100.

㉓中国古代铜鼓研究会、广西民族博物馆编,覃溥主编:《广西铜鼓精华(下册)》,文物出版社,2017 年。

㉔农学坚:《广西靖西出土一面西盟型早期铜鼓》,《中国古代铜鼓通讯》2,1982 年。

㉕"中国——东南亚铜鼓"数据平台,广西民族大学、广西民族博物馆、南宁市平方软件新技术有限责任公司共建,http://www.nngfkj.cn:82/gxtg/front/toGraphicPage.action,2021.

㉖Richard M. Cooler, *The Karen Bronze Drums of Burma*, Leiden:Brill,1995,pp. 90-100.

㉗李富强主编:《中国—东南亚铜鼓·老挝卷》,广西人民出版社,2016 年。

㉘（宋）范晔著,(唐)李贤等注:《后汉书》卷 24《马援传》,中华书局,1973 年,第 840～841 页。

㉙（唐）杜佑:《通典》卷 144《乐四》,中华书局,1992 年,第 3671 页。

㉚姚舜安、蒋廷瑜、万辅彬:《论灵山型铜鼓》,《考古》1990 年第 10 期。

㉛（北宋）欧阳修、宋祁:《新唐书》卷 43 下《地理志第七下》,中华书局,1975 年。

㉜龚荫:《唐代边疆民族地区设置稽考》,《民族史考辩》,云南大学出版社,2004 年。

㉝崔剑锋、吴小红:《铜同位素考古研究——以中国云南和越南出土青铜器为例》,文物出版社,2008 年。

㉞中国古代铜鼓研究会、广西民族博物馆编:《中国古代铜鼓实测·记录资料汇编》,文物出版社,2014 年。

㉟（越）范国军著,于淑杰节译,梁志明校:《关于黑格尔第Ⅱ类型鼓的主人考》,《中国古代铜鼓通讯》10,1994 年。

㊱（越）玄南著,王金地译,梁志明校:《我国黑格尔第Ⅱ类型铜鼓的发现和研究》,《中国古代铜鼓通讯》10,1994 年。

㊲（越）阮成斋著,王金地译,梁志明校:《黑格尔第Ⅱ类型铜鼓探讨》,《中国古代铜鼓通讯》8,1992 年。

㊳（越）范国军著,于淑杰节译,梁志明校:《关于黑格尔第Ⅱ类型鼓的主人考》,《中国古代铜鼓通讯》10,1994 年。

㊴韦丹芳、李建西、李延祥、万辅彬:《老挝琅南塔省普哈县冶炼调查及炉渣分析》,《广西民族大学学报(自然科学版)》2008 年第 2 期。

㊵陈序经:《骠国考》,《中山大学学报》1962 年第 4 期。

㊶（明）胡震亨:《唐音癸签·乐通(下)》卷 30,古典文学出版社,1957 年,第 116 页。

㊷田怀清:《白族与铜鼓》,《大理大学学报》1985 年第 Z1 期。

㊸素甘雅·包娜(Sukanya Baonoed)著,梁燕理译:《暖农活·泰国铜鼓铸造遗址》,《中国古代铜鼓研究通讯》21,2019 年。

㊹Richard M. Cooler, *The Karen Bronze Drums of Burma*, Leiden:Brill,1995,p. 10.

㊺ Gordon H. Luce，"Introduction to the Comparative Study of Karen Languages"，*JBRS*，1959，Vol. 45，pp. 1-2；F.K. Lehman，"The Structure of Chin Society"，*Illinois Studies in Anthropology*，1963，Vol. 3，p. 13.

㊻Richard M. Cooler，*The Karen Bronze Drums of Burma*，Leiden：Brill，1995，pp. 50-52.

㊼（奥）弗朗茨·黑格尔著，石钟健、黎广秀、杨才秀译：《东南亚古代金属鼓》，上海古籍出版社，2004 年。

㊽（越）阮成斋著，王金地译，梁志明校：《黑格尔第Ⅱ类型铜鼓探讨》，《中国古代铜鼓通讯》8，1992 年。

附记：本文为 2020 年广西哲学社会科学研究课题项目"广西青铜矿料开发技术史"（编号 20FZS003）阶段性研究成果。

Research on the Spread of Heger Type Ⅲ Bronze Drum in Southeast Asia

Lu Qiuyan

Abstract：The bronze drum culture of Lingnan（southern China）had a profound influence on Southeast Asia. Starting from the Tang Dynasty，there was a change in the minority policy in the southwestern border of China. The large copper drums，which represented the power and status of local chieftains，were suppressed by the imperial forces and declined，and they gradually moved from north to south，giving rise to early "Manggu" drums，and subsequently to Heger Type Ⅲ drums. Heger Type Ⅲ drums were accepted by the elite of the Dai（Shan），Piao（Biao），and Burmese（Myanmar）ethnic groups who had close relations with the Dai culture. After being transformed by the aesthetic tastes of the Dai，they became part of the folk traditions of the Kren（Kemu）people in the mountainous areas of northern Indochina and were widely spread throughout Southeast Asia. Interactions and exchanges between different regions and ethnic groups created a diverse and colorful bronze drum culture.

Keywords：Origin and Transmission of Bronze Drum，Heger Type Ⅲ Drum，Southeast Asia

论泰国早期铜鼓的来源及相关问题

梁燕理

（广西民族博物馆）

铜鼓作为中国南方和东南亚特有的青铜器，是中国和东盟国家古代文化的共同载体，对中国南方和东南亚各国青铜文化史的研究有着重要意义。但泰国铜鼓的研究还比较滞后，尽管 20 世纪初奥匈帝国人类学家弗朗茨·黑格尔就已经在其著作《东南亚古代金属鼓》中对在西方展览中展出的来自泰国的"曼谷鼓"进行分类和描述[①]，但是对于泰国铜鼓的研究还是凤毛麟角，特别是泰国铜鼓的来源问题。纵观 20 世纪以来关于泰国铜鼓来源的研究，学界主要持以下几个观点，一是以梁志明、赵橹等为代表的中国学者认为东南亚的铜鼓仅仅是流而不是源[②]；二是以史密斯和沃尔森为代表的西方学者认为，泰国铜鼓源于东山文化，由当时越南部落贵族创造并作为社会精英阶层的奢侈品通过水路贸易运送至泰国境内[③]；三是以清·尤地（Chin－yudi）为代表的泰国学者认为东山文化的创造者，古骆越民族（或称越族），泰国南部创造"三佛齐"文化前的部族，越南芒族人，泰族和缅甸因塔族（Inthas），泰国克伦族和缅族，中国南方壮族，中国汉族都有可能是铜鼓的铸造者[④]；四是日本学者新田荣治认为早期铜鼓虽然不是起源于泰国，但是泰国是早期铜鼓的铸造地之一[⑤]。这些观点大部分是就某个类型铜鼓，从其中的某一个角度去推测，没有能基于泰国全境范围的铜鼓，结合泰国本土的历史文化去分析。本文尝试从考古学、民族学、语言学等学科角度，综合利用最新数据成果，通过比较、分析、归纳来探讨泰国早期铜鼓的来源及相关问题，还原泰国历史上铜鼓文化的面貌，重塑铜鼓在泰国文明发展史中的历史地位。

一、泰国铜鼓的发现与分布

泰国是古代铜鼓的重要分布区，根据泰国艺术厅 2003 年出版的《泰国铜鼓》数据统计，已知馆藏和私人收藏的铜鼓共 46 面，按照泰国地理区域划分习惯，在泰国的北部、东北部、中部和南部均发现出土铜鼓。其中，泰国北部 8 面，东北部 8 面，中部 6 面，南部 11 面，出土地点或来源不详的铜鼓有 13 面[⑥]。其中可明确出土区域的 30 面，其他来源不详。

《泰国铜鼓》一书对泰国境内馆藏铜鼓搜集得较为全面，也是本文重点参考的材料之一，但这本书对于泰国铜鼓的记录并不完全，有部分铜鼓未收录，还有部分铜鼓是该书出版后发现的。根据笔者搜集到的文献材料,有明确出土地点的 18 面,但无论是泰国本国的文献还是国外的文献,都只是文字记载,未见实物。如泰国学者潘萍·交素丽亚(Phanpin Gaesuliya)在 1974 年《东山文化青铜鼓》一文中提到在泰国北碧府习萨瓦县出土两面相互套合的铜鼓,套在上面的铜鼓面径 65 厘米,高 50 厘米,套在下面的铜鼓面径 75 厘米,高 55 厘米,两面套合的铜鼓内盛装人骨,以及黄、白、黑三色串珠,铜鼓附近还发现 7 具内盛人骨的瓮棺,瓮棺旁边是三件喇叭口陶釜[⑦]。近 10 年来,泰国东北部和南部还陆续出土了多面铜鼓。2010 年 7 月 16 日,泰国乌汶府披汶曼沙寒县端织区 4 组蓬甘屯出土一面翔鹭纹铜鼓,鼓面直径 54.5 厘米,鼓高 41 厘米,鼓身最大径 62 厘米,鼓厚 0.1 厘米[⑧]。泰国民族学家春提拉·萨雅薇塔娜在 2018 年出版的《恬神—泰族起源》一书中提到在泰国新发现的三面铜鼓,分别是泰东北莫拉限府农松县暖央村出土的面径 52 厘米的铜鼓,呵叻府巴通猜县出土的铜鼓以及泰南部春蓬府一堆用于寺庙建设填土中发现的若干铜鼓残片[⑨]。此外,从泰国乌汶府艺术局获悉,2018 年 1 月 18 日,泰国北部程逸府披猜县那因村出土一面铜鼓的若干残片。笔者在 2019 年 10 月 7 日—21 日赴泰进行铜鼓调查期间,搜集到两段近年来出土铜鼓的视频。第一段视频为 2015 年 8 月 22 日在泰国北部农布兰普府素旺纳库哈县搓猜村村民挖出一面铜鼓;第二段视频是 2016 年 3 月 23 日那空帕农府码头出土一面铜鼓。

除了泰国国内资料,国外也有关于泰国铜鼓的记载,如丹麦学者佩尔·索伦森的翁巴洞考古发掘报告记载泰国西部北碧府翁巴洞发现 5 面铜鼓,分别是翁巴洞 86 号、87 号、88 号、89 号和流落民间被泰国一个地方官员收藏的铜鼓,索伦森将其命名为"知府鼓"[⑩]。另据日本学者新田荣治的资料,日本学者曾在曼谷文物商店发现 2 面铜鼓,并分别命名"泰国东北铜鼓"和"泰国曼谷铜鼓",其中泰国东北鼓鼓面内壁贴附着一片班清彩陶,故推断为东北部出土铜鼓[⑪]。英国学者 Ambra Calo 记载了 1972 年泰国清迈府修水利时发现了两面铜鼓,1973 年丹麦学者索伦森测量了其中一面铜鼓,鼓面直径 49.6 厘米,高 41 厘米,现藏 Ban Gaw 寺;另一面铜鼓面径 44 厘米,高 29.3 厘米,被 Beelaerts 先生买走[⑫]。

除了上述出土铜鼓,笔者在泰国调查期间还在大城府挽巴因行宫宝殿内发现一面铜鼓。此外还了解到大王宫仍在使用的铜鼓主要是现今泰国王室藏鼓,泰国学者柏南·铜鼓在《这东西不应叫做"鼓"》一文中提到,泰国皇室常用的铜鼓共有 5 对,即 10 面[⑬]。上述这 10 面王室藏鼓也并未收录在泰国艺术厅《泰国铜鼓》一书中,且均为传世铜鼓。

综上,据已知材料,泰国已发现铜鼓 75 面(表 25-1)。出土的铜鼓主要分布在北部、东北部和南部,仍在使用的铜鼓主要分布在中部,为泰国王室收藏。

表 25-1　泰国铜鼓数量及分布

地区	有明确出土地(面)	出土地不明(面)	传世(面)
北部	11		
东北部	14		
中部	13	16	11
南部	10		
合计	48	16	11

二、泰国早期铜鼓类型及年代分析

关于铜鼓的科学分类世界范围内仍以弗朗茨·黑格尔的"四分法"为基础,黑格尔对165面搜集于中国和东南亚的铜鼓进行观察比对后,按器形和纹饰特点将铜鼓分为Ⅰ、Ⅱ、Ⅲ、Ⅳ型和三个过渡类型,这也是按铜鼓年代序列。20世纪随着铜鼓研究热潮的兴起,部分国家铜鼓研究界在黑格尔"四分法"基础上根据本国铜鼓的实际情况,结合各自的分类方法对铜鼓进行更为细致的分类,如中国对1400余面铜鼓作了全面对比研究,花纹和铸造工艺上"大同小异"的铜鼓,按"同类相从"的原则进行归类,分成八个类型[14],即万家坝型、石寨山型、冷水冲型、遵义型、麻江型、北流型、灵山型和西盟型,其中,石寨山型、冷水冲型和遵义型对应黑格尔Ⅰ型,北流型、灵山型对应黑格尔Ⅱ型,西盟型对应黑格尔Ⅲ型,麻江型对应黑格尔Ⅳ型。而越南则将铜鼓分为A、B、C、D和小型明器鼓五种类型,其中,A、B、C型对应黑格尔Ⅰ型[15]。因黑格尔"四分法"目前仍在很多国家通用,泰国国内仍按黑格尔分类法对铜鼓进行分类,故本文在论述时仍按黑格尔分类法。

在没有发现先黑格尔Ⅰ型铜鼓前,学界普遍认为黑格尔Ⅰ型是最早的铜鼓类型。黑格尔在写《东南亚古代金属鼓》时将"东京盖列特Ⅱ号"这面"奇特的鼓"归入了Ⅰ型鼓,他也承认这面没有纹饰的铜鼓与其他铜鼓不同,自成一体[16]。20世纪60年代,中国云南、泰国、越南先后发现一种鼓胸突出,足部矮,没有复杂纹饰的早期铜鼓,1968年美国的邦克(C. Emma Bunke)将云南出土的"大波那鼓"视为"先黑格尔Ⅰ式",提出了比黑格尔Ⅰ式鼓还要古老的学说[17]。因此,早期铜鼓主要包括先黑格尔Ⅰ型和黑格尔Ⅰ型。

(一)先黑格尔Ⅰ型

日本学者新田荣治在《东南亚早期铜鼓及其起源》中提到日本量博满教授曾经在曼谷暹罗广场的古代艺术品商店发现这种铜鼓,因鼓面内壁贴附着所谓班清彩绘陶器的高足杯,故认为其源于泰国东北部,他将这面铜鼓命名为"泰国东北鼓"(图25-1,1),这面铜鼓最大的特征是没有鼓耳。另外一面是新田荣治在曼谷丹龙·查罗恩克龙古代艺术品店发现的,面径32.5厘米,高33.3厘米,收藏于日本出光美术馆,故命名为"出光鼓"(图25-1,2)[18],也有中国学者称之为"曼谷鼓"。新田荣治还在《云南、北越、泰国发现的先黑格尔Ⅰ式铜鼓》这篇文章中详细描述泰国东北鼓:"其大小似大波那铜鼓。此鼓非常独特。"[19]

从考古材料看,先黑格尔Ⅰ型铜鼓年代最早。在中国,以云南楚雄万家坝出土的一批铜鼓为代表,由于铜鼓出于墓葬之中,有众多伴出物作为断代依据,有的墓葬还做过14C年代测定,对于这种类型铜鼓的断代是有科学依据的,如万家坝23号墓年代为距今2640±90年,因早于黑格尔Ⅰ型,可归入"先黑格尔Ⅰ型",在中国,称之为"万家坝型"。大波那鼓就属于先黑格尔Ⅰ型鼓,1964年出土于云南省祥云县刘厂乡大波那村M1,面径23厘米,高27.8厘米,除鼓面凸起四角形太阳纹,鼓身光素[20]。祥云大波那M1的年代距今

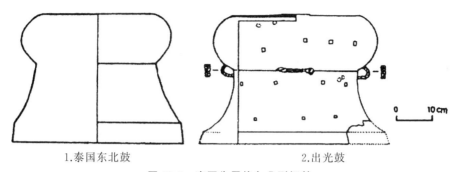

1.泰国东北鼓   2.出光鼓

图 25-1　泰国先黑格尔Ⅰ型铜鼓

（采自新田荣治《东南亚早期铜鼓及其起源》）

2350±75 年,综合考察,这批先黑格尔Ⅰ型鼓的年代上限为春秋早期或更早,下限到战国末期[21],即公元前 8 世纪至公元前 3 世纪。李昆声、黄德荣进一步将此类型铜鼓分为四式,其中,Ⅲ式以楚雄万家坝 M1:12 号鼓、祥云大波那鼓为代表[22]。从形制和纹饰上看,泰国这两面先黑格尔Ⅰ型铜鼓应该与中国先黑格尔Ⅰ型铜鼓为一个时代的产物,泰国东北鼓与祥云大波那鼓相似,应该属于Ⅲ式鼓,从形制上看,"出光鼓"鼓胸最大径在中部以上,鼓耳为绳纹,也属于Ⅲ式铜鼓,年代相当于战国早期,即公元前 5 世纪。

从年代上看,泰国这两面先黑格尔Ⅰ型铜鼓都不是最早的,而是在这类型铜鼓比较成熟时的产物。从"泰国东北鼓"鼓内附着班清遗址彩陶的线索判断,有可能是来自于班清遗址,但从班清遗址出土的青铜器看,大多为小件青铜器,而且多为首饰和生产工具,如青铜手镯、青铜刀、鱼钩等,不太有铸造铜鼓等大型青铜器的可能。且泰国境内其他同时期的青铜文化遗址并没有发现铜鼓,先黑格尔Ⅰ型数量太少,没有大规模生产和使用的痕迹。故泰国发现的先黑格尔Ⅰ型应该是外来的,从鼓形和纹饰的相似性看,最有可能是从中国云南省传播而来。

(二)黑格尔Ⅰ型

泰国馆藏出土铜鼓中,黑格尔Ⅰ型铜鼓数量最多,年代也较早。黑格尔对Ⅰ型铜鼓的定义是:"差不多都是大型或特大型鼓,它们通常都烙有年代深远的印记(如严重氧化,存在各种各样的缺损等),鼓面中心星体一般是十二道芒,鼓面边沿大都有向上突出的四只单只的,或者图案装饰化程度高低不一的青蛙。"[23]按此定义,泰国目前有近 60 面黑格尔Ⅰ型铜鼓,几乎都是出土铜鼓。

1.泰国黑格尔Ⅰ型铜鼓分式

根据观察,泰国黑格尔Ⅰ型铜鼓又可细分为三式,第一式以翁巴洞出土的 86 号铜鼓为代表(图 25-2),这式铜鼓的鼓形主要特征就是鼓面直径小于鼓胸直径,鼓胸上部凸出,并向下收拢,鼓腰呈直筒,鼓足较高且大角度外撇呈喇叭状,鼓耳较细;鼓面鼓身纹饰较为丰富,鼓面主要装饰有 10～12 芒太阳纹,栉纹圆圈纹带,主晕多为翔鹭纹和变形羽人纹,鼓胸有船纹,鼓腰有变形羽人纹,鼓耳常饰辫纹。根据上述铜鼓形制和纹饰特点,泰国约

有 20 面该式铜鼓。此式铜鼓年代可参考由丹麦与泰国联合考古队发掘的翁巴洞遗址年
代。根据索伦森的发掘报告,翁巴洞发现多具船棺,这些船棺是用本地硬木制成,铜鼓就
置于船棺附近,其中一对铜鼓是在第二室的一群船棺中间发现的,另一对在过道内发现,
通过离铜鼓最近的一个独木船棺^{14}C 测定,其年代为 403BC—25AD[64],即公元前 5 至公元
1 世纪,这可以作为泰国黑格尔Ⅰ型中此式铜鼓的参考年代。

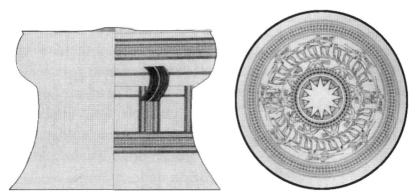

图 25-2　翁巴洞 86 号鼓线描图

（采自 Chales Higham：*Early Thailand From Prehistory to Sukhothai*）

　　第二式以泰国南部素叻他尼府出土的 1/2512 号铜鼓（图 25-3）为代表。相对第一式来
说,第二式铜鼓偏小,鼓形相近,但纹饰有较大区别,主要是鼓面的纹饰比第一式较简单,除
了基本的太阳纹和翔鹭纹等具象图案以及栉纹圆圈纹带等几何图案,没有变形羽人纹,鼓身
的装饰也以栉纹圆圈纹等几何纹样为主,无船纹、变形羽人纹和其他动物纹饰。根据上述鼓
形纹饰特点归纳,这式铜鼓在泰国有近 20 面,均为单个出土,无伴出物做年代参考,因此,此
式铜鼓的年代可从类型学考察。从大小、鼓形和纹饰上看,此式铜鼓与越南的 B 型铜鼓最为
相似。李昆声、黄德荣在《中国与东南亚古代铜鼓》中就越南 A 型和 B 型铜鼓的年代进行论
证,认为越南 A 型鼓最早可到战国末期,即公元前 3 世纪中叶,延续至东汉中期,即 2 世纪前
叶,为其下限,亦为越南 B 型鼓的年代下限[65]。本文赞同李教授即黄教授观点,结合泰国黑
格尔Ⅰ型第一式的年代,第二式铜鼓年代应该流行于东汉中期,即 2 世纪前叶。

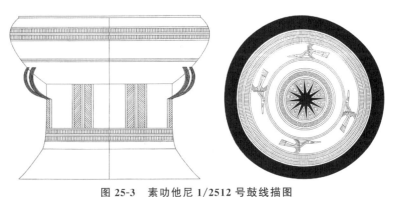

图 25-3　素叻他尼 1/2512 号鼓线描图

（采自เมธินีจิระวัฒนา：กลองมโหระทึกในประเทศไทย）

第三式以北部难府出土的 N1/39 号鼓为例(图 25-4),其鼓形主要特征是鼓面直径小于鼓胸直径,鼓胸垂直至中下部凸出并收拢,鼓腰上部呈直筒,下部稍微内曲后外撇,鼓足与鼓腰下部相接,先垂直向下后向外撇出,除了形制上的差别,从纹饰上看,此式铜鼓最大的特征就是鼓面出现了青蛙、田螺等立体装饰,泰国此式铜鼓不多,目前仅发现七八面,大多为单个出土,无伴出物。鼓面有蛙等立体装饰的黑格尔Ⅰ型铜鼓在中国被称为冷水冲型,是由石寨山型铜鼓发展而来,流行年代在东汉初期至南朝。在越南,这种出现立体装饰的铜鼓分属 C 型,年代在公元前 3 世纪一直到公元 1 世纪。本文认为,越南这类鼓面有青蛙立饰的铜鼓并无确切的断代依据,泰国翁巴洞铜鼓虽然也有鼓面饰青蛙的铜鼓,但无法通过地层学来进行断代,而出土于中国广西藤县冷水冲的一批铜鼓,其标准器伴出一件南朝六耳陶罐,此式铜鼓的参考年代在 4 世纪。根据记载,与难府出土的 N1/39 号鼓同时出土的还有一面黑格尔Ⅲ型铜鼓和几枚金戒指和铜戒指。黑格尔Ⅲ型铜鼓出现得较晚,结合史料记载,其流行年代在中国的唐代,即 6 世纪以后,与这面黑格尔Ⅰ型铜鼓伴出,有可能是同时代的青铜器。因此,这面铜鼓下限有可能在 6 世纪。

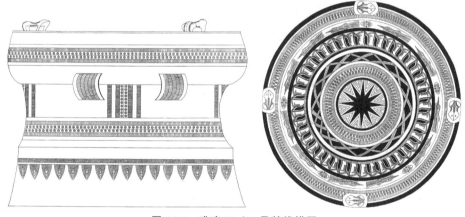

图 25-4　难府 N1/39 号鼓线描图

(采自 เมธินีจิระวัฒนา: กลองมโหระทึกในประเทศไทย)

综上,泰国黑格尔Ⅰ型铜鼓的主要特征是鼓面小于鼓胸,鼓胸最大径偏上或居中,鼓腰接近直筒或稍微有弧度,鼓足外侈呈喇叭状,鼓耳多为扁耳,常饰辫纹,纹饰主要有太阳纹、翔鹭纹、变形羽人纹以及栉纹同心圆纹带,部分铜鼓鼓面有青蛙立饰或田螺立饰,鼓足一般无纹饰,或有圆心垂叶纹。泰国黑格尔Ⅰ型铜鼓的流行年代在公元前 3 世纪至公元 6 世纪。

2.与中国、越南黑格尔Ⅰ型铜鼓的比较分析

中国学界划分的石寨山型和冷水冲型实际上都对应黑格尔Ⅰ型铜鼓,越南的黑格尔Ⅰ型则包括了 A、B、C 型。根据上述对泰国各式黑格尔Ⅰ型铜鼓的年代分析,泰国黑格尔Ⅰ型第一、二式应与中国石寨山型和越南 A、B 型大致处于同一历史时期;泰国黑格尔Ⅰ型铜鼓第三式应与中国冷水冲型铜鼓和越南 C 型铜鼓同属一个时期。泰国黑格尔Ⅰ型

第一、第二式铜鼓鼓形相似,将其与中国、越南同时期的黑格尔Ⅰ型铜鼓比较(图25-5)发现,中国黑格尔Ⅰ型铜鼓的鼓身横截面为"梯形",而泰国、越南同时期黑格尔Ⅰ型铜鼓鼓身很明显呈直筒,鼓足较高且大角度外撇呈喇叭状。通过与中国、越南黑格尔Ⅰ型铜鼓的鼓形比较发现,泰国黑格尔Ⅰ型铜鼓的鼓形与越南东山铜鼓更相似,这也说明泰国黑格尔Ⅰ型铜鼓与越南黑格尔Ⅰ型铜鼓的关系更为密切,两者之间相互影响。

1.泰国黑格尔Ⅰ型　　　　2.中国黑格尔Ⅰ型　　　　3.越南黑格尔Ⅰ型

图 25-5　泰、中、越黑格尔Ⅰ型铜鼓鼓形比较

从纹饰上看,泰国黑格尔Ⅰ型铜鼓的主要纹饰有翔鹭纹、牛纹、羽人纹、船纹等半写实图案,太阳纹、翎眼纹、复线交叉纹、栉纹圆圈纹带等几何纹饰,第三式鼓面上还有四只逆时针方向的青蛙立体装饰等。通过比较发现,泰国黑格尔Ⅰ型三式铜鼓的纹饰中没有中国黑格尔Ⅰ型铜鼓常见的"锯齿纹",只有栉纹(图25-6,1),而栉纹是越南铜鼓上的标志性花纹。其次,泰国早期黑格尔Ⅰ型铜鼓的羽人纹、翔鹭纹大多已经从写实风格开始往抽象风格过渡,图像的发展史是由复杂到简单,故泰国黑格尔Ⅰ型铜鼓年代应该稍晚于中、越写实风格较强的黑格尔Ⅰ型铜鼓。此外,笔者发现,泰国黑格尔Ⅰ型铜鼓纹饰有个性化或地区化特征。首先是纹饰内容,出现了一些中国、越南铜鼓没有的纹饰,如鼓面主晕鱼纹(图25-6,2)、孔雀纹(图25-6,3)等平面纹饰,以及鼓面边缘的田螺立体装饰(图25-6,4);其次是纹饰造型和风格,同一纹饰内容出现不同的纹饰造型或风格,如翔鹭纹的鹭身为由内向外旋出的涡纹图案(图25-6,5)。另外,纹饰布局也出现异于中、越同类型铜鼓的特点,如常出现在鼓腰处的牛纹被装饰在了鼓胸等(图25-6,6)。泰国黑格尔Ⅰ型铜鼓纹饰几乎都有栉纹,与越南黑格尔Ⅰ型铜鼓纹饰更相似,但从泰国黑格尔Ⅰ型铜鼓个性化的纹饰内容、造型风格和布局等可以看出泰国铜鼓异于越南铜鼓的审美和文化,并非直接从越南引进或全盘模仿,这种铜鼓纹饰个性化和地区化从一定程度上反映了泰国铜鼓本地铸造的可能性。

通过上述对泰国早期铜鼓的分类和年代分析以及鼓形纹饰的比较来看,泰国先黑格尔Ⅰ型数量少,目前仅发现两面,而且暂时没有可靠的考古材料,且从鼓形和纹饰上看与中国先黑格尔Ⅰ型中晚期铜鼓更为相似,因此,有可能泰国先黑格尔Ⅰ型铜鼓是由中国云南省中西部地区向外传播带来的。从泰国黑格尔Ⅰ型铜鼓的鼓形特点和纹饰特点,以及与中、越同时期黑格尔Ⅰ型铜鼓的比较分析发现,黑格尔Ⅰ型铜鼓受越南黑格尔Ⅰ型铜鼓的影响在泰国得到发展,纹饰的个性化体现了泰国黑格尔Ⅰ型铜鼓本地铸造的可能性。

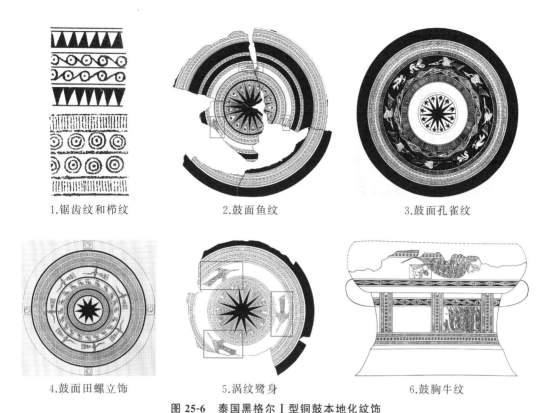

1.锯齿纹和栉纹　　　2.鼓面鱼纹　　　3.鼓面孔雀纹

4.鼓面田螺立饰　　　5.涡纹鹭身　　　6.鼓胸牛纹

图 25-6　泰国黑格尔Ⅰ型铜鼓本地化纹饰

（1 采自吴崇基、罗坤馨、蔡红《古代铜鼓装饰艺术》；2、3、4、5 采自泰国艺术厅《泰国铜鼓》）

三、泰国早期铜鼓功能和铸造技术的新线索

（一）泰国早期铜鼓功能体现的文化来源

追溯泰国"铜鼓"的词源发现，铜鼓翻译成现代泰语是มโหระทึก(Mahorratuk)，是"青铜制成的单面金属鼓，在仪式上敲击作为传唤集合的信号"[26]。มโหระทึก这个词源于 13 世纪素可泰王朝的《三界经》："有的人演唱，有的人演奏，有螺、鼓、钟、号角和铜鼓，乐声响彻云霄。"铜鼓就是มหทึก[27]。从词的结构看，应该来自梵语，是由前缀มห和ทึก组成。มห这个前缀有"宏伟、巨大"之意[28]，ทึก即ระทึก，有"惊悸，胆战心惊"之意[29]，มหทึก应该是"令人惊悸的巨大的声音"，强调了铜鼓的声音。从民间记载的角度考察，关于泰国铜鼓来源有个传说，从前有个王子经常去野外郊游露营，回来后还梦见郊游期间的事，后来他登基做了国王，为了记住那个美妙的郊游梦，他命人制作各种乐器来模仿自然界中的各种声音，如制作角号模仿大象的叫声，铸造铜鼓模仿水流声，铜鼓上的花纹也是自然中的各种动物，尤其是水中动物，如青蛙、田螺和鱼等等[30]。从传说中可以看到，泰国人认为铜鼓源于对

自然界声音如水流声的模仿,强调的也是铜鼓的声音。无论是词源还是民间传说,铜鼓的来源都与声音有关,只有将铜鼓作为乐器敲打演奏才会对声音特别注重。泰国铜鼓作为乐器,注重声音,并且贯穿始终,传承不断,从这个方面说明了乐器功能是泰国早期铜鼓最重要的功能之一。铜鼓研究界普遍认可铜鼓起源于炊具,并且早期以祭祀和陪葬为主,也是重器,所以泰国铜鼓一开始就作为乐器,而不是炊具或者祭祀重器,这也体现了铜鼓已经由炊具演变成乐器后才传到泰国境内。

除了作为乐器,铜鼓曾经在历史上某个时期作为葬具使用,华南和东南亚考古材料证实,在公元前后,黑格尔Ⅰ型铜鼓不仅作为陪葬品随葬于船棺或墓葬当中,有的更是直接作为葬具,盛殓人骨,形成几面铜鼓相互套合的"铜鼓墓"。铜鼓作为陪葬品最早出现在中国云南省楚雄万家坝墓葬,在其中的 23 号墓中发现四面铜鼓分别垫在棺木下的四个角。广西西林普驮屯汉墓出土四面相互套合的铜鼓,大鼓在外,小鼓在内,铜鼓墓上面覆盖石板、石条,死者骸骨周围散布着无数细如粟粒的松绿石珠和残绢片,推测原是"珠襦"裹骨,这在统治阶级中也不是一般的葬礼,有可能是句町族首领①。泰国黑格尔Ⅰ型、Ⅲ型铜鼓都有用于陪葬的考古学证据。如泰国北碧府沙越县翁巴洞船棺葬中发现了 5 面黑格尔Ⅰ型铜鼓②;泰国难府博龙村出土的一面黑格尔Ⅰ型,一面黑格尔Ⅲ型,程逸府出土的四面黑格尔Ⅰ型铜鼓,桐艾府出土两面黑格尔Ⅰ型铜鼓均为陪葬品③。而直接作为葬具,盛殓死者遗骨的铜鼓在泰国叻丕府、桐艾府、北碧府均有发现,且皆为黑格尔Ⅰ型。与中国、越南一样,泰国境内在公元前后,黑格尔Ⅰ型铜鼓曾经在一定时期内作为葬具或作为陪葬品。考察铜鼓作为葬具功能的时间,最早应源于中国云南省中西部地区,到了汉代,广西境内的罗泊湾汉墓出现黑格尔Ⅰ型铜鼓陪葬,广西西林普驮屯汉墓则出现四面铜鼓套合的"铜鼓墓"。而泰国境内最早的铜鼓陪葬现象是在翁巴洞船棺葬遗址,年代约在公元前230 年,因此年代明显晚于中国云南省万家坝墓葬。直接盛殓尸骨的铜鼓也几乎全是黑格尔Ⅰ型铜鼓,年代不会早于汉代。从铜鼓用作乐器和葬器功能的文化现象看,泰国境内的铜鼓文化应该源于中国南方。

(二)泰国铜鼓铸造体现的技术来源

泰国境内发现多处金属时代文化遗存,年代较早的如泰东北距今约 3000 年的班清(Ban Chiang)遗址,至少存在两种采矿技术的普隆(Phu Lon)遗址,泰中部农帕外(Non Pa Wai)大型冶铜遗址等等,这些遗址从客观上证明了史前泰国在约 3000 多年前,甚至更早就已经掌握了青铜铸造技术。泰国多地的铜矿、锡矿等也为青铜铸造提供了物质保障。通过对这些青铜冶炼和铸造遗址的研究发现泰国早期冶炼铸造技术特点是坩埚炼铜方法,多生产铜锭外销而少铸器,早期青铜器主要采用合范法④。这从客观上也为铜鼓在泰国境内的铸造提供了物质和技术的基础条件。

20 世纪 90 年代在泰国东北部莫大限府暖农活发现的距今约 2100 年的铜鼓铸造遗址则更直接证明了泰国铜鼓本地铸造的事实。暖农活遗址位于泰国莫大限府尼空堪细县那乌东区,从 2000 年至 2010 年进行了多次科学发掘,共出土铜鼓铸范 21 件,还发现了坩埚残片、鼓风管残片、铜锭以及铜鼓残片,如鼓耳、鼓面残片等等,此外还出土玛瑙、红玉髓串珠等等。出土的铜鼓铸范残片表明了铜鼓铸造采用了失蜡法,因为铜鼓内模外发现蜡层[⑤]。事实上从上述带有铜鼓纹饰的铸范残片可以推断其铸造方法是蜡模法,即泥型合范法和失蜡法相结合。

暖农活遗址体现了本地技术和文化的特殊性,一是遗址出土了大型坩埚残片,其他遗址的坩埚都是小型碗状的,用于浇铸斧、手镯、铃铛等小件青铜器,暖农活遗址如此大型的坩埚符合铸造铜鼓的需要,也和上述泰国早期坩埚炼铜法一脉相承。二是范片上的纹饰与离该遗址几十公里的莫大限府堪差伊县邮局出土的黑格尔Ⅰ型铜鼓(图 25-7)上的纹饰非常相似,并几乎吻合。经过对比发现,范片与该鼓上的鸟喙纹、蝴蝶纹等纹饰比较独特,应该是由羽人纹演变的,羽人坐船纹变为带着类似蝴蝶翅膀的船形图案,或两个鸟喙相对的图案,这种纹饰图案在东山铜鼓上从未发现。故泰国暖农活铜鼓铸造遗址的发现证明了泰国至少在公元前后就已经铸造和使用铜鼓,从铜鼓范上异于东山铜鼓的纹饰可以推断泰国铜鼓是外来文化与本地文化相互影响,交流互鉴的产物,而非某些学者所提泰国境内铜鼓都是从越南运来的。

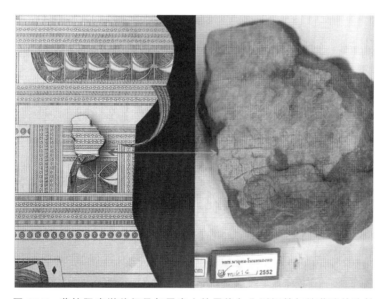

图 25-7　莫拉限府堪差伊县邮局出土的黑格尔Ⅰ型铜鼓与铸范残片比较

(素甘雅·包娜供图)

四、结 论

作为古代铜鼓的重要分布区,泰国境内北部、东北部、中部和南部均出土较多数量的早期铜鼓,如先黑格尔Ⅰ型和黑格尔Ⅰ型铜鼓。通过年代分析,泰国境内从公元前 1 世纪开始就已经铸造和使用铜鼓了,表明泰国是较早铸造和使用铜鼓的地区之一。从泰国早期铜鼓的类型及年代看,泰国最早的先黑格尔Ⅰ型铜鼓有可能是从中国云南传播而来,而泰国黑格尔Ⅰ型铜鼓鼓形和纹饰受越南东山铜鼓影响较大,但在纹饰审美上呈现个性化和区域化特征,这种铜鼓纹饰个性化和区域化从一定程度上反映了泰国铜鼓本地铸造的可能性。从泰国铜鼓的功能考察,目前暂未发现泰国铜鼓作为炊具的证据,"铜鼓"词源、记载等体现了泰国注重铜鼓的声音,强调其乐器功能,这也说明了泰国早期铜鼓具备铜鼓发展成熟时期的功能特点;泰国铜鼓作为葬具同样晚于中国,并且存在较为密切的联系;作为重器,泰国铜鼓体现了公元前后本地地方政权对于本地铸造可能性的背景。从铸造技术上看,泰国暖农活铜鼓铸造遗址的发现进一步证明了至少在公元前后泰国境内就已经铸造和使用黑格尔Ⅰ型铜鼓,从大型坩埚残片和铜鼓范上异于东山铜鼓的纹饰可以推断泰国铜鼓是外来文化与本地文化相互影响,交流互鉴的产物。综上,泰国早期铜鼓最初可能从中国云南传入,后借鉴东山铜鼓鼓形和纹饰,结合本土文化,在本地铸造和使用,并逐渐发展,成为具有本土特色的青铜文化器物。

注释:

①(奥)弗朗茨·黑格尔著,石钟键、黎广秀、杨才秀译:《东南亚古代金属鼓》,上海古籍出版社,2004 年。

②赵橹:《东南亚铜鼓文化溯源》,《东南亚》1990 年第 2 期。

③R. B. Smith,W. Watson,*Early South East Asia*,New York:Oxford University Press,1979,p. 12.

④(泰)清·尤地:《铜鼓》,《考古学期刊》1969 年第 4 期。

⑤(日)新田荣治著,彭南林译:《云南、北越、泰国发现的先黑格尔Ⅰ型铜鼓》,《东南亚》1986 年第 1 期。

⑥(泰)迈提妮·吉拉瓦塔娜:《泰国铜鼓》,艺术厅出版社,2003 年。

⑦(泰)潘萍·交素丽雅:《东山文化青铜鼓》,艺术大学考古学学士学位论文,1974 年。

⑧泰国文化部艺术厅乌汶府艺术局第 11 考古组著,梁燕理译:《泰国乌汶府披汶曼沙寒县端织区通那扎伦诺寺铜鼓出土调查报告》,《中国古代铜鼓研究通讯》20,2015 年。

⑨(泰)春提拉·萨雅薇塔娜:《恬神—泰族起源》,汤伊桑出版社,2018 年。

⑩(丹)佩尔·索伦森:《泰国翁巴洞穴及其出土的第五面铜鼓》,《民族考古译文集》,1985 年。

⑪(日)新田荣治著,黄德荣译:《东南亚早期铜鼓及其起源》,《中国古代铜鼓研究通讯》18,2002 年。

⑫Ambra Calò,*The Distribution of Bronze Drums in Early Southeast Asia*,*Trade Routes and Cultural Spheres*,CMK(UK)Ltd,2009.

⑬(泰)巴南·铜鼓:《这件东西不该叫鼓》,http://www.silpa-mag.com,2019-2-27/2019-12-12.

⑭中国古代铜鼓研究会编:《中国古代铜鼓》,文物出版社,1988 年。

⑮Pham Huy Thong,*Dong Son Drums in Viet Nam*,The Viet Nam Social Science Publishing House,1990.

⑯(奥)弗朗茨·黑格尔著,石钟键、黎广秀、杨才秀译:《东南亚古代金属鼓》,上海古籍出版社,2004 年。

⑰(日)新田荣治著,黄德荣译:《东南亚早期铜鼓及其起源》,《中国古代铜鼓研究通讯》18,2002 年。

⑱(日)新田荣治著,黄德荣译:《东南亚早期铜鼓及其起源》,《中国古代铜鼓研究通讯》18,2002 年。

⑲(日)新田荣治著,彭南林译:《云南、北越、泰国发现的先黑格尔Ⅰ式铜鼓》,《东南亚》1986 年第 1 期。

⑳李昆声、黄德荣:《中国与东南亚铜鼓》,云南美术出版社,2008 年。

㉑蒋廷瑜:《古代铜鼓通论》,紫禁城出版社,2006 年。

㉒李昆声、黄德荣:《试论万家坝型铜鼓》,《考古》1990 年第 5 期。

㉓(奥)弗朗茨·黑格尔著,石钟键、黎广秀、杨才秀译:《东南亚古代金属鼓》,上海古籍出版社,2004 年。

㉔Chales Higham,Rachanie Thosarat,*Early Thailand From Prehistory to Sukhothai*,River Book Co.,Ltd,2012. p.176.

㉕李昆声、黄德荣:《中国与东南亚铜鼓》,云南美术出版社,2008 年。

㉖SE-EDUCATION 有限公司泰语研究部:《现代完整版泰语字典》,拼迪出版公司,2009 年。

㉗(泰)盘蓬·本乍隆:《泰、中、越铜鼓鼓形比较》,泰国艺术大学硕士毕业论文,1999 年。

㉘广东外国语学院:《泰汉词典》,商务印书馆,2003 年。

㉙广东外国语学院:《泰汉词典》,商务印书馆,2003 年。

㉚(泰)宋习·威拉巴:《泰国的铜鼓》,泰国艺术大学学士毕业论文,1964 年。

㉛蒋廷瑜:《西林铜鼓墓与汉代句町国》,《考古》1982 年第 2 期。

㉜(丹)佩尔·索伦森:《泰国翁巴洞穴及其出土的第五面铜鼓》,《民族考古译文集》1,1985 年。

㉝麦提妮·吉拉瓦塔娜:《泰国铜鼓》,泰国艺术厅出版社,2003 年。

㉞傅宪国:《泰国早期青铜文化的发现与研究》,《华夏考古》1996 年第 4 期。

㉟(泰)颜塔薇·瑟丝潘:《莫拉限府尼空堪细县那乌冬区暖农活遗址出土铜鼓范片上的纹饰》,泰国艺术大学硕士毕业论文,2011 年。

The Origin and Issues Related to Early Bronze Drum of Thailand

Liang Yanli

Abstract: Bronze drum is a unique bronze utensil in south China and Southeast Asia, which embodies the cultural connection between China and Southeast Asia. Thailand is an important distribution area of ancient bronze drums. At present, a total of 75 ancient bronze drums have been found, mainly distributed in northern, northeastern, central and southern Thailand. As for the origin of the early Bronze drum in Thailand, there are mainly several opinions in the academic circle. One is that the bronze drum in Southeast Asia, including Thailand, is merely a stream rather than a source; the other is that the Thai bronze drum originates entirely from the Dongshan culture; the third is that the bronze drum originated in many places, including the ancient ethnic groups in Thailand, who were also the founders of the bronze drum. Based on the types and ages of early bronze drums found in Thailand, it is possible that Thailand's earliest Heger Type I bronze drums were transmitted from Yunnan, China. The shape and decoration of Thailand's Heger Type I bronze drums were influenced by contemporary Chinese and Vietnamese Heger Type I bronze drums, especially those from Vietnam's Dongshan bronze drums. However, based on the trend of personalized decoration, it is possible that there were also locally cast drums in Thailand. From the perspective of the functions of early bronze drums found in Thailand, there is currently no evidence to suggest that Thai bronze drums were used as cooking utensils. However, during the mature period of their development, they were utilized as musical instruments, burial objects, and ceremonial objects, and were closely related to the early bronze drum culture in China. The discovery of multiple metal age cultural relics in Thailand indicates that there was a local material and technological basis for the casting of bronze drums in Thailand. With the discovery of the Nuan Nai Khuan bronze drum casting site in Thailand, people have gained a new understanding of the localization and regionalization of Thai bronze drums. Partial evidence from the Nuan Nai Khuan bronze drum casting site, such as casting mold fragments, crucible fragments, bellows pipe fragments, and bronze drum fragments, suggests that some of the Heger Type I bronze drums found in Thailand were locally cast, rather than all of them being imported.

Keywords: Bronze drum, Origin, Thailand

试谈湖南东汉"早期白瓷"与越南的关系

韦伟燕

（中山大学社会学与人类学学院）

20 世纪 50 年代以来,湖南东汉墓葬和遗址中出土了一定数量的白瓷器,学者对这批器物的形制、胎釉成分分析结果进行了详细介绍,并将这些器物界定为白瓷发展初期阶段的产品,称之为"早期白瓷"或"原始白瓷",认为产地在湖南[①]。这批白瓷器出土数量不多且发展缺乏连续性,但是形制和质地相似的器物却在越南境内发现较多且形制演变有规律可循。因此本文尝试将湖南东汉"早期白瓷"与越南汉墓出土器物进行比较,并结合东汉时期越南境内窑址的发现情况探讨其形制来源,在此基础上根据相关考古发现和出土文献对湖南东汉"早期白瓷"的流传背景及路线进行讨论。

一、湖南东汉"早期白瓷"与越南汉墓出土器物的比较

目前越南已发现 240 余座汉墓,分布在广宁省、北宁省、海防市、海阳省、河内市、永福省、清化省和广南省,根据典型器物的共存关系并结合墓葬形制的变化,可划分为连续发展的六期,年代依次为西汉中晚期、西汉末期至王莽时期、东汉早期、东汉中期、东汉晚期、东汉末期至三国初年[②]。越南汉墓出土的部分器物烧成温度较高,胎质坚硬细腻,呈浅灰色,器身施黄白釉,上釉均匀,开冰裂片,根据胎质和釉色推断应属早期瓷器,典型器物有鼎、壶、瓮、罐、尊、镳、锜、锅、豆、钵等,这些器物很少见于越南之外的地区,属于具有越南境内地方特色的器物组合[③]。

根据目前公布的资料,湖南东汉"早期白瓷"中可以与越南汉墓出土器物进行比较的有瓮、尊(又称为鋈、盂)、锅(又称为鏊)、豆(又称为瓯、高足碗)、钵,上述器物胎质青灰或灰白,施釉均匀,釉色白中泛灰或泛青,烧成温度高,胎釉结合得较好,滴釉之处呈青绿色,多在口沿或腹部装饰弦纹。下文将对湖南东汉"早期白瓷"的数量、分布、形制特点进行介绍,在此基础上与越南汉墓出土的同类器物进行比较。

1.白瓷瓮 2 件

1955 年长沙丝茅冲军营基地(图 26-1,1)[④]、1951 年长沙伍家岭区东汉墓 M262(图

26-1,2)⑤各出土 1 件。皆侈口,口沿下有一圈凸棱,束颈,鼓腹略折,平底,肩部有两道弦纹,贴两个圆纽扣形的装饰物。这两件白瓷瓮的形制与越南广宁省德山砖室墓出土的基本一致(图 26-1,1,3)⑥。该类瓷瓮还出土于越南广宁省冒溪 M25,清化省岷村 M1A、玉庵 M1、和钟 M1B、闵山 M3,河内市多逊 M1,器形演变的规律为口沿下的凸棱由宽变窄并逐渐退化,腹部由折腹变成鼓腹再变成斜直腹,肩部逐渐鼓起,器身最大径逐渐往上移,年代从东汉晚期延续至三国初年⑦。

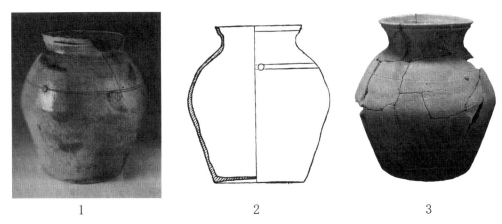

1.1955 年长沙丝茅冲军营基地出土　2.1951 年长沙伍家岭区东汉墓 M262:15
3.越南广宁省德山砖室墓出土

图 26-1　白瓷瓮

2.白瓷尊 7 件

湖南省博物馆收藏 3 件,长沙走马楼东汉井中出土 1 件⑧,1980 年代耒阳东汉墓出土 3 件⑨。湖南省博收藏的 1 件(图 26-2,1)⑩,1949 年以前出土于长沙地区,大敞口,长颈,鼓腹,平底,肩部一周弦纹以及两个倒 S 形附加堆纹,颈部的高度小于腹部,长沙走马楼东汉井中出土的与湖南省博物馆收藏的形制相似。衡阳市博物馆收藏的 1 件(图 26-2,3)⑪,出土于耒阳老政府大楼东汉墓,器形较湖南省博收藏矮胖,腹部略折,颈的高度跟腹部高度大致相当。

越南汉墓出土的白瓷尊可以分为两种类型。第一种体形瘦高,长溪 M23 所出属于该种(图 26-2,2)⑫,喇叭形大口,领部的高度与腹部的高度大致相等,年代为东汉晚期;第二种体形矮胖,包括清化省绍阳 M17,广宁省冒溪 Ma、冒溪 M4、冒溪 M10、冒溪 M24,北宁省宜卫 M6 等墓出土的,清化省博物馆收藏的 1 件也属于该类(图 26-2,4)⑬,形制演变规律为领部逐渐增高,腹部逐渐变得矮胖,鼓腹变成折腹,年代从东汉早期至三国初年⑭。湖南省博收藏的白瓷尊形制与清化省长溪 M23 出土的一致,耒阳汉墓出土的则与清化省博物馆收藏的相同。

3.白瓷锅 1 件

收藏于湖南省博物馆。带盖,宽盘口,斜直腹,腹部有一周弦纹,平底,盘口上有一对

1.长沙地区出土　　2.越南清化省长溪 M23 出土
3.耒阳老政府大楼东汉墓出土　　4.越南清化省博物馆收藏

图 26-2　白瓷尊

附耳,附耳呈绞索状(图 26-3,1)[15]。形制与越南清化省长溪 M15(图 26-3,2)[16]、长溪 M4、
闵山 M1B 出土的基本相同,年代为东汉晚期至三国初年[17]。

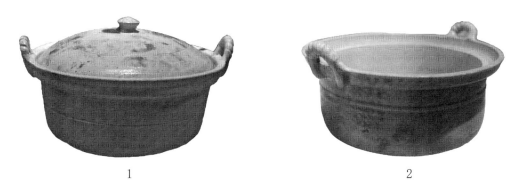

1.湖南省博物馆藏　　2.越南清化省长溪 M15 出土

图 26-3　白瓷锅

4.白瓷豆 5 件

1952 年长沙丝茅冲军营基地东汉墓、1954 年长沙黑槽门 M17、1954 年长沙南门仰天湖、1957 年长沙二○三厂、1965 年长沙梅子山七七○厂分别出土 1 件[18]。器形基本相同,如长沙丝茅冲军营基地东汉墓出土的 1 件(图 26-4,1)[19],侈口、直腹、圜底、高圈足外撇,腹与足交接处装饰二道弦纹,与河内市国威县文溪 M1 出土、北宁省博物馆收藏(图 26-4,2)[20]、广宁省薯河 M3(图 26-4,3)出土的[21]瓷豆形制基本一致,年代为东汉晚期至三国初年。

1.1952 年长沙丝茅冲军营基地东汉墓出土　2.越南北宁省博物馆收藏　3.越南广宁省薯河 M3 出土

图 26-4　白瓷豆

5.白瓷钵 4 件

1954 年长沙燕山岭省干校出土 1 件,湘乡市西郊出土 3 件[22]。侈口,折沿,折腹,腰部收束,小平底。1954 年长沙燕山岭省干校出土的白瓷钵(图 26-5,1),形制与清化省长溪 M15(图 26-5,2)[23]出土的相似。该类钵还在清化省长溪 M6、闵山 M3 等墓出土,形制演变主要为器形逐渐变得瘦高,鼓腹变成折腹,收腰逐渐明显,年代为东汉晚期至三国初年。

1.1954 年长沙燕山岭省干校出土　2.越南清化省长溪 M15 出土

图 26-5　白瓷钵

湖南东汉"早期白瓷"除了上述器物之外,还有白瓷罐 6 件,1956 年长沙五黑路、1957 年长沙东塘农学院、1965 年长沙伍家岭、1978 年长沙水渡河脚进水厂各出土 1 件,1960

年长沙南门外侯子石出土 2 件㉓。长沙伍家岭出土的 1 件(图 26-6,1),侈口,长颈,颈部一道突棱,溜肩,鼓腹,平底,肩部有一道弦纹。长沙水渡河脚进水厂出土的 1 件(图 26-6,2),口残,折腹,平底,腹部两道弦纹㉔。长沙南门外侯子石出土的白瓷罐有两个直向横穿的系钮,系上下两端处各装饰一道弦纹,弦纹之间为水波纹。长沙丝茅冲军营基地出土的白瓷罐口沿外卷,腹部装饰水波纹和弦纹,假圈足。直向横穿的系钮、口沿外卷及装饰水波纹的特点都不见于越南汉墓出土的白瓷罐。

1.1965 年长沙伍家岭出土　2.1978 年长沙水渡河脚进水厂出土

图 26-6　白瓷罐

综上所述,目前湖南东汉"早期白瓷"见诸报道数量总共 25 件,主要出土于长沙地区,器形皆为日常生活用具。其中瓮、尊、锅、豆、钵都可以在越南汉墓中找到形制相似的器物,年代相当于越南汉墓分期的第五期即东汉晚期,大概相当于东汉顺帝至桓帝时期,上限为永建元年(126 年),下限为建宁元年(168 年)之前。从前文的分析可知,湖南东汉"早期白瓷"出土数量较少且发展不连续,但是形制相似的器物在越南汉墓中大量出土,并且出现时间早延续时间长,同时又很少见于越南之外的地区。因此可以推测湖南东汉"早期白瓷"的中的瓮、尊、锅、豆、钵的器形有可能来自越南。有少数白瓷罐在越南汉墓中找不到形制相似的,可能有其他的来源。

二、东汉时期越南境内陶瓷的生产与流布

目前越南境内发现的东汉时期烧制陶瓷器的窑场位于清化省东山县东荣社三寿(Tam Thọ)村,由寺丘(Gò Chùa)、大案丘(Gò Án Lớn)、小案丘(Gò Án Nhỏ)、庙滩(Cồn Nghè),眷丘(Gò Quyến)这 5 处地点构成,窑址位于黎家河(Sông Nhà Lê)的西岸,沿着河流分布。1937 至 1939 年任职于法国远东学院的瑞典学者阳士在寺丘、庙滩、眷丘地点发掘了 6 座窑炉及 1 处作坊遗址㉕。2001 年越南考古院在眷丘、大案丘地点发掘了 11 座窑炉,并对小案丘地点进行了试掘㉖。

三寿窑场的窑炉一般 2 至 3 个并排位于一个小山包上,小山包呈椭圆形,长径 23～

37 米,短径 20～34 米,残高 1.05～1.65 米。窑炉之上常有很厚的陶瓷片堆积层形成窑包。窑炉平面略成长方形,为斜坡式龙窑,窑门、窑顶皆不存,仅存火膛、窑床等结构,窑墙大部分泥筑而成,被烧结成红色硬壳,局部用砖砌筑。窑床底部一般烧结成黑色硬结面,部分窑炉的窑壁有窑汗呈青绿色。窑炉全长 8.5～11 米,最宽 1.5～2.9 米,窑壁残高 1.05～1.6 米。

　　三寿窑址的产品有陶器、瓷器、砖瓦等,陶器的器形有瓮、罐、盆、钵、杯、盏、盘、器盖、纺轮、网坠、房屋及动物模型等。陶器纹饰有方格纹、席纹、叶脉纹、菱格纹、附加堆纹等,纹饰特点是以叶脉纹、方格纹为底纹,在上面戳印方形、圆形图案,部分陶瓮、陶盆表面施褐釉,聚釉之处呈青绿色。瓷器的器形主要是罐,胎质灰白,施黄白釉,有流釉和聚釉现象(图 26-7)。三寿窑址烧制的瓦当有人面纹、莲花纹、文字瓦当。

　　寺丘地点主要出土陶瓮、瓦当。瓦当有人面纹、莲花纹、文字瓦当,文字瓦当有“万岁”“宫”“宜”“乐”“君”“君宜官”等字样。该地点窑炉出土陶瓮的装饰多以叶脉纹、方格纹为底纹,在上面戳印方形、圆形图案。大案丘地点出土产品以陶瓮、陶盆、陶罐为主,少量陶碗、瓦当,还有少量瓷罐。大案丘地点的陶瓮和陶盆通常施褐釉,陶瓮通常装饰菱格纹,陶盆装饰方格纹、菱格纹,口沿下有一圈附加堆纹。瓷罐胎质灰白,施黄白釉,聚釉之处呈青绿色(图 26-7,1、2)。瓦当为“君宜官”文字瓦当。大案丘地点的窑炉窑壁有青绿色的窑汗。眷丘地点出土陶瓮、陶钵为主,还有少量瓷罐。陶瓮装饰菱格纹、方格纹、叶脉纹,及以上述纹饰为底纹盖方形或圆形戳印,陶钵多素面。瓷罐的胎质、釉色与大案丘地点出土的一致,瓷罐内部还残留有长方形支垫的痕迹(图 26-7,3～6)。眷丘地点的窑炉底部烧结成黑色,窑壁有青绿色窑汗。小案丘地点出土器物包括陶碗、陶盆、“君宜官”瓦当,庙滩出土陶瓮、陶罐,装饰席纹、菱格纹,还有莲花纹瓦当,上述两个地点出土器物很少。

　　三寿窑址的产品常见于清化省的闵山、长溪、东山、岷村等墓地。除了在越南汉墓中大量出土之外,在合浦、贵港也有零星发现。比如大案丘地点窑炉出土的陶瓮,侈口或直口,弧腹或鼓腹,平底,器身装饰菱格纹,部分施褐色釉(图 26-8,1～4)。该类陶瓮还见出土于河内市脉长 M3(图 26-8,5)[②]、清化省长溪 M26(图 26-8,6)及岷村 M1A(图 26-8,7)[②],此外贵港马鞍岭 2010M1(图 26-8,8)[③]、合浦公务员小区一期 M11a(图 26-8,9)也有出土[①]。越南汉墓的出土的瓷瓮和瓷尊虽然不见出土于三寿窑址,但是从器形来看属于具有越南境内地方特色的产品。瓷瓮在越南清化、河内、海阳、北宁、广宁汉墓中有大量出土(图 26-9,1～2),除此之外形制相似的器物还见出土于广西合浦岭脚村 M4(图 26-9,3)[②]、广西贵港马鞍岭 2010M1(图 26-9,4)[③]、广州汉墓 M5080(图 26-9,5)[④]、云南大理下关城北东汉“熹平年”纪年墓(图 26-9,6)[⑤]。大口尊在越南清化省长溪墓地、广宁省薯河墓地(图 26-10,1)及冒溪墓地(图 26-10,2)[⑦]、北宁省宜卫墓地(图 26-10,3)[⑧]都普遍出土,广西合浦草鞋村遗址(图 26-10,4)[⑨]、广西合浦公务员小区二期 M5(图 26-10,5)[⑩]、北海盘子岭 M34(图 26-10,6)[⑪]、长沙走马楼汉井及耒阳东汉墓[⑫]也发现有该类大口尊。由以上分析可知,东汉时期越南清化省三寿窑址的烧制的陶瓷产品流布范围很广,具有越南特色的陶瓷器在岭南有少量出土,西南、湖南地区也有零星发现。

　　湖南东汉“早期白瓷”经科技检测分析,其胎釉成分与东汉中晚期湖南湘阴青竹寺窑出土的青瓷存在较大差别,并且在器物种类、装饰纹饰、施釉方式、制作工艺方面也与同时期的青瓷有很大不同⑤。结合前文的分析,湖南东汉"早期白瓷"绝大多数为东汉时期越南汉墓中流行的器形,在越南境内分布范围广、出土数量多、流行时间长,而湖南东汉"早期白瓷"集中在长沙地区出土且出土数量少、发展缺乏连续性。加上东汉时期越南境内已经出现了烧制瓷器的窑场,虽然因条件限制还未能开展胎釉成分科技分析的对比研究,但从出土地点和器物类型学分析推测,湖南东汉"早期白瓷"中的瓮、尊、锅、豆、钵可能为越南所产。少数白瓷罐出土数量少、形制特别,目前仍无法判断其来源。

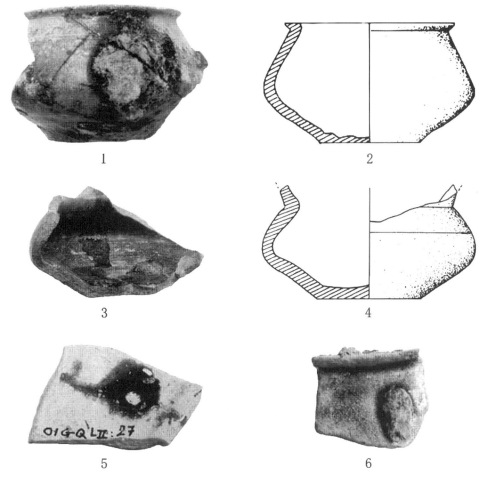

1、2.大案丘 2001GAL.XT.04　　3、4.眷丘 2001GQ.L2a.24　　5.眷丘 2001GQ.L2.27　　6.眷丘 2001GQ.L2.100

图 26-7　越南清化省三寿窑址出土的瓷罐

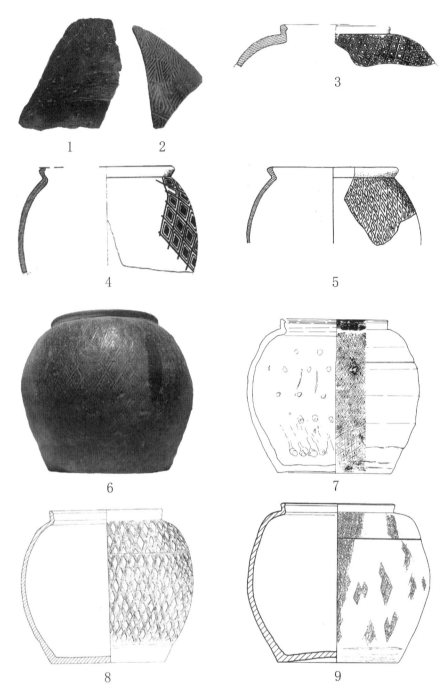

1.越南清化省三寿窑址大案丘 2001GAL.L1 出土　　2.越南清化省三寿窑址大案丘 2001GAL.L2 出土
3.越南清化省三寿窑址大案丘 2001GAL.L2A.36　　4.越南清化省三寿窑址大案丘 2001GAL.L1A.11
5.越南河内市脉长 M3 出土　　6.越南清化省长溪 M26 出土　　7.越南清化省岷村 M1A 出土
8.广西贵港马鞍岭 2010M1:扰 6　　9.广西合浦公务员小区一期 M11a:69

图 26-8　陶瓷

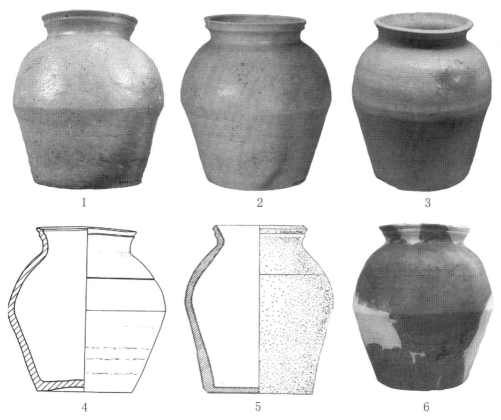

1.越南清化玉庵 M1 出土　2.越南北宁省博物馆收藏　3.广西合浦岭脚村 M4 出土
4.广西贵港马鞍岭 2010M1：扰 3　5.广州汉墓 M5080：30
6.云南大理下关城北东汉"熹平年"纪年墓 DX：41

图 26-9　瓷瓮

三、东汉"早期白瓷"在湖南出现的历史背景

　　早在战国时期,湖南就与越南之间有物质文化的交流,表现为湖南输入具有越南境内地域特色的器物。如 1976 年长沙树木岭 M1 出土 1 件人形柄青铜短剑(图 26-11,1),长 12.8厘米,宽 3.5 厘米。其中剑柄长 8 厘米,为一个人物的立像,大眼、高鼻,头顶圆形高髻,头后部梳着到肩部的垂发,双耳戴粗大的耳坠,上身裸露,胸部以两圆圈铸出乳房,环腰系一布,下着短裙遮蔽前后,短裙装饰人字形和条纹图案,双手置于腿上,手指伸直且分开,手腕处戴手镯,赤足,脚趾分开。与铜剑共出的有铜鼎、铜矛、铜镜、铜印、漆器等[④]。长沙树木岭 M1出土的人形柄青铜短剑与越南义安省鼎村墓地(图 26-11,2)、越南清化省东山墓地(图 26-11,3)出土的人形柄青铜短剑风格一致[⑤],该类铜剑在越南境内大量出土,属于越南东山文化典型器物,在公元前 4 世纪至公元前 3 世纪通过某种方式与途径传入长沙地区[⑥]。

1.越南广宁省薯河 M3 出土　2.越南广宁省冒溪 M4:19　3.越南北宁省宜卫 M6 出土
4.广西合浦草鞋村遗址出土　5.广西合浦公务员小区二期 M5:扰 4　6.广西北海盘子岭 M34:1

图 26-10　瓷尊

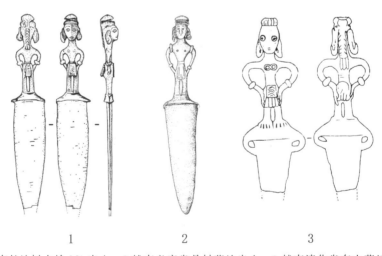

1.湖南长沙树木岭 M1 出土　2.越南义安省鼎村墓地出土　3.越南清化省东山墓地出土

图 26-11　人形柄青铜短剑

1979 年在湖南衡山霞流的湘江岸边出土一件靴型铜钺(图 26-12,1),长 12.5 厘米,高 9.7 厘米,短銎,銎侧装单耳,宽直刃,刃的一端凸成方跟,另一端收聚成尖并且上翘,刃的两面铸有身佩刀、剑或持斧的人物形象。与铜钺共出的器物包括铜尊、铜鼎、盆形铜器、铜钟、铜矛、铜镞、铜削刀、铜筓以及玉蝉、砺石等器物,可能属于一座土坑墓的随葬品[47]。衡山霞流铜钺与越南河内市国威县(图 26-12,2)及富寿省大村墓地(图 26-12,3)出土的铜钺形制非常相似[48],大村墓地还出土靴型铜钺的陶范,靴型铜钺也属于东山文化的典型器物。衡山霞流铜钺銎上装单耳,刃两面有绳纹、人物、草木和几何纹组成的纹带,上述特点与东山文化稍有不同,衡山霞流铜钺的纹饰主题和装饰风格与广西平乐银山岭 M8:7以及湖南道县采集的铜钺相同,可能属于广西东北部、湖南南部越族所特有的纹饰主题和装饰风格,由此可以推测,衡山霞流靴型铜钺可能是受到东山文化的影响在广西东北部或湖南南部铸造[49]。

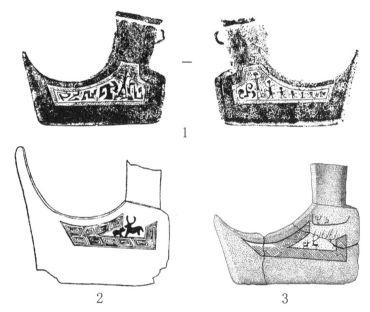

1.湖南衡山霞流出土　2.越南河内市国威县出土　3.越南富寿省大村墓地出土

图 26-12　靴型铜钺

到了东汉时期,由于战争、经济往来等原因,湖南与越南之间的人员流动很频繁。《后汉书·南蛮西南夷列传》记载,东汉建武十六年(40 年)交趾麊泠县雒将之女征侧举兵叛乱,攻略六十五城并自立为王,九真、日南、合浦的蛮夷皆群集响应[50]。建武十八年光武帝"遣伏波将军马援、楼船将军段志,发长沙、桂阳、零陵、苍梧兵万余人讨之。明年夏四月,援破交趾,斩征侧、征贰等,余皆降散。进击九真贼都阳等,破降之。徙其渠帅三百余口于零陵。于是领表悉平"[51]。从上述文献可知马援在南征交趾的时候,征发的军队主要是来自长沙、桂阳、零陵的士兵,平定叛乱之后又将九真郡当地首领三百余人迁徙到零陵郡。

长沙五一广场东汉简牍第 115 号简记载:"江陵世,会稽纲,下邳徐、建、申,交趾孟、信、都,不处年中,各来客。福,吏次今年。四月六日兼庚亭长。伯卖篷,孟债为桂阳送谷。

船师张、建、福辟车卒，月直"[②]。上述文献主要内容是江陵郡的世、会稽郡的纲、下邳郡的徐、建、申，交趾郡的孟、信、都，这几个不同籍贯的人都来到临湘县也就是今天的长沙，来自交阯的客商"孟"，要将谷物从临湘运送到桂阳，因此租借了"伯"的篷船[③]。长沙五一广场出土的简牍最早为汉和帝永元二年（90 年），最晚为汉安帝永初五年（112 年）[④]。第 115号简的记载充分说明了至少东汉中期交趾商人就活跃在湖南境内从事商业活动。交趾商人在岭南地区的活动更加频繁，交趾与合浦之间长期存在珠米贸易。《后汉书·孟尝传》记载："（合浦）郡不产谷实，而海出珠宝，与交阯比境，常通商贩，贸籴粮食。"[⑤]

　　东汉时期，湖南到越南的几条交通路线都经由岭南。湖南去往岭南主要通过湘漓古道、潇贺古道、耒水连江道。湘漓古道由湖南零陵溯湘江而上，从湘桂走廊的灵渠入漓江，沿西江到达番禺等岭南各地；潇贺古道自湖南道县溯潇水越九嶷塞到达广西贺江再南通西江；耒水连江道自湘水支流耒水而达郴州，由此南越骑田岭，经连江从北江而南达番禺[⑥]。从岭南到越南主要是走海路，《后汉书·马援传》记载："于是玺书拜援伏波将军，以扶乐侯刘隆为副，督楼船将军段志等南击交阯。军至合浦而志病卒，诏援并将其兵。遂缘海而进，随山刊道千余里"[⑦]。马援南征开辟了合浦沿着海岸线到达交趾郡、九真郡的通道。

四、结　语

　　通过前文的比较分析可知，湖南长沙、耒阳出土的白瓷器包括瓮、尊、锅、豆、钵，器形、胎质、釉色与越南汉墓出土的同类器物基本一致，为越南境内窑场生产的可能性比较大，产自越南的陶瓷器还销售到合浦、贵港、广州、大理等地。湖南东汉"早期白瓷"出现的历史背景可能与战国时期湖南与越南文化交流的历史传统、东汉时期湖南与越南之间的人口流动及贸易往来有关。因战争被征发到交趾的长沙、桂阳、零陵郡的士兵，战争结束之后被迫迁徙到零陵郡的九真郡首领，以及在岭南、湖南境内从事贸易活动的交趾商人都有可能将越南境内窑场生产的瓷器带到湖南。根据考古发现并结合出土文献和传世文献记载，东汉"早期白瓷"从越南传入湖南长沙的路线，很有可能是通过交趾、九真到合浦的海路进入岭南地区，随后经由岭南与湖南之间的水陆、陆路通道到达长沙，其中合浦、贵港、广州、郴州、耒阳都是东汉"早期白瓷"流传线路上的重要中转站。

注释：

　　① 李建毛：《湖南出土的东汉"早期白瓷"》，《中国古代白瓷国际学术研讨会论文集》，上海书画出版社，2005 年，第 198～206 页；周世荣：《浅谈湖南出土的白瓷》，《中国古代白瓷国际学术研讨会论文集》，上海书画出版社，2005 年，第 20～42 页。

　　② 韦伟燕：《越南境内汉墓的考古学研究》，吉林大学博士学位论文，2017 年，第 133～155 页。

　　③ 韦伟燕：《越南境内汉墓的考古学研究》，吉林大学博士学位论文，2017 年，第 179～184 页。

　　④ 李建毛：《湖南出土的东汉"早期白瓷"》，《中国古代白瓷国际学术研讨会论文集》，上海书画出版

社，2005 年，第 198～206 页。

⑤中国科学院考古研究所：《长沙发掘报告》，科学出版社，1957 年，第 137 页。

⑥Vũ Quốc Hiền，Chu Mạnh Quyền. Khai quật mộ gạch cổ Đức Sơn（Đông Triểu,Quảng Ninh）. Viện Khảo cổ học Việt Nam，*Những phát hiện mới về khao cổ học năm 2012*，Hà Nôi：Nhà xuất bản Khoa học Xã hội，2013，pp.282-286.

⑦韦伟燕：《越南境内汉墓的考古学研究》，吉林大学博士学位论文，2017 年，第 85 页。

⑧李建毛：《湖南出土的东汉"早期白瓷"》，《中国古代白瓷国际学术研讨会论文集》，上海书画出版社，2005 年，第 198～206 页。

⑨衡阳市博物馆：《湖南耒阳市东汉墓发掘报告》，《考古学集刊》第 13 集，中国大百科全书出版社，2000 年，第 100～166 页。

⑩张柏主编：《中国出土瓷器全集（湖北、湖南）》，科学出版社，2008 年，第 132 页。

⑪照片拍摄于衡阳市博物馆。

⑫照片拍摄于法国巴黎吉美博物馆（Musée Guimet）。

⑬照片拍摄于越南清化省博物馆。

⑭韦伟燕：《越南境内汉墓的考古学研究》，吉林大学博士学位论文，2017 年，第 91～92 页。

⑮照片拍摄于湖南省博物馆。

⑯照片拍摄于法国巴黎吉美博物馆（Musée Guimet）。

⑰韦伟燕：《越南境内汉墓的考古学研究》，吉林大学博士学位论文，2017 年，第 95 页。

⑱李建毛：《湖南出土的东汉"早期白瓷"》，《中国古代白瓷国际学术研讨会论文集》，上海书画出版社，2005 年，第 198～206 页。

⑲张柏主编：《中国出土瓷器全集（湖北、湖南）》，科学出版社，2008 年，第 131 页。

⑳照片拍摄于越南北宁省博物馆。

㉑照片拍摄于越南广宁省广安市白藤博物馆。

㉒李建毛：《湖南出土的东汉"早期白瓷"》，《中国古代白瓷国际学术研讨会论文集》，上海书画出版社，2005 年，第 198～206 页；湘乡县博物馆：《湘乡西郊发现东汉墓》，《考古》1965 年第 12 期。

㉓照片拍摄于法国巴黎吉美博物馆（Musée Guimet）。

㉔李建毛：《湖南出土的东汉"早期白瓷"》，《中国古代白瓷国际学术研讨会论文集》，上海书画出版社，2005 年，第 198～206 页。

㉕湖南省博物馆：《长沙金塘坡东汉墓发掘简报》，《考古》1979 年第 5 期。

㉖Olov R.T. Janse，*Archaeological Research in Indo-China：The District of Chiu-Chên during the Han Dynasty—Description and Comparative Study of the Finds*，Cambridge：Harvard University Press，1951.

㉗Trần Anh Dũng，Hà Văn Cẩn，Nguyễn Đăng Cường，Đỗ Quang Trọng. *Báo cáo khai quật khu lò gốm Tam Thọ*（Thanh Hóa），Hà Nôi：Phòng tư liệu Viện Khảo cổ học Việt Nam，2001.

㉘Nguyễn Duy Chiếm，*Báo cáo khai quật ngôi mộ thời Hán Mạch Tràng*（Thôn Mạch Tràng，xã Cổ Loa，huyện Đông Anh，Hà Nội），Hà Nôi：Phòng tư liệu Viện Khảo cổ học Việt Nam，1970.

㉙Olov R.T.Janse，*Archaeological Research in Indo-China：The District of Chiu-Chên during the Han Dynasty—Description and Comparative Study of the Finds*，Cambridge：Harvard University Press，1951.

㉚广西文物保护与考古研究所、贵港市博物馆：《广西贵港马鞍岭梁君垌汉至南朝墓发掘报告》，《考古学报》2014 年第 1 期。

㉛广西文物保护与考古研究所、合浦县文物管理局:《2009—2013合浦汉晋墓发掘报告》,文物出版社,2016年。

㉜广西壮族自治区文物工作队、合浦县博物馆:《广西合浦县岭脚村三国墓发掘报告》,《广西考古文集:第二辑——纪念广西考古七十周年专集》,科学出版社,2006年,第324～359页。

㉝广西文物保护与考古研究所、贵港市博物馆:《广西贵港马鞍岭梁君垌汉至南朝墓发掘报告》,《考古学报》2014年第1期。

㉞中国社会科学院考古研究所、广州市文物管理委员会、广州市博物馆:《广州汉墓》,文物出版社,1981年。

㉟大理州文物管理所:《云南大理市下关城北东汉纪年墓》,《考古》1997年第4期。

㊱Olov R. T. Janse, *Archaeological Research in Indo-China: The District of Chiu-Chên during the Han Dynasty—Description and Comparative Study of the Finds*, Cambridge: Harvard University Press, 1951.

㊲Phạm Như Hồ, Đỗ Đình Truật. Khu mộ cổ Mạo Khê.Ủy ban Khoa học Xã hội Việt Nam Viện Khảo cổ học, *Những phát hiện mới về khảo cổ học năm, 1972*, Hà Nôi: Nhà xuất bản Khoa học Xã hội, 1973, pp.245-261.

㊳O.Jansé, Rapport préliminaire d'une mission archéologque en Indochine, *Revue des arts asiatiques*, 1935, Vol. 9, No. 4, pp.209-217.

㊴照片拍摄于广西文物保护与考古研究所。

㊵广西文物保护与考古研究所、合浦县文物管理局:《2009—2013合浦汉晋墓发掘报告》,文物出版社,2016年。

㊶广西壮族自治区文物工作队:《广西北海市盘子岭东汉墓》,《考古》1998年第11期。

㊷李建毛:《湖南出土的东汉"早期白瓷"》,《中国古代白瓷国际学术研讨会论文集》,上海书画出版社,2005年,第198～206页。

㊸李建毛:《湖南出土的东汉"早期白瓷"》,《中国古代白瓷国际学术研讨会论文集》,上海书画出版社,2005年,第198～206页。

㊹湖南省博物馆:《长沙树木岭战国墓、阿弥岭西汉墓》,《考古》1984年第9期。

㊺Pham Minh Huyền, *Văn hoá Đông Sơn tính thống nhất và đa dạng*, Hà Nội: Nhà xuất bản Khoa học Xã học, 1996;(越)黎文兰、范文耿、阮灵编著,梁志明译:《越南青铜时代的第一批遗迹》,中国古代铜鼓研究会,1982年,第103页。

㊻陈光祖:《"南方文明"的南方——越南东山文化人形柄铜短剑初探》,《"中央研究院"历史语言研究所集刊》第八十本第一分,2009年,第1～42页。

㊼周世荣:《蚕桑纹尊与武士靴形钺》,《考古》1979年第6期。

㊽(越)黎文兰、范文耿、阮灵编著,梁志明译:《越南青铜时代的第一批遗迹》,中国古代铜鼓研究会,1982年,第75页。

㊾韦伟燕:《东山文化与越文化的关系——以越南海防市越溪二号墓的研究为中心》,《学术探索》2015年第11期。

㊿(宋)范晔撰、(唐)李贤等注:《后汉书》卷86《南蛮西南夷列传》,中华书局,1965年,第2836～2837页。

(51)(宋)范晔撰、(唐)李贤等注:《后汉书》卷86《南蛮西南夷列传》,中华书局,1965年,第2836～2837页。

(52)长沙市文物考古研究所等:《长沙五一广场东汉简牍选释》,中西书局,2015年,第53页。

(53)张朝阳:《东汉临湘县交阯来客案例详考——兼论早期南方贸易网络》,《中山大学学报(社会科学版)》2019年第1期。

(54)长沙市文物考古研究所:《湖南长沙五一广场东汉简牍发掘简报》,《文物》2013 年第 6 期。
(55)(宋)范晔撰、(唐)李贤等注:《后汉书》卷 76《孟尝传》,中华书局,1965 年,第 2473 页。
(56)王元林:《秦汉时期南岭交通的开发与南北交流》,《中国历史地理论丛》2008 年第 4 辑。
(57)(宋)范晔撰、(唐)李贤等注:《后汉书》卷 24《马援传》,中华书局,1965 年,第 838 页。

附记:本文系国家社科基金青年项目“越南境内汉墓的考古学研究”(批准号:19CKG021)阶段性成果。

An Exploration of the Relationship Between Early White Porcelain of Eastern Han Dynasty in Hunan and Vietnam

Wei Weiyan

Abstract: Based on the information currently available, a total of 25 pieces of early Eastern Han Dynasty white porcelain, including jars, vessels, pots, beans, and bowls, have been unearthed in Changsha, Hunan. This article conducts a comparative analysis and concludes that the shape, texture, and glaze of the above artifacts are essentially identical to those of similar artifacts unearthed in Han tombs in Vietnam. Based on the archaeological discoveries of kiln sites in Vietnam during the Eastern Han Dynasty period and the spread of typical artifacts found in Han tombs in Vietnam, it is speculated that early Eastern Han Dynasty white porcelain from Hunan may have come from Vietnam. Additionally, this article analyzes the historical background of the importation of Eastern Han Dynasty white porcelain from Vietnam to Hunan based on archaeological discoveries and related historical documents, which may be related to the historical tradition of cultural exchanges during the Warring States period between the two regions, and frequent population movement and commercial trade exchanges during the Eastern Han Dynasty,

Keywords: Hunan, Early White Porcelain, Han Tombs in Vietnam, Culture Exchange

泉州南安丰州南朝"天监十壹年"墓
壁画和佛教人物刍议

陈明忠

（福建省考古研究院）

南安市丰州镇位于福建泉州晋江下游北岸,为南朝萧梁天监年间所设的南安郡郡治所在。皇冠山位于丰州镇桃源村北面,2006 年至 2007 年在南坡发掘了一批两晋南朝墓[①]。这批墓葬有 34 座,时代为东晋至南朝,均为单室券顶砖室墓,平面形状以刀形为主,"凸"字形墓少量,长方形墓仅零星出现。这批墓葬是福建六朝墓葬较重要的发现之一,部分墓葬内的壁画为首次发现,其中 M12 中出现的佛教人物,对于研究南朝时期佛教在福建的传播有重要价值。在福建沿海地区独具特色的南朝时期壁画墓中,该墓也是佛教元素最有代表性的墓例之一。由于种种原因,墓室内的壁画资料没有完整发表,目前尚未有学者对其进行较为深入的探讨,因此本文将该座墓葬的墓室形制结构图和壁画空间分布情况予以补足,同时对墓中的墓室壁画空间和佛教人物的域外因素做初步探讨和蠡测。

一、墓室形制结构

M12 为单室券顶砖室墓,平面呈"凸"字形,在甬道墓壁发现少量墓砖模印文字"天监十壹年"(512 年),可知该墓时代为南朝萧梁武帝前期。对于该墓的形制结构,本文将从墓室壁画空间探讨的角度,主要对墓室由下至上——从墓底至墓壁、再至券顶进行介绍,墓室的前壁与甬道后端相连,在下文的墓室壁画介绍时一并讲述,于此不再赘述。

该墓发掘揭露的部分由墓室和甬道组成,全长 5.92 米,其中墓室内长 4.5、内宽 1.64 米;墓室底部分二级,后部高一级墓底为棺床,棺床面至券顶内壁 2.33 米,棺床前的低一级墓底距券顶内壁 2.53 米;甬道内长 0.9、内宽 0.8、内高 1.27 米。棺床分上下两层铺砌:下层为长方形砖顺向立砌、错茬衔接的一层算状结构,起渗水、排水作用;上层用长方形砖呈两纵两横平铺一层。棺床前的低一级墓底,用单层长方形砖呈两纵两横平铺一层,并向甬道延伸连成一片。

墓壁在墓底砖上起筑,甬道两侧的直立墓壁用长方形砖呈 2 组一丁三顺砌筑,高 0.8 米,其上为弧形拱券,用楔形砖错缝平铺砌筑。墓室前部的两侧直立墓壁(即棺床前的低一级墓底两侧)底层为一层丁砖,之上的两侧直立墓壁与墓室后部的棺床两侧直立墓壁连成一体,结构一致,均用长方形砖呈 4 组三顺一丁结构砌筑,高度 1.6 米,其上为弧形拱券,用楔形砖错缝平铺砌筑;墓室后壁与棺床两侧墓壁连接的同等 1.6 米高度部分,也用长方形砖呈 4 组三顺一丁结构砌筑,这部分之上用长方形砖 1 组四顺一丁后错缝平铺砌筑至券顶(图 27-1)。

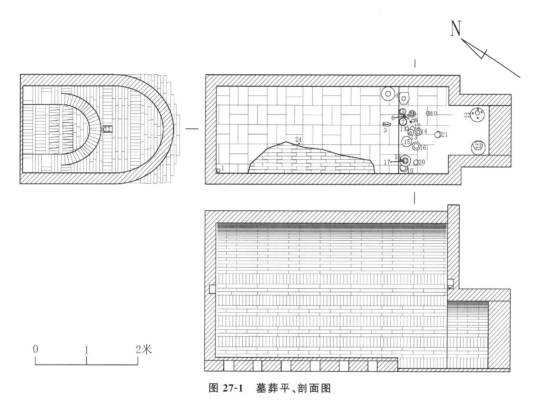

图 27-1 墓葬平、剖面图

二、墓室壁画上的佛教人物

M12 墓室和甬道的墓壁,以及拱券内壁上的每块墓砖都模印有线条勾勒的单幅图像,共同构成墓葬内壁的壁画。其中顺砖上阳印"龙纹+鱼纹+篦梳纹"和"龙纹+鱼纹"组合图像。丁砖几乎全为佛教人物,从其头部装饰和身体姿势来看,可分三类,即圆髻头光立像、戴冠坐像和无冠立像。楔形墓砖端面还有少量的莲花纹。

关于墓壁的这三类佛教人物,以往有观点认为是观音、信徒、传教士,也有认为是佛、信众、传教士,共识是都认为其中具有高鼻特征的传教士来自域外[②]。这三类佛教人物图像均用模印阳线勾勒,其身体形象虽然随性、简单、粗率,但仍可从一些特征中辨识其身份。

(一)圆髻头光立像

该佛教人物为正面立像(图 27-2),脸型椭圆且显方,头顶高肉髻,脑后有圆形头光,鼻子竖长;上身袒露,削肩窄小,手臂纤细,双手合置于胸前,手指微张可能是施说法印;下身着衣摆外展的裙装下衣,下衣上有三条舒朗线条表现衣褶,腰部系有宽大腰带;小腿半露,腿脚纤细,脚掌反向分立站于覆莲台座之上。整体身形秀弱瘦小,头部和身躯以及四肢比例失衡。

从头顶高髻和头后圆形头光以及手施说法印这三样特征,可明确圆髻头光立像应为佛像。

图 27-2　佛像

(二)戴冠坐像

该佛教人物为正面坐像(图 27-3),顶戴"M"形冠,脸型略显浑圆,五官刻画简单,高鼻;细颈宽肩,袒胸露乳,上臂粗壮,前臂斜向下合于腹前,手相未见刻画;该像结跏趺坐于台座之上,右足下压,小腿稍显粗壮,大腿却偏细瘦。整体身形健硕,但四肢比例失衡。该像未见着衣,几近裸体,仅在两侧手臂肘部和腿部膝盖之间刻画有单、双线条,可能是下垂衣纹的表现。在坐像的上端,有横向的细框,两侧连有内弧下垂的细长线条。

戴冠坐像的身份并非信徒或信众,笔者推测其身份是菩萨,原因有三:

其一,头戴宝冠是菩萨的主要造型特征之一,在南、北朝佛教菩萨造像中都有出现。北朝的山东青州地区,从北魏后期至北齐,佛教造像风格一直与南朝关系密切,其菩萨头冠从北魏后期开始时的束发到高冠,再发展到北齐的低冠[③];成都地区是目前发现南朝佛教造像数量最多的地区,萧齐时期菩萨造像的头上挽发或戴冠,而齐末至梁天监年间,直至西魏北周时期菩萨均头戴宝冠[④]。

其二,南朝墓葬中所见供养人(即信徒)也多有戴冠,一些侍者亦是如此,但均身穿褒衣博带式样的服装[⑤]。着如此式样服装的人物造型,一般面相瘦长清俊、削肩体长,风姿潇洒飘逸,是"秀骨清像"的外在表现,这是当时士大夫审美思想在造型艺术中的具体表现,也是当时一切人物造型艺术所遵循的仪轨。而该墓中的带冠立像,却袒胸露体,与传统审美观念和道德观念背道而驰,此种着装方式基本不会被当时的供养人或信徒所接受,并用之于自身形象的刻画。

其三,墓室后壁的壁画主题是佛陀,东西两侧的壁画主题是菩萨和僧侣,这在下三层丁砖中表现得尤其突出,整体呈现出佛陀居中、菩萨和僧侣对称分列左右的图像空间布局,这与青州地区北魏后期至东魏时期、南朝萧齐至萧梁时期益州出现的"一佛二菩萨"三尊式、"一佛二菩萨二弟子"五尊式,以及萧梁普通一中大通时期益州出现的十一至十三尊式造像石雕群,在结构上有惊人的相似性。从布局角度考虑,笔者推测戴冠坐像应是主尊两侧的胁侍菩萨,而并非信徒或信众。

图 27-3 菩萨

(三)无冠立像

　　该佛教人物为立像(图 27-4),其头部和腿脚均为半侧面,而躯体却为正面。该像光头无髻无冠,深目细长眉,高鼻夸张前突;细颈宽肩,上身袒露,腹部清晰可见阳印线条刻画的条条肋骨,手臂纤细,双手合掌置于胸前;腰部以下着裙装下衣,衣摆无外展,下衣上的三条舒朗线条表现衣褶,细脚裸露,侧立站于板状台座之上,台座内以短斜线刻画。

　　由该人物头部无髻无冠的光头形象,当可判断无冠立像为僧侣,在整个墓室壁画构建的佛国空间场景中,应是属于弟子的身份。

图 27-4　僧人

三、墓室壁画空间解析

（一）墓室壁画空间分布

根据墓室墓壁砌筑方式和壁画内容的不同，以棺床底部以上 1.6 米高度位置为分界，将墓室内部空间分成上下两部分，下部空间以顺丁组合结构的墓室四侧直立墓壁围合，上部空间以两侧拱券和错缝平铺结构的前后壁上部直立墓壁围合。

1.墓室下部空间和壁画

墓室下部空间由顺丁组合结构的墓室四侧等高度的直立墓壁围合，现分西壁、东壁、后壁、前壁四部分叙述。

（1）西壁

墓室西壁前部的最底层丁砖（与棺床前端的直立面同层）为第一层，之上是西壁整体的四组三顺一丁结构。由下至上每组中的三层顺砖，即第 2、3、4 层，第 6、7、8 层，第 10、11、12 层，第 14、15、16 层砖均饰"龙纹＋鱼纹"和"龙纹＋鱼纹＋篦梳纹"两种或三种纹饰组合的图像。丁砖饰佛、菩萨和僧侣三种佛教人物（图 27-5）。

图 27-5　墓室西壁部分图像

墓室西壁前部的最底层，即第 1 层丁砖饰僧侣共 15 幅。之上三组顺丁结构中的丁砖即第 5、9、13 三层砖中，每层佛教人物共有 67 或 66 幅，以菩萨最多，僧侣其次，而佛的数量最少，仅 1 至 2 幅。各层数量分别是：第 5 层 67 幅，其中菩萨像 49 幅，僧侣像 17 幅，佛像 1 幅；第 9 层 67 幅，其中菩萨像 45 幅，僧侣像 20 幅，佛像 2 幅；第 13 层 66 幅，其中菩萨像 46 幅，僧侣像 18 幅，佛像 2 幅。最上面的一组顺丁结构中的丁砖即第 17 层砖，佛教人物共 67 幅，其中菩萨像 50 幅，僧侣像 8 幅，佛像 9 幅，菩萨像仍然数量最多，佛像稍有增加。

（2）东壁

东壁与西壁对称，墓壁图像的内容和总体数量与西壁基本相同，但各自比列略有区别。由下至上四组顺丁结构中的丁砖即第 5、9、13、17 层砖上，装饰的各佛教人物图像数量分别为：第 5 层、第 9 层砖图像数量均为 67 幅，且都为菩萨；第 13 层砖图像共 66 幅，其中菩萨像 63 幅，僧侣像 3 幅；第 17 层砖共 66 幅佛教人物，其中菩萨像 58 幅、僧侣像 5 幅、佛像 3 幅(图 27-6)。

图 27-6　墓室东壁部分图像

（3）后壁

顺砖模印纹饰与两侧墓壁相同，即第 2、3、4 层，第 6、7、8 层，第 10、11、12 层，第 14、15、16 层均模印"龙纹＋鱼纹＋篦梳纹"和"龙纹＋鱼纹"组合图像。而每组顺丁结构组合中的丁砖，即第 5、9、13、17 层这四层丁砖上模印的佛教人物与两侧墓壁大有不同：第

5、9、13 层砖均饰佛像,每层 24 幅;第 17 层砖模印有 23 幅图像,其中佛像 4 幅、菩萨像 17 幅,僧侣像 2 幅,该层中间两块丁砖略有凹进,成一壁龛(图 27-7)。

图 27-7　墓室后壁部分图像

(4)前壁

此处前壁是墓室下部空间的前壁,即墓室前壁墙体下部与墓室两侧直立墓壁对接的部分,包括甬道内端口两侧和上方位置。甬道墓壁内端口两侧的墓室前壁面,包括底部第 1 层砖往上至第 8 层砖。底部第 1 层砖为丁砖,西侧饰僧侣,东侧饰菩萨。第 2、3、4 层为三层顺砖,模印"龙纹＋鱼纹＋篦梳纹"和"龙纹＋鱼纹"组合图像,其中第 3 层两侧近甬道内端口、同为甬道砖的壁面砖均饰莲花纹(或称团花纹)。第 5 层为丁砖,西侧饰僧侣,东侧饰菩萨。第 6、7、8 层为三层顺砖,饰"龙纹＋鱼纹＋篦梳纹"和"龙纹＋鱼纹"组合图像,其中第 7 层两侧近甬道内端口、同为甬道砖的壁面砖也饰莲花纹(或称团花纹)。

甬道拱券内端口两侧的前壁面,包括第 9 层至第 19 层砖。第 9 层为丁砖,西侧饰僧侣,东侧饰菩萨。第 10 至 19 层为 10 层顺砖,饰"龙纹＋鱼纹＋篦梳纹"和"龙纹＋鱼纹"组合图像,夹杂少量素面砖。甬道拱券内端面的楔形砖丁面多为素面,仅在东侧券顶 16、17、18 层楔形砖丁面上和西侧券顶第 15 层楔形砖丁面上模印单朵含苞待放的长枝莲花。

属于墓室下部空间的前壁面中,甬道内端口的拱券上方第 20 层砖为一层丁砖,此层中间有两块丁砖稍有内凹,形成方形壁龛。丁砖共饰 22 幅佛教人物图像,其中菩萨像 19

幅,18 幅平均分布在壁龛东、西两侧,1 幅在壁龛内的一块丁砖上;僧侣像 2 幅,壁龛东、西侧各 1 幅。壁龛内另一块丁砖上为 1 幅佛像。

2.墓室上部空间和壁画

上部空间以拱券和对应拱券的前后壁上部直立墓壁围合,拱券由东、西两侧各 28 层楔形砖或部分长方砖错缝平铺砌筑,两侧拱券的内壁纹饰图像在上下排列上并不完全对称。现分东侧拱券、西侧拱券、后壁上部、前壁上部四部分叙述。

(1)东侧拱券

东侧拱券内壁图像由下至顶依次为:第 18 至 22 层砖(共 5 层)饰"龙纹＋鱼纹＋篦梳纹"组合图像,并含少量素面砖;第 23 至 30 层砖(共 8 层)为素面砖,并夹杂零星"龙纹＋鱼纹＋篦梳纹"组合图像;第 31 至 38 层砖(共 8 层)饰"龙纹＋鱼纹＋篦梳纹"组合图像,并含零星素面砖;第 39 至 42 层砖(共 4 层)饰"鸟纹(朱雀)＋车轮纹(暂定)"组合图像;第 43 层(仅 1 层)饰"龙纹＋鱼纹＋篦梳纹"组合图像;第 44 至 45 层砖(共 2 层)饰"鸟纹(朱雀)＋车轮纹(暂定)"组合图像。

(2)西侧拱券

西侧拱券内壁图像由下至顶依次为:第 18 至 31 层砖(共 14 层)饰"龙纹＋鱼纹＋篦梳纹"组合图像;第 32 至 39 层砖(共 8 层)饰"鸟纹(朱雀)＋车轮纹(暂定)"组合图像;第 40 至 41 层砖(共 2 层)饰"龙纹＋鱼纹＋篦梳纹"组合图像;第 42 至 45 层砖(共 4 层)饰"鸟纹(朱雀)＋车轮纹(暂定)"组合图像。

(3)墓室后壁上半部

该部分是与墓室两侧拱券对应、距棺床 1.6 米高度以上部分的墓室后壁,包括第 18 至 29 层砖,其结构由下而上为两组四顺一丁和两层顺砖,墓壁上的壁画装饰稍显粗率简单。从 1.6 米高度起,由下至上,第 18 至 20 层为顺砖,模印"龙纹＋鱼纹＋篦梳纹"和"龙纹＋鱼纹"组合图像;第 21 层为顺砖素面;第 22 层丁砖模印佛教人物图像 16 幅,其中菩萨像 15 幅,僧侣像 1 幅,这层丁砖的东西两端均用长方砖的残砖平铺叠砌三层,其壁面模印"龙纹＋鱼纹＋篦梳纹"组合图像,在装饰佛教人物图像的丁砖中也夹杂 1 块该种纹饰残砖;第 23 至 26 层为顺砖素面;第 27 层为丁砖素面;第 28 至 29 层为顺砖素面。

(4)墓室前壁上半部

该部分也即墓室两侧拱券砖对应的墓室前壁,包括第 21 至 32 层砖。第 21 至第 26 层共 6 层砖为顺砖,模印"龙纹＋鱼纹＋篦梳纹"和"龙纹＋鱼纹"组合图像,每层均夹有 1 至 2 块素面砖;第 27 层为丁砖,多数素面,仅有五块砖模印有莲花纹。第 28 至第 32 层为 5 层顺砖,多数素面,其中第 28 至 30 层模印"龙纹＋鱼纹＋篦梳纹"或"龙纹＋鱼纹"组合图像,与素面砖混杂,而第 31 至第 32 层砖全为素面砖。

(二)墓室壁画空间分析及与南屿南朝墓壁画空间比较

两晋时期,随着来自福建北面周边的移民渐次入闽,佛教也开始传入福建,但墓葬内还基本未见佛教图像。南北朝时期佛教兴盛,各种佛教元素的图像开始大量进入墓葬空间,福建地区概莫能外,特别是闽东南沿海地区墓葬空间内的佛教气氛,比之闽西北地区来得更加浓烈,闽侯南屿南朝墓就是其中的典型代表[⑥]。反映神仙思想的图像如青龙、白虎、朱雀等在福建地区的南朝墓内也常有出现,与佛教图像混合。

1.闽侯南屿南朝墓

在讨论丰州"天监十壹年"墓前,先观察一下闽侯南屿南朝墓。该墓的墓室壁画上布满了大量的佛教图像,有学者研究后指出墓室墓壁第五层的诵经僧、供花僧、侍者等在四壁围绕死者棺柩进行诵经、祈愿等法事活动,在墓室内是一种横向的空间活动表现,展现的是礼佛或者佛教法事的场景;与此同时还有一个上升的空间,在墓室四壁宝相花、缠枝忍冬、宝相联珠、云气忍冬、宝瓶、卷草等图像自下而上的壁画位置经营中,青龙(左壁)/白虎(右壁)、飞天、飞鹤成为不同空间引导飞升的标志物,显示出礼佛以及不断飞升的过程,最后必然到达梵天净土世界;还提出,或可大胆推测墓顶应该有反映佛国净土的天空和大莲花[⑦]。

从墓室的佛教图像布置看,墓室是一个佛教因素主导下的空间世界。墓券顶部正中一层砖的装饰为宝相花和忍冬,宝相花应是莲花[⑧],莲花和忍冬两种佛教图像最终出现在墓顶中央,其实就是代表梵天净土的佛国世界。"东晋南朝墓室壁画中,佛教图像的发展体现的特征之一,是出现了儒释道三元一体的宗教特征"[⑨],因此在这样一个往生净土的场景中,兼具佛教和中国传统宗教内涵的飞天,以及原属神仙道教、引领升仙的青龙、白虎、飞鹤也参与了这场礼佛或者佛教法事,导引死者进入佛国净土。

也有研究者指出,墓室四周墓壁中上部位置的飞天图像,在壁画构图上与其他花纹或图像一起上下间隔排列,创造出飞天"漫天飞舞"的动态艺术效果,构建起墓葬信仰的终点——成仙极乐的天国世界[⑩]。

2.丰州"天监十壹年"墓

(1)墓室下部壁画的对称式图像空间

表 27-1 "天监十壹年"墓墓室东、西壁和后壁佛教人物图像分布表

距底层数	西壁			后壁			东壁		
	僧	菩萨	佛	菩萨	佛	僧	佛	菩萨	僧
十七 (丁砖)	8	50	9	17	4	2	3	58	5
十六←十四									
十三 (丁砖)	18	46	2	0	24	0	0	63	3
十二←十									
九 (丁砖)	20	45	2	0	24	0	0	67	0
八←六									
五 (丁砖)	17	49	1	0	24	0	0	67	0
四←二									
一 (丁砖)	15								

由表27-1可知,后壁的佛像数量处于绝对优势,下三层丁砖全为佛像,仅上部的第17层佛像数量偏少,增加了较多的菩萨像和少量僧侣像。东、西壁每层均为67或66幅佛教人物,菩萨数量绝对占优,僧侣其次,佛像仅少量或零星出现,其中东壁表现得尤其明显,下二层丁砖全为菩萨像。可见墓室后壁壁画表现的主题是佛,东西两侧壁画表现的主题是菩萨和僧侣,这在下三层表现得非常明显,整体呈现的是佛居中位尊、菩萨和僧侣(弟子)分列左右的图像空间布局。

墓室的前壁,由于其砌筑结构与其他三壁不同,故未一并列入上表中。壁面上的图像大体上也呈对称式布局。壁面上佛教人物为菩萨和僧侣(弟子)分列左右,其中甬道内端口的东侧为菩萨,西侧为僧侣,而上部壁龛的东西两侧,菩萨和僧侣数量相等分列。墓室前壁上有少量莲花出现,有团花式莲花和单朵长枝含苞莲花,仅分布在甬道内端口的壁砖端面和券砖端面。

这种对称式的主尊居中的图像布局和目前发现的南朝地域内的背屏式佛教造像结构基本一致,如青州地区北魏后期出现、东魏中后期成为主流的三尊式造像即"一佛二菩萨"。成都萧齐时期出现了"一佛二菩萨"的三尊式造像石,到萧梁时期的天监年间,发展出"一佛二菩萨二弟子"的五尊像;萧梁普通年间一中大通时期,同样对称结构的造像石雕群的图像结构发展到"一佛四菩萨四弟子二力士""二佛三菩萨二弟子二力士""二佛五菩萨二弟子二力士"的九尊式及十一尊式;南京栖霞山南朝齐梁时期窟龛也出现"一佛二菩萨""二佛二菩萨""一佛四菩萨二弟子""三佛六菩萨二力士"等造像组合[11]。

青州地区的造像背屏上也出现了龙的形象,成都佛教造像则不见此类佛教护法。青州造像中的龙,或在背屏上部正中,或在背屏下部的主尊两侧。其中三尊式即"一佛二菩萨"背屏式造像,其背屏下部主尊两侧的双龙口衔莲叶、莲蕾或莲花,将二胁侍菩萨托起;五尊式即"一佛二菩萨二弟子"背屏式造像,双龙口衔莲花将二胁侍菩萨托起,莲身下还伸出二莲花托起二弟子[12]。有学者认为青州这种背屏式造像或称舟形背光石造像应是对龙门石窟造像的借鉴或模仿,背屏上部雕饰的龙和飞天造型在龙门和巩县等北魏石窟中可常见到类似例子;济南近郊黄石崖北魏正光四年至东魏兴和二年摩崖造像,自然洞窟左右两壁主佛上方浮雕飞天、化佛和龙,是龙门石窟造像风格向东传播的结果[13]。

背屏式造像、石窟造像、摩崖造像、墓室四壁图像,四者的外在表现形式虽有所不同,"但都是采用表示时空感的立体式造像构图,表达以佛为尊、菩萨或弟子肃静伺立、祥龙腾云和飞天起舞的神圣佛国世界"[14]。青州背屏式造像基座上的一些题记内容,清晰地表达出刻制、建造造像的信徒通过"敬造释迦像一躯""敬造弥勒一躯",发出对亲人死者能够往生净土佛国的祈愿,诸如"愿令亡者托生净土""父母亡者直生西方无量寿国""愿令亡姊托生西方静佛境界"等[15]。对于刻制造像的信徒来说,这些背屏式佛教造像石雕群,实际上就代表着祈愿前往的净土世界。而青州背屏式造像中的佛、菩萨、弟子以及龙、莲花等净土世界的内容,在"天监十壹年"墓中以不同的空间构图组合形式出现,这些佛教图像沿着四壁环绕在墓室这样一个独立、封闭的空间内,就是代表着死者或死者亲人的祈愿,死者进入墓室、封闭墓门的那刻起,就已经进入了梵天净土,进入了佛陀说法、菩萨禅思、弟子肃静伺立、神龙护法、圣洁莲花亭亭玉立的神圣佛国世界。

墓室中的壁画还有一个特点,即后壁上下共有72幅佛像,似乎和"千佛"有关。千佛图像于北魏前后,在新疆克孜尔千佛洞,酒泉文殊山千佛洞,敦煌 272、275、254、259 等早期石窟中均有出现[16]。山西云冈石窟于 5 世纪中期雕凿的昙曜 5 窟等中也发现多幅千佛图像[17]。相关学者在研究中指出,千佛并非多佛,并依据永靖炳灵寺第 169 窟东壁千佛图和莫高窟 254 窟千佛图,认为一佛二菩萨、周围结禅定印的小佛像构图为千佛[18]。也有学者在讨论千佛的佛教义理时,将"千佛"理解为"十方诸佛"[19]。

"目前关于千佛和死后世界的联系共有两例,其内容全部指向净土。其一是长敏广雄提出的三十五佛和五十三佛,其二是《妙法莲华经》中的千佛、诸千佛与一切十方诸佛。"[20]龙门古阳洞黄元德造像的屋形楣拱龛外造有五十三佛,其拱龛内外均造菩萨,同时龛外左侧造佛 2 排 14 身,右侧造佛 2 排 9 身,龛上 3 排 30 身,正好 53 身;龛北有愿文题记:"大代永平四年(511 年)……敬造弥勒像一躯并五十三佛,为亡母。愿亡母托生西方妙乐国土。"[21]这五十三佛的宗教内涵与死后世界关联,其宗教内容指向发愿人亡母死后托生的西方妙乐国土。

正如巫鸿对早期佛教图像考证研究后认为的:"佛作为来自西方世界的'外神',又有助人不死之力,汉代人心中也就自然地与东王公和西王母的形象发生了联系。这种观念导致了佛像功能的一次重要转变,在墓葬中,尊圣像不再是公共场合中的参拜对象,而是死者期望死后升仙的个人愿望的象征。"[22]

近来有学者研究后认为从图像学角度考虑,无论是"三世三千佛"还是"三十五佛""五十三佛"都是一种具有象征意义的符号,并提出从艺术表现看,千佛应该泛指数量繁多、没有具体名号的佛像群[23],这种以单幅佛像壁画的反复摹印和规律性的排列组合作为主要形式来构建的墓葬千佛图像体系,其本质是以一种"镜像"方式反复"摹写"符号背后的象征意义,进而"解构并重构一个或具象或抽象的宗教仪式环境"[24]。

其实践化后果就是如贾家冲南朝墓壁上 19 个小佛像、酒甸公社南朝墓壁 32 个小佛像这样数量不等的分布在地下墓室四周的千佛图像,这样的装饰氛围烘托下,此时的墓葬空间已然成为"西方极乐世界"[25]。南安丰州"天监十壹年"墓后壁的 72 幅佛像同样也是千佛象征符号的实践化后果。这种"'千佛'装饰在墓室中出现,是东晋南朝墓室壁画的新发展"[26]。不同的是,襄阳贾家冲、邗江酒甸公社的南朝画像砖墓,其"仪式空间和叙事结构均发生了改变,佛像全部双手合十置于胸前,作供养人状、行礼拜仪式,原本居于中心地位的佛陀为墓葬赞助人替代,千佛及墓中出现的供养人图像都围绕着墓中棺床上的墓主人展开仪式活动"[27]。而南安丰州梁"天监十壹年"墓后壁的 72 幅佛像,双手施说法印,表现的是佛说法图,佛陀维持原本的主尊地位不变,这样的墓内壁画空间结构似乎更能称之为真正的佛国世界、极乐净土。

(2)墓室上部的壁画图像空间

从拱券内壁画看,两侧拱券的上部至顶部中央分布有 18 层砖饰"鸟纹(朱雀)+车轮纹(暂定)",该纹饰砖中夹有 1 至 2 块"龙纹+鱼纹+篦梳纹",其余拱券均为"龙纹+鱼纹+篦梳纹"。鸟纹和龙纹同时出现,并且鸟纹在墓室的最顶部,很可能指向朱雀。

朱雀和青龙都是表达升仙观念的仙禽瑞兽类图像,两汉时期就已经和代表神仙世界的东王公、西王母在墓葬中出现。内蒙古和林格尔汉墓中的前室顶部天井四侧分别绘制着东王公和青龙、西王母和白虎、仙人骑白象和朱雀、雨师驾三虬和玄武等图像[28],神仙世界的主人公东王公、西王母和渲染神仙世界气氛的仙禽瑞兽、羽人等共同构成了神仙世界。魏晋时期,作为神仙世界主人公的东王公、西王母图像近乎消失,而象征神仙世界的神仙类图像如四灵、羽人等依旧流行。南北朝时期墓葬中的神仙类图像,与佛教性质图像的数量和种类大体相若,两者关联十分密切,呈现升仙观念和往生佛国净土观念并行发展的状态[②]。

"天监十壹年"墓的墓室拱券壁画所在空间密布朱雀、青龙等仙禽瑞兽,象征着神仙世界。显然,墓室这个密闭空间内存着并行的上下两个空间,即神仙世界和净土世界,并且这两个空间并不是割裂的,而是密切关联的,墓室下部空间的净土世界里作为佛教护法的青龙,过渡到上部空间里又兼具了导引死者升天的使命,反映了墓主人可能同时兼有佛教和神仙信仰。

闽侯南屿南朝墓和南安丰州"天监十壹年"墓,两座墓的墓内壁画都存在佛教图像和神仙类图像,但明显南屿南朝墓是佛教因素主导下的空间世界,反映的是净土信仰观念,神仙类图像是为死者往生净土而存在的。南安丰州"天监十壹年"墓的墓内存在两个密切联系的并行空间即神仙世界和净土世界,反映的是升仙观念和往生净土观念兼具。

四、佛教人物像的样式风格

该墓中佛像身体表现的最特殊之处在于其上身袒露、不着佛衣(上衣),仅着下衣。这种形象完全异于上述襄阳贾家冲南朝画像砖、邗江酒甸公社南朝画像砖墓出现的其他褒衣博带式样的佛像,并且在南北朝的佛教造像中,也不见此类佛像[⑤]。

值得注意的是,在该佛像两侧手臂抬起的肘部下端,对称出现弯曲的单线条,靠于裙装下衣的上部。不仅如此,墓中的菩萨像和僧人像也是上身袒露,除手臂裸露外,菩萨像袒胸露乳,僧人像腹显肋骨,而且两侧手臂肘部均有类似的对称线条,其中菩萨像的对称线条略称弧形,从手臂肘部垂于趺坐盘趺的两侧膝盖,而僧人抬起的两臂肘部下端链接的线条,一侧为一段较短线条,另一侧则为两段断开的线条。这现象应该不是巧合,而应是造砖工匠有意识的行为,只是由于佛教人物仅是简单线条勾勒的形象,其衣纹也随即做简单处理了。至此则有理由相信包括佛像在内的这三类佛教人物均有着佛衣(或僧衣),只是因其佛衣(或僧衣)无纹、薄衣透体,而使肌肤显露、恍如裸体。

披覆类似透体佛衣的佛像,目前仅在青州地区北齐时期的佛像上有所发现[①]。青州地区北齐时期的佛像佛衣有三种:露胸通肩式、通肩式和袒右式,"露胸通肩式佛衣保持了南朝传统因素,通肩式和袒右式则为印度佛衣,同时三种佛衣轻薄贴体,雕饰衣纹或无衣纹又吸收了笈多时期中印度秣菟罗和萨尔纳特的两种艺术特点"[②]。

"天监十壹年"墓中佛教人物着衣表现的无衣纹式样显然表现的也是印度笈多时代的萨尔纳特造像艺术风格,但却与青州北齐的式样有所区别。在时代上该墓为南朝萧梁梁武帝时期的天监十一年(512年),北朝正值北魏后期。也就是说当时的南安郡比青州更早接受了来自印度萨尔纳特造像雕刻艺术,并且对比青州北齐佛像,墓中三位佛教人物的着衣似乎与印度萨尔纳特造像风格更为接近。三位佛教人物面部高鼻的特征也显示其西来的面部形象,其中佛像和菩萨均为正面像,虽然是简略线条表现,但仍然可见其高竖鼻子,而僧人半侧面的形象则更突出了其前突的高鼻,这显然是受到印度犍陀罗希腊式高鼻的影响。

墓中佛像可能因为简略粗率的缘故,所着佛衣仅剩裙装下衣的两侧短曲线,推测其也是着无衣纹通肩式佛衣,因为其轻薄透体从而显露内穿的裙装下衣和系裙的腰带。关于下衣系有腰带,东晋佛陀跋陀罗共法显译《摩诃僧祇律》卷三一《明杂跋渠法》有载:"时有乞食物比丘,一手捉钵一手捉俱钵,旋风吹内衣去。着上衣入祇洹精舍,佛知而故问,比丘,汝安陀会何处?答言:世尊,旋风吹去。佛言:从今已后应着腰带。"③此"安陀会"即指下衣④。腰带在 4 世纪后期的笈多早期萨尔纳特佛像中已经出现,到 5 世纪前中期佛像系有腰带成为笈多中期萨尔纳特佛像的显著特点,而至 5 世纪中后期的笈多鼎盛时期,腰带趋于消失,仅用一条单纯的阴刻弧线表示⑤。因此墓中佛像应是接受了 5 世纪印度笈多萨尔纳特雕刻艺术的影响。

印度本土笈多时期萨尔纳特立佛的下体因佛衣薄衣透体的缘故,肌体线条得以凸显。从一些较为完整的立佛如印度北方邦马图拉政府博物馆藏的 4 世纪浅砂岩萨尔纳特佛立像⑥、大英博物馆藏的 5 世纪浅砂岩萨尔纳特立佛⑦等佛像看,该类佛像所着的下衣上部系有腰带,下衣下摆长于外覆的通肩式佛衣下摆而外露,被外覆佛衣掩盖的下衣部分也是轻薄透体,才能使其身体下部线条凸显。而墓中立佛用裙衣遮盖身体下部,不露肉体轮廓,这是南安本土对外来艺术的改造和变通,显系为了符合中国特有的内敛含蓄的文化传统和民族审美习惯所致。墓中僧人像上身袒露、下着裙衣,也是出于同样原因。反映这种审美心理和社会心理定势的佛像在山东也有类似表现,青州、博兴等地区出土的萨尔纳特风格北齐佛像,佛衣透体、不施衣纹,却用贴金彩绘描佛衣,消弱佛像裸体感的同时也体现出中国本土特色审美⑧。

需要一提的是,印度萨尔纳特立佛的手印基本为右手无畏印或与愿印,坐佛施说法印,包括青州北齐笈多风格在内的南北朝时期立佛一般施无畏印或与愿印,坐佛施禅定印,而"天监十壹年墓"中立佛双手却施说法印,在所发现的南北朝佛像中较为少见,这似乎是印度佛教艺术还没有被包括工匠在内的南朝世人所充分理解之故,导致立佛手印借鉴了萨尔纳特坐佛双手互捻的典型说法印样式。

5 世纪末到 6 世纪中期的南北朝佛像风行"秀骨清像"、褒衣博带式的风格,南朝萧梁前期的这座墓葬,由于佛像所着佛衣的不同和佛像本身的简略刻画,不易判断其是否带有"秀骨清像"的风格特点。但墓中佛像肩部短窄,手臂、脚腿更显纤细,显见其身体消瘦。由于印度佛教和耆那教均脱胎于婆罗门教,其部分教义如"苦行主义""轮回解脱"等也被佛教和耆那教沿用,墓葬出土佛像的消瘦形体应是受佛教"苦行"教义修炼影响出现的表象。

这种现象在僧侣像中表现得尤为突出。该像面部高鼻夸张前突,俨然希腊化风格。僧侣肩宽体大,但瘦骨嶙峋,条条肋骨清晰可见,双臂、双脚骨瘦如柴,与一般笈多风格的佛教人物像迥异。佛教奉行"苦行主义",创作于 3 世纪的犍陀罗艺术的杰作之一《消瘦的佛陀》,亦称《苦行的释迦》,就塑造了释迦牟尼悟道之前修炼六年苦行时全身极度消瘦的形象,表现了释迦牟尼坚忍刚毅的精神力量③。其中释迦牟尼像的颈骨、锁骨和肋骨暴露无遗。在印度宗教生活中最常表现的形象之一就是追求从生死轮回中解脱的苦行者和上师,他们的形象在雕塑艺术中也十分常见。现藏于印度北方邦勒克瑙邦立博物馆的5世纪印度教湿婆苦行像,表现的就是他在苦行林中修行的场景,该像也是瘦骨嶙峋、肋骨尽现⑩。而墓葬出土的僧侣肋骨尽显,与释迦牟尼像和湿婆因苦行而消瘦的表现形式完全相同,其表现的是一位印度苦行僧人的形象。

菩萨像,其简略的高冠大致呈"M"形状,与印度笈多时代萨尔纳特菩萨像常见的发髻冠和秣兔罗菩萨像常见的宝冠、敷巾冠均没有相似的特点⑪。由于其仅为简单草率的线条,无法确定其具体头冠的式样,但观察南北朝时期的诸多菩萨头冠,可以发现与北朝山东青齐地区北魏晚期至东魏的三角形花蔓冠,河北邺城地区东魏至北齐的三叶花蔓冠以及云冈石窟北魏后期的三角形花蔓冠等⑫在外形上是较为接近的。

菩萨像的脸部略显浑圆,显然属于笈多时期的萨尔纳特样式。菩萨结跏趺坐于台座之上,通肩式无纹佛衣薄衣透体,佛衣外侧线条从肘部下垂至膝盖,袒胸露乳几近裸体,并且肩宽臂壮、肌肉丰满,整体身形健硕,板式台座两侧有支柱支撑。除了头后没有头光以及手印不同外,其体征与藏于印度北方邦萨尔纳特考古博物馆的5世纪晚期的佛坐像完全一致,这件佛坐像堪称是印度笈多时代萨尔纳特样式"裸体佛像"最著名的杰作⑬。而萨尔纳特菩萨像大多为观音菩萨和弥勒菩萨,作为单尊像或三尊像的胁侍菩萨出现,均为立像,就目前笔者所阅资料未见类似墓中所见坐像;我国南北朝时期所见的菩萨坐像中,有交脚菩萨、倚坐菩萨、半跏趺思惟菩萨,未见此类坐姿。印度秣兔罗博物馆藏有一件2世纪的禅定菩萨坐像,出土于Canesnra,在造型上兼具贵霜秣兔罗早期和晚期的一些特征;该像头部残缺,体态健硕,结跏趺坐,双手施禅定印;上臂和手腕戴臂钏和腕钏,颈饰垂至胸前;身着袒右肩佛衣,衣服末端甩至左肩后绕至左前臂,悬挂在左腿前端;左肩上刻出衣纹暗示佛衣,下半身也只在小腿处刻出衣纹的边缘线⑭。该菩萨坐像的造型和手印,以及菩萨配饰搭配佛衣等似乎能为"天监十壹年"墓的菩萨坐像来源提供参考。

注释:

①福建博物院:《南安丰州皇冠山墓群的发掘与收获》,《福建文博》2007年第3期;福建博物院、泉州市博物馆、南安市博物馆:《福建南安市皇冠山六朝墓群的发掘》,《考古》2014年第5期。

②陈建中:《泉州南安丰州南朝墓葬出土佛教纹墓砖及其学术意义的探讨》,《宗教与民族》(第七辑),宗教文化出版社,2012年;傅宝姬、华锋林:《佛教人物造像的中国化历程:以六朝时期福建为例》,《美术观察》2017年第4期。

③山东省青州市博物馆:《青州龙兴寺佛教造像窖藏清理简报》,《文物》1998年第2期;夏名采:《青州龙兴寺出土背屏式佛教石造像分期初探》,《文物》2000年第5期;杨晓慧:《东魏北齐单体菩萨头冠初步研究》,北京服装学院硕士学位论文,2017年12月。

④雷玉华:《成都地区南朝佛教造像研究》,《成都考古研究》,科学出版社,2009年。

⑤襄樊市文物管理处:《襄阳贾家冲画像砖墓》,《江汉考古》1986年第1期;扬州博物馆:《江苏邗江发现两座南朝画像砖墓》,《考古》1984年第3期。

⑥福建省博物馆:《福建闽侯南屿南朝墓》,《考古》1980年第1期。

⑦吴桂兵:《中古丧葬礼俗中佛教因素演进的考古学研究》,科学出版社,2019年。

⑧张晓霞：《天赐荣华：中国古代植物装饰纹样发展史》，上海文化出版社，2010年。

⑨王诗晓：《汉魏晋南北朝墓室壁画佛教图像研究》，东南大学博士学位论文，2020年7月。

⑩王诗晓：《汉魏晋南北朝墓室壁画佛教图像研究》，东南大学博士学位论文，2020年7月。

⑪张雯：《成都地区南朝石造像与南京栖霞山南朝窟龛的分期与比较》，《石窟寺研究》（第2辑），文物出版社，2011年。

⑫夏名采：《青州龙兴寺出土背屏式佛教石造像分期初探》，《文物》2000年第5期。

⑬刘凤君：《论青州地区北朝晚期石佛像艺术风格》，《山东大学学报》1998年第3期。

⑭刘凤君：《论青州地区北朝晚期石佛像艺术风格》，《山东大学学报》1998年第3期。

⑮山东省青州市博物馆：《青州龙兴寺佛教造像窖藏清理简报》，《文物》1998年第2期；夏名采：《青州龙兴寺出土背屏式佛教石造像分期初探》，《文物》2000年第5期。

⑯宿白：《中国石窟寺研究》，文物出版社，1996年。

⑰宿白：《中国石窟寺研究》，文物出版社，1996年。

⑱陈慧宏：《敦煌莫高窟早期的千佛图》，台湾大学硕士学位论文，1994年1月。

⑲敦煌文物研究所：《敦煌研究文集》，甘肃人民出版社，1982年。

⑳王诗晓：《汉魏晋南北朝墓室壁画佛教图像研究》，东南大学博士学位论文，2020年7月。

㉑贺世哲：《关于北朝石窟千佛图像诸问题》，《敦煌研究》1989年第3期。

㉒（美）巫鸿：《早期中国艺术中的佛教因素（2—3世纪）》，《礼仪中的美术：巫鸿中国古代美术史文编》，生活·读书·新知三联书店，2013年。

㉓王诗晓：《汉魏晋南北朝墓室壁画佛教图像研究》，东南大学博士学位论文，2020年7月。

㉔王诗晓：《墓葬体系观照下的"镜像"：千佛图像的符号特征、中国化创造与视觉象征》，《民族艺术》2022年第3期。

㉕王诗晓：《汉魏晋南北朝墓室壁画佛教图像研究》，东南大学博士学位论文，2020年7月。

㉖王诗晓：《汉魏晋南北朝墓室壁画佛教图像研究》，东南大学博士学位论文，2020年7月。

㉗王诗晓：《汉魏晋南北朝墓室壁画佛教图像研究》，东南大学博士学位论文，2020年7月。

㉘内蒙古自治区文物考古研究所编：《和林格尔汉墓壁画》，文物出版社，2007年；俞伟超：《汉代佛教图像考》，《文物》1980年第5期。

㉙杨莹沁：《汉末魏晋南北朝时期墓葬中神仙与佛教混合图像分析》，《石窟寺研究》（第3辑），文物出版社，2012年。

㉚陈悦新：《5—8世纪汉地佛像着衣法式》，社会科学文献出版社，2014年。

㉛山东省青州市博物馆：《青州龙兴寺佛教造像窖藏清理简报》，《文物》1998年第2期；青州市博物馆：《青州龙兴寺佛教造像艺术》，山东美术出版社，2014年。

㉜陈悦新：《青州地区北朝佛衣类型》，《敦煌学辑刊》2013年第3期。

㉝《大正藏》卷22，第484页下栏。转引自陈悦新：《5—8世纪汉地佛像着衣法式》，社会科学文献出版社，2014年，第20页。

㉞陈悦新：《5—8世纪汉地佛像着衣法式》，社会科学文献出版社，2014年。

㉟张理婧：《笈多王朝萨尔那特佛教造像研究》，南京艺术学院硕士学位论文，2019年5月。

㊱王镛：《印度美术》，中国人民大学出版社，2017年，第96页。

㊲故宫博物院、福建博物院、浙江省博物馆、四川博物院：《梵天东土 并蒂莲华——公元400—700年印度与中国雕塑艺术》，故宫出版社，2016年，第31页。

㊳张理婧：《笈多王朝萨尔那特佛教造像研究》，南京艺术学院硕士学位论文，2019年5月。

㊴王镛：《印度美术》，中国人民大学出版社，2017年，第96页。

㊵故宫博物院、福建博物院、浙江省博物馆、四川博物院：《梵天东土 并蒂莲华——公元400—700

年印度与中国雕塑艺术》,故宫出版社,2016 年,第 31 页。

㊶张理婧:《笈多王朝萨尔那特佛教造像研究》,南京艺术学院硕士学位论文,2019 年 5 月。

㊷杨晓慧:《东魏北齐单体菩萨头冠初步研究》,北京服装学院硕士学位论文,2017 年 12 月。

㊸王镛:《印度美术》,中国人民大学出版社,2017 年,第 96 页。

㊹秣兔罗博物馆藏(00.A.45),《印度秣兔罗雕刻展》,图 13。转引自赵玲:《印度秣兔罗早期佛教造像研究》,上海三联书店,2012 年。

附记:南安丰州 M12 是笔者近年整理"福建地区一带一路殡葬文化名录与谱系"相关资料的一部分,修改后刊发此文,意在补足该墓未曾发表的全部壁画资料,期待相关学者重视和讨论,促进福建六朝时期考古研究和福建海疆文明研究。囿于目前认知,文中探讨,以蠡测海,疏漏和错误难免,还请批评指正。另些议题如墓中佛教人物印度样式的海路传播路径等在文中暂未涉及,将在随后的研究中与同墓地其他南朝墓葬出土的地中海东岸和南亚、东南亚玻璃珠一并探讨。

A Study of the Wall Paintings and Buddhist Figures in the M12 Tomb during "Tianjian Eleventh Year" Southern Dynasties from Fengzhou, Nan'an, Quanzhou

Chen Mingzhong

Abstract: From 2006 to 2007, a group of Southern Dynasties tombs were excavated at the southern slope of Huangguan Mountain in Fengzhou Town, Nan'an City. The Buddhist figures found in the wall paintings of the M12 tomb are of great significance for the study of Buddhism's spread in Fujian during the Southern Dynasties. M12 is a single chamber tomb with a gabled roof made of brick and has a limited number of texts imprinted on the tomb wall reading "Tian Jian Eleventh Year" (512 AD), dating back to the early period of the Southern Dynasties' Emperor Xiaolong. The tomb walls, including the passageway, and the arch ribbed inner walls, have each imprinted a single image outlined with lines, with almost all the bricks depicting Buddhist figures, which can be divided into three categories based on the headwear and posture: round top, halo standing figures; crown-wearing seated figures; and uncrowned standing figures. There are also a small number of lotus designs. This paper argues that the round top, halo standing figures are Buddhas, the crown-wearing seated figures are bodhisattvas, and the uncrowned standing figures are monks with a disciple identity. These Buddhist images appear in different spatial compositions along the four walls, surrounding the tomb room within a closed space, representing the wishes of the deceased or their loved ones. At the moment the deceased entered the tomb and the door was closed, they had entered the pure land of Brahma and the sacred Buddhist world of the Buddha's teachings, bodhisattva meditations, the quiet standing of disciples, the protection of dragons, and the holy and pure lotus pavilion. Analysis shows that the M12 tomb has two parallel spaces that are closely related, the world of the gods and the pure land world, reflecting the concept of ascending to heaven and the idea of rebirth in a pure land. The Buddhist figures' clothing patterns in the tomb belong to the Sarnath style of Indian Jatakas, which is different from the styles in Beiqi, Qingzhou.

Keywords: Southern Dynasties, Nan'an Commandery, Wall Painting Tomb, Buddhist Images

福建地区古代石塔的发现与研究

周 杨

（厦门大学历史与文化遗产学院考古学系）

在中国建筑史上，塔这种建筑形式并非源自本土。它源自印度，本义是埋葬教徒的坟冢（窣堵坡）或具有纪念性和象征性的寺庙建筑（支提）。然而，随着佛教传入，这种建筑形式开始在华夏大地上生根发芽，并成为中国古代建筑的代表性符号。它将外来元素与本土文化融会在一起，并赋予建筑以深邃的宗教内涵和丰富的功能外延。在传统社会中，它体现着宗教的神圣性与世俗王权的正统性，也在民间扮演着镇风祈水、导引迷航的重要角色。在当代，向上攀登的高度与放眼河山的广度相结合，赋予了这种建筑形式以新的生命：在寄托人们心中美好愿景的同时，它也激发起人们新的想象力。

依据建筑材料的不同，中国古塔有木构、砖石结构、金属结构、琉璃砖瓦结构等不同类别，古塔的建筑结构随着不同建筑材料和建筑技术的使用而不断变化。在不同历史时期，不同建筑材料的使用也有所差别，其中石质古塔从十六国时期开始兴起，经历隋唐五代的发展，在辽宋时期达到顶峰。中原北方地区无疑是古塔最为集中、建筑技术和艺术水平最为高超的地区。然而，因为不同于北方的地理区位和气候条件，东南地区形成了独具特色的石质建筑传统。特别是福建地区，山海相依的地缘结构，使得宗教、民间社会与商业活动之间形成了千丝万缕的联系。这些看不见的联结往往会以物质文化的形式呈现，石塔便是一种重要的呈现方式。它以一种可视化的形式，构成了山岳与海洋两种文化传统的节点，为我们搭建起认识这一地区地方文化与风土人情的全新视角。

一、研究史回顾

自南北朝以来，关于古塔的记载见诸史籍方志、笔记小说之中，无数文人墨客亦对其反复歌咏。不过，对于古塔的学术研究，则从 20 世纪初才真正展开。有趣的是，对中国古塔最初的调查与研究，恰恰是从福建的沿海开始的。

(一)早期调查与研究

福建地区地处中国东南，地理上独特的山海结构，一方面使其较早地开风气之先，与全球各文明之间形成了广泛的联系,各种文化因素在此汇集;另一方面也使其拥有着深厚的地方传统,主流宗教与民间信仰夹杂在宗族与地方社会之中,物质文化也随之呈现出一种独特的多样性。海内外学者正是从这里起步,开启了中国建筑艺术的研究历程,德国建筑师和摄影师恩斯特·伯施曼(Ernst Boerschmann)便是这一领域的先行者。

伯施曼在 1906—1909 年游历于中国各地,在数年实地考察和拍摄记录的基础上,出版了三卷本的"中国建筑艺术与宗教文化"系列专著。其中第三卷《中国宝塔》以物质文化的视觉表现形式,呈现出古塔建筑在中国文化精神世界中的重要价值;其中福清水南塔和瑞云塔的照片,也成为中国古塔研究中的经典影像。作为中国古塔研究的开山之作,其中第一部分完成于 1928 年,并在 1931 年出版;第二部分则完成于 1942 年,但直至 2016 年才在汉学家魏汉茂的整理下出版,并相继被翻译为中文①。伯施曼本人并未受过德国艺术史的系统训练,他是从建筑工程师起步转向艺术史研究的,其研究基于 20 世纪 20 年代魏玛共和国的商业繁荣和人们对于世界图景的畅想。因此,他观察古塔是从景观构成的角度出发,并以直观的视觉形象来呈现的。其对建筑形式的讨论,并非是从艺术史领域的风格、样式或是考古学领域的类型角度出发,而是在文化交融的背景下去讨论艺术形式交融与创造的核心议题,这其实也是众多早期海外学者在中国进行访古考察的基本特点。

从游览纵情到自觉访古,这是近代以来对古代物质文化遗存观察研究的一种转变。在伯施曼返回欧洲十余年后,又有两位西方汉学家踏上了前往中国的旅途。1923—1924年,德国汉学家古斯塔夫·艾克(又名"艾锷风",Gustav Ecke)与法国学者保罗·戴密微(Paul Demiéville)相继受聘于厦门大学,以厦门大学为圆心,他们展开了大量的田野调查工作。艾锷风首先前往福清考察,记录县城龙江两岸的水南塔与瑞云塔,在细致而客观地记述两塔形制、建筑结构、造像艺术的基础上,他将建筑还原到历史场景之中,以丰沛的情感抒发了对晚明中国的同情之理解。这一研究后来被中国建筑史学的巨擘梁思成先生翻译成中文,于 1933 年发表在《中国营造学社汇刊》②上。梁思成在与林徽因回乡途中也对二塔进行了考察,他们对其中更为朴素的水南塔则予以了更多的关注,并根据艾锷风的照片绘制了线图。时人或许并不会想到,这座并不起眼的古代石塔,却开启了中国古塔研究走向学术化的大门。1937 年,鲍鼎先生在《中国营造学社汇刊》上发表《唐宋塔之初步分析》一文③,对当时发现的唐宋古塔进行了分类,并从建筑学的角度对各个细部进行了梳理。从艺术史到建筑史,关于中国古塔研究的发展,正是在这样的线索下展开的。

不过,建筑原本便是艺术的组成部分,建筑史的研究与艺术史研究密不可分,这在中国古塔的早期调查与研究中也有所体现。在前往福清的同时,艾锷风还来到了福建沿海的另一个文化中心——泉州。早在 1925 年,他便被屹立于泉州城中的开元寺东西塔所震撼。1926 年 10 月—1927 年 1 月,艾锷风与厦门大学国学院教授陈万里、张星烺曾前往泉州进行考察,并于 1928 年对泉州开元寺东西塔进行了全面的拍摄。此后,他与戴密微合作,由其整理照片、撰写绪论和建筑部分,由戴密微对其上的雕刻和造像进行考证,进而于1935 出版了影响至今的著作《刺桐双塔》④。该书虽然著名于世,但直到近百年后的 2019年,方才有学者翻译为中文以飨学林⑤。相比于建筑部分的记录,其中关于雕刻和造像的考证研究视野开阔、论证细致绵密,彰显出作者深厚的汉学功底和艺术史学养,其中早年的照片影像更是为后续的研究保存了真实的一手材料。二人在厦门大学的任教过程虽然短暂,却留下了如此宝贵的学术研究,这既是中国古塔研究历程中的大事,同样也值得当代研究者深思。

(二)调查与研究的推进

由访古到考古,经历了漫长的过程,这既与物质文化资料的积累程度有关,也与不同学科的发展历程有关,同时还与不同的学术传统和学者的学术背景有关。

首先,一般综合性的研究总是在基础资料形成一定规模后才得以展开,而系统性的调查又是在无数阶段性综合研究的基础上得以实现的。在全国古塔资料不断积累的基础上,自 20 世纪 80 年代至 21 世纪初,一些综合性的专著开始出现。罗哲文先生于 1985 年出版的《中国古塔》,从中国古塔的历史、发展、用途、建筑材料、建筑结构、类型、构造等方面对当时发现的古塔建筑进行了系统的梳理,并对代表性古塔进行了介绍性的记录⑥。作为中国营造学社培养的学者,其研究延续了梁思成、刘敦桢等先生建筑史研究的基本思路,其论述框架是此后研究者的基本参考。他的另一本著作《中国古塔概览》基于面向公众的目的,则是对前作的缩略⑦。张驭寰先生是同时代的另一位重要学者,他早年曾做过梁思成先生的助手,研究思路亦多受其影响,前后出版了大量建筑史著作,中国古塔亦是他关注的重点之一。随着刘敦桢先生主编的《中国古代建筑史》⑧奠定行业基础,从 1984 年起,张驭寰先生相继出版了一系列关于古塔的科普性著作⑨,在充分掌握材料的基础上,于 2006 年出版了代表性的学术著作《中国佛塔史》⑩。该书以历史分期为框架组织材料,系统记录并爬梳了当时留存的古代佛塔,同时还对历史已毁的佛塔碑文进行了整理。除了照片和基础数据外,作者还绘制了大量线图,同时对每一类型的佛塔进行了横向的综合对比,其信息量较前代有了显著的丰富,其记录的细节具有宝贵的资料价值。与此同时,作为建筑史学者,他还对北魏洛阳永宁寺塔进行了复原研究⑪,是后来学者进行同类研究的重要基础。吴庆州先生亦有着深厚的建筑史学背景,他对古代佛塔的源流进行了提纲挈领式的归纳,同时从微观上对其中的塔刹形制进行了探讨⑫。

在与建筑史研究并行的另一条路上,萧默先生在 1989 年出版了《敦煌建筑研究》,系统梳理了敦煌壁画中的建筑图像,对其中的佛塔图像进行了专题性的考察。常青在 1998 年出版《中国古塔的艺术历程》一书。他在参考罗哲文《中国古塔》分类框架的基础上,将当时发现的主要古塔以地区、文化内涵和功能为线索,从艺术史的角度对这些古塔建筑进行了梳理和诠释⑬。二十多年后,他在补充材料、重新制图的基础上,对前作进行了修订,并以《浮屠高耸》为名出版⑭。此外,自 20 世纪 30 年代至今,中日学者还持续对云冈石窟中的建筑图像进行考察,其中对佛塔建筑多有牵涉,此间枝节过多,笔者将另文叙述。

对于同一事物的研究,多学科交汇已经成为时代主流。中国考古学的兴起,将人们关注古代物质文化遗存的目光由地上转向地下,同时引起了人们对于古代不可移动文物的广泛关注。相比传统建筑史与艺术史,考古学在年代学方面具有更为突出的长处。随着中国考古学分期与编年框架初步建立,传统建筑史也与考古学走向结合,20 世纪 80 年代,中国历史考古学的奠基人宿白先生在北京大学开设"中国古建筑考古"课程,突破传统建筑史与艺术史的边界,将古代建筑的研究纳入考古学的视野之下,相关讲义亦于近年出版⑮。考古学中与古建筑考古密切相关的另一领域是石窟寺考古,宿白先生将二者结合起来研究,使我们对中国古塔的把握有了更为全面具体的背景和框架。他于 1986 年发表《凉州石窟遗迹和"凉州模式"》,在总结凉州为中心的河西石窟造像特点的同时,对发现的北凉石塔进行了简要介绍⑯。在佛教石窟寺语境下对传统建筑进行考察,这是对前代学者的突破。在此基础上,殷光明对北凉石塔进行了全面的搜集和整理⑰。本文所述福建地区古代石塔中,造像塔是重要的一类,如果追溯此类石塔的源头,便要追溯至此。此类造像塔在唐代得到了充分的发展,朱己祥便对中原东部地区的唐代佛塔形组合式造像塔进行了全面的调查和记录,是我们考察造像塔形制发展的重要参考⑱。在宿白先生的研究框架之下,李崇峰结合印度与中国发现的古塔遗迹,追溯了塔与塔庙建筑的源头⑲。追溯的过程本身,就涉及丝绸之路上的文化交流以及南北朝时期南北方地区的文化交流,对此,晁华山、林立与贺云翱等学者以考古学的视角,分别对新疆地面寺院和六朝都城佛寺中的佛塔建筑进行了考察⑳。考古年代学的判断,不仅基于建筑形制的考察,同时也要对其上的装饰进行类型学分析。对此,徐怡涛梳理了北朝至宋元时期代表性的砖石佛塔,就塔壁装饰进行了型式分析和分期研究,为我们判断无纪年石塔的年代,提供了重要的参考㉑。

资料的丰富与学科的交汇,为新的研究发展奠定了基础。古语所言"管中窥豹,可见一斑",这句话得以成立,需要研究者见过全豹的模样。研究一个区域的文化面貌,离不开对区域之外的全局进行综合观照与全面把握。进入 20 世纪晚期,对于福建古代石塔的研究,人们依然首先想到开元寺前巍巍而立的双塔。然而,在有了全局性的把握之后,对其研究也有了更多深入的可能,王寒枫先生的《泉州东西塔》则是这一阶段的代表性著作。相比艾锷风和戴密微而言,他同时在建筑史与艺术史两个方面对开元寺双塔进行了更为深入的研究。一方面,他全面搜集了当时福建地区的石塔建筑和全国范围内具有代表性的石塔建筑案例。博观而约取,他在宏观把握的基础上,对于历代修补的过程进行了梳理,在雕刻和造像考证上,不仅在前代基础上继续修订补充,同时还辨识了哪些是原塔所建,哪些是后来补刻,这也体现出他自觉的考古年代学意识。另一位泉州学的代表人物是吴文良先生,吴氏父子几十年如一日,地毯式地搜集了泉州地区与宗教有关的石刻材料,其中涉及数量可观的石塔或者与建塔有关的碑刻资料,为这一议题接下来的研究提供了大量的线索㉒。此外,福建沿海地区的石塔建筑的调查和研究,也跨越出早先的泉州和福州,在各地逐渐展开㉓。

进入 21 世纪以后,全国各地以古塔为专题的调查广泛展开,各省都陆续出版了相关的成果㉔。面对资料的涌现,考镜源流、确定年代应当是进行上层分析阐释的基础。对此,很多学者综合考古学、建筑史与艺术史的基本方法,对区域性的古塔遗存进行了考察。例如,以魏祝挺为代表的一批青年学者对浙江地区南北朝至五代时期的各类石塔进行了有益的探索㉕。在此背景下回观福建地区,曾江的《福建古塔》一书,集合了福建地区的古塔资料。该书基于历时数十载的田野调查和记录,汇集了大量的精美照片,为系统研究福建地区古塔,特别是石塔建筑提供了参考索引㉖。有了这样的资料基础,孙群在细致搜集本地资料的基础上,从艺术和人文价值的角度对当地古塔进行了记述。同时,他又以相近的体例,从审美角度对福建地区的古塔进行了综合性的记录和研究㉗。泉州地区一般性的古代石塔亦得到了大量的关注,特别是研究者们将目光从开元寺东西塔上转移到了另一个重要议题上,即闽南地区的宝箧印经式石塔。对此,闫爱宾从建筑技术的角度,讨论了泉州在宋元时期建筑技术的发展,并以泉州地区代表性的宝箧印经式石塔为切入点,进一步考察了闽浙沿海地区的石质经幢[②]。路秉杰等人从建筑史的视角,探讨了泉州地区宝箧印经石塔的形制和发展演变过程。同时他们还以此为参照,从文化交流的角度考察了日本镰仓时期宝箧印经石塔的形成动因[③]。除了与日本的比较外,谢鸿权还将中国古代石塔与欧洲中世纪塔楼进行了比较[③]。对于石质建筑年代方面的讨论也持续展开,楼建龙通过搜集福建沿海地区的石质经幢,概括了基本形制和变化特点[④]。梁源从考古学的角度,系统整理了泉州地区具有纪年题记的石构建筑,并讨论了其形制和演变过程。相比其他研究者,他对典型遗迹均绘制了线图,并且通过编年方式,为我们搭建起这一地区石构建筑的年代标尺,是我们进一步对其进行阐释的重要基础[⑤]。东南沿海自古多台风和地震灾害,许多古塔皆毁没于地震之中,因而还有研究者从建筑性能的角度,对泉州地区古代石构建筑的抗震性能进行了研究[⑥]。

(三)研究现状

上述作者及其研究为我们搭建起了中国古塔研究的基本框架。从中可见,从游古、访古到考古的过程中,艺术史、建筑史、考古学等不同学科在这一议题上走向交汇。

交汇的过程无疑会带来研究视角的扩大,不同的学科有不同的专长,有助于帮助我们对物质文化有全方位的理解和把握。近年来,除了以上述传统学科为出发点外,针对古塔建筑的宗教和社会属性,还有研究者将宗教学、社会史、中外交流史视角引入古塔研究之中。例如,吴天跃对浙江地区的宝箧印经式塔予以了长期关注,但他并不满足于单纯的形制和年代讨论,而是在此基础上将其与吴越国时期的宗教和艺术紧密结合起来,同时还将视野扩展至整个东亚地区,对韩国和日本的同类资料进行了梳理和整合[④]。此外也有学者对这一议题进行了述评式或个案式的分析[⑤]。浙江地区是吴越国的核心地区,福建地区宋元以来的宝箧印经式石塔深受吴越国文化的影响,因此这些研究都有助于我们对福建地区的同类石塔进行更深入的研究。与石质建筑相似的一类建筑形式是金属类建筑,此类形式在材料特点和社会功能上,都与石质建筑有所关联。张剑葳在对中国古代金属建筑进行研究的过程中,不仅关注到其考古年代学特点、建筑发展历程以及其艺术与审美层面,更关注到其上的题铭,从而梳理出了募资人、主持者、工匠与功德主等完整的社会网络,进一步从社会史的角度对物质文化进行更全面的考察[⑥],这对于我们考察福建地区古代石塔亦有充分的借鉴价值。此外,传统艺术史学者也不断走出藩篱,将建筑史和考古学视角引入到自身研究中,形成了综合式的研究视角。例如,林伟正在考察浙江闸口白塔时,既有考古年代学角度的讨论和对于建筑结构、样式的分析,同时他还将这些内容融入艺术史对于图像组合和宗教空间概念的分析中,这也为我们讨论石塔的功能和影响提供了更多的面向[⑦]。

不过,研究视野和视角是一个方面,具体落实到福建本地的石塔建筑,综观当前研究还有以下几个方面的问题。首先是石塔的分类问题,即当前研究中对于石塔的命名存在不同程度的混乱。一是命名不准确,或是名目众多,但是细察则发现与实际材料无法对应;或是分类缺乏依据,还需进一步细分。二是分类标准不统一,例如很多研究中,有的是按照形制分类,有的则是按照功能分类,材料分类在逻辑上存在重叠和杂糅;还有很多研究在自身命名时存在前后矛盾,在同一研究中,对同一类型存在不同的命名,从而造成混乱。第二是年代学问题。一方面目前石塔的年代判断存在一定程度的混乱;但是另一方面,目前科技手段对于石质材料的分析仍然存在一定局限,因而年代辨识主要依靠的是纪年题记、考古类型学与艺术史的风格分析方法,这些方法本身也有不同程度的限制。特别是石质建筑存在着晚期修补或重塑的现象,因而单纯依靠早期的题记,不一定就能得出准确的使用年代信息。换言之,对于年代的讨论,应当介入考古学中器物的制造、使用、废弃、埋藏、重制等完整过程的思路予以全面观察,而不能仅仅关注其始建年代。第三是资料研究的广度与深度问题。尽管目前资料的积累已颇为可观,但是研究的广度仍然相对局限。例如对于石塔而言,大部分的研究仍然集中关注于福州或泉州等沿海区域文化中心的石塔,对于戴云山以北的山岳地区,相关石塔则鲜有涉及。此外,大部分研究还是着眼于雕刻精美的佛塔,对于造型朴素但实则在区域社会史上具有纪念意义的一般性石塔则较少关注。此外,对于大型石塔而言,多数研究仍然停留在个案分析上,而未能将其有机串联钩稽。就研究的深度而言,考古学研究的展开应以提出合理的问题为前提。在人文研究领域,物质文化层面的讨论中,物质材料固然是论证的基础,但其核心则应当是人,以及人的组织方式、行为方式、思维方式与观念认知。同时,新技术的引入也是必要的,利用 GIS 与三维建模等新的技术手段,将有助于我们发现更多可视化的细节,从而推进问题讨论的深入。

二、福建地区古代石塔的基本分类

(一)形制

对于中国古塔的分类,前人研究中主要有以下几种代表性分类框架:第一种是伯施曼的分类,他首先将宝塔分为大型宝塔和其他形式宝塔两类。在大型宝塔中,又细分为级塔、天宁方塔、叠层塔、层塔、外廊层塔、琉璃塔、石塔、群塔几种类型;在其他形式中又细分为铁铜塔、墓塔、香塔、内塔几种类型[⑧]。第二种是鲍鼎的分类,他将古塔分为楼阁型、砖塔型、石塔型三种类型,又在细部上分别讨论其平面及层数、基台、基座、柱额、斗拱、塔檐、平座及栏杆、门窗、塔刹、雕刻等内容[⑨]。第三种是罗哲文的分类,他将古塔分为楼阁式、密檐式、亭阁式、花塔、覆钵式—喇嘛塔、金刚宝座式、宝箧印经式、过街式和塔门、塔林及其他几种类型[⑩]。伯施曼的分类方式由于标准不统一而争议较大。鲍鼎的分类亦存在将造型和材质杂混分类的问题,但是其在细部要素的分类上较为具体,提供了更为详尽的观察点。罗哲文的分类主要基于古塔的基本形制,分类标准相对统一,亦为其后研究者普遍参考沿用。例如,常青在其古塔专著中,便基本沿用了罗哲文的分类方式。

目前,业已公布的各种材料中,包括石质经幢在内的福建石塔共有 205 座。从 2021 年上半年至今,我们实地调查了其中的 105 座。依据形制的不同,在参考前人对中国古塔分类的基础上,结合福建地区石塔的结构特点,我们将其分为楼阁式塔、亭阁式塔、宝箧印经式塔、多宝式塔、覆钵式塔、造像塔及其他几类。楼阁式与亭阁式塔是中国古塔的基本类型,也是福建大型石塔的基本类型。宝箧印经式塔的基本造型可溯源至山东历城四门塔的塔刹结构,其来历又可见于日本金刚寺藏保康二年(965 年)《宝箧印经记》中,故名"宝箧印经塔"。其形制与《广弘明集》与《唐大和上东征传》所记阿育王塔形制相类,故又名"阿育王塔"。在吴越国至北宋时期古塔地宫中,常有此类形制塔的模型出现,所存遗物多为金属质地,通体鎏金,又被称作"金涂塔"[①]。从五代至宋元时期,宝箧印经塔由浙及闽,在福建地区极为流行。在连江县南门城楼西下墙发掘所见石塔地宫中,曾出土金涂塔一座,年代在吴越国钱俶时期。福建所见的宝箧印经式石塔形制与此基本一致。多宝式和覆钵式石塔是对印度传统窣堵坡式佛塔的改制,其中多宝式塔常以五座或七座的组合出现于寺庙中。其中,七佛式塔较多出现于闽浙一带,此前有学者对浙江地区的七佛塔进行了集中讨论[②],此类组合在宋代的福建地区同样值得关注。造像塔是中国古代石塔中一类较为特别的佛塔类型。这类石塔自北朝晚期兴起,至唐宋以后蔚然大观。作为与造像塔相关的一类石质建筑,经幢不仅出现在寺庙中,同时作为祈求冥福之寄托而在福建民间使用广泛,此类由于篇幅所限,笔者将另文专述。

1.楼阁式塔

塔基、塔身与塔刹以仿木结构楼阁形式表现,层数在三层以上。依据塔身是否可登分为两型。

A 型,塔身空心可登,仿木结构。塔基设须弥座,转角设圆形倚柱,塔刹完整。依据塔身层数、收分情况、塔身装饰形式、斗栱表现形式、各层门窗布局等因素分为三亚型。

Aa 型,塔身七层,平面八角,收分相对其他两型较少或不明显。塔身装饰较为朴素,多在各层门窗两侧设龛置像,个别施以浮雕。底层塔门两侧设置守塔武士或文官。斗栱结构相对简单。各层仅开一门,且朝向不统一。依据塔身收分情况分为两式。

Aa 型 I 式,收分相对较小。以福州乌塔、福清水南塔、福清瑞云塔、福清鳌江宝塔、福清迎潮塔、福清万安祝圣宝塔、福清紫云宝塔、长乐圣寿宝塔、永泰联奎塔、莆田东吴村石塔、南平延平万寿塔等为例(彩版 28-1)[③]。

Aa 型 II 式,收分明显。以福安凌霄塔、福州罗星塔、诏安祥麟塔、云霄石矾塔等为例(彩版 28-2)。

Ab 型,塔身五层,平面八角,各层收分相对明显。塔身及须弥座装饰华丽,须弥座以雕刻形式表现佛传故事,塔身各层每面对称施以题材相近的浮雕人物。斗栱雕刻精细,突出表现仿木结构特征。各层开不止一门,方向交错。以泉州开元寺东西塔、石狮六胜塔、莆田广化寺释迦文佛塔为例(彩版 28-3)。

Ac 型,塔身五或七层,平面八角,塔身装饰较为朴素。仅以塔檐表现仿木结构,斗栱基本不表现。各层仅开一门或不开门,无窗或以小龛代窗。以福州金山寺塔、闽清台山石塔、屏南瑞光塔、莆田龙华双塔、仙游望夫塔、同安凤山石塔、石狮姑嫂塔为例(彩版 28-4,1,2)。

Ad 型,塔身五层,平面四角或六角,塔身多无装饰。以清流海会塔、莆田塔仔塔为例(彩版 28-4,3)。

B 型,塔身实心,不可登。塔基大多无须弥座,转角大多无倚柱(少数设须弥座或方形倚柱),斗栱多不表现。塔身各层装饰朴素,多为素面,或开假门或小龛。依据塔身层数、石料砌筑方式、塔身门窗布局、塔身装饰等因素分为以下四亚型。

Ba 型,整体形制与 Aa 型Ⅱ式相似,但实心不可攀登。塔多为七层八角,每层开辟券门,二层以上每层开龛,塔檐叠涩伸出。转角设方形倚柱,上刻题记。以罗源巽峰塔、霞浦虎镇塔为例(彩版 28-5,1)。

Bb 型,塔身七层以上,平面八角,各层有收分。每层塔檐伸出,各面开龛,周围以浮雕形式表现仿木门窗,门窗两侧装饰人物或花卉浮雕。以古田吉祥寺塔为例(彩版 28-5,2)。

Bc 型,整体形制与 Ac 型相似,层数五层或七层,巨石砌筑有序,以出檐表现仿木结构,无斗栱,装饰朴素。以德化驷高石塔、延平剑津双塔、顺昌龙山塔、仙游东山塔、同安东界石塔、建宁联云塔为例(彩版 28-5,3)。

Bd 型,塔多为五至七层不等,平面以六角或四角为主,各层有收分,石料切割较为粗糙,砌筑较为随意。无斗栱,仅以简易塔檐表现仿木结构。以沙县罗邦塔、松溪回龙塔、三明八鹭塔、漳浦塔山塔、安溪雁塔、安溪铁峰山塔、福州青富石塔、永春佛力塔、长乐坑田石塔等为例(彩版 28-5,4)。

2.亭阁式塔

塔基、塔身、塔刹以仿木结构亭阁形式表现,层数不超过三层。依据塔身是否可登、具体形制、砌筑方式等因素分为以下三型。

A 型,空心可登,塔基设须弥座,转角设圆形角柱,塔刹完整。依据平面形状、收分情况、塔身装饰形式、塔内楼梯设置方式分为三亚型。

Aa 型,平面八角形,塔收分明显,空心。塔基设须弥座,塔身每层四正向设券门,塔檐叠涩挑出,设平座。塔檐、塔门两侧龛内或石柱上施以浮雕装饰,塔刹由多层相轮组成。塔内楼梯沿墙可旋至二层。以仙游九座寺无尘塔、莆田东山报恩寺塔为例(彩版 28-6,1,2)。

Ab 型,整体形制与楼阁式塔 Aa 型Ⅰ式相似,但仅三层,平面八角形,塔身收分不明显,每层开一门,其余各面开龛,龛内饰以浮雕。转角设倚柱,柱上刻楹联。斗栱仅表现转角斗栱。一层台阶旋至二层,二层至三层则为之字形直上形式。以仙游槐塔为例(彩版 28-6,3)。

Ac 型,平面圆形,有收分,塔身无装饰。以石狮武堡塔为例。

B 型,不可登,仅为象征性塔式模型。依据平面形制和塔身、塔檐结构分为两亚型。

Ba 型,平面八角形,如意角须弥座,八角攒尖顶,檐上雕瓦垄,檐面饰瓦当和滴水。这种形制还可见于甘肃武威西夏时期刘姓墓所出墓塔中[①]。以连江妙真净明塔、罗源月公大师塔、罗源慈公大师塔、顺昌启祥和尚塔、松溪华严寺舍利塔、福州彭山海会塔、福清幻生文禅师塔为例。

Bb 型,塔身方形或覆钵形,空心二柱,塔檐为二至四层重檐,葫芦形或宝珠形塔刹。以泰宁宝盖山舍利塔为例。

C 型,单层方形,空心可进入,以不规则形状块石垒筑而成。塔室券顶,塔顶用青瓦铺设,顶脊突出,檐角飞翘,葫芦形塔刹。以顺昌黄公禅师塔、顺昌青云寺墓塔为例。

3.宝箧印经式塔

由雕刻各类浮雕的须弥座、刻画佛像或佛传故事的方形塔身多重相轮的塔刹组成。其中传统佛塔上的仿木结构被塔身顶部四角的山花蕉叶所替代。结合纪年可知,目前大多数的宝箧印经式塔雕刻于两宋时期,但大量的石塔在明清时期,通过增加方形台基或是须弥座的方式被加以重塑。因此,我们依据是否加以重塑,将其分为两型。

A 型,即典型的宝箧印经式塔形制,以福州鼓山万寿塔、福州神晏国师塔、同安西安桥婆罗门塔、泉州开元寺阿育王塔、晋江文兴石塔、晋江刘埯塔、晋江后湖石塔、晋江塘下石塔、石狮塘园石塔、惠安洛阳桥月光菩萨塔、永春井头塔等为例(彩版 28-7)。

B 型,在原有宝箧印经式塔的基础上被加以重塑。依据重塑的方式分为两亚型。

Ba 型,加方形台基,层数为一至三层不等。以长乐普塔、闽侯枕峰桥塔、同安安乐村塔、同安下土楼石塔、泉州盘光桥塔、晋江潘湖石塔、南安诗山塔、惠安长新双塔等为例(彩版 28-8,1、2)。

Bb 型,加须弥座,以仙游天中万寿塔、长泰真应岩石塔等为例(彩版 28-8,3)。

4.多宝式塔

多宝式塔通常为单层,由八角形须弥座、球形塔身、八角形塔檐及多重相轮组成,其间装饰仰莲或覆莲,以往研究多称其为"球形塔"或"瓜棱形"塔。此外,也有将多宝式塔与方形造像塔相结合形成多层的类型,或是在原有基础上加台基进行重塑的类型。依据单层或是多层之别,将其分为两型。

A 型,单层。以同安禾山石塔、漳州南山寺多宝塔、泉州开元寺多宝塔、泉州承天寺多宝塔、南安五塔岩多宝塔、惠安浮山石塔、惠安洛阳桥多宝塔为例(彩版 28-9)。

B 型,多层。以晋井双塔、南安榕树塔、安溪进宝双塔、永春蓬莱双塔、长乐礁石塔等为例。

5.覆钵式塔

覆钵式塔通常在塔基设须弥座,塔身为覆钵状条形块石砌筑,塔身辟壶门,门额及须弥座大多以浮雕装饰,塔刹多为宝珠或葫芦形顶。以宁德霍童支提寺舍利塔、福州隐山藏骨塔、福州云庵海会塔、福清灵石山舍利塔、闽侯仙踪寺海会塔、闽侯达本祖师塔、连江宝林寺舍利塔等为例。

6.造像塔

造像塔以仿木结构楼阁式塔样式出现,但在体量、位置和功能等方面又与一般楼阁式塔有别。通常由须弥座、多层带檐塔身、塔刹组成。须弥座上常浮雕如意圭角、仰莲、覆莲、动植物纹饰或是托举力士。各层开龛雕刻佛像,每龛一身或是三身。也有的在各层雕刻仿木门窗结构、八字真言。有的石塔在塔身或塔基处还会刻纪年、工匠姓名或是祈愿题记。另有部分石塔各层素面。依据石塔层级数将其分为两型。

A 型,七层及以下。依据平面形状分为三亚型。

Aa 型,平面八角形。按照塔刹样式、塔檐样式、塔身各层装饰还可细分,由于篇幅所限,笔者将另文专述。以福州开元寺塔、福州文光宝塔、福州武威塔、福州圣泉双塔、福州绍岐明光宝塔、福清五龙桥塔、福清龙江桥双塔、闽侯庵塔、闽侯青圃石塔、闽侯莲峰石塔、连江护国小塔、泉州崇福寺应庚塔、南安永济宝塔、南安凤聚塔、惠安平山石塔、惠安洛阳桥塔、仙游出米岩塔、顺昌白龙泉塔、宁德报恩寺塔、福鼎太姥山楞伽宝塔、清溪报恩寺塔、霞浦云峰寺塔等为例(彩版 28-10)。

Ab 型,平面六角形。以仙游九座寺双塔、政和镇龟塔等为例(彩版 28-11,1)。

Ac 型,平面方形。以闽侯镇国宝塔、福安泗州宝塔、漳浦聚佛宝塔为例(彩版 28-11,2)。

B 型,七层以上。依据平面形状分为两亚型。

Ba 型,平面八角形。以宁德同圣寺塔、福安倪下石塔、古田幽岩寺塔、罗源万寿塔等为例(彩版 28-12)。

Bb 型,平面六角形。以政和乾清坤宁宝塔为例。

7.其他类

除了上述几种类型外,还有一些特殊类型的石塔未能纳入其中,我们以下专门对其进行分类(彩版 28-13)。

A 型,将楼阁式、多宝式与造像塔或经幢相互组合形成新的形制。例如晋江江上塔便是将楼阁式与经幢相结合,东山东门屿文峰塔与厦门埭头石塔,便是将楼阁式与造像塔相结合,惠安仙境塔是将多宝式与造像塔相结合。

B 型,未能完成建造的楼阁式或亭阁式塔。以连江仙塔与普光塔为例,即由于各种原因,仅完成一层或两层。

C 型,以河卵石按照重层圆形的结构进行堆砌,在顶层圆心砌筑象征性的塔刹。以永春高垄塔、长泰山重石塔为例。

D 型,在覆钵式塔的基础上,在外层刻画塔檐,内部空心以设置供台。以漳平天台庵舍利塔、福鼎仙翁塔为例。

E 型,非实体性的塔,而是置于巷口墙体上,如泰山石敢当类的塔形碑刻。以晋江安海佛永安石刻塔、五房崎石刻塔为例。

(二)功能

在以往分类中,有不少分类框架将形制、材质和功能混在一起。事实上,同一形制的石塔可以用于不同的场合,或是同时承担多种不同的功能;不同形制的石塔,亦可用于同一场合或是同时承担同样的功能。因此,对于石塔功能的讨论,应当以形制划分为基础。在此基础上,我们按照功能标准大致可将福建地区古代石塔分为四类。

第一类是寺塔。早期佛教寺院中,塔被称作"浮屠"或"佛图",是寺院中的主体建筑。唐宋时期,随着寺院布局形式的变化,寺院主体由以佛塔为中心转变为以佛殿为中心,佛塔常被立于寺院主殿前两侧或东西对称分布。宋代以后,福建地区佛教寺院中的塔常为石质,作为寺院宗教空间的重要坐标点,具有相对明确的宗教礼拜功能。同时,塔上的浮雕装饰常为世俗信徒供养捐赠,塔身上亦会雕刻供养人的姓名信息,作为祈福供养的媒介,联结着宗教与世俗世界。宋元以后,寺院石塔体量日益缩小,雕刻装饰趋于简化,一部分模式化的小型石塔继续发挥此类宗教礼拜功能。在福建地区古代石塔中,寺塔涉及以下几种类型:楼阁式塔 Aa 型Ⅰ式、Ab 型、Ac 型,亭阁式塔 Aa 型,宝箧印经式塔 A 型,造像塔 Aa 型、Ab 型、Ac 型、Ba 型。

第二类是风水塔。福建地处东南沿海,沿海地区多受台风影响,日常生活与出海航行皆需应时祈风。山岳地区丘陵遍布,闽江、晋江、九龙江、漳江等分布流域均受地形影响,河网交通构成了古代福建山区的基本网络,因而闽东北的廊桥与闽中、闽东和闽南的石桥则是交通线上的重要节点。在这些桥梁的头尾部分,常常设立石塔以镇压水患。此外,在山区的山顶或是山界上,也常树立石塔,作为界标的同时,以起到镇风镇水之功用。风水观念自南北朝以来,即伴随着南方地区的开发逐渐成为地方社会的一种知识传统。风水与景观的结合,也融入了福建先民基本的审美意识中。风水不光关乎自然,也关乎文运。宋元以来随着科举兴起,福建地区走出了一代代大儒,文风不仅关乎地方文化传统的传承与延续,也关乎地方与中原主流文化传统的联结。在明代中后期,许多府城或县城的文庙均统一建筑文风塔,此类塔常沿用唐代“雁塔题名”之典故,以达到兴教育人之寓意。风水塔涉及以下几种类型:楼阁式塔 Aa 型Ⅰ式、Aa 型Ⅱ式、Ac 型、Ad 型,亭阁式塔 Ab 型,宝箧印经式塔 A 型、B 型,多宝式塔 A 型、B 型,造像塔 A 型、B 型,其他类 C 型。

第三类是航标塔。在海洋考古领域中,我们的关注点不仅仅在于出港后不幸沉没的沉船及其上以瓷器为大宗的器物,也不仅仅在于港口或码头遗址,同时也在于陆地之上指引航路的航标。福建沿海地区宋元至明清的大量石塔都充当着航标的功能,它们在分布、形制规格和装饰样式上存在着时代性的变化,而这种变化又与宋元至明清贸易海港的变化、中央的海洋贸易政策与地方社会民间宗教的发展有密切关系。此外,除了海港的灯塔,在主要江河的航道中央或是支流两岸村落的高地上,也会树立小型石塔作为航标之用。航运和漕运共同搭建起的航路网络,其实也是历史时期海洋考古的重要议题之一。航标塔涉及以下几种类型:楼阁式塔 A 型、Ba 型、Bc 型、Bd 型,亭阁式塔 Ac 型,宝箧印经式塔 A 型、B 型,多宝式塔 B 型,造像塔 Aa 型、Ac 型、Ba 型,其他类 A 型、B 型。

第四类是墓塔。此类石塔最符合佛塔原初的内涵,主要用于供养舍利或作为僧侣的墓冢。墓塔涉及以下几种类型:亭阁式塔 B 型,覆钵式塔以及其他类 D 型。

此外,大多数石塔存在复合功能,即充当航标塔的同时,也充当着风水塔;或是充当风水塔或航标塔的同时也存在宗教礼拜的功能。这些都揭示出,福建地区古代石塔与中原北方地区石塔的功能差别,这背后则是宗教、商业与社会诸面相的复杂关联。

三、福建地区古代石塔的年代与分布

五代至南宋后期是福建地区古代石塔发展的第一个时期。这一时期出现了福州与泉州两个石塔分布的中心。

福州地区作为隋唐以后福建的政治文化中心,将本土和来自中原北方地区的文化因素汇聚起来,同时还聚集了大量的工匠,是福建石塔分布的中心之一。以此为中心,这一地区形成了具有历史传承的工匠传统。结合纪年题记及建塔碑铭,该地区古代石塔最早可追溯至五代十国。闽国国主王延曦于941年(闽国永隆三年,后晋天福四年)在福州净光塔基础上重建"崇妙保圣坚牢塔",即福州乌塔。该塔也奠定了福州地区石塔的基本形制特点,其后的福清水南塔、长乐圣寿宝塔等皆在此种形制上进行损益调整,即楼阁式Aa型Ⅰ式。除了大型石塔,福州地区寺庙广布,其中多见各类造像塔、多宝式塔、覆钵式塔,同时还兼具了多种功能。除了地方府城的官员外,寺庙的僧人往往是地区筹建石塔的募资人,构成了供养人和工匠群体之间的纽带。

宋室南渡后,受到南宋政权的内部政策和财政来源的客观形势影响,官方的海上贸易得到了发展,泉州作为当时东方的第一大港,也迎来了其发展的黄金阶段。以海上贸易为纽带的商业和宗教交流,使得"刺桐城"声名远扬,来自不同文明、不同地区、不同身份、不同宗教背景的人群在此汇集,造就了"半城烟火半城佛"的盛况。最具代表性的泉州开元寺东西塔正是在这一背景下修建而成的,泉州地区其他的大型石塔,也大多是在这一时期始建而成。除此之外,由于禅宗的盛行与佛教士大夫化的影响,佛教往往与民间社会形成了一种彼此交融的默契,因而大量的石经幢和造像塔在这一时期产生,不仅仅代表了佛教的繁盛,也体现出地方社会以之为纽带形成了一定的规模。城市规模的扩大使得区域之间需要走向联结,于是许多宏大的桥梁建筑也在这一时期内修建而成,作为桥梁的附属建筑,一大批小型石塔应时而生。风水观念、导航需求与宗教文化融会在一起,使得这一地区的石塔种类多样,功能交织,独具特色。

南宋后期至明代中期是福建地区古代石塔分布的第二个时期。福州地区作为石塔分布的中心之一,工匠和文化传统继续发展,同时还从沿海一面沿闽江一线向延平方向持续扩散,一面沿海向北往福宁州方向扩散,从而形成了延平府和福宁州两个新的分布中心。在顺昌余墩白龙泉塔上,就出现了关于福州石匠的题记,表明福州工匠系统向山区的扩散;与此同时期的宁德一带,也出现了与宋代福州地区相似的造像塔。两个新形成的分布区域中,逐渐形成了本地建筑材料与外来样式相结合的特点,表现出山岳地区的开发情况。

明代后期至清代中期是福建地区古代石塔分布的第三个时期。这一时期出现了以下几个现象。一是沿海地区航标塔的大量修建,沿海的航标塔将闽江、木兰溪、晋江、九龙江、漳江等联系沟通起来。其中,在莆田东吴村石塔与福清地区明代石塔形制相似,而与泉州地区有别,可见受明初海禁政策影响,泉州港从元代至明清地位下降,福州的工匠传统在这一时期也强势而下。而隆庆开关后,闽南地区的外销港口也由泉州港向月港转移,与此同时,漳州一线的航标塔得到了充分的发展。此节我们将在另文中结合 GIS 空间分析具体说明。二是早期宝箧印经石塔的重塑,即在漕运码头旁,将宋代以来的宝箧印经石塔进行加高重塑,从而形成新的航标或是风水塔。这在福州府城以外的乡间有所表现,以长乐普塔为例。这一现象集中出现于泉州地区,特别是泉州府城以外的南安、晋江、石狮等地的河道旁或山界上。而围绕这些石塔还形成了大量的民间故事,构成了物质背后的口述传统。此节我们将结合口头文本的田野调查,在另文中予以讨论。三是自明代后期倭寇基本平定之后,在万历年间,各个府城或县城中集中修建文风塔。其形制虽各具地方传统,但是都以兴办文教为主要导向,在晚明时期,这样的现象是值得关注的。此外,在以延平为中心的山区,独具地方文化特色的风水塔也大量修建,揭示出这一地区的持续开发。清雍正二十年(1734 年),福宁州升为福宁府,以此为中心,大量石塔开始修建,但其形制特点已经与福州传统有所不同。

清后期是福建地区古代石塔发展的第四个时期,这一时期有两个特点,一是山岳地区乡土社会中风水塔的大量修建,表明晚清时期地方社会的继续发展;二是嘉庆年间漳州地区新建了固定形制的航标塔,这很大程度上与月港的地位变化有关。

四、结语

回顾学术史,对于福建地区古塔的发现与研究,从 20 世纪初以来,可以归纳为"游古""访古""考古"三个阶段。三个阶段的递进变化,既是学术视角和学术传统的转变,同时也体现出我们对于地方社会和地方性知识认识的态度变化。多元一体是中华文明的基本特点,只有对地方社会有足够深入的理解,对"多元"有更准确的把握,才能更好地塑造和凝聚"一体"。在资料的搜集过程中,我们在补充数量的同时,还应尽可能做到记录的系统化。同时,应当继续加强问题意识,在解决年代学问题的基础上,结合多学科、多技术来提炼更多议题。例如,从木质楼阁到石质仿木,对于传统建材的象征性与符号化,其实蕴含了更多的观念问题。又如,基于 GIS 对航标塔进行空间分析,有助于我们在可视化的过程中,更全面地把握宋元以来航路网络的形成。再如,明清时期石塔的重塑现象,背后是社会网络的重新组织,不同文化中心工匠系统的交织,具体如何呈现,这些都是历史考古有待解决的问题。此外,福建沿海地区的石塔,还是海洋文化遗产的组成部分,对其利用保护不仅关系到其原真性价值,同时也关系到地方社会的持续发展。

总体来看,福建地区古代石塔的分布以山海结构为基本骨架,形成了由沿海向山地扩展的基本格局,在发展过程中形成了四个阶段,并从福州地区开始依次形成了四个分布中心。这些石塔不仅与宗教相关,同时还将各个流域和山系联结起来,既体现出人们在对地方自然环境开发过程中,形成了一套独特的地方社会传统,也体现出人们在联结山岳和海洋的过程中,形成了一套基于实用而又超越功利的山水观念。最后,让我们回到学术史之初,引用艾克在《福清二石塔》中的一句话做结:"站在最上层平座上,只看见海风吹送的白云,又高又白又明朗。云影向西移动,爬过田野,爬上山头,一直向福建的山水里融合消失了。"⑮当我们登临塔顶远望时，我们应当记住，即使是枯燥繁琐的研究，也始终有着人文关怀，以及源于自然山水的浪漫。

注释：

①Ernst Boerschmann，*Die Baukunst und religiöse Kultur der Chinesen*，Vol.03，Pagoden：Berlin und Leipzig，1931. 中译本参见（德）恩斯特·伯施曼著，张胤哲、李学敏译：《中国宝塔Ⅰ》，广东人民出版社，2021 年；（德）恩斯特·伯施曼著，（德）魏汉茂整理，张胤哲、代荣欣译：《中国宝塔Ⅱ》，北京日报出版社，2022 年。

②（德）艾克著，梁思成译：《福清两石塔》，《中国营造学社汇刊》1933 年第 4 卷第 1 期。

③鲍鼎：《唐宋塔之初步分析》，《中国营造学社汇刊》1937 年第 6 卷第 4 期。

④Gustav Ecke，Paul Demieville，*The Twin Pagodas of Zayton*，Cambridge：Harvard University Press，1935.

⑤（德）古斯塔夫·艾克、（法）保罗·戴密微著，林雱、姚鸣琪译：《刺桐双塔》，九州出版社，2019 年。

⑥罗哲文：《中国古塔》，中国青年出版社，1985 年。

⑦罗哲文：《中国古塔概览》，外文出版社，1996 年。

⑧刘敦桢主编：《中国古代建筑史》，中国建筑工业出版社，1984 年。

⑨张驭寰：《中国名塔》，中国旅游出版社，1984 年；《中国古塔精粹》，科学出版社，1988 年；《中国塔》，山西人民出版社，2000 年。

⑩张驭寰：《中国佛塔史》，科学出版社，2006 年。

⑪张驭寰：《对北魏洛阳永宁寺塔的复原研究》，《建筑史论文集》2000 年第 13 期。

⑫吴庆州：《佛塔的源流及中国塔刹形制研究》，《华中建筑》1999 年第 4 期；《佛塔的源流及中国塔刹形制研究（续）》，《华中建筑》2000 年第 2 期。

⑬常青：《中国古塔的艺术历程》，陕西人民美术出版社，1998 年。

⑭常青：《浮屠高耸：中国古塔》，文物出版社，2022 年。

⑮宿白：《中国古建筑考古》，文物出版社，2009 年。

⑯宿白：《凉州石窟遗迹和"凉州模式"》，《考古学报》1986 年第 4 期。

⑰殷光明：《北凉石塔分期试论》，《敦煌研究》1997 年第 3 期；《北凉石塔述论》，《敦煌学辑刊》1998 年第 1 期。

⑱朱己祥：《中原东部唐代佛堂形组合式造像塔调查》，甘肃文化出版社，2021 年。

⑲李崇峰：《塔与塔庙窟》，《佛教考古：从印度到中国》，上海古籍出版社，2014 年。

⑳晁华山：《印度、中亚的佛寺与佛像》，文物出版社，1993 年；林立：《新疆古代地面佛寺研究》，科学出版社，2018 年；贺云翱：《六朝都城佛寺和佛塔的初步研究》，《东南文化》2010 年第 3 期。

㉑徐怡涛：《公元 5 至 13 世纪中国砖石佛塔塔壁装饰类型分期研究》，《故宫博物院院刊》2016 年第 2 期。

㉒吴文良著、吴幼雄增订：《泉州宗教石刻》，科学出版社，2005 年。

㉓蒋剑云：《福建沿海部分石塔》，《古建园林技术》1989 年第 3 期；吴天鹤：《福建莆田广化寺释迦文佛石塔》，《文物》1997 年第 8 期；陈文忠：《莆田广化寺释迦文佛石塔》，《法音》2004 年第 8 期；曹春平：《福建仙游无尘塔》，《建筑史》2008 年第 23 辑。

㉔徐华铛：《中国古塔造型》，中国林业出版社，2007 年；赵克礼：《陕西古塔研究》，科学出版社，2007 年；汪建民、侯伟：《北京的古塔》，学苑出版社，2008 年；湖北省古建筑保护中心：《湖北古塔》，中国建筑工业出版社，2011 年；重庆文化遗产保护中心编：《重庆古塔》，科学出版社，2013 年；甘肃省文物局编：《甘肃古塔研究》，科学出版社，2014 年；赵佳琛：《房山古塔》，北京联合出版社，2016 年；徐进：《陕西古塔

全编》,西北大学出版社,2019 年。

㉕魏祝挺:《吴越国经幢初步研究》,《东方博物》2016 年第 4 期;《闸口白塔原名及营造年代考》,《东方博物》2017 年第 3 期;《唐五代铁塔略考》,《东方博物》2018 年第 3 期;《5—8 世纪东亚地区八角塔的起源及其发展》,《云冈研究》2021 年第 4 期。

㉖曾江:《福建古塔》,福建美术出版社,2015 年。

㉗孙群:《福建遗存古塔形制与审美文化研究》,九州出版社,2018 年;《福州古塔的建筑艺术与人文价值研究》,九州出版社,2019 年。

㉘闫爱宾:《中国宝箧印塔的研究历史及现状》,《第四届中国建筑史学国际研讨会论文集:全球视野下的中国建筑遗产》,同济大学出版社,2007 年;闫爱宾、宾慧中:《11~14 世纪泉州石建筑发展成就概论》,《第五届中国建筑史学国际研讨会论文集》,东南大学出版社,2009 年;闫爱宾:《宋元泉州石建筑技术发展脉络》,《海交史研究》2009 年第 1 期;闫爱宾:《钱弘俶、汉传密教与宝箧印塔流布》,《兰州理工大学学报》第 37 卷《2011 年中国建筑史学学术年会论文集》,2011 年;闫爱宾、宾慧中:《浙闽沿海石经幢初步研究》,《2012 年中国建筑史学会年会暨学术研讨会论文集》,辽宁科学技术出版社,2012 年。

㉙路秉杰、王晓帆:《福建泉、厦石造宝箧印塔的类型及演变》,《同济大学学报(社会科学版)》2005 年第 3 期;路秉杰、张毅捷:《从佛教的发展背景看镰仓时期石造宝箧印塔的形成》,《建筑史》2012 年第 2 期。

㉚谢鸿权:《福建唐宋石塔与欧洲中世纪石塔楼之比较》,《华侨大学学报》2006 年第 2 期。

㉛楼建龙:《福建沿海石经幢研究》,《福建文博》2002 年第 1 期。

㉜梁源:《福建泉州地区纪年石构建筑的形制特征及演变》,《福建文博》2020 年第 1 期。

㉝雷土成、林定源:《福建省泉州地区古代石构建筑概况及其抗震性能(综述)》,《国际地震动态》1982 年第 11 期;蔡辉腾、郑师春、李云珠、黄莉菁:《泉州镇国塔抗震能力探讨》,《建筑结构学报》2007 年第 S1 期。

㉞吴天跃:《日本出土的吴越国钱俶造铜阿育王塔及相关问题研究》,《艺术设计研究》2017 年第 2 期;《钱俶刻印〈宝箧印经〉与吴越国阿育王塔之关系重考》,《世界宗教研究》2020 年第 4 期;《南京北宋长干寺七宝阿育王塔所见五代至宋江南舍利装藏之变》,《艺术探索》2021 年第 2 期;《韩国出土的吴越国钱俶造铜塔和石造阿育王塔研究》,《美术学报》2019 年第 5 期;《定名、叙事与图像:宋代阿育王传说和罗汉题材图像中的"阿育王塔"》,《艺术学界》2021 年第 1 期。

㉟赵永东:《吴越国王钱俶三印〈宝箧印经〉与造金涂塔、雷峰塔的缘起》,《东南文化》2004 年第 1 期;黎毓馨:《吴越国时期的佛教遗物—以阿育王〈宝箧印经〉、金铜造像为例》,《东方博物》2014 年第 4 期。

㊱张剑葳:《中国古代金属建筑研究》,东南大学出版社,2015 年。

㊲林伟正:《闸口白塔:吴越佛塔的"微缩模型"》,《建筑史学刊》2022 年第 2 期。

㊳(德)恩斯特·伯施曼,张胤哲、李学敏译:《中国宝塔Ⅰ》,广东人民出版社,2021 年。

㊴鲍鼎:《唐宋塔之初步分析》,《中国营造学社汇刊》1937 年第 6 卷第 4 期。

㊵罗哲文:《中国古塔》,中国青年出版社,1985 年。

㊶例如,浙江金华万佛塔地宫中出土小型金涂塔 15 座,题铭显示为吴越国钱弘俶遭苏州虎丘塔地宫出土铁铸金涂塔,年代为宋太祖建隆二年(961 年)。

㊷占䜣:《宋代七佛塔研究——以浙江地区为中心》,浙江大学博士学位论文,2014 年 6 月。

㊸以下各图均为笔者在实地拍摄。

㊹甘肃省博物馆:《甘肃武威发现一批西夏遗物》,《考古》1974 年第 3 期。

㊺(德)艾克著,梁思成译:《福清两石塔》,《中国营造学社汇刊》1933 年第 4 卷第 1 期。

附记:本文为福建省社科青年项目"'海丝'战略下福建海洋非物质文化遗产整体保护与开发对策研究"(项目号:FJ2021C039)阶段性成果。

The Discovery and Study of Ancient Stone Pagodas in Fujian Region

Zhou Yang

Abstract: The architectural form of the pagoda originated from India, which originally referred to the burial mound (Stupa) for the burial of the faithful or the temple (Chaitya) with monumental and symbolic significance. It was introduced into China from India with Buddhism in the Eastern Han Dynasty and integrated with Chinese traditional architectural forms, becoming a representative symbol of ancient Chinese architecture. Depending on the different construction materials, there are different categories of ancient Chinese pagodas such as wood, masonry, metal, glazed brick and tile structures. Due to the differences in geographical location and climatic conditions, the southeastern region has developed a unique tradition of stone architecture. Especially in Fujian, the geopolitical structure of mountains and seas has created an inextricable link between religion, civil society and commercial activities. These invisible connections are presented in the form of material culture, and the stone pagoda is an important way of presentation. This article provided a review of the academic history of pagoda research, pointing out that the discovery and study of pagodas in Fujian can be summarized as "Touring", "Visiting", and "Archaeology" three stages since the early 20th century. The progressive changes of the three stages reflect not only the shift of academic perspectives and traditions but also the transformation of attitudes towards local society and local knowledge. Based on the field investigation of more than one hundred stone pagodas, we conduct preliminary research and put forward the following preliminary understanding: The distribution of ancient stone pagodas in Fujian is based on the structure of mountains and seas, forming a basic pattern of expansion from the coast to the mountains. Four stages were formed in the development process, and four distribution centers were created from Fuzhou, Quanzhou, Funingzhou, to Yanping. They reflect both a unique set of local social traditions that people have developed in the process of exploiting the local natural environment and a bunch of landscape concepts based on practical and beyond utilitarianism that people have developed in the process of linking the mountains and the sea.

Keywords: Stone Pagodas, Fujian Region, Architectural History, Architectural Archaeology, Civil Society

闽清义窑瓷业网络分析

徐文鹏

（厦门大学历史与文化遗产学院考古学系）

羊泽林

（福建省考古研究院）

一、引言

"网络"对于考古学家来说绝对不是一个陌生的词汇,考古学家长期以来就十分关注复杂社会中的各种网络,例如物品交换或贸易网络、交通运输网络等[①]。社会网络分析(Social Network Analysis)是指关注社会实体之间关系结构的网络研究,该方法在考古学中的应用越来越流行,相关研究文章在过去一二十年也呈指数型增长[②]。对于考古学研究来说,采用网络分析方法具有显著的优势:网络分析中没有预先设定的分组,而是根据联系的强弱来揭示节点(遗址、社区、家户、作坊等)之间的联系;网络分析提供了一种定量分析并直观表现联系的方法;网络分析可以通过计算中心性等方法来考察节点在网络中的地位和作用;网络分析还可以考察社会距离与空间距离的关系。社会网络分析方法在考古学中的运用最为典型的例子是美国西南地区前西班牙时期的网络研究,研究者通过对美国西南地区长时间、大范围的物质网络(以陶器和石器为基础的网络)的分析,揭示了人群迁徙与物质网络之间的关系和动态变化过程[③]。在对中国古代制瓷业生产的交流中,以往多是以较大的窑区(如景德镇窑、德化窑、龙泉窑、闽清义窑等)为基础,较少以单个窑址为单位来探讨瓷器生产的交流与互动关系[④]。本文尝试采用网络分析方法,对闽清义窑内部窑址之间的关系及其变化过程进行分析,从微观尺度来探讨古代窑业生产中的交流与互动关系。

闽清义窑位于福建省福州市闽清县东桥镇的义由村、青由村、大箸村、安仁溪村一带,考古调查揭示闽清义窑一共有 111 处窑址[⑤],窑业生产从北宋晚期一直延续到明代晚期,是闽江下游规模最为庞大的窑址群[⑥]。闽清义窑各窑场皆属于民间窑场,宋元时期的产品主要为青白瓷和少量的酱黑釉瓷,明代中晚期烧造青花瓷。闽清义窑生产以外销为主,所烧造瓷器向海外大量输出,在东亚、东南亚、南亚的陆地遗址和水下沉船中都发现了数量相当多的闽清义窑瓷器[⑦]。

据考古调查发掘报告,闽清义窑内部自北向南大致可分为三个片区,分别是青由窑场、义窑窑场、大箬—安仁溪窑场。青由窑场有不同时期窑址 25 处;义窑窑场有不同时期窑址 73 处,位于窑隔、长桥、老猫坑、石头山、井后岗、上隔岚、麻坪、湖里、上窑岗、下窑岗等地点;大箬-安仁溪窑场有不同时期窑址 13 处,位于大箬和安仁溪两地。闽清义窑一共可分为五期,第一期为北宋晚期至南宋初期,第二期是南宋早期至南宋晚期,第三期是南宋末元初至元代晚期,第四期是元末明初至明代中期,第五期是明代中期至明代晚期。闽清义窑的 111 处窑址多数都只属于一个时期,少部分窑有延烧现象,其中属于第一期的窑址有 46 处,第二期的有 58 处,第三期的有 34 处,第四期的有 10 处,第五期的有 4 处。

本文在闽清义窑的类型学研究基础上进行社会网络分析,考察闽清义窑内部的生产网络及其变化过程,探究闽清义窑的外销瓷生产模式。具体来说,本文试图回答以下问题:同一时期瓷业生产网络是什么样的?各窑场是紧密联系还是较为松散?闽清义窑内部是否存在着中心性窑场?是否存在不同区域生产不同类型产品?地理位置相近的窑场联系是否更密切?整个闽清义窑瓷业生产网络是如何随着时代而变化的?

(一)研究材料

本文所分析的材料为闽清义窑报告中的器物类型。闽清义窑报告中对出土瓷器进行了统一的类型式划分[⑧],瓷器的器类有青白瓷碗、盘、器盖、碟、罐、炉、水注、擂钵、执壶、杯、盏托以及青花瓷碗,总型式一共有 79 种。碗共有型式 30 种,包括 A 型 2 式、B 型 3 式、C 型 4 式、D 型 2 式、E 型、F 型 2 式、G 型、H 型 4 式、I 型、J 型 2 式、K 型、L 型、M 型、N 型 2 式、O 型、P 型和 Q 型;盘共有型式 5 种,包括 A 型、B 型 2 式、C 型和 D 型;器盖共有型式 11 种,包括 A 型、B 型 2 式、C 型、D 型 4 式、E 型、F 型和 G 型;碟共有型式 3 种,包括 A 型、B 型和 C 型;罐共有型式 6 种,包括 A 型、B 型、C 型、D 型、E 型和 F 型;炉共有型式 3 种,包括 A 型、B 型和 C 型;水注共有型式 2 种,包括 A 型和 B 型;擂钵共分 2 式;执壶共有型式 8 种,包括 A 型 4 式、B 型、C 型、D 型和 E 型;杯共有型式 3 种,包括 A 型和 B 型 2 式;盏托共有型式 2 种,包括 A 型和 B 型;青花碗共有型式 4 种,包括 A 型、B 型和 C 型 2 式。

(二)研究方法

在网络分析中存在两个重要的组成部分,即节点(nodes 或 vertices)和连接(ties 或 edges)。考古学的网络研究中通常采用遗址作为节点,用物质文化的相似性作为衡量遗址之间关系强弱的指标[⑨]。在本文的网络研究中,我们视窑址为节点,用各窑场产品类型上的相似程度来衡量窑址之间的联系程度。在计算各窑场产品相似程度上,本文采用的是共同存在法(Co-presence),即统计每对窑址中共同存在相同型式瓷器的数量。表 29-1 是根据共同存在法生成的一个对称矩阵,其行数和列数是由每个窑址与其他同时期的窑址进行比较来确定,每个单元格表示一对窑址存在相同器物型式的数量,该矩阵的对角线表示该行所代表的窑址所拥有的器物型式的总数。例如井后岗 1 号窑共有 3 种型式产品,其中与井后岗 2 号窑相同的型式有 2 种、与井后岗 3 号窑相同的型式有 2 种;井后岗 2 号窑共有 5 种型式产品,其中与井后岗 1 号窑相同的型式有 2 种、与井后岗 3 号窑相同的型式有 3 种;以此类推。

值得注意的是,本文并未采用考古学网络分析中常用的 Brainerd-Robinson 相似系数来计算窑址之间的相似程度[⑩],因为闽清义窑报告中所展示的每个窑址的器物型式虽然可以代表了各窑场生产的产品种类,但却无法准确反应各型式产品的比例关系。因此在缺乏系统随机抽样统计的情况下,我们认为根据 Brainerd-Robinson 相似系数来计算窑场产品上的相似程度价值不大。而共同存在法只是简单地显示每对窑址共同存在的相同器物型式的数量,这种方法提供的信息量虽然相对较为有限,但是不失为一种考察窑场之间产品相似性的有效方法。

表 29-1　基于共同存在法的闽清义窑各窑场产品型式的对称矩阵

窑址	井后岗 1	井后岗 2	井后岗 3	井后岗 4	井后岗 5	井后岗 6	井后岗 7	井后岗 8	石头山 1	石头山 2
井后岗 1	3	2	2	2	1	2	2	1	1	1
井后岗 2	2	5	3	2	1	4	3	2	1	1
井后岗 3	2	3	7	4	2	3	5	3	1	1
井后岗 4	2	2	4	5	2	2	4	2	1	2
井后岗 5	1	1	2	2	3	2	1	0	1	2
井后岗 6	2	4	3	2	2	5	2	1	1	1
井后岗 7	2	3	5	4	1	2	7	3	2	1
井后岗 8	1	2	3	2	0	1	3	11	0	0
石头山 1	1	1	1	1	1	1	2	0	2	1
石头山 2	1	1	1	2	2	1	1	0	1	7

注:以部分窑址举例说明。

中心性是衡量节点在整个网络结构中重要性的关键指标,本文计算每个时期内各窑场的度中心性(degree centrality)、介数中心性(betweenness centrality)和特征向量中心性(eigenvector centrality)[⑪]。度中心性是指每个窑场所拥有的直接联系的总数,可以反映窑场在网络中参与或连接水平;介数中心性是指经过指定窑场的最短路径的总数除以整个网络中最短路径的总数,可以反映窑场在整个网络结构中充当桥梁的能力;一个窑场特征向量中心性的得分与其连接节点的中心性总得分成正比,因此特征向量中心性可以有效地衡量窑址在网络中的重要性。除了各个窑场的中心性之外,我们还计算了整个网络的中心化程度和集聚系数[⑫]。

在中心性分析的基础上,本文绘制了每个时期基于共同存在法的瓷业生产网络图,并绘制了基于 GIS 的网络图。网络图上的节点为窑址,连线表示窑址之间存在着相同的器型。值得注意的是,本文并未对窑址之间相似性进行取舍,即没有人为地将相似性较高的连接视为有效连接而忽略相似性较低的连接;本文也未对窑址之间的连接进行加权,加权虽然可以更好地显示窑址之间联系的强弱,但由于本文所用的窑址数量较多,通过加权算法制作的网络图中的连线存在着明显的重合,因此本文只采用简单的非加权算法来绘制网络图。

本文所有的分析都是用 R 语言完成的,所用的版本是 4.2.1[13]。网络分析是基于 statnet 数据包[14] 和 igraph 数据包[15],其中共同存在法和中心性的计算采用了 Peeples 所写的代码[16]。

二、结果与讨论

图 29-1 至图 29-5 是以共同存在法为基础制作的闽清义窑各时期的瓷业网络图,图上每个圆圈的大小代表每个窑址的特征向量中心性的大小,图 29-6 是基于 GIS 的闽清义窑网络时代变化图,节点的位置代表了窑址的实际相对位置。下面就按时期对闽清义窑瓷业网络进行分析。

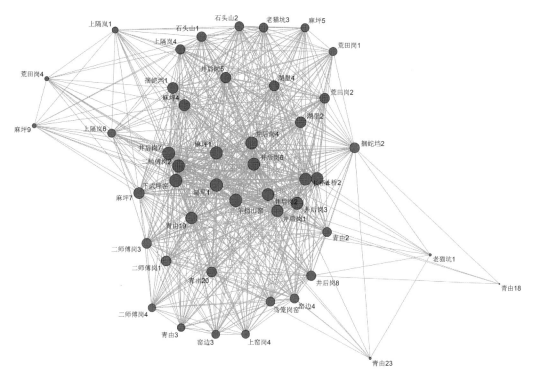

图 29-1　北宋晚期至南宋初期闽清义窑生产网络图
(每个圆圈的大小代表每个窑址的特征向量中心性的大小)

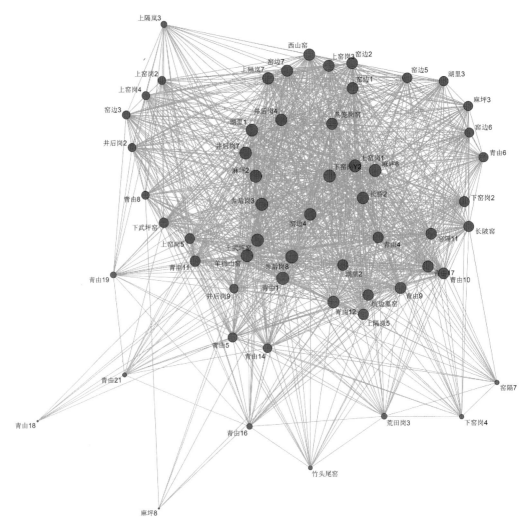

图 29-2　南宋早期至南宋晚期闽清义窑生产网络图

（每个圆圈的大小代表每个窑址的特征向量中心性的大小）

（一）北宋晚期至南宋初期

在北宋晚期至南宋初期，闽清义窑一共有 46 处窑址，分布于闽清义窑的各个区域（图 29-6）。通过图 29-1 可以看出，这一时期闽清义窑的瓷器生产网络高度连接，所有窑场都高度联系在一起。整个网络的集聚系数很高，值为 0.82；同时整个网络的中心性较低，度中心性值为 0.31，接近中心性值为 0.05，特征向量中心性值为 0.03。就单个窑址而言，度中心性最高值为 44，最小值为 4，平均值为 31；特征向量中心性最高值为 1.28，最小值为 0.12，平均值为 0.96；介数中心性最高值为 38，最低值为 0。虽然湖里 1 号窑和羊挡山窑中心性最高，但各窑场的中心性差别较小，多数窑场都有着较高的中心性值（图 29-1）。由此可见，闽清义窑瓷业网络在第一阶段已经形成了一个高度联系的整体，义窑内部并无明显的中心性窑场,也无小的分区。

(二)南宋早期至南宋晚期

在南宋早期至南宋晚期,闽清义窑生产规模达到顶峰,一共有 58 处窑址,分布范围较广(图 29-6)。通过图 29-2 可以看出,这一时期的生产网络高度连接,整个网络的集聚系数是 0.82,整个网络的中心性较前一时期有所降低,度中心性值为 0.28,接近中心性值为 0.04,特征向量中心性值为 0.02。就单个窑址而言,度中心性最大值为 55,最小值为 6,平均值为 40;特征向量中心性最大值为 1.25,最小值为 0.15,平均值为 0.96;介数中心性最大值为 38,最小值为 0。虽然井后岗 8 号窑和青由 1 号窑的中心性值最高,但各窑场的中心性差别较小,多数窑场都有着较高的中心性(图 29-2)。这些数据表明这一时期闽清义窑的生产网络是一个高度联系的整体,并无明显的中心性窑场和分区。

(三)南宋末元初至元代晚期

在南宋末元初至元代晚期,闽清义窑一共有 34 处窑,窑业生产较前一阶段有所收缩,窑业生产集中在北部和中部区域(图 29-6)。通过图 29-3 可以看出,这一时期的生产网络依然高度连接,整个网络的集聚系数达到最高,值为 0.91;与此同时,整个网络的中心性继续降低,度中心性值为 0.16,接近中心性值为 0.02,特征向量中心性值为 0.01。就单个窑址而言,度中心性最大值为 32,最小值为 11,平均值为 27;特征向量中心性最大值为 1.11,最小值为 0.38,平均值为 0.98;介数中心性最大值为 7.69,最小值为 0。虽然窑隔 9 号窑、青由 12 号窑和青由 22 号窑的度中心性、特征向量中心性和介数中心性皆为最高,但各窑场的中心性差别并不明显,显示这一时期并无明显的中心性窑场(图 29-3)。

(四)元末明初至明代中期

元末明初至明代中期,闽清义窑的生产规模明显萎缩,这一时期共有窑址 10 处,收缩到义窑生产区域的中部一带(图 29-6)。通过图 29-4 可以看出,这一时期的生产网络依然紧密连接,但整个网络的集聚系数较前一时期降低,值为 0.73。与此同时,整个网络的中心性有所提高,其中度中心性值为 0.47,接近中心性值为 0.14,特征向量中心性值为 0.23。就单个窑址而言,度中心性最大值为 9,最小值为 3,平均值为 6;特征向量中心性最大值为 1.37,最小值为 0.54,平均值为 0.97;介数中心性最大值为 9.2,最小值为 0。虽然长桥 4 号窑的中心性最高,但各窑场的中心性差别不大,因此并无明显的中心性窑场。

(五)明代中期至明代晚期

明代中期至明代晚期,闽清义窑生产规模继续萎缩,这一时期仅有 4 处窑址,集中在义窑的中部一带(图 29-6)。这四个窑址依然互相连接(图 29-5),整个网络的集聚系数为

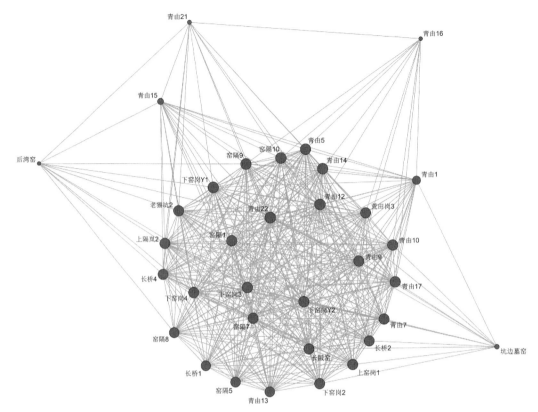

图 29-3　南宋末元初至元代晚期闽清义窑生产网络图

（每个圆圈的大小代表每个窑址的特征向量中心性的大小）

0.6,网络的度中心性是 0.67,接近中心性是 0.17,特征向量中心性是 0.67。就单个窑址而言,窑隔 13 号的度中心性、特征向量中心性和介数中心性均为最高,值分别为 3、1.22和 2。

三、结　语

　　本文在闽清义窑调查发掘和对出土器物类型学研究的基础上,尝试运用社会网络分析方法对闽清义窑瓷业生产网络进行研究。分析结果显示,闽清义窑瓷业网络的空间结构随着时代而发生明显变化,但在每个时期,闽清义窑内部都形成了一个高度联系的生产网络。各窑场的联系非常密切,整个网络的中心化程度较低,并不存在明显的中心性窑场,也不存在孤立或割裂的生产单元;窑场之间联系的紧密程度也与其地理位置上的远近无必然联系。这表明闽清义窑内部存在着非常频繁的生产互动,瓷器生产的信息和知识在闽清义窑内部得以广泛地流通和共享。

　　本文是一个探索性的研究,主要是基于闽清义窑报告中的器物型式进行网络分析,而

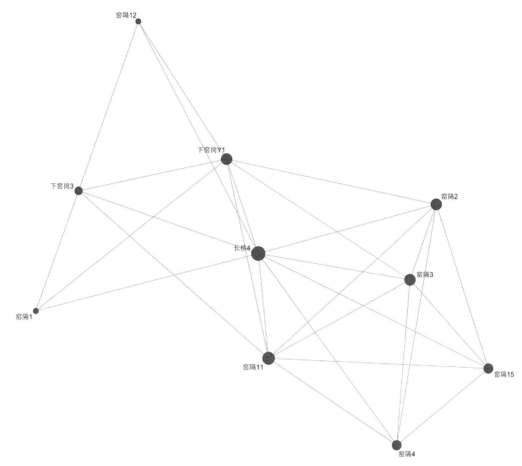

图 29-4 元末明初至明代中期闽清义窑生产网络图

（每个圆圈的大小代表每个窑址的特征向量中心性的大小）

更加完善和全面的网络分析有赖于对各窑场产品进行随机抽样采集，从而进行加权的相似性比较，也需要今后对瓷器生产操作链中的其他环节（如原料来源、胎釉配方、装烧工艺等）进行网络分析，从而更好地了解闽清义窑外销瓷生产模式。此外，本文是对一个很小范围内的瓷业生产网络进行分析，今后在更大的范围内（如整个闽江流域或整个福建地区）进行瓷业网络分析，有助于能更好地探究古代窑场之间的交流与互动关系，也有助于更好地理解古代外销瓷的生产模式。

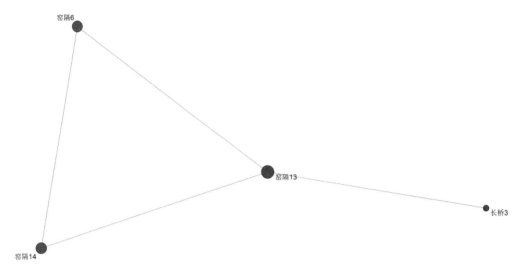

图 29-5　明代中期至明代晚期闽清义窑生产网络图

（每个圆圈的大小代表每个窑址的特征向量中心性的大小）

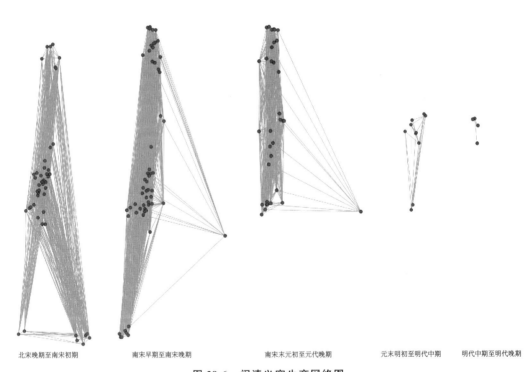

|北宋晚期至南宋初期|南宋早期至南宋晚期|南宋末元初至元代晚期|元末明初至明代中期|明代中期至明代晚期|

图 29-6　闽清义窑生产网络图

（节点的位置代表了窑址的实际相对位置）

注释：

①Brughmans，Tom，"Thinking through Networks：A Review of Formal Network Methods in Archaeology"，*Journal of Archaeological Method and Theory*，2013，Vol. 20，No. 4，pp. 623-662；

Brughmans, Tom, and Matt Peeples, "Trends in Archaeological Network Research: A Bibliometric Analysis", *Journal of Historical Network Research*, 2017, No. 1, pp. 1-24.

②Knappett, Carl, ed., *Network Analysis in Archaeology: New Approaches to Regional Interaction*, Oxford: Oxford University Press, 2013;Brughmans, Tom, Anna Collar, and Fiona Coward, eds., *The Connected Past: Challenges to Network Studies in Archaeology and History*, Oxford: Oxford University Press, 2016; Donnellan, Lieve, ed., *Archaeological Networks and Social Interaction*, New York: Routledge, 2020.

③Mills, Barbara J., Jeffery J. Clark, Matthew A. Peeples, W. Randall Haas, John M. Roberts, J. Brett Hill, Deborah L. Huntley, et al., "Transformation of Social Networks in the Late Pre-Hispanic Us Southwest", *Proceedings of the National Academy of Sciences*, 2013, Vol. 110, No. 15, pp. 5785-5790;Mills, Barbara J., Matthew A. Peeples, W. Randall Haas Jr, Lewis Borck, Jeffery J. Clark, and John M. Roberts Jr., "Multiscalar Perspectives on Social Networks in the Late Prehispanic Southwest", *American Antiquity*, 2015, Vol.80, No.1, pp. 3-24.

④Xu, Wenpeng, Zelin Yang, Lifang Chen, Jianfeng Cui, Laure Dussubieux, and Wenjing Wang, "Compositional Analysis Below the Production Region Level: A Case Study of Porcelain Production at Dehua, Fujian, China", *Journal of Archaeological Science*, 2021, Vol. 135, 105481.

⑤其中下窑岗一号窑有两座窑炉,下窑岗一号窑 Y1 和 Y2,因此一共可以算作 112 处窑址。

⑥福建博物院:《闽清义窑考古调查发掘报告》,海峡书局,2020 年。

⑦福建博物院:《闽清义窑考古调查发掘报告》,海峡书局,2020 年,附录一至七。

⑧福建博物院:《闽清义窑考古调查发掘报告》,海峡书局,2020 年。

⑨Knappett, Carl, *An Archaeology of Interaction: Network Perspectives on Material Culture and Society*, Oxford: Oxford University Press, 2011.

⑩Robinson, W. S., "A Method for Chronologically Ordering Archaeological Deposits", *American Antiquity*, 1951, Vol. 135, No. 4, pp. 293-301; Brainerd, George W., "The Place of Chronological Ordering in Archaeological Analysis", *American Antiquity*, 1951, Vol. 16, No. 4, pp. 301-313.

⑪Freeman, Linton C., "Centrality in Social Networks Conceptual Clarification", *Social Networks*, 1978—1979, Vol. 1, No. 3, pp. 215-239; Bonacich, Phillip, "Power and Centrality: A Family of Measures", *American Journal of Sociology*, 1987, Vol. 92, No. 6, p. 1170; Borgatti, Stephen P., "Centrality and Network Flow", *Social Networks*, 2005, Vol. 27, No. 1, pp. 55-71.

⑫Freeman, Linton C., "Centrality in Social Networks Conceptual Clarification", *Social Networks*, 1978—1979, Vol. 1, No. 3, pp. 215-239; Wasserman, Stanley, and Katherine Faust, *Social Network Analysis: Methods and Applications*, Cambridge: Cambridge University Press, 1994; Opsahl, Tore, "Triadic Closure in Two-Mode Networks: Redefining the Global and Local Clustering Coefficients", *Social networks*, 2013, Vol. 35, No. 2, pp. 159-167;Peeples, Matthew A., and John M. Roberts, "To Binarize or Not to Binarize: Relational Data and the Construction of Archaeological Networks", *Journal of Archaeological Science*, 2013, Vol. 40, Issue 7, pp. 3001-3010.

⑬R. Core Team, "R: A Language and Environment for Statistical Computing", Vienna, Austria: R Foundation for Statistical Computing, 2022, URL: https://www.R-project.org/.

⑭Butts, C., "Network: Classes for Relational Data", The Statnet Project, 2015, http://www.statnet.org.

⑮Csardi, Gabor, and Tamas Nepusz, "The Igraph Software Package for Complex Network Research", *InterJournal*, 2006, Vol. 1695, No. 5, pp. 1-9.

⑯Peeples，Matthew A. "Network Science and Statistical Techniques for Dealing with Uncertainties in Archaeological Datasets"，2017，http://www.mattpeeples.net/netstats.html.

附记：本研究是教育部人文社会科学重点研究基地重大项目"变革与竞争：9—17 世纪中国陶瓷外销研究"（项目批准号：22JJD780002）的成果之一。

Analysis of the Porcelain Production networks at the Yi Kilns in Minqing

Xu Wenpeng，Yang Zelin

Abstract：The application of Social Network Analysis（SNA）in archaeology has been rising rapidly，and it has gradually become an effective method in archaeology to study the communication and interaction of material culture and people. This paper adopts the network analysis method to analyze the Minqing Yi kiln complex — the largest kiln site complex in the lower reaches of the Minjiang River — in order to reveal the relationship between kilns within the Minqing Yi kiln complex as well as the diachronic change of the network. The results show that although the spatial organization of production networks of Minqing Yi kiln changed significantly over time，in each period, a highly connected production network was formed within the Minqing Yi kiln，and the kilns were closely connected. There were no central kilns or small clusters within the Minqing Yi kiln.

Keywords：Minqing Yi Kiln，Network Analysis，Production Networks，Technology Interaction

元明时期闽南仿龙泉窑场的
新发现与初步研究

马 俊

（厦门大学历史与文化遗产学院考古学系）

　　闽南地区位居中国福建南部。相对于早期的文献将"闽南"一词代指福建或福建南部的模糊概念而言，本研究所述及的"闽南"地区指的是现代行政区划意义上，以方言为基础所划分的漳州地区、厦门地区与泉州地区及其下辖县市区[①]。自 20 世纪 50 年代开始，闽南地区窑业调查工作就已有小规模开展。经过数十年的考古工作，闽南漳州、泉州、厦门地区已发现有数百处晚唐至清代窑业遗存。研究表明，早在夏商之际，永春苦寨坑、德化辽田尖等窑场就已开始生产原始瓷，经过南朝至唐代的发展，伴着福州港、泉州港的兴盛，宋元时期闽南地区窑火旺盛，瓷业窑址遍布闽南各地。从同安汀溪窑、厦门后溪碗窑、晋江磁灶窑、南安南坑窑、漳浦南山窑、东山后壁山窑等闽南窑场的发掘来看，宋元时期闽南窑场已基本形成"青瓷、青白瓷、黑釉瓷"三类釉色为主的瓷业生产格局，并兼烧酱釉器、陶器等产品。就其所生产的青瓷产品而论，北宋晚期至南宋晚期，闽南窑场青瓷产品釉色深浅不一，多为青黄、青绿、青褐色，并装饰有刻划、篦划、篦点等纹饰，即传统表述中的"同安窑系青瓷"、"珠光青瓷"及"土龙泉"青瓷[②]，南宋晚期入元后，另一类厚胎厚釉的灰青釉产品开始出现，这两类产品均被认为是广义"仿龙泉青瓷"[③]。海外遗址中大量篦划类青瓷产品的大量出土（水）引起了学界对闽地仿龙泉青瓷的关注，相关研究表明，宋元明时期闽北地区的"土龙泉"属于仿龙泉"窑系"[④]。但在闽南地区，对"仿龙泉青瓷"生产的研究多集中在对"篦划青瓷类"产品的生产、运销研究，对入元后的仿龙泉青瓷生产关注甚少，其产品类型、窑业发展序列及窑业技术等问题仍未厘清。此外，受元末战乱的影响，闽南地区瓷业生产随之萎缩。囿于窑场考古资料的短缺，长期以来，对元末至明中晚期闽南地区的瓷业生产环节的认知尚存在缺环。因此，本研究拟以近年来在闽南地区的窑业调查及发掘资料为基础[⑤]，结合早前的考古成果，尝试初步总结元明时期闽南仿龙泉青瓷的生产特征，以衔接宋元青瓷、青白瓷、黑釉瓷生产至明代青花瓷生产之间的生产环节，初步构建闽南元代至明代窑业生产脉络。

一、闽南元明时期仿龙泉窑址概述

本文所涉及的元明时期仿龙泉窑场主要分布在泉州安溪、永春及漳州漳浦(图 30-1),将其简述如下:

1.安溪湖上寨仔山窑

寨仔山窑址位于湖上村山坳之中,一条小溪流经窑址所在山脚。窑址所在山坡已被改造为梯田,保存情况较差。未发现窑炉等遗迹现象,仅在茶园断坎和地表之上散落瓷片,其中一处断坎堆积的厚度约 2.3～2.6 米。分布面积约 1000 平方米(图 30-2)。采集有少量仿龙泉青釉瓷器及 M 形窑具。

2.安溪湖上大坑村角落窑

角落窑位于安溪县湖上乡大坑村。窑址植被茂密,杂草灌木丛生,临近小溪。窑址已被改造为茶园与梯田,保存情况较差。发现窑炉两座,编号 Y1、Y2(图 30-3),均为分室龙窑。其中,Y1 遭破坏较为严重,仅存半间窑室与出烟室。Y2 位于 Y1 东侧,残存两间窑址,出烟室被破坏。窑业堆积散布在窑炉周边,出土遗物以仿龙泉青釉瓷为主,还出土有少量 M 形匣钵。

3.安溪魁斗畲埔山窑

畲埔山窑址位于魁斗村内小溪附近,地处村内小丘陵地带。植被茂盛,周边多已被规划改造为茶园,破坏严重。未发现窑炉遗迹,仅发现了两处不同的堆积,分别为畲埔山 1 号堆积、畲埔山 2 号堆积。畲埔山窑 2 号堆积发现于茶园间小道的边缘,距 1 号堆积约 200 米。采集了少量的仿龙泉青瓷和窑具残片。

4.安溪龙门仑仔尾窑

仑仔尾窑址位于溪坂村内当地人称"仑仔尾"的山坡上。窑址保存情况极差,仅发现有堆积一处。采集有少量的仿龙泉青瓷及窑具残片。

5.永春碗窑芸三号窑

碗窑芸窑位于永春县湖洋镇龙山村南部约 1～2 公里的山包上。窑址于 1977 年发现,2008 年复查发现有窑业遗址四处,分别编号碗窑芸一至四号窑,其中,一、二号窑相连,三、四号窑相连。

碗窑芸三号窑遗址所处地大部分已开垦成耕地,调查发现有一条窑炉遗迹和一道以废弃匣钵堆砌的挡土墙,分别位于遗址的西侧与东侧。窑炉遗迹较残破,宽 2 米多,其内发现有隔墙,推测为分室龙窑。采集有少量仿龙泉青瓷、青花瓷和窑具[6]。

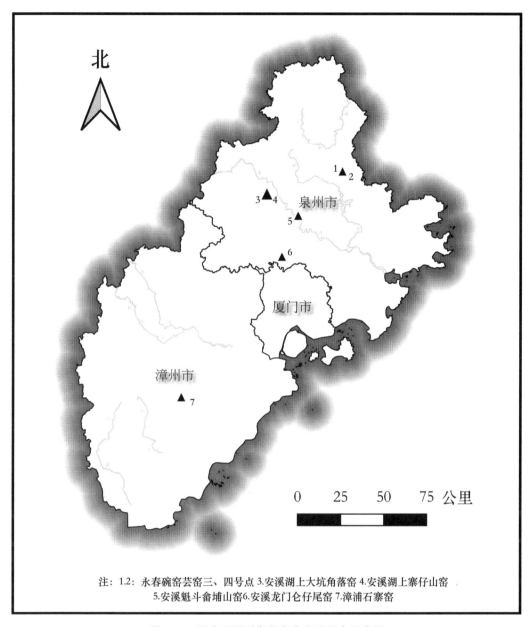

注：1.2：永春碗窑芸窑三、四号点 3.安溪湖上大坑角落窑 4.安溪湖上寨仔山窑
5.安溪魁斗畲埔山窑6.安溪龙门仑仔尾窑 7.漳浦石寨窑

图 30-1　闽南元明时期仿龙泉窑址分布示意图

6.永春碗窑芸四号窑

　　碗窑芸四号窑位于三号窑东侧,窑址所处地上部被水泥路截断,下侧被开垦成为耕地,遗址地表遗物散布。调查未发现窑炉遗迹,在遗址所处的断坎上发现有大量的匣钵残片、瓷片等,厚度达 2 米多。采集标本均为青瓷,器型以碗、碟为主,还采集有少量窑具[⑦]。

图 30-2　安溪湖上寨仔山窑堆积

图 30-3　安溪湖上大坑角落窑

7.漳浦石寨窑

石寨窑位于漳州市漳浦县石榴镇山城村石寨自然村西南侧的山坡上,分布面积约 1000平方米。2008 年进行发掘,揭露窑炉遗迹一处,编号 Y1。窑炉保存较好,尚存窑室 5 间,单间窑室前设一条斜坡状燃烧沟。出烟室位于窑尾,分为两期。石寨窑产品均为仿龙泉青瓷,主要包括碗、盘、碟、高足杯、炉等,还出土有火照、垫圈、垫座、匣钵等窑具及制瓷工具[⑧]。

二、闽南元明仿龙泉青瓷的考古类型学分期

(一)窑业考古遗存的类型学分析

以上述窑场的调查及发掘成果为基础,本文对元明时期闽南窑场的产品、窑炉及窑具进行考古学分析。

1.产品

均为灰青釉、青釉,以碗、盘类日用器具居多,还有少量的杯、盏、碟、高足杯、炉、砚台等器类。均施青釉,釉色泛青灰,青黄。

(1)碗 以口部特征分为三型:

A 型 敞口,依腹部特征分为两亚型:

Aa 型 浅斜弧腹,圈足。永春碗窑芸三号点:01。胎色灰白,内施满釉,外施釉至中腹,部分流釉至下腹,釉面布满冰裂纹。口径 11.2、足径 4.4、高 3.6 厘米(图 30-4:1)。

Ab 型 腹部较深弧,分两式:

Ⅰ式,腹部较浅,圈足。漳浦石寨窑 T4①:2,可复原。灰白胎,内满釉,外施釉至下腹。口径 13.5、足径 5.4、高 5.5 厘米(图 30-4:2)。

Ⅱ式,腹部较深,圈足。安溪湖上大坑角落 Y1:5,可复原。腹足交接处平削一周,灰白胎,青釉泛灰,内施满釉,外施釉至腹下部,部分流釉至圈足,釉面有冰裂纹。外口刻一周弦纹,外壁刻窄莲瓣纹。口径 14.1、足径 5.7、高 6.3 厘米(图 30-4:6)。

B 型 敞口微敛,分两式:

Ⅰ式,腹部较浅,圈足。安溪湖上大坑角落 Y1:1,灰白胎,青釉泛灰,内施满釉,外施釉至腹下部,部分流釉至圈足。口径 12.4、足径 5.4、高 5.5 厘米(图 30-4:4)。安溪湖上大坑角落 Y1:4,微变形。腹足交接处平削一周。灰白胎,内施满釉,外施釉至腹下部,部分流釉至足墙,积釉处泛青绿。外口刻一周弦纹,外壁刻莲瓣纹。口径 12.2、足径 5.4、高 6.2厘米(图 30-4:5)。

Ⅱ式,腹部较深,圈足。安溪湖上大坑角落 Y2:1,可复原。灰白胎,内满釉,外施釉至下腹。外口沿刻一周弦纹,外壁刻莲瓣纹。口径 14.4、足径 5.6、高 6.1厘米(图 30-4:8)。

C 型 侈口,依腹部特征分为两亚型:

Ca 型 斜弧腹,下腹弧收。分两式:

Ⅰ式,腹部较浅,圈足。漳浦石寨窑 T3②:11,可复原。灰白胎,内满釉,外施釉至下腹,釉面开片。内底刻莲瓣纹。口径 14.1、足径 5.2、高 5.5 厘米(图 30-4:7)。漳浦石寨窑 T1②:01,可复原。灰白胎,内满釉,外施釉至下腹。口径 13.2、足径 5.3、高 5.6 厘米(图 30-4:3)。

Ⅱ式,腹部较深,圈足。永春碗窑芸四号窑:03,可复原。灰白胎,釉色偏灰,内满釉,外施釉至下腹,釉面开片。内壁模印竖条纹,内底印一周弦纹。口径 14.2、足径 4.9、高 6.4 厘米(图 30-4:9)。漳浦石寨窑 T1①:03,可复原,碗与匣钵粘连。内满釉,外施釉至下腹。口径 14.2、足径 5.0、高 6.3、通高 7.4 厘米(图 30-4:11)。

Cb 型 斜弧腹,腹部较深,器形整体较高直,圈足。安溪魁斗畲埔山:01,可复原。青釉泛灰,内施满釉,外施釉至腹下部,部分流釉至圈足,釉面有冰裂纹。口径 13.5、足径 5.4、高 7.1 厘米(图 30-4:10)。

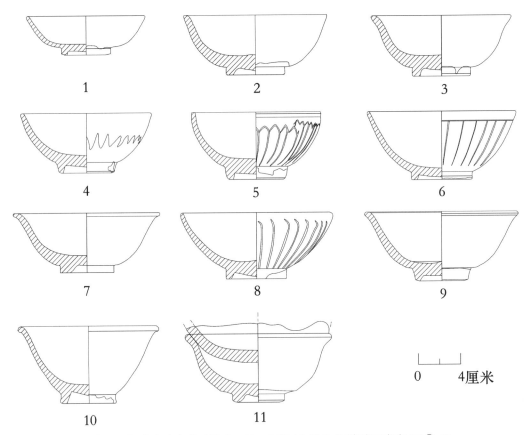

1.碗 Aa 型(永春碗窑芸三号点:01)　2.碗 Ab 型Ⅰ式(漳浦石寨窑 T4①:2)

3、7.碗 Ca 型Ⅰ式(漳浦石寨窑 T1②:01、T3②:11)　4、5.碗 B 型Ⅰ式(安溪湖上大坑角落 Y1:1、Y1:4)

6.碗 Ab 型Ⅱ式(安溪湖上大坑角落 Y1:5)　8.碗 B 型Ⅱ式(安溪湖上大坑角落 Y2:1)

9、11.碗 Ca 型Ⅱ式(永春碗窑芸四号窑:03、漳浦石寨窑 T1①:03)　10.碗 Cb 型(安溪魁斗畲埔山:01)

图 30-4　闽南仿龙泉青釉碗

（2）盘 依口部特征分为三型：

A 型 敞口微敛，浅斜腹，圈足。永春碗窑芸四号窑：01，可复原。灰胎，内施满釉，外施釉至下腹，部分流釉至足部，釉面布有冰裂纹。口径 10.9、足径 4.9、高 3.1 厘米（图 30-5：4）。

B 型 敞口微侈，内底宽平，分两式：

Ⅰ式，腹部较浅，圈足。漳浦石寨窑 T1①：18，略生烧，可复原。灰白胎，内满釉，外施釉至下腹，部分流釉至足部。内底刻一周弦纹。口径 13.2、足径 6.7、高 3.4 厘米（图 30-5：6）。

Ⅱ式，深腹，下腹折收，圈足。安溪湖上大坑角落 Y1：3，可复原。撇口，折腹，圈足。灰白胎，青釉，内施满釉，外施釉至腹下部，部分施釉至圈足，积釉处泛青绿。口径 13.2、足径 5.6、高 3.8 厘米（图 30-5：7）。

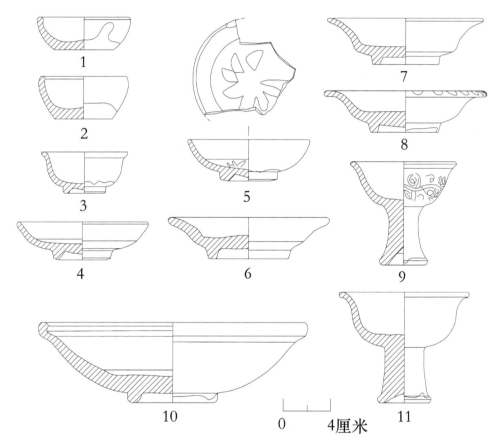

1、2.盏（漳浦石寨窑 T1①：19、T4②：03）　3.杯（漳浦石寨窑 T1②：17）

4.盘 A 型（永春碗窑芸四号窑：01）　5.碟（永春碗窑芸三号窑：06）

6.盘 B 型Ⅰ式（漳浦石寨窑 T1①：18）　7.盘 B 型Ⅱ式（安溪湖上大坑角落 Y1：3）

8.盘 C 型（安溪湖上大坑角落 Y2：2）　9.高足杯 B 型（漳浦石寨窑 T1②：30）

10.大盘（漳浦石寨窑 T3②：32）　11.高足杯 A 型（漳浦石寨窑 T1②：26）

图 30-5　闽南仿龙泉青釉产品

C 型 花口,内底宽平,下腹部折收,圈足。安溪湖上大坑角落 Y2:2,可复原。花口外撇,斜弧腹,圈足。灰白胎,青釉泛灰,内施满釉,外施釉至腹下部,部分流釉至圈足,釉面有冰裂纹。口径 13.8、足径 5.8、高 3.4 厘米(图 30-5:8)。

(3)大盘 尖圆唇上翘,宽沿,深斜弧腹,圈足。漳浦石寨窑 T3②:32,可复原。灰白胎,内满釉,外施釉至下腹,部分流釉至足部。内底刻一周弦纹。口径 22.3、足径 7.5、高 6.6 厘米(图 30-5:10)。

(4)盏 敞口略直,斜弧腹,平底或微内凹。漳浦石寨窑 T1①:19,可复原。灰黄胎,内满釉,外施釉至中腹。口径 8.0、足径 5.0、高 2.7 厘米(图 30-5:1)。漳浦石寨窑 T4②:03,可复原。灰黄胎,内施满釉,外施釉至下腹,釉面布满冰裂纹。口径 7.3、足径 4.9、高 3.5 厘米(图 30-5:2)。

(5)碟 敞口微敛,浅斜腹,圈足。永春碗窑芸三号窑:06,可复原。灰胎,内满釉,外施釉至下腹,部分流釉至足部。内底模印花瓣纹。口径 10.1、足径 3.6、高 3.4 厘米(图 30-5:5)。

(6)杯 侈口,斜弧腹,下腹弧收,圈足。漳浦石寨窑 T1②:17,可复原。灰白胎,内满釉,外施釉至下腹,部分流釉至足部。口径 7.9、足径 3.8、高 3.4 厘米(图 30-5:3)。

(7)高足杯 圆唇,撇口,喇叭形高足。依腹部特征分为两型:

A 型 下腹垂收。漳浦石寨窑 T1②:26,可复原。灰白胎,内满釉,外施釉至足下部。口径 10.9、足径 4.3、高 9.1 厘米(图 30-5:11)。

B 型 斜弧腹。漳浦石寨窑 T1②:30,可复原。灰白胎,内满釉,外施釉至足下部,釉面开片。外壁刻划花叶纹。口径 9.1、足径 4.2、高 8.5 厘米(图 30-5:9)。

(8)炉 依整体特征分两型:

A 型 鬲式炉。漳浦石寨窑 T1②:25,可复原。炉与垫圈相连。圆唇,双耳,束颈,扁圆鼓腹,下接梯形状足。灰白胎,内施釉至颈上,部分流釉至腹部,外施釉至底。口径 9.2、底径 6.5、通高 8.5 厘米(图 30-6:2)。

B 型 盆式炉。漳浦石寨窑 T2①:02,略变形。方唇,微束颈,鼓腹,底内凹,外壁近底附三角形足,足上饰六个乳突纹。灰胎,内外均施釉至下腹部,足施釉。口径 13.4、高 7.4 厘米(图 30-6:3)。

(9)砚台 安溪魁斗畲埔山:03,完整。圆饼状,边缘较直,顶面边缘挖一凹槽。白色瓷胎,胎质坚硬。仅顶面凹槽内施青釉。直径 8.4、高 1.7 厘米(图 30-6:1)。

2.窑炉

共发现窑炉三处,分别为安溪湖上 Y1、Y2 及石寨窑 Y1,均为分室龙窑,依其整体性质及窑前是否设有燃烧位分为两型:

A 型 窑室进深与内宽持平或略深,整体方形或长方形,单间窑室前发现有斜坡状窑燃烧位。以漳浦石寨窑 Y1 为代表(图 30-7)。

Y1 窑身斜长 14.4、水平残长 13.5、高差 4.4 米,窑头朝向为 84°。窑室整体呈长方形,尚存窑室 5 间,分前、中、后三段,中后段保存较好,以单层隔墙分间。第一间窑室仅存南半部,残宽 0.8~1.45、进深 2.1、残高 0.59~0.62 米,底部垫有匣钵。第二间窑室,内宽

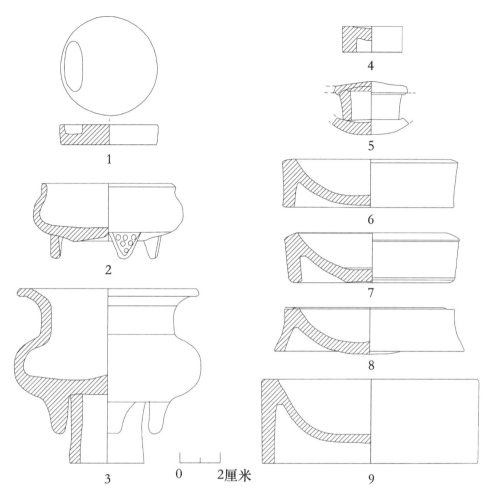

1.砚台(安溪魁斗畲埔山:03)　2.A 型炉(漳浦石寨窑 T1②:25)　3.B 型炉(漳浦石寨窑 T2①:02)

4.垫座(漳浦石寨窑 T3②:33)　5.垫圈(漳浦石寨窑 T1①:07)

6、7.匣钵 A 型(安溪湖上大坑角落 Y2:3、永春碗窑芸三号窑:16)　8.匣钵 B 型(漳浦石寨窑 T3②:02)

9.匣钵 C 型(漳浦石寨窑 T1②:39)

图 30-6　闽南仿龙泉青瓷产品及窑具

2.4、进深 2.4 米。第三间窑室,内宽 2.9、进深 2.3 米,窑前隔墙下设通火孔 17 个,孔宽 0.05～0.14 米,高 0.21 米。窑室前侧开窑门,宽 0.67,残高 0.52 米。窑底西北侧有一块呈阶梯状,共有三阶,高差 0.05～0.07 米,南部窑底整齐排布有较多匣钵。第四间窑室,内宽 2.7、进深 2.3 米。前隔墙下设通火孔 13 个,孔宽 0.03～0.13 米。窑门宽 0.5、残高 0.3 米。第五间窑室,遭机耕道破坏严重,后隔墙不存,仅存红烧土面。经解剖,可分早晚二期,早期窑室复原后内宽 2.8、进深 2.3 米,窑底坡度 11°。晚期内宽 2.8、残进深 3.1 米,窑底坡度 12°。窑壁以长方形砖或楔形砖顺砌而成,以砂浆填缝。每间窑室前端均留一条宽约 0.2～0.3 米的斜坡状燃烧位。出烟室分两期,早期仅存圆弧形底部红烧土面,被晚

图 30-7 漳浦石寨窑 Y1 窑炉

（引自施佳钰、羊泽林：《漳浦县石寨窑发掘简报》，《福建文博》2019 年第 2 期）

期窑底覆盖。复原后最宽 0.45 米。窑顶结构不详。

B 型 窑室进深大于内宽，整体呈竖向长方形。以安溪湖上大坑角落 Y1、Y2 为代表（图 30-8、图 30-9）。

湖上 Y1 位于茶园之中，破坏严重。茶园田坎下部发现有残存的窑炉遗迹，窑头朝向西南，堆积分布在 Y1 西南部。窑顶及窑室已全部坍塌，仅存后部半间窑室及出烟室。

窑室，坐东北朝西南，仅存半间，残进深为 1.6 米，宽 2.18 米。窑壁多为楔形砖错缝平铺而成，后壁底部残存有 8 个排烟孔与出烟室相通，系竖砖砌造而成，间隔 0.7 厘米。

出烟室，位于窑尾后部，由楔形砖平铺而成，残高 0.3 米，进深 0.26 厘米。出烟室内壁有较厚的黑色窑烟痕。

湖上 Y2 位于 Y1 的东侧，朝向西南。残存两间窑室，出烟室已被挤压破坏。总残长 4.3 米。

窑室，长条形，窑壁由楔形砖平铺而成。窑室进深 2.15 米、内宽 1.8 米，左壁残高 0.3～0.46 米，隔墙残高 0.56 米，隔墙底部排烟孔高 0.17 米，间隔 0.11 米。窑砖长 23 厘米、宽 10 厘米、厚 5 厘米。窑底系斜坡式窑底，窑底坡度为 15°。底部铺有一层黄色细砂，放置排列整齐的 M 形匣钵。

窑尾间内部被坍塌的红色窑顶层所填满。排烟室已被挤压破坏。

图 30-8　安溪湖上大坑角落 Y1

图 30-9　安溪湖上大坑角落 Y2

3.窑具及制瓷工具

主要发现有匣钵、垫圈、垫座及火照等。

(1)匣钵 均为 M 形匣钵,以外壁及内壁的比例分为三型:

A 型 外壁与内底持平或近深。永春碗窑芸三号窑:16,可复原。红褐色夹砂陶,外壁凝一层烧结的自然釉。口径 14.8、底径 15.5、高 4.9 厘米(图 30-6:7)。安溪湖上大坑角落Y2:3,完整。粗砂红褐胎,外壁凝窑汗。口径 17.1、高 4.7 厘米(图 30-6:6)。

B 型 外壁浅于内底。漳浦石寨窑 T3②:02,可复原。口径 17.0、底径 19.0、高 4.5 厘米(图 30-6:8)。

C 型 外壁远高于内底。漳浦石寨窑 T1②:39,可复原。口径 21.6、底径 21.7、高 8.2厘米(图 30-6:9)。

(2)间隔具 发现有垫圈、垫座。

垫圈 由瓷土制成,圆形,直壁,中空。漳浦石寨窑 T1①:07,可复原。垫圈与器底、匣钵底粘连。顶径 6.4、底径 5.8、通高 5.2 厘米(图 30-6:5)。

垫座 圆柱体。漳浦石寨窑 T3②:33,素烧,可复原。顶面中部下挖呈环形,平底。灰白胎。顶径 6.2、底径 6.2、高 2.5 厘米(图 30-6:4)。

(二)窑业考古遗存的分期及其特征

基于上述考古类型学分析,结合周边窑址、窖藏及纪年墓葬资料,将闽南元明窑址分为两个时段:

第一段为元代中晚期至明代初期。

本段窑场以漳浦石寨窑 Y1 为代表,部分永春碗窑芸三号点产品属于本段。其产品多为日用器具,陈设具少见。

代表性器类为青瓷碗 Aa 型、Ab I 式、Ca I 式、Ca II 式、盏、杯、A 型炉、B 型炉、高足杯等。多为轮制而成,胎色泛灰白或灰黄,胎质尚较细腻,表面有轮旋痕迹。釉色泛青灰,内多施满釉,外施釉至下腹,部分釉层流动至下腹,应使用了浸釉法进行施釉。装饰简单,以素面居多,刻划、印花少见,纹饰则有花卉、线条等,整体风格较为简单。

本段窑业生产使用 A 型窑炉,即漳浦石寨窑 Y1,虽然窑炉结构在形制上仍属于熊海堂先生所划分的Ⅳ型窑类下的分室龙窑[⑥],但在窑室进深与窑前投柴方式上出现了较为明显的转变。具体而言,传统分室龙窑的进深多大于内宽,而漳浦石寨窑单间窑室的进深与内宽基本持平或进深略小于内宽,窑室整体呈现出横向长方形的特征,与晚期闽南横室阶级窑单间窑室特征类同。另外,传统分室龙窑的投柴方式则是在窑室中部或后部投柴,而石寨窑单间窑室前所发现的投柴遗迹,明显为人工有意识所预设的缓坡状投柴位。

在窑具的使用方面,本段主要使用 B 型、C 型 M 形匣钵,碗、盘类器物多为一匣一器,基本不使用垫饼等间隔具,底部常粘有窑砂,炉等器具则在匣钵内以垫圈、垫柱支烧间隔。

本段产品整体呈现出元代特征,风格较为粗犷,装饰简单。具体而言,碗 Aa 型、Ab 型Ⅰ式分别与龙泉东区三期七段二型Ⅷ式碗、二型Ⅲ式碗,Ca 型Ⅰ式、Ca 型Ⅱ式分别与三期七段六型Ⅱ式碗、六型Ⅳ式碗,大盘与三期七段三型盘,A 型高足杯与Ⅰ式高足杯在器型方面类同[①](图 30-10),龙泉东区三期六、七段年代在元代中晚期至末期,本段年代应与其相当或稍晚,即元代中晚期至明代初期。

1.Ca 型Ⅰ式碗

2.Ca 型Ⅱ式碗

3.龙泉东区六型Ⅱ式碗

4.东区六型Ⅵ式碗

图 30-10　第一段闽南产品与龙泉东区产品对比

(1.2 引自施佳钰、羊泽林:《漳浦县石寨窑发掘简报》,《福建文博》2019 年第 2 期;3.4 引自浙江省文物考古研究所编:《龙泉东区窑址发掘报告》,北京:文物出版社,2005 年,彩图二二、彩图二四)

第二段为明代早中期。

本段窑场主要为安溪境内、永春境内的仿龙泉青瓷窑场。

代表性器类为青瓷碗 Ab 型Ⅱ式、B 型Ⅰ式、Ⅱ式、Ca 型Ⅱ式、Cb 型、盘 A 型、B 型、C 型等,较前段而言,本段器物整体更趋于稳重,碗类器物腹部进一步深阔,内底变宽。产品仍以碗、盘等日用器具居多,前段生产的高足杯、炉类器物基本消失,器类进一步简化。器物仍为轮制成型,胎体整体较为致密,胎色以灰白居多。浸釉法施釉,釉层整体较为厚重,器物外腹下部流釉多呈泪滴状,积釉处泛墨青色,釉面普遍开片。装饰以素面为主,还有少量刻划,纹饰则多见窄莲瓣纹。

本段窑业生产使用 B 型窑炉,从结构上看仍属于分室龙窑系统,但与宋元时期闽南德化屈斗宫窑相比,单间窑室的横宽与进深比逐渐增大,窑室正处在从竖向长方形向正方形或横向长方形转变的过程中。

在窑具的使用方面,本段产品生产主要使用 A 型 M 形匣钵,仍以一匣一器的装烧方式进行生产,碗、盘类器物多粘砂表明其使用了窑砂作为间隔,未见有垫饼等间隔具。

本段器物所流行的窄莲瓣纹装饰常见于元末至明代早中期的龙泉窑产品装饰中。另外,本段碗 B 型 I 式与龙泉大窑枫洞岩窑民用瓷器三期五组 A V 碗、B 型 II 式与四期七组 N 碗(图 30-11)、Ca 型 II 式与四期七组 A VI 碗类同,盘 B 型 I 式与三期三组 Ga II 盘、B 型 II 式与第四期第七组 Ga IV 盘器型类同⑩,而大窑枫洞岩窑三期年代在明代前三朝前后,第四期年代在正统至成化年间。综合来看,本段年代应在明代早期至明代中期。

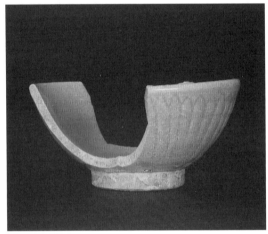

1.Ca 型 II 式碗　　　　　　　2.大窑枫洞岩民用 N 碗

图 30-11　第二段闽南产品与龙泉产品对比

(1.安溪湖上大坑角落 Y2,源自 2018 年调查;2.引自浙江省文物考古研究所、北京大学考古文博学院、龙泉青瓷博物馆:《龙泉大窑枫洞岩窑址》,北京:文物出版社,第 91 页)

三、相关问题研究

(一)闽南元明时期仿龙泉青瓷的历史背景

元代中晚期以来,泉州地区陷入政治动荡,以安溪为例,"至正十年(1350 年),同安县农民军攻海滨,翌年又攻安溪县"⑫,元廷为平定农民起义军而组织的义兵又直接导致了"亦思巴奚"兵变⑬,泉州地区文化、经济、社会因而遭受了严重的摧残。社会秩序的紊乱自然地阻碍了海上贸易的发展,"元末泉州之阿拉伯人占据泉州市,但为期短促,后为中国官所服,严其取缔。故彼等之多数来航泉州者暂止"⑭,泉州港迅速走向衰败。

明洪武初年,为稳固国内统治,明廷在海事管理中规定"片板不许下海"⑮,严禁私人海上贸易⑯,"海禁"政策影响了华南地区外销瓷业的生产,但海外贸易并未因此断绝。从环中国海及西亚、东非等地的沉船及陆地遗址考古发现来看,海外市场对中国瓷器的需求仍显活力,且"龙泉青瓷占半数以上的状况是南宋、元时期的中国陶瓷在世界各地遗址中的共同点"⑰。以东非格迪古城为例,遗址中元代龙泉窑产品占比为88.58%,至元末明初,龙泉窑产品占比为83.83%⑱,由此表明,龙泉窑产品在元代至明代初期的海外市场中已臻鼎盛,当为此期陶瓷贸易的主要产品。

考古调查及发掘显示,宋元以来依泉州港兴盛发展的闽南瓷业生产快速萎缩,元代中晚期至明代早期,闽南窑场数量及瓷业生产规模迅速缩减。以安溪瓷业生产为例,北宋至元初,在安溪魁斗镇、龙门镇、城厢镇、长坑乡等地发现有10余处窑址,迨至元代中晚期至明早期,仅在魁斗镇、龙门镇、湖上镇发现共4处瓷业生产窑址。此外,元代以来海外市场需求的变化直接影响了闽南瓷业生产,随着海外青白瓷、黑釉瓷市场需求的衰退,宋元时期闽南青瓷、青白瓷、黑釉瓷三足鼎立的生产格局转向主要生产仿龙泉青瓷及德化白瓷,而南宋中期至元代早期龙泉窑两路制品共存的生产风格直接促使了闽南地区厚胎灰青釉产品的生产,后者则被认为是福建地区仿龙泉"官"窑产品风气下的产物⑲。总体而言,闽南地区元中晚期至明代早期仿龙泉青瓷的生产是在元末泉州港衰败、龙泉窑厚胎厚釉生产风格及同时期海外市场需求等因素综合影响下的产物,直接地反映了闽南地区以外销为导向的仿烧型瓷业生产传统。

(二)闽南元明时期仿龙泉窑业生产特征

北宋晚期以来,在浙江龙泉窑的兴起发展影响下,福建地区的青瓷生产受到了明显的影响,篦划类青黄釉、青灰釉的青瓷产品取代了福建地区南朝以来所流行的越窑青瓷系统,并逐步形成了闽北、闽南、闽东三个主要的福建青瓷产区⑳。有学者认为传统的"同安窑系青瓷"就总体特征来看,应属于龙泉窑系的范畴㉑。就闽北地区的青瓷生产来看,其地理位置毗邻龙泉核心产区,在产品及窑业技术方面直接继承了龙泉窑的核心技术,归入龙泉"窑系"㉒问题不大。而闽南地区的仿龙泉青瓷生产则较为复杂,从窑址考古调查成果来看,南宋至元代,闽南大多数窑场多兼烧两种或两种以上釉色的产品,尽管青瓷产品均呈现出仿龙泉的产品特征,即青黄釉、青绿釉,并饰以篦划、刻划等装饰技法等,但在窑具等核心技术上有着明显的差别,汀溪窑、南山窑、南坑窑等窑场生产仍主要使用来自景德镇的漏斗形匣钵系统,赤土窑、东瑶窑、周瑶窑、磁窑等窑场生产则使用来自龙泉窑技术的M形匣钵系统,虽然两种窑业技术并行发展且无优劣之分,但其自然地将闽南仿龙泉青瓷生产窑场划分成为两种技术传统。若依窑业技术传统进行划分,将南宋至元代闽南地区主要使用M形匣钵的仿龙泉窑场归入直接受龙泉窑技术影响的龙泉"窑系"窑场,而非将闽南仿龙泉青瓷生产全部笼统地归入龙泉"窑系"更符合考古实际发掘情况。此外，宋元时期的闽南制瓷业已形成了基本的仿烧—外销格局，伴着宋元时期泉州港的兴盛及龙泉窑产品在海内外市场中的畅销，不同于闽北窑场临近的地域优势，龙泉窑工的直接流动应是闽南仿龙泉"窑系"窑场的技术来源。

如前所述，元代中晚期以来，闽南地区的青瓷生产全面转向青灰釉的仿龙泉窑产品，其在产品种类、装饰及装烧技法上进一步简化，在生产中基本不见龙泉窑所流行的装饰技法、陈设器及生产过程中所使用的各类支烧具、间隔具，但其厚胎、厚釉的产品特征及 M 形匣体的装烧技法表明了与龙泉窑的直接关系，即器型、装烧的核心技法上仍表现出明显的龙泉窑核心技术。因此，元代中晚期至明代早中期的闽南仿龙泉生产应当划入直接继承自龙泉窑核心技术的产业体系。但值得注意的是，这种技术在闽南安溪、永春等区域瓷业生产中突然出现，其是直接承袭于宋元以来的闽南瓷业生产中的龙泉青瓷技术还是新的窑工流动带来的技术交流，以及龙泉窑技术在闽南地区的影响方式、分布等问题仍需要进一步的考古发掘方能厘清。

(三)"过渡型"分室龙窑与技术来源分析

窑炉是人类用以改变黏土制品的化学、物理性能而设计的专门设施[①]，"每一个窑炉改革的突出时期，也就是陶瓷飞跃发展的阶段"[②]。一般认为，闽南地区的窑炉演进态势为半地穴式龙窑——斜坡式龙窑——分室龙窑—？—横室阶级窑，横室阶级窑技术在明代晚期漳州窑地区形成并向外传播，成为明代晚期以来闽南地区主要使用的窑炉形态，但关于分室龙窑如何演变至横室阶级窑仍存在争议。本研究将近年来闽南地区所发现的元明时期分室龙窑定义为过渡型分室龙窑，即分室龙窑向横室阶级窑过渡的窑炉形态。

具体而言，南宋早中期至南宋晚期，建阳白马前窑、将乐碗碟墩窑、建窑营长墘窑 Y6 等闽北窑场已经开始使用分室龙窑技术[③]。其中，将乐碗碟墩窑ⅠY3－1(分室龙窑)直接打破ⅠY3－2(斜坡式龙窑)的遗迹现象证实了福建地区龙窑向分室龙窑演变的发展序列[④]。在闽南漳浦南门坑窑、德化碗坪仑窑、屈斗宫窑等地发现的分室龙窑一般由火膛、窑室、排烟室三部分组成，窑室进深大于内宽，窑室内部砌筑多道挡火墙，将其分为若干个小室，前后室以挡火墙下所设通火孔相通，窑室底部呈平缓斜坡状，两侧或单侧开窑门，除窑前火膛外，窑身另开有投柴孔及观火孔。而在漳浦、安溪发现的过渡型分室龙窑，在基本形态上仍属于分室龙窑系统，但窑室的进深与内宽已趋向于相同或内宽略大于进深，窑室整体呈横向长方形，漳浦石寨窑还在窑前设有一段斜坡状的燃烧位进行预热或增加窑温。对比明代晚期漳州平和、南胜等地区所发现的早期的横室阶级窑窑炉结构来看，过渡型分室龙窑的单间窑室平均进深为 2.43 米，平均内宽为 2.75 米，进深/内宽比为 0.88，早期横室阶级窑单间窑室平均进深为 2.28 米，平均内宽为 3.02 米，进深/内宽比为 0.75[⑤]。过渡型分室龙窑所设立的斜坡状燃烧位进一步演变为单间窑室前所设立的燃烧沟，窑底则依装烧产品的需求砌立柱支烧或斜坡状窑底上置匣钵支烧，这种窑炉形态及内部设施的演变形态表明了过渡型分室龙窑应是分室龙窑向横室阶级窑演变的中间阶段，亦表明了横室阶级窑是在过渡型分室龙窑的技术基础上，为适应本地生产需求而演变出来的。

此外,通过对周边闽北、浙江、江西、广东等窑场同时期所使用的窑炉技术进行考察,我们发现闽南地区过渡型分室龙窑技术可能直接与龙泉窑技术相关(图30-12)。

1.闽南周边窑场。元代,德化地区所生产的白瓷、青白瓷亦是闽南地区重要的瓷业品类,从已发掘的德化元代屈斗宫窑、元中期至明中期尾林 Y1-2、明代甲杯山窑[⑳]来看,元代至明代晚期闽南白瓷生产主要使用传统的分室龙窑,其进深大于内宽,投柴方式亦未有改变,且窑具种类丰富,以漏斗形匣钵为主,M 形匣钵、桶形匣钵并行使用。

2.闽北地区。元代以来,闽北地区窑业规模缩减,仅浦城碗窑背窑、大口窑、半路窑、建阳源头仔窑、南平茶洋窑等几处窑场继续生产仿龙泉青瓷[㉒],从考古发现来看,以茶洋窑安后山窑为例,其所使用的窑炉形态仍为传统的分室龙窑[㉚]。明代以来,窑业规模进一步缩减,尚未有窑炉遗址发现,但建阳碗窑、象山窑等窑场继续生产仿龙泉青釉,碗窑生产使用有 M 形匣钵[㉛]。

3.江西景德镇窑。元末至明初,以元末景德镇丽洋乡碓臼山窑、明初景德镇珠山御窑遗址、明早期景德镇丽阳乡瓷器山窑为代表的窑场完成了龙窑、马蹄形窑向葫芦形窑窑炉结构的转变[㉒]。葫芦形窑由前室、后室两部分组成,形似两个馒头形窑炉,整体又是倒地后置烟囱的龙窑,是景德镇地区独特的窑炉技术形态,与分室龙窑技术差异明显。

4.浙江龙泉窑。从龙泉东区山头窑窑址群、大白岸窑址群、源口窑址群[㉝]及大窑枫洞岩窑址群[㉞]中发现的窑炉形态来看,斜坡式龙窑是宋元明时期龙泉窑业生产主要使用的窑炉结构形态。但在龙泉窑大窑乙区发现有一座元晚期至明代的分室龙窑,其形制较为特殊,编号 Y6,单间窑室进深 5.4 米、横宽 2.25 米。"窑内每隔五、六米筑墙二堵,把窑分成多室。前墙上部向前弧收与窑顶相连,形如火车车厢,下部设烟火弄。后墙不到顶,火焰由烟火弄进入隔墙,再通过后墙的顶部进入第二室。隔墙之间的壁面用黏土涂抹平整,以利火焰流通。同时在前墙后的窑顶筑投柴孔,在烧二室以后各室时,主要从投柴孔中投柴烧成。每室内开窑门二个"[㉟],从报告所述窑炉形态来看,Y6 在室内设置、隔墙砌筑等方面表现出了阶级窑初级形态的特征,窑室之间所设的双道隔墙中的后道隔墙不到顶,实际形成了燃烧位的雏形,这种窑炉结构虽未在龙泉窑普遍使用,但其可能为闽南地区窑前燃烧位的出现提供了技术来源。

5.广东余里窑。余里窑是明代广东地区重要的仿龙泉瓷窑之一,相较于惠阳新庵三村的两座馒头窑,余里窑生产同样使用分室龙窑技术,其窑炉形制与漳浦石寨窑类似,窑室进深小于内宽,整体呈横向长方形,单间窑室前设 30~60 厘米燃烧位以投柴,其主要使用 M 形匣钵进行烧造,年代在明代弘治年后[㊱]。如前所述,元代中晚期以来的闽南过渡型分室龙窑技术传统并未直接继承于闽南早期的分室龙窑系统,与闽南周边、闽北及江西景德镇地区的窑炉结构形态差异较大。而龙泉大窑乙区 Y6 分室龙窑中设双道隔墙所出现的窑前空间可能为漳浦石寨窑窑前燃烧位的出现提供了直接的技术来源,结合元代中晚期至明代早中期闽南仿龙泉窑场中 M 形匣钵的全面使用推测,过渡型分室龙窑技术同样来源于龙泉窑技术人员的流动。另外,就现有的资料来看,广东地区的仿龙泉青瓷中"阶级窑"的出现稍晚于闽南地区,其所可能存在的交流及技术传播问题仍需进一步的考古发掘。

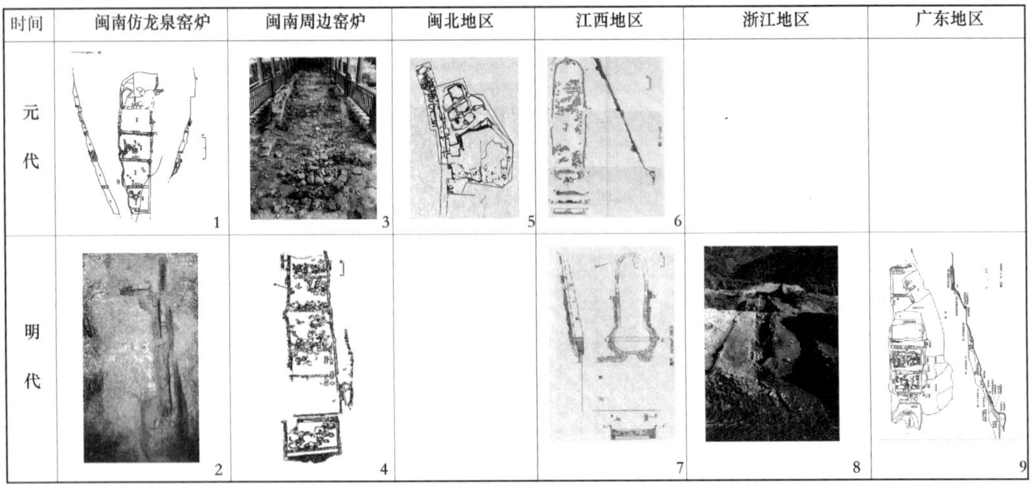

时间	闽南仿龙泉窑炉	闽南周边窑炉	闽北地区	江西地区	浙江地区	广东地区
元代	1	3	5	6		
明代	2	4		7	8	9

1.漳浦石寨窑　2.安溪湖上大坑角落 Y2　3.德化屈斗宫窑　4.德化甲杯山窑　5.茶洋窑后山窑
6.景德镇丽洋乡碓臼山窑　7.景德镇丽阳山瓷器山窑　8.龙泉大窑枫洞岩窑　9.广东余里窑

图 30-12　闽南元明仿龙泉窑炉与闽南周边、闽北、江西、浙江及广东地区对比图

四、结语

隋唐、宋元时期，"伴随着以外向型青瓷、青白瓷、黑釉瓷、白瓷窑场手工业的高度发达为代表的东南沿海海洋经济腹地的扩张"[②]，闽南地区以外销为导向的瓷业生产格局初步形成。北宋晚期以来龙泉窑产品的兴烧改变了福建青瓷仿越窑的技术传统，在浅层次或深层次上影响了福建仿龙泉青瓷的生产。入元后，受厚胎厚釉龙泉风格影响，包括闽南在内的福建仿龙泉青瓷主要转向青灰釉产品。考古发掘表明，元明时期闽南仿龙泉窑场直接承袭了龙泉窑的生产特征，在装饰、装烧技法上有所简化，所使用的分室龙窑在窑炉形制、投柴设施等方面体现了明代晚期横室阶级窑的初步特征，应为分室龙窑向横室阶级窑转变的过渡形态。这种过渡型的分室龙窑与龙泉窑大窑乙区 Y6 窑炉形态相关，在同时期的闽南周边、闽北及江西等地窑场均未发现，但同类型的窑炉结构发现在稍晚的广东地区明代早期仿龙泉窑场中，其可能存在的技术交流及影响等问题仍需新的考古材料进行分析。

消费方面，元明时期闽南仿龙泉青瓷生产规模较小，产品简单且均为日用器具。在台湾东北部宜兰礁溪乡洪武兰遗址、台北淡水镇埤岛桥遗址、台北圆山遗址考古发掘中所出土的仿龙泉花口盘、外壁刻窄莲瓣纹碗等遗物[⑧]，其形制及装饰与明早中期闽南、广东等地的仿龙泉青瓷产品相似，但遗物数量不多。结合明早期的历史背景，此类遗物可能为明朝-琉球朝贡贸易的携带品，表明元明时期闽南仿龙泉青瓷在满足本地市场需求的同时可能也少量地参与了外销。

目前的考古发现表明,在泉州安溪、永春、漳浦等地发现的以排点纹、蕉叶纹、简笔花卉纹、月影梅纹为代表的青花瓷产品应是闽南青花瓷起源的关键,年代应在明代中晚期偏早。而元明时期仿龙泉青瓷的生产则是衔接宋元青白瓷、青瓷、黑釉瓷生产与明代青花瓷生产的中间环节,近年来闽南仿龙泉窑址的发现则以实物形式完善了闽南宋元明时期瓷业生产脉络。从仿龙泉青瓷生产到青花瓷生产,在产品面貌、窑业技术等方面表现出了直接承袭的技术特征,例如,在永春碗窑芸调查发现有青釉下直接绘青花的排点纹碗、在安溪镇中十八间明代青花瓷窑炉填土内则发现有仿龙泉小杯,且仿龙泉青瓷生产所使用的过渡型窑炉在明代中晚期偏早段的安溪镇中十八间、安溪庄灶下尾林窑内继续发展使用。因此,元明时期仿龙泉青瓷的生产应为闽南青花瓷的创烧提供了直接的技术来源。

注释:

①陈支平:《闽南文化的历史构成及其基本特质》,《闽台文化研究》2014 年第 1 期。

②对"同安窑系""土龙泉""珠光青瓷"等概念的研究主要见李知宴、陈鹏:《泉州的海外贸易和陶瓷输出》,《景德镇陶瓷》1983 年总 21 期;李知宴、陈鹏:《宋元时期泉州港的陶瓷输出》,《海交史研究》1984 年,总第 6 期;叶文程、欧阳宗俊:《试论"珠光青瓷"及外销》,《河北陶瓷》1991 年第 4 期;林忠干、张文崟:《同安窑系青瓷的初步研究》,《东南文化》1990 年第 5 期。

③栗建安认为"几乎从宋代开始,以至元明,福建青瓷都是仿龙泉窑产品",并从窑业产品与窑业技术的角度梳理了珠光青瓷、同安窑系、土龙泉及仿龙泉青瓷的概念,认为同安窑系青瓷为仿龙泉产品类型中的一种,珠光青瓷则是同安窑系青瓷的前期或早段产品,土龙泉则概括了福建的仿龙泉青瓷。引自栗建安:《福建仿龙泉青瓷的几个问题》,《东方博物》1999 年第 3 辑,第 79～83 页。

④傅宋良、张家、谢吉华:《闽北陶瓷》,福建美术出版社,2002 年,第 137 页;刘净贤:《试论宋元明时期闽北地区的仿龙泉青瓷》,《考古与文物》2020 年第 1 期。

⑤2018 年 4 月至 7 月,福建博物院文物考古研究所、厦门大学历史系、安溪县文化馆联合对安溪境内窑址展开了调查;同年,福建博物院文物考古研究所联合永春县博物馆对永春古窑址进行了调查及库房整理。

⑥羊泽林、曾汉祥主编:《永春县古窑址》,海峡文艺出版社,2021 年,第 144～164 页。

⑦羊泽林、曾汉祥主编:《永春县古窑址》,海峡文艺出版社,2021 年,第 165～169 页。

⑧施佳钰、羊泽林:《漳浦县石寨窑发掘简报》,《福建文博》2019 年第 2 期。

⑨熊海堂:《东亚窑业技术发展与交流史研究》,南京大学出版社,1995 年,第 93～95 页。

⑩浙江省文物考古研究所编:《龙泉东区窑址发掘报告》,文物出版社,2005 年,第 359、363、375、399 页。

⑪浙江省文物考古研究所、北京大学考古文博学院、龙泉青瓷博物馆:《龙泉大窑枫洞岩窑址》,文物出版社,2015 年,第 91、547～548、553、567 页。

⑫(清)道光《晋江县志》卷 18《武功志》,清抄本;(清)乾隆《安溪县志》卷 12《艺文志》,清乾隆十二年刻本。

⑬廖大柯:《亦思巴奚初探》,《海交史研究》1997 年第 1 期。

⑭(日)桑原骘藏:《蒲寿庚考》,陈裕菁译,中华书局,1954 年,第 223 页。

⑮谢杰:《虔台倭纂》卷上《倭原二》,《玄览堂丛书续集》本,国立中央图书馆,1947 年,第 7 页。

⑯巩珍:《西洋番国志·自序》,中华书局,1961 年,第 6 页。

⑰（日）森达也：《宋元外销瓷的窑口与输出港口》，《考古与文物》2016 年第 6 期。

⑱秦大树：《肯尼亚格迪古城和蒙巴萨沉船出土明清瓷器及相关问题讨论》，《考古学研究》（十一），2020 年。

⑲栗建安：《福建仿龙泉青瓷的几个问题》，《东方博物》1999 年第 3 辑，第 79～83 页。

⑳羊泽林：《福建宋元青瓷生产及相关问题的初步探讨》，《东方博物》2016 年第 3 期，第 73 页。

㉑傅宋良、张家等：《闽北陶瓷》，福州美术出版社，2002 年，第 137 页；刘净贤：《试论宋元明时期闽北地区的仿龙泉青瓷》，《考古与文物》2020 年第 1 期。

㉒“窑系”一词起源于 20 世纪 50 年代，最初指代釉色相近的瓷业产品。近年来，随着陶瓷考古的深入，窑系的概念被学者质疑。本文援用“窑系”一词主要为了区分闽南仿龙泉青瓷生产窑场是否直接使用了龙泉窑核心技术。

㉓熊海堂：《东亚窑业技术发展与交流史研究》，南京大学出版社，1995 年，第 48 页。

㉔刘振群：《窑炉的改进和古陶瓷发展的关系》，《华南工学院学报》1978 年第 3 期。

㉕栗建安：《中国福建地区考古发现的古代窑炉》，《中国古代瓷器生产技术对外传播研究论文集》，浙江人民美术出版社，2014 年，第 11 页。

㉖羊泽林、潘国平：《2016、2017 年将乐县碗碟墩一号窑址考古发掘简报》，《福建文博》2017 年第 4 期。

㉗过渡型分室龙窑数据来自安溪湖上大坑角落 Y2、安溪庄灶下尾林窑Ⅰ Y1、安溪镇中十八间窑 Y1、漳浦石寨窑 Y1，早期横室阶级窑数据来自漳州平和县二垅窑 Y1、南胜花仔楼 Y1、Y2，田坑窑、南靖碗窑坑一号窑、碗窑坑三号窑及安溪下尾林ⅠY3。

㉘德化古瓷窑址考古发掘工作队、《屈斗宫窑址发掘简报》编写组：《福建德化屈斗宫窑址发掘简报》，《文物》1979 年第 5 期；栗建安：《德化明代甲杯山窑址发掘简报》，《福建文博》2006 年第 2 期；2020 年福建省考古研究院联合德化县文管办等单位对德化尾林内坂窑进行了发掘，资料尚未刊布。

㉙刘净贤：《试论宋元明时期闽北地区的仿龙泉青瓷》，《考古与文物》2020 年第 1 期。

㉚福建省博物馆：《南平茶洋窑址 1995—1996 年度发掘简报》，《福建文博》2000 年第 2 期。

㉛姚祖涛、赵洪章：《闽北古瓷窑址的发现和研究》，《福建文博》1990 年第 2 期。

㉜戴仪辉、赵可明、王上海等：《江西景德镇丽阳锥白山元代窑址发掘简报》，《文物》2007 年第 3 期；戴仪辉、黄细陶、赵可明等：《江西景德镇丽阳瓷器山明代窑址发掘简报》，《文物》2007 年第 3 期；刘新园、权奎山、李一平等：《江西景德镇明清御窑遗址发掘简报》，《文物》2007 年第 5 期；王上海：《从景德镇制瓷工艺的发展谈葫芦形窑的演变》，《文物》2007 年第 3 期；胡钟元：《景德镇古陶瓷窑炉的发展和演变》，景德镇陶瓷学院硕士学位论文，2013 年 6 月。

㉝浙江省文物考古研究所编：《龙泉东区窑址发掘报告》，文物出版社，2005 年。

㉞浙江省考古研究所、北京大学考古文博学院、龙泉青瓷博物馆：《龙泉大窑枫洞岩窑址（上）》，文物出版社，2015 年。

㉟朱伯谦：《龙泉大窑古瓷窑遗址发掘报告》，《朱伯谦论文集》，紫禁城出版社，1990 年，第 266～267 页。

㊱肖达顺、陈靖云：《广东大埔余里明代窑址 2013—2014 年发掘简报》，《文物》2019 年第 10 期。

㊲吴春明：《古代东南海洋性瓷业格局的发展与变化》，《中国社会经济史研究》2003 年第 3 期。

㊳参见卢泰康：《十七世纪台湾外来陶瓷研究——透过陶瓷探索明末清初的台湾》，成功大学历史研究所博士学位论文，2006 年 7 月，第 15～16、23、28 页，第二章图 2-4、图 2-5、图 2-6、图 2-7、图 2-10。

New Discoveries and Preliminary Studies of Longquan-style Imitation Kilns in Southern Fujian during the Yuan and Ming Dynasties

Ma Jun

Abstract：Since the mid to late Northern Song Dynasty，the production of celadon in southern Fujian has been greatly influenced by the Longquan kilns. During the Yuan Dynasty，the style of imitating Longquan celadon production from southern Fujian underwent significant changes. In recent years，several kiln sites of imitating Longquan celadon from the mid-late Yuan Dynasty to the early-mid Ming Dynasty were discovered in Zhangpu，Anxi，and Yongchun in southern Fujian. Archaeological typology analysis based on products，kilns，and kiln furniture shows that from the mid-late Yuan Dynasty to the early-mid Ming Dynasty，southern Fujian kilns mainly produced thick-skinned and thick-glazed green-gray glazed imitating Longquan celadon，which reflected the core technical characteristics of Longquan kilns in terms of product style and kiln technology，but was different from that of the Northern Song Dynasty. The technical characteristics of the kiln industry of Jingdezhen in some kilns from the late Northern Song dynasty to the early Yuan dynasty are very different，and they should be kilns under the technical system of Longquan kilns. In addition，the kilns used in the imitation of Longquan production in southern Fujian during the Yuan and Ming dynasties have obvious characteristics of the transition from a divided-chamber Longquan kiln to a cross-chamber step kiln，providing a direct technical source for the production of early southern Fujian blue-and-white porcelain.

Keywords：Southern Fujian Region，Longquan-Style Celadon，Longquan Kiln Tradition，Transitional Multi-Chamber Dragon Kiln

明清时期福州地区的海防设施

蔡喜鹏

（福州市文物考古工作队）

福建地处东南沿海,在明清时期是王朝构建全方位、成体系海防的重要区域。福州作为省会重地,历明清两朝,营建出诸多的海防设施。本文结合相关史料,对明至清前期各个阶段福州地区海防设施的建置进行梳理,通过具体的海防部署来探讨海防体系的演变。

一、明代前期海防体系的建立

明代前期是中央王朝全方位经略海防的开始。为防御倭寇,明廷建立起层级性的海防体系。该体系以明初军制——卫所制为基础,通过置水寨、建水军、造战船进行巡海以御敌于海上,陆上以卫所为核心,更设巡检司、寨堡固守,并通过烽堠及驿铺传递信息,从而形成有一定纵深、层次的海陆联防体系（表31-1）。

表 31-1　明代前期的海防部署[①]

水寨	卫所城	寨堡	巡检
小埕水寨	定海所	北茭埠寨	闽安镇、五虎门、松下、蕉山、小祉山、北茭、壁头、牛头、泽朗等9处巡检司
	梅花所	—	
	镇东卫	大祉把截寨及松下、大坵、白鹤等3埠寨	
	万安所	沙坞、连盘、长沙寨、峰头等4埠寨	

水寨作为水师巡海的基地,是海防的第一道防线。小埕水寨置于连江县定海所[②]前,为福建五水寨之一,景泰年间置,所遣官军、战船来自连江县周边卫所。倭寇乘东北季风来犯,以三至五月为大汛,九、十月为小汛。汛期时处海道要冲的沿海岛屿,易成倭寇入侵据点,由各水寨设"汛地"进行戍防哨巡。小埕水寨的"汛地"分五哨,"前哨汛北茭、西洋山,后哨汛（上）竿塘、白犬山,左哨汛（下）竿塘、下目山,右哨汛上、下竿塘山,远哨汛東涌山"。从郑和航海图来看[③],以上诸岛均为明代航行针路中福州海域的重要航标。

小埕水寨的"信地",即防御范围或辖区,北连烽火,南接南日,北界到西洋岛,但南界有南茭及白犬岛二说④,范围仅大致包括今连江至长乐北部海域,即闽江入海口。《筹海图篇》称,"连江为福郡之门户,而小埕为连江之藩翰也"。

卫、所作为明初军队的编制单位,领"卫兵"(卫所世籍之兵),是陆上防线的主体。福州地区的海防卫所有镇东卫和其辖下梅花所、万安所及属福宁卫的定海所等三千户所。卫所有城,下辖有若干寨堡与烽堠。福州沿海另设巡检司9处,属地方民政系统,领县括"弓兵",设于"沿海要害"之地,"无事往来探视,有警协力出战",负责巡守盘查⑤。

关于陆上布防,《闽书》引《兴化隆庆志》总结道:"江夏侯经营海上,以滨海地疏节阔,自非一卫一所所能遥制,更设巡司于暇隙地。司各有寨,城有官,有射手,杂以帐房,墩台斥堠相望,自兵政凌夷,巡警失职,乃减射手,不知巡司络绎。分则自卫疆场,合则并力剿捕,村落有警,入寨避寇,亦坚壁清野意也。"⑥

从具体空间分布看,卫所设于海口及海道枢纽等门户要地。其中镇东卫处福清龙江入海口处;定海、梅花二所位于闽江出海南北二口处,为省城门户,明董应举《浮海纪实》称为省城左、右臂;万安所位于海坛海峡及入莆海道的交叉入口处。所谓"天下既定,度要害地,系一郡者设所,连郡者设卫"⑦,9处巡检司的位置处卫、所"暇隙"地带的海道必经及海口处,是卫、所的重要补充。各寨大致沿着海岸线分布,处次重要的临海要冲,是卫、所、巡检之外的又一陆上防御力量。各卫所、巡检、寨堡,尤其是卫所、巡检的设置、选址应是"量地远近"精心布局的结果。

烽堠,又称烽燧、烽火台、烟墩,用以快速传达警报。明代文献记载福州地区烽火台数量及名称不一⑧。因正德《福州府志》为最早的文献,且为地方文献,所载应更符合明前期的实际情况,其闽县部分可能存在漏记。万历癸丑《福州府志》载有闽县烽火台,加之各卫所所属烽火台,共72处。这些烽火台大致沿着东部海岸线及闽江水道两线分布,联系府城及卫、所等驻兵要地。

驿铺,是指负责信息传递和物资补给的驿递机构,包括驿站、递运所及急递铺。其中,驿站负责递送使客、飞报军情、转运军需等,递运所主管运送物资与使客,急递铺则专司递送公文⑨。据正德府志载,明代福州府设驿站8处,递运所3处(明初有5处,后蒜岭、宏路二递运所省入驿站),急递铺102处。驿站、递运所仅设于重要城镇及交通冲要之处,是区域性交通干线纳入全国性干线的重要节点。急递铺的布局则更为广泛,以位于州县治附近的州县总铺为中心,除连接周边州县外,即通往沿海卫所、巡检司,且都是明洪武年间新设。《连江县志》载,"明置(定海)千户镇时,出舟师会哨樯橹往来皆驰闻于县,故(连江县)治东置铺特详,一视冲要焉"⑩,可见有数量不少的急递铺是专为传递海防信息所设。其中,福清县通万安所铺5处,通镇东卫1处,长乐县通梅花所1处、通小祉巡检司1处,连江县通定海所铺5处。

二、倭患肆虐与明代中后期的海防设施

明天顺以后海防日趋松弛,加以海洋政策的失误,终致嘉靖中期以后倭寇的肆虐。嘉靖后期倭乱平息以后,历隆庆至万历中期,明代海防得以变革与重建,不过此时兵役制度、军队组织、武器装备甚至防御对象都与之前有很大不同[11](表 31-2)。

表 31-2 明代中后期的海防设施建设[12]

县城建设	长乐县、连江县、罗源县、永福县、福清县		
新建民城	幕浦城堡、筱埕城堡、黄岐城堡、苔菉城堡、奇达城堡、马鼻城堡、透堡城堡		
	海口镇民城、化南民城、沙塘民城、垄下民城		
	翁崎民城、塘湾民城、塘头民城		
拓寨为城	蕉山巡检司城、松下巡检司城、小社巡检司城、北茭巡检司城		
新寨	广石寨、黄岐寨、仙岐寨、东山寨、平北里寨、牛头寨、松关寨、永平寨、平南里寨		
铳城、炮台	东岱铳城、迳镇铳城、双龟铳城、海坛炮台		

由于卫所兵士逃亡,水寨缺员,战船破损,巡检弓兵缺额,寨堡"仅存空城",明初构建的海防体系事实上已告瓦解。从乾隆《福州府志》所载明倭寇在福州的活动轨迹来看,水寨所筑的海上防御已形同虚设,倭寇可直接从海口、定海、梅花等卫所驻处的入海口及其他河口突入,后便沿江、沿路抢掠乡村、县城,进攻府城,一些巡检、寨堡驻地亦常为倭寇所据,成屯兵之地[13]。

海防既已无效,在地方官府的倡导、乡绅乡族的支持之下,县城、村镇纷纷通过筑堡加强防守。福建巡抚朱运昌《陈备倭事宜》就认为,"欲保闽海,莫若清野,清野莫若筑堡,筑堡莫若星罗棋布,使贼左顾右盼而莫知所攻……其乡村建堡一如建屯法,专其责于巡海宪臣,督率府厅州县正官,期以三年,成此不朽之业",视筑堡为备倭最重要的措施[14]。在倭寇肆虐的嘉靖年间,长乐、连江、罗源、永福、福清等县的县城均得到兴建或增筑,连江、闽县、长乐、福清等地濒海及江河口的一些村镇民间亦广为自筑寨堡。此外,蕉山、松下、小社、北茭等巡检司则拓寨为城。从万历癸丑府志与正德府志关于沿海把截寨、埤寨的记载不同来看,明代中后期官府还另新建一批新寨。因在抵御倭寇入侵过程中效果显著,城、寨仍是明代中后期最主要的海防设施。

明中后期明廷对福建海防进行了调整,一是自谭纶、戚继光募兵平倭起,军队指挥由平时体制转为战时体制,形成了平战结合的领导体制。嘉靖四十二年(1563 年),设总兵镇守,取代都指挥使成为地方最高军事长官。福建还另设督抚,协调军政诸事。督抚军门、镇守总兵分别招募土、浙兵作为直属部队,编制体制为营哨制。其中,督抚军门标下六营,汛期一营守福州、其余五营分守沿海各地,镇守总兵标下三营,春秋二季驻福州,夏冬二季驻镇东。汛期分守沿海各地,汛后分二营专守镇东。

二是增强水军并重新划区防务。嘉靖三十七年,都御史王询请分福建沿海为三路,设参将。嘉靖四十三年,巡抚谭纶改三路参将为守备,领新募的浙兵。外洋恢复五水寨之制,"分汛地,明斥堠,严会哨"。隆庆至万历间增设游兵五处。游兵佐助水寨,巡防于海上。有汛地无信地,以备策应追击之责。其中福州地区的海坛游位于明初曾一度被徙民虚地的海坛岛,设于隆庆初,汛地:前哨东庠,左哨观音澳,右哨盐埕;五虎游位于闽江口,设于万历三十年(1602 年),汛地:广石以外至五虎门一带[15]。

明代嘉靖年间以后,随着西方火器技术的传入与及传统火器的改进,国内统兵将领和军事专家的实践和创新,军事工程技术得到进步和发展,一些海防设施开始使用新型火器,炮台登上了历史舞台[⑯]。万历二十年,巡抚许孚远奏筑福州海坛山城炮台。此外,这一时期福清上迳、连江双龟、东岱等沿江乡镇,在当地士绅的倡助下,并经官府支持,兴建了铳城、铳台等设施。

三、清代前期的军制及海防设施

清代前期,各省驻兵由"经制兵"(正规军)之八旗及绿营所组成。其中八旗兵由皇帝直接指挥,采用满洲兵制,具有国家及地区主力兵团的性质。福建八旗兵以福州将军为最高统帅,集中驻防省会福州。绿营承袭自明代的镇戍制度,是以归附明军为基础进行组建的军队。最高统帅为总督,巡抚次之,作为沿海要地,福建还分设有水陆两路提督。其编制以"镇"为基础,以防区大小为准,设"镇""协""营""汛"四级单位,有地方镇戍部队的性质[⑰]。"汛"是绿营最低一级的建制单位,职官为千总、把总、外委千总和外委把总。每一汛区除部分兵丁集中于中心点——汛地驻扎外,汛下还设塘,由汛兵分拨出来,分散屯驻于汛区内各军事及交通要点,除防守外兼具驿传等信息传递的功能。这样,汛区与汛地相连,汛、塘与城镇贯通,形成严密的防御网络[⑱]。

福建在八旗兵和绿营系列下均建有水师,负责岸防和近岸海岛及沿海海域的海上巡逻,是海防最主要的力量。海岸的防守则归属于陆地营。福州将军标下设的水师旗营,设于雍正六年(1728年),驻扎在闽江下游的洋屿,每年春秋到三江口演习,拱卫省城大门。承担福州地区海防的绿营主要有督标水师,参将署在南门外;巡抚标下的各汛塘;闽安水师,直属水师提督标下;康熙二十七年(1688年)后属水师提督下的金门镇,副将署设在闽安;海坛镇,归水师提督下,总兵署原驻扎于海口镇东城,康熙二十二年(1691年)移驻海坛岛;陆路提督下福宁镇下的长福、连江、罗源等三营的汛塘。

就具体部署而言:闽江闽安镇上游的江防属督标水师,岸防属督标水师及巡抚标下;闽江闽安镇下游出海口及北至大金汛、南至犬东沙的近海诸岛,属闽安水师营;白犬岛以南的近海诸岛,属海坛镇(海坛营);罗源至福清的海岸防御则属于长福营、连江营、罗源营等。

清代前期,清廷沿袭明代的海防经验,沿用明代遗留下来的寨城、烟墩等设施。包括镇东、梅花、万安、定海等明代卫所城在内,原位于海防要地的城、寨直接被作为绿营汛、塘这一级的军事驻地。此外,清前期仍新建有一些新城、寨,除个别寨外,集中分布于闽江两岸。闽安水师及洋屿水师旗营则都建有城。清初烟墩与明代烟墩略有不同,分布于闽江两岸、福州东海岸及近海诸岛屿,联系的是作为集中驻兵点的府城与海坛镇、闽安水师等驻兵要地。

炮台作为海岸守兵足以依托的工事在清代受到越来越多的重视。福州地区在顺治十四年(1657年)设闽安镇南北两岸炮台,顺治十八年设东岱寨城炮台,但并未做全面部署。

康熙五十六年(1717年)起,康熙皇帝甚至开始要求并规划沿海地区炮台的修造工作[18]。中洲炮城及金牌寨炮台,便是这一年建造的,与闽安镇南北岸炮台同处于闽江下游,层层锁钥,是近代以后闽江口建设近代炮台、保护省城的滥觞。此外,清代前期,海坛镇,罗源的廉澳门、鉴江、虎尾山和福清的壁头山等汛地亦都设炮台。炮台要安设炮位,酌拨官、兵,小心防守。

表 31-3   清代前期的海防设施建设[20]

炮台	中洲炮城、闽安镇南北两岸炮台、金牌寨
	东岱炮台、廉澳门炮台、鉴江炮台、虎尾山炮台、壁头山炮台、平潭炮台
沿用明代旧寨城	海口镇城、泽朗民城、小祉城、奇达堡、苔菉堡、蛤沙堡
	镇东卫城、定海城、梅花城、万安城、小埕堡、北茭城、黄岐堡、可门堡、松下城、垅下寨、石梁蕉山城
新建寨、城	闽安镇城、洋屿水师城、罗星塔城、圆山寨城、崇新寨、登高寨、石龙台寨、峰头寨

结语：明清海防体系的变迁与福州现存的海防设施

综上所述,明代海防的主要措施是"陆聚步兵,水具战船"[21],战略包括御海洋、固海岸、守河港、守内河、战原野和严城守七项[22]。水寨的设立是"御海洋"战略的最直接体现,与明初福建沿海的"虚地徙民"政策相互配合进行,即在对濒海地区和近海岛屿甚至海外岛屿实施强制徙民的同时,设立水寨戍军海上,从而使"岛民进内陆、寨军出近海",借以御倭于海上[23]。陆上则在主要海口,"量地远近"造卫所城,布置重兵。其要在于"重防其入",为防御倭寇的入侵,陆地军队采取集团式驻防,海上则利用战船优势歼敌于海上。

清代前期,清军正规军有八旗军、绿营兵两种,在东南沿海主要沿海岸及近海岛屿分散布防,海上则重视对海岛的防卫,并置战船进行外洋巡逻。其要在"重防其出",为限制和防止国内敌对势力("内盗")的出海及资敌,在海岸采用"星罗棋布"状的小规模布防,严查出入口船只。海上则巡航缉拿海盗、查验海船,维护沿海的交通秩序和治安[24]。此外,与明代相比,清廷无论是兵力还是海防设施的营造上,都更加注重对闽江口的防御。正如《清史稿》所总结的:"中国沿海各省……自浙洋而南,岛屿多而淤沙少,其海岸纤曲,故防务既重海口,而巨岛与海岸亦并重焉","福州(海防)重在闽江,以江口内为省治所在"[25]。

明初,明廷构筑起层级性的海防体系,营建出水寨、卫所城、巡检司、寨堡、烽燧等海防设施。明代中后期,倭寇肆虐,沿海城、寨广建,并且随着火炮技术发展,铳城、炮台出现。进入清代,在沿用明代海防设施的基础上,对海岸及岛屿的防务更趋完备,清廷尤其注重对闽江的防御,新建水师城及台寨,并对炮台建设做了专门部署。从功能上,明清时期福州的海防设施可分为三类,一类为深入到海防一线,作为水师巡海基地的水寨,一类为在陆上沿海、沿江冲要之地驻兵、巡防、守卫的城、寨、民堡与及铳城、炮台,一类为负责警戒及信息传递的烽燧、驿铺及汛塘。

据第三次全国文物普查资料,福州地区现存有明清时期卫所城、民堡、寨、炮台、烽火台等各类海防设施,其中,大多数设施保存状况较差,并经近代的改建和后期的破坏,原貌多已不存,其形制需在分析现有实物,梳理相关文献的基础上,通过进一步的调查、发掘和研究加以复原。上述对福州地区明代前期、明代中后期及清代前期等三个阶段的军制及海防布局进行了梳理,初步分析了各阶段海防体系的特征,为全面复原各个阶段海防设施的具体位置及形制,进一步保护文化遗产提供基础性资料。

表 31-4　现存福州地区明清时期海防设施⑳

明代卫所城	梅花所城、定海所城、万安所城
明代县城	罗源城、连江城、长乐城
明代民堡	鉴江城、翁崎民城、塘湾城、北茭城、透堡城、苔菉城、黄岐城
明代铳城	东岱铳城
明代烽火台	龙头、家口山、东皋山、下石、西山、锦城、万安、金鸡山、岭顶、招康垅、草屿
抗倭战场	首占抗倭战场遗址
清代水师城	闽安水师城、洋屿水师城
清代前期炮台	南、北岸炮台,金牌炮台
明清寨堡㉑	草屿西门东寨、北厝南寨、北厝牛寨、桃花寨、先进村东芙蓉寨

注释:

①(明)叶溥、张孟敬纂修:正德《福州府志》,海风出版社,2001年,第537~540页。

②(明)喻政主修:万历《福州府志》,海风出版社,2001年,第229页。

③海军海洋测绘研究所、大连海运学院航海史研究室:《新编郑和航海图集》,人民交通出版社,1988年,第28~35页。

④黄中青:《明代海防的水寨与游兵》,明史研究小组印行,2001年,第100页。

⑤(清)徐景熹主修:乾隆《福州府志》,海风出版社,2001年,第417页。

⑥(明)何乔远编撰:《闽书》第1册,福建人民出版社,1994年,第982~992页。

⑦(清)张廷玉等撰:《明史》卷91《志第六十七·兵三》,中华书局,1974年,第2243~2249页。

⑧驻闽海军军事编纂室编著:《福建海防史》,厦门大学出版社,1990年,第57页。

⑨杨正泰:《明代驿站考》,上海古籍出版社,1994年,第1~7页。

⑩(清)戚孴言纂修、连江县地方志编纂委员会办公室整理:《连江县志》,鹭江出版社,2017年,第53页。

⑪杨金森、范中义:《中国海防史(上)》,海洋出版社,2005年,第253~297页。

⑫(明)喻政主修:万历《福州府志》,海风出版社,2001年,第228~230页。

⑬(清)徐景熹主修:乾隆《福州府志》,海风出版社,2001年,第440~446页。

⑭《明神宗实录》卷387,中华典藏网,https://www.zhonghuadiancang.com/lishizhuanji/mingshenzongshilu/284480.html。

⑮黄中青:《明代海防的水寨与游兵》,明史研究小组印行,2001年,第105~107页。

⑯王兆春:《中国古代军事工程技术史(宋元明清卷)》,山西教育出版社,2007 年,第 399 页。

⑰罗尔纲:《民国丛书 第 5 编 31:政治法律军事类 绿营兵志 湘军新志》,上海书店,1996 年,第 16 页;驻闽海军军事编纂室编著:《福建海防史》,厦门大学出版社,1990 年,第 168 页;李金强:《区域研究:清代福建史论》,香港教育图书公司,1996 年,第 56 页。

⑱秦树才:《"汛地"原义辨》,《思想战线》2004 年第 6 期。

⑲杨金森、范中义:《中国海防史(上)》,海洋出版社,2005 年,第 449 页。

⑳(清)徐景熹主修:乾隆《福州府志》,海风出版社,2001 年,第 417~430 页。

㉑(清)张廷玉等撰:《明史》卷 126《汤和传》,中华书局,1974 年,第 3751~3756 页。

㉒杨金森、范中义:《中国海防史(上)》,海洋出版社,2005 年,第 353~360 页。

㉓何孟兴:《洗岛靖海:论明初福建的"墟地徙民"措施》,《兴大历史学报》2010 年第 2 期。

㉔王宏斌:《清代前期海防:思想与制度》,社会科学文献出版社,2002 年,第 105~107 页。

㉕赵尔巽等撰:《清史稿》卷 138《志一一三·兵九》,中华书局,1977 年,第 4111~4114 页。

㉖资料来源于全国第三次文物普查。

㉗本行寨、堡年代在明末至清前期。

Coastal Defense Facilities in the Fuzhou Region during the Ming and Qing Dynasties

Cai Xipeng

Abstract:During the Ming and Qing Dynasties, the Fuzhou region was a significant area for coastal defense in Southeast China. In the early Ming dynasty, the court established a coastal defense system based on the military guard system, building sea forts, military guards, patrolling posts, fortresses, and signal towers. In the mid-to-late Ming dynasty, with the rampant invasion of the Japanese pirates, coastal walls and civilian fortifications were widely constructed. The Ming court adjusted the coastal defense system from the early Ming period, with the introduction of musket fortresses and cannon towers. In the early Qing Dynasty, under the rule of the Eight Banners and Green Standard Army, coastal defense became more comprehensive, with the emphasis on the defense of the Minjiang River. On the basis of the continued use of fortresses and signal towers from the Ming Dynasty, new cities and fortresses were built and emphasis was placed on the construction of cannon towers. From the Ming to the early Qing dynasties, the deployment and construction of coastal defense facilities in the Fuzhou region reflect the changes in the coastal defense system and measures of the two dynasties.

Keywords:Fuzhou, Ming and Qing Dynasties, Coastal Defense Facilities, Coastal Defense System

西沙群岛七连屿出水瓷的清洗保护研究

黄　凰　　　王玉龙

（安徽大学历史学院）

吴礼彬

（天津大学表层地球系统科学研究院）

引　言

南海是中国的海上宝库，南沙群岛、西沙群岛、中沙群岛、东沙群岛四大群岛如宝石般点缀其中。我国历代先民很早就在南海海域讨生活，并由此展开探索，通过东南亚进一步向外，构筑了跨文化密切互动的交流网络"海上丝绸之路"。无数满载各种珍货的船舶曾航行于南海，其中一些不幸失事的船只，如"华光礁Ⅰ号""南海Ⅰ号""南澳Ⅰ号"等，均已通过水下考古得到整体发掘和研究[①]，另有许多遗物散落漂流到南海各处岛礁。在当今"一带一路"倡议下，这些散见的遗物对于我们构建海洋命运共同体，同样具有重要意义。而这些遗物的保护与修复，则是仍有待进一步探索的学术问题。

一、七连屿出水瓷的发现

2015 年 3 月，由中国科学技术大学和合肥工业大学科研人员组成的南海生态地质考察队抵达南海开展科学考察，在西沙群岛七连屿的部分岛屿上意外地发现了散落的青花瓷片（图 32-1）。七连屿是由多个岛屿组成，实际不止 7 个岛屿，其中，南沙洲碎瓷片遍地都是，密集地分布在岛周围的沙滩上，南沙洲近似呈三角形，岛的中央生长着草海桐灌木，但并未连成片，红草成片生长，岛的周围多有海滩岩发育，而没有形成海滩岩的地方，尤其是沙嘴处集中分布着碎瓷片。中沙洲位于南沙洲的西北方向，两岛相距不过几百米。岛的边缘开始发育海滩岩，东部有一半开放的潟湖。岛上植被稀少，零星生长着草海桐、红草等植被，沙地依然是岛的主体，是名副其实的"沙洲"。海边沙滩上也有少量的碎瓷片，但明显不如南沙洲多，这是因为海滩岩阻挡、破坏海浪打上的瓷片。北沙洲位于中沙洲的西北方向,两岛相距也只有数百米。岛上边缘开始发育海滩岩,但很少。岛上植被稀少,海边沙滩上偶尔出现碎瓷片,但与中沙洲相比就更少了。

图 32-1　沙滩上瓷片现场照

　　这并非对南沙洲瓷片的首次发现,此前几次西沙群岛文物调查也报道过包括南沙洲在内的七连屿所获瓷器。实际上,在 13 世纪后期涉足南海的渔民用于导航的《更路簿》中,很难见过南沙洲用于航路②。南沙洲堆积的瓷片位于陆上而非水下,这是否与附近曾有沉船有关,或存在船只为减轻船身重量故意将货物抛弃等其他原因,目前还无法确定。

　　经初步整理,瓷片主要是明代青花瓷残片,可辨识器类有碗、碟、杯、盘等,纹饰类型丰富,有人物、莲纹、提篮纹、海浪纹、梵纹等,不少残片还有款识、文字(图 32-2～32-5)。海浪、梵文等纹饰,多见于明代外销瓷,这与当时外销瓷盛行“来样定制”的产销惯例相符。西沙群岛七连屿所获瓷片,显然是明代海上丝绸之路外销瓷器贸易繁荣的有力证明。

　　海上贸易的通道往往并非“一帆风顺”,所以,才有了我们熟知的“华光礁Ⅰ号”“南海Ⅰ号”“南澳Ⅰ号”等水下沉船考古发现。沉船遗址中的出水瓷,其保存环境较陆上瓷有很大不同,经海水长期侵蚀,表面釉层遭到腐蚀,容易出现剥釉现象,而沙滩上的出水瓷,又与沉船瓷保存状况略微不同,从水下保存环境转移到沙滩上,质感呈现出磨砂状,部分瓷片上有少量白色的凝结物附着在表面。

　　Hamilton、López-Arce 等学者③在其他海域清理水下遗物时也曾对水下文物,特别是石质文物、玻璃器、瓷器进行研究,对于出水瓷清洗这个环节,一般都采用物理、化学清洗和脱盐,但由于不同海域的气候和生物保存环境存在较大差异,不同地点发现的出水瓷,

图 32-2　明代海浪纹青花瓷片

图 32-3　明代船上人物青花瓷片

图 32-4　明代梵文杯

图 32-5　明代青花瓷片

具有各自独特性,在选择清洗试剂、设定清洗时间和脱盐方法上存在细微差别。因此,本文对西沙群岛七连屿出水沙滩瓷的研究,可以为探索如何选取适合的出水瓷(而非沉船水下瓷)清洗方案提供案例借鉴,并有助于进一步探讨七连屿在海上丝绸之路文化交流中扮演的角色。

二、样品介绍

采集的部分青花瓷表面富集有白色凝结物,经作者检测,成分是以方解石、白云石为主的碳酸盐类物质,很可能是珊瑚、贝壳类沉积物[④],这与沉船遗址出水瓷表面往往还黏附、包裹有金属文物锈迹等沉积物有一定区别[⑤]。现选择 6 块表面凝结物较为严重的瓷片(图 32-6~32-10),图中箭头标示的是需要去除的凝结物。它们的基本信息见表 32-1,此研究将对它们表面的白色凝结物进行清除以便进一步保护。

图 32-6　No.7 样品

图 32-7　No.8 样品

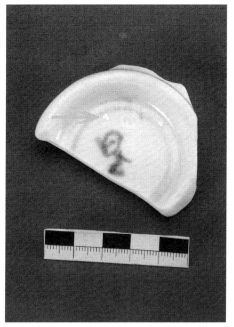

图 32-8　No.9 样品

图 32-9　No.14-1(左)和 14-2(右)样品

图 32-10　No. 24 样品

表 32-1 样品信息

编号	年代	样品描述
7	明代	提篮纹青花碗底
8	明代	青花盘底
9	明代	花款碗底
14-1、14-2	明代	甜白杯残足片
24	明代	花款青花碗足

三、出水瓷的保护——清洗与脱盐

由于物理清洗无法彻底清除凝结物,结合化学清洗,并辅以脱盐,对这六块瓷片进行处理。化学清洗的实验原理是:凝结物中含有难溶于水的 Ca^{2+} 和 Mg^{2+} 碳酸盐,在水溶液中,CO_3^{2-} 可以与稀盐酸发生反应,生成 CO_2 气体以及易溶于水的钙盐,反应式为:$CO_3^{2-}+2H^+=H_2O+CO_2\uparrow$。乙二胺四乙酸二钠(EDTA-2Na)可以与溶液中的金属离子发生反应,生成稳定的螯合物,反应式为:$Mg(Ca)^{2+}+H_2Y_2^{2-}=Mg(Ca)Y_2^{2-}+2H^+$,螯合物易溶于水,可将其去除[6]。以下实验均在安徽大学科技考古与文化遗产保护实验室进行。

1.物理清洗

物理清洗,又称机械清洗,水洗之前先用刷子刷去瓷片表面灰尘,并且尝试用牙签剔除部分易除去凝结物(图 32-11、32-12),再置于超声波清洗机中浸泡清洗。

超声波清洗时长设定为 30 分钟,待洗完后放在阴凉处阴干。清洗过程中可发现,初始至 10 分钟后,瓷片表面逐渐有较污浊的灰尘溶入水中,待 20 分钟之后,水明显变污浊,30 分钟后基本稳定,水中不再有明显污物产生(图 32-13、32-14)。

2.化学清洗

物理清洗并没有完全清除表面凝结物,因而进一步采用化学清洗。由于 No.14-1 样品表面凝结物较厚,单独清洗。其他 5 块样品则一起清洗。

(1)No. 7、8、9、14-2、24 化学清洗

根据前人研究经验[7],以及本研究的反复试验和观察,先选择 8% 的盐酸溶液浸泡瓷片 5 分钟之后,浸泡后,凝结物厚度变化见表 32-2,待去除表面大部分凝结物之后,再选用 5% 的盐酸溶液进一步浸泡,凝结物厚度变化见表 32-3,然后用流水冲刷残留物,循环往复进行去除,直到不再有气泡产生为止。

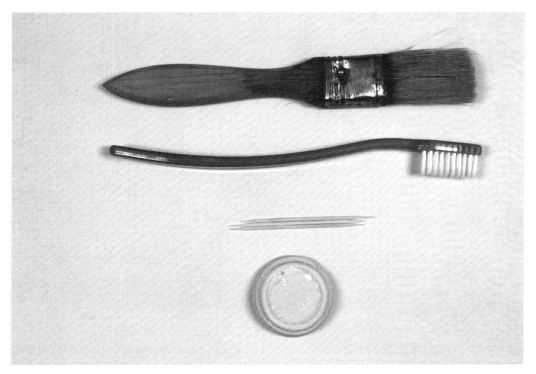

图 32-11　物理清洗工具

图 32-12　物理清洗过程示意图

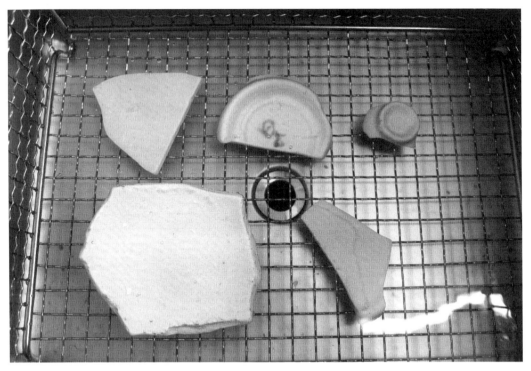

图 32-13　超声波清洗 No. 7、8、9、14-2、24

图 32-14　超声波清洗 No.14-1

表 32-2 8%HCl 溶液浸泡结果

样品编号	HCL 浓度	浸泡时间（分钟）	凝结物厚度（μm）
7			约 35
8			0
9	8%	5	0
14-2			约 20
24			约 30

表 32-3 5%HCl 溶液浸泡结果

样品编号	HCL 浓度	浸泡时间（分钟）	凝结物厚度（μm）
7			0
8			—
9	5%	5	—
14-2			0
24			0

样品 8 和 9 在 8%盐酸溶液浸泡中,凝结物表面气泡明显慢慢减少,5 分钟后,凝结物基本去除干净,样品 7、14-2、24 在 8%盐酸浸泡 5 分钟后,通过超景深三维显微仪观察凝结物厚度,发现分别降低至 35μm、20μm、30μm,进一步使用 5%盐酸溶液浸泡 5 分钟后,凝结物去除完毕。

在清洗过程中,应把控好盐酸使用浓度,尽量处于低浓度,以防对瓷器表面产生不必要的腐蚀。通过物理和化学清洗,凝结物得以去除干净,为防止酸洗残留,最后将样品 7、8、9、14-2、24 投入 5%碳酸氢钠溶液 10 分钟,以中和瓷片表面残余的盐酸(图 32-15)。

图 32-15 5%NaHCO₃ 中和瓷片的盐酸残余

（2）No. 14-1 化学清洗

由于该样品表面凝结物较难去除，先用 8% 盐酸浸泡 5 分钟，之后用 5% 盐酸浸泡 30 分钟，其表面凝结物厚度变化，见超景深三维显微图 32-16～32-19 和图 32-20 所示。

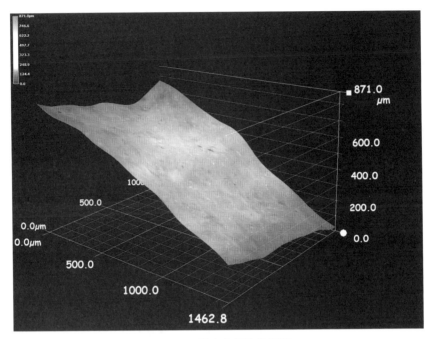

图 32-16　浸泡前凝结物厚度

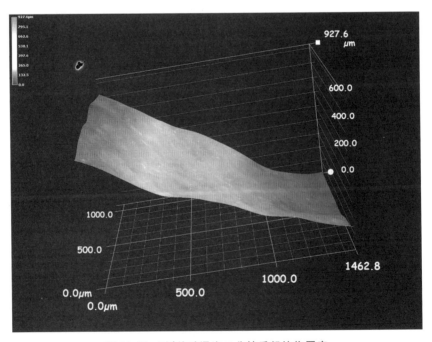

图 32-17　8% 盐酸浸泡 5 分钟后凝结物厚度

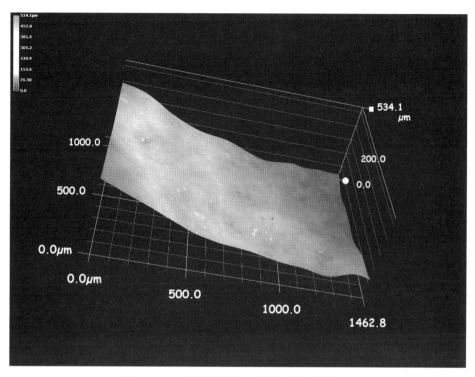

图 32-18　5％盐酸浸泡 15 分钟后凝结物厚度

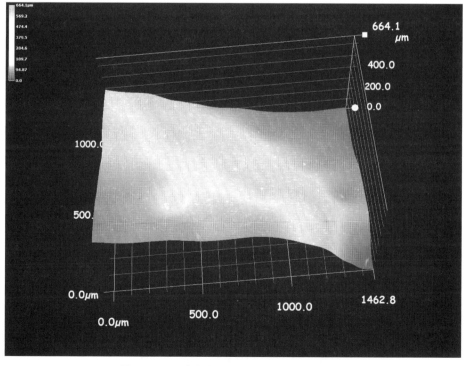

图 32-19　5％盐酸浸泡 30 分钟后凝结物厚度

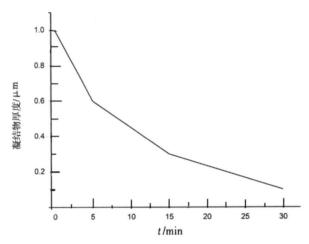

图 32-20　No.14-1 表面凝结物厚度随时间变化图

　　单独对样品 14-1 进行清洗后,其表面凝结物厚度不断下降,当厚度不再变化时,配置 5‰NaHCO₃ 将残余的盐酸中和去除掉,加入时有明显的气泡产生,直至没有气泡时反应基本完成,耗时 3 分钟,取出瓷片,然后用大量蒸馏水冲洗干净。接着,配合 5‰乙二胺四乙酸二钠(EDTA-2Na)对还未去除干净的凝结物浸泡去除。将瓷片放入配置好的 EDTA-2Na 溶液中浸泡 96 小时之后(图 32-21),取出,然后利用流水冲洗已被软化的凝结物,从而将表面污染物去除干净。

图 32-21　5‰EDTA-2Na 浸泡 96 小时

3.脱盐

采用去离子水脱盐法,随机选择两块瓷片 No.8、No.24 进行脱盐处理,同时利用电导率仪判断其脱盐效果(图 32-22)。两块瓷片的脱盐结果都是达到 10 天之后,电导率值逐渐稳定,也间接说明两片瓷块的含盐量相差不大。其中,样品 8 在第七天脱盐的电导率值不降反升,这一异常,暂时无法确切解释,有待未来进一步讨论。

该曲线说明用去离子水脱盐,既方便,效果也较好,能达到脱盐的效果。

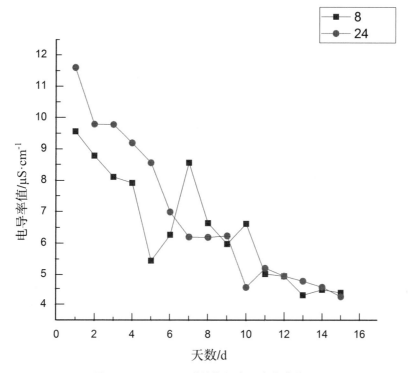

图 32-22　No.8、24 脱盐期间电导率值曲线图

4.清洗及脱盐后的效果

以样品 8 和 24 为例,从彩版 32-1 至彩版 32-4 可以看出,清洗和脱盐之后,出水瓷表面凝结物明显减少,并且露出原来的光洁面貌。

四、结论与展望

这批样品在采集的时候没有发现(地区特有)生物粪便附着等有机物信息。从瓷片的无机物检测结果来看,这批沙滩上的出水瓷表面凝结物成分与附近水域发现的水下瓷基本接近,说明了这批样品目前可检测到的凝结物主要是在瓷器上岸前在水下形成的。

实际上,沙滩出水瓷与海洋浸泡瓷的天然埋藏环境不同,具体来说,沙滩出水瓷一般是先随沉船处于浸泡的海水环境之中,后期随着浪潮被转移至沙滩上,继而暴露在空气中。这一动态埋藏环境表明,沙滩上发现的出水瓷先是受到海洋环境的作用,后又处于大气风蚀与埋沙的双重影响之下,但不排除有少部分沙滩出水瓷因靠近海水,随着海水水位的升降,在出水后处于沙滩和海洋浅水位的干湿交替环境作用之中。

考虑到明代瓷器距今时间较短,加之瓷器表面的釉层耐风蚀,短暂的历史时期内,可辨别的出水瓷与水下瓷表面凝结物等信息差异不大,而本文的研究重点落在瓷器清洗这个环节,所以,对于海洋瓷与出水瓷之间更细致的对比研究及海岛环境对瓷器表面附着物形成的风化机理研究,有待未来补充水下样品与模拟风化实验来证实。

瓷制品清洗属于文物保护措施中较为简单且容易被忽视的一类,文物保护与修复行业对于出水瓷清洗的必要性问题有不同意见。有学者认为,出水瓷表面凝结物不影响瓷片外观,作为瓷片收藏的话,可以不用去除,也有学者认为,凝结物一方面影响了出水瓷的美感,另一方面可能会盖住纹饰、款识等信息,在某些情况下需要清除。特别是有学者认为稀酸清洗后可能会对瓷片造成不可逆的伤害,所以,在实际应用中,清洗化学试剂的选择需要慎重,这也是本实验探索的目标所在。

文物清洗在保护过程中有着承前启后的作用,为将来进一步科学研究扫清了障碍,而沙滩出水瓷清洗在一般水下文物保护案例中并不常见。本研究主要采用物理和化学两种清洗方法,使用超声波清洗,结合低浓度盐酸和 EDTA-2Na 配合使用,对出水瓷表面的碳酸盐类凝结物进行清洗,并在清洗之后,用去离子水浸泡脱盐,以达到较为理想的效果,为后期修复和展陈提供了便利。本研究仅作为实验室条件下的试验,对七连屿出水瓷的清洗研究,有待补采样品,设计多种清洗方案进行比较,结合南海岛礁高温多雨、海水盐度大等环境特点,设计模拟实验,减少对瓷片后续不可预测的影响。

目前水下考古多关注船体、瓷器、钱币以及船上所载建筑构件等整体打捞的遗物,对于散落文物关注度不高。在考古研究与海洋文化遗产保护双重结合的背景下,七连屿所获出水瓷清洗研究作为一个探索,期待南海地区考古和文物保护工作获得更多关注度,共谋我国海洋考古的光明前景。

注释:

①何国卫:《"南海一号"与"海上丝绸之路"》,《中国船检》2019 年第 10 期。

②周伟民、唐玲玲:《南海天书——海南渔民"更路簿"文化诠释》,昆仑出版社,2015 年,第 159、166 页。

③Colin Pearson,"Conservation of Ceramics, Glass and Stone", in Colin Pearson eds., *Conservation of Marine Archaeological Objects*, Amsterdam: Elsevier, 1987. pp. 253-267; Donny L. Hamilton, *Basic Methods of Conserving Underwater Archaeological Material Culture*, Washington DC: US Dept. of Defense, Legacy Resource Management Program, 1996; Jang Sungyoon, et al., "Desalination Characteristics for Ceramics Excavated from Taean Shipwreck, Korea", *Journal of Cultural Heritage*, 2013, No.3, pp. 229-237; Paula López-Arce et al., "Archaeological Ceramic Amphorae from

Underwater Marine Environments: Influence of Firing Temperature on Salt Crystallization Decay", *Journal of the European Ceramic Society*, 2013, No. 10, pp. 2031-2042.

④黄凰、王玉龙等:《西沙群岛出水瓷的前期保护研究——以七连屿瓷片表面沉积物的清除为例》,《科技考古与文物保护技术》第二辑,科学出版社,2019 年。

⑤李乃胜:《海洋出水陶瓷保护研究》,科学出版社,2016 年,第 28、31 页。

⑥宋迪生:《文物与化学》,四川教育出版社,1992 年,第 157～158 页。

⑦黄凰、王玉龙等:《西沙群岛出水瓷的前期保护研究——以七连屿瓷片表面沉积物的清除为例》,《科技考古与文物保护技术》第二辑,科学出版社,2019 年,第 31 页。

附记:本研究由安徽大学博士科研启动经费(J10113190112)资助。中国科学技术大学刘晓东教授与合肥工业大学徐利强副研究员为样品采集付出了艰辛努力,内蒙古博物院张恒金研究馆员、浙江省博物馆郑幼明研究馆员、自然科学史研究所陈巍副研究员三位老师对本研究及后续工作提出了建设性意见,审稿人对本文提出宝贵的修改意见,在此一并表示感谢。

A Research on Cleaning Protection of Marine Porcelain Discovered in Qilian Yu Subgroup, Xisha Islands

Huang Huang, Wang Yulong, Wu Libin

Abstract: Underwater porcelain artifacts comprise a significant portion of marine cultural relics, and contain valuable cultural information that sheds light on the exchange and communication that took place along the Maritime Silk Road. However, while extensive research has been conducted on the preservation of porcelain artifacts from large shipwreck sites, little attention has been paid to porcelain from beach sites. As the cleaning and desalination of porcelain artifacts is crucial for their subsequent conservation and study, this paper examines the cleaning method for beach porcelain under laboratory conditions using the example of the removal of surface coagulation from porcelain artifacts discovered at the Qilian Yu beach site. The results indicate that a combination of physical methods, such as ultrasonic cleaning, and chemical methods, such as treatment with low-concentration hydrochloric acid and EDTA-2Na, in conjunction with the deionized water desalination method, effectively removes congealed substances on porcelain surfaces from sandy beaches in the South China Sea region.

Keywords: Xisha Islands, Qilian Yu, Marine Porcelain, Coagulation, Cleaning

黑海深海考古调查项目:水下机器人对过去2500年人类航海史的记录

罗德里戈·帕彻克-瑞兹(Rodrigo Pacheco-Ruiz)

（英国南安普顿大学海洋考古研究中心、瑞典 MMT 工程咨询公司）

乔纳森·亚当斯(Jonathan Adams)　菲利克斯·帕德罗蒂(Felix Pedrotti)

（英国南安普顿大学海洋考古研究中心）

迈克尔·格兰特(Michael Grant)

（英国南安普顿大学国家海洋学研究中心）

尤阿季姆·赫尔姆兰德(Joakim Holmlund)

（瑞典 MMT 工程咨询公司）

克里斯·贝利(Chris Bailey)

（爱尔兰卡斯海洋有限公司）

温成浩　译

（中国社会科学院考古研究所）

一、前言

本文对 2015—2019 年在保加利亚专属经济区开展的一项海洋考古研究重大项目及其所取得的一些重要成果进行简要介绍。该项目旨在研究晚更新世和全新世时期黑海地区的环境变化及其对人类活动的影响。整个第四纪时期,黑海的海平面一直处于周期性的波动中。当波动的海平面降低时,黑海便与地中海乃至全球海洋系统相隔绝①。关于黑海海平面升降事件的断代、海盆的性质、盐度的变化和湖平面的升降以及由此造成的海侵过程等问题,学术界已多有争论②。当黑海海平面下降时,陆地便会出露。同理,当水位上升时,黑海便经马尔马拉海－博斯普鲁斯海峡－达达尼尔海峡－爱琴海一线与全球海洋系统重新连接在一起。与此过程相关的考古学问题便浮出水面,即人类如何利用出露的陆地并如何应对海侵造成的失地事件。

在气候相对温暖的全新世(约始于 11.5kya),旧石器时代晚期和中石器时代的流动性狩猎-采集群体逐渐转变成新石器时代、新石器时代末期/铜石并用时代、青铜时代和铁器时代日益复杂的定居社会。如果能对包括黑海水位变化在内的环境过程生成一个更准确的年代框架,那么我们就可以更好地理解环境变化与人类社会的互动关系。

鉴于学界对晚更新世和全新世海侵的环境事件及其年代框架和过程的解释上存在较大的分歧,相关研究人员开始以地球物理调查和地质钻探采样为手段,以前所未有的分辨率去重建保加利亚大陆架的古环境。这项工作是我们加深理解该地区史前社会及后来发展成复杂社会的史前晚期文化和历史时期文化的基本前提。关于地球物理调查和地质钻探采样的研究成果即将发表③,本文将着重从海洋连通性(即社会内部和不同社会之间如何通过海洋技术条件实现互连互通)的角度对相关问题进行探讨。连通性是人类社会的重要特征,在海洋考古领域它主要体现在海洋资源开发、沿海地区史前聚落(许多现今已被海水淹没)的选址以及舟船的残骸等若干方面。

在对 2000 平方公里的海床进行调查时,我们预计将会发现不少沉船,后来也得到了证实。截至 2017 年,我们一共发现了 65 艘沉船。它们的埋藏深度从 40 米到 2200 米不等,年代最晚的为 19 世纪晚期,也有奥斯曼、拜占庭、罗马和希腊时期的沉船。由于黑海海面以下 150 米为无氧环境,发现的许多沉船,尤其是那些埋藏深度更深的沉船,保存状况都极好。虽然一些沉船在年代、类型、稀有程度、历史重要性等方面可能不太显著,但也不乏在全球范围内出类拔萃的案例,一些沉船是目前已发现的同时期沉船中保存最完整的,还有一些是迄今为止首次发现。本文在对这些沉船的记录方法和具体实施过程予以详细介绍的同时,也对该项工作为接下来的研究带来的启发以及为知识体系构建做出的贡献等方面进行探讨。从知识体系的角度来看,本研究项目也借鉴了黑海地区以往深海沉船考古的实践经验④。

(一)考古学研究的紧迫性

贯穿考古学实践的其实是一套记录田野中或实验室内考古发现的方法。诚然,记录的重要性早在考古学成为公认的一门学科之前就被人们意识到了。一些古物学家,不管是以官方的身份或私人身份,迅速意识到了记录的真实性是任何程度深入性研究的先决条件。随着 19 世纪晚期考古学现代学科的萌芽,学者已经意识到了记录方法必须置于学科体系的核心地位,而考古学的目的就是通过发掘和采样来重建人类的过去,而发掘和采样本质上都是破坏性的。记录方法则可以通过信息的提取和分析过程从而抵消发掘和采样本身的破坏性,并反过来实现考古证据的阐释和成果的发表。

正是基于此,考古学作为一门学科,从地表到水下,都在不断吸纳每种记录和重现历史信息的新方法,并且还为这些新方法的发展做出贡献。水下考古作业人员深知,能否圆满践行考古学使命直接取决于他们如何应对水下环境给作业所带来的挑战。虽然本文不会对这些挑战或学科发展史予以详细论述,但是近期水下实践的一些关键进展却值得我们予以述评。

1960 年,在土耳其哥里多尼亚海角开展的水下考古发掘被公认是黑海地区专业水下考古的开端。考古学伦理和方法贯穿了该发掘项目的始终,从项目研究问题的设计到出水资料的出版与展览莫不如此⑤。该项目与先前项目的最大不同之处在于,对水下遗存的细致观察与记录所投入的时间远多于对遗物的发掘和提取⑥。该项目还建立了一套其他项目难以企及的作业标准。但这些作业标准在世界其他能见度较低的海域里实施起来可能会比较困难。

1982 年,英格兰南部海岸索伦特海峡打捞出了亨利七世的战舰"玛丽玫瑰号"(1545年),从而将该沉船长达 11 年的水下发掘工作推向了高潮⑦。在这段漫长的发掘过程中,水下记录工作经历了各种艰难险阻。然而,恰恰是种种艰难险阻成了促使发掘团队不断改善已有记录技术并推陈出新的动力。项目的原则是对已有的且有利于推进考古发掘进度的技术系统逐个进行测试。为此,记录过程测试了各种技术和设备,包括超声摄像机、扇形扫描声呐、黑白及彩色录像机⑧、照片拼合、摄影测量、立体斜距测量仪⑨以及各种声学设备等。早在 1975 年,Sonardyne 声学调查系统的前身——"山鹬号"测距仪就被用于绘制第一张水下遗址平面图。该遗址面积 1650 平方米(55 米×30 米),遗址周围的海水能见度仅有 1.5 米⑩。

诸多水下遗址的发掘项目表明,传统技术手段的局限性只会更加凸显改进水下记录方法的迫切性。新的记录方法能精准且快速地记录复杂的三维结构、器物和重要遗物的三维坐标等信息。先前,大多数水下记录的数据还都是二维的,必须要通过某种方式才能使之以三维的视角呈现。这个转换的过程并不容易,并且十分耗时。对一些结构的记录也多依赖于传统的皮尺以及其他测距和角度测量的方法。水下摄影主要用来记录遗迹和考古作业过程。但在数码照相机被发明之前的一段时间里,水下摄影很难获取令人满意的照片。尤其是在那些浑浊且光线不充足的水域环境里,在没有昂贵的广角镜头和强力闪光灯辅助的情况下,即便摄影知识和技术再好,也几乎拍不出好的照片。过去曾有学者尝试过正摄影拼合⑪以及摄影测量的方法⑫,但限于当时计算机的计算能力,这些技术和方法收效甚微。

20 世纪 90 年代,数码摄影技术、高速处理器和大容量数据存储的应用对考古记录实践产生了深远的影响。1997 年,黑白数字照片拼合技术在斯科基沙洲和地中海中部沉船项目中得到了首次应用。在为期三周的航程里,研究团队使用这种新方法完成了对六艘深海沉船的记录工作⑬。调查结束后,研究团队又将拼合的数字照片与海底数字等高模型(DEM)相拟合,从而得到了一张精准的遗址和遗物分布图⑭。尽管所有资料都是数字化的,但整个制图过程仍然十分耗时。2005 年,该项技术被应用到了希腊希俄斯海域古典时期沉船的记录工作中。在短短的 24 小时内,研究团队便完成了一张拟合了数字等高模型的彩色拼合照片⑮。

下一个影响深远的技术进步便是摄影测量软件的应用。该软件基本的操作流程简单,并且还能生成精确和可量化的数据。一些诸如 Agisoft Photoscan 之类的软件就是将实用性的摄影测量技术用于记录水下复杂的三维结构。即便缺少相应的专业技术人员和定制软件,也完全可以做得到。

瑞典的"火星号"沉船项目记录了失踪于 1564 年的"火星号"战舰的残骸。该沉船残骸位于 75 米深的海底。该项目见证了首次利用 Agisoft Photoscan 软件对沉船遗迹所生成的三维模型。潜水员们手持 2400 万像素的相机对沉船遗迹拍摄了上万张照片。自 2011 年开始,英格马尔·伦德格林花了三个田野季度的时间,最终将这上万张照片合成了三维模型。

针对像"火星号"一样保存状况完好的沉船残骸,黑海海洋考古项目则致力使用摄影测量技术获取高分辨率的记录数据。然而,在 2000 米以下的深海区域该项工作只能用潜水机器人完成。

(二)遥控潜水器生成的摄影测量数据

任何在深度 2000 米以下的作业都必须要使用潜水机器人,这就需要一个吨位足够大的水面作业平台来支持。自 2003 年以来,学术界与工业集团密切合作,成功实施了多个使用高级离岸作业系统的水下考古项目。这种成功的合作关系最早是由瑞典离岸调查公司 MMT 与瑞典索德脱恩大学海洋考古研究所发起的。随后,英国南安普顿海洋考古研究中心也加入了该组织。在黑海考古专门基金的支持下,该组织又与保加利亚索佐波尔水下考古研究中心、美国康涅狄格特大学建立了重要的合作关系。

MMT 公司及其商业伙伴 Reach Subsea 长租了两艘船用于对保加利亚黑海领海内新发现的沉船遗址进行定位和记录。它们分别是 2016 年使用的"斯特利尔探险号"和 2017 年使用的"水下哈维拉号"。两者都是动力定位系统为 2 级的多功能供应船,主要用于执行高精度离岸作业任务。两艘船在工作方法和设备配置上几乎一致。然而,当 2017 年决定使用广角镜头获取摄影测量数据的时候,两艘船上原装的照相设备却无法得到提升。若不考虑设备的更改,下文所描述的工作方法在这两艘船上依然适用。

(三)相机和灯光设置

1.作业型遥控潜水器(WROV)

根据常规作业表现和成功率,两台作业型遥控潜水器(2016 年所使用的潜水器为 Kyst Design 公司所产,2017 年使用的则为 HD Schilling Robotics 公司所产)被选作使用摄影测量技术进行水下考古调查的载体。用于追踪高精度三维建模的主相机是卡斯公司(Cathx)的 A1000 伊万诺夫系列广角相机。它具备在 4000 米深的水下运行的能力,并且能以 1.59 毫米/像素的分辨率拍摄 5 米范围内的静物。

典型的水下相机由相机和(或)传感器组成。传感器是在陆地环境中使用的,但经过改装并添加水下保护外壳之后,便可以在水下远程操控。在水下使用时,由于光源不充足导致曝光时间较长,快门速度往往可达 20~30 毫秒每拍。在陆地环境里,如此长的曝光时间完全没有问题。然而,在水下拍摄时,由于相机固定在潜水器上,潜水器则以一定的速度穿行于有悬浮物的海水里,长时间的曝光最终导致所拍摄的照片会模糊不清。

如果将相机固定在潜水器上,潜水器以 1 节(0.51 米/秒)的速度行进,那么在 30 毫秒的曝光时间内,潜水器就会移动 1.53 厘米。为了避免这个问题,卡斯公司使用了配有高速高端镜头的相机以及高亮度闪光灯。闪光灯由相机直接控制,这就保证了相机的曝光时间与 LED 频闪闪光灯的输出亮度能够精确匹配。根据多次实验的结果,拍摄的曝光时间多为 1~2 毫秒。

作业型潜水器上的灯光配置不仅减短了相机曝光时间从而避免了图像模糊,而且也减少了照片的重影。重影是水下摄影测量的老问题。当移动的光源投射出阴影时,阴影也会随光源移动而移动,这就造成高度重叠的图像不能对齐,从而产生重影[⑩]。

每次当潜水器到达目标深度时会先对遗址进行勘察,以便对遗址的分布范围进行测算,并规划调查路线。接下来,研究人员和潜水器将会对闪光灯的强度及其与相机的距离进行初步校准。调查人员的远程操作则可以调节相机的焦距和白平衡、调整调查路线和高度以及在调查过程中更改各项设置。

与喷绘一件器物一样,作业型潜水器需要按照一定的路径航行,并在此过程中对沉船遗迹的每个部位进行图像抓取。这首先需要将潜水器尽可能地贴近海床,然后绕行沉船遗迹一周进行拍摄。相机镜头可以根据需要调成俯拍模式以便拍摄到沉船的内部结构,或者调成仰拍模式以便拍摄出挑的梁架结构的底面。然后,升高潜水器的航行高度,再环拍一周。最后将潜水器升高到沉船的顶部,调整镜头垂直向下,拍摄整个沉船遗迹的俯视图。由于受镜头与拍摄物最大间距的限制,有时还要考虑海水的能见度以及可能会出现的危险状况,为了达到对沉船的完全覆盖,潜水器绕行的次数直接取决于沉船遗迹的规模(图 33-1c)。

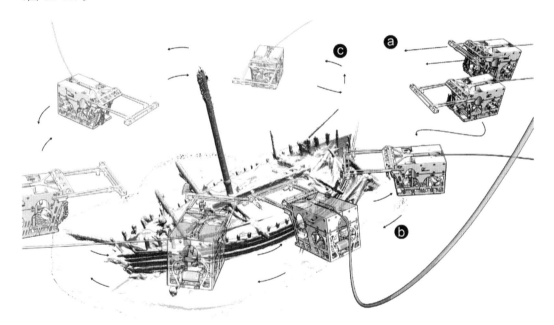

a,b:作业型遥控潜水器抵达目标附近,开启灯光系统以便达到最佳散射光照条件,避免产生阴影;c:当作业型遥控潜水器对目标物进行全方位绕行时,工作人员从水面上控制卡斯静态相机开始抓取高分辨率图像。

图 33-1　使用希尔令公司所产作业型遥控潜水器生成水下摄影测量数据的调查方法示意图

对于竖立的沉船结构,比如桅杆或牵拉绳索之类的遗迹,潜水器则以螺旋形上升的轨迹航行,并使用相同的图像分辨率和校准数据对沉船遗迹进行拍摄。这样做的目的是对目标沉船进行无缝调查,并确保拍摄照片之间存在重叠和连续性,从而减少基于多次调查建模所产生的一些问题[⑰]。

2.调查型遥控潜水器(SROV)

作为作业型遥控潜水器的补充,本项目也得益于调查型遥控潜水器的运用。这种革命性的潜水器专门设计用于在水下进行高速巡航。其所搭载的各种必需的地球物理系统、相机和激光测深仪等设备使之在很多方面都成了项目最倚重的作业工具。它被主要用于 2016—2017 年度水下高分辨率地球物理探测数据的采集工作,以及对 2015 年度已经定位的水下遗迹和异常现象进行重新定位。

相对于作业型遥控潜水器,调查型遥控潜水器拥有完全不同的设备配置。它被设计用于在贴近海床的条件下,根据预先设定的路径进行前进式快速巡航。当潜水器掠过调查目标的时候,两台 Edgetech 系列水听器将会收集声呐侧向扫描的数据,两台双头 EM2040 型号的多波束回声测深仪则会收集精度可达 10 厘米的水深数据。此外,Edgetech 系列 2205 型号且配置 DW-106 变换器的探测瓶可以在 12 毫秒内以 3.5kHz 的频率发射 1000～1500Hz 的脉冲,并依此收集海底震动数据。三台卡斯(Cathx)相机辅以频闪闪光灯和激光测深仪则可以采集高分辨率图像并用于构建摄影测量模型(图 33-2)。

a:调查型遥控潜水器先初步掠过目标沉船上方以获取光学和声学数据;

b:在目标沉船周边绕行从而确保数据的重叠性及对目标沉船的全覆盖。

图 33-2　黑海深海考古遗址调查过程中使用调查型遥控潜水器的一般作业方法示意图

潜水器底部安装的三部相机可以垂直拍摄。三部相机以一定间距排列,这样就使得潜水器在距测量目标 5 米或以下的高度时,相机的拍摄范围可以达到 2～5 米的幅宽。该潜水器可以在短短 15 分钟内完成对一艘没有竖立结构的小型沉船的调查。在沉船调查模式以及高巡航高度(20～30 米高)、长距离勘测的条件下,调查型潜水器依然能够获取高分辨率的数据,这也使其成为深海考古勘探和记录的不二之选。在 2016 和 2017 年度,调查型潜水器巡航里程达几千公里,并创下了航速 6.34 节、下潜深度 2234 米的工作纪录。

(四)地球定位和数据缩放

理想状态下,摄影测量所构建的数字模型的分辨率应由同样精确的数据缩放标准作为补充。在造船的过程中,关键构件的尺寸以及不同构件之间的比例是一定的,因而可以用作判断船只建造时代及类型的指标。在条件允许的情况下,对一些基础性尺寸的测量是最基本的遗址记录所必需的。在水下对数据进行缩放可以有多种实现途径。最常见的一种方法是将一个已知尺寸的物体拍摄进照片中[⑬]。在我们的工作案例中,一个 50 厘米见方的正方体被置于目标沉船上,然后从各种可能的角度对沉船进行拍摄。通过使用 Agisoft Photocan Pro(1.3.3.4827 版本)软件,正方体的尺寸被赋值,从而成为整个沉船测量模型的比例尺。然而,这种方法也存在一些不足。一方面,并非所有的沉船遗迹都能够放置物体于其中。另一方面,这种方建模法的视角在现实中是不存在的,因而需要在数据缩放后对模型进行重新校对。第二种方法是,将通过摄影测量所产生的点云数据与其他技术方法(比如测深仪和激光扫描)所获取的带比例尺的数据相对比。这种方法的优势是,不仅仅能对摄影测量的模型进行比例缩放和定位,并且还能通过与其他点云数据的对比来评估建模的精准度。这种方法也因能从整体上对沉船遗址进行比较而更受青睐。然而,因为大部分的比较都需要手动操作,所以作为参照的云点数据的分辨率需要足够高,只有这样才能明确无误地与摄影测量的数据相匹配。相机也被设计成具有可输入相关数据的功能,比如航行信息与时间节点。这样就使得最终拍摄的照片尽可能多地包含拍摄信息,如何时拍摄的,在什么位置拍摄的等等。通过不同的输入方式,照片也可以包含其他信息,比如曝光时间、光圈和色彩增益等。这些信息还可以跟作业型潜水器所获取的角度、经纬度、俯仰角(pitch)、翻滚角(roll)、偏航角(yaw)以及探测器深度、距海床的高度等信息整合在一起。

每个卡斯相机的定位系统数据来自多个传感器,这些传感器或安装在潜水器上,或安装在仪器的航行和定位界面上。每个潜水器上都安装有三个惯性导航系统(INS)。第一个是整个潜水器的主要定位系统,即 Sonardyne 公司所产的斯普林特系列(Sprint)定位系统。它其实是一个高度和航向参照系统(ARHS),同时也是一个惯性导航系统。它由 3 个环形激光陀螺仪和 3 个线性加速计组成。该系统与超短基线水声定位系统(USBL)、多普勒计程仪(即 DVL,由 Teledyne 和 Schilling 机器人公司生产的 RDI Workhorse 型号为代表,工作频率 1200 千赫)等设备以及压强深度和外在位置等信息结合之后可以准确测量出潜水器的实时动作和航向。

第二个是高性能深海惯性导航系统,以 iXblue 公司所产的 ROVINS 和 PHINES 系列导航系统为代表。这些辅助性的惯性导航系统与斯普林特系列定位系统的读数同步之后便可以获取精确的水下定位信息。在黑海的不同作业深度,该定位系统的测量误差可以控制在一米以内。这些定位数据还可以导入高品质定位服务(Quality Positioning

Services，缩写 QPS）Qinsy 8.18.1 版本的作业软件中。该软件集多种水文应用程序于一体，可以同时处理多种感应设备所获取的数据并生成图表。

安装在遥控潜水器上的相机受制于维度控制测量系统（dimentional control survey/Dimcon）。相机记录的补偿数值是以斯普林特系列定位系统为基准的。因此，在下水之前需要使用全站仪或其他摄影测量调查系统对补偿数值进行测量。通过摄影测量手段校正之后，补偿数值的误差往往能控制在毫米级的精度。然后，这些补偿数值被导入 Qinsy 作业软件中。该软件会对导航数据进行赋值，并最终通过卡斯相机输出绝对定位数据。

记录每张照片元数据（metadata）的优势是可以为后期的数据处理节省大量时间。诸如 Photoscan Pro 之类的工具软件可以直接读取每张照片（Exif 格式文件）上的经纬度数据，并可以通过自动拼合照片来减少照片的数量。本文使用的定位系统还将潜水器的俯仰角、偏航角和翻滚角等数据加入照片中，生成了可以被 Agisoft Photoscan Pro 软件直接读取的拍摄位置信息，并使之能够与后期数据处理使用的地理信息系统（GIS）相兼容。

（五）快速聚类处理（Rapid cluster processing）

当调查型遥控潜水器等作业平台获取照片之后，照片会通过光纤被上传到测量船的主服务器上。这使得所有数据处理人员能够第一时间将最新的影像资料导入到分析软件中，从而完成数据的快速聚类处理。两台戴尔主机（Precision Tower 7810 系列）用作主要的数据处理节点。中央处理器的配置是 16 核（两部英特尔至强系列中央处理器，E5－2699 V3 系列，工作频率 2.3Ghz）外加 192G 的缓存。每台主机的图像处理器主要由英伟达（NVIDIA）Quadro6000 系列显卡组成。通过使用联网的虚拟环境在测量船服务器上增设 3 个辅助性的工作站点，从而大大加快了数据处理的速度。这些虚拟机是量身定制的，它们由 5 台主机构成，每台的中央处理器配置为 19 核（两部英特尔至强系列中央处理器，E5-2699 V3 系列，工作频率 2.3Ghz）外加 96G 缓存。

二、量化考古干预

摄影测量被用于记录考古发掘对一系列目标沉船所造成的影响。船体沉没后，周边的沉积物堆积便开始形成。这就意味着，一些原本可分辨的遗迹，比如转向装置的形状和位置、固定方式和工具痕迹、舵叶的形状，连同原址保存的物质文化遗存，比如不同种类的船货和船员的个人物品等，都将会被湮没而变得模糊不清。这就需要先对这些遗迹进行清理，以便开展下一步的研究工作。

以一艘公元前 4 世纪早期的沉船为例，该沉船被发现于 2122 米深的黑海深海平原。海床沉积掩盖了该沉船一些可识别的年代特征，如船体类型、产地，也包括转向装置（特别是舵叶）。

首先，我们使用前述技术手段对船体进行了一个总体上的调查（图 33-3），并获取了一系列分辨率高且未经扰动的摄影测量数据。考古发掘使用了水冲式清泥机,其由作业型遥控潜水器的水力发电设备驱动,并由 Schilling 公司生产的泰坦 4 型(Titan4)动觉反馈(kinesthetic feedback)自动操作仪控制。之后,我们用摄影测量设备对暴露出的考古遗迹进行记录。我们对发掘前和发掘后的作业过程都进行了记录。其所产生的数据可以通过 GIS 软件中的均方根(RMS)表面空间分析功能进行计算,从而评估和量化考古作业对沉船遗迹所造成的影响。该方法的试验结果非常成功,其可行性也在 2016 年黑海 MAP 项目对若波塔莫(Ropotamo)史前聚落的发掘过程中得到了验证[19]。

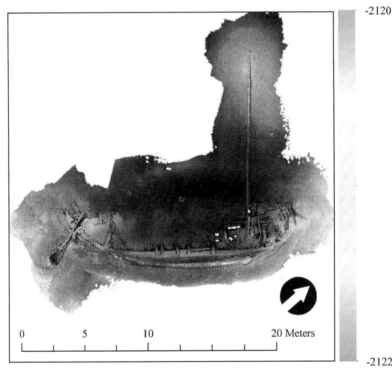

图 33-3　以数字高程模型呈现的公元前 4 世纪早期沉船遗址的摄影测量平面图
及由 2000 余张照片正交拼合而成的图像

该沉船的外形与一件公元前 5 世纪、绘有海妖塞壬纹饰的陶器(现藏于大英博物馆)表面所描绘的船只十分近似,这也为该沉船的断代提供第一条可能的线索。为了确认该沉船的年代,作业型遥控潜水器采集了船体的一些木材样品,以便对其进行直接测年和木材品种的鉴定工作。从右舷侧板(4 个测年结果,取样木材编号为 T1/C、D)以及可能是横板的部位(1 个测年结果,取样木材编号 T2/A)提取的木材样品显示,两者都属于樟子松,最有可能是欧洲赤松(Scots pine)或黑松(Austrian/Black pine)。另一个样本可能来自桨杆(1 个测年结果,样品编号 T3/A),鉴定结果是水青冈属(*Fagus* sp.)。右舷船体板和横板与船体主体部分相接。除非船体在使用过程中这些部位更换过,否则,它们的年代可以直接决定船体建造年代的下限(*terminus post quem*)。桨杆则可以在船只从建造到最后一次使用的任何一个时间点添置。借助 OxCal 4.3.2 年代校正软件的时段模型[20],并使用贝叶斯统计模型对建造年代下限进行估算。由于所有木材样品表面的边材已经不存,所以不能确定沉船发生的时间点。根据相关学者对现代松属的研究成果①,一个边材年代校正的数据(13± 4 年)被用于提高估算年代的精度。其中,根据统计标准②,采自木材 T1/C(SUERC-78853)的样本测年结果是一个离群值,应该从模型中剔除。最后得到的模型整体上具有较高的一致性(一致性模型值 110),估算年代范围为 410 BC—370 BC(95.4%概率)或 410 BC—380 BC(68.2%概率)。这就确认了船体的建造年代可能早至公元前 4 世纪初。

在 65 艘记录的沉船中,我们选择了其中 4 艘用前述技术和方法对其进行小规模发掘。两艘的埋藏深度介于 92~94 米,另外两艘则位于 1900~2122 米的深度。后者是我们迄今为止发掘的深度最深的沉船遗迹。

三、启　示

对任何调查项目来说,考古学家和调查者都需要设计出最优的作业流程,从而以最短的时间和最低的开销达到预设的结果。每次测量、每张照片都应该以最终的分析为导向③。新技术和手段的最大优势便是较高的数据采集速度和受其支撑才能达到的深海作业深度。单纯为了追求数据精度,除了只会浪费时间和资金之外,不会受到任何惩罚。以监控文化遗产状况为目的的水下考古调查与以获取高清晰度、高分辨率的三维记录为目的的考古调查的区别不在于采集数据的耗时,而在于相机和灯光条件的质量。在下潜作业之后对数据模型进行细化所耗费的额外时间成本并不高。上述列举的案例也表明,对保存完好的船体所采集的精准三维测量数据在许多方面都非常有用,包括船体的重建以及性能分析。

四、数据库录入

2015—2017 年发现的 65 艘沉船中不乏迄今发现的各个时期沉船中保存最完好的战舰和商船案例,年代则囊括古希腊、古罗马、拜占庭、意大利中世纪以及奥斯曼等多个时期。

让人惊讶的是,即便在黑海周边强大的帝国控制了大部分航道的高峰期,我们依然对黑海航运史知之甚少。获取这些保存完好的残骸,即便是这些沉船中的一小部分能够保存下来的话,都无疑能够为历史文献记录提供重要的实物证据,这将直接会大大增加我们在局地尺度和区域尺度上对黑海地区跨时段航运史的理解。单独的一艘沉船大多被人们形容为“时间胶囊”,其让人着迷的程度不亚于一次考古发现。正如马克罗瑞③指出的那样,船舶是前工业时代最复杂技术系统的代表。正因为如此,它们能够给我们提供清晰的视角去了解其所属的社会系统。更好的状况是一系列沉船的发现，它们可以为我们从历时性的角度去了解技术发展、贸易，以及人类活动的中断性事件（即年鉴派历史学家布罗代尔⑩所谓的中时段历史，比如战争、竞争策略和管控等）提供不可多得的资料。

本文无意于对单个沉船及其所代表的主要时代进程铺陈开来。对于航海技术研究来说，晚期的沉船多埋藏于近海地带，早期的沉船则埋藏于离海岸数十英里的远海。当然也有例外，这65艘沉船所构成的资料库目前并不允许我们得出肯定性的结论，这也是有一定原因的。晚近时期的船舶因为对驱动系统和舵向系统控制能力较强，它们能够尽可能近地停泊在数百英里长的迎风岸，并且盛行东北风。而早期的船舶，不管是桨驱动还是风帆驱动，控制能力都较弱，在进入黑海之后本计划东北向航行，然后不断获取运转水域往岸边航行，直到某一时间点找准靠岸点。若遭遇暴风雨天气，开放式的船舶在离岸相当远的距离内是很危险的。这无疑也是大多数古代的沉船沉没在了离岸较远的海域的主要原因。受注入黑海的大型河流（如多瑙河）驱动的沉积速率往往较大，从而使得保加利亚大陆架附近的大量沉积物得以沉淀，只有很少的一部分能被带入海盆周边以及深海平原区域。迪米特洛夫⑪指出，若大陆架中心区域的沉积速率按3~4毫米/年计算，这就意味着，罗马时代的沉船已经被埋在现代海床以下6~8米深的地方了。因此，在大陆架和离岸的低沉积率海域的沉船因较高的可见度往往更容易被发现。

因为缺少任何扰动的媒介，沉没在无氧界线之下区域的沉船保存较好，从而使得船身的复原成为可能。为了了解船身建造的复杂技术系统，需要生成沉船的线图和平面图，这些工作反过来也有助于对船舶从工程学的角度进行性能分析，这些工作在缺少了三维记录数据的情况下是无法完成的。在为科学分析提供资料的同时，这些数据也使我们能够更加深入地认识当时工匠建造的技术过程。船舶的形象有许多艺术表现形式，比如雕塑、壁画、陶器和马赛克等。根据艺术表现的目的，船舶细节的表现程度也会有所差异。现代学者多关注艺术表现形式与实际之间的差距⑫。具体到黑海沉船考古项目中，在大多数情况下，我们发现的沉船残骸与艺术家们表现的船舶细节之间还是具有很强的关联性的。

五、通往深海之门

2016—2017年度水下考古工作所取得的收获远远超出了我们的预期。我们原以为，大部分的数据处理和分析工作需要在考古发掘工作完全结束之后才能进行。其实在2016年度的工作中，我们数据处理的速度就已经能够赶上考古发掘的进度了。我们往往在调查结束后若干小时内就能生成高可信度的数据模型。当我们在2017年对图像获取和后期处理的工作流程进行细化时就已经发现，在遥控潜水器撤离遗址之前完成对图像数据（摄影测量的初步数据）的整理已经是一种工作常态了。接下来的工作，比如生成数据点阵、数据匹配和修改、包括2017年度比例模型的三维打印等，都可以在闲暇时间完成，尽管大多时候还需要耗时一整天才能完成。

在海洋考古发展的早期阶段，学界还对考古学家有无必要下潜到潜程之内的考古遗址进行调查有所争论。长期以来，学界达成的一致意见（当然本文作者也认同这种意见）认为，只要潜水条件允许就有必要去做。考古学家亲临沉船遗址的优势自不待言⑳。然而，对于潜程之下的考古遗址，考古学家只能借助潜水器获取现场感。因此，借助潜水器下潜的优势究竟在多大程度上能够超越考古学家通过操纵遥控潜水器"亲临"考古遗址的体验，这个问题还存在争议。当然，考古学家亲临遗址的现场感能让他们更好地辨识考古遗址的规模以及地形状况。这种现场的体验感要远远强于通过屏幕观察高分辨率的平面图像所获取的认知。这样就能加快考古学家对考古遗址的理解过程。尽管有时这种优势会被遥控潜水器在续航性和可达性上的优势抵消掉。与其说本文所涉及的超高清视频技术和摄影测量技术上的一些新进展是将研究者带到了遗址上，倒不如说是这些技术手段将遗址呈现到了研究者眼前。通过对沉船三维模型（以三维打印出来的形式或是以虚拟现实的方式）细节的观察，研究人员可以去思考一些让人困惑的问题，或是辨识出一些在首次观看高清视频时候没有注意到的遗迹现象。比如，一艘沉船由于船体本身比较破碎，基本形状较难识别，但在一次近距离观察其三维摄影测量模型时，我们就立马意识到这是一艘古罗马时期的沉船。如果记录格式是传统视频的话，这种研究体验可能永远都不会发生。

深海考古如今已经成为现实。对水下遗址定位和记录的速度成为研究人员选择仪器设备的重要考量之一。因为它直接关系着海洋史知识的进步以及水下文化遗产的保护和管理（包括遗址的监测和未来研究规划）。除此之外，这些先进的技术和方法能够使我们的研究目的、方法和成果以多种扩展现实的体验方式（如虚拟现实、混合现实和增强现实等）达到更广的受众面。这些体验方式与罗伯特·波拉德（Robert Ballard）博士首创的"远程呈现（Telepresence）"概念相似。比如，拍摄的海床视频通过卫星直接可以实时传播到整个北美大陆的各个学校㉑。这种全新且富有想象力的技术还从未被超越。现在对地传输的视频数据可以直接在网上直播，也可以被岸上的科学家直接获取。我们黑海水下考古项目也曾考虑过使用远程呈现的方式来科普知识，但因后勤方面的问题，我们最终还是选择将学生直接带到考察船上，使用前述数字化平台（远程呈现首次投入使用的时候就已经开发出来了）向他们传播科普知识。之后，他们作为知识传播链条的一分子，借助博物馆、学校、网络论坛和各种数字交互平台等多种媒介可以将知识传播得更为广泛。一旦数字化内容得到开发，潜在的受众群体是十分巨大的。根据设计方式的不同，即便缺少远程呈现的即时性，学习体验仍然更具有交互性和开放性。数字建模和模型复原最令人振奋的潜力之一便是在呈现考古遗址时间深度方面的优势。尤其是沉船可以作为体验式参观的绝佳载体，置身其中的参观者可以探索时间的变迁、变化过程以及空间、景观、结构和其他事物。

六、有限资源面临的威胁及其记录

除了给科学研究带来直接的好处之外，水下考古调查和记录还是迈向文化遗产保护的第一步。此外，它还有益于推进文化遗产的依法保护。每艘沉船的坐标以及调查数据都会存储在保加利亚官方机构和位于索佐波尔的水下考古研究中心。保加利亚海洋管理系统的整合程度在世界范围内首屈一指。它是世界上第二个批准联合国教科文组织水下文化遗产保护公约(2001)的国家。该国的文化遗产管理机构也监管所有海洋区域作业相关许可的申请。因此,那些位于保加利亚领海且具有重要考古价值的沉船遗址比世界其他地区保存的都要完好。这点很重要,因为随着技术的发展,任何人或组织只要具备一定的财力,都可以使用相关技术去攫取水下文化遗产。目前,海洋活动主要还局限于军事和工业领域。对于后者来说,私人探险活动就是为了盗宝,只不过一些遮遮掩掩,一些光天化日罢了。

　　工业活动是另外一个一直都存在、但经常不易察觉的威胁因素。工业发展是近岸区域的水下文化遗产所面临的最主要的威胁之一。远海渔场的拖网作业则对历史时期的沉船造成了灾难性的影响。自 20 世纪 80 年代一直到最近,拖网作业对水下遗产以及海底生物圈的破坏都是学术界关注的焦点⑳。

　　就保加利亚大陆架范围的沉船来说,近岸渔场拖网作业区域内和区域外的保存状况截然不同。区域内的沉船,凡是有突出海床的部分基本都被破坏殆尽,而区域之外的沉船则几乎没有受到任何外力的破坏。令人欣慰的是,所有记录在册的沉船中,仅有个别遭受了灭顶之灾。这为未来的保护工作带来的启示便是,未来的任何活动,不论是拖网作业,或者是能源开发(眼下就在进行中),都应该在一个整合的海洋管理系统中进行调配。

七、结论

　　我们发现、记录以及在某些深海环境中使用水下机器人发掘考古遗址的能力已经取得了长足的进展。目前也已经实现了在深海环境中通过使用遥控潜水器快速、精准地获取数据。目前的计算能力可以处理巨大的数据信息,从而为田野工作提供全面的数字化模型。作业型和调查型遥控潜水器的结合意味着,许多辅助性的调查技术手段都可以在考古遗址上得以施展,摄影测量的数字模型的缩放和定位也更加精准。有了这些数字模型,研究人员根本不用潜入深海就可以对早期航海史、古代船舶建造、航海性能以及长期争论不休的沉船形成的性质等问题进行研究了。摄影测量技术的使用也使得研究成果能及时惠及大众。2017—2019 年,主要的新闻媒体都对沉船考古的最新发现进行了报导,并让摄影测量生成的图片得到了广泛的传播。

　　不幸的是,目前深海沉船考古遗址探索活动所使用的技术并非都是以研究问题为导向且以国际公认的最高标准进行的。我们也希望,诸如黑海水下考古项目这样的科研项目以及前文所论及的方法论能够起到抛砖引玉的作用,从而推动深海文化遗产可持续性调查和管理不断前行。

注释:

　　①Badertscher, S., et al., "Pleistocene water intrusions from the Mediterranean and Caspian seas into the Black Sea", *Nat. Geosci.*, 2011, Vol. 4, No. 4, p. 236; Özdo ğ an, M., "Submerged sites and drowned topographies along the Anatolian coasts: an overview", in Benjamin, J., et al., eds., *Submerged prehistory*, Oxford: Oxbow, 2011, pp. 219-229.

②Ryan, W. B. F., et al., "An abrupt drowning of the Black Sea shelf", *Marine Geology*, 1997, Vol. 138, No.1-2, pp. 119-126; Hiscott, R. N., et al., "A gradual drowning of the southwestern Black Sea shelf: evidence for a progressive rather than abrupt Holocene reconnection with the eastern Mediterranean Sea through the Marmara Sea gateway", *Quat. Int.*, 2007, Vol. 167-168, pp.19-34; Yanko-Hombach, V., Gilbert, A. S., Dolukhanov, P., "Controversy over the great flood hypotheses in the Black Sea in light of geological, paleontological, and archaeological evidence", *Quat. Int.*, 2007, Vol. 167-168, pp. 91-113; Yanko-Hombach, V., Mudie, P., Gilbert, A. S., "Was the Black Sea catastrophically flooded during the Holocene? - Geological evidence and archaeological impacts", in Benjamin, J., et al., eds., *Submerged prehistory*, Oxford: Oxbow, 2011, pp. 245-262; Yanko-Hombach, V., et al., "Geological and geomorphological factors and marine conditions of the Azov-Black Sea basin and coastal characteristics as they determine prospecting for seabed prehistoric sites on the continental shelf", in Flemming N. C., et al., eds., *Submerged landscapes of the European continental shelf: Quaternary palaeoenvironments*, Chichester: Wiley-Blackwell, 2017, pp. 431-478; Lericolais, G., et al., "High frequency sea level fluctuations recorded in the Black Sea since the LGM", *Glob. Planet. Chang.*, 2009, Vol. 66, No.1-2, pp. 65-75; Lericolais, G., et al., "Assessment of Black Sea water-level fluctuations since ther last glacial maximum", *GSA Special Papers*, 2011, Vol. 473, pp. 33-50; Lericolais, G., "Late Pleistocene environmental factors defining the Black Sea, and submerged landscapes on the western continental shelf", in Flemming N. C., et al., eds., *Submerged landscapes of the European continental shelf: quaternary palaeoenvironments*, Chichester: Wiley-Blackwell, 2017, pp. 479-495; Soulet, G., et al., "Black Sea 'lake' reservoir age evolution since the last glacial - hydrologic and climatic implications", *Earth Planet. Sci. Lett.*, 2011, Vol. 308, No. 1-2, pp. 245-258; Yanchilina, A.G., et al., "Compilation of geophysical, geochronological, and geochemical evidence indicates a rapid Mediterranean-derived submergence of the Black Sea's shelf and subsequent substantial salinification in the early Holocene", *Mar. Geol.*, 2017, Vol. 383, pp. 14-34.

③Adams et al. 待刊。

④Ballard, R. D., et al., "Deepwater archaeology of the Black Sea: the 2000 season at Sinop, Turkey", *Am. J. Archaeol.*, 2001, Vol. 105, No. 4, p. 607; Ward, C., Ballard, R. D., "Deep-water archaeological survey in the Black Sea: 2000 season", *Int. J. Naut. Archaeol.*, 2004, Vol. 33, pp. 2-13; Ward, C., Horlings, R., "The remote exploration and archaeological survey of four Byzantine ships in the Black Sea", in Ballard, R. D., ed., *Archaeological oceanography*, Princeton: Princeton University Press, 2008, pp. 148-173; Brennan, M. L., et al., "Ocean dynamics and anthropogenic impacts along the southern Black Sea shelf examined through the preservation of pre-modern shipwrecks", *Cont. Shelf Res.*, 2013, Vol. 53, pp. 89-101.

⑤Bass, G. F., *Archaeology under water*, New York: Praeger, 1966; Bass, G. F., et al., "Cape Gelidonya: a bronze age shipwreck", *Trans. Am. Philos. Soc.*, 1967, Vol. 57, No. 8, pp. 1-177.

⑥Bass, G. F., et al., "Cape Gelidonya: a bronze age shipwreck", *Trans. Am. Philos. Soc.*, 1967, Vol. 57, No. 8, pp. 1-177.

⑦Rule, M., *The mary rose: the excavation and raising of Henry VIII's flagship*, London: Conway Maritime Press, 1982.

⑧Rule，M.，*The mary rose：the excavation and raising of Henry VIII's flagship*，London：Conway Maritime Press，1982.

⑨Adams，J.，Rule，N.，"A comparison of the application of a three dimensional survey system on three underwater archaeological sites"，in Reinders，R.，Oosting，R.，eds.，*Scheepsarcheologie：prioriteiten en lopend onderzoek；inleiding en gehouden tijdens de glavimans symposia in 1986 en 1988*，Utrecht：Rijkswaterstaat，1991，pp. 145-154；Rule，N.，"The direct survey method (DSM) of underwater survey，and its application underwater"，*Int. J. Naut. Archaeol.*，1989，Vol. 18，No. 2，pp. 157-162.

⑩Rule，M.，*The mary rose：the excavation and raising of Henry VIII's flagship*，London：Conway Maritime Press，1982；Kelland，N.，"Developments in integrated underwater acoustic positioning"，*Hydrogr. J.*，1994. Vol. 71，pp. 19-27.

⑪Stewart，W. K.，"High-resolution optical and acoustic remote-sensing for underwater exploration"，*Oceanus*，1991，Vol. 34，No. 1，pp. 10-22.

⑫Green，J.，*Maritime archaeology：a technical handbook*，New York：Routledge，2016，pp. 99-122；Rule，N.，"The direct survey method (DSM) of underwater survey，and its application underwater"，*Int. J. Naut. Archaeol.*，1989，Vol. 18，No. 2，pp. 157-162；Baker，P.，"40 years of underwater photography"，*AIMA Newsletter*，2014，Vol. 33，No.1，pp. 11-17.

⑬Ballard，R. D.，et al，"The discovery of ancient history in the deep sea using advanced deep submergence technology"，*Deep-Sea Res. Part I*，2000，Vol. 47，No. 9，pp. 1591-1620；Singh，H.，et al.，"Imaging underwater for archaeology"，*J. Field Archaeol.*，2000，Vol. 27，No. 3，pp. 319-328.

⑭McCann，A. M.，Oleson，J. P.，"Deep-water shipwrecks off Skerki Bank：the 1997 survey"，*J. Roman Archaeol.*，2004，Vol. 58.

⑮Foley，B. P.，et al，"The 2005 Chios ancient shipwreck survey：new methods for underwater archaeology"，*Hesperia*，2009，Vol. 78，No. 2，pp. 269-305.

⑯Pacheco-Ruiz，R.，Adams，J.，Pedrotti，F.，"4D modelling of low visibilityunderwater archaeological excavations using multi-source photogrammetry in the Bulgarian Black Sea"，*J. Archaeol. Sci.*，2018，Vol. 100，pp. 120-129.

⑰Eriksson，N.，Rönnby，J.，"Mars (1564)：the initial archaeological investigations of a great 16th-century Swedish warship"，*Int. J. Naut. Archaeol.*，2017，Vol. 46，No.1，pp. 92-107.

⑱Rule，N.，"Some techniques for cost-effective three-dimensional mapping of underwater sites"，*BAR Int. Ser.*，1995，Vol. 598，p. 51.

⑲Pacheco-Ruiz，R.，Adams，J.，Pedrotti，F.，"4D modelling of low visibilityunderwater archaeological excavations using multi-source photogrammetry in the Bulgarian Black Sea"，*J. Archaeol. Sci.*，2018，Vol. 100，pp. 120-129.

⑳Ramsey，C. B.，"Radiocarbon calibration and analysis of stratigraphy：the OxCal program"，*Radiocarbon*，1995，Vol. 37，No. 2，pp. 425-430；Ramsey，C. B.，"Development of the radiocarbon calibration program"，*Radiocarbon*，2001，Vol. 43，No. 2A，pp. 355-363.

㉑Björklund，L.，"Identifying heartwood-rich stands or stems of Pinus sylvestris by using inventory data"，*Silva Fenn.*，1999，Vol. 33，pp. 119-129；Gjerdrum，P.，"Sawlog quality of Nordic softwood-measurable properties and quantitative models for heartwood，spiral grain and log geometry"，Ph. D. Thesis no. 19，Agricultural University of Norway，2002；Mörling，T.，Valinger，E.，"Effects of fertilization and thinning on heartwood area，sapwood area and growth in Scots pine"，*Scand. J. For. Res.*，1999，Vol. 14，No. 5，pp. 462-469；Pinto，I.，Pereira，H.，Usenius，A.，" Heartwood and sapwood development within maritime pine (Pinus pinaster Ait.) stems", *Trees (Berl.)*, 2004, Vol. 18, No. 3, pp. 284-294.

㉒Ramsey, C. B., "Dealing with outliers and offsets in radiocarbon dating", *Radiocarbon*, 2009, Vol. 51, No. 3, pp. 1023-1045.

㉓Carver, M. O. H., "The friendly user", in Cooper, M. A., Richards, J. D., eds., *Current issues in archaeological computing*, Oxford: B. A. R., 1985, pp. 47-62.

㉔Muckelroy, K., *New studies in archaeology*, Cambridge: Cambridge University Press, 1978.

㉕Braudel, F., *The Mediterranean and the Mediterranean world in the age of Phillip Ⅱ*, London: Collins, 1972.

㉖Dimitrov, P., "Geological history of the western part of the Black Sea during the Quaternary and conditions for the formation of mineral resources", in *Geology and Non-traditional Resources of the Black Sea*, London: LAP, 2010, p. 257.

㉗Villain-Gandossi, C., "Illustrations of ships: iconography and interpretation", in Unger, R. W., *Cogs caravels and galleons: the sailing ship*, 1000-1650, Annapolis: Naval Institute Press, 1994, pp. 169-175; Flatman, J. C., *The illuminated ark: interrogating evidence from manuscript illuminations and archaeological remains for medieval vessels*, Oxford: Archaeopress, 2007; Greenhill, B., *The archaeology of boats & ships: an introduction*, Annapolis: Naval Institute Press, 1995; Adams, J., Rönnby, J., *Interpreting shipwrecks: maritime archaeological approaches*, Southampton: The Highfield Press, 2013.

㉘Adams, J., Rönnby, J., *Interpreting shipwrecks: maritime archaeological approaches*, Southampton: The Highfield Press, 2013.

㉙Brennan, M. L., et al., "Telepresence-enabled maritime archaeology in the deep", *J. Marit. Archaeol*, 2018, Vol. 13, pp. 97-121.

㉚Betts, B. J., "Signs and symptoms of deepwater trawling on the atlantic margin", in *Man-made objects on the seafloor* 2000, London: Society for Underwater Technology, 2000; Brennan, M. L., et al., "Quantification of bottom trawl fishing damage to ancient shipwreck sites", *Mar. Geol.*, 2016, Vol. 371, pp. 82-88.

致谢:

本项目能够得以开展首先得益于汉斯·饶兴(Hans Rausing)的远见卓识和不懈坚持。他最早意识到了海洋科学在推动黑海地区史前史发展方面的巨大潜力。这一系列努力最终促成了为期三年的离岸考古调查工作、为期三年的浅水区域发掘工作以及为期一年的数据分析工作的顺利开展。茉莉亚和汉斯·饶兴基金通过探索与教育基金会(EEF)对上述研究工作进行了资助。

作者在此向探索与教育基金会的赞助人以及基金主管致以由衷的感谢。感谢黑海水下考古项目的全体同事,特别是卡林·迪米特洛夫、科若姆·巴赤瓦若夫、约翰·朗比、德拉戈米尔·尕尔波夫等诸位先生,以及我们的工业合作伙伴 MMT、卡斯海洋有限公司、Agisoft 等公司,"斯特利尔探险号"和"哈维拉号"的全体船员以及保加利亚文化遗产官方机构。

Deep Sea Archaeological Survey in the Black Sea-Robotic Documentation of 2,500 Years of Human Seafaring

Rodrigo Pacheco-Ruiz, Jonathan Adams,

Felix Pedrotti, Michael Grant,

Joakim Holmlund,

Chris Bailey

(Translated by Wen Chenghao)

Abstract: Between 2015 and 2017 the Black Sea Maritime Archaeology Project (Black Sea MAP) discovered and recorded 65 shipwreck sites dating from the 4th Century BC to the 19th Century AD in the Bulgarian Exclusive Economical Zone (EEZ). Using state-of-the-art remotely operated vehicles to survey the seabed, the team captured more than 250,000 high-definition (HD) photographs; hundreds of hours of ultra high-definition (UHD) video together with acoustic bathymetric, laser, side-scan sonar and seismic data. The wrecks were located in depths from 40 to 2200m-those shipwrecks in the deeper range presented extraordinary archaeological preservation due to the Black Sea's anoxic conditions. This paper will introduce the range of deep-sea optic and acoustic survey techniques to accurately record and create 3D and pseudo 4D models of the shipwrecks. It will focus on a Early 4th Century BC shipwreck demonstrating the project's survey strategy as well as adaptations developed in response to operational conditions; the implementation of deep sea robotics to generate georeferenced high-resolution photogrammetric models and the benefits this has as an on-site, as well as a post-cruise, interpretative tool. It demonstrates that in-theatre acquisition and processing of high-quality datasets is a working reality and has fundamental implications for management as well as the advantages that this brings to the archaeological research process; Firstly, in the creation of spatio-temporal models, i.e., 4D representations of a site pre and post archaeological excavation and secondly, in monitoring such wreck sites, and provides a viable non-intervention tool for the assessment of sites as part of a long-term management strategy. It also shows the value of well-funded collaboration between academia and industry and that deep water archaeology can and must be totally in accordance to the 2011 United Nations Educational, Scientific and Cultural Organization (UNESCO) convention.

Keywords: Deep Sea archaeology, Photogrammetry, Shipwrecks, Black Sea, Anoxic preservation, Underwater robotics

学术评论

《早期亚太区域航海：海洋考古学视野》评述

陈博翼

（厦门大学历史与文化遗产学院历史学系）

2013 年 6 月，在哈佛燕京学社和厦门大学海洋考古学研究中心的支持下，一批海洋考古学学者汇聚哈佛大学校园，进行了一场富有深意的专业研讨，对新发现的大量沉船遗骸进行了梳理并全面回顾了已掌握的材料，讨论了学科发展的方向。其后十多位学者修改会议论文并结集成册，国际著名的施普林格出版集团 2016 年正式推出该论文集，即这部《早期亚太区域航海：海洋考古学视野》（*Early Navigation in the Asia－Pacific Region：A Maritime Archaeological Perspective*）。作为考古学的重要分支，海洋考古学在专业技术日益升级的背景下不断有令人惊叹的发展，包括更精确地到达沉没点、探测绘图、水下可视化和呈现、发掘和出水保护等等。不过其日益专门化的趋势又一定程度推离了其他相关海洋研究领域的学者，包括海洋史研究的同行。许多海洋史学者对于考古学同行取得的成就很难及时跟进，因此相关资料无法予以利用，殊为可惜。这其中既有专业技术和术语隔阂的原因，也有考古报告撰写和披露的延时和限制的缘故。因此，新推出的这部论文集一定程度向外界展示了一些新近的海洋考古发现和研究判断，不无裨益。

本书一共包括 13 篇论文，涵盖了 9 世纪到全球化时代的沉船研究，中国东南、东南亚、跨太平洋的马尼拉帆船贸易及相关的太平洋东部俄勒冈、加利福尼亚和墨西哥海岸的沉船研究都有若干篇代表，较好地平衡了亚太海域大洋两段的范围。哈佛大学傅罗文（Rowan Flad）撰写了极佳的前言，对全书的框架和理论贡献均大有着墨。他认为在亚洲海洋考古极速发展的背景下，这个具有语言和研究方向多样性的杰出团队的工作正当其时，本书结合考古背景所研究的沉船和交易中心对全球海洋考古学具有重大贡献。吴春明主编则在导言中指出这些论文关注的是 16 至 18 世纪早期泛太平洋航行和海洋全球化的历史，强调了亚洲和北美之间经由西班牙人接触的海洋考古证据。本书由五部分构成：第一部分揭示了 9 到 16 世纪中国东南的沉船，展示了在西班牙人带来的全球联系和接触前区域海上航行的发展和地方贸易的模型；第二部分辨析了跨太平洋的大帆船贸易的概念和理论，包括如何在考古学上理解早期全球化的概念、大帆船贸易如何创造"全球"经济、如何通过历史和考古资料的分析理解贸易路线；第三部分是五个大帆船沉船的个案研究以及相关帆船货物和克拉克瓷器年代的讨论，涉及圣菲利浦号（San Felipe 1576）、圣奥古斯丁号（San Agustin 1595）、比思卫号（Beeswax 1693）和一艘无名残骸（1578）；第四部分讨论了东西方海上接触和互动产生的社会文化变迁；第五部分由沉船看物质文化遗产，着重于大帆船时代后期（18—19 世纪）华南和东南亚的海上航行。下面谨就具体篇目的内容略赘数语。

在总论亚洲海域沉船和大帆船贸易的前四篇文章中，吴春明总结了与美洲接触前期亚太的沉船和东亚区域海上贸易网络的发展，列举了东亚和东南亚海域 40 艘沉船的信息及与历史材料的对应联系、考古材料推断的航路个案，以及通过这些残骸可以构建出的四海航路系统。他认为这个东亚航海体系在 16 世纪西欧人到来前已整合完毕并作为"全球化"的基础，西人也得以在此之上建设拓展直接和间接的联系网络。Bobby C. Orillanda 总结了 15 世纪东南亚海上商业交往的历史背景，指出马六甲和阿瑜陀耶的兴起与吴哥、满者伯夷和占婆的衰落改变了贸易中心和网络格局；以马六甲本土船只为中坚力量的东南亚区域内部贸易（印度洋航船止步马六甲、阿瑜陀耶和北爪哇）通过沉船遗骸的证据也得以确立，不过以瓷器看，在经历了 15 世纪中前期的衰退断裂之后中国瓷器重新取代东南亚商品成为主力。Russell K. Skowronek 以马尼拉大帆船贸易为切入点讨论了东亚货品在美洲内部的传播及各种异国商品相关的价值变化。对异国商品的需求在不同阶层和地区是不同的，例如，得克萨斯与墨西哥边境地区混血居民和士卒对上层殖民者所使用瓷器的仿造、美洲居民饮用加糖和肉桂热巧克力需要仿制瓷容器等其实反而降低了亚洲瓷器的价值，这也是物质文化交流和本土化的生动案例。Brian Fahy 和 Veronica Walker Vadillo 一起讨论了大帆船贸易两端联结的建立。他们根据历史资料和考古材料分析了西班牙人亚太贸易的类型。作者指出，西班牙人沿着吕宋岛西侧北部到马尼拉的航线虽然快速并看起来有效，很多人后来却选择穿过菲律宾群岛中部圣贝纳迪诺（San Bernardino）海峡这条危险而复杂的路线［即所谓的"出口"——恩伯克瑞托港（Embocadero）］，是中途停留地有更多"非法贸易"走私机会的结果。

中间五篇个案研究专业程度非常高，集中体现了海洋考古学的精华。Eusebio Z. Dizon 探讨了圣地亚哥号残骸上的物质文化遗存及其蕴含的历史信息。通过对考古遗存和复原品的研究，作者认为其所携带的中、泰、缅、越和菲律宾瓷器及其他商品表明该船为商船而不是文献记录中故意描述的战舰。Roberto Junco 研究了墨西哥巴亚加利福尼亚（Baja California）的残骸。通过对曾在中美洲建造大帆船和热衷于造访和征服中国的巴拉西奥（Diego Garcia de Palacio）上尉《航海指令》（Instrucción Náutica）一书的分析，结合沉船残骸，对同类跨太平洋马尼拉大帆船的建造细节，包括钉子、螺栓、船只尺寸和风帆形制等予以推断。Edward Von der Porten 则试图重建北美西海岸沉船的克拉克瓷器板块年代学。其作品展示了如何依据大量瓷器风格的演化断代系年、精确化的年表如何缩小和推断判定特定沉船的身份，以及早期瓷器贸易如何测试市场喜好、根据欧洲消费者的口味改变纹样设计。作者认为此法可以充分运用到西太平洋发掘出来的各种未知名沉船上。Scott S. Williams 紧接着讨论了位于俄勒冈的比思卫号残骸。通过对历史和考古数据的总结，作者判定该船于 1670 到 1700 年间失事，结合残骸的遗存物品分析，其很可能便是 1693 年失事的圣托克里斯托·德·布戈斯号（Santo Cristo de Burgos）。文章另外介绍了始于 2006 年的比思卫残骸计划和调研进展。Jessica Lally 继续对从比思卫残骸收集的陶瓷进行样本与形制分析，认为其单色瓷来自德化窑，据图像所定年代在 1670 年到 1700 年之间，瓷器平均年代当大致为 1690 年左右（与 1705 年的弗朗西斯科·沙畹号的瓷器样式明显不一样），所以各方面证据看该船应该是圣托克里斯托·德·布戈斯号。

最后四篇从美洲海岸回到西太平洋。刘淼通过研讨 16 到 17 世纪的东亚沉船，尤其是瓷器与西班牙货币，探讨该区卷入欧洲市场的产品导向。作者认为从香料到丝绸和瓷器的变化过程与中国商人的崛起和东西交流下全球化市场的形成是同步的。吴春明探讨了 16 到 17 世纪葡萄牙和西班牙人在东亚海域的交易和冲突，以及其与中国文化碰撞的物质文化产物。上田薰等人从万丹苏丹国的考古发掘发现这个 16 世纪初的香料贸易中心在 17 世纪 80 年代荷兰占领后经历了一些变化，原本由精英使用的陶瓷开始扩散到更大部分居民阶层(主要用作小型餐具)。不过万丹精英阶层仍以中国瓷器用餐，欧洲瓷器仅限于饮酒而且更多是在西北部的荷兰城堡区出现，东南部王宫核心区基本是景德镇瓷的天下，以及少量日本肥前瓷，王宫外围则更多是福建和广东瓷器，尤其是 18 世纪以后。闽广瓷器对景德镇瓷的替代在 18 到 19 世纪的荷兰城堡区也很明显。最后，邓启江介绍了浙江沿海渔山列岛发掘的小白礁 I 号沉船，其货物来源的复杂性也揭示了中国海商的活跃和能力。

通过太平洋东西两岸沉船的研探，本书一定程度展现了大帆船贸易时代前后跨越多个世纪的亚太地区的海上航行、贸易和文化碰撞，包括了武力征服、苦力役使与市场和货品争夺，而不仅仅是沉船上琳琅满目的货品表面映射出的和平交往和交易。各篇所使用的资料也兼具口传、文本、物质文化等多样的历史和考古材料，例如 Junco 用的美洲原住民口述和《航海指令》，Lally、Von der Porten 和上田三篇进行的陶瓷年表分析，吴、Orillanda、刘、邓等对主要沉船的梳理总结等等。文化接触和殖民主义的性质这个考古学的重要议题也有充分探讨，除了建筑风格与样式、太平洋两端瓷器使用和仿制的形态等讨论较多的主题外，吴、Fahy 和 Vadillo 均涉及了中国船与东南亚船的混合技术。后者在详细探究造船技术、成本、船舶货物各组成部分的来源时明晰了这种混合技术和复杂的文化交流背景。全球化可以说是本书的另一个核心主题，Orillanda、刘和上田均从陶瓷看到了这种从欧洲到东南亚、东亚的转变和联结。这些都是从材料、方法和框架上对建立全球化海洋考古学的宝贵贡献。

就一些细节而言，本书除了技术探测和资料披露能小小满足读者眼福之外，偶尔也还有一些亮点。譬如，虽然暹罗陶瓷占有一定市场份额已是学界共识，但 Orillanda 的综述进一步勾勒了这种状况产生的东南亚史大背景，很有区域和全球史的敏锐感，而且暹罗陶瓷对中国陶瓷一定时期内如此大规模的替代也足以颠覆一些传统的观点。汕头广澳港南明沉船考古发掘的"国姓府"铭文铜铳印证了 1989 年连江定海村所见同类铜铳上铭文的真实性，打破了孤证的质疑。当然，本书虽然尝试打通亚太跨太平洋研究，但各地学者在知识结构和训练上的差异并非可以迅速融合及取长补短。例如，Lally 的文章虽然请人翻译了瓷器残片上的汉文字义，但诸如 NH399 的"成"只理解为"完成"，可能还会忽略明末清初甚至是日本瓷器会打上"大明成化年制"款识的背景，诸如 NH351 很显然就是康熙年代仿制的成化瓷。总体感觉本书中亚洲学者更喜欢谈亚洲海域的海上商贸和交通背景，然后对已有沉船进行类型总结，有时便容易沦为泛论；美洲学者则倾向仅分析沉船本身，谈及背景和文献也更多是涉及具体残骸区域或仅仅是直接相关的文献，这当然跟美洲海岸近代以前海上交通和文献记录相对亚洲较少有关，也跟训练和写作习惯有关。另外作为一本论文集，解决众手难调、参差不齐的问题也是一大难点。本书个别篇目撰写者因为英文非母语,文句间有不畅之处,可能所找的修订审校者也不够细致用心,一些文法和拼写错讹仍存在,这些都可以进一步完善。

海洋考古学是一门通过研究遗骸和文物来探讨人类利用海洋环境和展开海洋活动历史的学问,对水下遗址、文物、人类遗迹和景观的研究也是为了进一步明晰文明的起源和发展、人类的历史与文化,因而提倡"全球海洋考古"本身也是学科的题中应有之义。在这个意义上,本书以海洋考古学为基础、以全球视野看早期亚太航海的各种相关问题,是很好的尝试和开拓。在扩大区域合作、对话与研究整合的基础上,如何于原有的考古潜水、水下调查、定位、勘测、发掘和出水文物保护相关的技术和方法拓展的基础上,进一步结合历史文献记录进行解读分析,不仅研究沉入海洋的船只、器物,海底墓葬、城市、港口、聚落遗址,还能进一步拓展对濒海之人所从事的海洋活动、相关宗教遗迹、信仰系统的研究,是全球化海洋考古学潜在的魅力和留给学者的课题。

Early Navigation in the Asia-Pacific Region: *A Maritime Archaeological Perspective*—**A Review**

Chen Boyi

Abstract:In 2013, a group of maritime archaeologists, supported by the Harvard Yenching Society and the Xiamen University Center for Maritime Archaeology, conducted a profound professional discussion at Harvard University on the newly discovered shipwreck remains. They comprehensively reviewed the available materials and discussed the direction of the discipline's development. Subsequently, more than ten scholars revised the conference papers and compiled them into a book, which was officially published by Springer in 2016 under the title "Early Navigation in the Asia-Pacific Region: A Maritime Archaeological Perspective". The book includes 13 papers covering shipwreck research from the 9th century to the era of globalization, including research on Chinese Southeast Asia, Southeast Asia, the Manila sailboat trade across the Pacific and the shipwrecks along the Eastern Pacific coasts of Oregon, California and Mexico.

Keywords:Maritime Archaeology, Shipwreck Research, Maritime Trade, Asia-Pacific Region.

缅甸史前至骠国时期的考古学研究综述

和　奇

（云南大学西南边疆少数民族研究中心）

　　缅甸位于中南半岛西部，与中国、印度、泰国、老挝接壤，是南亚、东南亚、东亚地区文化交流的媒介与桥梁。该区的考古学研究，对理解我国西南地区、东南亚地区早期文化与文明的进程极其关键。对缅甸早期文化与文明展开系统、深入的考古学研究，也成为中国考古学者亟需开展的课题。

　　基于以上考虑，本文拟结合已搜集资料，对缅甸史前至骠国时期的考古发展及议题进行梳理，明确缅甸考古的基本情况、研究成果及存在的若干问题，以推动我国缅甸考古相关议题的发展。

一、缅甸考古的发展历程

　　缅甸地区新石器时代至铁器时代的考古学研究已有百余年的历史。根据研究特色，可分三个阶段。

（一）19 世纪末期至 20 世纪 40 年代

　　该阶段以缅甸考古部（1902 年成立）、缅甸研究会（1910 年成立）为代表，侧重对汗林、室利差旦罗等铁器时代城址进行研究。

　　19 世纪下半叶，一些研究者便开始对缅甸早期文物和文化遗存展开调查和研究。他们并非职业的考古学家，很多都是"对缅甸的古物、艺术和历史感兴趣的碑铭学家、历史学家或行政官员。他们用英语提交了有关发现和偶尔发掘的缅甸文物、碑铭和遗迹的报告"[①]。这一时期的工作，主要涉及以下几个方面。

　　1.碑铭的搜集和研究成果丰硕。早在 1881 年，缅甸地区便已开展了考古活动。德国人 Dr.Emil Forchhammer 是缅甸的首位考古学家[②]，他于 1881 年至 1890 年被任命为政府考古学家，对仰光、蒲甘、室利差咀罗、阿拉干等地碑铭进行搜集[③]。其成果在他去世后最终汇集为六卷本，共计 2802 页的丛书[④]，由 Taw Sein Ko 主持对第一卷的翻译，并出版[⑤]。而后，Taw Seion Ko、Chas.Duroiselle 等人补充在蒲甘、勃固、卑谬以及毛淡棉地区发现的碑铭,编辑 *Epigraphia Birmanica* 系列丛书并出版第一卷上册[6]。1921 年,Duroiselles 出版《缅甸发现的碑铭清单》[7],该书从年代、发现地点、书写语言、保存情况、发现者、是否是原始文献等方面系统展示了 20 世纪 20 年代以前的碑铭搜集情况,为缅甸历史提供了有效的信息,尤其是对语言学而言[8]。值得注意的是,这些碑铭大部分都是蒲甘王朝及其以后的,只有少数涉及更早时期。

2.遗址的调查和发掘研究开始得到关注。1894 年,专攻缅甸神话与宗教的英国人类学家 R. C. Temple 出版著作 *Ramannadesa*,对毛淡棉和直通地区的洞穴遗址进行了记录[9]。此外,地质学家 Dr. Fritz Von Neotling,在对仁安羌等地区展开油田调查时搜集采集了一些石器标本[10],并引发了极富价值的学术争论[11],推动了缅甸史前文化的研究。最为重要者有三:一是 J. Coggin Brown 对缅甸石器时代的总结[12],二是 T. O. Morris 对缅甸境内石器和青铜时代的遗存的调查[13],三是 H. L. Movius 等对伊洛瓦底江河谷及掸邦的调查[14]。除此之外,蒲甘及更早历史时期的遗址也开始被调查和发掘。1906 年,在法国政府的资助下,被 Luce 誉为"印度考古学领域的伟大学者"的 Leon de Beylié 在 Taw Sein Ko 的协助下,对室利差呾罗古城展开发掘[15]。其工作在其著作 *Prome at Samara* 中有很好的体现[16]。其后,Taw Sein Ko 等也对室利差呾罗等展开多次发掘,其成果发表在印度、缅甸的相关年度考古报告上[17]。其时,最重要的是在蒲甘地区发现的两通碑铭,C. O. Blagden 对其中一通进行释读,让我们认识到骠国的若干历史信息。

3.专业的研究机构和研究团体成立。1901 年,Lord Curzon 考察了蒲甘和曼德勒,并促使缅甸政府意识到其在文化遗产保护中的责任[18]。1902 年,缅甸考古部(Burma Archaeology Department)正式成立。此后,自 1902 至 1926 年,每年发表工作年报。而后,并入印度考古调查中(Archaeology Survey of India)[19]。1938 年,缅甸独立后,政府聘请 Forchhaman、Taw Sein Ko、M. Charles Duroiselle、U Mya、U Lu Pe Win 等,他们在蒲甘及室利差呾罗展开了文物修复工作[20]。

4.专业的期刊出现,成为发表资料的重要平台。1910 年 3 月 29 日,Mr. J. S. Furnivall 在仰光成立了缅甸研究学会(Burma Research Society),该协会致力于"推动与缅甸有关的艺术、科学、历史和文学的研究,促进对此类学科有共同兴趣的不同社团成员之间的交流。其主要任务是出版学术期刊,印刷从未出版过的缅甸手稿以及重印一些珍贵的书籍"[21]。该协会主办期刊《缅甸研究学会会刊》(*The Journal of the Burma Research Society*),从 1921 年开始出版,至 1941 年,共出版了 89 期[22],发表了一定数量考古学文章,包括 J. C. Brown、T. O. Morries、J. L. Leyden 等对缅甸史前遗存的调查和研究,C. O. Blagden 对室利差呾罗古城碑铭的研究以及 G. H. Luce 对骠人、孟人的研究成果,均是后来的学者讨论缅甸早期文化与文明的必读论文。此外,该协会还并翻译出版《琉璃宫史》(*Glass Place Chronical*),并发表了 1914 年 M. J. A. Stewart 在勃固地区的发掘收获[23]。

(二)20 世纪 50 年代至 80 年代

20 世纪 50 年代,一份官方报告提到应该对缅甸新石器时代、巨石文化、青铜时代及早期城市文化展开正式研究[24]。这一时期,缅甸本土的考古学家开始独立开展研究,并开始在具有重要历史意义的遗址进行大规模的田野发掘，最具代表性的是 Aung Thaw 和 Myint Aung 两位考古学家⑮。

Aung Thaw 于 1959 年至 1963 年主持对毗湿奴城址的 25 个地点发掘，清理了城墙、城门、房屋基址、墓葬，出土不同类别的文化遗物，揭示了一个公元前 2 世纪至公元 4 世纪的城市文明。该城址的正式发掘报告于 1968 年正式出版㉖。此后，他又于 1972 年出版了《缅甸的历史遗址》一书，对缅甸境内的重要历史遗址，尤其是城址进行系统介绍㉗。

Myint Aung 于 1963—1967 年对汗林遗址进行为期 5 个季度的田野发掘，并发表了发掘报告㉘。其后，他又主持了维沙里、温加、阿亚塔马（Ayethema）等地的田野考古调查和发掘。此外，他还对缅甸地区的早期文化展开多维度的研究。相关的田野考察与研究成果在其个人论文集中有较为全面的展现㉙。

另外，Maung Maung Tin 主持了毗因那迦（Binnaka）古城的发掘，Sein Maung 主持对孟茂古城的发掘㉚。

上述骠国时期城址的发掘是这一阶段考古工作的重要内容，结合此前考古工作者在室利差呾罗、阿拉干地区开展的考古工作，我们对缅甸早期国家文明有了更全面的了解。有关这些城址研究的成果，最终系统反映在 1993 年出版的《缅甸古代城市》一书中，该书收录了对毗湿奴、汗林、室利差呾罗、太公古城的发掘和研究成果㉛。

与骠国时期古代城址研究的热烈情况相比，这一时期缅甸研究者对史前考古着力不多。这些工作依然还是由 Aung Thaw、Myint Aung 等完成。最具代表性的是 Aung Thaw 对帕达林洞穴遗址的调查和发掘㉜，Myint Aung 对莱班羌（Lepanchaw）遗址的发掘㉝、对穆河流域的调查㉞。

这一时期，对旧石器时代早中期文化的研究基本陷于停滞。

（三）20 世纪 80 年代末至今

这一阶段，缅甸考古工作逐步得到展开，主要体现在以下几个方面。

其一，工作机制逐渐理顺。1954 年，缅甸文化部下设文化局，负责图书馆、博物馆的建设㉟。自 1998 年起，缅甸文化部考古局将其研究重点集中于历史文化遗存，并且致力于建设博物馆㊱。2009 年，文化部下新设考古、博物馆、图书馆局，"负责缅甸文化遗产（包括有形和非物质文化遗产）的保护、修复和展示，并研究民族文化和习俗"㊲。其使命之一便是成为"探索，发掘和保护史前和历史遗迹、古代古迹、古物的重要部门"㊳。2016 年 4 月，原有的文化部与宗教事务部合并为新的宗教事务与文化部㊴。在文化部的领导下，各年度的考古工作顺利开展。

丰富的考古资源使得成立博物馆成为可能。早在 20 世纪初，室利差呾罗博物馆便已成立，用于陈列该遗址发现的碑铭及文物等。2008 年起，缅甸又新建了毗湿奴考古博物馆（2008 年）、汗林考古博物馆（2012 年）、太公考古博物馆（2014 年）等㊵。国家博物馆等对缅甸史前文化、骠国文明设有专题陈列㊶。

此外，缅甸考古学会（the Myanmar Archaeology Association）于 2013 年 12 月 11 日成立。该学会致力于推动对缅甸文化遗产的认知，其重点是推动当地社区重视和保护文化资源。学会成立以来,以组织田野考察、举办论坛、开展研究等不同形式开展多样的活动,取得了良好效果㊷。

其二,考古学学科教育和人才培养得到重视,效果初显。随着考古事业的发展,考古学专业教育与人才培养逐渐得到重视。1994 年 1 月,仰光大学成立考古学系,现有师资 22 人,提供本科、硕士、博士阶段的课程。1999—2000 年,曼德勒大学也成立考古学系,但直到 2012 至 2013 学年,才开设本科课程,2014—2015 学年起,开设硕士学位课程㊸。此外,大光大学、扬达波大学也开设考古学本科、硕士课程㊹。截至目前,以仰光大学考古学系为代表的培养单位已培养多名毕业生,他们的论文以田野调查与发掘资料为基础,主题广泛,涉及史前墓葬、巨石遗存、青铜文明以及毗湿奴、汗林、室利差呾罗、太公、孟茂等骠国主要城市的研究㊺。

其三,国际合作得到较多开展,缅甸考古成为学术热点领域。1998 年对良甘遗址的发掘,首次揭露了缅甸地区的青铜遗存,有着重要的学术意义。基于此,缅甸文化部组织了专题论坛,邀请 Joyce White、Nancy Tayles、Jean-Pierre Pautreau、Charles Higham 和 Ian Glover 等东南亚考古领域的重要学者,组织专题论坛,对该遗址年代、内涵、价值等进行讨论㊻,并促成后续的一系列国际合作研究项目。这些研究成果最终以英文论文或报告的形式呈现,成为我们理解缅甸考古知识的重要来源。这一时期,是缅甸考古国际合作蓬勃发展的时期,其最值得注意者至少包括以下几个方面。

第一,若干外国学者以缅甸考古为主题完成论著或博士学位论文。剑桥大学 Janice Stargardt 系统分析了骠国时期的灌溉系统,并就毗湿奴古城的建筑等遗迹展开系统讨论㊼。Bob Hudson 以蒲甘文明的起源为主题,完成博士论文㊽。伦敦大学亚非学院 Elizabeth H.Moore 则以缅甸史前至骠国时期的发现为基础,完成专著㊾,她完成的有关缅甸早期文明的论文也由缅甸文化部组织结集出版㊿。值得注意的是,上述学者均是当下缅甸早期文明研究的代表性学者。

第二,缅甸学者与国外研究者合作展开系列调查、发掘和研究项目,有力地推动了缅甸考古事业的发展。如伦敦大学亚非学院的 Elizabeth H. Moore 先后与多位缅甸学者合作,完成有关缅甸青铜文明(51)、骠国文明的讨论(52),此外,她还积极推动缅甸考古资料的翻译和发表(53)。剑桥大学 Janice Stargardt 与缅甸考古同人合作,利用多学科手段,持续对室利差呾罗遗址展开发掘与研究,发表了系列论文(54)。Bob Hudson 与缅甸学者合作发掘蒲甘早期的遗址,并依托 GIS 等现代信息技术展开系列讨论(55)。J. P. Pautreau 领导的法缅联合考古队自 2001 年起,持续对瑟蒙河谷青铜至铁器时代早期多处遗址展开发掘(56)。Thomas Pryce 领导有关测年与冶金技术的讨论,这些研究均以多学科合作为手段,取得丰硕的成果。上述这些国际合作研究项目,在理论、方法和视野等不同层面推动了缅甸考古事业的发展。

与此密切相关的是,缅甸考古日益得到关注。以目前已举办三届的东南亚考古国际论坛为例,2019 年举办的第三次论坛上,专门设置缅甸考古学论坛,共计发表 18 篇研究论文,为历年之最(57)。

第三,缅甸学者在国外攻读博士学位。如 Tin Htut Aung 在日本冈山大学以缅甸旧石器时代文化为主题完成博士论文(58)。相信随着具备国际学术经历的年轻学者的增多,缅甸考古研究也会进入新的阶段。

第四,专题考古研究较多开展,研究领域得到拓展,对缅甸古代文化与文明均有更深的认识。旧石器时代方面,Ba Maw 等在实皆省莫久比及内圭(Nwe Gwe)遗址,拓展了旧石器时代晚期文化的认识[29]。Tin Thein 等分别在掸邦和克伦身发现万邦腊(Waiponla)等洞穴遗址[30]。2008 年至 2009 年,Win Kyang 等组织伊洛瓦底江河谷的调查,采集石器标本数百件,验证了 Movius 结论的正确性[31]。对帕达林遗址重新开始发掘[32],并调查其岩画遗存[33]。新石器时代文化方面,对汗林遗址 HL-26、HL-28、HL-30 等地点发掘,明确解释出该遗址在文化上的延续性[34],也使得重新认识汗林城址以往发现的新石器时代遗存成为可能。青铜时代遗存方面,1998 年度发掘的良甘墓地使人们认识到缅甸青铜文明的客观存在[35],2014—2015 年对该遗址的发掘揭露出墓葬数座,同年,法国考古队新发掘欧楷(Oakaia)遗址,清理墓葬 55 座,并展开多学科研究,使得全面了解钦敦江流域青铜文明成为可能[36]。汗林遗址青铜时代遗存的发现,明确了该遗址在文化上的延续性[37]。萨蒙河流域早期墓地的系列发掘,则促进了对该流域青铜时代至早期时代的认识[38]。骠国时期的考古研究上,则表现为对毗湿奴、汗林、室利差呾罗、孟茂等古城的系统发掘和研究,最值得庆贺的是,汗林、毗湿奴、室利差呾罗遗址于 2014 年被列为世界文化遗产,相关的保护与研究工作也持续得到展开。

二、缅甸考古主要议题及成果

根据资料搜集情况,可知缅甸地区的考古资料,除了少数以专刊形式发表外,大部分工作在结束田野发掘后,以田野报告的形式提交缅甸文化部门。论著发表渠道包括两类,一类是以缅语在国内发表,限于语言能力,缅甸以外的研究者利用此类资料的不多;一类是用英文或法文以考古报告或论著形式发表。早期的考古报告与论著主要见于《缅甸研究学会会刊》(*Journal of the Burma Research Sciety*)、《缅甸考古调查》(*Archaeological Survey of Burma*)等期刊上。缅甸独立后,《缅甸历史研究》成为发表考古资料的重要平台之一,同时,专著及论文集也成为展示考古成果的重要形式。新世纪以来,随着国际合作研究的日益深入,国际学术期刊成为发表缅甸考古收获与研究的重要渠道,即便是在缅甸境内,使用英文完成学位论文、发表论文也成为新的趋势。根据过去数年内搜集资料的情况,可对缅甸史前至骠国时期的考古发现与研究情况做以下归纳。

(一)伊洛瓦底江河谷旧石器文化

自 19 世纪以来,地质工作者、考古工作者、私人收藏家等,调查发现并发掘了多处石器时代遗存,出土和采集了数量较多的石器、陶器等,为了解该区域史前文化提供了重要依据。

19 世纪末,Fritz Noetline 在伊洛瓦底江东岸的仁安羌地点(地理位置为东经 94°56′,

北纬 20°21′)的更新世红土层采集到一件石片石器,并认为这是人工形成的⑱。其后,围绕该件石器的讨论持续了一段时间。Pascoe 认为这是一件自然形成的标本⑲。Swinhoe 则认为这是文化遗物㉑。H. C. Das Gupta 着重从该件石器出土地点是否为原生堆积、石器是自然形成还是人工制造两方面予以讨论,认为石器出土于原生堆积中,并认为是旧石器时代的人工制品。Panchannan Mitra 也主张该标本为人类制造并使用的。J. Coggin Brown 在上述论述的基础上,也主张为该标本为人工制品,并认为缅甸早期人类文化与缅甸早期文化有着较大差异,他指出在诸如敏巫、密铁拉、敏建、木各具、钦敦江下游等缅甸中部及其他区域展开详细研究后发现类似石器时代文化遗物的可能性是很高的㉒。Morris 也持此观点㉓。

该件石制品的争论,推动研究者开始在缅甸展开关于石器的考古学研究工作㉔。T. O. Morries 于 1930 年开始,在伊洛瓦底江河谷及钦敦江展开田野调查工作,在东宾敏达(Taungbyinmyint)、岛彪(Taungbyin)、贡宾敏达(Konbyinmyint)等地发现一定数量的刮削器、尖状器、雕刻器、石钻等,他认为属于旧石器时代晚期文化遗物㉕。基于上述石器与更新世地层在伊洛瓦底江流域的发现,以及缅甸在早期人类起源研究中的特殊地位,以 Hellmut De Terra 和 Hallam L. Movius 为首的美国东南亚早期人类学考察队被组建起来,其研究任务包括:建立伊洛瓦底江河谷的地层年代序列,搜集新的石器时代数据。自 1937 年 11 月起,该团队在伊洛瓦底江河谷及掸邦高原展开卓有成效的田野调查与研究工作,不仅确立了伊洛瓦底江河谷第四季地质的序列,并且搜集大量的石器,确立了缅甸地区最为重要的旧石器时代文化,即安雅沙文化㉖。

Movius 对安雅沙文化的研究,基本奠定了我们对缅甸旧石器时代文化的认识,尽管其间也有学者对其研究表示质疑。2008 年至 2009 年,Win Kyaing 等主持再次主持对伊洛瓦底江河谷的调查,采集石器数百件。目前关于这批材料的研究已逐渐展开㉗。

(二)掸邦高原旧石器时代晚期文化

对掸邦高原旧石器时代文化的讨论,始于 Movius 等在 1937—1939 年间的调查。1960 年代,Aung Thaw 主持对帕达林遗址的发掘。关于其遗址的性质及时代归属争论较多。大体分为旧石器时代晚期、中石器时代、新石器时代等三种意见,也有将其归为安雅沙文化者。但总体而言,该遗址属于中石器即新旧石器过渡阶段的观点较为可信。近年对帕达林 2 号洞穴遗址及邻近的贡苗(Gu Myaung)洞穴遗址的研究显示其年代较早㉘。此外,在克伦邦发现 Waiponla 洞穴遗址㉙,实皆省发现的莫久宾(Moegyobyin)洞穴遗址及对穆河流域的调查,均显示出类似的文化特征㉚。

岩画遗存也是该时期重要的发现。Aung Thaw 对帕达林 1 号洞穴的调查,揭示了内容丰富的岩画遗存㉛,这也是缅甸地区发现的最早的岩画。2004 年,研究者再次对洞穴遗址进行考察,新发现凹穴岩画等,丰富了我们的认识㉜。

值得注意的是越南、泰国、印度、中国西南等地同期遗存的发现与研究,为了解缅甸地区新石器时代的农业社会面貌提供了宏观背景。

(三)新石器时代文化遗存

对缅甸新石器时代文化遗存的搜集和认识也经历了一个漫长的发展过程。20 世纪 20 年代,T. O. Morries 指出:"许多旅行者和居民在缅甸搜集了很多新石器时代遗物,但仅有少量在大众博物馆中得以展出。"[8] 这些石器主要包括石斧、石锛、石凿、石环等,其发现地基本涉及缅甸大部分地区[9]。在 Movius 的讨论中,也专设一章讨论新石器时代文化遗存。如前所述,尽管对帕达林 1 号洞穴遗址的年代与性质归属争议频频,但该遗址存在一部分新石器文化遗存是毫无疑问的。缅甸较为明确的新石器时代遗存有莱班羌[10]、莫久宾[11]、瑞萨亚(Shwesarya)[12]、布鲁贡(Bulugon)[13]、杜马贡(Htaukmakon)[14]、东塔曼(Taungthaman)[15]、汗林等,这些遗址均经过发掘,并有相关资料发表。此外,还有较多地点采集了石锛、石斧等新石器时代文化代表性物质文化遗存。

(四)钦敦江流域的青铜文化

钦敦江流域的青铜文化遗存是目前了解缅甸青铜文化的关键。1998 年,良甘遗址的发掘,首次揭露了缅甸地区青铜时代文化遗存[16]。2014 年、2015 年,法缅联合考古队再次对良甘遗址发掘,丰富了我们对该文化的认识[17]。同期对欧楷遗址的发掘,揭露出两类墓向及随葬品均有差异的墓葬,为重新认识良甘遗址的文化面貌提供了基础[18]。对两个遗址系统测年,也为探索缅甸青铜文化的起源与发展提供了坚实的基础。此外,汗林遗址也有较为单纯的青铜时代文化遗存发现[19]。

(五)萨蒙河流域青铜时代至早期铁器时代墓葬遗存

萨蒙河流域考古工作的发展是值得关注的。自 1999 年起,法缅联合考古队与缅甸考古队,持续对该流域的近 20 余个墓地展开发掘。包括瑙甘(Hnawkan)、育瓦丁(Ywa Htin)、奥敏(Ohumin)、坦达宾(Htanbapin)、炯贡(Kyokon)、敏奥莱(Myinoohle)等。这些遗址基本为墓葬遗存,在墓葬的营建、葬具使用、墓主放置、随葬品类别与摆放等方面存在较高的一致性,将这类遗存作为单一的文化遗存考虑是可能的。较其他遗址而言,法缅联合考古队主持发掘的数个墓地资料已经系统发表,为进一步讨论该地区的文化遗存提供了坚实的基础[20]。

(六)早期国家文明的研究

缅甸早期国家文明的考古学研究主要集中于三个方面,分别是位于上缅甸的骠国文明、下缅甸的孟文明、西部沿海地带的阿拉干文明[21]。

对孟文明及阿拉干文明的考古学研究工作,集中于宗教文化遗存的分析,相关的考古发掘工作开展有限。具体来讲,对孟文明的研究主要集中于阿亚塔马(Ayetthema)[22]、温加⑨、斋格达(Kyaikkatha)⑩、左多格(Zothoke)⑪、直通古城⑫、土瓦(Dawei)⑬等遗址上；对阿拉干文明的研究集中于定耶瓦底⑭、维沙里古城⑮。然而，由于发掘资料有限，当前对两个区域的文化面貌了解依然不深入。

相比之下，骠国文明的考古学的研究始终都是缅甸考古的重点，工作开展也最为充分。20世纪初对室利差咀罗遗址的发掘，已显示出该遗址的重要性，为讨论骠国文明提供了新的契机。自20世纪50年代以来，对骠国古代都城的研究便持续进行。事实上，相较更早时期的文化面貌认知，对骠国文明的理解也更为深刻。

对骠国文明的考古学研究集中于都城遗址。一般认为，毗湿奴古城、汗林古城、室利差咀罗古城代表了骠国文明的主要发展阶段。此外，孟茂古城、太公古城也是重要的城市遗址。对这一时期的田野工作以城址考古为主，墓葬的发现和发掘较多，文化遗存丰富，主要包括陶器、玻璃、玛瑙珠、青铜的镯、矛、盒、钟以及铁质工具等。资料表明，这一时期，缅甸地区开始了早期城市化进程，国家文明开始形成，其演进过程大量吸取了印度、中国等区域的文化因素。

目前对骠国文明的研究主要集中于典型遗址出土陶器的编年讨论⑯、城址分布特征⑰、城址布局与聚落体系⑱、城市灌溉系统⑲、宗教文化遗存⑳、碑铭分析㉑、区域文化互动㉒等各个方面。

三、缅甸考古研究展望

综合看来，缅甸地区史前至铁器时代的考古学研究，以伊洛瓦底江流域（包括其支流钦敦河、瑟蒙河、穆河）为主，考古调查与发掘也集中于此，以往的研究多集中于铁器时代，碎片化研究倾向明显，系统的跨时段与跨区域比较研究缺乏。随着考古资料的增加，暴露出一些亟须解决的问题，这也是我们进行缅甸考古研究时必须面对的。

(一)地层学与类型学研究需要加强

对考古学而言，地层学与类型学是基本方法论，犹如"车之两轮，鸟之两翼"。然而，在既有的缅甸考古论著中，地层学似乎被严重地忽视了。一方面，在既有的公开发表的少数发掘报告中对地层堆积背景交代不清，很多出土遗物无法回归到层位背景中予以讨论；另一方面，由于对地层学的忽视，许多研究无法对出土遗物展开系统的类型学分析，导致不同时期遗物混杂处理的尴尬局面。因此，欲深化缅甸考古学研究，对地层学的重视是必须也是必要的。

(二)新石器时代、青铜时代、铁器时代的文化编年需进一步深入

如前所述，目前对缅甸考古的认识是不均匀的。从空间而言，现有考古研究集中于上

缅甸地区,而对东部掸邦高原、南部地区、西部若开地区的发掘研究并不多。从时间而言,以骠国及更晚的蒲甘时期最为充分,史前时期田野考古工作开展也不多。这种不均衡的现实使得研究者对不同时期不同考古学文化遗存的发展、演变并不清楚。如此,考古学文化的编年研究便成为亟须解决的问题。

值得注意的是,自 20 世纪 90 年代末以来,在伊洛瓦底江重要支流钦敦江、穆河、萨蒙河发掘了一系列遗址,揭露了具有青铜至铁器时代特征的一批墓葬遗存,为我们认识上缅甸地区文化发展序列提供了基础。萨蒙河流域铁器时代墓葬遗存,也是后来的骠国文明的来源之一。

(三)缅甸早期国家的形成和发展过程需进一步阐释

公元前 2 世纪至公元 9 世纪,缅甸地区发展起以骠国文明为代表的国家文明。当前,对骠国文明的考古学研究已有许多。然而,许多基础性的问题尚未得到解决,使得这些研究多以宏观的讨论为主,这也制约了对缅甸早期国家形成和发展过程的阐释。

(四)古代缅甸与周边地区的文化关系讨论须进一步深化

任何文化都不是孤立发展的,以不同形式与周边地区的文化发生交流与互动,吸收若干文化因素并融入自身文化之中。因此,区域互动与交流是区域文化发展的重要动力之一。已有学者关注到缅甸早期文化与中国、东南亚、南亚等地域之间的关系,并展开论述。可以确知,缅甸史前至骠国时期始终与周围区域有着广泛的文化交流,但不同时期交流的方向、程度、区域是有区别的。基于缅甸及周边地区如中国西南、东南亚等地区材料的积累,这类问题的探讨可以更为深入。

注释:

①Geok Yian Goh,"The History and Practice of Archaeology in Myanmar", in J. Habu et al., eds., *Handbook of East and Southeast Asian Archaeology*, Springer, 2017, pp. 111-117.

②Duroiselle, Chas, *A list of Inscription Found in Burma*, Rangon: Superintendent, Government Printing, Burma, 1921.

③Edwards, Penny, "Relocating the Interlocutor Taw Sein Ko (1864-1930) and the Itinerary of Knowledge in British Burma", *South East Asia Research*, 2013, Vol. 12, No. 3, pp. 277-335.

④Duroiselle, Chas, *A List of Inscription found in Burma*, Rangon: Superintendent, Government Printing, Burma, 1921. 六卷丛书包括:1. *The Inscription of Pagan, Pinya, and Ava*, 1892; 2. *The Inscription Copied from the Stones Collected by King Bodawpaya and Placed near the Arakan Pagoda*. Vol. 1, 1897; 3. *the inscription Copied from the Stones Collected by King Bodawpaya and Placed near the Arakan Pagoda*, Vol. 2, 1897; 4. *The Inscriptions Collected in Upper Burma*, Vol. 1, 1900; 5. *The Inscriptions Collected in Upper Burma*, Vol. 2. 1903; 6. *The Original Inscriptions Collected by King Bodawpaya and Now Placed near the Patodawgyi Pagoda*, Amarapura, 1913.

⑤Luce, G. H., "A Century of Progress in Burmese History and Archaeology", *Indian Art and*

Letters，1942，Vol. 16，pp. 79-94.

⑥Taw Sein Ko，Chas，Duroiselle，*Epigraphia Birmanica Being Lithic and Other Inscriptions of Burma*，Vol.1，part 1，Rangon：Superintendent，Government Printing Burma，1919. 其余七册在 1960 年后陆续出版。

⑦Duroiselle，Chas，*A List of Inscription Found in Burma*，Rangon：Superintendent，Government Printing，Burma，1921.

⑧Luce，G. H.，"A Century of Progress in Burmese History and Archaeology"，*Journal of the Burma Research Society*，1968，Vol. 32，No. 1，pp. 79-94.

⑨Geok Yian Goh，"The History and Practice of Archaeology in Myanmar"，in J. Habu et al.，eds.，Handbook of East and Southeast Asian Archaeology，Springer，2017，pp. 111-117.

⑩Noetling，F.，"The Discovery of Chipped Flint Flakes in the Pliocene of Burma"，*Natural Science*，1897，Vol. 10，No. 62，pp. 233-241.

⑪Tin Htut Aung，"Raw Material Utilization，Technology，and Typology of Palaeolithic Tools in Myanmar：Were There Lithic Technological Links in the Regional Context?"，*Journal of Humanities and Social Sciences Okayama University*，2017，Vol. 44，pp. 189-204.

⑫Brown，J. C.，"Relics of The Stone Age in Burma"，*Journal of the Burma Research Society*，1931，Vol. XXI，part 2.

⑬T. O. Morris，"The Prehistory Stone Implements of Burma"，*Journal of the Burma Research Society*，1935，Vol. XXV，part I.

⑭Movius，H. L.，"The Stone Age of Burma"，*Research on Early Man in Burma*，*Transactions of the American Philosophical Society*，1943，Vol. 32，No. 3，pp. 341-392.

⑮Penny Edwards，"Relocating the Interlocutor Taw Sein Ko（1864-1930）and the Itinerancy of Knowledge in British Burma"，*South East Asia Research*，2013，Vol. 12，No. 3，pp. 277-335.

⑯Luce，G. H.，"A Century of Progress in Burmese History and Archaeology"，*Journal of the Burma Research Society*，1968，Vol. 32，No. 1，pp. 79-94.

⑰Luce，G. H.，"A Century of Progress in Burmese History and Archaeology"，*Journal of the Burma Research Society*，1968，Vol. 32，No. 1，pp. 79-94.

⑱Luce，G. H.，"A Century of Progress in Burmese History and Archaeology"，*Journal of the Burma Research Society*，1968，Vol. 32，No. 1，pp. 79-94.

⑲Luce，G. H.，"A Century of Progress in Burmese History and Archaeology"，*Journal of the Burma Research Society*，1968，Vol. 32，No. 1，pp. 79-94.

⑳Luce，G. H.，"A Century of Progress in Burmese History and Archaeology"，*Journal of the Burma Research Society*，1968，Vol. 32，No. 1，pp. 79-94.

㉑Ni Win Zaw，"Analytical Study on the Publications Edited and Published by the Burma Myanmar Research Society"，*Journal of the Myanmar Academy of Arts and Science（MAAS）*，2010.

㉒Than Tun，"An Estimation of Articles on Burmese History Published in the JBRS 1910-1970"，*Journal of Burma Research Society*，1970，Vol. 52，No. 1，pp. 53-66.

㉓Luce，G. H.，"A Century of Progress in Burmese History and Archaeology"，*Journal of the Burma Research Society*，1968，Vol. 32，No. 1，pp. 79-94.

㉔Hudson，Bob，*The Origins of Pagan*，Ph.D. dissertation，Department of Archaeology，University of Sydney，2004，p. 47.

㉕Geok Yian Goh，"The History and Practice of Archaeology in Myanmar"，in J. Habu et al.，eds.，

Handbook of East and Southeast Asian Archaeology，Springer，2017，pp. 111-117.

㉖Aung Thaw，"Union of Burma"，*Asian Perspective*，1963，Vol. 7，No. 1，pp. 22-27；Aung Thaw，*Report on the Excavations at Beikthano*，Rangoon：Union Government of Burma，Ministry of Union Culture，1968.

㉗Aung Thaw，*Historical Sites in Burma*，Rangoon：Ministry of Culture，Union Government of Burma，1972.

㉘Myint Aung，"The Excavations at Halin"，*Journal of the Burma Research Society*，1970，Vol. 53，No. 2，pp. 55-64.

㉙Myint Aung，*Revealing Myanmar's Past：An Anthology of Archaeological Articles*，Yangon：Tun Foundation，2012.

㉚Aung-Thwin，M.，"Burma before Pagan：The Status of Archaeology Today"，*Asian Perspectives*，1982-1983，Vol. 25，No. 2，pp.1-21.

㉛Aung Thaw，*Ancient Myanmar Cities*，Yangon：Ministry of Information，News and Periodicals Enterprise，1993.

㉜Aung，Thaw，"The 'Neolithic' Culture of the Padah-lin Caves"，*Asian Perspectives*，1971，Vol. 14，pp. 123-133.

㉝Myint Aung，"A Bifacial Tool from the Mu Valley"，*Revealing Myanmar's Past：An Anthology of Archaeological Articles*，Yangon：Tun Foundation，2012.

㉞Myint Aung，"Prehistoric Invegatations at Lepanchibaw"，*Revealing Myanmar's Past：An Anthology of Archaeological Articles*，Yangon：Tun Foundation，2012.

㉟http：//www.culture.gov.mm/DANML/History/default.asp，访问时间：2020 年 2 月 11 日。

㊱Hudson，Bob，*The origins of Pagan*，Ph. D. dissertation，Department of Archaeology，University of Sydney，2004，p. 48.

㊲http：//www.culture.gov.mm/DANML/History/default.asp，访问时间：2020 年 2 月 11 日。

㊳ https：//www. google. com/search？ q ＝ Mission＆oq ＝ Mission＆aqs ＝ chrome.. 69i57j0l7. 1480j0j8＆sourceid＝chrome＆ie＝UTF-8.

㊴Kyaw Oo Lwin，"Archaeological Development in Myanmar 2013-2015（Country Report）"，*Advancing Southeast Asian Archaeology 2016：Selected Papers from the Second SEAMEO SPAFA International Conference on Southeast Asian Archaeology*，Bangkok，Thailand，2016.

㊵Nu Mra Zan，"Museums in Myanmar：Brief History and Actual Perspectives"，in Naoko Sonoda，ed.，*New Horizons for Asian Museums and Museology*，Springer，2016.

㊶Nu Mra Zan，"Museums in Myanmar：Brief History and Actual Perspectives"，in Naoko Sonoda，ed.，*New Horizons for Asian Museums and Museology*，Springer，2016.

㊷Soe Win Naing，Naing Soe，Saw Tun Lynn，"Role of the Myanmar Archeology Association（MAA）：Why the 'Grassoorts' Level"，Paper Read at Workshop on the Heritage of Ancient and Ubban Sites：Giving Voice to Local Priorities，14-15，March，2016，Singapore.

㊸ https：//www. mu. edu. mm/departments/archaeology/＃ 1561452396253-eb6ad81e-e4cc7b9c-e68282c4-0c86，访问时间：2020 年 2 月 11 日。

㊹Moore，Elizabeth，*Early Landscape of Myanmar*，Bangkok：Rivers Books，2007，p. 29.

㊺https：//uyr.uy.edu.mm/handle/123456789/91.

㊻*Proceedings of the Workshop on Bronze Age Culture in Myanmar（Yangon，7 January 1999）*，Yangon：Universities Historical Research Center，1999.

㊼Stargardt, J., *The Ancient Pyu of Burma*, Cambridge: PACSEA in association with the Institute of Southeast Asian Studies, Singapore, 1990.

㊽Hudson, Bob, *The origins of Pagan*, Ph. D. dissertation, Department of Archaeology, University of Sydney, 2004.

㊾Moore, Elizabeth, *Early Landscape of Myanmar*, Bangkok: Rivers Books, 2007.

㊿Moore, Elizabeth, *The Pyu Landscape: Collected Articles*, Department of Archaeology, National Museum and Library, Minisry of Culture, Republic of the Union of Myanmar, 2012.

(51)Elizabeth Moore, Pauk Pauk, "Nyaung-gan: A Preliminary Note on a Bronze Age Cemetery near Mandalay, Myanmar (Burma)", *Asian Perspective*, 2001, Vol. 40, No. 1, pp. 35-47;U Nyunt Han, U Win Maung and Elizabeth Moore, "Prehistoric Grave Goods from the Chindwin and Samon River Regions", in Alxandra Green and T. Richard Blurton, eds. *Burma Art and Archaeology*, London: the British Museum Press, 2002.

(52)Aung Myint, Elizabeth Moore, "Finger-marked Designs on Ancient Bricks in Myanmar", *Journal of the Siam Society*, 1991, Vol. 72, No. 2, pp. 81-102; Elizabeth Moore, Win Maung, "Change in the Landscape of First Millennium AD Myanmar", *SOAS Bulletin of Burma Research*, 2012, Vol. 4, No. 2, pp. 1-26.

(53)Elizabeth Moore, Nyunt Han, "New Finds at Tagaung an Ancient City of Myanmar", *SPAFA Journal*, 2007, Vol. 16, No. 3, pp. 5-16.

(54)Thein Lwin, Win Kyaing, Janice Stargardt, "The Pyu Civilization of Myanmar and the City of Sri Ksetra", in John Guy, ed., *Lost Kingdoms: Hindu-Buddhist Sculpture of Early South East Aisa*, New Haven and London: Yale University Press, 2015;Janice Stargardt, et al., "Early Urban Archaeology in Southeast Asia: the First Evidence for a Pyu Habitation Site at Sri Ksetra, Myanmar", *Antiquity*, 2015, Vol. 89, Issue 348.

(55)Bob Hudson, Nyein Lwin, *Old Iron-producing Furnaces in the Eastern Hinterland of Bagan, Myanmar. Field Survey and Initial Excavation*, 2002; Hudson, Bob, Nyein Lwin and Win Maung (Tanpawady), "The Origins of Bagan: New Dates and Old Inhabitants", *Asian Perspectives*, 2000, Vol. 40, No. 1, pp. 48-74;Bob Hudson, Nyein Lwin, "Earthenware from a Firing Site in Myanmar (Burma) Dates to More Than 4500 Years Ago", *Bulletin of the Indo-Pacific Prehistory Association*, 2012, Vol. 32, pp. 19-22.

(56)Pautreau, J.-P., ed., *Ywa Htin: Iron Age Burials in the Samon Valley, Upper Burma*, Paris: Mission Archeologique Francaise au Myanmar, 2007;Pautreau, J.-P., Pauk Pauk, U., Domett, K., "Le cimetiére de Hnaw Khan", *Archéologia*, 2001, Vol. 383, pp. 58-65.

(57)http://www.seameo-spafa.org/conference2019/S10.html,访问时间:2020 年 2 月 12 日。

(58)Tin Htut Aung, "Lithic Technology and Typology from Hunter-Gatherer Sites in Myanmar with Special Reference to Central Belt and Western Fringe of Shan Plateau", Ph.D. Dissertation, Okayama University, 2018.

(59)Ba Maw, Than Tun Aung, Pe Nyein, et al., "The First Discovery in the Evolution of Anyathian Cultures from a Single Site in Myanmar", *Myanmar Historical Research Journal*, 1998, Vol. 2, pp. 97-105.

(60)Tin Thein, Aung Naing Soe, Soe Thura Tun, et al, "Evidences of Stone Age Dwellers in Waiponla Cave", *Myanmar Historical Research Journal*, 2001, Vol. 8, pp. 1-6.

(61)Tin Htut Aung, "Raw Material Utilization, Technology, and Typology of Palaeolithic Tools in

Myanmar: Were There Lithic Technological Links in the Regional Context?", *Journal of Humanities and Social Sciences Okayama University*, 2017, Vol. 44, pp. 189-204.

㉒Tin Htut Aung, "Lithic Technology and Typology from Hunter-Gatherer Sites in Myanmar with Special Reference to Central Belt and Western Fringe of Shan Plateau", Ph.D. Dissertation, Okayama University, 2018.

㉓Taçon, P. S. C., Yee Ye Aung, D., et al., "Myanmar Prehistory: Rare Rock-markings Revealed", *Archaeology in Oceania*, 2004, Vol. 39, No. 3, pp. 138-139.

㉔Bob Hudson, "Completing the Sequence: Excavations in 2009 Confirm Neolithic, Bronze and Iron Age burials at Halin, Myanmar (Burma)", *Bioarchaeology in Southeast Asia and the Pacific: Newsletter*, 2010, No. 6.

㉕*Proceedings of the Workshop on Bronze Age Culture in Myanmar (Yangon, 7 January 1999)*, Yangon: Universities Historical Historcal Research Center, 1999.

㉖Thomas Oliver Pryce, Aung Aung Kyaw, et al, "Dating the Myanmar Bronze Age: Preliminary 14C Dates from The Oakaie 1 cemetery near Nyaung'gan", *Journal of Indo-Pacific Archaeology*, 2015, Vol. 39, pp. 38-49.

㉗Pyiet Phyo Kyaw, "Bronze Age Context of HL29 at Halin", *Journal of Myanmar Academy of Arts and Science*, 2011, Vol. 11, No. 8.

㉘Pautreau, J.-P. ed., *Ywa Htin: Iron Age Burials in the Samon Valley, Upper Burma*, Paris: Mission Archeologique Francaise au Myanmar, 2007; Pautreau, J.-P., Pauk Pauk, et al., "Le cimetiére de Hnaw Khan", *Archéologia*, 2003, Vol. 383, pp. 58-65; Pautreau, J.-P. ed., *Excavations in the Samon Valley*, Iron Age Burial in Myanmar, Chiang Mai: Siam Ratana Ltd., PART, 2010.

㉙Noetling, F., "On the Discovery of Chipped Flint Flakes in the Pliocene of Burma", *Natural Science*, 1897, Vol. 10, No. 62, pp. 233-241.

㉚Pascoe, 1912. 参见 Brown, J. C., "Relics of the Stone Age in Burma", *Journal of Burma Research Society*, 1931, Vol. 21, No. 2.

㉛Brown, J. C., "Relics of the Stone Age in Burma", *Journal of Burma Research Society*, 1931, Vol. 21, No. 2.

㉜Brown, J. C., "Relics of the Stone Age in Burma", *Journal of Burma Research Society*, 1931, Vol. 21, No. 2.

㉝Morris, T. O., "The Prehistory Stone Implements of Burma", *Journal of The Burma Research Society*, 1935, Vol. 35, No. 2.

㉞Tin Htut Aung, "Raw Material Utilization, Technology, and Typology of Palaeolithic Tools in Myanmar: Were There Lithic Technological Links in the Regional Context?", *Journal of Humanities and Social Sciences Okayama University*, 2017, Vol. 44.

㉟Morris, T. O., "The Prehistory Stone Implements of Burma", *Journal of The Burma Research Society*, 1935, Vol. 35, No. 2.

㊱Hellmut De Terra, Hallam L. Movius, *Research on Early Man in Burma*, Transactions of the American Philosophical Society, 1943.

㊲Tin Htut Aung, "Raw Material Utilization, Technology, and Typology of Palaeolithic Tools in Myanmar: Were There Lithic Technological Links in the Regional Context?", *Journal of Humanities and Social Sciences Okayama University*, 2017, Vol. 44.

㊳Maria Schaarschmidt, Xiao Fu, Bo Li, et al., "pIRIR and IR-RF dating of archaeological deposits at Badahlin and Gu Myaung Caves -First luminescence ages for Myanmar", *Quaternary Geochronology*, 2019, Vol. 49.

⑦ Tin Thein, and others, "Evidence of Stone Age Dwellers in Waiponla Cave", *Myanmar Historical Research Journal*, 2011, Vol. 8.

⑧ Ba Maw and others, "The First Discovery in the Evolution of Anyathian Cultures from a Single Site in Myanmar", *Myanmar Historical Research Journal*, 1998, Vol. 2; Ba Maw, Than Tun Aung, Pe Nyein, et al, "Artifacts of Anyathian Cultures found in a Single Site", in *Studies in Myanmar History, Vol. One, Essays Given to Than Tun on His 75th Birthday*, Yangon: Innwa Publishing House, 1999; Myint Aung, "A Bifacial Tool from the Mu Valley", in *Revealing Myanmar's Past: An Anthology of Archaeological articles*, Yangon: Tun Foundation, 2012.

⑧ Aung Thaw, "The 'Neolithic' Culture of the Padah-lin Caves", *Journal of the Burma Research Society*, 1969, Vol. 52, No. 1, pp. 9-16; Aung Thaw, "The 'Neolithic' Culture of the Padah-lin Caves", *Asian Perspectives*, 1971, Vol. 14, pp. 123-133.

⑧ Paul S. C. Tacon, Daw Yee Aung, et al., "Myanmar Prehistory: Rare Rock-markings revealed", *Archaeology in Oceania*, 2004, Vol. 39, No. 3; Yee Yee Aung, "New Discoveries of Rock Art in Budalin Caves, Myanmar", *Rock Art Research*, 2013, Vol. 30, No. 2.

⑧ Morris, T. O., "The Prehistory Stone Implements of Burma", *Journal of The Burma Research Society*, 1935, Vol. 35, No. 1.

⑧ Morris, T. O., "The Prehistory Stone Implements of Burma", *Journal of The Burma Research Society*, 1935, Vol. 35, No. 1.

⑧ Myint Aung, "The Preliminary Study of the Neolithic Tools from Lepanchibaw in Nyaung Oo Township", Paper read at the Burma Research Congress, 1972.

⑧ Nwe Nwe Moe, "Material Remains of Moegyobyin Site and Its Environment", in 2nd International Conference on Burma/Myanmar Studies, 2018.

⑧ Nwe Nwe Moe, *Material Remains of Moegyobyin in Salingyi Township, Sagaing Region*, Ph. D. Dissertation, University of Yangon, 2014.

⑧ Nwe Nwe Moe, *Material Remains of Moegyobyin in Salingyi Township, Sagaing Region*, Ph. D. Dissertation, University of Yangon, 2014.

⑧ Nwe Nwe Moe, *Material Remains of Moegyobyin in Salingyi Township, Sagaing Region*, Ph. D. Dissertation, University of Yangon, 2014, pp. 71-72.

⑨ Stargardt, Janice, *The Ancient Pyu of Burma: Early Pyu cities in a man-made landscape*, Cambridge: Publications on Ancient Civilization in Southeast Asia and the Institute of South East Asian Studies, 1990.

⑨ Ye Tun, *New Excavation Evidences from Halin Old City*, Ph. D. Dissertation, University of Yangon, 2014.

⑨ *Proceedings of the Workshop on Bronze Age Culture in Myanmar* (Yangon, 7 January 1999), Yangon: Universities Historical Research Center, 1999.

⑨ Kalaya Myat Myat Htwe, *Study on the Bronze Age Culture of Context in Nyaunggan*, Ph. D. Dissertation, University of Yangon, 2016.

⑨ Thomas Oliver Pryce, Aung Aung Kyaw, et al., "A first absolute chronology for Late Neolithic to Early Bronze Age Myanmar: New AMS 14C dates from Nyaung'gan and Oakaie", *Antiquity*, 2018, Vol. 92, pp. 690-708.

(95)Pyiet Phyo Kyaw, "Bronze Age Context of HL29 at Halin", *Journal of Myanmar Academy of Arts and Science*, 2011, Vol. 11.

(96)Pautreau, J.-P., ed., *Ywa Htin: Iron Age Burials in the Samon Valley, Upper Burma*, Paris: Mission Archeologique Francaise au Myanmar, 2007; Pautreau, J.-P., Pauk Pauk, et al., "Le cimetiére de Hnaw Khan", *Archéologia*, 2011, Vol. 383, pp. 58-65; Jean-Pierre Pautreau, *Iron Age Burials in Myanmar: Excavations in the Samon Valley, Upper Burma*, Chiang Mai: Siam Ratana Ltd., The French Ministry of Foreign Affair, 2010.

(97)Myint Aung, "The Excavation at Ayetthama and Winka in Suvannabhumi", in *Revealing the Myanmar's Past: An Anthology of Archaeological Articles*, Yangon: The Tun Foundation Bank, 2012.

(98)Myint Aung, " The Excavation at Ayetthama and Winka in Suvannabhumi", *Revealing the Myanmar's Past: An Anthology of Archaeological Articles*, Yangon: The Tun Foundation Bank, 2012.

(99)Myint Aung, "The Excavation at Ayetthama and Winka in Suvannabhumi", *Revealing the Myanmar's Past: An Anthology of Archaeological Articles*, Yangon: The Tun Foundation Bank, 2012; Myint Aung, "The Capital of Suvannabhumi Unearthed", *Revealing the Myanmar's Past: An Anthology of Archaeological Articles*, Yangon: The Tun Foundation Bank, 2012.

(100)Lei Lei Win, "A Study on Kyaikkatha: An Early Urban Settlement in Lower Myanmar", *Suvannabhumi*, 2015, Vol. 7, No. 1, pp. 157-186.

(101)Elizabeth Moore, San Win, "The Gold Coast: Suvannabhumi? Lower Myanmar Walled Sites of the First Millennium A.D.", *Asian Perspectives*, 2007, Vol. 46, No. 1.

(102)Lei Lei Win, *A Study on Old Thaton City*, Ph.D. Thesis, History Department, University of Yangon, 2010.

(103)Elizabeth Moore, "Dawei Buddhist Culture: A Hybrid Borderland", *Myanmar Historical Research Journal*, 2010, Vol. 21.

(104)Bob Hudson, "Ancient Geography and Recent Archaeology: Dhanyawadi, Vesali and Mrauk-u", The Forgotten Kingdom of Arakan History Workshop, Chulalongkorn University, Bangkok, November, 2005.

(105)Myint Aung, *The First Season of Work at Ancient Vesali. Revealing the Myanmar's Past: An Anthology of Archaeological Articles*, Yangon: The Tun Foundation Bank, 2012; Ye Myat Lwin, "Vesali: Evidences of Early Historical City in Rakhin Region", M. A. Thesis, Department of Archaeology, University of Yangon, 2011.

(106)Janice Stargardt, *The Ancient Pyu of Burma: Early Pyu Cities in a Man-made Landscape*, Cambridge: Publications on Ancient Civilization in Southeast Asia and the Institute of South East Asian Studies, 1990; Janice Stargardt, "An Overview of Pyu Ceramic Topological and Chronology from Excavations at the Yahanda Mound, Sri Ksetra, Myanmar", Paper read at 3rd SEAMEO SPAFA International Conference on Southeast Asian Archaeology, 2019.

(107)Goh Geok Yian, "A Look at Settlement Patterns of 5th-16th Century Sites in Myanmar", in Bonatz, D., Reinicke, A., & Tjoa-Bonatz, M. L., eds., *Connecting Empires: Selected Papers from the 13th International Conference of the European Association of Southeast Asian Archaeologists, Vol. 2*, Singapore: National University Press, 2012.

(108)Elizabeth H., Moore, *Early Landscape of Myanmar*, Bangkok: River Books, 2007; Bob Hudson, "The origins of Pagan", Ph. D. dissertation, Department of Archaeology, University of Sydney, 2004; Bob Hudson, "Communities of the past: A New View of the Old Walls and Hydraulic System at Sriksetra, Myanmar (Burma)", *Journal of Southeast Asian Studies*, 2008, Vol. 39, No. 2, pp. 269-296;

John N. Miksic，Geok Yian Goh，*Ancient Southeast Asia*，London and New York：Routledge，2016.

⑩Janice Stargardt，*The Ancient Pyu of Burma：Early Pyu cities in a man-made landscape*，Cambridge：Publications on Ancient Civilization in Southeast Asia and the Institute of South East Asian Studies，1990；Stargardt，J.，Amable，G.，"Water in the Ancient City：A New Method of Satellite Surveys of Irrigation Water at Sri Ksetra，Burma"，*Advancing Southeast Asian Archaeology 2013：Selected Papers from the First SEAMEO-SPAFA Conference on Southeast Asian Archaeology*，Bangkok：SPAFA，2015；Stargardt，J.，Amable，et al.，"Irrigation Is Forever：A Study of the Post-Destruction Movement of Water across the Ancient Site of Sri Ksetra，Central Burma"，in Lasaponara，R. and Masini，N.，eds.，*Remote Sensing：A New Tool for Archaeology*，Vol. 16，Dordrecht：Springer，2012.

⑩Stargardt，J.，"The Great Silver Reliquary from Sri Ksetra：The Oldest Buddhist Art in Burma and one of the two oldest Pali inscriptions in the world"，in K. van Kooij and M. Klokke eds.，*Festschrift for Professor J.G. de Casparis*，Groningen：Egbert Forster，2001；Stargardt，J.，"The Great Silver Reliquary from Sri Ksetra：Early Buddhist art with early Pali Inscriptions in the Pyu culture of Burma"，in *Relics of the Buddha，Relic Worship and Other Rituals of Veneration，in Ancient India，Pakistan，Sri Lanka and Burma*，London：The British Museum，2018.

⑪Blagden，C. O.，"The Pyu Inscription"，*Journal of Burma Research Society*，1917，Vol. 7，No. 1；Blagden，C，O.，*Epigraphica Birmanica，Vol.3*，Rongon：Superintendent of Government，1923；Robert Shafer，"Further Analysis of the Pyu Inscriptions"，*Harvard Journal of Asiatic Studies*，1943，Vol. 7，No. 4，pp. 313-366；Griffiths，Arlo，Bob Hudson，Marc Miyake & Julian，Wheatley，"Studies in Pyu Epigraphy，I：State of the Field，Edition and Analysis of the Kan Wet Khaung Gon Inscription，and Inventory of the Corpus"，*Bulletin de l'Ecole francaise d'Extrême-Orient*，2017，Vol. 103，pp. 43-205.

⑫Stargardt，Janice，*The Ancient Pyu of Burma：Early Pyu Cities in a Man-made Landscape*，Cambridge：Publications on Ancient Civilization in Southeast Asia and the Institute of South East Asian Studies，1990；Elizabeth H.，Moore，*Early Landscape of Myanmar*，Bangkok：River Books，2007.

附记：本文系国家社科基金青年项目（15CKG004）阶段性成果。

An Archaeological Review of Prehistoric to the Pyu Period in Myanmar

He Qi

Abstract：Myanmar has always been a hot area of archaeology in Southeast Asia. It is highly crucial to further conduct the archaeological research in Myanmar that will fill in gap the formation and development of the early culture and civilization in southwest China and Southeast Asia. This paper combs the archaeological research from the prehistoric period to the 9th century A.D. and highlights the research results of the main topics with the existing documents about excavations and research findings，and provides prospects for further research on Myanmar archaeology.

Keywords：Myanmar Archeology，Features，Achievements，Problems

泉州中山公园唐墓考古缅怀

王华芹

（厦门大学文博管理中心，厦门大学人类博物馆）

一、缘起与发掘经过

1936 年春，泉州中山公园兴起的扩建体育场运动，拉开了泉州首次田野考古发掘的序幕。动工土里的带字纹饰方砖引起了泉州籍史地爱好者庄为玑、吴文良的注意，并报告给时任厦门大学文学院史学系教授兼文化陈列所主任的郑德坤。

成立于 1933 年的厦大文化陈列所，前身是厦大国学研究院古物陈列室，在该机构创办初期曾集结了张星烺、陈万里、顾颉刚、德国人艾锷风以及瑞士人戴密微等初代"泉州学"学者，他们曾在 1926—1927 年间数次造访泉州，留下了《中世纪泉州状况》《闽南游记》《泉州的土地神》《刺桐双塔》等经典调查报告，对泉州历史文化进行拓荒式探索研究。文化陈列所是当时福建省内唯一一个具有博物馆性质的机构，郑德坤在判断这是一处古墓群后，出于保护古物的责任和履行文化陈列所的义务，他主持了泉州中山公园唐墓的发掘工作，组织历史社会学系主任林惠祥教授、庄吴二人以及本校文学院历史社会学系、教育学院学生赴泉州发掘（图 36-1）。

泉州中山公园建于 1929 年，原址为清代督署，位于泉州市鲤城区中山北路，南临威远楼，北接泉山门。唐初墓群共有 4 座，发现于今体育场北，墓葬年代确切，发掘唐贞观三年（629 年）墓一座，时在泉州建城以前八十多年。到了开元六年（718 年）建城以后，这个墓地就划入北门城内。曾有清末晋江举人曾遒[①]题写唐初古墓发掘纪实碑（图 36-2），现已寻觅不见，全文如下：

> 唐初古墓
> 民国廿五年四月发现古冢四，东第一冢判牍贞观三年闰十二月廿五日葬，第三冢岁次癸丑，第四冢贞观三年岁次己丑，第四冢□□三冢修□以垂久远。
> 厦门大学文化陈列所立
> 晋江曾遒书

发掘工作自 4 月 14 日开始，受精神、财力、时间限制，持续至 4 月 24 日。虽有墓前神

中部前排左一：林惠祥，右一：庄为玑
第二排左一：吴文良，右一：郑德坤

图 36-1　1936 年厦门大学文化陈列所发掘泉州唐代墓群纪念
（厦门大学档案馆藏）

图 36-2　曾遒题写的唐初古墓发掘纪实碑

道以及附近尚有的墙基砖层来不及清理,但从后面参与者的相关记述,如"发掘结果,对于闽南地方史承,增多一页,而所得明器,亦可使六朝明器与唐明器间能得一最好之比较材料,于考古学上颇有贡献"②,可知对此次发掘的结果仍表示比较满意。

二、出土明器

此次泉州中山公园唐墓发掘收获颇丰,出土文物尽数运往厦门大学文化陈列所保存、展示。在此之前,厦大文化陈列所馆藏特色之一是一批来自华北的明器,郑德坤 1935 年著有《中国明器图谱》一书,当时的校长林文庆为其作序,记述其为"本校于民国十四、十五年间适有国学研究院之设立,遂派员前往(华北,引者注)收集,得明器颇多,上起三代,下迄隋唐,凡二百一十五器,考订编号,陈列于古物陈列室焉"③。因泉州中山公园唐墓与文化陈列所此前藏品相比较特殊,庄为玑称之为"别开生面"的发现。

1935 年,林惠祥在顶澳仔十七号私宅设立"厦门人类博物馆筹备处","供厦大历史社会学系,并供外界中小学参观"④。根据 1951 年林惠祥呈报给厦大王亚南校长《捐献厦门大学人类博物馆筹备处古物标本细目、图书细目》的报告⑤,林惠祥曾与厦大交换福建晋江城内唐初古墓瓷质明器 12 件,包括灶、瓻、镟斗等,经手人为郑德坤。此处"福建晋江城内唐初古墓瓷质明器"应指 1936 年泉州中山公园唐墓出土的部分古物。1938 年厦门沦陷前林惠祥将收集古物打包运往新加坡,避免流失。1947 年林惠祥应本校聘任携带回国,及至 1951 年厦门大学成立"厦门大学人类博物馆筹备处",这批交换所得唐墓明器重回厦大,一直保管于厦门大学人类博物馆。

郑德坤在《闽南泉州唐墓的发掘》(英文版,1939 年发表于《哈佛亚洲研究学刊》)⑥专书一节强调明器的重要性,他注意到泉州唐墓的建筑构造、墓砖的纹饰、陪葬品的装饰和样式都和汉代明器保持惊人的相似性。而墓中陶器生产的原料又与北方汉唐器物使用的原料截然不同,中原汉人迁移至福建,远离北方家园,他们逐步使用本地原料进行手工业生产。

1954 年人类博物馆编著的初版《厦门大学人类博物馆陈列品说明书》⑦,将馆藏明器分为两大类,一为"北方型陶制明器",即上所述国学研究院购于华北的 215 件明器,二为福建省以及邻省出土的"东南方型瓷制明器",泉州唐墓出土的这批器物归类为后者。

庄为玑在《泉州唐初古墓发掘始末》中以日记形式记录了明器出土情形及初判,如 4 月 16 日发掘第一、二坑出土"类皆日常家具","全系器皿,而非人物","皆为陶质,陶无纹样,有上釉者,有未上釉者,釉作暗白色,亦有淡青色,似为陶与瓷之中间物","质地与纹样仍有秦汉遗规";4 月 18 日第三坑掘竣收获大宗明器,"尽属陶器"。

郑德坤根据器型将唐墓出土陶瓷明器分为 18 类,类别、数量如下:1.竈(灶)4 件;2.溺器 4 件;3.镟斗 2 件;4.鼎 1 件;5.匙 2 件;6.瓻 11 件;7.壶瓶 8 件;8.唾壶 2 件;9.鐙(灯)7 件;10.洗 1 件;11.盆 5 件;12.盂 2 件;13.碗 9 件;14.盘 2 件;15.杯盘 3 件;16.杯(托杯)7 件;17.豆 1 件;18.甑 3 件。与 1938 年庄为玑发现的安溪武吕唐墓中出土明器的器类几无差别,安溪武吕唐墓年代为唐高宗乾封二年(667 年),可见唐初该地区随葬品类没有变化。它们都表现出一个明显的特征,即形体较小、制作粗陋,器身高一般不足 10 厘米;灰胎,釉色以青黄釉为主,釉层薄,有的不明显。

根据器物用途可分为以下几类:

1.生活用具:灶、鐎斗、鼎、匙、甑、壶瓶、豆、洗、盆、盂、瓿、镫、碗、盘;

2.卫生器皿:唾壶、溺器;

3.茶酒饮具:杯盘、杯。

虽然未发现有关墓主人更详细的记载,然透过出土遗物的分析仍能推测出墓主人的生活志趣和同时期的随葬风俗。

(一)船型陶灶

灶是日常生活中必不可少的用具之一,陶灶以船形呈现,多见于泉州唐代墓葬中。泉州中山公园唐墓中出土的这一件陶灶(图 36-3),灶台平面呈船形,船首位于灶的后部,灶前端设有阶梯状挡火墙,灶后端有向斜上方翘起的烟孔,上有两个灶眼,灶孔上分置大、小釜各 1 件,釜为尖唇、撇沿、鼓腹、圆底。船形陶灶普遍流行于长江中下游流域,主要因为其地理环境决定其与船息息相关,同时受到古越遗风的影响。

图 36-3　泉州中山公园唐墓出土的船形陶灶

(二)杯盘、盏托

杯盘(图 36-4),一个盘上放 4～6 不等酒盅,唤"四盅盘""五盅盘",适合多人聚会宴饮,多见于六朝隋唐时期闽赣地区。墓葬中所出的五盅盘杯与盘常常黏结一起。盏托(图 36-5),或托盏,是杯和盏的组合器,和杯盘同为茶酒饮具。六朝隋唐以来,饮酒蔚然成风,品茶也成为士大夫热衷之事,杯盘、盏托经常成组出土于该时期墓葬,展示了这一时期士族的物质生活享受。

庄为玑从明器数量进一步判断墓主人为从六品的地方官吏,墓中出土的杯盘、盏托以及砚台、水盂等茶酒饮具、文房用品,似可从侧面印证这一观点。

图 36-4 泉州中山公园唐墓出土的杯盘

图 36-5 泉州中山公园唐墓出土的盏托

(三)四管花插

图 36-6 为此次唐墓出土的四管花插,上面是四个圆形深筒,下端作尖形,似有座承之。图 36-7 为 1950 年厦大学生考古实习时,庄为玑在南安丰州隋唐墓中发现的同类器物,器形更加精美、成熟。林惠祥依据四管必定是插物用的,所插物品以花为最合适,故先入为主地猜测该类器物为花插[8],庄为玑称其为"莲蓬型之陶器",考古报告中一般统称为"多管器"。多管器是福建南朝最为典型的青瓷器。多管插器,即两级圆盘形平台上置一高足杯形座,束腰,上立四管圆柱体直立成簇,再加上四莲瓣形,每瓣加在每二管之间。以素面四管器居多,部分腹塑莲花瓣装饰。晋江霞福南朝墓所出的一件四管插器,柱体周围环绕三层莲花瓣,瓣尖外翘,如莲花绽开。对于此类器物的功能,一般认为是多功能器,或可用作插花、插烛、油灯,个别可能充当水盂。

图 36-6　泉州中山公园唐墓出土的四管花插

秦汉以前福建的居民主要是被称为"七闽"的闽越族。从东汉末年起,北方汉人开始大批入闽直至隋灭陈统一中国的三四百年间,北方汉人入闽持续不断。大致始于东汉及孙吴时代,北方汉民批量地迁入泉州平原与漳州平原。西晋时期,有相当数量的中原人民陆续迁居于晋江两岸,带来中原先进的文化和生产技术,促进当地社会、经济、文化的发展[9]。郑德坤从明器的研究推断,泉州出土的汉陶明器乃是北方汉人迁移带来的技术制作而成,为晋人南迁的传说奠定了坚实的基础。由个别典型器的文化因素分析可见,汉人携北方生产生活方式大量进入闽地定居于此,他们也在生产生活中逐步融入当地。

图 36-7 南安丰州隋唐墓出土的四管花插

三、现代考古发掘方法初探

　　泉州中山公园的发掘首开福建省应用现代考古发掘方法之风气,这种开创性的产生,存在一定的必然性。主导并促成此次发掘的四人都曾受过良好的学术训练,并且表现出对地方历史文化的极大热情。郑德坤于 1926—1932 年就读于燕京大学中文系和燕京大学研究院,受业于容庚、顾颉刚、张星烺等古史大家并得到李济、董作宾、梁思永等著名考古学家的指导,是最早期接受近代考古学学术熏陶的幸运儿。林惠祥于 1927 年毕业于厦门大学历史社会学系,后师从美籍教授拜耶(H. O. Beyer)取得了人类学硕士学位。庄、吴二人同为泉州籍,毕业于厦大史学系的庄为玑选择以泉州地方史为研究方向,就读厦大生物系的吴文良在听了张星烺关于泉州中外交通史的学术报告后,产生了对家乡历史文化的兴趣,毕生致力于泉州宗教石刻的搜集和研究。

　　现代考古发掘方法的应用,体现在以下五个方面:

　　1.区分不同单元。各座墓葬单位区别对待,分别发掘。4 月 15 日,发掘第一坑;4 月 16 日,同时发掘第一、二坑;4 月 17 日,开第二、三、四坑。

　　2.注意地层变化。此次发掘贯彻了考古发掘的基本原则和地层学概念,由上及下,由晚及早进行发掘。发掘第一墓时,注意其土经九次堆积,线路明晰;发掘第四坑时,郑德坤以为"若欲开之,非由上部土层预先掘平不可,否则与普通人之挖开无异"、"应用考古学上之试探方法,如作十字形或直线型之沟坡"⑩。"沟坡"应是近代考古学上广泛应用的"探沟"概念,以便观察遗址的地层或剖面。

3.注重信息记录。庄为玑日记体《泉州唐初古墓发掘始末》文章详细记录了当天天气、发掘进度、文物出土情况等。发掘由林惠祥担任摄影工作,将墓之全形(平面、侧面)、砖层及古物一一为之留影;将以前所得古物及新开之墓坑摄影以资研究。

4.融入文物保护思想。在发掘中,"小心搜索"遗物,边发掘边整理边保护。在 4 月 17 日工作计划中,拟定的一项工作为"洗涤"——将第一坑的黄泥洗去,使花纹显现,以便参观、拓字与修筑。"为欲保存古迹,除将墓坑刷洗外,特将墓之□□加筑以短墙,借以保护坑墓全形及坑内砖层。""东四(第二坑)之位较偏南部,有碍运动场之跑道,以填平为宜,其余则续围短墙。"⑪

5.浅尝公众考古。在发掘工作进行到第三日,即将前日发掘出来的文物全部依照原来所在之处放置,原地展示,"使参观者一目了然"⑫。在发掘的中后期,将以前一、二、三坑之古墓"公开陈列,任人参观"⑬(图 36-8);接受当地各报访员探访,如《泉州晚报》(是年 4 月 16 日第 6 版)刊登《厦门大学两教授来泉考古公共体育馆掘出古砖》报道,并见于上海《申报》4 月 22 日报导;关注当地舆论,特别是《泉州晚报》记者对墓葬出土物的观察和此次唐墓对泉州历史文化的意义评价。1947 年 11 月,林惠祥在厦门大学内主持举办了"人类学标本展览会","以泉州唐墓出土物为主的历史文物"是展览的主要部分。20 世纪 50 年代林惠祥将这些早期公众考古实践总结进《为什么要保存古物》一文中,从爱国教育、唯物史观、补证历史、社会教育等多个层面向公众陈明古物的功用,通过文化遗产"诉于物的教育",倡导树立文物保护的意识。围绕着此次考古发现,通过开放发掘现场、举办陈列展览、图书报刊等传播方式,提高社会公众对考古和文物的认识,从而参与到文物保护的工作中。

图 36-8　中山公园唐贞观古墓群考古发掘现场
(鲤城区档案馆馆藏)

放在中国现代考古学诞生 100 年后的今天,这些考古发掘操作流程已经发展为定式,于 1936 年这次的发掘却是难能可贵的尝试。自此福建地区考古打开新局面,郑德坤后调往华西大学,田野工作中心转向西南,其余三人继续在东南考古领域耕耘,成绩斐然。

注释:

①曾遒(1868—1954),福建泉州人,祖籍晋江。字振仲,号望涛,别署升文山人。光绪二十八年(1902 年)举人,工书法,诗词颇有素养,书迹流传闽南、台湾、南洋诸地,并善画梅花。现在厦漳泉及台湾多有其碑刻、题匾。著有《桐阴旧迹诗记》。

②庄为玑:《泉州唐初古墓发掘始末》,《海上集》,厦门大学出版社,1996 年,第 136 页。

③郑德坤:《中国明器图谱》,文学院,1935 年。

④蒋炳钊、吴春明主编:《林惠祥文集 下》,厦门大学出版社,2012 年,第 628 页。

⑤蒋炳钊、吴春明主编:《林惠祥文集 下》,厦门大学出版社,2012 年,第 642～643 页。

⑥Cheng Te-kun, "The Excavation of T'ang Dynasty Tombs at Ch'uan-chou, Southern Fukien", *Harvard Journal of Asiatic Studies*, 1939, Vol.4, No.1, pp.1-11.

⑦厦门大学人类博物馆编印:《厦门大学人类博物馆陈列品说明书》,厦门大学人类博物馆,1954 年。

⑧林惠祥:《一九五〇年厦门大学泉州考古队报告》,《厦门大学学报(文史版)》1954 年第 1 期。

⑨陈支平:《福建六大民系》,福建人民出版社,2000 年,第 8～40 页。

⑩庄为玑:《泉州唐初古墓发掘始末》,《海上集》,厦门大学出版社,2020 年,第 132 页。

⑪庄为玑:《泉州唐初古墓发掘始末》,《海上集》,厦门大学出版社,2020 年,第 136 页。

⑫庄为玑:《泉州唐初古墓发掘始末》,《海上集》,厦门大学出版社,2020 年,第 133 页。

⑬庄为玑:《泉州唐初古墓发掘始末》,《海上集》,厦门大学出版社,2020 年,第 133～134 页。

⑭庄为玑:《泉州唐初古墓发掘始末》,《海上集》,厦门大学出版社,2020 年,第 131 页。

⑮庄为玑:《泉州唐初古墓发掘始末》,《海上集》,厦门大学出版社,2020 年,第 133 页。

In Memory of the excavation of Tang Dynasty
Tombs in Zhongshan Park, Quanzhou

Wang Huaqin

Abstract: In 1936, Zheng Dekun, Lin Huixiang, Zhuang Weiji, and Wu Wenliang undertook the first systematic archaeological excavation in Quanzhou, using modern field methods to excavate the Tang Tomb in Zhongshan Park. Through the careful study of the objects recovered from the site, their work shed light on the customs, technology, and cultural practices of the Han people who migrated southward from the Central Plains.

Keywords: Tang Dynasty Tombs in Zhongshan Park, Quanzhou, Mortuary Objects, Modern Archaeological Excavation

爱在山海间——怀念林公务先生

黄运明

（闽江学院人文学院）

　　林公务先生离我们而去已经四年多了。这几年走在福建的考古工地上，无论是在闽北山岗，还是在闽南海岛，我们和地方文博单位的同行们，都会有意无意地提起他，都会不约而同地低头怀念他，怀念他曾经发掘或调查过的工地，怀念他在考古工地工作的样子，怀念他的点点滴滴。闽之山，何苍苍，闽之海，何泱泱。沿着林先生在福建考古的足迹和学术历程，我们看到了林先生对福建考古的执着，对这片山海的热爱。

一、福建史前区系类型研究的先行者

　　林公务先生是福建史前考古年代序列框架最早的建立者之一。1949 年以后，随着各地重要考古遗址的发现，特别是 1959 年夏鼐发表《关于考古学上文化的定名问题》后，建立考古学文化的时空框架成为中国史前考古学最重要的任务。1981 年，苏秉琦发表了《关于考古学文化的区系类型问题》，提出"区系类型"学说，将中国史前文化分为六个区。各地以此理论为指导，逐步开始建立各个区域考古学文化序列。而在此之前，福建经过发掘的史前遗址除了昙石山遗址以外并不多，对于以昙石山遗址的发现而命名的"昙石山文化"还有诸多不同的认识，对福建史前文化宏观上的考察则更少，从考古学文化年代框架下探源寻流成为重建福建上古史的迫切要求。

　　受苏秉琦"区系类型"学说的影响，林公务先生通过新发现的壳丘头遗址、牛鼻山遗址、黄土仑遗址等材料，以分析考古学文化年代序列和相互关系为基础，探索福建地区早期古文化时空结构，将福建的新石器时代文化分为两大区块：面向海洋的东南部区块和联结内陆的西北部区块。西部内陆山地区块文化发展序列为牛鼻山文化—马岭类型文化，东部沿海地区文化发展序列为壳丘头文化—昙石山文化—黄瓜山类型文化。他还认为，这两大区域与福建东、西两个自然地理区域的分野吻合，同时在地貌上既有联系又各具特色。西北部区块与中原内陆地区文化面貌相似，而东部沿海地区则显示出更浓厚的土著特色。

　　从方法论来说上，林公务提出的"两大区块说"是苏秉琦"区系类型"学说在福建史前考古研究中的首次实践。通过这次实践，林公务不仅将福建地区史前时期"条条和块块"系统梳理出来，还阐述了条块之间的有机联系，为福建史前考古研究奠定了坚实的基础。

如今,福建史前考古工作者依然在林公务先生建立的考古学文化编年框架下,不断地继续完善福建史前文化序列。

除了这种宏观视野下的分区之外,林公务还结合福建特殊的地理环境以及史前聚落遗址的分布特点,总结出福建史前时期"大分散、小聚居"的微观聚落格局,这对客观认识福建史前社会发展程度、文明演进特征等具有重要的指导意义,而这也正是苏秉琦先生强调各地文化"各自的特点和途径在发展着"在福建的反映。

多年的考古实践证明,林公务先生所建立的考古学文化序列经历了福建多年来层出不穷的新考古材料的检验,在总体框架上具有很高的可靠性和准确性。这反映了林公务先生史前研究的敏锐性和前瞻性,也保证了福建史前考古研究在与周边地区进行对比分析讨论时有了较明晰的对话维度。

二、福建史前海洋文化特性的探路人

除了对福建区系类型的先行实践,林公务先生学术研究的另一关注点就是对福建史前海洋文化的探索。林公务先生提出的"两大区块说"特别强调福建沿海遗址的海洋特性,这不仅仅是为了说明福建区域内部的山海分野,也是在文化上认识福建史前土著文化区别于华夏文化系统的不同内涵。在林公务先生的很多论著中,他着重抓住福建海洋性这一特点,这实际上也是抓住了这一福建文明形成过程中区别于其他地区的主要特点。

多年来,福建的学者孜孜不倦地探索史前福建与中原地区的关系,这其中重要的基础就是要了解福建地区自身文化的特质。早年林惠祥先生从有段石锛出发,提出"东南区"的概念,认为以印纹陶和有段石锛所构成的东南沿海地区文化,不同于我国其他地区新石器时代文化。凌纯声先生也总结了夷越海洋文化区别于华夏大陆文化的三大特质:珠贝、舟楫和纹身。林公务先生则主要是从考古材料入手,通过梳理北至闽东北、南至闽南沿海相关考古材料,把壳丘头、昙石山、蚁山等遗址发现放置在"面向海洋的东南部区块"中,并梳理它们自身的时代发展脉络,总结它们的共同文化传统,提炼它们的海洋特质。

他在后来的文章如《福建沿海的史前考古与早期海洋文化》中,更全面地总结了福建史前考古材料在早期海洋文化方面的 7 个共性要素(或特征):(1)背山面海的生态环境是海洋族群生存的必备要素;(2)沿海遗址堆积常见沙丘或贝丘类型,遗址面积一般不大,在一定区域内形成小而分散的聚落群;(3)沿海大陆型岛屿文化链已经形成,陆地与海岛、岛屿与岛屿之间的交流联系已习以为常;(4)生产工具、生活用器反映出海洋文化特色;(5)发现类似于干栏式的建筑遗迹,应当是沿海族群的特色居所;(6)海洋文化的传统、积淀造就了福建沿海族群、后来被称作闽越族人的善用舟船和造舟技术;(7)闽台沿海史前文化的相似性,不仅反映了海峡两岸文化的交流互动,而且说明他们具备了横跨台湾海峡的航海技术和能力。也正是关注到福建沿海如富国墩文化的相关材料,张光直先生把"南岛语族的起源推上了福建和广东的海岸",足以说明福建海洋性文化在林公务先生的研究中起着非常重要的作用。

林公务先生提出的福建史前文化海洋性的特征对后来的研究影响深远。学界很早就将台湾史前文化的源头指向包括福建在内的东南沿海地区,早在距今 6000 多年前台湾海峡两岸新石器时代聚落海洋性适应性相似特征就表现得非常明显,林公务先生对壳丘头、昙石山及其他福建沿海遗址海洋性特征的论述和阐发,将海峡两岸的史前文化以海洋为纽带联结起来,揭示了史前时期两岸之间文化交流互动的内涵、方式等。

如今,福建沿海大多数史前考古工作都以史前海洋聚落、南岛语族起源与扩散、史前闽台关系等重要的研究课题联系在一起。无论是对霞浦屏风山、闽侯白头山生业形态的研究,还是壳丘头、大帽山石锛原料产地来源的探索,都离不开对这些遗址海洋性特征的认识。近年在平潭岛成立国际南岛语族考古研究基地,"南岛语族起源与扩散研究"被纳入"考古中国"重大项目,林公务对福建史前海洋文化的探索,无疑为这些重大课题的进一步探索奠定了坚实的学术基础。

三、闽江下游史前考古标杆地位的奠基人

闽江是福建的母亲河,也是福建史前考古开展最充分的区域。特别是在闽江下游,林公务先生对这一区域的考古调查、发掘和研究倾注了大量的心血。在包括林公务先生在内的福建考古前辈的共同努力下,通过对以昙石山遗址为中心的闽江下游史前文化序列的梳理,奠定了闽江下游在福建史前考古和研究中的核心地位。

林公务先生从 20 世纪 70 年代末开始,就主持、参与了闽江下游以昙石山遗址为中心的多个史前遗址的发掘、调查和研究工作,并担任福建省昙石山遗址博物馆馆长多年,对确立闽江下游在福建史前考古的标杆地位做出了重要贡献。

在对闽侯庄边山遗址的发掘和研究中,林公务先生通过遗迹、地层的相互叠压关系以及器物类型学排比,提出了"庄边山上层文化类型"的命名,该类型也就是后来分布在闽中、东沿海地区新石器时代末期以彩陶为特色的"黄瓜山文化"。林公务先生还首次通过层位关系和类型学原理,对属于昙石山文化的庄边山下层文化遗存的陶器群进行分期。该分期研究不仅深化了当时对昙石山下、中层文化不同理解的认识,而且对昙石山文化本身的陶器发展演变轨迹有了更全面的了解。林公务先生在昙石山遗址第八次考古发掘中,对昙石山遗址的昙石山文化陶器也做了相类似的分期尝试。作为延续几百年的昙石山文化而言,以陶器演变反映出的昙石山文化起源、发展和衰落过程对探索闽江下游新石器晚期社会演进是不可或缺的。随着闽江下游昙石山文化遗址发现与日俱增,未来对各遗址陶器分期的细化、整合研究将使我们对昙石山文化发展过程的认识更加清晰。林公务先生上述分期研究无疑为后辈们的继续研究奠定了扎实的基础。

林公务先生主持发掘了平潭壳丘头遗址,并提出了"壳丘头文化"的命名。壳丘头遗址也在很长一段时间里成为福建最早的新石器时代遗址,对探索福建史前海洋文化以及闽台史前文化关系具有重要的意义。壳丘头遗址所处的独特地理位置及其出土的风格鲜明的文化内涵也引起了学界的广泛关注。与闽南的富国墩遗址一样,张光直先生也将平潭壳丘头遗址与原南岛语族祖先文化联系在一起。正如有学者提出的,"壳丘头文化与

(台湾)大坌坑文化的关系是台湾海峡新石器时代考古中的一个关键问题"。

林公务先生主持的昙石山遗址第八次发掘,首次在地层学上明确了昙石山文化所属的层位和内涵,使长达近半个多世纪的关于昙石山文化内涵和外延的争论暂告一段落。同时,这次发掘也首次从地层上明确将昙石山遗址分为昙石山下层文化、昙石山文化、黄瓜山文化和黄土仑文化,年代上贯穿了新石器时代中、晚期至青铜时代,为构建福建史前考古学文化发展序列提供了准确的标尺,由此也确立了闽江下游在福建史前文化研究的核心地位。无论是闽北地区牛鼻山文化—马岭类型—白主段类型还是闽南地区大帽山文化—鸟仑尾类型—浮滨文化年代框架的构建,都离不开以闽江下游昙石山遗址所体现的这四个先后相继的考古学文化作为参照标尺。

林公务先生的考古足迹遍布八闽山海之间,从旧石器时代的三明万寿岩(彩版37-1),至新石器和青铜时代的平潭壳丘头,武夷山梅溪岗、闽侯溪头、庄边山、仁山(彩版37-2)、大坪顶、芝山、坪峰山、连江黄岐屿、邵武斗米山、光泽池湖、霞浦黄瓜山、惠安蚁山、东山大帽山,再到历史时期武夷山遇林亭、泉州法石、文兴、美山等。林公务主编出版了福建第一本旧石器时代考古报告——《福建三明万寿岩旧石器时代遗址1999—2000、2004年考古发掘报告》和第一本昙石山遗址发掘报告的单行本——《闽侯昙石山遗址第八次发掘报告》。在发表的简报中,无论是史前时期的遗址,还是历史时期的遗址,公布的材料都非常完整、详尽,体现了一位考古人兢兢业业、慎始敬终的专业和职业精神。

翻阅林公务先生历年保留在福建博物院文物考古研究所资料室的考古原始材料,无论是遗址发掘情况,还是考古工地生活的点点滴滴,都记录详细、完整,档案材料完备,无不反映出林公务先生认真的工作态度,字里行间也把这种对考古职业的执着以及负责任的态度传递给后学者。翻阅着林公务先生的发掘报告、简报、论文和记录,仿佛每一个字都浸润着对福建山水的热爱,对福建考古的热爱。

林公务先生离我们而去已四年多,但音容笑貌犹在我们眼前。他对福建考古的学术贡献和敬业精神,值得后辈永远学习,我们永远怀念他!

林公务

男,1951.10—2019.4,福建连江县人,部分文献署名为林恭务。中共党员。毕业于北京大学历史系考古专业。1975年分配到福建省博物馆工作,研究馆员、考古发掘领队,曾任福建博物院副院长、福建省昙石山遗址博物馆馆长、福建省考古博物馆学会理事等。1998年被国家文物局授予"全国文博先进个人"称号,2006年被文化部授予"文化部优秀专家"称号,2009年被国家文物局授予"文物、博物馆工作30年荣誉证书"。他长期从事田野考古工作,先后主持昙石山、庄边山、溪头、蚁山、壳丘头、黄瓜山、大帽山等福建地区重要史前遗址的发掘工作,参与福州南宋黄昇墓、莆田唐墓、莆田林泉院遗址、泉州府文庙以及三峡考古等调查、勘探和发掘工作。侧重于史前考古研究,长期关注福建史前文化特点及区系类型、南岛语族起源及扩散等重要学术课题,发表考古简报、报告、论文50余篇,曾获福建省文博优秀成果奖。由他主持发掘的壳丘头、昙石山两处遗址均被评为新中国成立五十年来"福建省十大考古发现",昙石山遗址被评为全国"百年百大考古发现"(彩版37-3)。

(林公务先生简介由厦门大学历史与文化遗产学院考古学系许嘉璐撰)

Love in the Mountains and Seas—Remembering Mr. Lin Gongwu

Huang Yunming

Abstract:Mr. Lin Gongwu was one of the earliest founders of the prehistorical cultural chronological framework in Fujian and a pioneer in the research of prehistorical cultural area systems in Fujian. Another focus of Mr. Lin Gongwu's academic research was the exploration of prehistorical maritime culture in Fujian. He started to lead and participate in the excavation, investigation, and research work of several prehistorical sites centered around the Tanshishan archaeological site in the lower Minjiang River since the late 1970s. He also served as the director of Tanshishan archaeological museum in Fujian for a long time and made important contributions to the establishment of Tanshishan as a benchmark in Fujian prehistorical archaeology. Though Mr. Lin Gongwu has been gone for many years, his academic contributions and dedication to Fujian archaeology continue to inspire and educate those who study this field.

Keywords: Mr. Lin Gongwu, Fujian Archaeology, Remembering

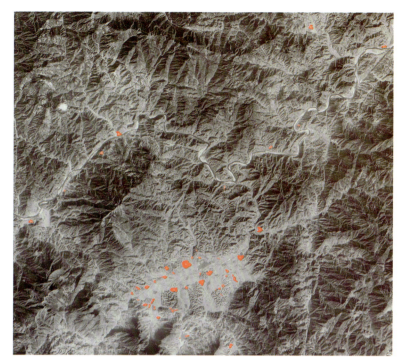

彩版 1-1　云和县新石器至夏商时期遗址分布图(底图为 1972 年卫片)

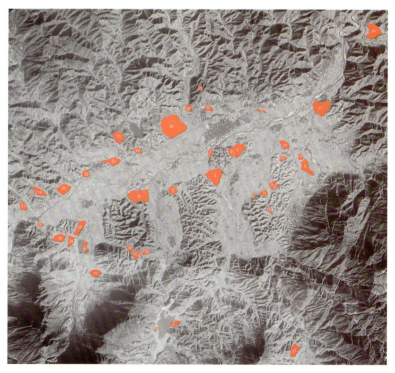

彩版 1-2　云和盆地及邻近地区新石器至夏商时期遗址分布图(底图为 1972 年卫片)

彩版 2-1　仑仔山 M1 断面

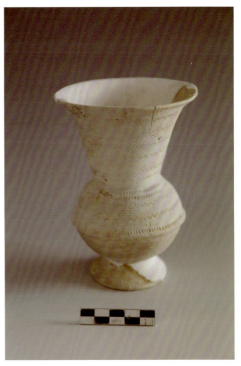

彩版 2-2　仑仔山 M1 出土的原始瓷尊(M1∶6)

彩版 2-3　仑仔山 M1 出土的原始瓷双耳罐(M1∶5)

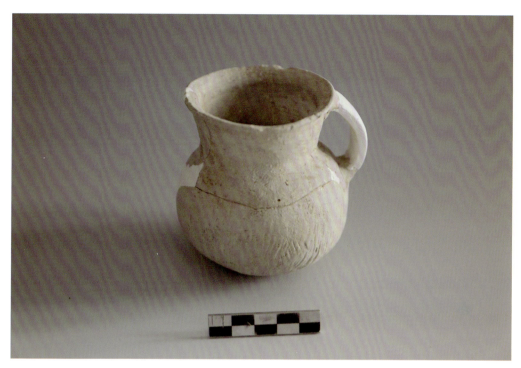

彩版 2-4　仑仔山 M1 出土的原始瓷单把罐(M1:7)

彩版 2-5　仑仔山 M1 出土的石器(从左到右依次为 M1:2、M1:3、M1:4、M1:1)

彩版 3-1　红壤层清理后航拍图

彩版 3-2　T1、T3 清理后航拍图

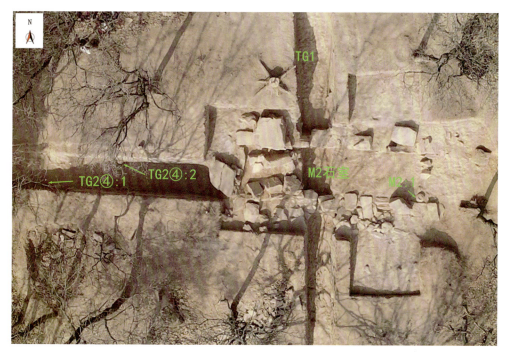

彩版 3-3　D3 局部航拍图

彩版 3-4　D4 局部

彩版 4-1　铜钺（110）

彩版 4-2　铜斧（99）

彩版 4-3　铜矛(111)

彩版 4-4　铜矛(135)

彩版 4-5　铜剑(112)

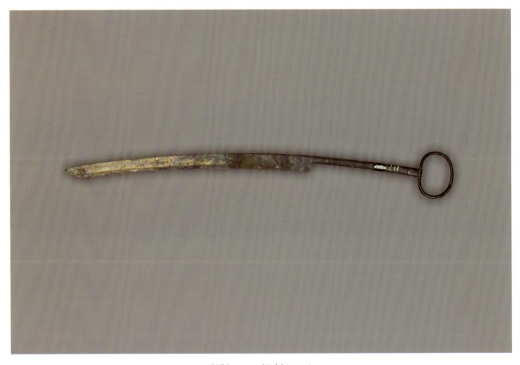

彩版 4-6　铜削(117)

彩版 4-7　原始瓷鼎(418)

彩版 4-8　原始瓷筒腹罐(420)

 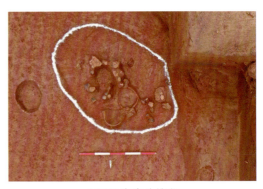

1.H24 中陶片堆积   2.H25 中陶片堆积

3.陶罐（H24:5）   4.陶釜（H19:1）

彩版 6-1　平潭榕山遗址遗迹与遗物

彩版 7-1　龙头山遗址 M41 墓室后壁的壁龛构造

彩版 7-2　浦城龙头山遗址 M12 出土遗物

彩版 7-3　浦城龙头山遗址 M3 出土帽花(M3∶2-1、2)

彩版 7-4　浦城龙头山遗址 M32 出土银饰（M32∶3）

彩版 7-5　浦城龙头山遗址 M32 出土银片（M32∶1）

彩版 7-6　浦城龙头山遗址 M41 出土银片（M41∶1-1、2、3）

彩版 7-7　浦城龙头山遗址 M59 出土玻璃环形坠饰(M59:1)

彩版 8-1　M1:5 青瓷碗

彩版 8-2　M1:1 棺钉

彩版 8-3　M1:12 黑色织物

彩版 8-4　M4:4 骨簪

彩版 8-5　M4:1 棺钉

彩版 8-6　M5:3 釉陶罐

彩版 8-7　M6:2 青瓷碗

彩版 10-1　浦江上山遗址带有稻谷印痕的夹炭陶片

彩版 10-2　浦江上山遗址羼合稻谷的夹炭陶片

彩版 10-3　义乌桥头遗址出土具有驯化特征的炭化稻米

彩版 10-4　永康湖西遗址出土具有驯化特征的水稻小穗轴

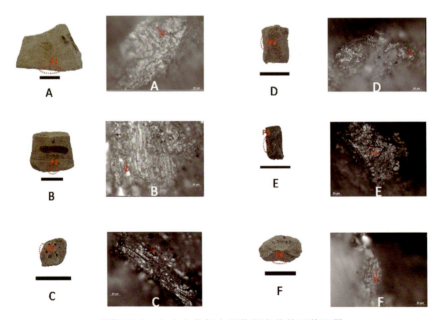

彩版 10-5　上山文化与水稻收割有关的石片石器

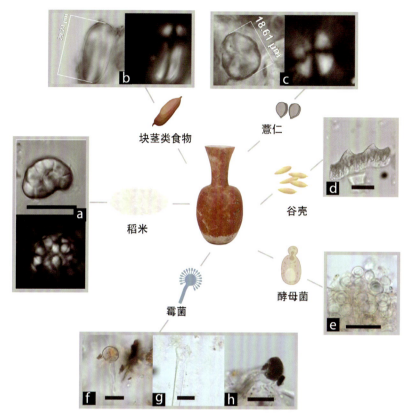

块茎类食物
薏仁
稻米
谷壳
酵母菌
霉菌

彩版 10-6　义乌桥头遗址出土与发酵酿酒有关的淀粉粒证据

彩版 10-7　嵊州小黄山遗址环壕聚落(局部)

彩版 10-8　义乌桥头遗址环壕聚落

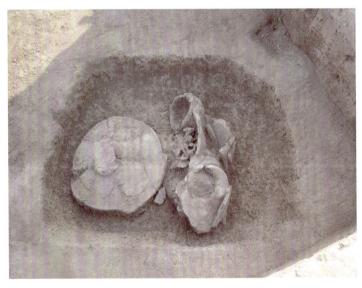

彩版 10-9　浦江上山遗址器物坑 H121

彩版 10-10　嵊州小黄山遗址房屋建筑 F8

彩版 10-11　义乌桥头遗址器物坑 H98

彩版 10-12　仙居下汤遗址器物坑 H148、H149

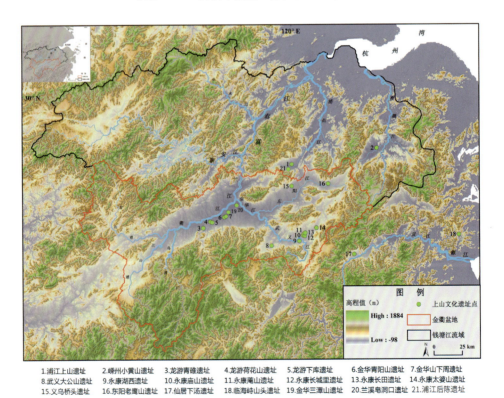

1.浦江上山遗址　　2.嵊州小黄山遗址　　3.龙游青碓遗址　　4.龙游荷花山遗址　　5.龙游下库遗址　　6.金华青阳山遗址　　7.金华山下周遗址
8.武义大公山遗址　　9.永康湖西遗址　　10.永康庙山遗址　　11.永康庵山遗址　　12.永康长城里遗址　　13.永康长田遗址　　14.永康太婆山遗址
15.义乌桥头遗址　　16.东阳老鹰山遗址　　17.仙居下汤遗址　　18.临海峙山头遗址　　19.金华三潭山遗址　　20.兰溪皂洞口遗址　　21.浦江后陈遗址

彩版 10-13　上山文化遗址群分布图

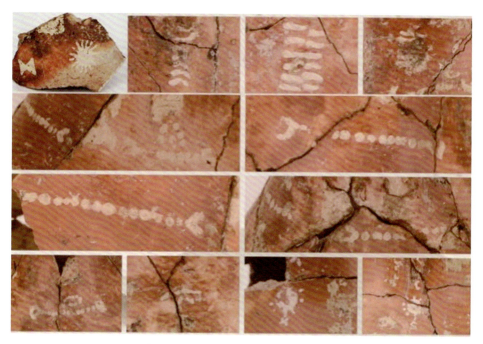

彩版 10-14　上山文化彩陶纹饰类型示意图

彩版 10-15　义乌桥头遗址出土大口盆（内外壁皆施白彩）

彩版 11-1　井头山遗址主要陶器组合

1

2

3

1.釜（T508⑰:12）　2.釜（T409⑰:14）　3.支脚（H16:1、T408⑱:16）

彩版 11-2　井头山遗址陶釜与支脚

1.棍(T510⑱:20)　2.扁担形木器(T509⑭:1)　3.杵(T309⑬:1)　4~12.刀形木柄(T509⑰:5、T508⑰:7、T510⑱:21、T609⑰:5、T510⑱:6、T510⑱:17、T510⑰:20、T409⑲:1、T508⑱:1)　13.桨(T510⑱:6)　14.耜(T608⑰:2)　15、16.钩形木柄(T608⑰:1、T609⑰:1)　17.带销钉木器(T509⑱:1)　18、20~23.双尖木器(T508⑲:11、T510⑰:28、T510⑰:27、T510⑰:30、T510⑱:18)　19.矛(T508⑪:4)　24.碗(T410⑲:2)

彩版 11-3　井头山遗址木器

彩版 11-4　井头山遗址编织筐(H22:1)

彩版 11-5　井头山遗址鱼罩(T510⑱:31)

彩版 11-6　河姆渡文化早期编织物(田螺山 T305 第 7 层出土)

彩版 11-7　井头山遗址主要种类贝壳

彩版 11-8　施岙遗址河姆渡文化早期稻田

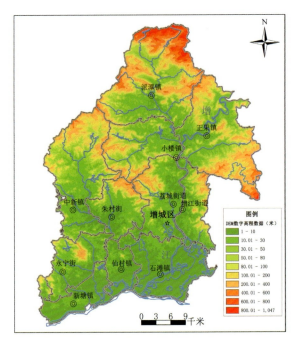

彩版 14-1　增江流域自然地理示意图

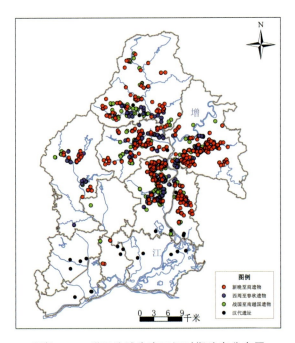

彩版 14-2　增江流域先秦两汉时期遗存分布图

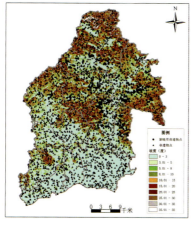

1.样本与坡度叠加图

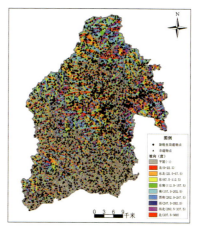

2.样本与坡向叠加图

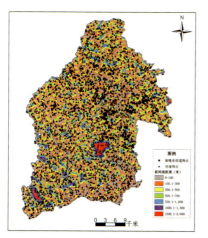

3.样本与河流缓冲区叠加图

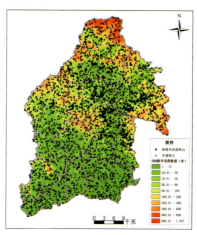

4.样本与海拔高程叠加图

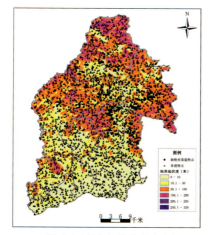

5.样本与地形起伏度叠加图

彩版 14-3 增江流域新石器时代晚期至商时期样本环境变量叠加图

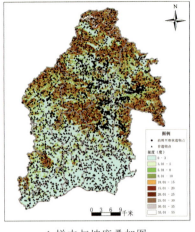

1.样本与坡度叠加图

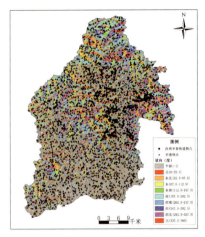

2.样本与坡向叠加图

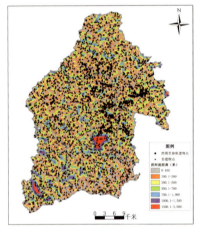

3.样本与河流缓冲区叠加图

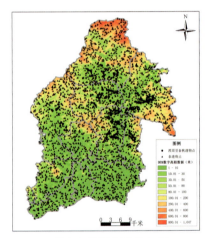

4.样本与海拔高程叠加图

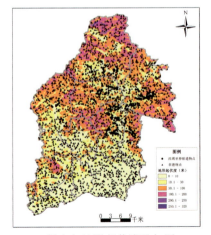

5.样本与地形起伏度叠加图

彩版 14-4　增江流域西周至春秋时期样本环境变量叠加图

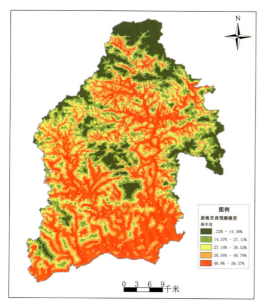

1.新晚至商时期遗存分布概率图

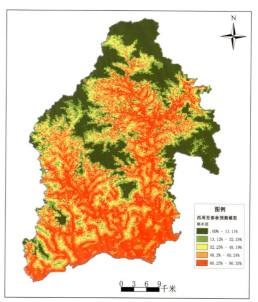

2.西周至春秋时期遗存分布概率图

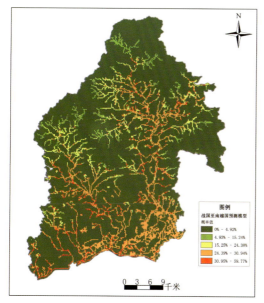

3.战国至南越国时期遗存分布概率图

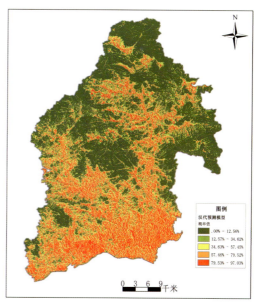

4.汉代遗存分布概率图

彩版 14-5 增江流域各时期遗存分布概率图

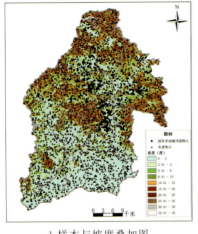

1.样本与坡度叠加图

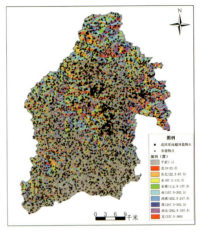

2.样本与坡向叠加图

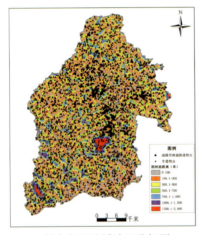

3.样本与河流缓冲区叠加图

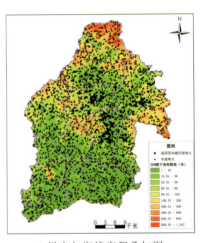

4.样本与海拔高程叠加图

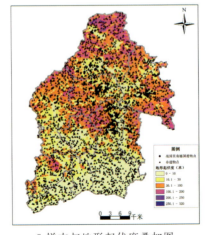

5.样本与地形起伏度叠加图

彩版 14-6　增江流域战国至南越国时期样本环境变量叠加图

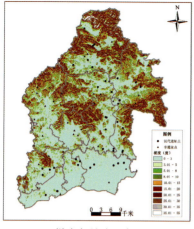

1.样本与坡度叠加图

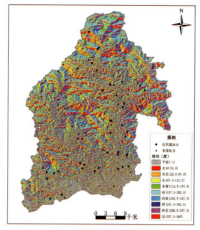

2.样本与坡向叠加图

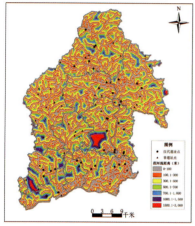

3.样本与河流缓冲区叠加图

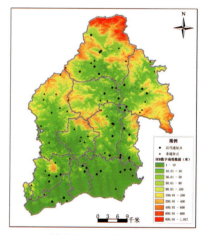

4.样本与海拔高程叠加图

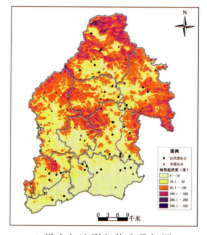

5.样本与地形起伏度叠加图

彩版 14-7　增江流域汉代样本环境变量叠加图

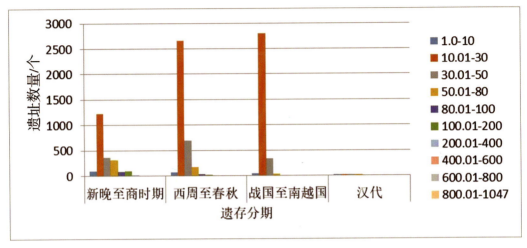

彩版 14-8　增江流域各期遗存海拔高程分布数量统计直方图

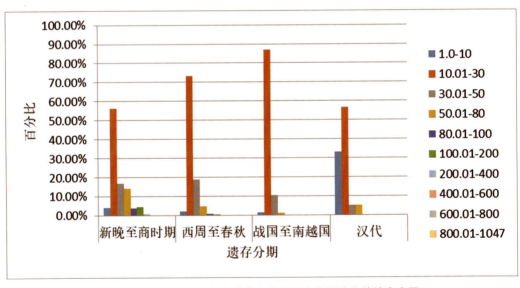

彩版 14-9　增江流域各期遗存海拔高程分布百分比统计直方图

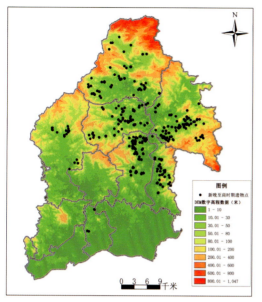

1.新晚至商时期遗存海拔高程叠加图

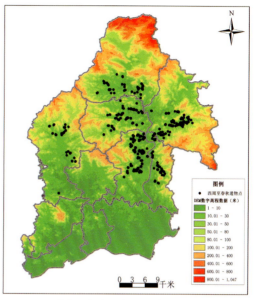

2.西周至春秋遗存海拔高程叠加图

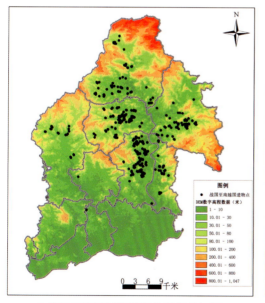

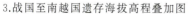

3.战国至南越国遗存海拔高程叠加图

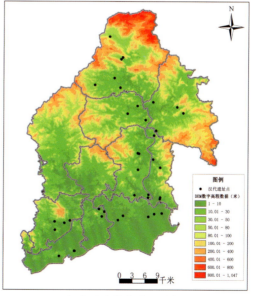

4.汉代遗存海拔高程叠加图

彩版 14-10 增江流域各期遗存与海拔高程叠加图

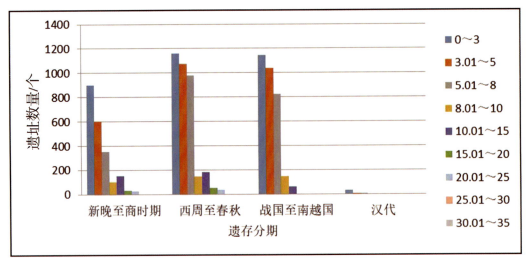

彩版 **14-11**　增江流域各期遗存坡度分布数量统计直方图

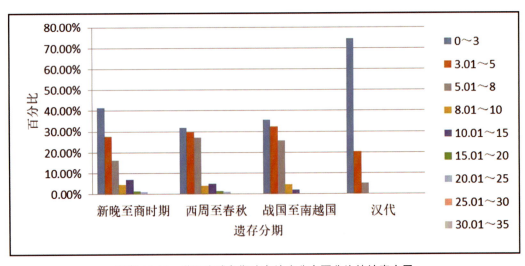

彩版 **14-12**　增江流域各期遗存坡度分布百分比统计直方图

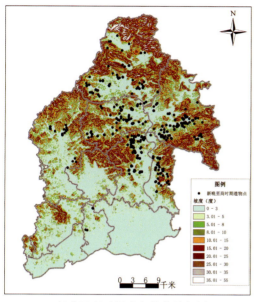

1.新晚至商时期遗存坡度叠加图

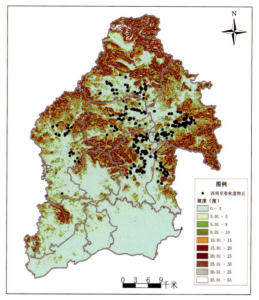

2.西周至春秋遗存坡度叠加图

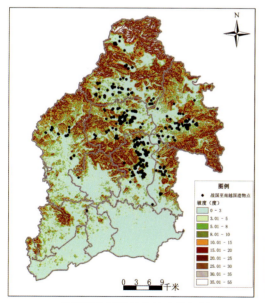

3.战国至南越国遗存坡度叠加图

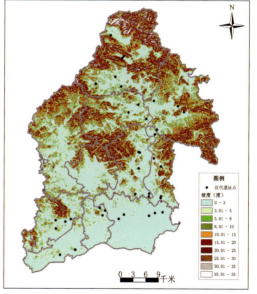

4.汉代遗存坡度叠加图

彩版 14-13　增江流域各期遗存与坡度叠加图

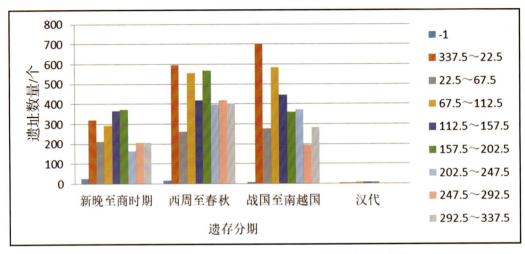

彩版 14-14　增江流域各期遗存坡向分布数量统计直方图

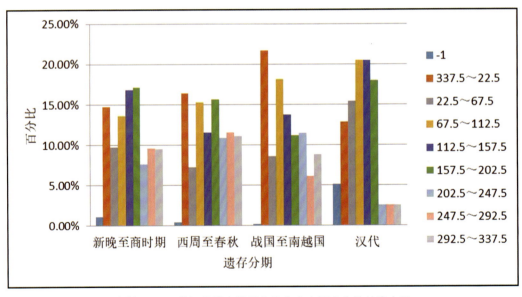

彩版 14-15　增江流域各期遗存坡向分布百分比统计直方图

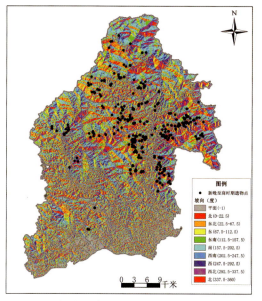

1.新晚至商时期遗存坡向叠加图

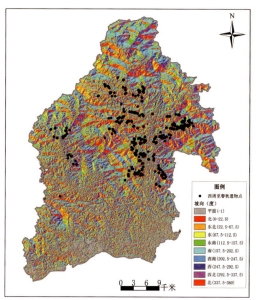

2.西周至春秋遗存坡向叠加图

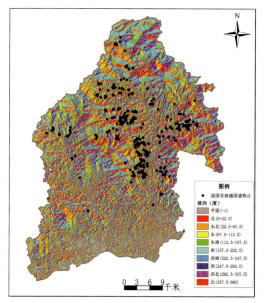

3.战国至南越国遗存坡向叠加图

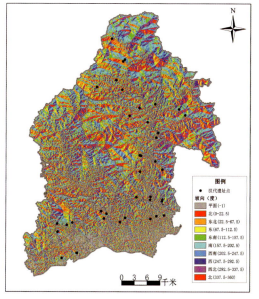

4.汉代遗存坡向叠加图

彩版 14-16　增江流域各期遗存与坡向叠加图

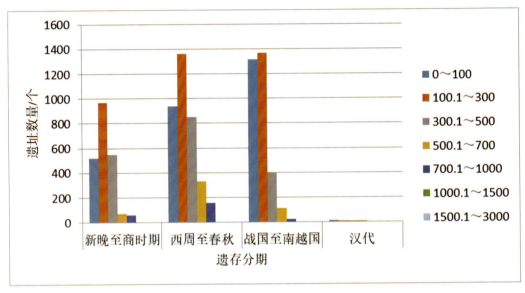

彩版 14-17 增江流域各期遗存河流缓冲区分布数量统计直方图

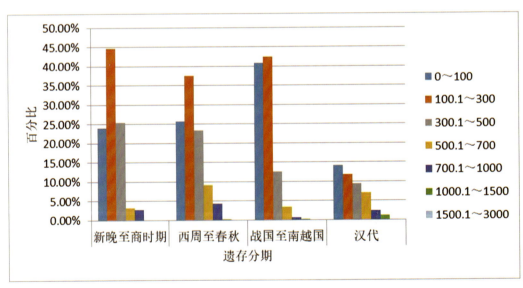

彩版 14-18 增江流域各期遗存河流缓冲区分布百分比统计直方图

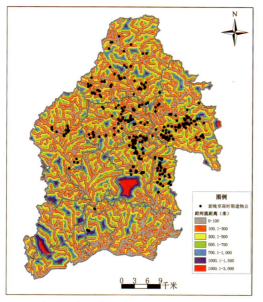

1.新晚至商时期遗存河流缓冲区叠加图

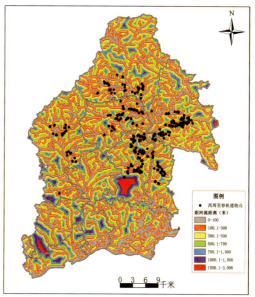

2.西周至春秋遗存河流缓冲区叠加图

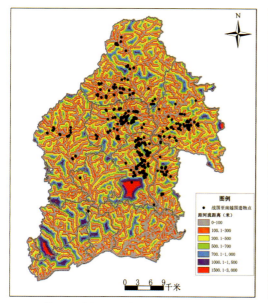

3.战国至南越国遗存河流缓冲区叠加图

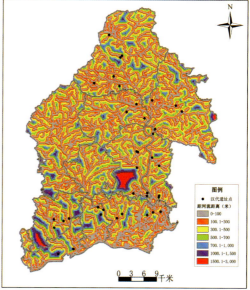

4.汉代遗存河流缓冲区叠加图

彩版 14-19　增江流域各期遗存与河流缓冲区叠加图

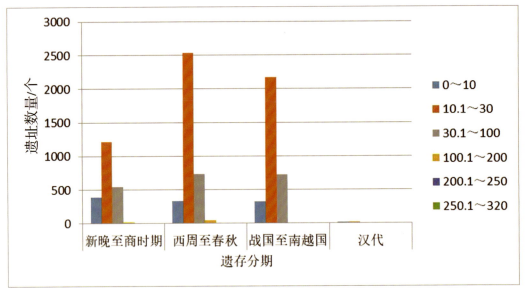

彩版 14-20 增江流域各期遗存地形起伏度分布数量统计直方图

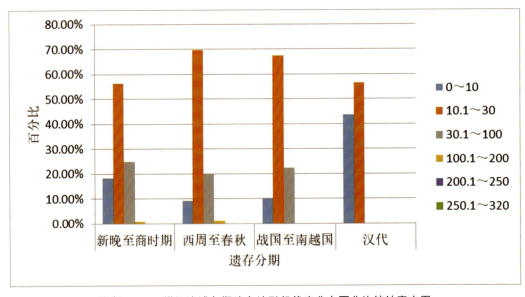

彩版 14-21 增江流域各期遗存地形起伏度分布百分比统计直方图

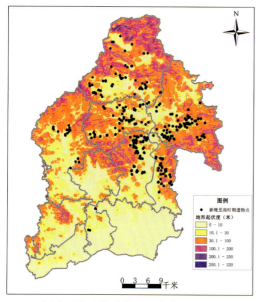

1.新晚至商时期遗存地形起伏度叠加图

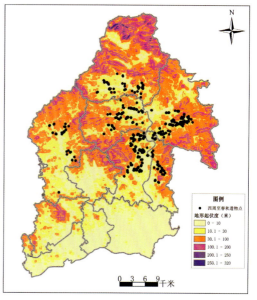

2.西周至春秋遗存地形起伏度叠加图

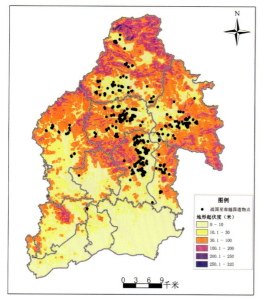

3.战国至南越国遗存地形起伏度叠加图

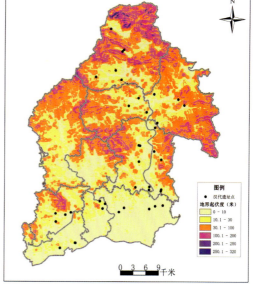

4.汉代遗存地形起伏度叠加图

彩版 14-22　增江流域各期遗存与地形起伏度叠加图

彩版 15-1　庄边山遗址南部断崖柱状取样剖面

1.现代河蚬外部结构　2.取样贝壳外部结构
3.取样贝壳内部结构（a:主齿；b:前侧齿；c:后侧齿；d:前闭壳肌痕；e:后闭壳肌痕）

彩版 15-2　贝壳种属鉴定特征图

彩版 16-1　山前山遗址出土印纹陶片(1)

彩版 16-2　山前山遗址出土印纹陶片(2)

彩版 16-3　山崖尾遗址发掘区全景

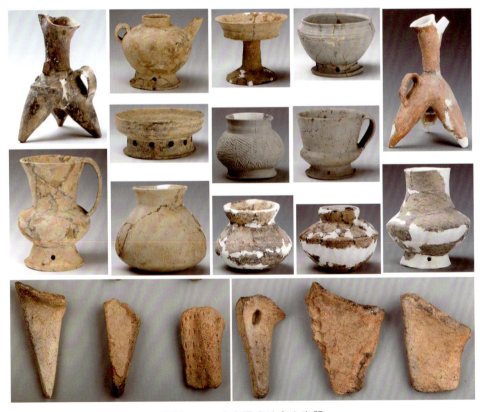

彩版 16-4　山崖尾遗址出土陶器

彩版 16-5　好川文化类型分布示意图

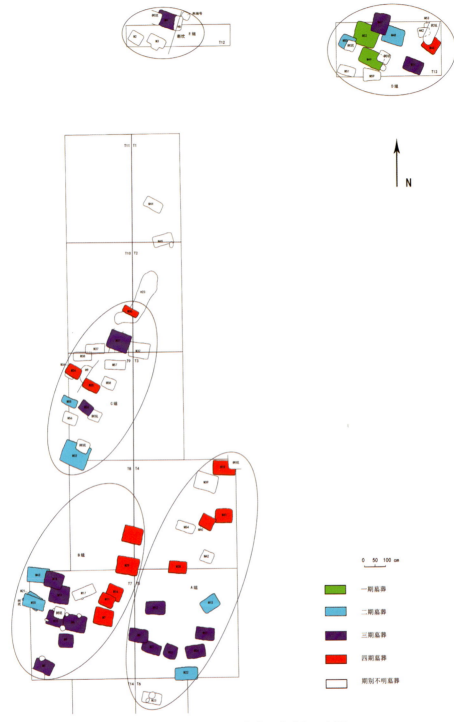

彩版 16-6　山崖尾遗址墓地形成过程示意图

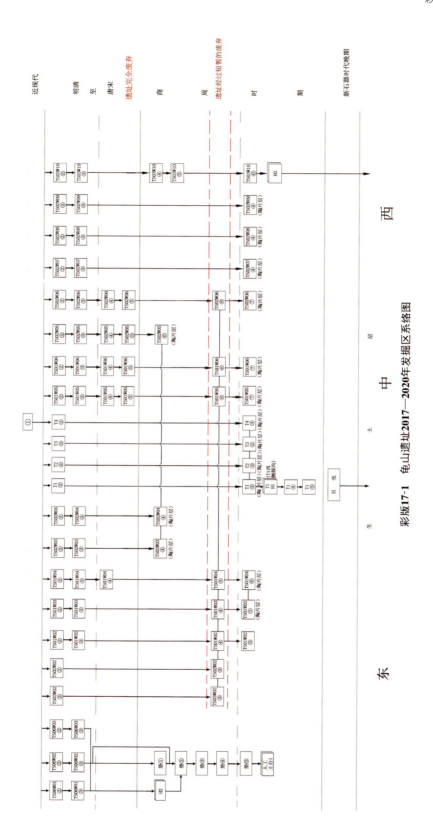

彩版17-1 龟山遗址2017—2020年发掘区系络图

彩版 20-1　金溪县城上龚家聚落布局示意图

彩版 20-2　宜黄县锅底山遗址航拍图

1.福清水南塔　2.福清瑞云塔　3.福清鳌江宝塔

彩版 28-1　楼阁式 Aa 型 Ⅰ 式石塔

1.福安凌霄塔　2.福州罗星塔　3.诏安祥麟塔

彩版 28-2　楼阁式 Aa 型 Ⅱ 式石塔

1.泉州开元寺东西塔　2.莆田广化寺释迦文佛塔　3.石狮六胜塔

彩版 28-3　楼阁式 Ab 型石塔

1.闽清台山石塔　2.同安凤山石塔　3.清流海会塔

彩版 28-4　楼阁式 Ac 与 Ad 型石塔

1.霞浦虎镇塔　2.古田吉祥寺塔　3.仙游东山塔　4.沙县罗邦塔

彩版 28-5　楼阁式 B 型石塔

1.仙游九座寺无尘塔　2.莆田东山报恩寺塔　3.仙游槐塔

彩版 28-6　亭阁式 Aa 型与 Ab 型石塔

1.惠安洛阳桥月光菩萨塔　2.同安西安桥婆罗门塔　3.晋江塘下石塔

彩版 28-7　宝箧印经式 A 型石塔

1.长乐普塔　2.晋江潘湖石塔　3.仙游天中万寿塔

彩版 28-8　宝箧印经式 B 型石塔

1.南安五塔岩五佛塔　2.泉州承天寺七佛塔之一

彩版 28-9　多宝式石塔

1.惠安洛阳桥头双塔　2.顺昌白龙泉石塔　3.泉州崇福寺应庚塔

4.宁德报恩寺塔　5.闽侯庵塔　6.仙游出米岩石塔

彩版 28-10　造像塔 Aa 型

1.仙游九座寺双塔　2.闽侯镇国宝塔

彩版 28-11　造像塔 Ab、Ac 型

1.福安倪下石塔　2.古田幽岩寺塔　3.罗源万寿塔

彩版 28-12　造像塔 Ba 型

1.东山东门屿文峰塔　2.连江仙塔　3.晋江江上塔　4.连江云居寺普光塔

彩版 28-13　其他类型石塔举例

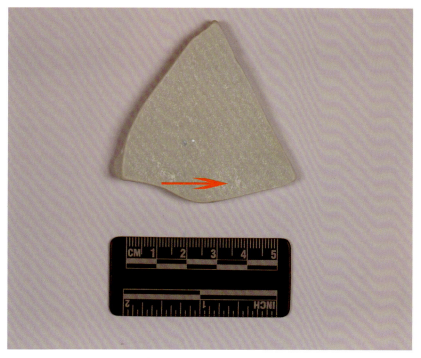

彩版 32-1　No.8 清洗脱盐之前

彩版 32-2　No.8 清洗脱盐之后

彩版 32-3　No.24 清洗脱盐之前

彩版 32-4　No.24 清洗脱盐之后

前排从右到左：陈子文、张森水、黄景略与夫人、苏宝星、林公务
后排从右到左：李建军、郑国珍、王幼平、王振镛、宋经文、何经平

彩版 37-1 林公务先生（前排左一）与专家们在三明万寿岩遗址

从右到左：黄运明、王有为、朱燕英、林公务

彩版 37-2　林公务先生（左一）与笔者等人在闽侯仁山遗址布方

从右到左：林聿亮、林公务

彩版 37-3　林公务先生在闽侯昙石山遗址清理墓葬

编后记

厦门大学考古学科的重要开创者林惠祥先生在 1958 年刊发的遗著中开宗明义,认为"中国东南区的新石器时代文化与他地有同有异,其明显的差异之一,是有一种特殊的石器即有段石锛"。吕荣芳先生通过研究印纹陶进一步明确:"在我国东南地区,由印纹陶与有段石锛二种典型遗物所构成的中国东南区新石器时代文化,形成了沿海地区一个新石器时代文化的体系,它不同于国内其他地区新石器时代文化,而自成为一个独特的文化系统,是一个正在研究中而带有国际性的学术问题"。可以认为,由这两位厦大考古前辈提出的上述观点,在学界首创了中国新石器时代的"东南区"概念。

1973 年,厦门大学考古学专业正式创建,一直将探索东南地区古代文化与族群历史作为重要的科研特色与教学方向,并逐步发展为我国东南地区考古学教学与研究的重要基地之一。在这样的背景之下,厦门大学历史系考古教研室于 1996 年创办《东南考古研究》辑刊,并于 1999 年、2003 年、2010 年联合香港中文大学中国考古艺术研究中心陆续编辑出版了第二、三、四辑。自创刊以来,《东南考古研究》始终立足于中国东南,同时覆盖东南亚大陆与南岛地区,在关注东南地区古文化面貌、特征与源流的同时,积极探索与周邻文化之间的互动关系,收录了百余篇重要考古报告与研究佳作,给长期关心东南地区考古研究事业的同人留下了颇为深刻的印象。

2022 年春,在厦门大学历史与文化遗产学院院长张侃教授和考古学专业同事们的支持与鼓励下,我们正式启动了《东南考古研究》第五辑的征稿工作。在近半年的组稿、审稿过程中,编者得到诸多关注东南地区考古、关心厦门大学考古学专业的师友们的大力支持,坚定了我们将《东南考古研究》继续办下去的信心。2022 年底,厦门大学历史与文化遗产学院考古学系正式设立。2023 年,厦大考古迎来了专业建立 50 周年。《东南考古研究》第五辑的出版恰逢其时,谨以这部文集献给半个世纪以来始终根植东南地区的厦门大学考古学专业!

在本辑策划与编辑过程中,编者曾得到吴春明教授悉心指点,组稿过程中蒙谢光茂教授大力支持,并收到来自邓聪教授的热情鼓励。同事徐文鹏博士、王文婧博士为本辑论文英文摘要的修改润色工作无私付出。研究生许嘉璐、谢颖、李瑾之、刘力铭协助我们对来稿进行初步编辑。在此向他们致以谢忱! 最后,感谢厦门大学出版社韩轲轲、刘炫圻两位编辑细致认真的编校工作,使得《东南考古研究》第五辑得以如期面世!

编者

2023 年 7 月

征稿启事

  《东南考古研究》是由厦门大学历史与文化遗产学院考古学系主办的学术刊物,自 1996 年创办以来,已正式出版五辑,为热心于东南地区考古研究的学者提供了一个学术交流的重要园地。为及时刊发田野考古新材料,反映考古研究新成果,本刊自第五辑起将提高出版频率,衷心欢迎广大同好惠赐佳作!

  本刊现设"最新发现""研究探索""学术评论"等栏目,涉及的主要选题有:1.中国东南及东南亚、太平洋岛屿最新田野考古报告;2.中国东南及邻近地区古文化研究;3.中国东南与周邻地区古代文化关系的考古学研究;4.相关方法论、学术评论、学术史研究;5.其他相关专题研究;等等。

  稿件具体要求:1.论文不超过 12000 字,考古调查发掘报告字数可适当增加;2.来稿请附中英文摘要(300 字左右)、关键词(3～6 个)、符合出版要求的线图与照片,以及作者简介;3.注释格式请参照《东南考古研究》第五辑;4.译文需取得原作者授权,以免发生版权纠纷。

  本刊根据专家审稿意见对来稿进行遴选,审稿周期一般为 3 个月。3 个月内未收到刊用意见,作者可自行处理来稿。为保证刊物的连贯体例与风格、主旨,编者会对所录用的稿件做出技术性处理、删减。如作者不允许,请在来稿时说明。

  本刊仅接受电子投稿。投稿邮箱为 dnkgyj@163.com。